MATTHES
& SEITZ
& BERLIN
PAPER·
BACK

Wassili Golowanow

DIE INSEL

oder Rechtfertigung
des sinnlosen Reisens

Aus dem Russischen
von Eveline Passet

Matthes & Seitz Berlin

»... *Von der Tschoscha 15 Werst zur Golubniza; von der Golubniza 15 Werst zum Perepusk.*

Vom Perepusk 20 Werst zur Wischas; von der Wischas 27 Werst zur Wama.

Von der Wama 10 Werst zu 2 Bächen, den beiden Snapnizas, von den Snapnizas 30 Werst zur Pescha.

Und in die Pescha mündet, aus dem Bolschoj Kamen kommend, die Pojassa.

Dem Bolschoj Kamen entlang bis zum Meer 230 Werst.

Und von der Pescha-Mündung übers Meer 25 Werst zur Malaja Pescha.

Von der Malaja Pescha aus die Reschitelniza; von der Reschitelniza 30 Werst zur Longa; von der Longa 30 Werst zur Saja.

Von der Saja 30 Werst zur Tschornaja; von der Tschornaja 30 Werst zur Wassiljewa; und an der Mündung dieses Flusses grenzt der Bolschoj Kamen ans Meer.

Und auf der anderen Seite des Gebirges mündet ein Bach ins Meer; von diesem 20 Werst zur Indega, die den Maly Kamen durchschneidet, der Lauf selbigen Flusses 170 Werst.

Von der Indega 20 Werst zur Schelesnaja; von der Schelesnaja aus der Gornostaj.

Und in der Mitte zwischen den beiden im Meer die Insel Swjatoj Nos, die Länge dieser Insel 30 Werst; und Swjatoj Nos gegenüber im Meer die Insel Kalgujew; und von Kalgujew zur Küste 120 Werst; und aus der Insel Kalgujew fließen ins Meer 3 Flüsse: die Bugrjanka, die Wjalimka, die ...

Und die Länge dieser Insel 100 Werst, und der Durchmesser 50 Werst ...

Kniga Bolschomu Tscherteschu, 1627[*]

---

[*] Das »Buch zur großen Landkarte« von 1627 ist eine geographische Beschreibung des damaligen Moskauer Reiches und war Grundlage für dessen erste Generalkarte (die, anders als die in Abschriften überkommene *Kniga*, heute verschollen ist). [Anm.d.Ü.]

I
DAS BUCH DER TRÄUME

Nacht

Im eisigen Hotelzimmer. Unter zwei Decken. In wollenen Trainingshosen. Vor den Fenstern eine Regennacht.

Wozu? Wozu das Ganze? Ich will essen, spüre ich plötzlich, heiß duschen.

Was suche ich? Die Insel? Aber sie wurde längst vor mir entdeckt. Die Insel ist mein absurder Einfall, man braucht keine große Phantasie, um sich auszumalen, was einen dort erwartet. Flache Weite. Tundra. Ein grauer niedriger Himmel mit dunklen Wolken, wie aufgepflügtes Ackerland. Eine trübe blecherne Sonne, die kein einziges Mal hinter den Wolken hervorkommen wird. Im Wind zitternde kümmerliche Grashalme und – Triumph sommerlicher Prachtentfaltung – Echte Kamille … Feuchtigkeitsgeruch, allenthalben Moore, und eine Küste, wo es nach nichts als Lehm riecht, weil das Wasser, gelb und eisig, aus irgendeinem Grund keinen Geruch hat.

Ansonsten dürfte alles wie hier in Narjan-Mar sein, nur noch schlimmer. Dieselbe Kälte, dasselbe Elend.

Den zweiten Tag schon gibt es im Hotel weder Heizung noch Wasser. Ich hole das Wasser draußen am Hydranten mit dem Kochkessel. Morgens reicht es, um sich zu waschen, die Toilettenschüssel nachzuspülen und Tee zu kochen, abends: um sich zu waschen, sich feucht mit dem Handtuch abzureiben, die Toilettenschüssel nachzuspülen, Tee zu kochen. Im ersten Stock gibt es eine Tür mit der Aufschrift »Buffet«. Geöffnet habe ich sie bisher noch nicht erlebt. Obwohl es ein neues und das teuerste Hotel der Stadt ist. Das beste …

Ich murre schon wieder. Nachts ziehen einem kleinmütige Gedanken durch den Kopf, fischschwarmgleich. Manchmal ist der Schwarm größer, manchmal kleiner. Manchmal lässt sich gar nichts denken, so sehr wimmelt und flimmert alles von tausenderlei Befürchtungen, als schnellten kleine Heringe umher.

Alles nur, weil ich gezwungen bin, in einer fremden Stadt auf den Hubschrauber zu warten. Außerdem können Moskauer nicht warten. Am wenigsten Journalisten.

Ich weiß: Die richtigen Gedanken kommen einem erst *im Nachhinein*. Wenn alles abgeschlossen ist. Und es ist völlig sinnlos, diesen Fischschwärmen hinterherzudenken. Aber ich habe eine Kieferhöhlenentzündung. Und ich leide unter der Kälte. Dazu noch dieser Regen tagaus, tagein.

Außerdem, was hat Korepanow gleich noch über diese angeblich auf der Insel existierenden parallelen Zeiten gesagt – die nüchterne und die betrunkene? Dass man in letztere besser nicht geraten solle … Und dass, je interessanter und einnehmender ein Mensch in nüchternem Zustand sei, desto entsetzlicher in betrunkenem … Entgegen dem ersten Anschein sind diese Dingen von fundmentaler Bedeutung. Korepanow weiß, wovon er spricht: er hat auf der Insel drei Jahre als Vorsitzender verbracht. Irgendwie ist mir seine Schilderung unvergesslich, wie die Insel im Frühling zu neuem Leben erwacht: Die Märzsonne übergießt die Eismassen mit einem reinen, rosigen Licht, und in der ohrenbetäubenden Stille schlägt plötzlich in einer dunklen Wasserrinne der Weißwal mit seiner Schwanzflosse.

Auch von irgendwelchen unterirdischen Menschen hat er erzählt. Und vom Messer.

Das Messer … Darauf war ich am wenigsten gefasst. Offen gestanden macht mir das Angst. Die romantische Idee meiner Reise hat sich als trügerisch erwiesen: Es gibt nichts, was weniger romantisch wäre als der Hohe Norden heute. Ich befürchte inzwischen, dass ich das, was ich zu finden hoffte, nicht finden werde. Omnia praeclara rara.[*] Ich war vorgewarnt durch die antiken Autoren. Und

---

[*] Alles Vortreffliche ist selten. (Tullius)

in zweitausend Jahren abendländischer Geschichte hat sich wenig geändert – höchstens drücken wir heute die alten Wahrheiten in neuen Sprachen aus: »Beauty is a rare thing.«[*] Sogar in der Musik, verdammt! Nach dem, was ich über den Hohen Norden gelesen habe, schien es möglich, hier Spuren einer gewissen *uranfänglichen* Schönheit zu entdecken. Aber aus dem, was ich inzwischen erfahren habe, ist klar, dass ich am ehesten auf etwas sehr Bedrückendes stoßen werde, wenn nicht gar Bedrohliches wie dieses Messer in der Hand eines Betrunkenen.

Schon wieder. Wieder der Fischschwarm. Weg damit! Hau mit dem Ruder aufs Wasser, auf deinem Floß im Hotelzimmerbett! Weg mit dir, du Kroppzeug, weg jetzt!

Ich springe vom Floß herunter und gehe, die nackten Füße vorsichtig auf dem eisigen Grund aufsetzend, zum Fenster. Im dichten nächtlichen Regenschleier zeichnen sich die grauen Baracken von Narjan-Mar ab. Eine fremde Stadt, in der ich, weiß der Henker warum, gestrandet bin … Nein. Ich bin aus eigenem Antrieb gekommen. Auf der Suche nach etwas. Ich muss ruhig zu verstehen versuchen, wonach. Nach Sinngebungen. Nach Sinngebungen im menschlichen Leben. Das mag albern, ja schwülstig klingen, aber was tun, wenn wir mit der Sinnlosigkeit unseres Daseins konfrontiert werden?

Denn der Krieg ist schließlich etwas Ernstes, ist blutigernster Widersinn. Tausende wurden ermordet. Haben einander umgebracht. Sich des Sinns beraubt. In der Nacht, als ich meinen Absprung auf die Insel machen wollte, waren Sumgait, Karabach, Baku die Orte der Katastrophe. Seither ist die Liste gewachsen, wie eine Krebsgeschwulst. Die Familie, das Heim, die Welt eines einzelnen Menschen, sein Fleiß und seine Freude wurden des Sinns beraubt, der Tod hält seine Ernte. Man muss der Wahrheit ins Auge sehen: muss den Armen in die Augen sehen, muss den verzweifelten Flüchtlingen in die Augen sehen und in die erkalteten Augen der Ermordeten. *Das menschliche Leben ist keinen Heller wert.* Echten Wert besitzt nur Macht. Und Geld. Und Rohstoff. Und Rüstung.

---

[*] Diese Wendung stammt von Ornette Coleman, dem Pionier des Free Jazz.

Echten Wert besitzt seltsamerweise alles, was das Leben verunstaltet, entstellt, durcheinanderbringt, zerstört, daran hindert, sich zu erheben, was die Steine daran hindert, sich zu einem soliden Mauerwerk zu verbinden, die Schößlinge, eine kraftvolle Pflanze zu werden. Hass hat seine eigenen Gesetze. Wir leben wieder an einem Zeitenende.

Ich glaube nicht an die »Menschenrechte«, aber ich glaube daran, dass die Menschlichkeit den Menschen ausmacht. Ein Ermordeter oder Entrechteter, ein seines Geschicks, seiner Bestimmung beraubter Mensch ist der Triumph von Widersinn und Tod. In wessen Namen wurde nicht Blut vergossen! Selbst im Namen des Herrn. Um einander stärker zu hassen rufen die Entrechteten den an, der die Menschen zur Menschheit sammelt. Mit Erfolg. Sie träufeln Hass in die Seele, pechschwarzen Hass. In die Seele, die dazu verdammt ist, Gefäß zu sein – wenn nicht der Liebe, so des Hasses. Wenn nicht des Sinns, so des Widersinns.

Was habe ich damit zu tun?

Vor zwei Tagen sah ich einen Mann, der, eine kurze Regenpause nutzend, eine lange Stange mit einem neuen Starenkasten obenauf an der Wand eines Hofschuppens annagelte. Als er fertig war, schlug er mehrmals mit dem Hammer leicht auf die Köpfe der fest ins Holz gehauenen Nägel und strich befriedigt mit der flachen Hand über die Stange, sich gleichsam vergewissernd, etwas Gutes vollbracht zu haben. Ich war unterwegs zu einer Gaststätte am anderen Ende der Stadt und fror entsetzlich, bestimmt des Hungers wegen, weshalb ich sofort dachte, die Stare werden die Gastfreundschaft dieses Mannes wohl kaum annehmen, die Sommer hier sind doch gar zu kurz und nasskalt. Außerdem war ja schon August und der Nachwuchs längst großgezogen, Zeit für den Abflug, nicht für die Suche nach einem Nistplatz.

Ich blieb stehen und fragte den Mann, ob Stare bis hierherauf kämen.

»Nein, nie«, antwortete er ruhig, steckte seinen Hammer ein und ging, offenbar nicht geneigt, das unnütze Gespräch fortzusetzen, zum Haus hinüber.

War sein Tun also absurd? Nein. Es war seine Erinnerung an die Freuden des auf rudernden Starenflügeln aus Indien und Persien herannahenden Frühlings, an die Stimmen des Lebens, die, rein wie ein Quell, heiter im elterlichen Garten schlugen oder im Gehölz am Rande des vorzeiten verlassenen Städtchens, wo das Vogelgezwitscher im jungen Grün der Bäume hin- und herbrandet wie ein Echo. Kein Star wird je seinen Brutkasten aufsuchen. Der Kasten aber ist sein Gebet. Mit dem er um Fülle bittet, um das Fluten des Lebens im Frühjahr.

Worum bittet der Maschinengewehrschütze, der den Abzug durchzieht? Um den Tod. Darum, dass seinesgleichen, die Entrechteten, mehr werden – denn nur sie, die mit der Wurzel aus dem eigenen Boden Gerissenen, die ihre Bestimmung verloren haben, sind fähig, das Brot des Hasses miteinander zu teilen. Hier, in Narjan-Mar, habe ich aus dem Radio vom Beginn des Abchasien-Krieges erfahren. Von Freischärlern und irgendwelchen Regierungstruppen, von einem Luftangriff auf Suchumi aus getarnten Bombern, von mit Maschinengewehrsalven niedergemachten Affen aus dem dortigen Forschungsinstitut ... Aus unerfindlichem Grund hat mich das besonders berührt ... Ich weiß: Nach allem, was später in Zentralasien und Tschetschenien geschehen ist, sollte man sich verbieten, von den Affen zu reden. Und doch ... Der gibraltarische Volksglaube, wonach die Stadt so lange stehen werde, wie in ihr Berberaffen leben, bekommt hier einen unerwarteten Sinn. Gibt es keine Affen mehr, wird die Stadt untergehen.

Warum? Das zu wissen ist uns nicht gegeben.

Aber die Zeit verging. Und eines Tages verschlug es mich beruflich nach Abchasien. Als das überfüllte Fahrzeug nach Gagra hineinrollte – mit abgestelltem Motor, um Benzin zu sparen –, begriff ich es nicht, derart hatte sich alles verändert. Nirgends ein Mensch auf der Straße, nirgends ein Eiskiosk. Nur ein schweigsamer, magerhalsiger Hausmeister, der Eukalyptusblätter zusammenrecht und sie in der Stille entzündet wie wohlriechendes Rauchwerk. An die Strandcafés erinnern gerade noch die Löcher dort im Asphalt, wo früher im Sommer gestreifte Sonnenschirme mit Fransen eingesteckt wurden. Auf dem Sand rosten die Gerippe demolierter Kutter und Autos vor sich hin. Früher blühende Siedlungen liegen menschenverlassen da, eingeäschert. Zwischen den Ruinen streunen verwilderte Hunde. Wunderschöne Villen ragen rußgeschwärzt mit eingestürzten Dächern auf, wie riesige Termitenbauten. Unter dem Putz kommt der Sandstein hervor, als wisse er, dass seine Zeit im Dienste des Menschen vorüber ist. Als wolle er zurück zum wilden Leben der Natur, zurück in ihren ewigen Kreislauf.

Das ist die Vergeltung. Nicht nur für die Affen, aber auch für sie. Jedenfalls für den Hass, den die Seele sich zum Gebieter genommen hat.

Krieg bricht dort aus, wo die Menschen den Krieg wollen. Wozu, weiß ich nicht. Vielleicht um angesichts des Feindes sich als Volk wieder im Blut zusammengeschweißt zu fühlen? Oder um die verbotene Freude des Verbrechens zu schmecken? Oder im Kampf sich würdige Führer zu finden?

Aber hält denn das Verbrechen irgendeine Freude bereit? Wurden die Menschen je durch Krieg zum Volk vereint? Und bekam es je einen Führer, dem es hätte vertrauen können?

Vielleicht bricht Krieg ja deshalb aus, damit die Menschen sich zuletzt an Gott erinnern, der aus den Entrechteten die Menschheit erschafft. Doch wie lange muss so ein Krieg dauern, damit die Menschen sich von den Hasspropheten befreien? Oh, bis dahin ist es weit … Noch ist die Stadt nicht zerstört. Die Männer in den aufgekrempelten gefleckten Hemden mit den automatischen Waffen in kraftvollen Händen sind gerade erst in Harnisch geraten, sie freuen sich an dem gedankenlosen, grausamen Spiel und ahnen noch nicht, dass der Krieg niemanden verschont. Auch keinen von ihnen. Und dass Maschinengewehre zwar gute Mordinstrumente sind, aber wenig Schutz bieten. Nicht vor dem Tod eines nahen Menschen, nicht vor Kälte, Einsamkeit, Verzweiflung, Sinnleere …

Noch ist es Sommer. Hitze. Schafe in Hülle und Fülle auf fremden Höfen, Wein in fremden Kellern. Noch sieht es so aus, als bräuchte man bloß den Feind aus diesem umzäunten Weinberg da zu stoßen, und das wärs. Der Sieg wäre errungen …

Was kann man dem entgegenstellen?

Ich habe zwei Bücher dabei: Tagebuchaufzeichnungen von Michail Prischwin und einen wunderbaren Erzählungsband von Boris Schergin über werkendes Volk im Hohen Norden: über Schiffseigner, Steuermänner, Erzähler, Zimmerer und Fangmänner. Er hat wohl keinen ausgelassen, der erwähnt gehört. Ein dickleibiges Buch, lästig als Reisegepäck, aber ich musste es kaufen, denn in Moskau findet man so etwas nicht, außerdem ist es wirklich großartig. Besonders wegen der Reflexionen über die Bestimmung des Menschen. Das gibt es auch bei Prischwin, seine Aufzeichnungen werfen unentwegt die Frage nach dem Sinn des Lebens auf – was ihn zu einem ganz erstaunlichen Vertiefen in sich selbst und das Leben der Natur bringt. Mit den Sinngebungen ist es wie mit den Blumen im Gras: sie verstecken sich nicht, aber ebenso wenig wuchern sie einem entgegen, der Mensch soll sie suchen, suchen müssen …

»Seit etlichen Jahren«, lese ich bei Schergin, »zeichne ich die gesprochene Sprache auf, vor allem die meiner Heimat, dem früheren Gouvernement Archangelsk. Ich jage den mündlichen Perlen nach … auf den Dampfern und Schonern, Landebrücken und Ufern unserer liederreichen Flüsse hier im Hohen Norden …«

Schergin macht den Eindruck eines Menschen von ungewöhnlicher Unversehrtheit, Ganzheit. Nirgendwo, auch nicht in seinem Tagebuch, findet man bei ihm irgendeinen Knacks, einen Riss, ohne den ein heutiger Schriftsteller nicht mehr vorstellbar ist.

Prischwin dagegen hat sich seelisch sehr gequält, ehe er einen ruhigen Begriff von sich und seiner Aufgabe gewann, hat viel durchlebt und sich geprüft – durch Unterwegssein und Begegnung mit den unterschiedlichsten Menschen. Zahllose Tagebucheinträge von ihm, insbesondere aus den frühen Jahren, bilden ein erschütterndes auswegloses inneres Drama ab, von dem im reifen Alter, nachdem die Seelenqual sich gelegt hat, nichts mehr übrig ist. So notiert er zum Beispiel auf einer seiner Asienreisen: »Man muss sich selbst sterben …« Alle seine frühen Reisen sind auch ein Sterben vom Selbst, *Urasa* auf Kirgisisch, *Saum* auf Arabisch, eine besondere Enthaltung von allem Gewohnten. Auch vom gewohnten Selbst. Er hat viel über sich erfahren auf den Reisen, das ihm später ermöglichte, sich von seinem Schmerz zu befreien, ein ganzheitlicher Mensch zu werden.

Sie enthalten etwas für mich sehr Wichtiges, die Prischwin'schen Aufzeichnungen jener Jahre ...

Gestern ging ich abends an die Petschora, zum Hafen, wo mir gleich nach der Ankunft ein altes Haus aufgefallen war, geschwärzt, groß, mit Fenstern, deren Blick früher einmal direkt auf den Fluss hinausgegangen sein muss, jetzt aber war die Sicht von einem langen Zaun des Hafenspeichers verstellt. Ich fragte mich, ob da jemand wohnt. War nicht recht auszumachen. Auf dem Dach Moos und Kamille. Der kleine Küchengarten lag brach, nur ein winziges Beet mit doldenüberkröntem Dill zeugte davon, dass hier doch jemand lebte, jemand Altes. Und tatsächlich ging in diesem Augenblick die niedrige Tür eines kleinen Anbaus auf, und heraus schaute ein verhutzeltes betagtes Frauchen mit weißem Kopftuch. Ich rief sie an, ein Wort ergab das andere – sie bat mich herein, setzte mir Tee mit Moltebeerwarenje und Lachs vor.

Sie begann zu erzählen.

Von der Petschora, die vor vielen, vielen Jahren bei einer Überschwemmung einmal einem Meer glich, was hat sie da über den riesigen blauen Spiegel gestaunt, wie sie, noch mit dem Großvater, über die Auen und Heuschläge und buschigen Ufergestrüppe hinweg fuhr, als ob sie drüberweggeflogen wären ...

»Großvater, wo ist denn das Ufer?« Es gab kein Ufer, nur das Boot, das über die durchsichtige Bläue glitt, und darin der Großvater und die Enkelin ...

Dann sprach sie von ihrem Mann, der sie aus dem Dorf in die Stadt mitnahm. Sie hat sich wohl nie gefragt, ob sie gut oder schlecht, glücklich oder unglücklich lebten. Das Leben war einfach schwierig, und sie bewältigten das gemeinsam, als ob sie gegen die Strömung anruderten. Die Augen gerieben hat sie sich erst, als es ihn nicht mehr gab. Da begriff sie, dass er der allerliebste, zuverlässigste, nächstvertraute Mensch auf der Welt gewesen war für sie ...

Er arbeitete immer drei Tage am Stück: auf dem Fluss Baken setzen und überprüfen, Fahrwassermarkierungen. Eines Tages ging er wieder auf Schicht. Nahm den Essensbeutel, den sie ihm zurecht-gemacht hatte. Verabschiedete sich. Verließ das Haus. Alles wie immer. Aber kaum hatte er die Tür hinter sich zugemacht, da griff es ihr an die Gurgel: Sehnsucht. Sehnsucht nach dem Glück, das für immer vorbei war. Sie rannte ihrem Mann hinterher zum Hafenbüro – aber dort war er nicht mehr. Zum Anleger – auch da nicht. Der Kahn war schon fort auf dem Fluss. Drei Tage später brachten sie ihn, tot. Kurz vorher hatte er über Kopfweh geklagt, dass er einen Druck spürt. Wo er doch früher nie über was geklagt hatte …

Was ihr übel mitgespielt hat, ihr ein schwaches Herz beschert hat, das war der Tod ihres vierzehnjährigen Jungen, auf den sie lange gewartet hatte und den sie vielleicht umso mehr liebte, als er heranwuchs, da er nach ihr kam: ein schmächtiger, zierlicher Junge. Und dann fing er eines Tages zu husten an: Er hatte in der Petschora gebadet, dann sich mit seinen Freunden am Feuer trocknen lassen, aber dabei gefroren. Sie kriegte ihn nicht kuriert, weil sie zur Arbeit musste, konnte ihn nicht anständig pflegen, ihm bloß Tabletten geben. Im Krankenhaus stellte sich raus, dass er eine Lungenentzündung hatte. Dünner wurde er dort von Woche zu Woche: Weil er so groß war, legten sie den Jungen zu den Erwachsenen, aber die Männer, die rauchten pausenlos, das hat er nicht ertragen. Mama, hat er gesagt, irgendwie gehts mir schlecht, Mama …

»Schließlich wurden sie auch noch unter Quarantäne gestellt, wegen zwei Bauern oder so, aus Kotkino, die waren anscheinend mit Unterleibstyphus eingeliefert worden. Da bin ich zum Chefarzt, um meinen Jungen zu holen, der ist schon so lang bei Ihnen, sag ich, und immer noch nicht auskuriert, und jetzt noch der Typhus … Geben Sie ihn mir mit … Nein, sagt der, Ihr Junge ist schwerkrank, so jemanden können wir nicht entlassen, er hat große Geschwüre …

Ich geh zu meinem Jungen und seh, sein Bauch ist ganz aufgedunsen, ja … Ich frage den Doktor: Wie ists um ihn bestellt, stirbt er mir?

Er ist gestorben. Ich habe einen Monat nicht geschlafen. Und sieben Kilo abgenommen …«

Tags zuvor ist ausgerechnet mein Tonband kaputtgegangen, ich muss die ganze Zeit mit dem Finger die Aufnahmetaste drücken. Nach anderthalb Stunden ist der Finger so überanstrengt, dass er zittert und ich einen dumpfen Schmerz verspüre. Aber ich will wissen, wie sich das Leben eines Menschen formt, was ihm bis ins Alter im Gedächtnis bleibt, was das Wichtigste ist.

Einmal im Traum, da hat sie den Saum von einem Wald gesehen. Und einen Echten Johannisbeerstrauch. Der war ein einziges Rot vor lauter Früchten. Eine Weile später fuhr sie dann nach Mariza, das Dorf, aus dem sie rausstammt, und ging in den Wald. Und kommt auf einen Heuschlag. Und erstarrt. Weil: was sie dort sah, war ganz genau der Ort aus ihrem Traum. Ganz genau der Waldrand, ganz genau der vor lauter Früchten überrote Johannisbeerstrauch. Der Waldrand: viel Grün mit Schattenlöchern zwischen den Bäumen und wogendes Gras – und dieser Strauch, flammenartig lodernd …

Was hat also, im Rückblick, dieses Leben ausgemacht? Die über die Ufer getretene Petschora während der Kindheit, der Tod des Mannes und die von ihm ausgelöste Verwunderung über die künftig fortsetzungslose Liebe, der Tod des Sohnes, der ihr Muttersein hatte sinnlos werden lassen – und diese Wirklichkeit gewordene Traum. Warum diese Dinge, weiß ich nicht. Aber was soll man diesem »Großvater, wo ist denn das Ufer?« hinzufügen? Die Hochwasser haben die Erde überflutet, nirgends ein Ort für die Vögel, ihr Nest zu bauen …

Übermorgen, nein, morgen schon geht mein Hubschrauber. Dann werde ich meine Insel sehen. Wozu auch immer. Das werde ich später, wenn ich sie sehe, wissen. Ich bin nicht sicher, alles richtig und auf die denkbar beste Weise zu machen, aber solange ich meine Insel erschaffe, sie aus eigenen Träumen, Buchzitaten und bruchstückhaften Erzählungen über sie zusammenfüge, so lange lebe ich. Sie muss Wirklichkeit werden.

»Es ist an der Zeit, etwas zu erschaffen!« Ich springe wieder auf das Floß des Hotelbetts, ziehe mir die Decke über den Kopf und schlafe ein.

Rechtfertigung des sinnlosen Reisens

Mein Freund Pjotr, mein treuer Weggefährte! Ich möchte, dass du weißt, wie die Insel aufgetaucht ist. Wie sie, mir zur Notwendigkeit werdend, aus den Tiefen emporsteigt, ein grauer, vom morgendlichen Sonnenlicht unberührter, horizontweit ausgespannter Strand, hinter dem sich, baldachinartig, ein dichter Wald bis zu den fernen Bergen erstreckt. Oder so: Sie tritt aus Nebel hervor, den die Stimmen aufgeschreckter Möwen durchschrillen; ein niedriges, braunes, sich in feierlicher Hoffnungs- und Hortlosigkeit nach allen Seiten hin ausdehnendes Land. Glaubst du, dass das ein und dieselbe Insel ist, die Insel meines Traums? Mit steifen Fingern krame ich in den Taschen meiner Daunenjacke nach der Streichholzschachtel, kann selber nicht begreifen, wie es zu dieser bestürzenden Metamorphose gekommen ist, suche selber ratlos mit den Augen das freudlose Ufer ab in der Hoffnung, wenigstens ein Bäumchen zu entdecken, wenigstens einen Hügel, von dem aus wir uns einen Überblick über die Umgebung verschaffen können – aber nichts. In Watstiefeln kämpfen wir uns durchs Flachwasser, das Boot mit der Ausrüstung vor uns her stoßend, denn wir haben, damit die Schraube nicht beschädigt wird, den Motor abgestellt. Kilometerweit ringsum nur diese flache, trübe Wasserfläche. Nebel, den die Sonne zu durchdringen versucht. Plötzlich stürzt sich von einer uns rechterhand begleitenden glitschigen Lehmbank, deretwegen wir nicht ans Ufer herankommen, eine riesige, laut zeternde Schar Weißwangengänse ins Meer – und ich erwache. Der eisige Nebel, von dem das Gesicht steif und unbeweglich wird, entpuppt sich als die vom Eisenofen abstrahlende Wärme eines prasselnden Feuers;

neben dem unter der Zimmerdecke entlanglaufenden knieförmigen Rohr trocknet an einer Leine unsere durchfeuchtete Kleidung; neben der Tür lehnen anstelle eines Reisigbesens zwei Gänseflügel an der Wand, und auf dem aus Brettern gezimmerten Tisch unterhalb des kleinen Fensterchens steht ein verrußter Kochtopf, überwölbt vom duftenden Dampf einer frisch gekochten Suppe.

Jetzt, da wir uns sattgegessen haben, mein treuer Freund, und belebende Wärme den Körper durchströmt, während im Kessel auf dem Ofen Teewasser dem Siedepunkt entgegenfiept und -zischt, könnte es mir vielleicht Spaß machen zu philosophieren, aber du weißt ja selber: Die beste alle möglichen Arten des Philosophierens ist ein starker heißer Tee.

Ein starker, schwarzer, heißer Tee … Ich schweige. Aber ich könnte reden! Folge dem Zufall, Pjotr, folge dem Zufall, junger Freund, denn der Zufall ist der Vater des Schicksals. Lach nur, lach – aber ich weiß, was ich sage. Auch ich habe einmal gedacht, ich könnte frei über mich verfügen. Auch ich habe Dinge erlebt, die mir absolut zufällig vorkamen (wie alle glaubte ich als Jugendlicher, ich hätte ebenso gut ein anderes Buch lesen können oder einen anderen Menschen treffen, hätte früher kommen können oder später, und dann wäre dies oder das geschehen und etwas anderes nicht). Aber später stellt sich heraus, dass dem nicht so ist: Ich hatte genau dieses eine Buch lesen müssen (habe jedenfalls genau dieses Buch gelesen) und bin eben genau dem Menschen begegnet, dem ich begegnet bin. Generell unterscheidet sich das Erwachsenendasein von der Jugend dadurch, dass es alle Zufälligkeiten des gelebten Lebens zu einer Kette von Zwangsläufigkeiten zusammenzuschließen trachtet – und eines Tages entdeckst du, dass du von lauter Zufälligkeiten (Zwangsläufigkeiten) umstellt bist wie der König im Schach und du, um dem Matt zu entgehen, einen ganz bestimmten Schritt tun musst. Zum Beispiel auf eine Insel fahren, mit der dich nichts, scheinbar ganz und gar nichts verbindet …

Du glaubst mir nicht, aber das ist wirklich so. Deshalb sage ich dir auch: Folge dem Zufall, Pjotr! Folge ihm, damit nicht der brühend heiße Tee auf deine Hose spritzt, denn der Zufall ist das Samenkorn der Kausalkette, das darauf wartet aufzugehen … Jajaja, genau das wollte ich sagen: Je dicker die Hose, desto nachhaltiger und unerträglicher verbrennt der kochende Tee dir das Bein! War es ein Zufall, dass das erste von mir selbstständig gelesene Buch *Robinson Crusoe* war? Wozu lange orakeln, wenn es so war? Das erste Buch vergisst man nicht, ich habe meines geliebt – und folglich auch die Insel. Denn sosehr Robinson sich auch nach der Heimat sehnte, die beste Zeit seines Lebens blieben doch die achtundzwanzig Jahre auf jener Insel, auf die ihn ein Zufall verschlagen hatte und die er zu lieben gezwungen war. Ja, zu lieben! Und der Autor hat das verstanden. Mehr noch, von all den Sorgen befreit, die ihn beschwert und bedrückt hatten, stimmt Robinson bisweilen einen innigen Lobgesang auf die Insel an, die vor uns bald wie der entfaltete Bibelvers aus dem ersten Buch Mose erscheint, als Feste zwischen den Wassern, bald wie das irdische Abbild des Paradieses, bald wie eine Metapher vollkommener menschlicher Unabhängigkeit und Freiheit.

Inseln haben ihre poetische Genealogie, genau wie Berge, Flüsse, Höhlen, Grotten, bestellte Felder und andere Orte, die für den Menschen besondere Anziehungskraft besitzen. Abgeschiedenheit, Abgeschlossenheit, Andersheit, Geheimnis – dies fällt als Erstes ein, wenn das Gespräch auf die Insel kommt. Die Gefühle, die sie einem schenkt, sind nicht mit denen zu vergleichen, die auf einsamen Berggipfeln wachgerufen werden, was ihre Anziehungskraft aber nicht schmälert. Das wissen kleine Jungen und Schriftsteller bestens, darin unterscheiden wir, du und ich, uns weder von ihnen noch von anderen. Zunächst müssen wir uns tief vor Stevenson verneigen, der in seiner *Schatzinsel* die romantische Vorstellung vom Eiland aufs Vollkommenste formuliert hat. Um nach Defoe und Stevenson das »Mysteriöse« der Insel zu verstärken, musste Jules Verne der Erzählung phantastische Details hinzufügen, womit er einen ganzen Zweig von ihm nachfolgenden Schriftstellern verführte und auf Abwege lockte, sie zu unverbesserlichen Phantasten machte. Aber was für eine Versuchung ja auch!

Am Ursprung der Tradition stehen Homers *Odyssee* und Vergils *Aeneis*. Die Eilande, die dem Inselbewohner Odysseus begegnen, sind nicht einfach rätselhaft, sie sind eine Gefahr für Leib und Leben. Odysseus ist König von Ithaka, doch jede Insel, die auf dem Weg seiner Wanderschaft liegt, wird von einem anderen regiert, jede Insel ist ein eigenes Königreich und unterliegt ganz der Macht des jeweiligen Herrschers, der zudem nicht unbedingt ein Mensch sein muss.

Im frühen Mittelalter kommt ein neues Motiv hinzu: Suche, unbezwingbares Streben nach der Insel, die noch unentdeckt irgendwo in der weiten Wüste des Meeres liegt. Was jetzt die Schiffe antreibt, die Meere zu durchpflügen, ist nicht länger die Heimkehr, sondern das Hinaus, der Aufbruch in ein unbekanntes Land. Dieses, als Land der Seligkeit entworfen, veranlasst Brendan den Reisenden, jahrelang in den Fluten umherzuirren, und eigentlich ist es diese unermüdliche Pilgerschaft, die ihn zum Heiligen werden lässt: wie die Irrfahrt des Aeneas ist auch Brendans Seereise geistiges Tun, fortwährendes Gebet. Übrigens will Brendan jenes Eiland, auf das die Engel herniedersteigen, gesehen haben. Und vielleicht hat er es ja gefunden, wenngleich spätere Forschungsreisende, die an die Wirklichkeit seiner Gesichte glaubten, die physische Existenz der Insel nicht nachzuweisen vermochten.

In der Epoche der großen geographischen Entdeckungen erfreuten sich frei erfundene Beschreibungen nicht minder frei erfundener Reisen ungeheurer Beliebtheit, in ihnen strotzte es nur so von hanebüchenen Phantastereien: von Ungetümen, Zwergen, Wundern, absurden Bräuchen – was zuletzt in die ätzenden Satiren von Swift und Rabelais mündete, deren Zwerge, Riesen, Houyhnhnms und Makräonen Inselbewohner sind. Auch Utopia ist eine Insel und rundum fiktiv. Thomas More schrieb eine auf den Kopf gestellte Satire: das Bild des idealen Staates.

Aber die Insel! Die Insel kann nicht nur der Satire dienen, selbst wenn sich ihrer ein Meister wie Anatole France annimmt. Die Insel lockt Künstler und Dichter, sie verbirgt sich wie eine Frau, und träumt wie eine Frau davon, entdeckt und besungen zu werden. Im Jahr 1843 flieht von einem amerikanischen Walfänger ein Mann auf eine der Marquesas-Inseln – Herman Melville, der noch gänzlich unbekannte Schriftsteller und künftige Verfasser des *Moby Dick*, der im riesigen Buch der Inseln das in unserem Zusammenhang so wichtige Thema der Flucht anstimmt. Des Davonlaufens vor den rigiden Dienstvorschriften, den menschlichen Beziehungen mit ihrer Gemeinheit und dem Zwang, die bürgerlichen Gesetze und Bräuche annehmen zu müssen. Des Fortgehens von der Welt, von allem. Die Insel wandelt sich vom Sammelpunkt der Gefahren zum Fluchtpunkt der Rettung, sie wird zum letzten Territorium, wo Unversehrtheit noch möglich ist, wo sich noch wahre menschliche Beziehungen finden lassen und die Größe der Natur noch berührt werden kann. Der Erste ist Melville, ihm folgt Gauguin (*Noa Noa*) und später Rockwell Kent, der auf der Suche nach Authentizität sich immer weiter von der Zivilisation entfernen musste – bis zu den Gletschern Grönlands, wo er seine boreale Idylle *Salamina* schrieb.

Die Flucht, auch die meistenteils misslingende, das Paradies, auch das nicht gewonnene, der Schatz, auch der nicht gefundene – diese Topoi, die bereits den Büchern von Melville und Gaugin einen furchtsamen Ton beimischen, klingen voll in den Werken zweier zeitgenössischer Autoren auf, in denen das Magische der Insel eine ungeheure Handlungsspannung erzeugt: John Fowles *Der Magus* führt uns zweitausend Jahre nach der *Odyssee* und der *Aeneis* zurück ins Mittelmeer, wo unter Vergessen und sonnendurchfluetem Traum verborgen die alten Mythen darauf warten aufzuerstehen und fortzuleben; T.C. Boyles *Der Samurai von Savannah* dagegen ist die klassische Fluchtgeschichte eines, der in die Falle der Insel gerät.

Die Insel als Idee wuchs mir jedenfalls ans Herz, lange bevor ich den Fuß auf irgendeine reale setzte.

So hat mich der Zufall in die erste Falle tappen lassen. Die zweite – der Traum von einer Reise – schnappte wenig später zu. Auch daran ist nichts Besonderes. Alle kleinen Jungen träumen davon zu reisen. Und zwar zu *reisen*, weißt du, das heißt: sich Gefahren aussetzen, laufen bis das schwere Gepäck oder der Durst dich auslaugen, vorwärtskriechen, mit dem eigenen Ich den Raum vermessen, sich mit ihm verschwistern und ihm, nach dem Gesetz der Verwandtschaft, all seine Kraft, Verzweiflung, Begeisterung hingeben – um im Gegenzug etwas zu erhalten, wofür ich keinen Namen kenne, aber Touristen, die aus dem Bus wie aus einem Aquarium auf die Sehenswürdigkeiten von Moskau, Paris oder London schauen, werden dessen nie teilhaftig. Der Raum beschenkt einen mit unzähligen Reichtümern. Der Raum macht einen zum Menschen ...

Aber wo bleibt die Gerechtigkeit?! Fünf Jahrhunderte nach den Entdeckungen des Kolumbus ist die Erde von Tausenden von Glückspilzen, die vor uns auf die Welt kommen durften, derart gründlich ausgeforscht, bereist und mit akribischem Ernst beschrieben worden, dass wir scheinbar nicht mehr die geringste Chance haben, die Begeisterung dessen zu erleben, der als Erstentdecker ein unbekanntes Gestade betritt. Grund genug, zu verzweifeln. Alle modernen Reisen erinnern in ihrer Vorsätzlichkeit an die Bootsfahrt der drei Helden von Jerome K. Jerome und sind in diesem Sinn zutiefst literarisch. Aber wenn wir uns damit abfinden, was wäre Schlimmes daran? Die Reise entwächst der Welt der Bücher und kehrt in diese zurück: Sie ist ein eigenes Genre, der Literatur wie des Films – das ist ihre einzige Rechtfertigung vor den Menschen. Alle modernen Reisenden begreifen das bestens, ob Cousteau mit seiner Crew, für die die Calypso, dieses Schiff, dessen Name wie ein Echo auf Homer klingt, zum Zuhause wurde, ob Reinhold Messner, der allein den Everest bezwang, oder Michel Siffre, dieser Bewohner dunkler Höhlenschlünde. Alle müssen sie Rechenschaft darüber ablegen, was sie erleben durften, andernfalls wendet die Menschheit sich von ihnen ab wie von jemandem, der sich Gemeineigentum unter den Nagel gerissen hat und jetzt damit geizt. Sie müssen den Menschen das Geheimnis zurückgeben.

Zwei, drei Jahrhunderte lang haben Wissenschaftler sich mit nichts anderem befasst, als gigantische Inventarlisten all dessen zu erstellen, was es auf der Erde gibt, und es zu systematisieren. Und so wurde alles bekannt. Und alles überdies zugänglich. Und das Geheimnis verschwand. Wen hielten die Säulen des Herakles heute noch auf? Wer würde heute noch behaupten, jenseits der norwegischen Nebelküsten gebe es »weder Erde noch Himmel«?

Selbst die Sahara hat vor dem Menschen kapituliert und wurde zur riesigen Rennstrecke für die Rallye Paris-Dakar; selbst der amazonische Regenwald kann nicht gegen die gigantische Technik an, die ihn zerfetzt und aus dem Boden reißt, um sich ins Erdinnere zu fressen, zu den Zinn- und Manganerzvorkommen ...

Der Verlust des Geheimnisses ist unhintergehbar. Aber weißt du, was der Name Kalypso bedeutet? Die Verbergende. Die Reisenden des 20. Jahrhunderts suchen das Rätsel, nicht seine Entschleierung, schlimmstenfalls auch Abenteuer zum eigenen Schaden, um die Menschheit aus alptraumhafter Allwissenheit und Selbstzufriedenheit zu erretten. Und wenn wir, mein Freund, uns aus der Hauptstadt an den Rand eines abgelegenen Flachwassergebiets mit glitschigen Lehmbänken versetzen, um hier unseren Stiefelabdruck zu hinterlassen, dann versuchen auch wir uns in dieser Zauberei.

Aber die Teephilosophie hat mich auf Abwege geführt. Ich hatte vom Zufall angefangen. Der Zusammenhang ist folgender: Nach allen Büchern, die ich verschlungen hatte, träumte auch ich davon, ans Ende der Welt aufzubrechen, wusste aber nicht, wohin. Da fiel mir ein Atlas mit Landkarten voll weißer Flecken in die Hände: Was war das, wenn nicht die Schlinge des Zufalls? Echte weiße Flecke – grandios! Sofort stürzte alles über mich herein: Terra incognita, Hoffnung, Herausforderung. Die Aussicht auf Unerhörtes; teuflische Versuchung: Alles, was dir dort widerfährt, widerfährt nur dir allein, garantierte Authentizität aller Gefühle, keine touristischen Surrogate, keine televisionären Substitute ...

Genau genommen war es ein alter, äußerst gediegener deutscher Weltatlas aus dem Jahr 1927. Die Karten von Europa, Afrika und Ozeanien, besonders von den Landstrichen und Gebieten, auf die Deutschland als verlorene Besitzungen Anspruch erheben mochte, waren mit solch perfekter, unbezweifelbarer Genauigkeit wiedergegeben, als wären es Arbeiten des allerkunstfertigsten Miniaturstechers. Doch plötzlich verlieren sich die fein ausgeführten Reliefschnitte, erleidet die Klarheit der Linien Einbußen, tritt eine schülerhafte Unsicherheit des Kartographen zutage. Die Pünktchen da zum Beispiel: so ungefähr, muss die Küstenlinie verlaufen. Die Flüsse: Mündungen, von denen punktierte Linien abgehen. Ein riesiger See, bestimmt fünfmal so groß wie der Genfer, immerhin der größte in Europa – auch er gänzlich skizzenhaft umrissen. Dahinter: nichts. Eine weiße Fläche. Terra incognita. Die Taimyrhalbinsel: vierhunderttausend Quadratkilometer Terra incognita.

Mir war natürlich bewusst, dass 1927 weit zurücklag und sämtliche weißen Flecke auf den Landkarten der Polargebiete längst aufgefüllt waren. Doch wenn der Zufall dieses Atlas bedurfte, so nur, um meinen Kurs abzustecken: nach Norden. Der Hohe Norden bleibt immer noch der Hohe Norden, kein dickärschiger Tourist kommt einem hier mit seiner verfluchten Kamera dazwischen, um sich vor irgendeiner »Sehenswürdigkeit« zu verewigen. Der Norden ist zu rau, um sich eitle Selbstgefälligkeit zu erlauben. Und zu weiträumig, als dass hier die Maßstäbe für unsere Sorgen und Erregungsanlässe unverändert blieben. Denn hier ist der Mensch wahrlich klein, und groß der ihn bedrängende Raum, zahlreich sind die Seen, tief die Flüsse, reglos-kalt die Moore ...

Ich wusste nichts über den Hohen Norden. Ich war Nachrichtenreporter in einer Zeitung, und das Einzige, was mich von meinen Kollegen unterschied – und zweifellos negativ, weil es mich immer stärker vom Arbeiten abhielt – war der unbezähmbare Wunsch, meine eigene Reise zu machen. Das Zeitungsgetratsche schnürte mir die Luft ab. Ich entwickelte einen regelrechten Hass. Ich suchte in den Landkarten Rettung, deren exotische Toponyme ich mir hersagte wie Beschwörungen: Byrrangagebirge, 1146 Meter, mit Gletschern. Taimyrhalbinsel. Zu schwierig für einen Menschen, der keinerlei Expeditionserfahrung besitzt. Sachanin-Wasserfall. Klingt schön. Achtzehn Kilometer flussabwärts gibt es einen Balok*, dort beginnt ein gangbarer Weg. Aber das Ganze liegt auf Nowaja Semlja. Ein gigantischer Archipel des Verteidigungsministeriums, Sperrgebiet, der Pol der Unzugänglichkeit ... Die Kolokolow-Bucht, ein Leuchtturm, die Tschajatschi-Inseln, das (unbewohnte) Dorf Nischni Schar ... Ein faszinierendes Ge-

---

* Eine transportable Hütte auf Kufen. [Anm.d.Ü.]

misch aus Land und Wasser, aus Hochmooren, Flachwassergebie-
ten, Binnenseen und kleinen Flüsschen. Kein Pfad, kein Anleger,
keine Behausung, keine Menschen. Hunderte Kilometer kalten
Sandstrands. Dort – dort ist das Ende, der Rand der Welt ...

Ich steckte voller Zweifel, was meine Kräfte betraf, und fragte mich, wie dieser Raum sich mir aufschließen würde. Aber da
trat erneut der Zufall als Verlocker auf, verschlug mich auf die
Solowezki-Inseln. Die Solowezki-Inseln begeistern ja jeden, und
wer zum ersten Mal dort dem Hohen Norden begegnet, dazu bei
heiterem Sommerwetter, der ist zwangsläufig verzaubert, krank,
außerstande, die sich ihm darbietende Wirklichkeit zu begreifen.
Die – wie auf japanischen Zeichnungen – windgedrechselten Kie-
fern, die anrührenden Krüppelbirken und blumenübersäten Wiesen, die Torfmoos-Föhrenwälder und die offenen Tundraräume,
durch deren rötliche Haut wie harte Beulen Findlinge überzogen
vom Milchschaum gelber und grauer Flechten stoßen – alles, bis
hin zu den Spiegelbildern der verlassenen Gotteshäuser auf den
dunklen Flächen der Seen, bis hin zur bebenden Waldesstille, die
den begleitet, der mit dem Boot die einst von Mönchen ins Innere
der Insel gegrabenen Kanäle durchrudert, – alles hält der Bezirzte
für bare Münze und glaubt, dies sei nun der Hohe Norden.

Haben wir das aus dem Fernsehen, Petja? Ob die französischen
Schlösser oder der Karneval von Rio, das Leben in den Mangro-
venwäldern auf Borneo oder die nächtliche afrikanische Savanne,
alles ist zugänglich geworden – und auf der Stelle wertlos. Und
schon sieht man nicht mehr, kann man nicht mehr verstehen, dass
Solowki ein besonderer Ort ist, dass Sawwati und Sossima mit ihrer Lodje womöglich nicht von Ungefähr an diesen Gestaden lan-
deten, dass hier das Wunderbare aufs Unglaublichste verdichtet
ist, als habe der Herr diesen Krümel Erde wie einen Film montiert,
ausschließlich mit berückenden, wie eigens zu Kontemplation und
Gebet erschaffenen Anblicken. Und kein Anblick ist hier beliebig,
kein Gebäude, dessen Fenster zufällig in die Landschaft hinausgin-
gen, keine Kirche, die nicht einen Buckel, ein Inselchen, eine stille
Meeresbucht schmückte. Natürlich, Solowki ist ein blaues, durch
fünf Jahrhunderte vom Menschen zu himmlischer Reinheit ge-

schliffenes Kleinod, und nicht der ganze restliche Norden kann so sein, auch wenn noch andernorts in Sommernächten der Himmel feuervogelschwänzig lodern mag und in der Tundra der Stein sich beflechtet.

Aber unfähig, all dies zu verstehen, stürzte ich, kaum wieder in Archangelsk von Bord gegangen, zum Schiffsfahrplan, um zu schauen, welches Ziel sich noch ansteuern ließe. Denn nach den Solowezki-Inseln schien endgültig geklärt: Der Hohe Norden war der stärkste Eindruck meines Lebens – dorthin musste also meine Reise gehen. Wohin genau, wusste ich nicht, aber die Route der *Juschar* gefiel mir: Archangelsk – Narjan-Mar, via Kolgujew. Bis zur Insel fuhr die Fähre nur einen Tag, auf dem Festland nahezu ursprünglich-wilde Orte zurücklassend. Aber ich dachte, eine Insel, zudem eine nicht gerade kleine in der Barentssee, ist genau das, was ich brauche …

Was ist das Gute an einem Traum? Dass er nicht gleich Wirklichkeit wird. Er lebt tief in unserem Herzen, erfüllt es mit Hoffnung. Ich kehrte nach Moskau zurück. In der Alltagshatz vergaß ich die Insel rasch. Aber der Zufall hatte seine Arbeit getan; jetzt genügte es zu warten, bis ich ausführen würde, was mir vorgezeichnet war.

Vertrau dem Schicksal, Petja, und leg Holz nach! Die Scheite im Ofen bersten, in lustigen, kringeligen Spänen schießt das Feuer auf und davon, säuselt im Rohr: Was Wirklichkeit werden sollte, verwirklicht sich nun.

Glaub mir, ich habe den Zeitpunkt hinausgezögert, so lang ich konnte. Ich gab meine Stelle auf, fuhr nach Kamtschatka und heuerte als Matrose und Fischverarbeiter auf einem Trawler an. Am Tag vor seinem Auslaufen packte mich die Furcht und ich floh an Land …

Ich war zu dem Schluss gekommen, dass im Gefängnis einer rostigen schwimmenden Fabrik Fische auszunehmen etwas vollkommen anderes ist als auf einem der La Perouse'schen Schiffe die Meere zu durchpflügen. Womit ich richtig lag. Aber seltsam: Meine Unfähigkeit und, wie sich zeigte, auch Unlust, etwas in meinem Leben zu verändern, ließen mich immer bedrückter und deprimierter werden. Es stellte sich heraus, dass ich nur das konnte, was ein Journalist können muss – sprich: telefonieren, Nachrichten und Kommentare herbeischaffen, rauchen, Kaffee trinken, mit dem Gesicht eines, der schon alles weiß oder sogar noch ein bisschen mehr, über jeden Gegenstand plaudern und die Welt in publikationstaugliche oder -untaugliche Themen parzelliert wahrnehmen … Abends kam ich zerschlagen nach Hause. Eine Idee, wie ich meinen Traum verwirklichen könnte, hatte ich nicht.

Es vergingen einige Jahre. In meinem Leben geriet alles aus den Fugen. Ich wurde von meiner Frau geschieden. Ich versuchte beruflich weiterzukommen, kam bei einer der damals renommiertesten Zeitungen unter und schrieb ernste Artikel. Die Chefs lobten mich, aber mir wurde von meiner eigenen Ernsthaftigkeit ganz gruselig, auch von meiner Sprache, die offenbar sogar gedruckt greisenhaft-langweilig klang: kein Leserbriefschreiber hielt mich je für jünger als vierzig, obwohl ich erst siebenundzwanzig war.

Mir wurde bewusst, dass ich in die Jahre gekommen war und sterben würde. Angst saß mir im Nacken.

Da begann ich eines Nachts zu reden, als ich wieder einmal mit einem Freund in der Küche hockte und wir mit Alkohol der Angst zu entfliehen versuchten. Ich appellierte daran, nicht zu verzweifeln, es gebe noch eine Chance für uns auf ein echtes Menschenleben: die Insel. Wir müssten aufbrechen dorthin. Müssten das alles sehen: den Berg Paarkow, den Kriwoje-See, das Flüsschen Gussinaja, die heiligen Hügel …

Mein Freund hörte aufmerksam zu. Dann öffnete er die schwergewordenen Lider und blickte mir in die Augen:

»Alles Bullshit. Gibts nicht, so eine Insel …«

Wozu ihm widersprechen? Ich kramte eine Karte mit großem Maßstab hervor und betrachtete die Insel meiner Hoffnung aufmerksamer. Was mich sofort an ihr anzog, war die Vollkommenheit ihrer Form: beinah rund, und an den Rändern etwas eingedrückt, wie eine abgegriffene Münze. Ausgedehntes Grün: flach. Natürlich einige Flüsschen, Seen, Hügel. Seltsame offene Sandbereiche ... Alles, was man für die Welt im Kleinformat braucht.

Im Süden und Osten schieben sich, zwei spillerigen Krebsscheren gleich, vom Meer her lange schmale Sandinseln an Kolgujew, die Ploskije Koschki. Auf der südlichen Nehrung ist eine Isba eingezeichnet – vielleicht für Fischer oder Jäger? Plötzlich überkam mich der unbändige Wunsch, dort zu sein, in dieser Hütte, zwischen Himmel und Erde, und ringsumher ist nichts zu sehen außer dem Meer, nichts zu hören außer den Rufen der Vögel ... Ich wollte mich dort für eine Woche, einen Monat verkriechen ... Mich zusammenziehen. »Mich selbst sterben.«

Ich wollte dorthin für immer fliehen – während es genügt hätte, hinzufahren. Ob du es glaubst oder nicht, aber bis es soweit war, vergingen noch einmal zwei Jahre. Wer wollte da noch behaupten, dass Odysseus, der sieben Jahre lang bei der Nymphe Kalypso Gefangener seines Zauderns war, uns nicht geistesverwandt ist in diesem seinem Wanken?

Ich wollte zusammen mit jemandem zu meiner Insel aufbrechen und glaubte, leicht einen Weggefährten finden zu können. Tatsächlich reagierten die meisten meiner Bekannten zunächst begeistert auf den Vorschlag, an einer echten borealen Odyssee teilzunehmen. Dann folgten die Fragen: Und was kriegen wir zu Gesicht? Was gibt es dort? Lässt sich ein Film draus machen? Eine Fotoreportage? Worüber? Worüber noch, außer über die Natur?

Ich wusste keine Antworten auf diese Fragen. Ich hatte sehr vieles nicht bedacht. Unter anderem, dass die Zeit, »einfach so« zu reisen, vorbei war. Weshalb die Idee mit der Insel vielen als blanker Unsinn und pure Zeitverschwendung erschien. Und tatsächlich mussten sie ja nicht genauso denken wie ich. Dann kam noch der Augustputsch von 1991 dazu, die Aufmerksamkeit der schreibenden Zunft wie der Leser war ganz von den Ereignissen absorbiert, die bis ins Jahr 1993 und noch weiter reichten. So dass all meine Versuche, meinen Kollegen eine Insel in den Blick zu rücken, nur Ärger hervorriefen.

Bis schließlich eine meiner Kolleginnen aus der *Literaturnaja Gaseta* – eine bemerkenswerte Journalistin –, nachdem sie sich wieder einmal meine diesbezüglichen Klagen angehört hatte, mit erbarmungslos spöttischem Lächeln sagte:

»Du faselst schon so lang von deiner Insel, dass du wahrscheinlich nie dort hinkommst ...«

Da gingen bei mir die Lichter an.

Ich telefonierte mit Archangelsk und erfuhr, dass die Linie Archangelsk – Narjan-Mar eingestellt worden war. Und ausgerechnet nach Narjan-Mar waren auch die Flugtickets ausverkauft. Blieb noch der Zug: bis Petschora, und von dort mit dem Schiff stromabwärts bis Narjan-Mar – die älteste Route, der Weg der Ersten, die in den Hohen Norden aufbrachen ...

Ich kaufte eine Bahnkarte und fuhr los. Alleine. Ohne jede Vorbereitung – was natürlich nicht folgenlos blieb. So hatte ich gemahlenen Alvorada-Kaffee dabei, ein deutsches Produkt, viel zu stark gebrannt, ungenießbar, reinster Dreck, dazu Gitanes ohne Filter – insofern war ich nicht schlechter ausgerüstet als der Superman aus der Camel-Reklame. Aber meine Winterjacke hatte ich dafür zu Hause gelassen, weil ich glaubte, mit einem Rollkragenpullover und der Regenjacke auszukommen ...

Klar, all das war dumm, aber ich spürte, dass ... Dass ich mich später vielleicht nicht mehr würde entschließen können und auf immer und ewig ein hochqualifizierter Fortschrittskritiker bliebe. Dass ich meine Reise nie machen und nie mein Wort sagen würde, ja nicht einmal erführe, welches es wäre ...

Weißt du, was es bedeutet, sein Wort zu sagen, Petja?

Petja!

Du schläfst wohl schon lange, mein Freund, wie?!

Schlaf. Ich habe diese Insel errungen. Alleine. Und jetzt, da teile ich sie mit dir, wie Brot, schenke sie dir – mit ihren braunen Lehmbänken, die bei Ebbe aus dem Meer auftauchen wie der urzeitliche Grund der Erde, mit ihren unzähligen Gänseschwärmen, ihren Flüssen und Bächen, dem vorjährigen Schnee und den Senken zwischen vergissmeinnichtüberbläuten Kuppen, mit all den Entzückungen, die sie der Seele einzugeben vermag, und all der tödlichen Erschöpfung, die einen überkommt und wie Finsternis einhüllt, obgleich es hier im Sommer nicht Nacht wird. Du schläfst – was bedeutet, dass du die Gabe annimmst. Fortan wird die Insel Teil deines Schicksals sein, vielleicht sogar ein Ring, schwer behangen mit einer Traube von Schlüsseln, die andere Türen an anderen Enden dieser Welt öffnen …

Pjotr

Mein Freund Pjotr, mein treuer Weggefährte! Du sollst wissen, wie du in dieser merkwürdigen Verkettung von Umständen aufgetaucht bist, wie du Teil des Plans wurdest – nicht einfach meines, nein: sondern jenes Plans, dessen Teil wir beide wurden, um dessen Ausführung willen wir einander getroffen haben. Jetzt, nach all den Jahren, die vergangen sind, begreife ich, dass nichts, nicht einmal mein Hinauszögern, umsonst war. Im Hinauszögern stellte die Zeit meine Entschlossenheit auf die Probe. Die Zeit zog mir einen Reisegefährten heran.

Dass gerade du es sein würdest, der Sohn meines besten Freundes, des Geographen Mischa Glasow – nein, daran ist wahrscheinlich nichts Merkwürdiges. Nicht ganz klar ist nur, wie und auf welche Weise genau die Umstände unsere Wahl vorherbestimmten: sie zur Notwendigkeit machten; wie und auf welche Weise sich aus der Unmenge von Möglichkeiten die eine als die einzig tatsächlich mögliche herauskristallisierte, die zudem nicht unbedingt die erste von dir oder mir ins Auge gefasste war. Auch du, nehme ich an, hättest wohl nicht einmal zwei krepierte Mistkäfer darauf verwettet, dass ich dein erster, wenn ich so sagen darf, Expeditionsleiter würde.

Denn, pardon, lieber Freund, aber es ist nun einmal so: Als wir uns kennenlernten, warst du neun – ich folglich siebzehn Jahre älter. Ein ausreichend großer Unterschied, um die trügerische Vorstellung eines unüberbrückbar uns trennenden Abstands aufkommen zu lassen. Wo war es? Irgendwie fällt mir der Waldaj-See ein, eine Forststation noch aus der Vorkriegszeit, die Mischa sich zurechtgemacht hatte: ein Haus, dazu ein solider Blockschuppen, eine halb im Gras verborgene Banja, mächtige, bis dicht ans Haus heranrückende Tannen, ein steil abfallendes Ufer und Stufen, die zu einem Bach mit sandigem Grund und eisig-klarem Wasser führen …

Ja, wahrscheinlich sind wir uns zum ersten Mal im Haus deines Vaters begegnet, folglich in seiner Welt, der Welt deiner Kindheit, der Welt deiner Familie. Die Bleistiftzeichnungen deiner Großmutter: ein Auerhahn, der in der Vorfrühe mit zurückgeworfenem Kopf im Dunkel eines dichten Waldes auf einem Kiefernast hockt; ein Lichtklumpen, der hinter dem düsteren Gewebe des Astwerks emporsteigt – ein Klumpen, der sich noch nicht gerundet, noch nicht zur Sonne verdichtet hat, aber auch kein diffuser dämmeriger Schleier mehr ist … Eine herrliche Zeichnung! Auch diese andere: Ein Wolf, der von fern das Forsthaus beäugt. Dunkelheit ringsum. Nur in einem Fenster brennt Licht – bestimmt steht dort eine Kerosinlampe auf dem Tisch. Es gab keinen Strom auf der Station, und wenn die Nacht kam, wurden Kerosinlampen angezündet, und im Haus verbreitete sich ein wundersames, warmes, goldschimmerndes Licht, lange Schatten krochen über die Wände, die Falten der Kleider (die nach Wald und später nach Rauch rochen) und die Bücherregale voller Nachschlagewerke, Kartenstapeln und einem halben Dutzend Lieblingsbücher, von denen mir nur Aldo Leopolds *Am Anfang war die Erde* im Gedächtnis geblieben ist; auf dem Tisch standen noch ein Mikroskop und eine Waage im Futteral … Sich an der Lampe eine Zigarette anzustecken hielten wir für besonders schick, erinnere ich mich. Wir bliesen den Rauch in den Ofen, vor dem wir hockten mit Blick auf die rotglühenden, zerfallenden Kohlen, über die die Hitze blaue Flammen hinwegstreichen ließ …

Und hier noch eine Zeichnung: jene steilen Stufen hinunter zum Bach, zu dem wunderbaren kleinen Waldbach mit seinen Untiefen und Kolken, wo Plötzen stehen, flink, silbrig, mit einem Tupfen Rot im Auge; die Sonnenstrahlen dringen durch die Wasserschichten bis hinab auf den Grund, bis hinab zu den bunten kleinen, von der zittrigen Gaze der Birken, den schweren Tannenzweigen und den Ebereschenblättern schattengemusterten Kieseln ...

Oh, da fällt mir ein: Wir gingen tauchen, du und ich!

Wir gingen zum Bach hinunter, zu einem der Kolke. Ich wusste, ich musste mich beherzt ins eisige Wasser stürzen, um nicht meinen Mangel an Courage zu verraten, denn du warst ganz der Sohn deines Vaters, Petka, hast also getestet, wie ein Junge testet, wer was taugt. Ich habe ein reinigendes Waldbad immer gemocht, aber eben als Bad, als kurzes Eintauchen ins kalte, von mit in die Tiefe gerissenen Luftblasen durchbrodelte Wasser, aber als du neben mir aufgetaucht bist und, kaum hatten deine feuchten Wimpern sich voneinander gelöst, mich fragtest: »Na, schaffst dus, bis zu dem Baumstamm da zu tauchen?« – eine Einladung, noch länger sich in der eisigen Strömung zu tummeln –, beeilte ich mich von meinem Recht, als Erwachsener ewig beschäftigt zu sein, Gebrauch zu machen, und sprang mit Verweis auf irgendeine Sache ans Ufer, womit ich mir einen leicht spöttischen Blick von dir einhandelte ...

Ja, dein Vater oder ich, wir waren erwachsen, wir hatten weder die Heldentaten noch die Missetaten des Sisyphos begangen, aber wir kannten den Fluch seiner Arbeit: stumpf und ohne nachzudenken wieder und wieder den Stein des Lebens den Berg hinanzuwälzen. Du dagegen gehörtest noch ganz der kindlichen Märchenwelt an: der Welt des Bachs, seiner Wasser, der bernsteinernen Lichtflecken und der silbrigen Fische im Schatten unter der Böschung ... Du kanntest seine Quelle: den See, die alte, noch von Mönchen erbaute Schleuse, deren Winde und die einem primitiven Uhrwerk nicht unähnlichen massiven Zahnräder, den Abflussspalt ... Bestimmt hast du manchmal überlegt, was passiert, wenn man das eichene Schleusentor mit der Winde nach oben zieht und der See sich in den Wald ergießt. Gibs zu, du hast es überlegt; auch ich habe manchmal davon geträumt zu hören, wie das Wasser die von der langsamen Strömung mühselig ausgeschnittenen Muster der Uferlinie einreißt und der Wald unter der eindringenden Welle zu zittern und lärmen beginnt ... Aber was würde dann aus der Welt? Das wusstest du nicht; du kanntest den Anfang, aber nicht das Ende. Sind wir denn nicht alle so? Aber natürlich … Wir tun nur so, als wüssten wir etwas wirklich, weil wir uns aus irgendeinem Grund scheuen zuzugeben, dass alles noch genauso unklar ist wie seinerzeit, da wir als Kind verzaubert um uns blickten. Das große Geheimnis der Kindheit … Und welch erhabener Rahmen dafür: dieser Bach und der Wald, der erfüllt ist von der Pracht der Moose und der Tempelsäulenherrlichkeit der Bäume; erfüllt von einem ewigen Brandungsrauschen, von Gerüchen, Vogelgetriller und anderem scheuen Laut, durch den das geheime Leben des Waldes sich verrät: das krallige Scharren der Eichhörnchen in den zapfenschweren Wipfeln der Tannen, der leichte Schritt des von seinem Lager aufgeschreckten Elchs, der ferne Wirbel des Spechts oder das eher einem Schatten als einem Geräusch gleichende Streichen des Wolfs durchs niedrige Ufergebüsch, der von weitem das Leben der Menschen im Forsthaus beobachtet …

Wo war deine Zuflucht in diesem Wald, deine Lieblingsecke, die jeder kleine Junge hat? Ich wusste es nicht. Einmal hast du mir auf dem Saum eines heißen, nach Ameisen riechenden sandigen Waldwegs gezeigt, wie der Ameisenlöwe seine Beute fängt – ein merkwürdiges unsichtbares Geschöpf, das sich am Grund eines in den Sand gegrabenen kleinen Trichters versteckt. Ich sah, wie eine große rote Ameise, die eine Tannennadel zwischen den Mandibeln bugsierte, zufällig auf den Rand dieser scheinbar harmlosen Vertiefung geriet, worauf deren Grund sofort erbebte, als breche da ein Liliputvulkan aus, und ein Strahl Sandkörner traf die Ameise, die mit ihnen abwärts zu rutschen begann. Sie wollte noch davonlaufen, aber nichts da: Die Sandkörner prasselten hartnäckig auf sie ein, sie mit jedem Zurückkrieseln tiefer dem Zentrum des Trichters entgegenreißend, von wo plötzlich – den Bruchteil einer Sekunde nur – ein im Vergleich zu seinem Opfer riesiges sandfarbenes Wesen hervorschoss, die Ameise mit seinen massiven Mundwerkzeugen packte und wieder unter der Erde verschwand.

Ich war beeindruckt, und du – sehr zufrieden damit. Mir fiel wieder ein, wie ich selber als Junge mich freute, wenn meine Geheimnisse … wie soll ich sagen: auf die Erwachsenen eine Wirkung hatten, als ob sie nie Kind gewesen wären. Und natürlich konnte auch ich damals nicht glauben, dass ich eines Tages selber den größten Teil meines sagenhaften, mir uneingeschränkt zur Verfügung stehenden Kinderwissens vergessen würde …

Als ich zum ersten Mal auf eigenes Bangen und Risiko zu der Insel aufbrach, warst du vierzehn Jahre alt. Wenn ich also von meinen damaligen Abenteuern erzähle, so erinnere du dich an jenen Sommer, in dem du lange Zeit, einen ganzen Monat, eine Ewigkeit, allein auf der alten Forststation verbracht hast. Einmal kreuzten wir mit Mischa zufällig auf und entdeckten die Spuren einer gigantischen, die Kräfte jedes Erwachsenen übersteigenden Arbeit (insofern er nämlich für Müdigkeits- und Genussanwandlungen anfällig ist): das Haus war in seinem Innern total umgekrempelt. Auf der sonnenbeschienenen Fensterbank lagen ein Hammer, eine Zange, eine Handvoll geradegeklopfter Nägel. Es war dem Zufall geschuldet, dass wir aufkreuzten, und ist auch dem Zufall geschuldet, dass ich gerade diese Gegenstände im Gedächtnis behalten habe und unsere Begrüßung und dich: wie du – aus unerfindlichem Grund zwischen wuchernden Brennnesseln – beunruhigt unter dem Schirm einer verschlissenen baumwollenen Armeemütze hervorlugst und vielleicht ein wenig zu leutselig fragst: »Na, was führt euch her?«

In jenem Sommer brauchten wir einander nicht. Zumindest brauchtest du uns nicht. Vierzehn, das allerbefremdlichste Alter: Das Kind von gestern begreift, dass es auf der Schwelle zur Erwachsenenwelt steht. Ja, innerlich ist es überzeugt, bereits erwachsen zu sein, aber nicht sicher, dass die anderen das ebenso sehen: seine grauslige, piepsige, sich brechende Stimme mag sie täuschen, auch seine noch schwach entwickelten Muskeln, aber vor allem ihre eigene Erinnerung an das Kind, das der junge Mann (du) kürzlich noch war. Aber nichts verletzt in diesem Alter mehr als die Bemerkung, man habe noch lebendig vor Augen, »wie du *soo* warst«.

Und wir gehörten nun mal zu dieser Sorte Leute.

Aber wir besaßen Grips genug, für die beiden Tage einen parallelen Kurs einzuschlagen; du hast einfach weitergemacht wie bisher, hast morgens gebadet, dann dir Buchweizengrütze gekocht, gegessen, den Hammer ergriffen … Der Hammer war pausenlos zu hören, als wärest du nicht am Bauen, sondern Einreißen, am Einreißen der Wände, die dich vom Erwachsensein trennten, und wolltest uns – deinen Vater, deinen Bruder und die Freunde deines Vaters – durch das gigantische Ausmaß deiner Arbeit zwingen, dich ernstzunehmen. Als unseresgleichen zu nehmen. Mag sein, dass es dir nicht ganz geglückt ist, doch das Befremdliche und Stumm-Dramatische der Veränderungen, die mit dir vorgingen, habe ich jedenfalls im Gedächtnis behalten. Nicht mehr Junge, noch nicht junger Mann ... Ein großer schweigsamer Junge, dem Kind, das ich früher gekannt hatte, so unähnlich ... Abends bist du zu dem Alten gegangen. Der Alte sah seine Netze durch, pflückte mit knotigen Fingern anklebende trockene Schuppenreste, wassergeschwärzte Gräser, manchmal sogar einen verschrumpelten, blinkergleich blitzenden Fisch ab. In der grün verlöschenden Dämmerung glitt seine Kutka – ein Einbaum aus einem ausgehöhlten Eschenstamm – aus dem Schatten des Seeufers hervor auf den blanken Wasserspiegel: schließlich war er Fischer. Mit dem erwachenden Frühjahr zog es ihn hinaus, dann sah er seine Netze durch wie Brokatgewebe, flickte die alten, knüpfte neue, wobei er unterm Geklapper der Ringe unentwegt jammerte: »Lasst den Großvater raus aufs Meer ...« Er war ein grandioser Erzähler, Schauspieler, Märchenkenner, Possenreißer. Du warst damals ständig mit ihm zusammen, hast uns, hast sogar deine Altersgenossen gemieden, hast gierig seine Klugheit aufgesogen. Damals war ich zum ersten Mal neidisch auf dich: auf deine besondere Nähe zu dem Alten wie auf deinen Charakter, der in Windeseile heranreifte und sich festigte dank der unsichtbaren Gegenwart deines Vaters. Mein Erwachsenwerden vollzog sich vaterlos: ungeschickt, stümperhaft. Der Vater hatte mir Kräfte vermacht, aber mich nicht gelehrt, mit ihnen umzugehen. Um Beharrlichkeit zu lernen – gewöhnliche *sich verbeißende* männliche Beharrlichkeit – brauchte ich Jahre, du dagegen nur einen Sommer: jenen Sommer, den du allein im Forsthaus verbracht hast, als du einfach deinen Vater nachahmtest, der, von unserer Stippvisite abgesehen, nicht in Reichweite war ...

An genau diese Verbissenheit erinnerte ich mich wenige Jahre später, als ich meine zweite Kolgujew-Reise vorbereitete und feststellen musste, dass nicht einer von all denen mitkommen würde, die, begeistert von meinen Erzählungen, unbedingt mit mir in den Hohen Norden hatten aufbrechen wollen. Ich hatte damit gerechnet und machte niemandem einen Vorwurf: Die Begeisterung war echt gewesen und die Absicht mitzukommen nicht gelogen; es war einfach zu viel Zeit vergangen ... Und jeder hatte zu viel um die Ohren ... Aber der Verrat eines meiner Freunde, ein praktizierender Anästhesist und eingefleischter Abenteurer, hätte mich um ein Haar einknicken lassen, denn auf ihn hatte ich offengestanden gezählt. In der Zeitschrift hatte ich mein Projekt *im Prinzip* durchgeboxt, ich hatte den Chefredakteur überzeugen können, dass ich einen Kompagnon brauchte, dem der *Ogonjok* ebenfalls eine Dienstreisebescheinigung ausstellt und ein Honorar in selber Höhe wie meines zahlt. Es fehlten nur noch zwei Kleinigkeiten: der Redaktion das Geld, das irgendwo zwischen Bank und Buchhaltung hängengeblieben war, und mir der Kompagnon, den ich hätte präsentieren können, um zu bekräftigen, dass es mir mit meinen Forderungen ernst war. In dieser Situation mochten nach dem Gesetz der sympathetischen Magie mit der Expedition zusammenhängende *Umtriebigkeiten* (der Kauf irgendwelcher Ausrüstungsgegenstände, von Filmen oder wenigstens einiger Konserven) die Dinge gewiss vom Fleck bringen, denn was immer man sagt: jedes Projekt verlangt nach *Umtriebigkeiten*, ja, meiner Ansicht nach sind *Umtriebigkeiten* absolut unverzichtbar für das Gelingen eines Projekts. Und so rief ich in diesem entscheidenden Augenblick besagten Freund an, damit er schon einmal den Alkohol ordentlich reinigt, den wir einpacken würden, aber er tat auf einmal, als hätte es nie irgendein Gespräch über Kolgujew gegeben:

»Kolgujew?! Ich fahre nach Deutschland ...«

Was mich besonders verblüffte, war der Ärger, der unvermittelt in seiner Stimme mitschwang. Ich zitterte, als ich auflegte. Aber klar, warum nicht ... Deutschland, dann halt Deutschland ... Keiner ist irgendwem zu irgendwas verpflichtet. Die Insel ist mein persönliches Problem, und ich sollte es keinem anderen aufdrängen. Und was seine Quasi-Zusage betrifft, so muss man ja schon ein ziemlicher Naivling sein, um Worten Glauben zu schenken, die einer Momentbegeisterung entspringen.

Ich musste also wieder allein aufbrechen auf die Insel. Nicht, dass mich das besonders ängstigte, aber allein konnte ich nicht vollbringen, was ich mir doch selber ausgedacht hatte. Ich war mir selbst nicht genug: Ohne einen Weggefährten haute alles nicht hin, haute schon gleich die Gestalt meiner Expedition nicht hin. Eine Expedition mit nur einem Teilnehmer? Das klingt so defizitär wie prätenziös. Schließlich ist eine Expedition auch eine Art Schauspiel, dessen unverzichtbare Rollen einer allein nicht bewältigt.

Wer könnte der andere sein?

Einen anderen gab es nicht.

Ich weiß nicht, warum ich damals wieder bei euch im Forsthaus auftauchte. Du warst da. Ich sah einen schönen, kraftvollen, rundum selbstständigen sechzehnjährigen jungen Mann, der in einer Familie aufgewachsen war, in der auf Forschungsreise zu gehen zum guten Ruf gehörte ... Es hatte mich immer erstaunt, dass dein Vater als Vierzehnjähriger aufbrach, um zwei Monate lang als Schiffsjunge auf einem Fischfangkutter des Kandalaschka-Naturschutzgebiets übers Weiße Meer zu fahren – wobei mich nicht einmal so sehr erstaunte, dass ein Achtklässler mit Erwachsenen zwei Monate lang alle möglichen Strapazen einer Reise durchsteht, sondern, dass seine Eltern es erlauben. Die Kola-Halbinsel ist immerhin nicht die Krim, da kannst du machen was du willst ... Deine Großmutter, Pjotr, diese imposante junge Frau auf einem alten Foto, mit einem Kamillenstrauß in den Händen und einem weißen Kranz im Haar, war leichtsinnig, wunderbar kühn ... Genauso kühn wie deine Mutter, Petja ...

Der Schluss, den ich zu ziehen hatte, drängte sich von allein auf, aber anscheinend musste es in meinem Kopf noch etwas weiterhakeln, ehe alles einrastete. Ob dus glaubst oder nicht, das passierte, während wir mit dem Minitraktor den geklauten Dung aus der Jauchegrube der ehemaligen Sowchose abfuhren. Der weite Himmel, die Roerich-artigen Wolken, gleichsam luftgebaute Festungen, die smaragdgrünen Hügel, der frische, ausnüchternde Geruch des zusammengepressten, dunklen, strohdurchmischten Dungs – alles gab unserem Tun etwas Reckenhaftes bei, einen besonderen Eifer, die Emsigkeit des Skarabäus, des heiligen Käfers der alten Ägypter, der von Ewigkeit zu Ewigkeit eine Dungkugel vor sich herrollt wie über den Himmel die Sonne; Kugel geschmolzenen Goldes, Feuerkugel, Lichtkugel ... Nicht einen Stein, wohlgemerkt, nicht den verfluchten Stein des Sisyphos, sondern die Kugel des zweckgerichteten Mühens, der Fruchtbarkeit und der Hoffnungen! Der Mythos des Sisyphos, durchzogen von Individualismus und titanischem Leidensschmerz, konnte nicht im alten Ägypten entstehen, obwohl man meinen könnte, die Erbauer der Pyramiden sollten etwas von jenem ewigen menschlichen Mühen verstanden haben, welches das Leben speist in seinem Aufstieg zum Tod. Aber ist Sichmühen denn Bestrafung? Es ist Bestimmung. Des Skarabäus Mühen ist gedankenlos und leicht. Ewig und heilig: Solange der Mistkäfer in seiner Höhle die kleine Dungkugel vor sich herrollt, so lange rollt auch die Sonne über das Firmament und ergießt ihr Gold auf die Erde ...

Weil wir den Anhänger mit etwas mehr Dung beladen hatten, als unser kleines Treckerchen bergauf zu ziehen vermochte, gerieten wir in einer regenglitschigen, morastigen Steigung ein paarmal ins Rutschen; die Räder drehten durch, wir mussten abspringen und von beiden Seiten unter Aufbietung all unserer Kräfte Traktor und Anhänger schieben, damit sie nicht in den Straßengraben schlidderten. Unbestreitbar lag Begeisterung in diesem außerordentlichen Kraftakt, diesem Versuch, die Erdanziehung zu überwinden:

»Uuund los! Uuund los!«

Auf einer winzigen Schotterflanke greifen die Räder, und unser Treckerchen beginnt, mit laut aufschnaubendem Zweitaktmotor, käferhaft hartnäckig, sich über den Schotter bergan zu arbeiten ... Und bei einem Blick auf dich dämmert es mir plötzlich. Plötzlich *weiß* ich, dass meine ganze verquere Suche nach einem Weggefährten dumm und überflüssig war – weil es nämlich keinen besseren als dich gibt. Denn wahrlich glücklich ist eine Expedition, zu deren Mannschaft wenn schon kein Kapitän von fünfzehn Jahren, so immerhin einer von sechzehn gehört! Und wie wunderbar sind die Rollen, die diese Altersverteilung aufgibt!

Ich brauchte, um meine Expedition zu verwirklichen, einen Freund; und du brauchtest eine Expedition, denn an etwas dieser Art sollte ein junger Mann mit dem Namen Glasow und dem Schulabschluss in der Tasche schon teilnehmen. Umso mehr, als dein Vater gerade auf der *Akademik Fjodorow* an einer Transartika-Expedition teilnahm und dein Bruder mit einem Stipendium der Berliner Humboldt-Universität zu den Kommandeurinseln aufgebrochen war. Da musstest du deine Karte ausspielen. So trafen wir einander, und so waren wir einander gleichgestellt, mein Freund.

Ein Freund – das ist die Möglichkeit, jederzeit die Kräfte dort zu verdoppeln, wo die eigenen nicht ausreichen. Ein Freund – das ist derjenige, der deine Berufung zu teilen bereit ist. Ein Freund – das ist ein zusätzlicher Zylinder im Motor. Die Hoffnung.

Als ich im *Ogonjok* sagte, ich hätte meinen Reisegefährten gefunden, den sechzehnjährigen Kapitän Pjotr, fragte der Chefredakteur mit einem gutmütigen Lächeln, als wolle er sich bloß rückversichern:

»Aber der Geburtstag war schon?«

Ich glaubte, er hätte Bedenken wegen der nötigen Papiere, und sagte, das sei alles geregelt, der junge Mann habe kürzlich seinen Ausweis bekommen.

»Von mir kriegt er keine Dienstreisebescheinigung.«

Leise und ruhig, die Stimme, das schmale Gesicht mit dem Strich von Mund gelassen, fast gleichgültig; mehrfach senkt er die Augen, um mich dann plötzlich mit eisiger Kälte zu fixieren – damit kein Zweifel daran aufkommt, dass er genau weiß, wovon er spricht. Ich spüre, dass ich in einen Hinterhalt geraten bin: dieser Mann ist sehr vorsichtig, von der Vorsicht eines Doppelspions, einer grenzenlosen Vorsicht, die all meine Pläne zunichte machen kann – denn in seinen Augen steht ein Urteil, das ich lesen kann: Die Redaktion darf an dieser Schnapsidee *in keiner Weise beteiligt sein*, falls es Unannehmlichkeiten gibt.

Falls wir zum Beispiel umkommen. Kann doch passieren, oder? Es kann. Der Hubschrauber kann abstürzen, das Boot kentern, ein verirrter Eisbär uns zufällig in die Quere kommen … Zu einem anderen Zeitpunkt hätten mir diese hypothetischen Gefahren den

Schweiß auf die Stirn getrieben, aber jetzt blieb mir keine Frist, ich musste etwas finden, was den Chefredakteur der Zeitschrift *Ogonjok* sofort und grundlegend beruhigen konnte.

»Ich habe mit seinem Vater gesprochen ... Er ist bereit, schriftlich zu erklären, dass er, selbst wenn es zum Äußersten kommt, gegenüber der Zeitschrift keine Ansprüche geltend macht ...«

Das beruhigte den Chefredakteur. Das kalte Feuer in seinen Augen erlosch, seine Lider senkten sich:

»Von mir kriegt er keine Dienstreisebescheinigung.«

Punkt.

Abends rief ich Freunde in Narjan-Mar an, erzählte, dass die Sache schon wieder stockte, und ich wahrscheinlich doch alleine kommen würde. Dabei stellte sich zufällig heraus, dass Kolgujew, obzwar nach wie vor in Grenzgewässern, weshalb auch immer kein Sperrgebiet mehr war. Das hieß, Petka brauchte keinen Passierschein mehr – und folglich auch nicht unbedingt eine Dienstreisebescheinigung. Einen Pass für den Kauf des Flugtickets besaß er, und ich verfügte über ein bisschen Geld für unterwegs. So dass uns nichts mehr aufhalten konnte.

Die Frau, die ich mit den letzten zweihundert Dollar zurückließ, war meine Liebe und die Mutter meiner Kinder – begreif das, Pjotr, und bedenke ihre tiefe Klugheit: Auch sie hätte an die »Unannehmlichkeiten« denken können, die mir – und somit auch ihr – zustoßen mochten, aber sie hat an das Glück gedacht, das uns jenseits der Reise erwarten würde, an die Kraft und die Schätze, die ich von dort mit zurückbringen würde. Sie glaubte an mich.

Irgendwann werde ich dir von ihr erzählen, Petja, dann offenbare ich dir auch, warum wir tatsächlich hinauszogen. Wir waren sehr verschieden, du und ich, das zeigte sich gleich zu Beginn, doch mit der Zeit hatten wir Gelegenheit, uns aneinander zu gewöhnen. Und ich wurde nicht enttäuscht. Ich habe es kein einziges Mal bereut, dass gerade du mitgekommen bist. Du warst stark und zäh. Und hast mir kein einziges Mal vorgeworfen, dich in ein sinnloses Unterfangen hineingezogen zu haben. Außerdem wusste ich, dass du es interessant fandest – das war das Allerwichtigste. Und schließlich wusste ich dich immer an meiner Seite. Ich wusste, wenn es mir beschissen ginge, dann würde ich es dir nicht sagen, aber du wärest an meiner Seite.

Und das war, nach meiner ersten Reise, nicht gerade unwesentlich.

Nicht, dass mir das Alleinreisen nicht gefallen hätte ... Nur hatte es sich als viel schwieriger und unerbittlicher herausgestellt, als ich mir hatte vorstellen können. Und zudem ähnelte es zu sehr einer Flucht ...

»Einer was?«, fragst du spöttisch, wie immer, wenn du etwas nicht ganz verstehst.

»Einer Flucht, einer Flucht ...«

Nur Geduld, ich werde es dir irgendwann erzählen ... Aber willst du jetzt schon wissen, wofür ich dir mein Leben lang dankbar sein werde? Du wirst es nicht glauben. Und schon gar nicht dich daran erinnern. Es war an unserem Ankunftstag in Narjan-Mar, als wir innerhalb weniger Stunden einen Abstand übersprangen, den zu überwinden ich allein beinah eine Woche benötigt hatte. Herrliches Wetter, blauer Himmel, kontrastreiches »märzliches« boreales Licht, eingetaucht darin: das Sandmeer am Rand der Stadt; Fünfgeschosser, Baracken; eine unvertraute Waldsilhouette, da (anders als in den Breitengraden, aus denen wir kommen) von spitzen Lärchenwipfeln überzackt. Hinten in der Ferne die Petschora: blauschimmernder kettenpanzeriger Stahl, der große Fahrt, platschende Wellen, Seewind verspricht ... Ich habe vergessen, was wir machten – wahrscheinlich besuchten wir Korepanow, beugten uns noch einmal über die Karte, um mögliche Varianten der Route unserer Wanderung durchzuspielen.

Dann kehrten wir ins Hotel zurück, verhängten wegen der direkten Sonne so gut es ging das Fenster und legten uns hin; ich wollte noch etwas lesen, du schienst sofort einzuschlafen, lächelnd – aber plötzlich sagtest du laut und klar, vielleicht im Schlaf, vielleicht auch in dem ihm vorausgehenden zauberischen Zustand:

»Es ist gut ...«

Dafür, für dieses »Es ist gut«, Petja, werde ich dir zeit meines Lebens dankbar sein: Denn auch dir war folglich das trostlose

Paradies meines Herzens teuer, dieses unerklärliche Paradies des näherkommenden Nordens, des nach allen Himmelsrichtungen weit geöffneten Raums, eines Raums voll grandioser, symphonischer Schönheit und echtem Todesschrecken: dem erschreckenden Dahinsterben von Menschen, dem gegenüber das Umherirren des Fliehenden, von dem zu berichten ich dir versprochen habe, sich als Komödie erweist, mein Freund.

II

DAS BUCH DER FLUCHT

Zwischen »jetzt« und »nie«

Womit aber die Komödie beginnen? Sagen wir, damit, dass Petka einstweilen schläft. Zum zweiten Mal schon lasse ich ihn schlafend am Rand der Erzählung zurück, aber was soll ich machen: Diese Komödie ist nichts für die Ohren eines sechzehnjährigen jungen Mannes. Es gibt Dinge, die werden erst mit den ins Land gehenden Jahren komisch. Und auch dann nur, wenn sie nicht umsonst ins Land gegangen sind, sondern du dich in deinem Erwachsensein nicht wie in einem Verhängnis verankert hast, sondern wie in der Fähigkeit, einem gewählten Weg zu folgen. Wenn die Welt dich kriegen wollte, aber nicht gekriegt hat. Und du dich ... wie heißt es heute so schön? ... hast *realisieren* können. Ja es wäre schon viel, wenn es einem gelänge, einfach zu *sein*. Warum dann nicht im Kreis nahestehender Menschen sich an die Vorbereitung der eigenen Flucht erinnern, besonders, wenn sie erfolgreich war? Wie du Fallen und Ködern ausgewichen bist und die fettesten Brocken auf deinem Weg als Lockspeise erkannt hast, so dass du, zitternd angesichts der Versuchungen, den Bauch fester eingezogen und die bleierne Spucke heruntergeschluckt hast und dein Davonlaufen und die ganze Welt und dich selber verflucht, wie du aber am Schluss doch die Verhältnisse hast überlisten, die Spuren verwischen, in die Einöde gehen, dich selber vergessen und vergessen machen können, um eines Tages in die Welt zurückzukehren, die sich an dich nicht erinnert, und in ihr einfach der zu sein, der du sein wolltest. *Sein.* Ein wichtiges Wort.

Nicht für dich, Petka, den an Hoffnungen reichen, an Zukunft überreichen jungen Mann. Was soll dir jetzt, bei deinem Kapital auf dem Zeitkonto, der *Fliehende*? Was weißt du von ihm?

Nichts.

Schlaf also, oder tu wenigstens so, und schweig. Nicht, dass du am Ende noch fragst, warum er davonläuft, und ich Dinge erklären muss, die zu verstehen du noch nicht imstande bist. Denn, weißt du, davon läuft man immer vor ein und demselben: den Hoffnungen, die sich nicht verwirklicht haben, einer gescheiterten, unglücklichen Liebe, die nichts mehr nähren kann, einem Dasein, das man sich scheinbar selber aufgebaut hat, indes es in Wahrheit ein selbsterbautes Gefängnis ist, ein komfortables zwar, mit Blick auf die Wand des Nachbarhauses, zu bezahlen jedoch mit Aberstunden an Lebenszeit. Vor Begabungen auch, die nicht verwirklicht wurden – dir das jetzt zu erklären, da du gerade die Schule beendet hast und dir die ganze Welt gehört, ist am schwierigsten. Aber warte nur ein paar Jahre, sagen wir, siebzehn – und du wirst den Fliehenden mit ganz anderen Augen betrachten. Er ist ein junger Mann wie du, der auf seinen Kindheitspfaden dasselbe Vermächtnis erhalten hat: »Die Welt ist herrlich, alles ist erlaubt, greif nur zu!«

Bloß hat er keine Zeit mehr. Und so sitzt er auf dem Boden vor einem Haufen Papiere, die er durchsieht. Das hier ist nicht schlecht, das da auch nicht … Diese Stücke – Gedankenfragmente, malerische Versuche, Ansätze von Gedichten – sind alles Überbleibsel eines Lebensvorwurfs, alles Spuren der Hoffnung. Aus ihr speiste sich die junge Liebe, durch sie lebte der Glaube an die Freiheit und die Begabung, die jedem Menschen zugemessen sei … Aber die Freiheit hat sich verflüchtigt und die Begabung wurde verzettelt, und die Hoffnung lebt in der letzten, verzweifelten, im Grunde durch nichts gerechtfertigten Annahme, es könne vielleicht noch gelingen, *irgendwo anders hin* zu springen zwischen den beiden riesigen felsgleichen Zeitmassiven »jetzt« und »nie« hindurch, deren Spanne rasant enger und enger wird …

Und so wird dieser Mann, der es nicht ausgehalten hat und sich durch diesen Spalt zu zwängen beschloss, auf die Gefahr hin, eingeklemmt und zerquetscht zu werden, zum Fliehenden. Es heißt, man könne vor sich selber nicht davonlaufen. Aber was heißt das? Überleg. Davon läuft man vor der Vergangenheit. Und wenn da nichts ist, was einen belastet, dann kann man sich doch wohl von ihr losreißen. Und ein neues Leben beginnen. In siebzehn Jahren sage ich dir, falls du magst, wann man unbedingt fliehen muss, von der Frage verstehe ich nämlich was, ich war selber sechs Jahre auf der Flucht. Aber von meiner Vergangenheit losreißen konnte ich mich erst, als ich mein Davonlaufen in eine Forschungsreise verwandelte ...

Bis das geschah, verlebte ich ein paar wirklich sehr unglückliche Jahre. Vielleicht entsteht im Leser der Eindruck, ich würde von einem Erwachsenen erzählen, der als Kind nicht genügend Robinson Crusoe gespielt und deshalb eine Macke hat, aber es ging in meinem Fall wirklich um Leben und Tod. Ich lebte in einem wachsenden Gefühl der Katastrophe und spürte verzweifelt, dass ich meinen Leitfaden verloren hatte und nicht wusste, in welche Richtung weitergehen. Meine Scheidung und besonders alles, was ihr vorausging, hatten eine verheerende Wirkung auf mich gehabt: Ich wusste, ich hatte die größte *menschliche* Niederlage erlitten, ich hatte etwas unterlassen, hatte zumindest die Frau, die ich liebte und mit der ich annähernd sieben Jahre zusammenlebte, von *nichts* überzeugen können, mein Leben war nicht *überzeugend*. In den anderthalb Jahren, die ich alleinblieb, las ich einen Haufen philosophischer und psychologischer Bücher, schrieb aber nicht eine vernünftige Zeile. Mein schriftstellerisches Talent hatte mich verlassen. Wahrscheinlich wollte es nicht dem Schmerz und der Verzweiflung dienen, die ich, bewusst oder unbewusst, auf die eine oder andere Weise auszudrücken versuchte. Ich trank viel. Von den vier längeren literarischen Texten aus jener Zeit taugte keiner etwas. Ich begriff es selbst und warf zwei davon noch vor ihrer Fertigstellung mit ungeheurer Erleichterung in den Papierkorb ...

Hier, zu diesem Zeitpunkt, tauchte in meinem Tagebuch das Motiv der Flucht auf, wurde zum beständigen, immer drängenderen, fast zudringlichen Thema. Als ob ich für mich diese Möglichkeit anprobieren wollte, indem ich das Thema einmal so, dann wieder so durchspielte, und wenn ich mich nicht getraute, dem Beispiel meiner Protagonisten zu folgen, so nur deshalb, weil am Ende dieser Variationen nie etwas Hoffnung Gebendes aufschien.

Im besten Fall endete es mit dem Verschwinden, dem Sichauflösen meines Protagonisten im molekularen Brodeln der Welt, was zweifellos nur ein Euphemismus für den Tod war, der mich in diesen Jahren fest im Blick hatte, der in mir das angeschossene Tier, das mögliche Opfer spürte.

Ich entwarf einen psychotherapeutischen Arzt, arriviert, aber von Arbeit und Erfolg ausgehöhlt und von den Patienten ausgelaugt, der in die Kindheit zurückzufliehen versucht. Eines Tages wird dieses Gefühl in ihm übermächtig, und es geht etwas Ungutes mit ihm vor. Die üblichen Mechanismen der Selbstkontrolle versagen, eine Sonnenexplosion in seinem Kopf ... A Momentary Lapse of Reason ... Er setzt sich ins Auto, braust los, rast durch die Gegend, ein dunstiges Grün im April; der Kassettenrekorder sorgt für den Adrenalinstoß, pumpt mit »Learning to fly« den passenden Beat in die Adern ... Irgendwie findet er sich an der Grenze seiner Kinderwelt wieder, an dem alten Waldsaum, der unverändert ist, wo unverändert die alte Kiefer mit der vertrockneten Spitze den Zugang zu den grünen Gemächern bewacht ...

Natürlich weiß er, wie naiv dieser Versuch zurückzufliehen ist, aber er ist ja ein vernünftig denkender Mensch und macht sich klar, dass das letzten Endes auch eine Art Therapie ist, dass, wenn er hierher gefahren ist, es so sein musste: dass er irgendein Erlebnis *integrieren* muss, etwas erinnern oder finden muss, und sein *Unterbewusstes* ihm sagen wird, was. Anscheinend geht es um das alte, tief im Waldesinnern verborgene Moor, das einst all seine kindlichen Vorstellungen vom Geheimnis verkörperte, des echten Geheimnisses, geschürzt aus Faszination und Angst angesichts dieses Ortes, der sich in der Zeit endlos erstreckte, der seine wunderlichen Gewächse hervortrieb, gluckernde Laute ausstieß und aus den Tiefen schwarzer, bodenloser Kolke Gas in quecksilbernen Klumpen aufsteigen und verperlen ließ, und der gewiss von Geistern und Geistern gleichenden Eulen bevölkert war ... Und so geht er, der alles begreifende Erwachsene, durch den leeren lichten Wald zu diesem geheimnisvollen Gefäß seiner Kindheit, jenem tief verborgenen Moorauge, und mit Erstaunen spürt er, dass der Wald den trockenen Sorgen- und Alltagslehm wie ein Aquarell sanft, beinah unmerklich verwäscht, die verkrustete Bitterkeit einer erkalteten Liebe, die schwarzen Töne fremder Bekenntnisse, all das, was das Leben unerträglich machte, und plötzlich erinnert er sich wieder an die unendlich vielen dem Gedächtnis aus der Kinderzeit eingeschriebenen Bilder, an den alten Geruch der Welt, die alte Farbe ... Er betritt, beinah glücklich, das Moor und hat vergessen, dass der Bruch im Frühjahr mit Schmelzwasser vollgesogen ist und es zwischen den Sumpflöchern noch keinen Pfad gibt: der ist zwar nicht verschwunden, aber noch nicht wieder getrampelt ... Er gerät in einen Raum, wo unter den Füßen der Boden schwankt, sieht das schwarze Moorauge, weicht vor Schreck einen Schritt zur Seite und sinkt ein ...

Er hat nicht gedacht, dass so etwas passieren kann, dass es gefährlich ist.

Eine dumme Anwandlung, eine einzige dumme Anwandlung, ein einziger Schritt zur Seite.

Der eisige Modder um seinen Leib. Mit dem Bauch fühlt er den zementschweren, in ewiger Finsternis bleibenden Morast, der ihn erbarmungslos von allen Seiten bedrängt ...

Das gibt eine Lungenentzündung.

Er versucht sich hochzustemmen und sackt bis zu den Schultern ein.

Da begreift er, es geht nicht um den versauten Anzug und nicht um eine Lungenentzündung, sondern um den Tod.

Der Morast umzwängt ihn und die Kälte ist säuisch, diese Kälte, die ihm die Kehle bald abschnüren wird, die durch den Hals in den Kopf kriecht und irre macht ...

Er bäumt sich noch einmal hoch – jetzt überragt nur noch das Gesicht den Moorgrund. Kein Mensch, um Hilfe herbeizurufen, aber er konnte auch schon nicht mehr rufen, er sah nur noch den Himmel – das riesige blaue, den Bruch überwölbende Firmament, wo unerhört schöne weiße Wölkchen, von der Frühlingserde aufgestiegener Dunst, in vollkommener Gleichgültigkeit gegenüber seinem Untergang vorüberglitten ...

Kindheit und Tod – das war richtig getroffen. Der kindliche Wunsch nach Lebensfülle und die Unmöglichkeit, sie zu erreichen ... Der Tod. Früher verstand ich nicht, warum in den russischen Volksmärchen der tote Held zunächst mit Wasser aus einem stehenden, dann aus einem lebendigen Gewässer übergossen wird. Manchmal muss man sterben, »sich selbst sterben«, um wieder aufzuleben. Ich ging durch einen symbolischen Tod: unternahm neue literarische Versuche, die ich unter fremden Namen veröffentlichte, denn das »Ich«, für das mein eigener Name stand, wollte sich absolut nicht von einigen verinnerlichten Schreibgewohnheiten trennen und ebenso wenig von seiner Gier nach Anerkenung sowie einigen düsteren Erinnerungen. Im Übrigen musste ich, um wieder »aufzuleben«, meinen ganzen Lebens- und Denkstil ändern, den Stil meiner Weltwahrnehmung, meiner Sinngebungen, von allem. Und solange ich mich nicht ganz gehäutet hatte, konnte ich einfach nicht normal weiterleben. Denn wovor wir auch davonlaufen, letzten Endes fliehen wir immer vor unserer eigenen Nichtigkeit: unserer geistigen Ausgebranntheit, dieser Krankheit, für die das 20. Jahrhundert unendlich viele Zeugnisse geliefert hat und die für viele übel ausging. Doch vielleicht kann, wer flieht, etwas gewinnen, das ihn bereichert?

Inzwischen ist so viel Zeit vergangen, dass viele meiner früheren Empfindungen und ebenso meiner Handlungen mir lächerlich vorkommen; es ging mir ernstlich dreckig, doch, aber von außen betrachtet hat es bestimmt höchst komisch ausgesehen: Wovor flieht dieser Mensch, wonach fragt er, mit wem streitet er, wem antwortet er, warum straft und quält er seine Protagonisten, weshalb sucht er mal Vergessen, mal ein Zeichen von oben? In einem kleinen Prosatext ging ich so weit, meine Persönlichkeit im wortwörtlichen Sinne aufzuspalten: Ein Protagonist verkörperte »mich«, mein vernünftiges Ich, der andere war Künstler, furchtlos bis zur Unvernunft und überschritt auf der Suche nach seiner Individualität zuletzt die Grenzen der Kunst, um vom Leben verschluckt zu werden, womöglich mit fatalem Ausgang für ihn ...

Als er begreift, dass meine Ermahnungen, er solle sich keinem Risiko aussetzen und wie alle sein, nichts anderes als die Ansichten eines Spießers sind, verlässt er mich. Das letzte, was ich von ihm noch abfangen kann, ist ein Telegramm, das er seiner Geliebten schickt – der Frau, die zu lieben auch ich insgeheim bereit bin.

Zu lieben bereit! Als ich nach anderthalb Jahren des Alleinseins mich wieder verliebte, da freute ich mich beschämenderweise anfangs nicht, sondern bekam es mit der Angst zu tun: Was sollte ich mit der Geliebten teilen – außer meinen Misserfolgen und Zweifeln? Erst auf der Insel erfuhr ich die Antwort. Die Insel war die Antwort. Der Schriftstellerwahn, die Ruhmsucht, all das fiel auf einen Schlag in dem Moment von mir ab, als ich die Insel annahm, als Gabe, als Geheimnis. An die Liebe, die zwei Menschen allein durch das Band der körperlichen Anziehung oder gar der »Pflicht« bindet, glaube ich nicht. Ich glaube an die Liebe, die wächst wie ein Baum, die zweien hilft, sich zu entdecken, und von ihnen gespeist werden will, unermüdlich, um wachsen zu können, die neue Sinngebungen, neue, immer komplexere Rollen, immer transparentere, stärker geläuterte Gefühlsnuancen verlangt. Und wenn es mein Herz danach verlangte hinauszuziehen, so fiel es der Liebsten zu, daran zu glauben, dass die Reise gelingen und ich das Unmögliche vollbringen würde. Und mich, solange ich es noch nicht vollbracht hatte, von ihrem ersehnten Lager fortzuschicken mit jenem Wort aus dem klugen Märchen: »Geh hin – weiß nicht wohin, bringe das – weiß nicht was …«

Wenn meine Reise gelingt, Liebste, bringe ich es dir als Gabe mit. Ich weiß noch nicht, was es sein wird. Vielleicht ein Foto. Oder eine Pflanze, einen Stein … Etwas, das Gewicht hat, gültiges Wort ist. *Das* ist wohl der eigentliche Schatz, den ich zu erringen begehrte. Das ist der Schlüssel für diese ganze Geschichte …

Natürlich birgt das Leben als solches für den Schriftsteller immer eine gefährliche Verlockung: sich in dieses Leben zu stürzen, die eigenen Konstruktionen einzureißen und ins köstliche unmittelbare Erleben einzutauchen, etwa in die kalte klare Rage des kämpfenden Soldaten oder in den feurigen Wirbel des verliebten, sich in den Tanz werfenden Tänzers. Vergleichbares muss Rimbaud widerfahren sein, dem die Reise nach Äthiopien etwas entdeckte, das ungewöhnlicher war als die Entdeckungen Verlaines und die Poetik des *Trunkenen Schiffs*. Rimbaud floh nach Afrika, um nicht unterzugehen. Und verlor seine Stimme. Vielleicht stellte sich das Leben als »wertvoller« heraus als das »Schöpfertum«. Kunst und persönliches Leben sind eins; dein Leben ist auch deine Kunst. Oder – die Kunst ist ein Mittel, um höchstmögliche Lebensintensität zu erreichen.

Ist es so?

Religion?

Liebe?

Kindererziehung?

Alles ist Kunst, alles verlangt höchste Meisterschaft. Die Kunst ist gerechtfertigt, wenn sie einem hilft, ein ganzheitlicher Mensch zu bleiben ... Eine andere Rechtfertigung hat sie nicht, kein anderes Ziel ...

Mein Doppelgänger verschwand: Auf seiner Suche nach Authentizität gelangte er bis an eine für einen Künstler gefährliche Grenze, hinter der er, genau genommen, einfach aufhört, Künstler zu sein; verschluckt von der Unermesslichkeit des Lebens, bringt er schon keine Kunstwerke mehr hervor, sondern Handlungen – was extreme Könnerschaft verlangt, jedoch leider keine besonderen Vorteile verspricht. Aber ich suchte keine Vorteile. Mir blieb nichts anderes übrig, als, erfüllt von der Kühnheit meines Schattens, ins Unbekannte aufzubrechen und die Geschichte des Fliehenden zu Ende zu erzählen: die Geschichte, wie er die Angst besiegt und auf ihren Trümmern seinen Mythos erbaut, der ihm allmählich zur Zuflucht wird ...

Die Flucht

Vier Uhr morgens. Der Zug hält neben einem seit Urzeiten nicht renovierten kleinen Bahnhofsgebäude einer gottverlassenen Station, mit geübter Gewandheit wuchten Passagiere Säcke voller Kartoffeln hinunter auf den Bahnsteig. Rasselndes Atmen, Husten, Stimmen, die an mein Ohr dringen. Vor dem Fenster meines Waggons ist der Stationsname zu lesen: Petschora. Ich schnappe mir meinen Rucksack und steige aus. Nebel. Kälte. Ein winziger Platz. Eine Bushaltestelle. Aus dem Irgendwo taucht ein Bus auf, beschreibt einen Kreis, hält. Beim Einsteigen Gedrängel. Ich werde gegen die Haltestange vor dem Fenster gepresst; ich reibe die beschlagene Scheibe frei, sehe den grauen, in Nebel getauchten Platz, ein paar Gestalten, die Säcke zu drei, vier PKWs schleppen, das sich im Nebel kaum abzeichnende Bahnhofsgebäude.

Hierher kehre ich niemals zurück. Niemals nehme ich diesen Bahnhof, um zurückzufliehen. Selbst wenn ...

Schnaufend fährt der Bus los. Aus dem Nebel des Bahnhofsvorplatzes bringt er mich noch weiter in den Nebel hinein. Ich sehe ein Sumpfgebiet, zugewuchert mit trockenem Riedgras, ein paar Fünfgeschosser und in der Ferne Metallstelzen, die etwas über den unteren Nebelsaum hinausheben.

Die Nebelstadt: kein schlechter Anfang.

Ich weiß *nichts* von dieser Stadt.

Endhaltestelle. Die letzten verbliebenen Fahrgäste steigen aus, gehen in alle Richtungen auseinander, lösen sich in der milchigen Stille auf. Ich bleibe allein zurück.

Sand. Ein Platz mit Denkmal. Lenin, umwuchert von Beifuß

und Rainfarn: Gleich einem Zenmeister streckt er voller Zuversicht seinen Arm in die weiße Leere. Die Sichtweite beträgt zehn Meter. Alles bietet sich in Fragmenten dar, wie im Kino. Zwischen Zäunen schlängelt sich ein Pfad, durch die Latten schauen Brennnesselblätter, hart, wie geschnitzt, Balkenwände, alte Häuser, ein Abhang. Unten muss der Fluss sein. Eine mit zerbrochenen Betonplatten belegte Auffahrt, ein Rudel schlafender Hunde auf dem Flussufer. Schwach plätschert das Wasser gegen den Steg des alten Anlegers, der mit seiner Turmform und den geschnitzten Fensterverkleidungen etwas von einem schwimmenden hölzernen Bojarenhäuschen hat oder von einem alten unförmigen Zweidecker ohne Schornstein. Laut hallen die Schritte auf dem taufeuchten Eisensteg wider. Im Wartesaal kein Mensch. Vorm Fenster unverändert der Nebel, der übers Wasser wabert. Die Kasse ist geschlossen. Wiederholt klopfe ich. Endlich geht das Schalterfensterchen auf, rahmt das abweisende Gesicht einer schlaftrunkenen Frau. Ich beuge mich zu ihr hinab und sage, dass ich gern hier übernachten würde. Was sie allerdings gar nicht gern sieht. Sie ist merklich verärgert, weil ich sie geweckt habe, und will mich nicht verstehen. Erst als ich wiederholt beteure, ich hätte die Sache vorab telefonisch mit ihrem Chef geklärt, händigt sie mir einen Schlüssel aus mit dem Hinweis, dass es eine Zweibettkajüte sei und sie mir gegebenenfalls einen anderen Gast dazulegen müsse. Im Moment ist mir alles egal. Über die eiserne Außentreppe steige ich auf das obere Deck, wo ich am Ende eines langen, düsteren Gangs die Tür zu meiner Kajüte finde. Ich lasse den Rucksack auf den Boden fallen, und während ich mir ausmale, mit was für einem Behagen ich mich gleich selber hinlege – nur noch was Heißes! –, suche ich die himmelblauen Kunststoffwände meiner Zuflucht nach einer Steckdose ab. Nichts. Ich kann es nicht glauben, suche weiter, aber: Fehlanzeige. Verflucht. Wenigstens einen Schluck von irgendwas Heißem, hier ist es kalt wie in einem Grab. Ich verlasse die Kajüte Richtung Toilette – dort muss es einen Stecker für die Elektrorasierer geben. Und es gibt ihn! Ich schütte etwas Kaffee in meinen Pott, gieße Wasser auf, hänge den »Tauchsieder« ein und stelle das Ganze ins Waschbecken.

Langsam wird die Spirale des Tauchsieders von Bläschen bewachsen: es sickert Wärme aus der Steckdose. Wärme! Ich preise dich, Tauchsieder, du Erbe einer finsteren Vergangenheit! Des Gulags, der Armeewachhäuschen und Holzeinschlagstellen, der Hotel- und Bahnhofsverwaistheit. Zwei Drähte, zwei Newa-Rasierklingen für einen 1943er Rasierhobel ... Hauptsache: Nicht zögern und mit den nackten Drahtenden beherzt nach dem Strom stochern. Holla, sitzt! Der Strom wird gezogen, und rot glüht das Lämpchen überm Waschbecken auf. Ein einziger selbstgebastelter Tauchsieder kann ein ganzes europäisches Hotel durchknallen lassen – aber scheiß drauf: Im Kampf ums Überleben gibts keine Gefühlsduseleien, ebenso wenig im Kampf ums Wohlbehagen, und der Tauchsieder, der wurde vom kollektiven Volksgenie geschaffen, damit du dir an allen möglichen und unmöglichen Orten heißes Wasser machen kannst und einen Tschifir*. Der Tauchsieder ist die letzte Waffe des Proletariats.

Der Alvorada-Kaffee schmeckt nicht nur nicht – er schmeckt widerwärtig. Aber er ist heiß! Ich trinke den ganzen Pott, gehe in meine Kajüte zurück, ziehe mich aus und lege mich hin. Schon nach einer Minute spüre ich, wie mir die Kälte aus der klammen Bettwäsche in den Körper kriecht. Ich ziehe meinen Pullover an. Und schlafe ein.

Als ich erwache, finde ich mich nicht gleich zurecht: Wo bin ich? Himmelblaue Kunststoffwände ... Nicht das leiseste Geräusch. Angespannt lausche ich in die Stille. Plötzlich höre ich einen Vogelschrei. Eine Möwe. Dann ein Knarren. Seltsam, dieses Knarren ... Mein Gott, das ist ein Tau! Es reibt am Poller! Ich bin auf dem Anleger! Und zwar allein: es ist acht Uhr, aber nicht das leiseste Geräusch. Die Zwischenwände sind dünn, wenn noch jemand da wäre, würde ich das auf jeden Fall hören ... Ach, du alte böse Beschließerin! Ich werde in die Stadt gehen und den Schlüssel mitnehmen, damit du mir niemand anders dazulegst ...

---

* Hoch konzentrierter Tee – nicht selten so hoch konzentriert, dass er psychoaktive Wirkung entfaltet; ein beliebtes Narkotikum im Gulag. [Anm.d.Ü.]

Der Nebel über dem Fluss hatte sich ein wenig gelichtet, in der Ferne konnte man jetzt die großen Hafenkräne ausmachen, deren Stützen ich gestern vom Bus aus gesehen hatte, als wären es die Beine wolkenüberragender Riesen. Eine räudige Ansammlung aus Bootsschuppen zog sich von zwei Fünfgeschossern aus böschungsabwärts bis zum Ufer. Ich hatte Hunger und ging auf das untere Deck, wo, wie mir einfiel, ich gestern ein Schild mit der Aufschrift »Buffet« gesehen hatte. Das Schild hing da, aber an der Tür auch ein Schloss. Ich brach in die Stadt auf, um etwas Essbares aufzutreiben …

Es gibt heilige Städte. Es gibt Städte, die aus der Fülle, aus einer unglaublichen Verdichtung des Lebens, ja vielleicht sogar aus dem Glück entstanden sind. Und es gibt Städte, die im Jahr 1949 entstanden. Aus der Not, und nicht aus eigener Not, sondern aus der des Jahrhunderts, der Not der sozialistischen Produktion. Zu diesen Städten gehört Kotlas – ein riesiger Holzumschlagplatz an der Wasserscheide des inneren Flussbassins der Kama sowie der Nördlichen Dwina, in deren Mündungsgebiet Archangelsk liegt, das mit seinem Hafen zentraler Handelsplatz für Holz ist. Zu diesen Städten gehört auch Tscherepowez – eine Schlafkäfiganlage für dreihunderttausend Menschen neben einem gigantischen Stahlkombinat, das im millimeterexakten Gleismittelpunkt zwischen dem Erz der Kola-Halbinsel und der Kohle des Nordural errichtet wurde. Und zu diesen unglücklichen Städten gehört auch Petschora, das ein besonderer Kreuzungspunkt ist: von Fluss und Eisenbahn. Was der Besucher schnell begreift, denn Städte dieser Art gleichen einander. In ihnen ist alles vor allem zweckmäßig. Es gibt Häuser, Straßen, Gehwege. Busverbindungen. Geschäfte. Frisöre. Apotheken. Kinos. Bibliotheken. Es gibt scheinbar alles, aber im Kern ist alles leer, nichts lässt plötzlich zusammenzucken durch das Grandiose seines Entwurfs, der in der Unmenge an herbeigeschafftem Material – Gestein, Holz, Glas, Metall – sichtbar würde, nichts beeindruckt durch seine Maßlosigkeit, die ja genau jede Zweckmäßigkeit negiert, wie beim Glockenturm Iwan der Große oder bei der Isaak-Kathedrale, dem Tower, dem Eiffelturm …

Es mag ja absurd sein, von einem Städtchen Metropolengrö-
ße und -grandiosität zu erwarten, aber wird Istra denn nicht ewig
überdauern – so lange, wie in seinem Zentrum, halb im Boden
versinkend, halb himmelwärts strebend, die riesenpilzhafte Aufer-
stehungskathedrale steht? Trägt sie, sie allein, denn nicht die Stadt
wie Atlas das Himmelsgewölbe? Die vernachlässigte Festung des
alten Isborsk wird das heutige Isborsk überleben und einem neuen
als Keimzelle dienen, das sie in sich aufnehmen wird als sein Herz.
Deshalb hat jeder das Recht, auch von einer kleinen Stadt zu verlangen, dass sie ihr Gesicht offenbare: denn jede Stadt ist ein von
der Menschheit auf der Erde hinterlassenes Symbol. Selbst beschei-
dene Städte können die Seele aufwühlen mit den Spuren einstiger
markerschütternder Schönheit, die sie noch immer umhüllt wie
ein Segen oder zumindest wie eine Befragung, die die Ursachen
für diesen unumkehrbaren Niedergang zu ergründen sucht ...

Nichts dergleichen gab es in Petschora, und wäre da nicht eine
bestimmte betonte Akkuratesse gewesen, die die Stadt sich beizu-
geben versuchte, so hätte ich den Ausdruck ihres Gesichts ohne
Scheu als oligophrenisch bezeichnet. Was mit dieser Akkuratesse
betont wurde, war ... Wie soll ich sagen? Ein Mangel an *Individualität* im Leben der Stadt, an etwas schwer Fassbarem, was die Menschen bewegt, das Haus zu verlassen und in der Stadt zu leben,
zu essen, Geschäften nachzugehen, ein Bier zu trinken, sich auf
einer Bank zu küssen, unentwegt die Häuser, Höfe, Bäume, Grün-
anlagen sich anzuprobieren, sie sich anzuverwandeln, und unentwegt zahllose Ergänzungen in den ursprünglichen, geradlinigen
architektonischen Plan einzubringen in Gestalt eigener Pläne und
dadurch alles gehörig zu verwirren und die Stadt schließlich lebendig zu machen. Vielleicht habe ich von Petschora zu viel verlangt?
Schon möglich. Aber diese Stadt liebte auch mich nicht, vergalt
mir Gleiches mit Gleichem. Anscheinend mochte sie generell keine ziellos flanierenden Journalisten auf Durchreise. Jedenfalls bot
sie ihnen keine Essensgelegenheit. Denn in der Stadt gab es kein
Café: als Teil ihres Prinzips. So, wie in ihr das Flanieren als Prinzip
fehlte, denn zu diesem gehören unbedingt stimmungsvolle Pau-
sen: eine schöne Aussicht, um sich daran zu ergötzen, oder zu-

mindest ein Schaufenster, um sich daran die Nase plattzudrücken, ein Lädchen, mit dessen Besitzer sich ein Schnack halten lässt, ein Bierausschank, dessen Wirt nach Mitternacht selber ein Gläschen mitzutrinken bereit ist, ein Museum der Schädlingskäfer oder der Filzhüte, eine Eiche, gepflanzt zu Ehren des neugeborenen Thronfolgers, und nicht zuletzt einfach ein geliebtes, von irgendwem seiner Schönheit wegen geliebtes Plätzchen ...

Zweifellos haben in Petschora die alten, oberhalb des Flusses gelegenen Häuser der Komi ihre eigene Anziehungskraft, aber von ihnen gab es nicht mehr als ein Dutzend; dahinter begannen die Viertel mit den gleichförmigen Fünfgeschossern aus der Chruschtschowzeit, mit deren holzschuppenbestandenen Höfen und ihren Straßen, in denen es wortwörtlich nichts gab, woran man sich festhalten könnte: Mich trieb es in ihnen umher wie eine windzerknitterte Zeitung. Bis es mich zuletzt auf den Markt wehte, wo ein paar Kaukasierinnen Daunentücher und warme Wolljacken verkauften. Zwischen sie gequetscht ein Mann, die Gesichtshaut dunkelgegerbt wie bei Menschen, denen das Leben schwer und brutal zugesetzt hat. Er bot ein Paar Unty feil, diese hochschaftigen sibirischen Stiefel mit dem nach außen gekehrten Fell. Zu essen gab es nichts ...

Du glaubst, das habe mit meiner Flucht nichts zu tun, mein Freund Pjotr? Hat es, und wie! Denn vor dieser Absurdität, diesem sinnlosen Dasein, diesem Leben ohne Schicksal, ohne Bestimmung war ich ja auf der Flucht ... Mir rückte der Widersinn auf den Leib, noch ein, zwei Atemzüge und ich würde mich anstecken, daran erkranken, wie so viele andere daran erkrankt waren: Schriftsteller und Künstler, die es gelernt hatten, echte Dramen aus Schwachsinn und gröbstem Unfug zu schaffen, aus Entartung, Brutalität, Schicksalslosigkeit ...

Ich will das nicht mehr. Will es einfach nicht mehr. Jetzt, da ich diese Zeilen schreibe, wird mir endgültig klar, dass das ganze Grauen unseres vergangenen Lebens, das Experiment des gelebten Kommunismus, mit dem wir uns vor der restlichen Welt, kamen wir mit ihr in Berührung, auch noch brüsteten – dass dieses Experiment wirklich *grauenvoll* ist, ebenso grauenvoll wie die Ge-

fängnis- und Lagersitten, dass es aber – genau wie diese Gefäng-
nis- und Lagersitten – niemanden interessiert außer denjenigen,
die davon erzählen. Und zu recht. Denn die Welt ist groß und
herrlich, und wenn einer nur die geringste Chance hat, sie von
dieser Seite kennenzulernen, ist es sträflich, sie nicht zu nutzen.
Natürlich ist der kommunistische Sadomasochismus ein erstaunlicher Mechanismus der psychologischen Selbstregulierung innerhalb der sozialistischen Gemeinschaft und verdient als eine der
wichtigsten Errungenschaften des totalitären Systems minutiöse
Untersuchungen durch die Fachwelt. Aber das soll jemand mit
stabilerer Psyche als ich machen. Ich selbst bin, wenn wir schon
von dem Thema reden, ein Produkt des alten Systems, und augenblicklich ist mein einziger Wunsch: mich von seinen bedrü-
ckenden Sinnsetzungen loszureißen.

Genauer, von seinen Widersinnigkeiten.

Ich muss fortgehen, den Blick davon lösen, damit ich lerne,
anderes wahrzunehmen. Etwas, das mich verzaubern könnte.

Ein Bild. Ein Schicksal. Einen Charakter.

Heute bin ich vielleicht damit in Berührung gekommen. Als
ich gegen Mittag zum Anleger zurückkam, um meine Schiffskarte
für die Sarja zu kaufen, und wieder ans Kassenfensterchen klopfte, da sah ich, als es aufging, hinter der abweisenden Schalterfrau
einen Mann, der mich mit seiner einwandfreien Haltung und
den vornehmen Gesichtszügen sofort beeindruckte: Zügen nicht
einfach eines klugen Gesichts, sondern eines guten, seltenen. Zu
sagen, ich hätte ein solches Gesicht schon einige Tage nicht mehr
gesehen, wäre eine Banalität; Züge wie diese sind, da in ihnen
Schönheit und inneres Licht, Güte und Kraft sich verschränken,
wirklich eine Seltenheit. Auch seine Kleidung, ein tadelloser dunkelgrauer Anzug mit Weste und Uhrkette, passte nicht zur Umgebung. Nach dem Gespräch, das wir führten, empfand ich eine
eigenartige Herausforderung: zur Würde. Mit seinem ganzen
Äußeren und all seinen Manieren, die man am ehesten hätte aris-
tokratisch nennen können, wäre da nicht seine einfache Herkunft
gewesen, widersetzte sich dieser Mann der Elementargewalt des
Zerfalls und dem daraus erwachsenden Pöbel. Er konnte natür-

lich nur Walentin Nikolajewitsch Onschin sein, der Kapitän des Anlegers.

Ich stellte mich vor. Mein etwas abgerissener touristischer Aufzug überraschte ihn anscheinend, aber er stand auf, fragte entgegenkommend:

»Ist mit der Übernachtung alles in Ordnung?«

Das Gestell seiner Hornbrille fasste zwei dicke Gläser ein, hinter denen die Augen sehr groß und gütig wirkten.

»Danke, alles in Ordnung ...«

Als ich ihn um ein Gespräch bat, schaute er verwundert:

»Worüber sollen wir denn reden?«

»Über den Fluss.«

Wir stiegen hinauf in eine Art Deckshaus, das sich hinter einer der unscheinbaren Türen des Anlegers verbarg. Er öffnete eine Tür auf einen rund ums Deck führenden Laufgang, setzte sich und zündete sich eine Zigarette an. Dann begann er unvermittelt vom schwindenden Leben auf der Petschora zu erzählen, dass wegen mangelnder »Rentabilität« die meisten Passagierverbindungen eingestellt seien, der Hafen ruht, die Kräne stehen still (tatsächlich hatten sich die Hafenkranausleger seit ihrem Auftauchen aus dem Nebel kein einziges Mal bewegt), und die roten Schuten dümpeln wie leere rostige Tröge im Wasser ...

»Ist sowas vielleicht ein lebendiger Strom!?«, rief er, vom Gefühl mitgerissen.

Eine Sehschwäche und ein kränklicher Magen hatten verhindert, dass er ein echter Kapitän wurde; er hatte wer weiß wie oft die Arbeit gewechselt, bis er schließlich Chef auf dem Flussbahnhof von Petschora wurde, runde zwanzig Jahre nun schon, aber an die Zeit, als das Leben auf den Flüssen im Hohen Norden noch pulsierte, erinnerte er sich offenbar lebhaft, er erzählte, wie auf der Dwina Raddampfer fuhren, schwerfällige Zweidecker, auf denen sich alle wohlfühlten und wo es fröhlich zuging, und aus dem Buffetraum gingen die Leute aufs Deck hinauf und genossen den Blick auf den Strom, und der Samowar rauchte, und die jungen Leute tanzten ...

»Vielleicht hat es diesen Eindruck auf mich gemacht, weil ich selber jung war?«

Ach, Kapitän, ich wusste in diesem Moment nicht, was antworten. Genau zwei Tage später hätte ich den Faden fortspinnen
können, da hatte ich an mir erfahren, wie komfortabel es sich mit
der *Sarja* reiste, die einem hermetisch abgeschotteten Eisenbahnwaggon mit Wasserstrahlantrieb glich. Sie haben unbedingt Recht,
Kapitän, hätte ich gesagt, Flussreisen müssen kontemplativ und
gemächlich sein; es gehört sich, langsam und mit genießerischem
Auge den Strom hinabzutuckern, und selbstredend gehört es sich,
nach einer Frikadelle oder einem Rührei im Buffet, sich unbedingt
zum Passagierdeck hinaufzubegeben, um sich dort zu ergehen
und seinen Tee zu schlürfen, indes die Abendfrische in den Körper
kriecht, und zu tanzen, sofern unter den Passagieren ein guter Ak-
kordeonspieler anzutreffen ist.

Ich hätte gesagt: Zum Teufel, was haben wir von der Geschwindigkeit, von den gewonnenen Tagen, wenn wir drei des Festes in
zwei der Qual verwandeln?

Wohin hasten wir und weshalb, Kapitän?

Warum schlagen wir nicht mehr auf der Schiffsglocke die Gla-
sen an, Kapitän?

Und warum beziehen die Fortschrittstheoretiker immer nur
die Geschwindigkeit in ihre Erwägungen ein, nicht aber, zum Beispiel, das wunderbare Plätschern des von den schweren Platten
der sich drehenden Schaufelräder herabrieselnden Wassers? Dieses
Plätschern, es wird uns entzogen, Kapitän, genau wie die Möglichkeit, auf Deck den frischen Flusswind einzusaugen und den
Arm um die warme Taille der jungen Mitreisenden zu legen, mit
der einen kleinen überraschenden Walzer in der Dämmerung zu
tanzen wir das Glück hatten ...

Hat man uns nicht, unterm Strich, mit all diesem Fortschritt
bis aufs Hemd ausgeraubt, Kapitän?

Unser fiktives Gespräch hält nun schon einige Jahre an. Ein
wunderbares und erhabenes Gespräch ... Sobald sich mir eine Frage stellt, äußere ich sie, und habe ich keine, so lese ich mir einfach
laut diese oder jene Lieblingsstelle aus dem Buch vor, das ich gerade bei mir habe. Jetzt zum Beispiel einen Eintrag von 1909 aus dem
Tagebuch von Prischwin:

»»Gut‹, sagten die Chlysten*, ›Ihr lehnt die Kirche ab. Was habt ihr an deren Stelle zu bieten?‹

›Was bietet ihr?‹, fragte ich.

›Das Leben‹, antwortete er schlicht …«

Das Leben: Was macht das Leben aus, Kapitän? Wie, in welchen Einheiten soll man jenes Gefühl messen, das aufkommt, wenn auf Deck des flussabwärts tuckernden Dampfers der abendliche Dunstschleier, die Dämmerung und der Holzkohlegeruch des Samowars sich verbinden? Was sagen Sie, Kapitän?

Der Kapitän antwortet mir immer. Nur was, das weiß ich nicht. Aber manchmal wüsste ich es gern.

Zum Beispiel – in Anlehnung an Prischwin –, dass Würde darin liegt, ein »gemeiner«, durchschnittlicher Mensch zu sein. So gesehen bedeutet die Taufe, mit der man in die Gemeinschaft der Brüder aufgenommen wird, auch ein Sichgemeinmachen. Und unvollkommen ist, wer dieses Gemeinsein nicht kennt …

Ein kluger Gedanke. Was kann ich darauf antworten? Ich bin ein »Romantiker«, und dementsprechend schleppe ich noch immer den trüb gewordenen Schild der Auserwähltheit mit mir herum … Loswerden müsst ich ihn! Heraus aus meiner Haut komme ich nicht allein – aber ich bin frei, mich dem häutenden Raum so auszusetzen, dass mein innerstes Wesen davon nicht unangetastet bleibt, kann mich Prüfungen aussetzen, die mir die alten Gewohnheiten abziehen. Der Raum wird aus mir einen Menschen machen!

Ich möchte einfacher sein, durchschnittlicher, ich möchte mich in einer Gemeinschaft mit anderen Menschen fühlen, und zugleich möchte ich stärker sein; ich möchte das Recht auf eine eigene Stimme erhalten; ich möchte Ereignisse erschaffen …

Was denken Sie dazu, Kapitän?

Natürlich denken Sie etwas dazu, aber ich werde es nie erfahren. Leider! Das letzte Mal sah ich Sie, als ich zum Rauchen durch den dunklen Gang Richtung Deck ging. Mit ihrem Schlüsselbund schlossen Sie eine flussseitige Kajütentür auf, ohne mich zu be-

---

* Geißler; eine Sekte, die sich im 17. Jh. entwickelte. [Anm. d. Ü.]

merken, traten ein und schlugen die Tür hinter sich zu. So erfuhr ich, dass auch Sie auf dem Anleger schliefen. Bestimmt, weil jeder Fluss seinen Wächter braucht. Habe ich Sie richtig verstanden, Kapitän?

Gegen Abend meines zweiten Tags in Petschora traf die *Sarja* aus Narjan-Mar kommend ein und sollte am nächsten Morgen wieder dorthin aufbrechen. Ich traf zufällig auf die letzten Passagiere, die über den Pfad die Böschung heraufkamen. Unter ihnen auch mehrere Ausländer, junge Leute mit Rucksack, die völlig frustriert aussahen. Warum habe ich sie nicht angesprochen? Ich erinnere mich nicht mehr. Was mochte sie so deprimiert haben? Keine Ahnung: Sie kamen ja da her, wo ich gerade erst hinwollte. Meine Reise hatte ja im Grunde noch nicht begonnen ...

Im Laufe des Abends füllte sich der Wartesaal auf dem unteren Deck mit den neuen Passagieren, die meinem Einsiedlerdasein auf dem Anleger ein Ende machten. Ich erinnere mich, dass ich zur Toilette ging, um meinen Abendkaffee zu kochen. Ich hantierte gerade im Halbdunkel mit dem Tauchsieder überm Waschbecken, als eine Frau hereinschneit, erschrocken wie der Teufel vorm Weihwasser aufschnaubt und in den Gang zurückweicht.

»Keine Angst«, sage ich, aus dem Schatten tretend, um ihr Mut zu machen, »ich koch da bloß Kaffee ...«

Das Zischen des schwarzschaumig ins Becken überbrodelnden Gesöffs untermauert meine Worte. Aber das verwirrt meine zukünftige Reisegefährtin nur endgültig, Hals über Kopf stürzt sie treppabwärts davon, gewiss überzeugt, etwas sehr Unerquicklichem entgangen zu sein.

Ich rauche eine Gitane und trinke meinen Kaffee. Was nicht hilft. Eine Unruhe nagt an mir. Der Himmel hängt niedrig, eine Mischung aus Nebel und Regen. Das Wasser bleigrau und düster, das Deck feucht. Auf dem gegenüberliegenden Ufer der rote Widerschein der Richtfeuer. Vereinzelt ein Schlepper, der nichts schleppt. Und wie ein Ertrunkener trieb, schwer und bleich, ein Baumstamm vorüber ...

Vier Uhr. Wieder einmal. Ich nenne die Uhrzeiten, weil von Anbeginn der Reise an die Zeit ein unbegreifliches Spiel mit mir trieb. Ich fiel aus der gewöhnlichen heraus, so sehr, dass ich Tag und Nacht nicht mehr unterschied. Wenn die Psychologen Recht haben, die behaupten, in archaischen Kulturen besäßen die Menschen ein »Traumbewusstsein«, in dem jene »Knoten«, »Einstellungen« und neurotischen Vernietungen nicht existieren, die das Denkmuster des zivilisierten Menschen prägen, bei ihnen ströme vielmehr die Wirklichkeit (und mit dieser die Träume) wie ein Film durchs Bewusstsein, so lässt sich sagen, dass ich diesen Zustand erreicht hatte, denn auf dem Fluss vermischten sich Traum und Wirklichkeit endgültig. Ich schlief in Schüben, mal hier, mal da zwanzig Minuten, träumte, sah ein zartgolden im Gras schimmerndes Blatt, eine Eiche im Wald, den Fluss, Menschen, die den Salon betraten und wieder verließen, sah das Gesicht meiner Geliebten und erneut das graue Wasser und die langen Sandbänke, die der Strom in seinem mäandernden Lauf am niedrigen Ufer hinterlässt. Nicht von ungefähr war ich außerstande zu fotografieren, die Landschaft und das Antlitz dieses Wegs anzuhalten: Alles war … Nein, nicht schnell. Aber ungreifbar, *im Fluss*.

Vor zwei Tagen hatte unser Schiff um sechs Uhr morgens abgelegt. Ein alles andere als erhebender Aufbruch: Das Innere des wasserstrahlangetriebenen Dampfers *Sarja* gleicht wahrlich eher einem auf sechzig Fahrgäste ausgelegten Triebwagen, und in diesem Triebwagen soll man zwei Tage zubringen. Frauen, Kinder, schicke Jungs und Mädels, mürrische ältere Passagiere mit Gepäck – alles teilt sich denselben Raum. Es gibt kein Buffet, keinen Ausgang aufs Deck, nichts. Das einzige, was man tun kann, ist, auf der Innenplattform vor der Kapitänskajüte zu rauchen, wo man mit Erlaubnis des Matrosen Kostja die Tür einen Spaltbreit öffnet, damit der Rauch abziehen kann.

Wäre ich nicht in Russland geboren und mit den Überlebensregeln in diesem Land immerhin vertraut, so hätte mich die ganze Umgebung wohl weniger überrascht als entsetzt. Sie unterwarf sich einfach nicht den Gesetzen, die ich von Moskau her gewöhnt war. In Petschora auf dem Anleger konnte ich, was um mich herum vorging, irgendwie noch mit dem mir Gewohnten verbinden: Der Anleger war zwar seltsam, aber doch eine Bleibe, von wo ich – sofern mir danach war – in weniger als vierundzwanzig Stunden in meine Welt zurückkehren konnte. Zwar schien die Zeit qual-voll langsam zu verstreichen, aber ich bremste meine in Moskau hochgepeitschte Zeit mit aller Macht, auch begann ich den Tag un-verändert morgens und beendete meine Aktivitäten gegen Abend, wodurch ich bewies, dass ich warten und in diesen maßlos langen Tagen leben konnte.

Aber jetzt auf dem Fluss ... Da fing ich plötzlich an, den Raum zu spüren. Den Raum, über den ich keine Macht mehr besaß, in dem alle mir bekannten Spielregeln außer Kraft gesetzt waren. Ihn durchquerend, verband der Fluss zwei Punkte, an denen meine Regeln halbwegs galten: Petschora und Narjan-Mar. Über allem anderen lag vollkommene Fremdheit, und wäre nicht die Gewohnheit gewesen, mit anderen Worten: das Vertrauen in die Landkarten, die über die geographische Lage der Städte Petscho-ra und Narjan-Mar bestimmte Dinge behaupten, etwa dass dieses auf der Grenze zwischen Wald- und waldloser Tundra liege – ich wäre wohl in derselben Lage gewesen wie Ibn-Fadlān*, der, was ihm über den Hohen Norden zu Gehör kam, vertrauensvoll und kritiklos übernehmen musste.

Der erste Halt, an den ich mich erinnere, hieß Schtschelja-Dor. Dort mündete ein anderer Fluss in die Petschora, sein Korridor war ein Nebelband, aus dem ein waldbewachsener Schroffen hervortrat.

---

* Ahmad ibn Fadlān reiste 922 als Gesandtschaftssekretär von Bagdad zu den Wolgabulgaren und verfasste den im arabischen Raum umfangreichsten Bericht nicht nur über das Wolgagebiet, sondern auch über jene Land-striche, die von den Rus, den frühen Russen, besiedelt wurden, und über einige boreale Gegenden, von denen er allerdings nur vom Hörensagen wusste. Das Scheitern der Mission (einen zentralasiatischen Tribut von 4000 Dinar einzutreiben und – vielleicht damit einhergehend – die Wolga-bulgaren zu »bekehren«) führte zu Intrigen gegen seine Person, wodurch sein Werk in Vergessenheit geriet und erst Jahrhunderte später in Buchara wiederentdeckt wurde, also in Zentralasien, wo Ibn-Fadlāns Schilderun-gen von akutem Interesse waren.

Im stahlblauen Wasser schaukelte, auf Ankömmlinge wartend, am Ufer ein Motorboot. Leute gingen von Bord und stapften über die knirschenden Kiesel auf das Boot zu. Ich fragte auf der Plattform, was Schtschelja-Dor heißt; es ist Komi und bedeutet »Ende des großen Waldes«, wurde mir gesagt. Schtschelja-Jur wiederum, das wir am Abend erreichten sollten, bedeutet »Anfang des großen Waldes«. Somit liegen zwischen seinem Anfang und seinem Ende zwölf Stunden Weg.

Je weiter die Fahrt ging, desto weltabgeschiedener wurde die Petschora. Im Siedlungsgebiet der Komi tauchten im Passagierraum staunenswerte Gestalten auf. Einmal stiegen drei oder vier Frauen zu. Sie trugen wattierte Plüschjacken, diese längst aus der Mode gekommenen, ländlichen Kazawejkas, und waren zudem fest in Tücher eingemummelt. Eine so sehr, dass ihr Kopf einem großen, runden Kohlkopf glich, aus dessen Blätterlagen ein Eulengesicht hervorlugte, wie es eigentlich nur eine Großmutter aus dem Märchen haben kann, die im Wald lebt und irgendwelche Zaubermittel und -worte kennt ... Eine Alte, bestimmt um die neunzig und von oben bis unten tücherumwickelt, wurde buchstäblich wie eine Statue in den Passagierraum getragen, sie sollte zu irgendwelchen Verwandten gebracht werden. Sie saß, aus ihren uralten Augen starr geradeaus schauend, vor mir, aber just da fiel ich in einen Halbschlaf; als ich zu mir kam, wurde sie wieder hinausgetragen, und ich musste mit anpacken: Sie war schwer und sperrig wie ein Schrank, aber vom Ufer griffen bärenstarke Männerarme mit zu und hoben sie an Land, wo ein Pulk von Verwandten sie den Pfad die Böschung hinauf und hinüber zu den Häuschen eines kleinen, zwischen Fichten hindurchschimmernden Dorfes schleppte.

Die Petschora ist ein sehr einförmiger Strom: Fichten auf der einen, gelbe blanke Sandflächen und undurchdringliches Weidengebüsch auf der anderen Uferseite. Einmal aber bot sich ein ergreifender Anblick dar: An einer Stelle schieben sich von beiden Seiten her drei Bergrücken an die Ufer heran und ragen mit keilförmig-spitzen Vorgebirgen in den Fluss hinein, der zwischen ihnen hindurchströmt wie durch Tore: das vordere schwarz, das mittlere blau, das hintere grau. Und in der Ferne keine sichtbare Grenze mehr zwischen dem grauen Himmel und dem grauen Wasser. Weshalb es scheint, als fließe der Strom in den Himmel. Oder ins Meer. Dorthin (in den Himmel oder ins Meer) hat er alle mitgenommen, die auf seinem Weg aus Erschöpfung oder Unachtsamkeit starben. Menschen verschiedenster Völker, alle von ihm zu einfachsten mineralischen Partikeln zermahlen, alle Teil von ihm geworden, der mit seiner Gestalt diese Ufer verbindet ...

Bei einer Zigarette auf der Plattform kam ich zufällig mit einer Frau ins Gespräch. Sie hatte ein einfaches, gutes, kluges Gesicht, trug einen gediegenen grünen Mantel und einen Hut. Sie stammte aus dem Dorf Sachar-Wan und leitete dort die Schule. Sachar-Wan ist nichts anderes als Iwan Sacharowitsch auf Komi, wo der Vaters- dem Vornamen vorangestellt wird. Das Dorf wurde also von einem Iwan Sacharowitsch gegründet. Inzwischen ist es über hundert Jahre alt und zählt, wie meine Zufallsbekannte sagte, rund fünfhundert Einwohner. Es sei ein guter Ort. Mit einer Rinderfarm. Sie wollen die Sowchose nicht auflösen, ungeachtet der Dekrete von oben:* Als Einzelbauer hat man es schwer hier, der Boden ist karg, nichts als Sand und Moorboden ... Sie selbst hat drei Landwirtschafts- kampagnen miterlebt: die Mais-Kampagne unter Chruschtschow, die Liquidierung perspektivloser Dörfer und Gorbatschows Kampf gegen den Alkoholismus. Aber ihr Dorf hat in allen drei Schlach- ten gesiegt: hat keinen Mais angebaut, sich nicht liquidiert und mit dem Wodkatrinken nicht aufgehört. Obwohl, während der Mais- Kampagne wäre sie fast bestraft worden. Sie war damals Schülerin und sollte an der Aussaat teilnehmen, da hat sie gesagt: Wozu denn den Mais verbuddeln, kommt, wir essen ihn lieber ...

Ich fragte Rosa, ob das Dorf in den Dreißigern nicht entkula- kisiert wurde. Nein. Wen hätten die denn wohin umsiedeln sollen?

* Gegen Ende der UdSSR und darüber hinaus wurden verschiedene Gesetze zur Umstrukturierung und Privatisierung der Kolchosen und Sowchosen erlassen. »Farm« ist eine der Bezeichnungen für die aus ihnen entstande- nen Nachfolgeunternehmen, von denen einige, anders als intendiert, noch heute in staatlicher Hand sind. [Anm.d.Ü.]

Außerdem sind sie ein kleines Volk, das mag keine Verräter. Hier hat keiner den andern denunziert. Dann erzählte sie, wie gut sie leben, wie einträchtig und vernünftig – nicht so, wie in der Stadt, gegen jeden Verstand. Ein junger Mann, der heiratet, baut vorher sein Haus. Im Winter, wenn die Landwirtschaft brachliegt, reitet er mit seinen Brüdern oder Freunden tief in den Wald, um die besten Bäume zu fällen. Nach einer Woche kommen sie wieder, gehen in die Banja und heben kräftig einen. Im Frühjahr, wenn der Fluss noch vereist ist und die Flugzeuge wegen des aufgeweichten Bodens noch nicht landen können, fangen sie mit dem Hausbau an, wobei die ganze Verwandtschaft mit anpackt. Zum Sommer ist das Haus dann fertig …

»Ach, muss es gut sein, bei Ihnen zu leben«, entfuhr es mir unwillkürlich, was Rosa antworten ließ:

»Können Sie russische Literatur unterrichten?«

»Warum nicht.«

»Dann kommen Sie zu uns.«

Ein toller Gedanke ging mir durch den Kopf: Ich bräuchte in diesem Sachar-Wan nur von Bord gehen, müsste nur meinen Rucksack nehmen und einen Schritt von der *Sarja* herunter tun, und ich würde für immer aus meiner Welt mit all ihren Sorgen herausfallen, würde mich in diesem Raum auflösen, würde, verheiratet mit einer der Urenkelinnen dieses Iwan Sacharowitsch, zu seinem Urenkel werden, würde Komi lernen und meine eigene Sprache vergessen, wie die Frau aus Petersburg, die hier schon lange lebt – und niemand würde je erfahren, wo ich bin.

Ja, wir haben alle einen Grund, unser Leben mit seinen Nervereien und ungelösten Problemen zu hassen – aber bist du von ausreichend schlichtem Gemüt, um in Sachar-Wan dein Glück zu erringen? Denk nach, Fliehender, eh du das Schiff verlässt!

Es hatte mich natürlich nicht überrascht, dass der Fliehende sich plötzlich vorschob. Er ist nie fern, genau wie der weise Inder, den ich mit mir herumtrage, oder der furchtlose Künstler und alle Piraten, Reisenden und Alchimisten, die seit meiner Kindheit in mir existieren. Dass er bisweilen Exklusivrechte an mir geltend macht und mir einflüstert, seiner Logik zu folgen, ist insgesamt erklärlich.

Nicht nur tauchte in allem, was ich damals schrieb, auf die eine oder andere Weise das Motiv der Flucht auf, sondern auch in allem, was ich las. Alle von mir bevorzugten Autoren umkreisten dieses Thema in irgendeiner Form: Hesse in seiner Erzählung *Klein und Wagner* und in *Klingsors letzter Sommer*, Updike im *Hasenherz*, Simenon im *Negerviertel*, Salinger ... Antonionis Film *Beruf: Reporter* projizierte meine eigenen Stimmungen auf die Leinwand ...

Schließlich hätte es ohne Flucht keinen Herman Melville gegeben und keinen heiligen Franz von Assisi, keinen ... nun, keinen Rimbaud oder wer immer zur Kohorte der großen Fliehenden gehört.

Generell wurde die Flucht im 20. Jahrhundert zu einem sehr wichtigen Thema, ging es doch immer auch um die Bewahrung der Individualität als solcher. Weshalb sich auch bestimmte mit ihr verbundene negative Momente – das, was im großen Ganzen unter dem Begriff *Verrat* gefasst werden kann – rechtfertigen lassen. Denn die auf Befreiung zielende Flucht ist ein Triumph der Individualität, vielleicht der letzte, aber eben doch ein Triumph. Die Protagonisten spüren, in einer symptomatischen Situation, die vollkommene *Unfreiheit* voraus, die mit einer neuen Weltordnung und deren unerbittlicher Maschinerie und Statik heraufzieht. Selbstverständlich beinhaltet dies einen Bruch, eine räumliche Veränderung, die Möglichkeit, sich in einem Jenseits zu *verstecken*. »Jenseits der Berge, jenseits der Wälder, jenseits der Meere«, wie es in einem unserer russischen Märchen heißt. Vielleicht erscheinen die zahllosen Fliehenden des 20. Jahrhunderts den Menschen des 21. befremdlich, was aber nur bedeuten würde, dass sie nirgendwohin mehr fliehen können.

Vor Schtschelja-Jur macht die Petschora eine scharfe Biegung, dann taucht hinter einer Landzunge aus Sand plötzlich die ganze Siedlung auf einmal auf: eine Handvoll Häuschen, verstreut auf einem Abhang, eine Farm, Kohlehaufen, eine Zisterne am Flussufer, der eine oder andere Steinbau – ein großes Dorf zwar, doch ohne jeden Sinn und Verstand, als sei der Teufel hier vorbeigekommen und habe Tabak aus seiner Tasche verstreut, und wo die Krümel hinfielen, da stehen heute, krumm und schief, Isbas, Zäune, Speicher.

Es hieß hier übernachten, weil es über dem Fluss so finster geworden war, dass die *Sarja* ihre Fahrt unterbrechen musste, um nicht versehentlich mit einem Baumstamm zu kollidieren. Es war sechs Uhr am Abend. Ich betrat als Erster den Anleger, bahnte mir einen Weg durch die Neugierigen, für die die Ankunft der *Sarja* ein Ereignis war, und suchte, um eine Koje zu ergattern und nicht die Nacht im »Allgemeinen Saal« auf einem Stuhl zu verbringen, eilig nach der hiesigen Beschließerin. Sie gab mir eine Garnitur Wäsche und den Schlüssel für die Nr. 51. Ich stieg nach oben, klopfte an die Kajütentür: nichts. Klopfte lauter: kein Mensch. Versuchte aufzusperren: die Tür war nicht abgeschlossen. Ich gebe ihr einen Schubs, und sie öffnet sich sperrangelweit. Im Halbdunkel vor mir liegen zwei Leichen. Oder auch nicht ... Es riecht nach einer strammen Fahne ... Sie atmen ... leben also. Haben sich bloß die Kante gegeben ...

Ich dachte: Sagst du der Deschurnaja, dass du mit Besoffenen nicht in einem Raum schlafen willst, kränkt sie das für die beiden. Sind schließlich auch Menschen. Kein Grund, sich für was Besseres zu halten.

Also bin ich runtergegangen und habe gesagt: Da ist abgesperrt, und ich krieg die Tür nicht auf, und es ist keiner da, geben Sie mir doch ein anderes Bett ...

Sie gab mir eines in der Nachbarkajüte. Dort habe ich als Mitbewohner zwei von unserem Schiff, einen Fahrer, Walentin (aus der Trinkerzunft), und einen vielleicht zwanzigjährigen Burschen, Sascha, der mir schon aufgefallen war: Er hatte Frau und Kind dabei, und ich konnte die beiden noch so lang beobachten: die Frau musste bestimmt sechs, sieben Jahre älter sein als er. Er war ein schmächtiges Hemd, ein unauffälliges *Jüngelchen* in schwarzer Lederjacke. Sie dagegen war von der stattlichen Sorte, ein reifes Weib, in die sich alle vergafften und an die sie sich ranschmissen, als sie auf die Plattform kam: Wie sie heißt, woher sie kommt, was sie arbeitet ...

»Mich versorgt mein Mann ...«

Auf einen Schlag war alles verstummt, denn: Ihr Mann, das Jüngelchen da, so ein Kerl war der also so einer, weil, man sah ihr ja an, die *kostete* was und war nicht auf den Kopf gefallen und also ein viel zu schwerer Brocken für die meisten, aber er, ihr Kerl, der war wer ...

Wir machen uns rasch bekannt und stürmen unverzüglich los auf der Suche nach einem Geschäft: am Ende eines durchfasteten Tags haben wir gigantischen Hunger. Die Zeit hatte Schlagseite bekommen und hing, einsturzgefährdet wie ein Katakombengewölbe, vibrierend über unseren Köpfen: bis sechs oder bis sieben? Wenn bis sechs, dann waren wir schon zu spät dran ... Wir rannten, was die Beine hergaben, unter unseren Füßen das Holzpflaster stöhnte. Das Geschäft am Hafen sah aus, als wäre es schon mindestens zwei Monate geschlossen. Wir jagten am Stadtsowjet, einem Doppelstockbau mit aufgepflanzter flatternder russländischer Fahne, vorbei und weiter zwischen grauen Isbas hindurch und an wackligen Zäunen entlang, hinter denen winzige Knirpse mit Gurken zu erkennen waren. Von weitem machten wir eine eisenbeschlagene Tür und ein offenstehendes Eisengitter aus, im Laufschritt treten wir ein ...

Leere Regale. Sprotten in Tomatensoße, in Salz eingelegte Wassermelonen, Portwein der Marke Agdam ...

Walentin kauft sofort eine Flasche.

»Gibts Brot?«

Eine dumme Frage – natürlich nicht.

Dümmer wäre nur zu fragen, warum.

Außer uns gab es noch einen Kunden im Laden, dessen Aussehen den Verdacht nahelegte, er habe noch nie in seinem Leben unter dem Dach einer menschlichen Behausung gelebt. In seinem struppigen Haar steckten Baumnadeln und allerlei Mulm, sein Gesicht sah aus wie mit Teer eingeschmiert, sein Bart war schütter, von der schmutzigen Kleidung ging ein starker Geruch nach Erde und Rauch aus ... Zwischen seinen kräftigen braunen Pranken hielt er eine Flasche Portwein, die er von Zeit zu Zeit heftig schüttelte, als wolle er aus den aufwirbelnden Bläschen die Beschaffenheit dieses dunklen, süßen, schwachen, eines Mannes ganz unwürdigen Getränks ermitteln. Als Freund des Wodkas verabscheute er offenbar das Halbherzige des Weins, und fragte uns, leicht lispelnd, mehrmals:

»Wie Tee, waß?«

Auf dem Rückweg torkelte uns vor dem Geschäft plötzlich ein irrsinnig betrunkener vielleicht Siebzehnjähriger vor die Füße, mit bös verletzter rechter Braue, die eine Gesichtshälfte blutüberströmt, und auch das Hemd war, wo nicht vollgesogen mit frischem Blut, da zumindest bespritzt. Seine reglos-stieren Augen schienen uns nicht gesehen zu haben, aber irgendetwas, vielleicht unsere Schatten oder unsere Stimmen oder das Funkeln unserer Schnapsgläser, musste er wahrgenommen haben, denn er stellte sich uns in den Weg, und wie ein blindes Tier die ganze Zeit den Kopf hin und her pendelnd, versuchte er mit schwerer Zunge eine Bitte zu artikulieren:

»Eh, Jungs, gebt mir …«

Er wusste anscheinend selbst nicht, was.

»Mir was zu trinken …«

»Kumpel«, sagte ich. »Hier, rauch lieber eine, ist besser …«

Mit betrunkenen Fingern klaubte er sich eine Papirossa aus der Packung, bedankte sich eilfertig und verschwand so urplötzlich wie er aufgetaucht war, stieräugig eine Straße hinabtorkelnd, immer in Gefahr zu stolpern und sich den Hals zu brechen. Wir alle sind in Gefahr, uns den Hals oder das Genick zu brechen (was bekanntlich nicht dasselbe ist).

Es hat uns an einen bedrohlichen Ort und in eine bedrohliche Zeit verschlagen.

Der bedrohliche Ort ist unser Land.

Dieses Land, das über dem Rand des Abgrunds hängt wie ein wuchtiger LKW, den, einem echten Wunder gleich, ein zufällig unter eines seiner Räder geratenes Stück Holz davor zurückhält, in die Tiefe zu stürzen …

Und alles, was vor sich geht, lässt sich nur verstehen, wenn man sich selbst als Insasse dieses auf der Grenze zu seinem Untergang balancierenden LKW begreift … Auch dieser Junge mit dem blutüberströmten, hilflosen, schrecklichen Gesicht kommt dort her. Er läuft auf der Schneide des Irrsinns, aus der Verzweiflung zur Hoffnung, aus dem Entsetzen zum hysterischen Gelächter, aus dem letzten Schrei zum letzten Seufzer … Es ist unwichtig, wer er ist: der Fahrer oder ein Freund des Fahrers oder einfach ein zufäl-

liger Passagier, der fünf Minuten vor der Katastrophe in den Wa-
genkasten geklettert ist »bis zur nächsten Biegung«. Er versucht,
vor der entsetzlichen Gefahr davonzulaufen, der Falle des Ortes
oder der Falle der Zeit zu entkommen ... Er will dir entkommen,
verfluchtes Jahr 1992 ...

Auf dem Anleger bat ich die Deschurnaja um einen Elektrokocher,
dann packte ich meinen Rucksack aus, holte meinen Pott, einen
Henkeltopf, Kaffee, Zucker, chinesische Nudeln hervor und setzte
ein Abendessen auf. In die Nudeln kippte ich drei Büchsen Sprotten aus dem Laden, was zwar eine widerwärtig anzusehende, aber
doch halbwegs sättigende Pampe ergab.

Walentin, auf sein Bett gefläzt und von Zeit zu Zeit die Flasche
ansetzend, beobachtete wohlwollend meine Vorbereitungen.

»Das Wichtigste ist was zu fressen«, verkündete er schließlich.
»Wenn du im Norden nichts zu fressen hast, kneifst du den Arsch
zu ...«

»Dann zu Tisch?«

Er schüttelte den Kopf, schnippte mit dem Fingernagel an die
Portweinflasche: »Ich brauch im Moment das hier ...«

»Sascha, dann hol du deine Frau ...«

»Meine was?« Sascha starrte mich mit großen Augen an.

»Wie deine was? Na deine ... Auf dem Dampfer ...«

»Die ist nicht meine Frau.«

»Wer dann?« Die Nachricht konnte sogar einen Systemsäufer
wie Walentin dazu veranlassen, sich aufzurichten.

»Wir haben uns kennengelernt einfach, am Flughafen ... wie
wir Tickets versucht haben zu kriegen ...«

»Also nicht deine Frau?« Das belebte Walentin derart, dass Sascha und ich uns eine Geschichte anhören mussten, die einem ja
vielleicht im Suff lustig vorkommen mag – wie in einer polaren
Schneesturmnacht ein Kerl in einem Hauseingang eine Tussi vö-
gelt, die ihm sagt, er soll mal das Licht ausmachen; tastet er also
nach dem Schalter und greift in nackten Draht – und verpasst
seiner Auserwählten via Schwanz eine 220-Volt-Ladung, dass die
beiden auseinanderfliegen wie zwei Rattenjungen ...

Walentin fand das irgendwie außerordentlich komisch …

Sascha sah sich aus Feigherzigkeit gezwungen, etwas wie ein verwegenes Grinsen aufzusetzen.

Mich machte das wütend.

»Weißt du was«, sagte ich. »Bring dieser … *Frau* … wenigstens einen Kaffee und ein paar Würfel Zucker. Sie hat schließlich auch den ganzen Tag nichts gegessen …«

Nacht. Walentin ist überm ausgetrunkenen Portwein eingeschlafen. Sascha, der glücklose Edelknabe seiner schönen Dame, ist vom Essen gewärmt ebenfalls in Schlaf gesunken. Auch ich sollte ein Auge zutun. Die Nacht wird kurz sein. Morgen bin ich, so Gott will, am Ausgangspunkt meiner Reise: Narjan-Mar. Denn sie hat ja noch immer nicht begonnen, auch wenn es mir so vorkommt, als ob ich schon lange unterwegs sei, vielleicht seit Jahren. Ich habe mein Zuhause vergessen, habe auch das Heimweh vergessen. Ich bin in ein Wirrwarr von Ereignissen geraten, über die ich keine Macht besitze. Der Lauf des Stroms hat mich ergriffen, wirbelt mich wie einen Span umher, und ich bin gezwungen, mich an Situationen und Reisegefährten zu klammern, denen ich in meiner Welt nie begegnet wäre. Habe ich irgendetwas gewonnen? Etwas von dem, was »Freiheit« genannt wird, ist, scheint mir, in mich eingesickert. Obwohl ich doch nicht weiß, was Freiheit ist. Vielleicht ist es die eine, einzige Wahl, bei der du dich hinterher als Mensch fühlst …

Gegen Abend des zweiten Reisetags umrundeten wir eine lange grüne Insel und bogen in einen der unzähligen seichten Seitenarme der Petschora ein, an dessen Ufern Narjan-Mar liegt. Ehrlich gesagt hatte ich mir meine Ankunft nicht so verdrießlich vorgestellt: Ich hatte trotz allem eine Stadt erwartet – aber da war keine. Vom Fluss aus sah man Holzstapel, ein paar Hafenkräne, die kohlegeschwärzte *MS Kolgujew*, den Typenbau des Anlegers, die Umzäunungen der Speicher und auf der hohen Sandböschung ein einzelnes Gebäude, wohl ein Verwaltungskasten …

Es regnete. Es war kalt. Irritiert lauschte ich dem Pochen der Tropfen auf den Eisenplanken des Anlegers. Ich blieb allein zurück, alle anderen Passagiere zerstreuten sich, ein Ziel vor Augen. Meine Bekannten – Walentin und Sascha »mit Frau und Kind« – kletterten auf die Ladefläche eines Dreiachsers, der einen von ihnen abholen gekommen war; sie verkrochen sich vor dem Regen unter einer Zeltplane und fuhren davon, ohne auch nur, wie es heißt, zum Abschiedsgruß die Hand zu heben.

Ich nahm meinen schweren Rucksack auf, trat hinüber auf den feuchten Sand und machte mich, einen kleinmütigen Fluch gen Himmel schickend, zwischen den regenschwarzen Speicherzäunen auf die Suche nach einem Hotel ...

Der Schütze und der Fliehende

Er (ich) nahm seinen schweren Rucksack auf, trat hinüber auf die feuchte Böschung und machte sich (mich) auf die Suche nach einem Hotel ...

Am folgenden Morgen vergewisserte ich mich (er sich), dass das Ziel herangerückt war. Nicht dass die Insel näher gerückt wäre (ihre Umrisse blieben verschleiert; im Gespinst des Regens zeigten sich einstweilen nur Baracken, Gasleitungen, Holzschuppen, Wäscheleinen mit flatternden Unterhosen, sich paarende Hunde). Aber näher gerückt war der Rand der Welt. Finis terrae. Von dort brach bisweilen Wind herein. Eine Böe erwischte ihn, als er gerade geräuchertes Renfleisch mit grüner Paprika von einem Straßenverkaufsstand aß: Plötzlich schien im grauen Himmel über seinem Kopf etwas zu explodieren, und er fand sich in einem Strom reiner Kälte wieder. Sämtliche Wäscheleinen der Barackenstadt pfiffen wie Takelagen, es fehlte nicht viel und der Wind hätte ihm das Fleisch aus dem Mund gerissen. Um mit solcher Stärke anzugreifen, musste der Wind sich in grenzenlosen Räumen aufpeitschen können, wo kein Stückchen Erde vorspringt und sein Rasen behindert ...

Dort hin, jenseits des Randes – diese schäumende graubleierne Woge –, strömte die Petschora. Aber wenn am Anleger auch ein Fahrplan mit Verbindungen flussabwärts, via Kuja und Krasnoje, hing, so schenkte er dem keinen Glauben, denn seit ihn die *Sarja* in Narjan-Mar abgesetzt hatte, war ihm am feuchten Landungssteg kein Passagierschiff mehr begegnet ...

Im Wald hinter der Stadt entdeckte er riesige Sandkessel – Spuren von unvergleichlich stärkeren Windböen als jene, die ihn getroffen hatte; dann – Erinnerungszeichen an ein böses Omen – Spuren des vom Antlitz der Erde verschwundenen Städtchen Pustosjorsk:[*] ein paar morsche Balken, einige umgestürzte, wettergebleichte Grabkreuze; im Gras, zwischen windbewegten Steinbrechpolstern und bodenkriechenden Wildrosen, aus den Gräbern hervorgeblasene menschliche Knochen; Getön: ununterbrochenes Rauschen gezauster Lärchen und Fichten, Plätschern eines unruhigen Sees, das Getön der vom Wind wie ein Schiff hin und her geworfenen Welt. All das hätte ihn beinah aus dem Gleichgewicht gebracht. Was immer man sagen mag, aber dort, wo er herkam, war der Boden nicht derart wankend. Doch er hielt sich an der Zeile fest, und die Zeile hielt ihn, Wort fügte sich rettend an Wort, und so erfuhr er, dass er Worte kennt, die ihn zu retten vermögen.

Die Moose waren von der Nebelnässe aufgequollen, die Stiefel durchweicht, im Hals brannte es, das Hotel blieb unverändert kalt, aber er hielt Nacht für Nacht durch, sich an die Wörter klammernd, von denen er Unmengen aufschreiben musste, um nicht die Angst in sich einzulassen:

Lausiger Tag. Regen, Nebel. An solchen Tagen ziehen die Bewohner hier die dicken Vorhänge fester zu und vergraben sich in schläfrig-häuslicher Gemütlichkeit. Draußen sechs Grad plus. Vielleicht ist schon September?

[*] Die befestigte Siedlung Pustosjorsk wurde 1498 auf Befehl von Iwan III. gegründet, jedoch fand die Grundsteinlegung zum falschen Zeitpunkt statt, »bei schartigem Mond«, weshalb sich noch während ihres Baus der Ausspruch eines Moskauer Kriegsmannes verbreitete, wonach »hier nichts Gutes geschehen« werde. Von Mund zu Mund weitergegeben, verstärkte einige Jahrhunderte später ein Fluch des Protopopen Awwakum diese Worte: Der Legende zufolge soll der Begründer des Altgläubigentums in der Stunde seiner Hinrichtung ausgerufen haben, spurlos gehe, von Sand verweht, dieser Flecken unter. Die Prophezeiung bewahrheitete sich: Im 20. Jahrhundert, als Pustosjorsk seine einstige Bedeutung ohnehin bereits eingebüßt hatte, änderte die Petschora, sich nach links wendend, ihren Lauf, wodurch jener Flussarm namens Gorodezki Schar, an dem das Städtchen lag und der einmal der bedeutendste Arm der Petschora gewesen war, versandete und sich in eine Anzahl kleiner, nur mehr mit Ruderbooten befahrbarer, untereinander verbundener Flussbetten verwandelte, was den Untergang von Pustosjorsk endgültig besiegelte.

Oder sogar November? Während ich durch das Sandmeer vom Wald zu-
rück zum Hotel stapfe, wieder das Gefühl, dass es unmöglich ist, sich von
hier loszureißen: Es ist ein verzauberter Raum – er kann dich noch weiter
hinaus stoßen, aber dich freilassen, zurück?

Was hatte ich gleich noch hier finden wollen?

Etwas, das sich mir im Wort erschließt: Das ist der Schlüssel für diese
ganze Geschichte. Aber es wird mir schon gelingen, zu Wort und Sprache
zu kommen. Für mich entspringt das Wort aus der Stofflichkeit der Welt,
sehen, hören, mehr brauche ich nicht. Deshalb habe ich mich ja auch auf-
gemacht, um am Leib zu spüren, was später Wort wird. Ich würde gerne
noch malen. Aber das ist verschüttet, fast tot ... Wenn ich wieder malen
könnte, wäre das bestimmt das glücklichste Omen in meinem Leben. Es
würde heißen, mir wäre vergeben: Alle Sorgen wären mir genommen, die
meine Seele beschweren, ob zu Recht oder Unrecht, und die wunderba-
re Gabe meiner Kinderjahre wäre mir zurückgegeben, die Gabe, stumm
jene Begeisterung angesichts des Rätsels der Welt auszudrücken, die mich
begleitete, solange ich mir keine Fragen stellte, auf die ich eine exakte
sprachförmige Antwort erhalten wollte, und nach der ich, da ich sie nicht
erhielt, selber zu suchen anfing, indem ich mühsam Wörter zusammen-
klaubte, wählerisch – und fast immer vergeblich – das Wort aufzuspüren
versuchte, das ohne Abstrich genau so schön wie eine Farbe, genau so ex-
akt wie eine Linie, genau so allesumfassend wie eine Zeichnung war ...
Das Wort hat etwas Quecksilbriges. Und daran lässt sich nichts ändern.
Es ist unmöglich, sicher davon auszugehen, dass die Suche die Anstren-
gungen lohnt, aber nicht zu suchen ist auch unmöglich ...

Der innere Monolog landete unweigerlich immer bei der Frage
nach Sinn und Zweck der ganzen Unternehmung, und der Gedanke umzukehren kam natürlich nicht nur einmal auf. Aber erstens
spürte er, dass der Raum ihn tatsächlich nicht freigeben würde,
und falls es ihm vergönnt sein sollte heimzukehren, so nur, wenn
er dort gewesen wäre, *jenseits des Randes.* Zweitens war das Ticket
für den Hubschrauber gekauft. Nun, und drittens war er sich natürlich bewusst, dass seine Flucht, diese jahrelange innere Flucht
auf den Tagebuchseiten, sich schon zu lange hinzog, und wenn er
nicht jetzt den Schritt machte, dieses Davonlaufen in noch etwas

anderes zu verwandeln (und wenn es nur eine Erzählung wäre, nur ein Foto, nur eine kleine Feder, die er der Geliebten als Geschenk mitbrächte), so würde er künftig in den Labyrinthen seiner Niederlage umherirren, bis er sich zuletzt an sie gewöhnt hätte.

Aber nein! In eine Niederlage willigte er nicht ein: Mochte er auch bislang keine Antworten wissen, so waren doch dafür viele neue drängende Fragen aufgetaucht. Er hatte wie selbstverständlich geglaubt, nach dem Sinn des Lebens zu fragen impliziere eine Antwort, doch plötzlich merkte er: Er wusste zwar keine Antwort, aber einen Sinn, einen vielleicht nur ihm allein teuren Sinn in Form dieser ungelösten Fragen – den gab es. Außerdem hatte er Glück. Die Stadt war klein und dementsprechend die Bekanntschaftskette kurz: Am zweiten Tag brachte man ihn mit Korepanow, dem zeitweiligen Inselvorsitzenden, zusammen. Sein pomorischer Name erinnerte an die russischen Wörter für Wurzel und Festigkeit: *koren* und *krepost*, was zu seinem unerschütterlichen Wesen wunderbar passte. Er war ein bedächtiger Mann Mitte vierzig, eher klein, aber sehr stark, und mit intensiven grauen Augen. Vollkommen ruhigen und zugleich durchdringenden Augen, die den Fliehenden, während er sprach, aufmerksam betrachteten, sich in ihn drillten wie ein Bohrer, mit dem der Bootsbauer die Materialqualität des ihm präsentierten Schiffskörpers studiert: den Kiel – das Rückgrat des Fliehenden, die Spanten – seine Rippen, Takelage und Wandung – seine Sehnen und Muskeln, aber vor allem den Motor – sein Herz. Aus pomorischer Sicht war die Konstruktion insgesamt etwas schwächlich, für die Sommermonate aber ausreichend. Was den Motor betraf ... Der stotterte, verriet Unsicherheit und Angst; aber diese Empfindungen waren alles in allem verständlich, wichtiger war, das Prinzip zu begreifen: Welche Treibriemen treiben ihn an? Welche Wünsche bringen ihn in Schwung? Welche Energie verbrennt er?

Eine Flasche Äthylalkohol, nach Geschmack des Hausherrn auf runde fünfzig Prozent verdünnt, kam auf den Tisch. Als sie halb leer war, begriff der Fliehende plötzlich, er hatte die Prüfung bestanden, obwohl die Insel Korepanow eindeutig teuer und ihr ehemaliger Vorsitzender nicht gewillt war, sie mit dem erstbesten

Dahergelaufenen zu teilen. Zweifellos war Korepanow in den Augen seines Gegenübers ein besonderer schuldbewusst-verzweifelter Ausdruck, wie nur Fliehende ihn haben, nicht entgangen; aber bestimmt hatte er auch etwas gesagt oder getan, was Korepanow davon überzeugte, dass sein Überraschungsgast ungeachtet seiner schwächlichen Takelage vielleicht doch den Segen für die Ausführung seines seltsamen und von ihm selber wohl noch nicht verstandenen Plans verdient hatte. Ihr Gespräch war schon zu Ende, da entdeckte der Fliehende in den vom Boden bis zur Decke die Wände überziehenden Bücherregalen Rockwell Kents *Salamina* und noch einen ganzen Haufen weiterer ihm, wenn auch in anderer Ordnung, aus seinem eigenen Bücherschrank her vertrauter Titel – und erst da begreift er, dass der Mann, der ihn auf die Probe gestellt hat, wesentlich mehr verstehen kann, als er, der Fliehende, auf den ersten Blick geglaubt hat.

Später, sehr viel später, sollte er begreifen, dass er nichts Besonderes gesagt oder getan hatte, sondern einfach wieder und wieder seine Absicht bekundet, unbedingt auf die Insel zu müssen; er kam von weit her, das war etwas Besonderes. Aber etwas Besonderes ist es auch, einen Menschen zu beobachten, der in den Strudel des Schicksals geraten und sich dessen nicht bewusst ist ... Der Vorsitzende hatte ihn einfach nur beobachtet, während er Blödhammel geglaubt hatte, ihn für sich damit eingenommen zu haben, dass nie, niemals, auch nur ein Lokaljournalist einen Fuß auf die Insel gesetzt hatte, aber er ...

Korepanow hatte ihm Menschen genannt, bei denen er sich, egal um welche Bitte es ging, auf ihn berufen konnte, und hatte ihm Bücher geliehen. So erfuhr der Fliehende gut vierzig Stunden vor dem Abflug die Parole und erhielt die Schlüssel.

Nachts im Hotel fotografierte er Bilder ab: Gesichter, dunkel wie altes Holz, und Zeichnungen von Blauwalen, blumenübersäten Kuppen, Renen, Sonnen ..., denen sein Schwarzweißfilm (einen anderen hatte er nicht) augenblicklich die Farbe entzog. Die Insel trat immer deutlicher aus den eng in Petitschrift gedruckten Zeilen des russischen Brockhaus hervor mit ihrer Umrisslinie, einer »unregelmäßigen Ellipse«, die von Flusstälern und einigen Hügelketten aus Sedimentgestein durchschnitten wird. Letztere, so der Brockhaus-Efron, seien »in geologischer Frühzeit aus der Arbeit eines ausgedehnten Stroms hervorgegangen, der höchstwahrscheinlich im Tal der Petschora floss, die somit sein Überbleibsel wäre ...«

O Petschora, die du von Ewigkeit zu Ewigkeit fließt! Und unter düstrem Himmel seewärts eilst, deine Wogen über den Wassern des Urmeeres rollend, des sich verbergenden, salzigen, einst warmen Meeres, eines Meeres so schwarz wie der Morgen des Blinden, so zähfließend wie Erdöl. Hier ist der Boden bis hinab in tiefste Lagen wassergesättigt, und wenn du, Unglücklicher, der du über diese Wogen läufst, noch nicht begriffen hast, dass die Welt eine vielfach geschichtete Torte ist, dann vertief dich doch bitte in diese Sache, eh du beschließt, von der Torte zu kosten ...

Wer erteilt hier wem eine Lektion? Spricht hier während des qualvollen Wartens im Hotelzimmer der Fliehende mit sich selber? Hat sich, von seinem dubiosen Recht Gebrauch machend, wann immer, auch zur Unzeit, im Text mitzumischen, der Autor eingeschaltet? Oder sind hier schon neue, bislang unbekannte Stimmen zu hören?

Der Schütze.

Der Schütze taucht unvermutet auf, als Figur eines weiteren, von Raum, Licht und Freude erfüllten Buchs. Ein junger Bogenschütze in Jägerkleidung, der auf eine Gans am Himmel zielt. Eine fließende Federzeichnung, deren Leichtigkeit und ausdrucksstarke Einfachheit unzweideutig auf ihre Entstehungszeit verweist: die frühen 1960er Jahre. Genau wie die schlichte, energische und leichtfüßige Sprache:

»... Übers Fallreep klettern wir hinunter auf die *Kolgujewez*, die beigedreht hat und an der dunklen feuchten Bordwand der *Juschar* liegt. Möwengeschrei.

Fracht wechselt von der Fähre in den Kahn: Säcke (bestimmt Mehl und Salz), Kisten, Fässer. Von der Insel sind Nenzen herübergekommen, ein Teil ist mit dem Löschen der Ladung befasst. Sie arbeiten schweigend. Ihre Fellkleidung ist, obwohl feucht, schön. Mit farbenfrohen Ornamenten.

Es ist sehr kalt …

Über dem grauen Meer ein blendend gelber, kalter Himmel.

Es ist zwei Uhr nachts.

Als die Fracht gelöscht ist, kommt einer auf uns zu und sagt: ›Dann wollen wir mal einen Tee trinken.‹

Das Häuschen steht näher am Landungssteg als die anderen, wahrscheinlich sind wir deshalb hier hereingebeten worden …«

Der Fliehende war nicht frei von Neidgefühl, aber zugleich erfüllte Hoffnung sein Herz. Seine Ahnungen hatten ihn nicht getäuscht: So, genau so hatte er sich das Ufer seiner Rettung vorgestellt: nach Meersalz, Sackleinen, Dieselöl, nassem Holz und feuchten Fellen riechend und (unbedingt!) mit Möwengeschrei über …

Ein Jahr, ein Jahr nur ist er zu spät: Die *Juschar* – jene gute alte *Juschar*, deren Route er seinerzeit in Archangelsk entdeckt hatte – wird nie mehr in nächtlicher Stille vor der Insel auf Reede gehen, und er selbst wird nie unter einem blendend gelben Himmel auf Deck stehen und hören, wie die Ketten aus den Klüsen rasseln und die schweren Anker ins eisige Wasser krachen und den Dampfer auf Sichtweite zu den gastfreundlichen kleinen Küstenhäusern stoppen …

Das Buch, *Die Insel Kolgujew* der beiden Künstler Ada Rybatschuk und Wladimir Melnitschenko,[*] atmete lebendige Erinnerung und kommende Begegnungen: Das, wovon es erzählte, konnte nicht untergegangen sein, noch lebten die Menschen, mit denen sie Tee getrunken hatten, auch sie selbst lebten noch und konnten also für ihre Worte bürgen …

Und wieder erfuhr er erst sehr viel später, dass Ada und Wolodja, die auf der Insel eine lebende Legende sind, lange vor Erscheinen ihres Buches dort hingingen, als sie noch keine Künstler waren, sondern einfach junge Leute, Studenten, die wegen ihrer Diplomarbeit hinfuhren, 1959/60, vor seiner Geburt, *vor Zeiten*. Sie hatten natürlich Glück: Sie trafen noch die Nomadenzeit an, die letzten Tage eines sich über ein Jahrhundert erstreckenden Nomadenlebens auf der Insel, hundert Jahre, hinter denen sich weitere Jahrhunderte

[*] Ada Rybačuk, Vladimir Mel'ničenko, *Ostrov Kolguev*, Moskau, 1967.

abzeichneten, tausend Jahre unentwegter Bewegung des Menschen durch die grenzlosen Räume des Kontinents im Gefolge der Rene.

Als Ada und Wolodja für einen Winter auf die Insel gingen, hatten sich die ersten Tundrabewohner bereits in den festen Behausungen an der Küste niedergelassen, aber zwischen diesen sich in einer Reihe den Strand entlangziehenden Baracken tauchten hie und da Tschums* auf, und das Essen wurde wie je zubereitet, auf einem Feuer im Freien, Sammelpunkt der Familie, ja sie besaßen noch solche Kraft, dass sie es einfach nicht ertrugen, lange zu Hause zu hocken, es trieb sie häufig in die Tundra zu den Verwandten hinaus, die dort geblieben waren, weil für sie Sesshaftigkeit gleichbedeutend war mit Faulheit und Atemnot.

Eines Tages war es dann soweit – man rief die beiden Studenten, gab ihnen Schlitten und Gespann:

»Das sind jetzt deine Rene und dein Schlitten‹ ...

Wie viele Jahre hatte ich darauf gewartet? Zehn? Zwölf? ...«

Liebe Ada, kleine Ada, wie das? Du warst also zehn, zwölf Jahre alt, als die Insel wie ein Smaragd auffunkelte aus der Finsternis des Hohen Nordens und mit ihrem eisigen Licht dich in deinem Kiew verzauberte – mein Gott, in diesem Kiew, wo im Frühling oberhalb des Dnjeprs beim Wybizki-Kloster der wellengleiche Flieder in sämtlichen Blau-, Violett- und Lilaschattierungen schimmert und die blühenden Kirschbäume erstarrten Rauchwolken ähneln, wo die rosa Apfelblüten jeden Atemzug mit wollüstiger Frische erfüllen und man sich vor der heißen Sonne im dichten Schatten der Platanen verstecken muss ...

Ja, so muss es gewesen sein, Ada: Denn die Ecken der Erde, die später zu erobern uns beschieden ist, ererben wir in der Kindheit ...

Vielleicht ist Adas Buch das beste, das je über Kolgujew geschrieben wurde. Nichts darin ist überflüssig, es ist voll echter Poesie, die der Autorin das Recht gibt, alles Entstellende nicht

---

* Transportable Behausung der Nordvölker Sibiriens, bestehend aus einem Gerüst konisch angeordneter, meist mit Rentierhäuten bespannter Stangen. [Anm.d.Ü.]

zu sehen, voll jener lebensschöpferischen Poesie, die noch den Stumpfsinn der Militärbehörde, das Verbot, »strategische Objekte« bei ihrem Namen zu nennen, in Gewinn zu verkehren weiß: So taucht im Text ein Leuchtturm namens *Nord* auf, ein Wandelstern auf dem letzten Streifen Küste der Insel, hinter dem es nichts mehr gibt außer Eis und Nacht bis zum Pol. Dieser Leuchtturm trägt nicht seinen wirklichen gutrussischen Namen *Sewerny*, nein, er heißt *Nord* – und konnte nicht anders heißen, musste so heißen auf dem Territorium der Rettung. *Sewerny* hätte nur den Standort bezeichnet: jene damals (wie so viele andere) verbotene Zone im Norden der Insel; *Nord* dagegen birgt Erinnerung: Erinnerung zumindest an die Zeiten, da norwegische Schoner sich von Norden oder Osten her der Insel näherten, so die seit alters von den Pomoren genutzten Ankerplätze umschiffend, und daran, wie einmal ein solcher Schoner von jenem Wind, den die Russen »Mitternächtler«, die Norweger aber eben »Nord« nennen, abgetrieben wurde und auf eine Sandbank auflief, und unter dem Strandgut, das die Nenzen noch von Bord schaffen konnten, ehe die Wellen das Schiff zerschlugen, befanden sich zwei Porzellantassen ...

Das Buch enthielt eine Reihe von Anspielungen, die für den Fliehenden offenbar von Bedeutung waren, denn er hatte sie herausgeschrieben, doch wozu, das war ihm im Nu entfallen, und begriffen hat er sie erst viele Jahre später, tief erstaunt über ihre Klarheit und Eindeutigkeit:

»... In der Tundra geht nichts verloren ...«

Vordergründig war von Gegenständen die Rede, von Tassen, Löffeln, Uhren, alten Gewehren, hinter denen sich lange, märchenhafte Geschichten erstreckten. Doch zugleich war auch von etwas anderem die Rede, dessen *Bedrohlichkeit* er dunkel spürte: »Wer hierher kommt, kann nicht Gast auf Zeit gemäß der inneren Perspektive seiner Arbeit sein; wer hierher kommt, bleibt auch nicht auf Zeit, denn sein Leben hier hört mit seiner Abreise nicht auf, die Erinnerung an ihn, an seine Taten, seine Worte, wird hier wie nirgends sonst bewahrt ...« Er fühlte, dass hier von Schuldigkeit die Rede war, einer Schuldigkeit, die seine Freiheit, die Freiheit des Fliehenden, in die Pflicht nähme. Aber insofern er ja noch nicht dort war,

fühlte er sich nicht in der Schuld der Insel. Und mochte auch künftig ihr nicht zugehören, mochte sich nicht mit dem Wort »Pflicht«
zusammenspannen; er wollte die Insel letztendlich nur sehen – und
Schluss. Keine Pflichten, nur geistfesselnde Abenteuer ...

Begeistert las er Seite um Seite, ein wenig neidisch auf die beiden Glückspilze, deren Rene, obgleich sie bis zum Bauch im eisigen Moor einbrechen, den schräghängenden, mit Kleidern, Etüden
und Farben beladenen Schlitten hinaus in die weiten Räume der
blühenden Tundra ziehen, zu den uralten Hügeln und Lagerplät-
zen, wo Menschen leben mit Namen, so wunderschön wie Wörter
einer vergessenen uralten Sprache: Uesko, Tauli, Iona, Ide ...

Hier eröffnet sich ihnen die Welt des Schützen. Hier, in dem
grünen Gefäß, auf dessen Grund die goldene Eisscheibe eines Sees
ruht, ziehen wie je die Herden umher, lodern in der Dämmerung
die Feuer, erzählen die Alten den Kindern von der Frau, Chada
Waermi, die vor langer, langer Zeit auf einer Eisscholle an die Küste
kam und als Rentierjägerin lebte, bis eines Tages jemand sie sich zur
Frau nahm und sie für immer auf der Insel blieb; hier singt der kleine Iona, auf einem grünen Hügel, die großväterlichen Lieder; hier
ist die Nomadenzeit noch allmächtig, die Lebensweise, in der kein
Stöckchen, und sei es bleistiftklein, umsonst verbrannt werden darf,
das Leben, in dem jeder Schritt, jede Geste von der Zeit geschliffen
wird bis zur Vollkommenheit, zur symbolischen Figur ...

Der Schütze. Er ist kühn und jung, und ihn erwartet die herrliche Zukunft eines ungebundenen Sohnes der Natur ...

Die wundervolle bilderreiche Sprache, deren Farben im Raum
des Buches mal bis zu äußerster Dichte eingedickt, dann wieder
bis fast zu gänzlicher Durchsichtigkeit verdünnt sind, diese un-
vergleichliche Sprache der beiden Künstler bezaubert, wie es der
Sprechgesang des Schamanen tut: durch Unanzweifelbarkeit.

»Ewigkeit geht von den öden Ufern aus, wo unter violetten
Torfschichten Muschel- und Gesteinsablagerungen, über Jahrhunderte zusammengepresst, sichtbar sind ...«

Fossiles Eis ...

Ewige Gefrornis ...

Ewigkeit ...

»Ewigkeit wohnt in den Kekuren. Die Inselbewohner haben vergessen, wer diese Steinzeichen errichtet hat, die von einem flachen Stein gekrönt sind, der an das Profil eines – stets dem Meer zugewandten – Menschen erinnert: eigenartige, sich in die Tundra verirrt habende Leuchttürme …«

Die Ewigkeit, das Paradies.

Wie viel würde ich zahlen, um den Lauf der Zeit zu verlangsamen?
Um die helle Freude des ewigwährenden Augenblicks wie in der Kindheit zu empfinden?
Aufwachen.
Wolke.
Gras.
Gott im Himmel, wovon rede ich? Wie sollte derlei käuflich sein? Hier heißt es, mit anderem als Geld bezahlen: mit einem selber …

Im letzten Augenblick beginnt der Fliehende das eine oder andere zu begreifen. Aber er verspürt kein Bedürfnis, sich dem Schicksal entgegenzustellen. Wenngleich etwas chaotisch, verraten seine Notizen des letzten Tages eine ruhige Ergebung in das Vorhaben, das sich von einer gänzlich flüchtigen Träumerei zum kategorischen Imperativ gewandelt hat und ihn immer weiter ins Zentrum des Trichters lockt.

Eine Aufstellung seiner Geldposten endet mit der tristen Feststellung: *Bin maximal noch zehn Tage liquide, bei katastrophal bescheidener Unterkunft …*
Weiter, ebenso ratlos: *Ärgerlich, was ich an unnützem Zeug dabeihabe, nur das Wichtigste nicht: warme Kleidung. Frage mich, ob das Zimmermädchen mir eine Büchse Fleisch geklaut hat.*
Und noch dies: *Versuche trotzdem, mich auf die Reise vorzubereiten und einzustimmen. Habe die Stiefel getrocknet und eingewichst und mir auf dem Elektrokocher eine Buchweizengrütze zubereitet, um morgen früh und notfalls auch tagsüber etwas zu essen zu haben (den Topf mit der Grütze in Zeitung eingeschlagen, damit nichts rausschwappt,*

und im Rucksack obenauf gut verstaut). Die Erfahrung dieser ganzen Reise, die ungeachtet ihrer vollkommenen Sinnlosigkeit in der Stimmung ›nicht umkehren‹ verläuft, besagt, man muss mit allem rechnen. Vielleicht fliegen wir morgen, obwohl bei dem Wetter bloß ein Narr in Christo nicht krank würde …

»Na, mein Lieber, ein bisschen die Hosen voll?«

»Hätten wir unter den Umständen alle ein bisschen, wissen Sie.«

Die Schlaflosigkeit verweigerte hämisch der Nacht ihr Recht, und diese versuchte sich das Ihre am Morgen zu holen. Weshalb er ganz ohne Frühstück seinen Rucksack schnappen und in Korepanows betagten Soporoschez springen muss, den dieser langsam, um in den Schlaglöchern der Karre nicht den Bauch aufzuschlitzen, tod-sicher der Verspätung entgegenkutschiert. Aber anscheinend weiß Korepanow, was er tut: Das Einchecken ist längst abgeschlossen, der Saal leer, aber der Fliehende wird abgefertigt.

Ein mehr als flüchtiger Blick des Grenzers hinterm Schalter auf die Dienstreisebescheinigung, dann: »Flugticket …« »Ausweis …« »Machen Sie schnell, Sie sind verdammt spät dran …«

Der orangefarbene Mi-8 mit schwarzen Rußspuren an der Triebwerksverkleidung unterschied sich von zwei anderen Hub-schraubern nur dadurch, dass die Tür zum Passagierraum noch offenstand. Er rannte über feuchten Beton, dann über feuchten Sand und erneut, in einer Diagonalen, über Beton. Die anderen Passagiere hatten offenbar gerade erst ihre Plätze eingenommen, aber als er ins Innere klettern will, begreift er, dass für ihn und seinen Rucksack genau kein Platz mehr ist. Er ist überzählig, ein Fremder. Er steckt den Kopf ins Innere, schiebt jemandem den Rucksack zu: »Könnten Sie den bitte durchgeben?« Die drinnen beißen an, sein Rucksack verschwindet und er kann sich hinein-quetschen. Die beiden Bänke längs der Bordwand waren besetzt; in der Mitte des Hubschraubers türmten sich vom Boden bis zur Decke eine Unmenge Sachen, ein regelrechter Berg, der, wie ihm schien, jeden Augenblick auseinanderrutschen konnte. »Gehn Sie nach hinten durch«, sagte der Kopilot und zog die Einstiegstrep-pe hoch.

»Entschuldigung!« Er klammerte sich so gut es ging an sämtlichen Unebenheiten der Innenverkleidung fest, aber es war so eng, dass er doch jemandem auf den Fuß trat: »Entschuldigung!« Keine Antwort: Er war überzählig, ein Fremder. An ihn Worte zu verschwenden lohnte anscheinend nicht.

Die Tür schlug zu, die Rotoren liefen. Der Geruch von Kerosin vermischte sich in seiner Nase mit dem fremden herben Geruch der Menschen. Es waren fast nur Nenzen, aus irgendeinem Grund überwiegend Frauen und ein paar Kinder. Das Dröhnen der Rotoren hatte sie niedergedrückt, viele saßen vornübergebeugt da, mit geschlossenen Augen. Er begriff, dass der Geist der Maschine ihnen zusetzte, sie auf der Stelle schwächte. Ein Junge schlief gegen die Schulter der Mutter gelehnt. Er konnte sich die beiden ein wenig genauer anschauen: sympathische braune Gesichter, die Mutter mit Brille und Kunststoffspange im Haar, dazu eine gekaufte Häkelmütze, eine billige Kunstfaserjacke, längst aus der Mode gekommene Frühjahrsstiefel …

Wahrscheinlich wäre eine an Ada gerichtete Frage in ihm aufgetaucht, aber da bemerkte er sich gegenüber einen Mann im Gummimantel. Das Gesicht vibrierte mit allem, was es im Hubschrauber gab, aber Himmel, was für ein Gesicht das war!

Was war es für ein Gesicht? Seine Züge sind ihm nicht in Erinnerung geblieben, nur der allgemeine Eindruck, genau wie beim Regenmantel. Unmöglich, dessen Aussehen zu beschreiben, oder wenigstens die Farbe anzugeben. Ein Gummimantel, gelb oder beige wohl, aus dem ein sehniger roter Hals hervorstak, so von einem Tuch umschlungen, dass der Mantel gut über den nackten Körper gezogen sein konnte, denn da war etwas Schauerliches, an der alten, rissigen Regenhaut beziehungsweise dem mageren Körper, den sie umhüllte – wenn nämlich der Körper dieser Hülle entsprach, dann war es einer, der das Leben und allerlei Vernachlässigungen kannte, wie der auf den Müll geworfene und zufällig von irgendwem wieder herausgezogene Mantel … Aber das Gesicht … Die magere, sehnige Verlängerung des roten Halses. Ein gewöhnliches Gesicht, ja, schon, aber absolut *nicht von hier*, umgebildet vom unermüdlichen Werk des spiritus vini. Unablässig hat in grenzenlosen Winternächten der Dämon Alkohol an diesem Gesicht gearbeitet, hat die farblosen Augen mal mit den Strahlen des Nordlichts erhellt, dann mit grimmiger Katerschwermut bis auf den Grund ausgefroren, hat Furche um Furche das Netz aus Runzeln aufgetragen und, unzufrieden mit seinem Werk, dem ihm Anvertrauten so eine gedonnert, dass die ganze Physiognomie vom Genick bis zum Unterkiefer in Verzerrung geraten ist, und nicht nur einmal, wie das in alle Richtungen stehende rote Haar, die ungleich großen Ohren, die schiefe Nase, die gänzliche Asymmetrie sämtlicher anderer Einzelheiten dieses Gesichts es belegten, das unterm Strich ... Ja, unterm Strich drückte dieses Gesicht Konzentriertheit aus, eine, wie sie mit dem Verb »festhalten« verbunden ist, und tatsächlich: eine magere rote Hand hielt einen unterm Sitz liegenden Sack fest; aber allgemeiner drückte dieses Gesicht eine Verzweiflungsunbekümmertheit aus, die man gleichermaßen für Freude wie für Wahnsinn halten konnte. Dieser Mensch ist zweifellos vorübergehend aus der Hölle entlassen worden und kehrt in die Hölle zurück – das besagte seine ganze Physiognomie derart deutlich, dass dem Fliehenden mit einemmal flau im Magen wurde, weil sie Reisegefährten waren.

Zum Glück hob der Hubschrauber in diesem Moment endlich ab, und er stürzte Hals über Kopf in die grandiose Halluzination der vorherbstlichen Tundra, die vor dem Fenster mal einfach nur in allen erdenklichen Farbschattierungen pulsierte, mal sich plötzlich vor seinen Augen aufblätterte wie die Seiten eines gigantischen Buchs der Symbole, wie ein Körper der Symbole, dem alle jemals zu profanen oder sakralen, wissenschaftlichen oder künstlerischen Zwecken von der Menschheit ersonnenen Zeichen eintätowiert sind. Er sah einen Raum, hier gefärbt wie eine Perleidechsenhaut (dunkelgrün mit goldenen Sandkörnchen und Einsprengseln von Blau, Gelb, Smaragdgrün), dort marmoriert wie eine Wechselkröte (von der charakteristischen beigefarbenen Äderung durchzogene bräunlichgrüne Inselflecken) oder koloriert wie ein Feuersalamander (Gelb auf Schwarz), dann wieder Wölbungen, die an Schildkrötenpanzer erinnerten. Er sah Flüsse, die sich schlangengleich wanden, und Flüsse, die sich baumartig verzweigten, sah ungeheuergestaltige Seen und Seen, die gigantischen Sicheln, die

Kelchen, die Augen glichen, Seen von der Farbe alter Rüstungen oder matt gewordener Spiegel, Seen, ausufernd wie der Himmel, und rotbraune Seen mit trübem, lichtlosem Wasser, sah unter sich Kreise, kreisförmig angeordnete Kreise, zu einer einzigen Kette verbundene Ringe, sah Linien, Kreuze, Quadrate, Pentaeder, Oktaeder und andere, dem Auge gänzlich ungewohnte Formen und Farbkompositionen – als betrachte er im Mikroskop den Schnitt durch eine Pflanze oder beobachte im Gegenteil durchs Teleskop die Oberfläche eines anderen Planeten ...

Das Erstaunliche war, dass in diesem großartigen Katalog alle erdenklichen Formen vorkamen, der Mensch hätte nichts zu ersinnen brauchen; Kandinsky hätte seine Äußerungen über die Explosion, aus der Kunst und Farbe sich entwickelten, nicht zu schreiben brauchen, er hätte sich nicht verbalen Ausschweifungen hinzugeben und nicht mit dem Pinsel auszuschweifen brauchen – aber er war eben nicht im Hubschrauber über die herbstliche Tundra geflogen, die aus tauben Sümpfen und verwelkendem Moos einen Überschwang an Farbe erschafft ...

Die Wüste rückte heran. Zunächst Kuppen mit windgeschleiften Gipfeln oder tiefen Trichtern, beinah schon Kratern, klaffend wie nicht verheilende, tödliche Wunden; dann Wellen aus Sand, trügerisch in ihrem Lauf erstarrt, Meereswellen gleichend; Wasser funkelte überall wie Glimmersplitter ... Der Fliehende spürte plötzlich, dass dies das Ende war, finis terrae, Landsende, weiter ging es nicht, als müsste gleich etwas zerbersten und sie würden *dahinter* stürzen.

Aber gerade da begann der Hubschrauber tiefer zu gehen. Anfangs kam es ihm vor wie ein Kamerazoom, denn plötzlich konnte er da unten einen Leuchtturm ausmachen und ein graues zweigeschossiges Haus, vom Wind angenagt, und ringsumher in die Tundra verstreute Treibstofffässer, dann Menschen, die auf den Hubschrauber zurannten; Sand peitschte erbarmungslos auf sie ein, hochgewirbelt von den messergleich blinkenden Rotorblättern: die Frauen kehrten den Sandböen den Rücken zu, stellten die Kragen auf, die Kinder versteckten sich hinter schwankenden, pfeifenden Fässern ...

Hatte der Hubschrauber mit den Kufen den Boden berührt? Der Kopilot riss einfach die Tür auf und starrte in den Passagierraum. Da griff der Mann im Gummimantel nach seinem Sack, arbeitete sich vor zur Tür, sprang. Im nächsten Moment stieg der Hubschrauber wieder auf, der sich zusammenballende Wirbel erfasste den Mann ein letztes Mal: Gummimantel, Sack, Gesicht, Haare – alles wurde seitwärts gesogen, legte sich schräg, war schon im nächsten Moment dem Blick entzogen. Von da an – Erde/Wasser, Erde/Wasser und der Rand: die Wellen, frei und ungebunden, die blau sich an einem graufunkelnden massigen Sandstreifen brachen. Und wäre da nicht die rätselhafte Leere dieses Strandes gewesen, diese verdächtige Leere, und der eine oder andere angespülte Baumstamm, wer hätte nicht ohne weiteres geglaubt, dass hier Miami Beach sei oder wie immer sich die endlosen glücklichen Küsten der warmen Ozeane nennen, wo es heißen Sand und schwindelerregend viele Frauen mit kaffeebrauner Haut gibt?

Das wär geschafft, konnte er bloß noch denken. Wobei »Erleichterung« beileibe nicht reichte für das, was er empfand. Er fühlte sich gerettet, weil dieser Mann im Gummimantel nicht mehr mit ihm flog. Der Eingang zur Hölle lag also näher als jene Grenze, der er zustrebte, und wenn er später viele Male die Landkarte studierte, um herauszufinden, wo genau, und wenn er dann aus verständlichen Gründen den Nord verwarf, stieß er jedes Mal auf das Sternchen des Leuchtturms von Chodowricha auf dem Kap Russki Saworot, das zusammen mit den Guljajewskie Koschki die Petschoramündung vom Meer abtrennt. Der Leuchtturm war auf der Karte als unbemannt verzeichnet, aber das konnte nicht sein: Ein Leuchtturm, der im tödlichen Flachwasser einer bleischweren See stand, konnte nicht wärterlos sein; und dann waren da noch diese Menschen, das waren doch keine Geister, die er da mit eigenen Augen gesehen hatte, sondern Frauen und Kinder, vom Willen einer unglaublichen Schicksalspatience in die kalte, salzgetränkte Wüste am Rand der Welt geworfen. Aber wie folglich sagen, wer der seltsame Passagier war: tatsächlich ein Höllenbewohner, als der er dem Fliehenden in seiner Angst erschienen war, oder ein Hüter des Feuers, ein unsterblicher Lichtbringer, der

Vater eines Klans oder Bezwinger eines schrecklichen Wahnsinns, der ihn überrollt wie die Wellen das Ufer? Der Mal um Mal sich wie eine Kugel noch eine volle Flasche Wodka in den Leib brennt und dennoch am Leben bleibt.

Jedes Mal am Leben bleibt.

Und diese Verzweiflungsunbekümmertheit, die sich seinen Gesichtszügen eingeschrieben hatte, war sie nicht der Preis? Der Preis für eine dem Fliehenden bekannte Erfahrung, der Preis für den bis zum Ende beschrittenen Weg?

Die Fragen vermochten nicht, sich bis zu einem bedrohlichen Grad auszuwachsen, denn er konnte kaum richtig »Das wär geschafft« denken und dabei die in einem Dämmerzustand versunkenen Passagiere betrachten, als der Hubschrauber wieder an Höhe verlor; er sah eine zerklüftete Küste auf sich zukommen, drei Häuserreihen direkt am Meer und wassergefüllte Geländefahrzeugspuren, die die Tundra hinter der Siedlung kerbten; aus irgendeinem Grund begriff er sofort, dass er hier erblickte, wohin er so lange gewollt hatte.

Die Insel.

Da er ganz hinten saß, erwartete er nicht, mit der Insel vor denjenigen in Berührung zu kommen, die in der Nähe der Tür gesessen hatten, vor der sie sich jetzt drängelten und schon mit den draußen Stehenden sprachen. Aber da klackte hinter ihm etwas und die Gepäckraumluke ging auf, sein Rucksack rutschte in die Tiefe, und er sprang kurzerhand hinterher. Menschen drängten sich auf dem Landeplatz, einem Bohlenboden unmittelbar auf moorigem Grund, in dessen Mitte der Hubschrauber stand. Der Geruch von morastigem Wasser und verwesenden Pflanzen wollte sich eben in der Nase breitmachen, da wehte ihn ein kalter Windstoß davon. Auf ihn wartete niemand, und so bemerkte ihn auch niemand.

Er nahm seinen Rucksack und ging los; ging, sicheren Schritts, als wisse er wohin, den anderen hinterher. Über Bretter an einer rostigen Zisterne mit Wellblechrohr und Pumpe vorbei. Das Wasser wurde aus einem Moorloch heraufgeholt. Über das Rohr musste man hinwegsteigen, aber das hatte sichtbar einen Riss, und der

Strahl gelben Wassers, der daraus hervorschoss, glich dem eines Schlingels, der seinen Strahl mutwillig verteilt. Er versuchte auszuweichen, aber Fehlanzeige: Entweder hatte der Wasserdruck zugenommen oder eine Windböe den Strahl abgelenkt, jedenfalls wurde sein Hosenbein benässt. Was solls, dachte er, zum Glück die Hose, nicht das Gesicht, da wär ich jetzt ganz schön angepinkelt ...

Irgendwie gruben sich ihm diese ersten Momente mit absoluter Genauigkeit ein. Die Gedanken und Worte drückten sich in seinem Gedächtnis ab wie auf Papier, und das Gesehene glich einer Reihe von Aufnahmen, von denen manche wie bei Schnipseln von Kinofilmen Bewegung und Ton enthielten, doch die meisten waren eingefroren und stumm wie Standfotos. Filmschnipsel gab es sechs, die alle in den ersten rund 180 Sekunden auf dem Weg in die Siedlung entstanden, weshalb diese für ihn immer die sukzessive Entfaltung ein und derselben Bilderfolge blieb.

1) Linkerhand: besagtes Rohr mit der Pissfontäne, die gluckende Pumpe und, in einer Schlucht, ein Moorloch, darin: das halb versunkene Gerippe eines Geländefahrzeugs und einige rostige Fässer; jenseits der Schlucht: zwei Baracken, ein Hund, angeleint, kläffend; vier Betrunkene, wankend, schwarz ...

2) Rechterhand: ein Geländefahrzeug ... Anscheinend kein Gerippe, sondern intakt, aber der zweite Blick verriet vollkommene, tödliche Bewegungslosigkeit: Scheinwerfer und Kabinenfenster waren kaputt, an den Seiten hatte mit herrischer Dreistigkeit Rost angesetzt, und ... Ja, keine Fahrspuren. Noch war das Vehikel nicht in den Erdboden eingewachsen, aber Wurzeln geschlagen hatte es schon, unter den Raupen hatte sich schon Gras bis zwischen die Kettenglieder hervorgearbeitet. Hinter dem Geländefahrzeug stand inmitten von gelbem Sumpfgras ein gelecktes, von Masten umgebenes Häuschen, die mit Abspanndrähten fixiert waren, gefolgt von einem imposanten, zwei- oder dreigeschossigen Holzbau, gewiss das Verwaltungsgebäude.

3) Geradeaus: ein erfreulicher Anblick. Eine die Schlucht überspannende Brücke, darauf einige Menschen; und jenseits, auf einer grünen Anhöhe, ein solides graues Holzhaus vom Archangelsker Typ, wo rückwärtig etwas Rotes im Wind flatterte. Wäsche: weiß

und rot, vor einem von gleißendem Funkeln übertanzten blauen Hintergrund. Das Meer.

Nach dieser dritten Bildsequenz fragte er einen der Dörfler, die neben ihm unterwegs waren, nach dem Hotel.

»Da drüben«, kam die freundliche Antwort mit einer Geste auf das nächststehende Haus, es war ebenerdig und mit rostroter Schiffsfarbe gestrichen.

Tja, so nah also, dachte er.

4) Das Hotel (geradeaus halbrechts): ebenfalls auf der anderen Seite der Schlucht, neben dem grauen Haus, auf derselben Anhöhe oberhalb des Meeres, am besten Fleck. Vielleicht zwanzig Schritt vom Steilufer. Na, dreißig. Abends würde er hingehen und schauen …

Da kam von irgendwoher ein Schrei. Ein wilder Schrei eines wilden Wesens, das sein Opfer ausgemacht hatte.

»He?«

Bitte nicht ich, stöhnte, sich wegduckend, eine innere Stimme.

Doch, doch, du, unterbrach eine andere sie gleichmütig.

Er beschleunigte seinen Schritt nicht und drehte sich nicht um, auch nicht beim zweiten »He!« Sein Verstand arbeitete präzis: Klar, die vier von drüben. Voll bis obenhin. Nicht mehr die Jüngsten. Außerstande zu rennen.

Doch da hörte er schwerfällige Laufschritte auf dem Brückenbelag, näherkommend; er drehte sich um und erblickte:

5) Einen Mann, der von drüben angerannt kam, in abgerissener Wattejacke, das unter einer schwarzen Strickmütze hervorschauende lange Haar klebte ihm an der feuchten, dunkelbraunen Stirn.

»Warte, warte«, krächzte der Mann im Näherkommen; zuletzt schob er sein einer klaffenden Wunde gleichendes Gesicht beinah Haut an Haut an das des Fliehenden heran, »du hast bestimmt was Trinkbares dabei?«

Das Gesicht. Hätte ihn letzte Woche ein Mensch mit einem solchen Gesicht bedrängt, das bis zum Äußersten Frage und Forderung, Begehren und Qual, diffuse Drohung und Demut ausdrückte und zugleich von innen durch ein wütendes Feuer erhellt wurde, er hätte sich gewiss zu Tode erschreckt, denn dort, in seiner Welt, konnte ein solches Gesicht nur einem Geisteskranken gehören. Zugleich aber war dieses Gesicht nicht mehr und nicht weniger abgenutzt, runzlig, dunkel und asymmetrisch als alle anderen Gesichter hier, von denen er kürzlich noch gesagt hätte, er habe derartige Physiognomien bislang *nie* gesehen. Anscheinend war er zu weit von zu Hause fort, denn diese Physiognomien wurden immer häufiger. Unter ihnen war sein Gesicht, das trotz mancher Reisebeschwerlichkeit seine ganze hauptstädtische Glätte bewahrt hatte, eine Schamlosigkeit, fast eine Herausforderung. Natürlich hatten sie ihn gleich herausgepickt. Damit hatte er sich wohl abzufinden. Aber er musste – so Korepanows Rat – dem Kerl sagen, dass er keinen Wodka dabeihatte.

»Nein«, sagte der Fliehende fest. »Ich habe nichts.«

»Doch, bestimmt«, beharrte der andere überzeugt.

»Nein, Bruder, ich hab keinen Wodka.« Der Fliehende blieb stur und schaute direkt in dieses Trinkergesicht, das mit seiner ganzen alkoholseligen Hässlichkeit vor ihm hin und her wankte. »Zigaretten hab ich. Willst du was zu rauchen?«

Der Betrunkene brabbelte etwas, anscheinend erreichte ihn die Frage nicht.

»Tut mir leid, aber ich belüg dich nicht. Weshalb sollte ich?«, half ihm der Fliehende auf die Sprünge.

»Stimmt, weshalb«, pflichtete der Betrunkene ihm bei, lachte auf, nahm eine Zigarette und wankte schlurfend davon.

Darauf machte der Fliehende eine 180-Grad-Wende und erblickte:

6) Die Siedlung. Die sich oberhalb des Meeres hinziehende Dorfstraße mit aufgebrochenem, unter den Füßen schwankendem Belag; torkelige Leitungsmaste, von denen nicht einer senkrecht stand, vielmehr jeder auf die eine oder andere Weise dem Schiefen Turm von Pisa nacheiferte und je nach Geländeneigung die Drähte bald zum Reißen spannte, bald durchhängen ließ. Das Meer befand sich unten links. Dort dümpelten im grauen Lehm der Ebbe zwei, drei Motorboote, rostige Fässer, Heizungskörper ... Rechts der Straße standen die Häuser: gestaffelte Reihen von Baracken, in den Korridoren dazwischen Verschläge aus buntscheckigstem Material,

auf deren Dächern gelbe Knochen getrocknet wurden. Von weitem sah das Ganze aus wie ein chaotisches Lager von Rohren, Antennen, Zäunen, Wäscheleinen, Hundehütten, Holzschuppen und noch winzigeren Verschlägen, vielleicht Erdkellern, zwischen denen erregte Frauenstimmen und Hundegebell hin- und herwogten, als ginge dort, im Herzen der Siedlung, etwas Ungutes vor sich. Durch die Lücken zwischen den Häusern sah man eine brettflache, braune Moorebene: bis zum Horizont, so weit das Auge reichte. Mitunter trugen Windböen das ferne tiefe Brummen eines Dieselmotors heran, zerpflückten es und trugen es fort.

Niemand lud den Fliehenden zu einem Tee ein.

Der Hubschrauberlandeplatz war so gut wie menschenleer.

Diejenigen, die mit der eingetroffenen Maschine aufs Festland zurückfliegen sollten, waren schon eingestiegen. Ihm ging durch den Kopf, dass es vielleicht noch nicht ...

Aber das war eine vorübergehende Schwäche: Zum Teufel mit dem Helikopter; als der abhob, bemerkte er es nicht einmal. Und erst als er sich mit einem Blick auf den Landeplatz von dessen Leere überzeugte, begriff er, dass er nun aufgehört hatte, all das zu sein, was er bis dahin gewesen war, es gab keine Fessel mehr, aber auch keinen Schutz, und das, was er sein »Ich« genannt hatte, oder zumindest dieser Körper, der ihm geholfen hatte, all die räumlichen Veränderungen vorzunehmen – befand sich jetzt ganz und gar in der Gewalt der Insel.

Die Sonne war hinter Wolken verschwunden, es hatte zu regnen angefangen.

Da machte er noch eine Wende, um 90 Grad, und ging schnurstracks auf das Haus zu, das er gleich »Verwaltungsgebäude« getauft hatte und dessen Vorderfront als riesiger hölzerner Tschum stilisiert war, an den sich linkerhand ein Anbau in Isba-Gestalt anschloss (was vom Meer her einen besonderen Effekt ergeben mochte, und ebenso bei bestimmten perspektivischen Verkürzungen aus der Luft, wo man den einen oder anderen Kader eine Ehrenrunde drehen ließ).

Drinnen: Halbdunkel, ein langer Korridor, grün gestrichene Wände.

Das Büro des Dorfsowjets war nicht besetzt, also suchte er das des Sowchosedirektors. Er klopfte, öffnete einen Spaltbreit die Tür. Ein hochgewachsener Mann mit knochig-breitem, klugem, ausdrucksvollem Gesicht und im Anzug kam hinter dem Schreibtisch hervor und fragte entgegenkommend, voller Hoffnung:

»Sind Sie der Zootechniker?«

»Nein«, musste er zugeben.

»Dann ist der Zootechniker nicht mitgekommen«, stellte der Direktor mit ruhigem Bedauern fest. »Und wer sind Sie?«

»Ich bin Fotograf.«

»Was?«

»Fotograf.«

Aus irgendeinem Grund beschloss er, sich als Fotograf zu bezeichnen. Eigentlich bestand genau darin die Freiheit: Niemand kannte ihn hier, und er konnte sich erlauben zu sein, wer er wollte. Fotograf ... Sehr praktisch! So brauchte er keine idiotischen Fragen zu stellen, wie er es sein ganzes Journalistenleben hindurch getan hatte, brauchte sich nicht für etwas zu interessieren, was von keinerlei Interesse war. Geh einfach hin und sieh dich um. Stell eine Frage, wenn dir danach ist. Schweig, wenn dir danach ist. Meinetwegen die ganze Zeit – niemand wird wagen, dir Vorhaltungen zu machen: Warum interessierst du dich nicht für unsre Probleme, sag? Fragst nicht nach der Größe der Rentierherde, nach der Menge der angelieferten Kohle? Keine Verpflichtungen dieser Art. Dafür das Recht, ein klein wenig genauer hinzuschauen, als es den anderen erlaubt ist; das Recht, zu schauen – das allen unverständliche Privileg dieses merkwürdigen Berufs ...

Die Leichtigkeit, mit der seine Verwandlung vonstatten ging, verblüffte ihn nicht weniger als das Wort »Fotograf« den Sowchosedirektor. Der dachte eine Weile nach, dann fiel der Groschen:

»Ah, Sie schickt die *Narjanka*?«

»Nein, ich komme aus Moskau.«

Lastende Stille machte sich breit.

Der Fliehende sah sich um. Das Büro war viel zu groß – und folglich kalt –, hinter dem Schrank, zusammengerollt, eine rote Wanderfahne, an der Wand eine Karte der Insel. Die Karte interessierte ihn, mit ein paar Schritten stand er vor ihr und begann sie zu studieren.

»Der Vorsitzende ist momentan abwesend«, presste der Direktor der Sowchose hervor. »Befördert ... In die Kreisstadt ... Mit demselben Flug wie Sie ... Das heißt ... Sie sind ja grade gekommen ... Vielleicht haben Sie ihn gesehen?«

»Von Angesicht kenne ich ihn nicht«, sagte der Fotograf unbekümmert.

Wirklich verdammt gut ausgedacht: Fotograf. Soll sich der Direktor mal schön allein überlegen, was er jetzt mit ihm anstellt. Bloß ein bisschen schnell, denn ... War doch schon Mittag, oder? Im Magen meldete sich ein dumpfer Schmerz. Der Grütztopf ruhte noch immer im Rucksack. Er hatte seit dem Morgen nichts gegessen. Wenigstens einen Tee ...

Der Direktor hatte noch immer nicht zu Ende überlegt, was sich leicht an seinem edlen Gesicht ablesen ließ.

»Wissen Sie«, half der Fotograf ihm auf die Sprünge, »es geht um eine Serie über zwei Künstler, die hier mal gelebt haben ... Sie kennen sie bestimmt: Ada und Wolodja ... Ich würde gern Leute treffen, die von den beiden gemalt worden sind, und die Tundra sehen ...«

»Die Tundra sehen?«

»Ja ...«

Aha. Der Direktor ist ja nicht dumm. Er ist sogar klug. Er begreift, dass diese Geschichte mit den Künstlern, selbst wenn sie stimmt, Quatsch aus Moskau ist. Quatsch aus einer unverständlichen Welt, die für ihn nicht existiert. Aber der da, der ist hier. Ergo, was immer er ist – Fotograf, Kartograph, Geheimagent der Kreislandwirtschaftsverwaltung oder des internationalen KGB –, der Handlungsablauf ist unabänderlich:

1) ihn im Hotel unterbringen;

2) ihm Bezugsscheine aushändigen, damit er im Laden einkaufen kann;

3) ihn seinem Wunsch entsprechend bei nächster Gelegenheit in die Tundra bringen.

Von da an ist alles einfach. Wieder ein Hotel. Zwei leichenkalte Zimmer, acht mit schneeweißer Wäsche bezogene Betten. Der Fliehende ist der einzige Gast. In der Küche: einige zerdellte Kochtöpfe, eine Pfanne, ein Elektrokocher, ein leerer Wasserbehälter. Für seinen Tee muss er zurück zu dem Moorloch beim Hubschrauberlandeplatz und das Wasser mit einem Eimer aus der rostigen Tonne schöpfen. Als er eine Portion in seinen Pott gießt, sieht er in der Flüssigkeit kleine Lebewesen sich bewegen wie Brownsche Teilchen. Mit zunehmender Hitze flitzen sie schneller, aber schon wirds zu heiß, sie erstarren, bleichen aus, sinken zu Boden. Halb so wild, winzige Krebse, Hüpferlinge – aber jetzt beim ersten Mal kippt er den Bodensatz doch weg. Dann trinkt er seinen Tee, wärmt die Grütze auf und geht, gestärkt, wieder los.

Und während des ganzen restlichen Tages offenbart sich ihm das Dorf Bugrino in dem Maße, in dem es Detail um Detail sein Leben enthüllt – kein erschreckendes, nein, sondern ein alltägliches, denn es ist ein gewöhnlicher Tag, ein Wochentag, ein Mittwoch, der 26. August 1992 – als eine sich immer weiter entfaltende, allumfassende Metapher der Vernachlässigung.

Zugegeben, ein Tanker liegt auf Reede, auf dem Ufer ein Beiboot, Matrosen verkaufen hinterm Laden Wodka. Sauftag. Zerschlagenes Glas, eine gespaltene Augenbraue, ein Kerl mit blutüberströmtem Schädel, eine Frau, die »Schenja! Schenja!« schreit, zwei Körper, die in einer über den Abhang gekippten Spülichtlache ausrutschen und ineinanderverkeilt meerwärts kullern ... Ein Greis gesellt sich zu den Matrosen, dreht die leeren Hände hin und her, röchelt, jault, dann reißt er sich den Mantel aus Schafspelz vom Leib, die wenden sich nur lachend und stirnrunzelnd von dieser erbärmlichen, verfilzten, nach samojedischem Schweiß stinkenden Beute ab ...

Vor dem Geschäft eine Schlange, demütig-starr der Öffnung entgegenharrend. Gleich daneben ein Rudel sich wechselseitig wegbeißender geiler Hunde, die nacheinander eine willfährige Hündin bespringen und ihr mit ruckartigen, soldatisch hastigen Bewegungen das vor Erregung zitternde, entblößte Glied in die mit geschlossenen Augen dargebotene Blume stoßen. Unweit davon fangen Kinder, von einem Fass zum nächsten hüpfend, in

sumpfigem Gelände Blutegel. Als er seinen Fotoapparat hervor-
holt, laufen sie fort. Ein Mädchen bleibt, eine angeborene Kokett-
heit verstärkt noch ihre Neugier.

»Wie heißt du?«

»Mira.«

Eines Tages wird er Mira erzählen, dass er es ihr allein verdankt, an diesem Tag nicht in Verzweiflung gestürzt zu sein. Sie
hat als erste in seine Kamera geblickt, während alles, aber auch
alles sich von ihm abwandte oder hinter Hässlichkeit verbarg,
ihm nur Besoffene oder Krumme vor die Linse brachte. Ein Kerl
lag kopfüber im Sumpf, das eine Ohr und der halbe Schädel im
Wasser – knips ruhig, von mir aus so; siehst nicht alle Tage deinen
Nächsten in einer so erbärmlichen, hilflosen Lage, du ausgemach-
tes Arschloch …

Aber er hat ihn nicht fotografiert. Nicht dafür ist er auf die
Insel gekommen.

Wenn das die *Insel* ist, dann hat er verloren.

Er kauft sich eine Weißbrotstange und geht zum Meer hinunter. Mit dem Anblick des Strandes stellt die Insel seine Standhaf-
tigkeit weiter auf die Probe: zerschlagene Flaschen, Hundekiefer,
Rengeweihe, Fellreste, benagte Knochen, Ziegelsteine und rostiges Eisen, rostiges Eisen in Gestalt von Maschinenteilen, Fässern,
Trossen oder auch ganz unvorstellbarer Art, etwa in Form von
Fassreifen längst vermoderter Holzbottiche, die selbst schon nur
noch aus Eisensalzen bestehen und aus dem Sand ragen wie fossile
Skelette oder Schiffsgerippe …

Das vollkommen durchgerostete, orange gesprenkelte Wrack
eines kleineren Schiffchens, mit weit gegen die Welt aufgerisse-
nem, zähnefletschendem Maul. Wohl das, was von der *Kolgujewez*
noch übrig war. Auf seine Art eine Denkwürdigkeit, von der er
ein Foto machte. Da jaulte, seiner ansichtig geworden, ein sche-
ckiger Hund bös und ängstlich los. Jaulte mit halb geschlossenen
Augen, dieser unglückliche Bastard, den das in Geilheit vereinte
Rudel seiner Auszehrung wegen ausgeschlossen hatte; in seinem
hyänenartigen Rachen hallten Wahnsinn und Bosheit wider, seine
Hinterläufe zitterten vor Angst, das Fell auf seinem Kreuz sträubte

sich, und der eingezogene Schwanz bedeckte das nutzlos gewordene, eingeschrumpelte Glied, das seine stärkeren Artgenossen bestimmungsgemäß einzusetzen verstanden. Der Fliehende dachte, er halte es gleich nicht mehr aus, gleich zertrümmert er dieser Missgeburt mit einem dicken Kieselstein den Schädel ...

Aus irgendeinem Grund rief die Insel in ihm dunkle, undurchdringliche Gefühle wach, forderte ein Mitschwingen mit dem, wovon sie erfüllt war. Die Insel, diese Insel, von der er so lange geträumt hatte, forderte die Exkarnation des Traumes. Sie forderte Mord im Gegenzug für das Recht, ihre besoffene Visage, ihr verfaultes Gebiss zu erschauen. Und es ging hier nicht um den erbärmlichen Köter, es ging um den Traum. Seinen Traum, der ihn so viele Jahre geleitet hatte.

Jedes Opfer war möglich, fand er, aber dieses – nein. Der Traum stand rein vor ihm. Der Traum war unschuldig.

Er beschloss, ihn weiter von den Menschen fortzutragen und durch irgendetwas zu bestärken. Das eigentliche Ende des Dorfes, den Anlegekai und einen Kohlehaufen, umrundend, ging er weiter am Meer entlang. Die Flut hatte schon eingesetzt. Manchmal strichen Regentropfen, die Fläche kräuselnd, über sie hin, manchmal, wenn ein Sonnenstrahl durch die Wolkendecke flammte, sah er im gelben Wasser einen Strudel heller, vom Grund hochgewirbelter Sandkörnchen. Sicher waren es diese Sandkörnchen, die jene Schlangenlinie zeichneten, mit der jede Welle ihr Auflaufen aufs Ufer markierte. Hier, jenseits des Dorfes, war der Strand so gut wie sauber, das Meer spülte die Spuren der Menschen fort, das Leben pulsierte unverändert in seinem ewigen Rhythmus. Die Wellen rollten heran und, mit leisem Scharren in den porigen Sand eindringend, davon; an Land zurück blieb nur, was dort zurückbleiben sollte: Steinchen, kleine Krebse, Klumpen braunen Torfs, der unter der unermüdlichen Erschütterung des Meeres von der Steilküste abgebrochen war. Unmittelbar am Fuß der Wand entdeckte er die Schale eines wunderschönen Wesens. Beinah hätte er es zertreten: von krebsartiger Gestalt, fingerlang; es gehörte zur Gattung der Isopoden, Mesidotea entomon, ein Kaventsmann von Meerassel; augenlos, aber mit Fühlern, der Chininschild war recht hart und hatte spitze Auskragungen an der Unterseite – als Schutz der Beinchen im Tiefseeleben dieses merkwürdigen Geschöpfs. Die Schale war leer, nur einige Sandkörnchen rieselten darin; vorsichtig wickelte er sie in ein Taschentuch, steckte sie ein. Genau in diesem Moment brach die Sonne durch die Wolkendecke – tauchte weit draußen auf dem Meer als blendend auffunkelnder Silberspiegel hervor, während sich am Himmel eine solche Parade schweren Gewölks formierte, dass er beinah laut aufgeschrien hätte vor Begeisterung.

Nein, man konnte sagen, was man wollte, er hatte die Insel trotz allem erreicht. Und die Barentssee gesehen!

Die im Flachwasser jagenden Möwen flogen, sobald er näherkam, eine nach der anderen mit spitzem Schrei auf. Aber offenbar war er kein gar zu gefährliches Wesen, denn sie machten jedesmal kehrt und ließen sich wieder auf dem Wasser nieder, die Köpfe Richtung Ufer ausgerichtet, abwartend. Bestimmt mündet dort ein Bach oder Fluss, vermutete er. Mit jedem Schritt kehrte Ruhe in ihn zurück. Die Möwen im Flachwasser, die scharrenden Wellen und ihre Zeichnungen im Sand, die majestätisch sich über der See ballenden Wolken, von ihrem Anbeginn an in unablässiger Bewegung, einer Bewegung, die dermaßen der Bewegungslosigkeit gleicht …

Ein Schiff.

Er hatte es schon von weitem bemerkt: ein scharfer dunkelgrauer Schattenriss in der Ferne, in seiner Gänze, vom Heck bis zum Bug, gut erkennbar und mit seiner Linie einen unbezwingbaren Fahrtwillen unterstreichend. Gleichzeitig jedoch lag es reglos da, offenbar vor Anker. Er war weiter den Strand entlang auf das Schiff zu gelaufen. Jetzt, nach vielleicht drei Kilometern, konnte er es besser erkennen: ein echter großer Hochseefrachter. Er hegte nicht gleich den Verdacht, dass mit ihm etwas nicht stimmte, aber während er das Meer betrachtete, das bei jedem Regenschauer sich in ein einheitliches Grau verwandelte und bei Sonne unablässig die Farbe wechselte, mal ins Gelbliche, mal ins Grünliche spielend, und sein Auge immer mehr von diesem unheilkündenden Tanker mit dem weißen Heckaufbau, dem orangefarbenen Rettungsboot und der punktartigen Flagge am Mast ausmachen konnte, desto mehr verwunderte ihn, dass das Schiff seine Farbe überhaupt nicht wechselte. Außerdem, da war keine Flagge. Auch keine Beiboote und keine Taue. Nur der Schiffskörper, über dem Vögel kreisten – ein Körper von seltsamer dunkler Farbe, als sei der Tanker aus Erde gebaut. Und erst, als die Sonne plötzlich den Schiffskörper erfasste und er die mit nichts zu vergleichende Farbe des Rostes erkannte, an die sein Auge sich im Lauf des heutigen Tages gewöhnt hatte, und er die leeren Bullaugen ausmachte, begriff er, was los war: Es handelte sich um ein totes Schiff, vorzeiten von den Menschen verlassen, vorzeiten offenbar schon in eine Sandbank eingewachsen, das nur noch den Vögeln zur Zuflucht diente, und dem Wind, der in allen Tonarten in seinem zerschundenen Leib heulte.

Ein weiterer Kadaver.

Vom Dorf ging eindeutig ein leiser Geruch nach Tod aus. Und als er auf der Höhe der Möwenbarre tatsächlich durch kleine Flüsschen watete und dann das Ufer, wo er ein kuhstallartiges Gebäude entdeckt hatte, erklomm, da erblickte er als Erstes eine phantastische Maschinerie, die einem aus Eisen zusammengeschweißten Taubenhaus ähnlich sah und dort an der Küste vielleicht nur stand (beziehungsweise lag), um genau an diesem Tag genau ihm das Urteil zu verkünden, das auf der eisernen Flanke in weißer Farbe geschrieben stand: »Bugrino – Schlachtplatz«.

Die Umstände gesellen sich oft der Stimmung hinzu, aber ein so unverblümtes Schreckbild vermochte ihn nun nicht zu ängstigen, es hatte eher etwas Belustigendes. Er nahm den Fotoapparat zur Hand – einfach, damit später niemand sagen konnte, er habe das alles erfunden. Letztendlich barg die Inschrift – eine Adresse für die Warenanlieferung – ja absolut nichts Erschreckendes. Aber der Kuhstall war wohl offenbar kein gar so unschuldiges Gebäude. Das Tor war verschlossen. Der Wind zerrte an einem von der Wand gelösten Wellblechstück, unter dem Glaswolle hervorquoll, er winselte und jammerte in den mit zerzausten Dämmstoffstreifen umwickelten Heizungsrohren (o Winterstürme, die ihr mitunter tief am Boden fegt und auf den nördlichen Sandbänken der Welt die menschengemachten Ecken und Kanten schmirgelt!), er trug, der Wind, einen süßlichen Geruch nach Tod heran. Der musste sich hier irgendwo in der Nähe verstecken. Er ging dem Geruch nach und stieß plötzlich auf eine Schlucht, die bis obenhin mit Rentierschädeln angefüllt war.

Auch daran war eigentlich nichts Erschreckendes. Aber *alle Schädel waren zertrümmert*. Nicht durchschossen, sondern regelrecht zertrümmert, entzweigehauen, zerschunden. Er sah zerschlagene Nasen, zersplitterte Kiefer, zerstückelte Geweihe: Ehe diese Lebewesen starben, waren sie einer grausamen Folter ausgesetzt – wahrscheinlich in eben diesem Kuhstall da, hinter dessen verschlossenem Tor wie ein Märchendrache das Böse auf die Stunde seines Triumphs wartete. Das Böse, das sich hier als Herr fühlte.

Er fotografierte die Schädel nicht, die bezeugten, dass das Böse triumphiert hatte. Er wollte diesen Sieg durch nichts bekräftigen. Vielleicht war das dumm, aber er wollte die Insel seines Traums nicht nach Gesetzen verlieren, die das Böse ihm anbot.

Er war in eine Falle geraten und wusste nicht, wie hinauszugelangen. Vielleicht hätte er wirklich keinen Ausweg gefunden, wenn er den Kelch der Verzweiflung nicht bis auf den Grund geleert hätte. Denn er begegnete dem Schützen.

Es war gegen fünf Uhr abends, als er ins Dorf zurückkehrte. Der Sturm, der tagsüber in ihm getobt hatte, hatte sich spurlos gelegt. Das Tankerbeiboot war vom Ufer verschwunden, der Matrosenwodka ausverkauft und folglich geleert, und alle, die ihn in gebührendem Maße zu sich genommen hatten, lagen bis zum Abstieg in die Hölle beim morgendlichen Erwachen in paradiesischfriedlichem Schlaf. Er folgte der vollkommen leeren Straße dem Meer entlang, als er neben einer riesigen Satellitenantenne, einer auf einen Sockel montierten Fünf-Meter-Schüssel in unmittelbarer Nachbarschaft zu einer Typenbaracke, einen Mann erblickte, mit dem er auf der Stelle reden wollte. Das gebräunte, runde, von einem Seemannsbart gerahmte Gesicht war nicht nur klug und gut, sondern bewahrte auf betonte Weise – das war ihm, der sich mit Gesichtern auskannte, gleich klar! – etwas von der Eigenart der Gesichter von *dort*, etwas Gewohntes, beinah intim Vertrautes, das schwer zu fassen war. Bekleidet war der Mann wie fast alle hier im Dorf mit einer Wattejacke, allerdings keiner schwarzen, sondern einer blauen, auf dem Kopf jedoch trug er eine Baskenmütze, die kunstvoll ein paar graue Strähnen verbarg, und zwischen den Lippen hielt er eine Pfeife – ein zweifellos nicht minder bedeutsames Zeichen wie für einen Dorfsowjetvorsitzenden der Anzug.

Der Fliehende ging zu ihm hinüber und stellte sich höflich vor.

Der Mann stand, die Katze, die auf seiner Schulter gesessen war, zum Abschied streichelnd, auf und sagte mit einer Geste zu Baracke und Antenne hin:

»Ich bin der Herr über dies hier ...«

»Und was ist das hier?«

»Die Satellitenkommunikation für das Nachrichten- und Fernmeldewesen.«

»Kommunikation ... Kann man bei Ihnen ein Telegramm aufgeben?«

»Nur bei mir hier ...«

Ein Wort ergibt das andere, und schon sind sie im Innern der Baracke; im Flur ist es finster und schmutzig, er tritt in eine Schüssel voller Kippen ...

»Entschuldigung ...«

»Ich muss mich entschuldigen ...«

... Aber dafür ist das Zimmer warm, luxuriös warm, erlesen warm; erst jetzt merkt der Fliehende, dass er bis auf die Knochen durchfroren ist und die Wärme ihn, kaum dass er sitzt, benommen macht wie einen Betrunkenen, der Kopf sinkt vornüber, die Augen fallen zu, er ist außerstande zu reden, lächelt nur und schaut, schaut, und sammelt im Körper Wärme. Ein gesundes, trockenes, ein Halbwüstenklima; die aufs Meer hinausgehenden Fenster haben vom Tabakrauch einen Perlmuttglanz und sind so gut wie undurchsichtig: Ob draußen Tag oder Nacht ist, lässt sich noch erkennen und dementsprechend mitunter wohl auch die Uhrzeit. An hellen Tagen fällt das Sonnenlicht mittags um zwei genau auf eine Uhr mit zerbrochenem Anker, die jemand zur Reparatur vorbeigebracht hat. Ticktack, ticktack: überall diese trockenen Geräusche der vergehenden Zeit. Wie das Schlagen, träge Zirpen, monotone Knistern von hart aneinanderreibenden Flügeln irgendwelcher Wüsteninsekten, die sich im Gras verstecken ... Das heißt, natürlich, ja ... Er ist eingenickt. Die sich, mit anderen Worten, zwischen der unvorstellbaren Menge von Gegenständen hier in der Kajüte verstecken. Kajüte – das ist das richtige Wort, da die Insel driftet, die ganze Insel insgesamt; mit einer Geschwindigkeit von zwanzig – waren es nun Zentimeter oder Meter im Jahr? Und eines Tages, versteht sich ... Es sind also eher Hausinsekten oder sogar Hausvögel, die sich da auf dem Tisch, auf der Fensterbank, hinterm Oszillographen, zwischen zerlegten Fernseh- und Radiogeräten niedergelassen haben. Ticktick, zickzick oder komplexer: tickitack-tickitack. Oder: zick-tickitack-zick ... Selbst die gut domestizierten Uhren laufen natürlich in alle Richtungen auseinander, erpicht darauf, dem Weltgebäude ihren Rhythmus aufzuzwingen, auch wenn sie zweimal die Woche ihren Gang nach dem Signal der universellen Zeit ausrichten.

»Und das Telegramm«, erklang mit einemmal die Stimme des Hausherrn, »das soll wohin gehen?«

»Nach Moskau.«

Kaum hatte er »nach Moskau« gesagt, spürte er, wie unnatürlich das klang. Denn es gab kein Moskau – was er schon lange gespürt hatte. Wohin also seine Grüße schicken? Und wem? (Beängstigender Gedanke.) Und in welche Worte sie einkleiden? Aber da leuchtete das Gesicht seines neuen Bekannten auf wie eine Sonne, die durch die Wolken bricht, etwas Zärtliches, Unbändiges, Kindliches erschien darauf, und mit einem Lächeln sagte er:

»Ich bin aus Piter ...«

Aus Petersburg! Erst da begriff der Fliehende, wer sie beide waren: zwei Landsleute, die es ans Ende der Welt verschlagen hatte, zwei Großstadtbewohner!

Zick-tickitack-zick ... Klar, die Zeit muss nach dem Gusto des Hausherrn verstreichen, sie hier allzusehr an der Greenwich-Zeit auszurichten hat keinen Sinn; aber wer auf dieser Insel außer ihnen beiden weiß wohl, was dieses englische Städtchen darstellt und warum eigentlich die Zeitmessung auf diesem erbärmlichen Nullmeridian beginnt und nicht an dem Punkt im Raum, wo der Sonnenaufgang einen erreicht? Hier auf der Insel mutet der Verweis auf das Observatorium in Greenwich bizarr an – nicht aber dort: dort, wo Moskau und Petersburg nur zwei Seiten ein und derselben Medaille sind, getrennt bloß durch sechs, sieben Stunden süßen Schlafwagenschlafs und fünfeinhalb Jahrhunderte einer schon ziemlich üblen Geschichte; aber eben doch verbunden ... Durch drei weitere Jahrhunderte eben dieser Geschichte, drei Jahrhunderte, die gegenüber unserem Vaterland kaum weniger unbarmherzig waren und in denen weiß Gott allerlei diese beiden Städte verschwistert hat! Zwei Kinder der einen Mutter Heimat, die viel erduldet hat; miteinander verbunden wie Herz und Verstand, wie Sofja* und Peter, wie – wenn auch in der Negation – die Laune des großen Zaren mit dem launischen Projekt seiner Vorfahren, wie Radischtschews *Reise von Petersburg nach Moskau* mit Puschkins Reise in umgekehrter Richtung; verbunden durch ihr Gegeneinander und ihr von diesem Gegeneinander nicht zu trennendes Ineinander-Verliebtsein: zwei Großstädte, die sich über das wilde Gestrüpp aus Wäldern und Sümpfen erheben, zwei Fregatten, die zwischen Handelsschonern und dickleibigen Lastkähnen prunken ...

Wie schwer muss es für einen Außenstehenden sein, zu verstehen, warum Moskauer und Petersburger, wenn sie einander in der Taiga oder Tundra begegnen, sich wie Verwandte umarmen, die endlich einen Anlass zur Versöhnung gefunden haben: Endlich können sie reden! Reden in der Sprache ihrer gemeinsamen Kultur und ihrer gemeinsamen Schuld, dieser Schuld, die bewirkte, dass weder die in den drei Jahrhunderten entstandene Kultur im Allgemeinen noch die Literatur und die Philosophie im Besonderen, ja generell nichts, auch nicht das Leben der heiligen Asketen oder der Idealismus der ersten Pioniere und Schutzherren des Ostens und des Nordens, das »Volk« je so zu begeistern vermochten wie in den Jahren der Revolution die Exzesse des alkoholisierten Matrosenpöbels und die damals in den Gemütern herrschende Pogromstimmung.

* Sofja Alexejewna, ältere Halbschwester von Peter dem Großen, nach einer Palastrevolution und bis zu ihrem Sturz durch Peter I. von 1682-1689 russische Regentin. [Anm.d.Ü.].

Über derlei zum Beispiel könnten sie, der Moskauer und der Petersburger, reden oder sogar schweigen, da sie *Mitbeteiligte* an dieser russischen Geschichte sind, nicht deren sie erleidende Geiseln wie die Bewohner der übrigen Räume und erst recht jedenfalls dieser abgelegenen Küste, denn was gäbe es hier schon groß zu erinnern?

Wie berühmte Seefahrer, die über das Segelwerk ihrer Schiffe philosophieren, können sie über den Wert der ägyptischen Sammlungen in der Eremitage beziehungsweise im Puschkin-Museum spekulieren, können über das Symphonische von Petersburg und das Literarische von Moskau reden, über die Besonderheiten des Moskauer wie des Petersburger Genies, über den Luxus der beiden Jeliseischen Geschäfte, hie auf dem Newski, dort auf der Twerskaja, oder über die Erotik der Karyatiden auf den Fassaden – es verstünde sie doch niemand, da Gespräche über die Takelage großer Schiffe einem Kahnführer oder Fährmann unzugänglich sind.

Genau das geschieht auch: Einen Augenblick lang unterhalten sich der Fliehende und der Funkstationschef im Genuss *einander zu verstehen*, doch dann holen die aus dem Radio kommenden Zeitzeichen sie in die Wirklichkeit zurück, in diese Kajüte mit den undurchsichtigen Fenstern, die unmittelbar auf die Driftrichtung der Insel hinausgehen. Nur sie beide, sie allein, sind in der Lage, die Prinzipien, die Geschehnisse zu Geschichte zusammenschließen, zu erfassen; und die Steine der Isaak- und der Basilius-Kathedrale sind hier in diesem von trunkenen Stürmen zuschanden gerichteten, an der Küste verrottenden Dorf, wo nichts sie bezeugt, nur ihre, des Fliehenden und des Funkstationschefs, beiderseitige Erinnerung.

Im Übrigen sind sie, stellt sich heraus, zu dritt. Der Fliehende hat einen kleinen Mann nicht gleich bemerkt, der in einer Ecke an einem Tisch sitzt und über dessen Kopf (mit blauer tschechischer Schirmmütze) eine Kolophoniumwolke schwebt und ein seichtes Liedchen aus einem Radiogerät plätschert, das Teil einer graumetallen verkleideten gigantischen Apparatur ist: eine Funkstation der 1960er Jahre, die unermüdlich Signale über die große

Südwärts-Drift der Insel in den Raum sendet und entsprechende Antwortsignale empfängt.

»Schreiben Sie uns: ›Moskau, *Limpopo*‹«, verkündet das Radio, und da begreift der Fliehende endgültig, dass es Erinnerung gibt, aber kein Moskau. Und es dieses auch nicht geben kann.

Anscheinend kommt das auch dem Stationschef in den Sinn, der seine Pfeife aufgeraucht hat und sich wieder an einer Uhr zu schaffen macht. Tack-zickitack-ticki ... Gut domestizierte Uhren sind wirklich wie Papageien oder Zeisige: Sie weben und weben an einer unwiederholbaren Melodie, obwohl es so scheint, als sagten sie immer ein und dasselbe. Aber das stimmt nicht. Drei, sogar zwei Stunden genügen, um ...

»Ich bin der Schütze, den die Ada gemalt hat«, wagt das Männchen in der Ecke einen Vorstoß ins Gespräch der beiden Seefahrer, »da war ich in der dritten Klasse.«

»Der Schütze?!«

Er ist nicht gerade groß, sogar klein, kann man sagen, so, wie ein Zwölfjähriger ungefähr. Philipp Wassiljewitsch Soboljew, Stellvertreter von Michajlytsch, also dem Stationschef. Er versendet die Telegramme und sorgt für die reguläre Verbindung mit dem Festland. Seine Stimme ist über Hunderte von Kilometern zu hören, wenn er zu funken beginnt:

»Hier Alpha.

Hier Alpha.

Wie hören Sie mich?

Also, eins ...

Also, zwei ...

Also, drei ...«

Dieses »also« verrät ihn immer. Er braucht nur einen kleinen zu heben – und natürlich hat er das auch heute –, schon taucht es auf, alle kennen es längst: »Also, eins ...« Er ist vierzig Jahre alt. Und was er sagt, ist nicht gelogen.

Bei einer Gitane, die der Fotograf ihm angeboten hat, sagt er, er bringt ihn zu der Frau, bei der Ada und Wolodja gewohnt haben, die sich noch immer mit ihnen schreibt ...

Eine Baracke im Innern des Dorfes. Eine alte Frau. Sie lehnt mit dem Rücken im Rahmen der offenen Tür und schaut bewegungslos in die Tiefe eines dunklen Raums. Dort steht ein Fernseher. Die Geräuschkulisse einer Serie ist zu hören.

»Schau mal«, sagt Philipp Wassiljewitsch und schiebt mit einem glücklichen Lächeln den Fotografen vor wie einen edlen Gast. »Hab ihm gesagt, Nina Petrowna, dass du … Du könntest ihm was über Ada und Wolodja erzählen …«

Ohne den Kopf umzuwenden, stiert die alte Frau eine ganze Weile weiter ins Dunkle, dann wirft sie einen, einen einzigen Blick auf den Ankömmling:

»Erzählen? Was denn? Hat er keine Ahnung?«

Philipp Wassiljewitsch lächelt schuldbewusst, lädt den Fotografen zu sich ein, da »gibts ein Tröpfchen« – Zeichen allergrößter Wohlgesonnenheit. Als der Fotograf ihn endlich überzeugt hat, diese nicht unnötig zu verausgaben, lächelt Philipp Wassiljewitsch noch einmal entschuldigend:

»Die erzählt schon noch … Die Weiber, die gucken halt alle .. den Kinokram …«

Sie gehen auseinander. Am besten macht er erst mal eine Runde durchs Dorf, damit er zu sich kommt und begreift, wer er ist, Teufel noch mal: Fliehender oder Fotograf, oder eine Zweidecker-Fregatte, die beim Ansteuern der Insel idiotischerweise alle Segel gesetzt hat und deshalb mit Brimborium auf Sand aufgelaufen ist, als hätte sie das komplizierteste taktische Manöver durchgeführt? Schon ein seltsames Völkchen hier. Die Alte, zum Beispiel, er hat förmlich in ihren Augen lesen können: Willst mir was über Ada und Wolodja aus der Nase ziehen, willst, dass ich sie abgebe, und du dann deine Lügengeschichten dazuflicken kannst und alles schön vernähen und das gute Fell verkaufen?

Eine störrische Alte, muss man schon sagen. Aber woher soll sie wissen, dass er kein Dieb ist? Muss sie ja nicht wissen. Ist sogar ihr gutes Recht. Aber wie soll ers ihr erklären? Wie erklärt man sowas? Die Insel driftet, nichts bleibt unverändert, alles wandelt sich in Trickfilmgeschwindigkeit. Beispielsweise: Da existiert ein Mensch als Entwurf. Als der Entwurf eines Künstlers oder des Schöpfers, dem wir wie auch dieser Mensch zu glauben oder nicht zu glauben frei sind. Realisiert sich der Entwurf nicht, so ist das eine Tragödie oder Komödie, jedenfalls eine Geschichte von der Länge eines kurzen Menschenlebens, einer Spanne von dreißig Jahren.

Der Künstler ist immer Maximalist, er will nicht mit Bedingtheiten und Umständen, die das Leben mit sich bringt, rechnen. In seiner Vorzeichnung der Zukunft ist er apodiktisch, genau wie der Schöpfer, der den Menschen zu hohem Amt erschafft. Und so taucht der Schütze auf: der Junge, der auf einem Hügel die Bogensehne spannt, der ungebundene Sohn der Natur, der Große Nomade, frei wie ein Vogel ... Begreift er, dass ihm ein Schicksal geschenkt wird, ein Amt, das auf der Sternentafel des Himmelsgewölbes geschrieben steht? Der Schütze: fünf Sterne, fünf Zeichen, die in dunkler Nacht als bläulicher Schimmer aus der Tiefe des uns umgebenden großen Rätsels hervortreten; Hüter der Finsternis, Hüter der mit trockenem Rauschen vorbeifliegenden Meteore, Hüter des eisigen Funkelns riesiger, fern der Erde in ewiger Dunkelheit kreisender, kalter Planeten. Doch leider wird, was geschrieben steht, nicht gelesen, die Prophezeiung erfüllt sich nicht. Fünfundzwanzig Jahre gehen ins Land. Da hat der Schütze, der inzwischen Chef des Hubschrauberlandeplatzes von Bugrino geworden ist, eines Tages – genauer, eines Nachts, denn die Polarnacht ist bereits angebrochen – ein Schlückchen zu viel getrunken, als auf einmal, mitten im Schneesturm, das Funkgerät lebendig wird, ein Knacken und Knistern im Dunkeln, die Peilung, die ihm einen Helikopter mit irgendeinem Natschalnik beschert. Mit der Lampe geht er hinaus in die finstere Nacht, um dem Piloten als Leuchtfeuer zu dienen; aber ob nun der Wind zu scharf oder der Wodka zu stark war, jedenfalls beutelt es ihn von der einen Seite des Bohlengevierts zur anderen; er versucht sich auf den Beinen zu halten, gibt eifrig mit der Lampe Signal, aber – Potzblitz! – der donnernde Rotorlärm nietet ihn um, bringt ihn zu Fall ...

Im Übrigen nicht allzu tief: Er wird Mitarbeiter der örtlichen Funkstation. Mit brennendem Lötkolben sitzt er, Kolophoniumwölkchen auspustend, zwischen grauen Metallapparaten, schwarzen Hebeln, blinkenden Skalen und lauscht bei einer Papirossa den undeutlichen Rufzeichen und Geräuschen der Welt. Von Radiotechnik versteht er nicht allzu viel, aber doch genug, um darauf zu hoffen, dass er den brummigen Hausherrn, den Recken mit dem Seemannsbart, beerbt, der – zum wievielten Male schon! – sich anschickt, den Kram hinzuschmeißen und in die Heimat, nach Piter, zu gehen, aber einstweilen repariert er noch sorgsam alles querbeet: Uhren, Elektroteekocher, Radios und Fernseher, begreift er doch (oder nicht?), dass in der nördlichen Metropole wohl kaum jemand seiner Insulanerfertigkeiten bedarf, da dort längst niemand mehr all diese Spidolas, Rubins, Temps oder Karawellas, die er hier bis ins Molekulare zerlegt, reparieren lässt.

Habe ich das Recht zu behaupten, der Schütze habe, indem er sich häuslich einrichtete, vier Kinder in die Welt setzte und obendrein hinter seiner Barackenhälfte eine Banja baute, sein Leben nicht so gelebt, wie er es hätte leben sollen? Ja, war er denn, nur weil einmal zwei Künstler seine Gestalt mit dem Bogen in der Hand festhielten, verpflichtet, sein Leben nach deren Skizze weiterzuzeichnen?

Nein, wir wissen, es wäre Unsinn, ihm dergleichen abzuverlangen, haben wir doch gelernt, dass der Mensch frei ist …

Wenn noch klar wäre, worin.

Kann man solche Fragen stellen, ohne dem Menschen gegenüber, der einem vom ersten Wort an vertraut und sich über einen gefreut hat, grob herablassend zu werden?

Aber kann man derlei Fragen generell nicht stellen?

Wo ist jene wunderbare Insel, Ada, von der du erzählt hast?

Wo ist die herrliche Klarheit des Hohen Nordens, wo sind all diese Menschen – Uesko, Tauli, Ide –, oder ist ihnen dasselbe widerfahren wie dem Schützen? Sind ihre Namen verblasst und zu gewöhnlichen russischen Namen geworden? Wo ist die junge schöne Lartschi, die in einem wunderlicherweise auf die Insel geratenen italienischen Film Anna Magnani sah und, betört von deren unerhörter Schönheit, in weißen Pumps verträumt durch gefrorene Gischt den Strand entlangspazierte? Und wo ist dieser Strand, über den man – statt in solidem Schuhwerk – in weißen Pumps spazieren konnte, ohne sich den Fuß aufzureißen oder zu brechen? Wo ist jenes kleine gastfreundliche Dorf, Ada? Oder genügten drei Jahrzehnte, um es zur Armutszone werden, es wuchern und wie sich zersetzendes Fleisch zerfließen zu lassen? Wo ist die Faktorei, Ada? Wo ist das seetüchtige Rettungsboot? Wo sind die Rene, die Schlitten, die Spiele, das sorglose Lachen, die Lieder? Sag, ist all das, worüber du geschrieben hast, nicht wahr? Sei ehrlich, Ada! Oder hat sich in drei Jahrzehnten alles dermaßen verändert, dass man deinen Worten einfach nicht zu glauben vermag?

Beklommen ging er durchs Dorf. Es fing wieder zu regnen an. Mit einemmal spürte er mehr, als dass er hörte, wie auf dem Holzpflaster das Vibrato unsicherer leichter Schritte näherkam. Er drehte sich um und sah weit hinten zwei Frauengestalten. Er beschleunigte kaum merklich den Schritt, das Vibrato blieb zurück. Die Hoteltür ließ sich nicht verschließen (nur die Zimmertür), und kaum hatte er in der Küche Wasser für Nudeln mit Büchsenfleisch aufgesetzt, um endlich etwas zu essen, da hallten dieselben Schritte – leichte, fast schleichende – im Korridor wider. Die Frauen blieben auf der Türschwelle stehen. Die eine wohl um die dreißig und mit verbundenem Ohr, die andere älter.

Langes Schweigen. Dann sagt die ältere mit zornigem Lamento:

»Junger Mann, gib uns ein Gläschen.«

»Hab ich nicht, nicht mal einen Tropfen. Nicht mal Rasierwasser ...«

Stumm sehen sie ihn an. Die jüngere begreift, dass sie bei ihm kein Glück haben. Bittet um ein Glas Wasser. Trinkt gierig die unabgekochte gelbe Brühe, die er tagsüber aus dem Moor heraufgepumpt hat.

Die ältere gibt die Hoffnung noch nicht auf, ächzt:

»Wir haben Lachs, Lachs ...«

Alles ging den Bach hinunter.

Er aß, und um nicht an der eigenen Verzweiflung und dem Mitleid für diese Menschen zu ersticken, griff er nach seinem Tagebuch. Ein dickes graues Heft, schon halb vollgeschrieben: Er hatte gar zu lang gebraucht, um es hierher zu schaffen, und einen gar zu hohen Preis bezahlt, um auf alles zu pfeifen und – da er im Moment ja nicht wegkam – stumpfsinnig auf den Hubschrauber zu warten im Gefühl, dass sein Traum ihn betrogen hatte. Darin wäre etwas über alle Maße Gemeines …

Nein. Die Alte hatte Recht, und in ihrer Missachtung, die schon an Verachtung grenzte, steckte durchaus etwas Wahres: Wenn du schon hergekommen bist auf die Insel, dann versuch selber etwas zu finden: Es führt zu nichts, Brocken von fremder Leute Tisch zu schnappen, die Nase in die Vergangenheit anderer zu stecken …

… Ada und Wolodja haben etwas Großes vollbracht: Sie haben einen Mythos geschaffen. Du bist ihm nun mal auf den Leim gegangen, und so bleibt dir nichts anderes übrig, als deinen eigenen zu schaffen. Du hast nämlich keine Wahl. Du hast angebissen? Hast du. Der Schreck ist vorbei. In Gedanken hast du diese Insel schon in Koordinatensystemen verzeichnet, hast sie im Larousse du 20ème siècle schon in die Lücke zwischen dem kleinen Planeten Kolga 191 und dem indischen Fürstenstaat Kolhapur platziert … Die Insel setzt sich für dich aus disparaten Dingen zusammen: aus Adas Buch und dem mit den nenzischen Kinderzeichnungen, aus geknüpften Bekanntschaften, durchlebten Ängsten und jenen flüchtigen Wahrheitsmomenten, da die Sonne über dem Meer hervorflammt und es scheint, als tauche aus den Tiefen ein riesiger Spiegel empor …

Gut, für einen Mythos ist das noch etwas wenig, aber genug, um mit der Flucht Schluss zu machen. Denn dieses Davonlaufen ins Nirgendwohin ist für ein gewöhnliches gespaltenes Bewusstsein eine Gabelung, der unendlich auseinanderlaufende Weg, der in jedem Fall in der Sackgasse endet.

Der Mythos bedeutet Freiheit, Ausdrucksfülle, Ganzheitlichkeit. Sinnerfülltheit.

Probier das hier zu finden, auf dieser Müllhalde menschlicher Schicksale, probier etwas von Wert da zu erringen, wo auf den ersten Blick alles nur Widerwillen einflößt … Hat es Ada denn nicht vermocht? Sie hat es vermocht. Und Korepanow auch: diese Insel trotz allem zu lieben. Und wie es aussieht, ist die Liebe auch für dich die einzige Chance, vielleicht begreifst du, der Fliehende, das ja besser als andere …

Anscheinend beruhigte ihn allein das Aufschreiben der Worte. Als er damit fertig war und die Kladde zugeschlagen hatte, warf er einen Blick aus dem Küchenfenster: Im bläulichen Dämmer der Nacht mutete das Gras unterm Fenster schwarz an, nur die Gänse-blümchen, winzige Sternchen, funkelten darin.

Um Mitternacht hörte er plötzlich das vertraute Brummen des Dieselmotors in der Ferne verstummen. Und augenblicklich ging das Licht aus. Da stand er auf, zog Jacke und Mütze an, verstaute in seinen Taschen Messer, Streichhölzer und Zigaretten, schloss die Tür zu seinem Zimmer ab und verließ das Hotel. Er ging, damit er niemandem unter die Augen kam, sofort zum Meer – bestimmt eine unnötige Vorsichtsmaßnahme: das Dorf schlief. Er war allein, vollkommen allein am Strand. Die Tide lief schon wieder ab und gab die am Ufer ausgelegten Schollennetze frei, in deren Maschen sich Seetang verfangen hatte. Über dem Meer leuchtete still der Mond. In seinem Schein wirkte der graue Sand unter den Füßen bläulich, und er trat vorsichtig auf, als fürchte er, die Tagesgeräu-sche zu wecken und die brüchige Nachtstille aufzustören.

Er schlug die Richtung zum Fluss ein, wo er noch nicht ge-wesen war. Oben auf der Steilküste hinterm Dorf sah er vor der tiefen, doch transparenten Dunkelbläue des Himmels Grabkreuze und, kaum daran vorbei, im Sand das Gerippe einer hölzernen Karbasse, oder eigentlich nur den starken hölzernen, sich wie die Wirbelsäule eines an Land gespülten Wals krümmenden Kiel. Unter einem leisen Lüftchen blitzten Grashalme messerklingen-gleich auf. Das Steilufer trat wenig später zurück und er fand sich auf einer langen niedrigen Sandzunge wieder, am Ausgang eines von dunklen Hügeln gesäumten Tals, aus dem wie zähflüssiges Zinn der Fluss hervorströmte, dem Meer zu. Die See war plan, wie Eis, und nur in der Ferne, in der stockblauen Finsternis der Nacht, erklang das dumpfe Anschlagen der Brandung gegen die Sandbänke.

Eine unglaubliche Ruhe ging von dieser Landschaft aus. Er folg-te dem Fluss eine Weile inseleinwärts, und als das Ufer steil wurde, kletterte er auf der Suche nach Schutz vor dem kalten, durch das Tal fegenden Wind den Hang hinauf. Hier gab es einige Kuhlen, vielleicht Überreste von Erdhütten oder Schützengräben; er ließ sich in eine gleiten und steckte sich eine Zigarette an. So saß er lange, eine um die andere rauchend. Nach und nach wurde der Himmel heller: Ins dunkle Nachtblau sickerte von Norden her das reine gelbe Licht der aufsteigenden Sonne ein. In diesem Licht trat die sich weit in die Ferne erstreckende ebene Tundra immer deutlicher hervor, an deren äußerster Grenze als ungleichmäßiges graues Zickzack die fernen Berge starr vor dem Horizont standen. Dort musste er hin. Dorthin, koste es, was es wolle: Dort pulsierte das Herz der Insel, dort erwartete ihn vielleicht seine eigene Legende.

Eine heftige Kälte verkündete, dass ein neuer Tag angebrochen war. Er sah auf die Uhr: es war zwei.

Er fühlte, wie beim Anblick der Urelemente, die hier zusammenkamen – der dunkelbraunen Erde, des auflodernden Himmels und des Wassers, das die Farbpalette des Himmels, erneut einem riesigen Zaubermärchenspiegel gleich, als ein bizarres Geflecht von Gelb und Blau zurückwarf –, ein eigentümliches Gefühl in ihm aufstieg. Vielleicht lag es an der extremen Erschöpfung, die ihn zuletzt überkommen hatte, vielleicht aber waren die Farben dieser Mondnacht am Ende der Welt tatsächlich einzigartig – jedenfalls spürte er mit einemmal, dass er des Hohen Nordens innewurde, jenes Hohen Nordens, den er nie gesehen, nach dem er sich aber unablässig gesehnt hatte … Hätte er Rockwell Kents *Salamina* dabeigehabt, er hätte sich nicht beherrschen können, das Buch auf einen abgesplitterten flachen Sandstein wie auf einen Altar zu legen und die inspirierte Hymne zu lesen, von deren dunklen, glückvollen und bedrohlichen Worten seine Seele widerhallte: »Herr, ich *liebe* diese fruchtlose Erde?«

Vor ihm lag eine Welt ohne Grenzen. Die Welt der Legende. Die Welt der Kunst. Die Welt der Freiheit.

Die Freiheit bedarf so wenig einer Definition wie die Liebe. Und bedeutet ebenso viel. Es ist eine Forderung der Natur, eine Forderung des Triebs, des Satzes, will heißen – des Sprungs: Du springst, du fasst einen Entschluss, und es ist dir egal, ob die anderen seine Notwendigkeit begreifen. Du überwindest alle Ängste, und im Grunde hat alles Weitere bereits keine Bedeutung mehr:

ob du Schiffbruch erleidest oder nicht, ob du richtig oder falsch gehandelt hast. Weil du – eben dieses im Leben höchst seltene eine Mal – alle Befürchtungen verworfen und gehandelt hast. Das nämlich bedeutet Freiheit ...

Bis auf die Knochen durchfroren machte er sich, in seine Jacke eingemummt, auf den Rückweg, man konnte jetzt schon Spuren im Sand unterscheiden, die des spielvergessenen Windes und die des ablaufenden Wassers. Diese Spuren, diese Muster kamen ihm bedeutungsvoll wie unverständliche uralte Schriftzeichen vor. Aber sind sie denn nicht unermüdlich von den ältesten Bildhauern geschaffen worden, die den Sand mit feinstem Filigran überspannen – anscheinend bloß, um wenige Stunden später das Geschaffene mit einer auflaufenden Welle auszuwischen und die Arbeit von vorn zu beginnen, dabei spielerisch voreinander mit dem eigenen Können prahlend?

Todmüde und rundum glücklich kam er ins Hotel zurück.

Am Morgen darauf wusste das ganze Dorf, dass jemand Fremdes aus Moskau da ist und alle nach Ada und Wolodja fragt. Der oder jener hätte ihm schon seine Erinnerungen anvertraut, aber als sie nach ihm Ausschau hielten, da war er weg.

Jemand wollte gesehen haben, wie er Brot und Holz in ein Geländefahrzeug gepackt hat und raus in die Tundra zu den Renzüchtern ist. Und tatsächlich, nach drei Tagen kam er wieder, hockte auf dem Dach des Geländefahrzeugs zusammen mit den Kindern von Jegor, dem Brigadier, die nach dem Sommer draußen in der Tundra zurück ins Dorf kamen, um ein paar Tage später mit dem Extraflug nach Narjan-Mar ins Internat gebracht zu werden. Am selben Abend ist er noch betrunken mit Michajlytsch gesehen worden, dem Chef von der Satellitenkommunikation. Sein Sprit soll gut gewesen sein, nach Michajlytsch, aber stark nach Gummikorken geschmeckt haben.

Weiter ist von dem Fliehenden nichts bekannt.

Nicht bekannt ist, wozu er in die Tundra fuhr und was dort vor sich gegangen ist. Dort wurde gerade auf Hochtouren gearbeitet, eine Menge Jungs, eine Menge Rentierblut. Da kann alles Mögliche passiert sein.

In der Lade des leeren Tischs im verlassenen Hotelzimmer fand sich ein Blatt Papier mit unverständlichen Aufzeichnungen.

… Ich habe den Schützen gefunden. Den echten Schützen.

Alik, 25, der geborene Kämpfer einer Spezialeinheit. Die Armee war die eindrucksvollste Zeit seines Lebens. Die Ereignisse der letzten Jahre, die er in Alma-Ata erlebt hat, haben seiner natürlichen Aggressivität etwas zwischen lieber Erinnerung und Traumgesicht verliehen: »drauf auf die Kasachen …«, »drauf auf die Studenten …«, »drauf aufs Weiße Haus …« Wo ich ja war, im August 1991, während des Putschs. Sprich, wäre es so weit gekommen, hätte er auf mich geschossen.

Wenn ich daran denke, wenn ich an das Gegensatzpaar Schütze / Fliehender denke und daran, wie ihr Aufeinandertreffen (das Aufeinandertreffen von Schütze und Papiersoldat) hätte ausgehen können, so wird mir klar: höchstwahrscheinlich mit dem Tod. Aber mir fehlt die Kraft, den Gedanken zu Ende zu denken. Für Moskauer Gedanken fehlen mir hier die Kräfte. Sie schlummern ein in dieser geologischen Ruhe. Sie werden überflüssig. Wer die früheren Gedanken für immer ablegt, der wird zum Inselbewohner. So einer ist Wiktor Michajlowitsch, der Chef der Funkstation, so einer ist, den Erzählungen nach, auch der Chef vom Sewerny-Leuchtturm, Kossowski, der sein Moldawien für immer vergessen hat, und auch Rubzow ist so einer, der Chef vom Geologen-Hubschrauberlandeplatz an der Pestschanka. Der hat Frau und Kinder aufs Festland zurückgeschickt, ist selber aber geblieben. Da will einer in seinem Wohnwägelchen liegen, auf den Hubschrauber warten. Hören, wie hinter der Wand bald Sand, bald Schnee einherfegt, den Funk abhören, ein paar Worte wechseln: »He, Tobseda, wie stehts bei euch? Sind die Hechte da? Und Helikopter keiner? Ja, ist kein Wetter … Bei uns sind die Gänse da … Die Gänse, sag ich …« Und er trinkt nicht. Liegt einfach nur da. Eine Woche kann er so auf dem Bett liegen, wie der unvergessliche Oblomow, Tee trinken, an Zuckerstückchen knabbern und sich über nichts aufregen …

Aber die Zugereisten sind, wenn nicht Hiesige unter Hiesigen geworden, so zumindest längst mit der Landschaft hier vertraut, Teil der Natur. Der Fliehende dagegen – er ist fremd an diesem Ort. Allem fremd.

Ich erinnere mich, ich habe Alik gefragt: »Und du, wenn du in der Tundra unterwegs bist, rauchst du da?«

»Unbedingt: dann bin ich böser ...«

Böser – obwohl er gar nicht böse ist. Der Tod springt hervor aus einer Lappalie, aus einer zufälligen, nichtigen Verärgerung des Schützen: darüber, wie der Fliehende sich schnäuzt, Angst vor einer Erkältung hat, irgendwelche Tabletten lutscht, sich schont ...

Schont sich, der schnieke Moskauer, dort, wo andere sich systematisch zugrunde richten, bloß, damit das Leben, dieses verfluchte Leben, schneller um ist ...

Und außerdem wittert der Schütze mit seinem animalischen Spürsinn im Fremden den Knacks: Anscheinend weiß der nicht sicher, was er eigentlich will, wer er ist. So wars mit den Moskauern in der Armee: begriffen nicht länger, wozu.

Aber da reist der Fremde ab ...

Und was weiter? Genau das wüsste man nur zu gern. Denn wenn es mir eines Tages vergönnt sein sollte, über das zu schreiben, was ich auf der Insel erlebt habe, dann würde genau dieser Bursche, Alik, im Zentrum der Erzählung stehen. Und entweder können er und ich dann eine gemeinsame Sprache finden, oder wir können sie nicht finden. Aber wenn wir es nicht können – dann ist es aus. Alles aus. Erklären kann ich das nicht ...

Dass ich mich rein zufällig mit dem Funkstationschef Michajlytsch besoffen habe, hat den Chef vom Hubschrauberlandeplatz, Saukow, beleidigt, der anscheinend auch damit gerechnet hatte.

Ohne mich groß um seine Verschnupftheit zu kümmern, bin ich tags drauf zu ihm, ein Ticket für den Hubschrauber kaufen, der die Kinder in die Schule bringt. Über sein ganzes kräftiges, rundes, nichts als wohlwollendes Entgegenkommen ausdrückendes Gesicht lächelnd, erklärt Anatoli Poluektowitsch Saukow, dass er mich nicht einchecken kann: »Kein Platz frei.« Ist sein gutes Recht.

»Kommt denn noch eine Maschine?«

»Aber ja ... Aber ja ...«

Doch mit der nächsten wiederholt sich das Spiel. »Wo wollen Sie nur so eilig hin?«, lächelt Anatoli Poluektowitsch. »Bleiben Sie doch noch. Ein, zwei Wochen, und Sie leben sich erst so richtig ein ...«

Der Hund. Hat mich um sechshundert Rubel gebracht. Noch vier, fünf Tage und ich kann gerade noch die Fahrtkosten decken. Danach nicht einmal mehr die ...

Aber mich lieb Kind machen, wie es so schön heißt, werde ich nicht. Ich bin ins Hotel gegangen, habe mir was zu essen gekocht, dann bin ich in Richtung Bugrjanka gelaufen, dem Meer entlang, zu meinem Lieblingsplatz, wo erstmals die Hoffnung ...

Der Traum

Am Strand, wo der Fluss ins Meer mündet, sitzt er in einer sonnengewärmten Kuhle und gräbt mit einem scharfen Messer Rosenwurz aus. Es gibt viele Stauden hier, er gräbt die Pflanzen sorgfältig aus dem Sand aus, schneidet den saftigen oberen Teil mit den fleischigen Blättern ab, klopft die Wurzelstöcke am Schuh aus. Da sieht er plötzlich den Schützen. Der Schütze ist mit dem Gewehr unterwegs. Die Gänse fliegen ab. »Du willst auch abfliegen?« – »Ja.« – »Du bist kein wirklicher Journalist, hat mir Saukow gesagt.« – »Mag schon sein, ja, kein wirklicher.« – »Warum hast du uns belogen?« – »Ich habe niemanden belogen.« – »Aber du hast doch gesagt, du arbeitest für eine Zeitung.« – »Tu ich auch.«

Der Fliehende knüpft das Gespräch langsam, Faden um Faden, denn er spürt, dass das Gewehr, das für die Gänse bestimmt war, jetzt einen Anlass sucht, ihn zu treffen.

Wird es einen Schuss abfeuern oder nicht? Hat er eine Chance oder nicht? Ist er selbst (der Fliehende) wirklich oder nicht? Er muss dem Schützen etwas sagen, damit der ihm glaubt. Mechanisch gräbt er weiter eine Rosenwurzstaude aus. Der Schütze bemerkt seine sich bewegenden Hände:

»Ist das alles, was du von hier mitnehmen willst?«

»Nein«, sagt der Fliehende mit letzter verzweifelter Ehrlichkeit. »Ich habe meiner Liebsten versprochen, ihr die *Blauen Berge* mitzubringen, aber dorthin schaffe ich es wohl nie …«

Er fährt fort, mit dem Messer den Boden um einen Wurzelstock herum aufzuwühlen, da biegt sich plötzlich die Klinge durch, als sei sie auf einen Stein gestoßen, aber der war dort nicht im lockeren Sand, garantiert nicht …

»Sieh nur«, wendet er sich verblüfft an den Schützen. »Das ist mein solidestes Messer. Und es hat sich durchgebogen wie ein Stück Blech …«

»Ja«, sagt der Schütze, als habe er das verbogene Messer nicht bemerkt. »Bis dorthin sinds zwei Tagesmärsche. Ohne Gepäck kann mans auch in einem schaffen.«

»Kannst du mich begleiten?«

»Heute?«

»Nein, morgen fliege ich.«

»Dann musst du nächstes Jahr wiederkommen.«

»Ja, muss ich.«

»Du sagst jetzt alles Mögliche, um von hier wegzukommen.«

Der Fliehende schweigt. Am Boden sitzend, glättet er mit beiden Händen den Sand um die Pflanze herum, die er hatte ausgraben wollen.

Der Schütze greift sich das Messer, betrachtet es verwundert. »Ja«, sagt er plötzlich. »Jetzt glaube ich, dass du nicht lügst. Du wirst wiederkommen … Die Insel will dir keinen Kleinkram anvertrauen, sondern offensichtlich Großes …«

»Wie?«, fragt der Fliehende, »wovon redest du?«

»Die Insel wartet schon lange auf einen Auserwählten. Sie wartet auf einen Menschen, der von ihr erzählt. Anfangs dachte ich, du bist derjenige. Dann war ich der Meinung, du bist ein Lügner. Jetzt glaube ich, du bist es doch.«

Bei diesen Worten nimmt er das Gewehr von der Schulter und spannt den Hahn.

»Weswegen?«

»Sieh genau hin«, warnt ihn der Schütze.

Der Fliehende sah, dass der Gewehrlauf direkt auf seine Brust gerichtet war, direkt auf sein Herz. Dann sah er einen feinen Feuerstrahl, der auf ihn zukam, und verspürte einen stechenden, nadelstichartigen Schmerz in der Brust, und im selben Moment begann vor seinen Augen der Raum – die ganze gleichförmige bültenreiche Ebene mit den gezackten Blauen Bergen am Horizont – zu zittern, schrumpfte, wurde rissig, wie eine Glasplattenaufnahme unterm Feuerstrahl eines Bunsenbrenners, und tatsächlich: Plötzlich sah er ein Loch, durch das am Anfang nur etwas Graues zu erkennen war, aber dann erkannte er plötzlich ein Schiff, das sich vorsichtig der Insel näherte, ein kleines Schiff unter britischer Flagge vom herrlichen Kaffeebraun des Rens und des mit einem Schrei über den Himmel schwebenden Falken, und ein menschliches Gesicht, das ihm unerhört nahegekommen war, faltenübersät, baumrindenhaft ...

Als er die Augen aufschlug, sah er den Schützen, der in der Linken sein Herz hält und in der Rechten sein verbogenes, ganz krummes Messer. Damit klaubte der Schütze irgendwelche dunklen Fäden ab, die Büscheln feinen braunen Tangs ähnelten und sein Herz wie ein Gespinst umgaben.

»Was machst du?«, fragte er.

»Ich reinige dein Herz von der Furcht.«

Erst da merkte er, dass er mit aufgeknöpfter Jacke und bis zum Gürtel aufgeknöpftem Hemd daliegt und einen in Wellen vom Meer her kommenden kalten Lufthauch spürt, und an der Stelle seines Herzens befindet sich eine feuchte Leere, die der Wind besonders kalt bestreicht ...

Der Schütze entfernte ein letztes dunkles Fadenbüschel mit der gekrümmten Klinge und pflückte, nachdem er das Messer fortgeworfen hatte, noch einige letzte Fasern mit den Fingern ab, dann besah er sich das saubere Herz, ein elastischer Muskelklumpen, wie sich zeigte, spülte es im sauberen Bachwasser, legte es in die Brust des auf der Erde ausgestreckten Menschen ... Dieser merkte, dass der Schütze das Herz mit Fleisch bedeckte. Eine gute Deckung für das Herz: schwer, kompakt ... Er versuchte seinen Kopf zu heben und sah, dass die Hände des Schützen weiß waren von Lehm, und da drang in seine Nüstern dieser seltsame vertraute Geruch, dieser Geruch der Moore, der von Geländefahrzeugen aufgerissenen morastigen Tiefe, des märchenhaften Lehms, des essbaren Lehms, des Fleischs der Erde ...

Und wie der Schütze ihm mit einem Tuch, das er zuvor um die Stirn getragen hatte, die Brust abrieb, das Hemd zuknöpfte, die Jacke, da dachte er die ganze Zeit, wie kann das angehen, der Lehm wächst doch am Körper nicht an, der Lehm ist doch tot …

»Steh auf, los«, flüsterte der Schütze ihm plötzlich ins Ohr. »Los, steh auf, sonst kommst du zu spät und fliegst nicht.«

Er stand auf: Am Boden blieben ein paar Flecken geronnenen Bluts zurück, feine, an verfaulte Pflanzen erinnernde schwarze Fasern, irgendwelche abgestorbenen Wurzelstückchen, sein wie ein totenstarres Fischlein gekrümmtes Messer.

»Aber es kommt doch kein Hubschrauber …«

»Hörst du?«, fragte der Schütze.

»Nein.«

»Er ist noch ein ganzes Stück weg. Da, über der Koschka dort, so zwei Fingerbreit obendrüber. Siehst du ihn?«

»Nein.«

»Der schwarze Mückenpunkt. Siehst du ihn?«

»Ja.«

»Das ist dein Hubschrauber. Der letzte. Gleich ist er hier, du musst dich sputen …«

Er tat einen Schritt, einen zweiten: Die Lehmbrust löste sich nicht ab, das Herz fiel nicht heraus. Über ihren Köpfen dröhnte der Hubschrauber auf; das Kanzelfenster flammte blendend von Sonnenreflexen, der blaue Bauch des Helikopters strich über ihre Köpfe hinweg …

Sie rannten zum Hotel, der Wind drückte das grüne Gras zu Boden, aber sie liefen leichten Fußes.

Der Wind riss ihm die Mütze vom Kopf, sie wurde fortgetrieben übers Gras bis in eine rote Torflache … Macht nichts: er musste etwas auf der Insel zurücklassen, damit er wiederkommt … Der Schütze reichte ihm den Rucksack hinauf und trat zurück.

»Vielleicht schreibst du ja mal«, sagte er plötzlich.

Die Tür ging zu, schnitt den Passagierraum von der Außenwelt ab. In der Kanzel ruckte der Pilot mit allerlei Hebeln, über seinem Kopf setzte der Warnton ein.

Als er plötzlich merkte, dass er nicht geantwortet hatte, obwohl die Antwort in ihm bereitlag, wummerte er mit der Faust gegen die Scheibe.

»Ich komme wieder!«, brüllte er aus Leibeskräften. Aber der Schütze hörte ihn nicht. Er war an den Rand des Hubschrauber-landeplatzes gegangen, hatte sich dann umgedreht und mit hoch-gezogenen Hosenbeinen, um sich nicht mit der roten Morastbrühe zu bespritzen, die Mütze aus dem Sumpf gefischt und das Wasser herausgeschüttelt.

Der Warnton über seinem Kopf stieg einen Ton höher. »Pieppapp!« »Pieppapp!« Der Kopilot nahm seinen Platz ein. Die Rotorblätter drehten sich mit leisem Surren; mit zunehmender Geschwindigkeit jagten sie den Ton ins Ohrenbetäubende, Mark-erschütternde hinauf. Die Maschine schwankte im Takt der von ihr ausgespienen Geräuschwellen, eine ungeduldige, wütig sich in den Bohlenboden krallende Riesenhummel. Die Menschen waren vom Landeplatz zurückgewichen, standen als zusammengedräng-tes Häuflein neben der rostigen Zisterne. Der vom Rotor aufge-peitschte Orkan zerrte an ihren Kleidern ...

Plötzlich wurde das Geräusch gleichmäßiger: sich auf die Sei-te legend, stieg das Insekt in die Lüfte. Die Häuser des Örtchens begannen zu versinken, wurden kleiner und kleiner: der Klub, das Hotel, das Häuschen des Schützen, das Geschäft ...

Dann erblickte er schmale Bänder aus Sand – die Ploskije Koschki, und danach, als er ein paar Minuten später aus einem Seitenfenster schaute: das tiefe, sattdunkle Blau der See, über das plötzlich ein weißer Schaumkamm hinwegrollte, und er dachte: Sogar eine Welle, wenn die selbst aus der Höhe ...

Er stellte sich diese grenzenlose See vor, über die mit flackern-dem weißem Kamm die Wellen jagen, einander in der kalten Weite niederwalzend ... Wie die Gischt rollt und rollt und unerträglich blau die grenzenlose Schale dieses weiten Raumes windgeschau-kelt flirrt ...

Plötzlich verspürte er in seinem Herz einen stillen stechen-den Schmerz. Da war keine Furcht, auch kein Zweifel. Wie gut, dass er zum Schluss diese wunderbare Welle gesehen hatte. Er knöpfte seine Jacke auf, dann das Hemd und befühlte die Stelle, die der Schütze mit Lehm bestrichen hatte. Er spürte unter den Fingern das Fleisch, überall sein eigenes, lebendiges Fleisch, nur ein bisschen lehmverschmiert war die Haut. Er legte die Hand flach auf die Brust, spürte seinen Herzschlag: gleichmäßig. Das Fleisch der Erde war sein Fleisch geworden. Und das, was er für einen Schmerz gehalten hatte, war einfach die Sehnsucht des von der Furcht befreiten Herzens nach den menschenleeren Weiten, in denen die Freiheit wohnt und die er nicht hatte lieben können, solange er Angst hatte ...

III
DAS BUCH DER WANDERUNG

Der Anfang

Endlich geht es los!

Kaum gelandet und unseres Gepäcks entledigt (im alten Hotelzimmer mit Blick auf Dorf und See und reglose Schiffssilhouette
in weiter Ferne), laufen der sechzehnjährige Kapitän Pjotr und ich
zur Bugrjanka-Mündung, wo ich zum ersten Mal – damals, des
Nachts – voll namenloser Begeisterung, einer so reinen, leichten
Begeisterung war, dass mir schien, es fehle nicht viel und ich finge
an, über der Erde zu schweben ...

Zwei Jahre, zwei ganze Jahre habe ich darauf gewartet, hierher zurückzukehren ... Ja, ich habe mich an diese Küste zurück-
gesehnt, denn: jetzt, da die vertrauten Gerüche – des Salzwassers,
des Lehms, der sonnendurchwärmten Gräser, des feuchten Sandes
– immer näher kommen, begreife ich endlich, woher im Vorfrüh-
ling, wenn mir irgendwo auf dem Land der dampfige Geruch von
getauter Erde in die Nase stieg, mich plötzlich Unruhe befiel, als
ob ich einen fernen Ruf hörte ...

Als wir in eine von zwei Hügeln eingefasste Talsenke hinuntersteigen, tauchen wir unvermutet in ein Gefäß voll warmer
Luft, die getränkt ist vom hauchfeinen Aroma der Gräserpollen
und Blumenblüten: Vergissmeinnicht, Achtblättrige Silberwurz,
Moltebeere – man bekommt hier einen hummelartigen Geruchssinn, um derlei Düfte wahrzunehmen. Und da – das zarteste Geschöpf inmitten von Lehm, ein blaurosa Schimmer inmitten von
sattem Grün und Umbra, kleine Flügel mit vier Tüpfelchen am
Außenrand: ein Augenfalter. Jetzt lässt er sich auf dem sonnendurchwärmten Abhang nieder, auf einem luftigen Weidenzweig,

und klappt mehrmals leicht seine Flügel auf, mit Adern, über die lockend ein Blau wie vom Nachthimmel streift und leuchtende, beinah weiße Stahlglut; dann zwingt ein scharfer Windstoß ihn, sich klingendünn zusammenzufalten, ein braunes Blatt, das umhergewirbelt wird im Sog der Luftströmungen, in denen sich die ihren Wohnstätten entrissene Kälte staut. O herrlicher Schmetterling, der du uns mit den Schriftzeichen deiner Flügel willkommen heißt! Ein gutes Zeichen. So wie auch unser Ankunftstag, der 27. Juli 1994, ein ganz außergewöhnlich klarer, heiterer, von Sonne und Hoffnung erfüllter Tag war, obwohl es beim Einchecken in Narjan-Mar geregnet hatte und aus der Luft Schneereste in den Tundraschluchten zu sehen waren.

Bislang erfahren unsere Moskauer Pläne fortwährend Abänderungen, was ihre extreme Unzulänglichkeit verrät. Schon der erste, noch in Narjan-Mar mit Korepanow unternommene Versuch, unsere Wanderroute festzulegen, blieb ergebnislos; die Bewegung unserer Finger über die großmaßstäbliche Karte, die wir uns mit einiger Mühe im Geographischen Institut verschafft hatten und auf der die Insel zu einem ungewohnt großen, nachgerade gigantischen Fladen von fast fünfzig Zentimetern Durchmesser anschwoll, hatte etwas vom glättenden Bestreichen der Innenfläche eines Gefäßes aus ungekneteten Lehm voller Einschlüsse: winzige Muscheln, Steinchen, Sand, Wurzelstückchen und anderes organisches Material ...

Vergeblich. Der Ton wird rissig, und diese Risse zu verstreichen ist unmöglich: Die Insel ist für uns ein zweifelhaftes Terrain, und zweifelhaft ist damit auch unser Plan, sie zu zweit zu durchqueren, indem wir uns irgendwo im Inselinnern oder am besten gleich am Serwerny von einem Geländefahrzeug absetzen lassen, von wo aus wir dann, immer schön geradeaus, ins Dorf zurückstiefeln, wo uns der Hubschrauber wieder aufnehmen würde.

Wjatscheslaw Kusmitsch machte ein betroffenes Gesicht:

»Geländefahrzeuge gibts da jetzt wahrscheinlich keine fahrtüchtigen ...«

»Kein einziges?«

»Einen Traktor.«

Tja. Das ändert zwangsläufig die Sache, denn zum Serwerny und zurück schaffen wir es einfach nicht, und auf jeder anderen Strecke, quer durch die Tundra, würden wir uns verirren, selbst mit guter Karte: für Stadtbewohner ist die Tundra nun mal ein komplizierter, verschlungener Raum voller überraschender Fallen und optischer Täuschungen, und wir verfügen zugegebenermaßen nicht über die Erfahrung, uns durch diesen Raum abseits permanenter Orientierungshilfen – Fahrweg, Fluss, Küste – zu bewegen.

Außerdem würden wir uns natürlich gern sofort abnabeln und möglichst weit vom Dorf entfernt uns an einem schönen, interessanten Ort wiederfinden: möglichst nah an den Blauen Bergen oder der Mündung irgendeines Flüsschens …

»Und wenn wir jemand überreden, uns mit der Dora[*] übers Meer bis zu irgendeinem Punkt an der Westküste zu bringen, hinter der Koschka rum? Ist das weit?«

»An die sechzig Kilometer. Aber ihre Dora scheint gerade auch nicht flott zu sein …«

So, die Dora ist also auch nicht flott. Als ich das erste Mal auf der Insel war, funktionierte noch alles, obwohl Bugrino ehrlich gesagt keinen erfreulichen Anblick bot. Was ist da los, verdammt?

»Und mit einem Motorboot?«

»Mit einem Motorboot wagt sich keiner raus hinter die Koschka, die See ist da zu rau. Früher mit einer Karbasse, da ging das …«

Da durchfuhr mich ein zündender Gedanke:

»Und wenn sie uns direkt auf der Koschka absetzen? Die ist eben und flach, das wären vielleicht dreißig Kilometer zu laufen, für uns zu schaffen an einem Tag …«

»Sofern sie euch hinterm Promoj absetzen.«

»Meinetwegen.«

»Bloß gibts da Untiefen, ist schwer, an die Koschka ranzukommen, könnte sein, dass euch niemand rüberbringen will …«

»Wäre ja nicht umsonst …«

---

[*]   Kleiner Fischkutter ohne Aufbauten.

»Aber vor allem kann die Koschka stellenweise überspült sein, das ist jedes Jahr anders … Dann kommt man da nicht weiter, da bilden sich tiefe Wasserlöcher …«

»Und wenn wir die mit unserem Schlauchboot überqueren?«

Wjatscheslaw Kusmitsch sieht mich wieder aufmerksam an:

»Ihr braucht jemanden, der euch führt, allein kommt ihr da nicht durch, verstehst du? Hier, der Fluss zum Beispiel, der Dwojnik, den kann man nur bei Niedrigwasser passieren. Oder hier, der winzige Bach da, der kaum eingezeichnet ist – über den kommst du gar nicht drüber. Nirgends. Dem muss man bis zu dem See hier ausweichen, rund fünf Kilometer … Und die Waskina-Bucht, die lässt sich auch nicht durchwaten … Außerdem, ihr wollt doch ins Inselinnere? Da muss man wissen, wo langlaufen … Ihr werdet nämlich nicht über eine Karte laufen, sondern über Erdboden! Und überhaupt, sag: Was ist euer Ziel? Wozu macht ihr das? Vielleicht kann ich euch ja eine andere Gegend empfehlen?«

Teurer Wjatscheslaw Kusmitsch! Sie haben ins Schwarze getroffen. Das Ziel ist die am wenigsten zu fassende Größe in dieser ganzen Geschichte. Es besitzt keine geographischen Koordinaten, ja mehr noch, keinerlei materielle Verkörperung – aber es muss erreicht werden. Ich drücke mich möglicherweise unklar aus? Möglicherweise verweisen Gewürze, Düfte, Sklaven, Mahagoniholz, Kakao- und Kaffeebohnen, Mammutbein und Elfenbein, Seide, Pelze, Zinn und Gold, denen die Menschheit nachjagte, während sie ihre vom Geist des Profits beseelten geographischen Entdeckungen machte, mit größerer Selbstverständlichkeit und leichter verstehbar auf das Ziel der jeweiligen Kundfahrt? Ach, unseren Plänen liegt nichts dergleichen zugrunde! Es muss wohl daran erinnert werden, dass wir unsere Expedition dem britischen Reisenden Trevor-Battye gewidmet haben, der genau hundert Jahre vor uns sich für einige Monate auf Kolgujew aufhielt, unter Umständen, die zweifellos eine eigenständige Erzählung verdienen.

Das Ergebnis von Trevor-Battyes Reise war ein Buch, mithin: ein Werk in Worten. Wenn ich sage, das Ziel unserer Expedition ist wiederum das Wort – erhellt das irgendetwas, Wjatscheslaw Kusmitsch? Wohl kaum. Ich bezweifle, dass Ihnen ein Gestade bekannt ist, wo Wörter wachsen wie der Rosenwurz, den du nur flink und hurtig auszugraben brauchst, im Wasser spülen, zerschneiden, trocknen; und ebenso wenig dürften Sie ein Hüglein kennen, worauf, in einem möglichst alten Kästelchen für uns eine Inspiration verborgen liegt, die ausreicht, ein Dutzend Schriftsteller trunken zu machen. Aber das ist alles dummes Zeug, entschuldigen Sie die Offenheit, obwohl: Sie sind ja selbst einst wegen etwas hergekommen, das sich einem Außenstehenden sinnvoll nicht erklären lässt, wir aber, Sie und ich, wissen, worum es geht bei diesem Etwas, für das es ein einziges Wort gibt: die *Insel*. So mutet auch unsere Unternehmung etliche Leuten vollkommen unsinnig an – ein absolut richtiges Urteil, insofern Sinn einem nicht geschenkt wird. Und jene Sinnkonzentrate, jenes Sinnerz, aus dem später etwas mehr oder minder Wertvolles gegossen werden wird – es muss ja erst noch gefunden werden. Aber wo suchen und wie, das sehe ich nur dunkel vor mir. Offensichtlich hängt von dem Weg, den wir nehmen, auch das Ergebnis ab. Doch weiß ich nicht zu sagen, wo es aufblitzen wird, das kostbare Wort, noch, was ihm zum Leben verhelfen wird. Der die Küste zerklüftende Sturm? Das silbrige Holz der alten Kreuze auf den von Hunden zerwühlten Gräbern? Die Beredsamkeit des Todes oder die sinnlosen Klagen der Überlebenden? Die Sonne, die gleich einem Fisch im weiten Himmelsraum ihre Kreise zieht, oder der graue Lehm, oder der Abdruck eines rostigen Gewehrlaufs im Leichentuch aus grünem Moos; ein nenzisches Lied, das ein Alter mit braunen Zähnen heiser singt, der Schrei des Seetauchers, der von Regen kündet, der Schrei der Möwe, der von Hunger kündet, oder das nächtliche Knarren der Holzpflasterung unterm Schritt eines Säufers, der seine ewige Runde dreht auf der Suche nach einem Schlückchen Hochprozentigen, das sich versteckt, für ihn versteckt unter Schichten aus menschlichem Geiz und Betrug; oder unsere eigenen Schritte, die Schwere unserer Schritte, unser Atem, heiß, pfeifend wie bei erschöpften Pferden, unser bitterer Schweiß, und das Salz unseres Schweißes, das sich auf den Kleidern absetzt, unsere Augen, die geschlossen sind wie die von Toten? – Ich weiß es nicht. Und keiner weiß es. Und deshalb kann ich über das Ziel unserer Expedition auch nichts Bestimmtes sagen: Es wird auftauchen, wenn alles, was uns widerfährt, alles, was zu erleben uns bevorsteht, unsere Gefühle bis zu spiegelnder Klarheit poliert haben wird. Und dann werden Sie sehen, was das Ziel war: Spiegelung.

Im Hubschrauber hatten auch zwei Mitarbeiter der Gebietsverwaltung für innere Angelegenheiten gesessen. Sie sollten ein unglaubliches Geflecht aus Besäufnissen, Handgreiflichkeiten, inner- und zwischenfamiliären Krächen, Inzest, minderschwerem Diebstahl, Denunziation und anderen skandalösen Vorfällen entwirren, die für sich genommen vielleicht noch nicht justiziabel, aber doch ein klarer Hinweis darauf waren, dass es zwangsläufig zu einer Straftat kommen musste, insofern einige Personen männlichen wie weiblichen Geschlechts infolge anhaltenden Genusses geistiger Getränke nicht nur das Vermögen, zwischen Gut und Böse zu unterscheiden, sondern auch jede Vorsicht eingebüßt und alle aufrichtigen Warnungen des nüchternen Teils der Bevölkerung in den Wind geschlagen hatten. Im Kern ging es um eine große Partie Sprit, die ein gewisser Unternehmer im selben Sommer auf die Insel geliefert und der Obhut des schwer trunksüchtigen Oleg A. anvertraut hatte, der die Ware umgehend unterschlug und sich mit Freundin in die Tundra absetzte, so dass der dieserart hintergangene vertrauensselige Unternehmer mitansehen musste, wie der Defraudant, jeden Interessenten großzügig mit »Abgezweigtem« bewirtend, sich tagtäglich mit seinen einschlägigen Freunden die Kante gab. Die Inselorgane verfügten nicht über ausreichend probate Mittel, um die Säufertruppe zur Raison zu bringen und das Leben wieder in normale Bahnen zu lenken, obwohl Nikolaj Odinzow, der sonst ohne fremde Hilfe mit der dorfinternen Dynamik zurandekam, titanische Anstrengungen unternommen hatte. Zuletzt wurde aus den Jagdbaloks in der Tundra von der Jugend alles herausgeklaut, was nicht niet- und nagelfest war: So etwas hatte sich auf Kolgujew noch nie zugetragen.

An diesem ausweglosen Punkt wurden die beiden Bevollmächtigten der Innenbehörde nach Bugrino beordert. Da ihnen ein umfassendes Bild des über die Insel gekommenen Unheils fehlte, ahnten sie natürlich nicht, welch hohe moralische Mission ihnen zugefallen war. Und so hörten sie sich in einem vollgeräucherten Büro einfach den ganzen Tag hindurch nacheinander eine Vielzahl von seit langem unter Strom stehenden Männern an, die gezwungen waren, sich nüchtern und reumütig zu geben, wobei sie diese ihre Reuebekundungen, jede Logik missachtend, mit wirren, eindeutig erlogenen Geschichten verwoben und jedwede Beteiligung an den Untaten der anderen abstritten.

Die Übeltäter wurden einzeln ins »Verwaltungsgebäude«, jenen kolossalen architektonischen Zwitter aus Tschum und Isba, bestellt und im hinteren Zimmer des ehemaligen Dorfsowjets und jetzigen Gemeinderats vernommen. Die Befragung lief gerade, als Pjotr und ich die Räumlichkeiten betraten, um uns der neuen Vorsitzenden Alexandra Alexandrowna Odinzowa vorzustellen, einer sehr klugen, gutherzigen Frau mit dem ovalen Gesicht der Nenzen und einer russischen Statur, und ihr das uns von Korepanow ausgestellte Beglaubigungsschreiben zu überreichen. Beim Hereinkommen bemühten sich die Übeltäter, nüchtern und kläglich zu erscheinen, ihr vor der Zeit gealtertes Gesicht sah schuldbewusst aus und wurde noch jämmerlicher, sobald sie durch die unverschlossene Tür einen Blick in das rückwärtige Zimmer warfen, wo in Stadtanzügen die beiden Bevollmächtigten – der eine am Tisch sitzend, der andere unentwegt auf und ab gehend – eifrig Zigaretten qualmten und sich nach Kräften bemühten, den weiblich-akkurat hergerichteten Raum in eine verräucherte Folterkammer zu verwandeln, wobei sie von Zeit zu Zeit einen strengen Blick auf die Übeltäter warfen, aber auch auf uns, weil wir mit unseren unbekümmerten, sicheren Mienen diese Transformation natürlich behinderten.

Der Tag laugte die beiden Bevollmächtigten derart aus, dass sie sich abends im »de luxe« Doppelzimmer unseres Hotels, in das anlässlich ihres Aufenthalts ein Fernseher gestellt worden war, einschlossen und – jeder bestimmt noch ein Päckchen Zigaretten rauchend – einer Literflasche Wodka den Hals brachen, ehe sie, ohne nur einen Schritt nach draußen getan zu haben, in Erwartung des Helikopters, der sie am Morgen abholen sollte, in ihre Betten fielen.

Zum Glück verlief Pjotrs und mein Tag ganz anders. Kaum hatten wir das Verwaltungsgebäude, diesen zeitweiligen Hort eines furchterregenden Gerichts, verlassen und waren im Hotel zurück, um endlich auszupacken und uns etwas zu essen zu kochen, da entdeckte ich bei einem Blick aus dem Fenster einen Mann, der für uns von allergrößter Wichtigkeit war. Er ging ohne Hast, aber geschäftig seines Wegs; ich schoss sofort aus dem Zimmer, ihm hinterher, damit er mir nicht entwischte. Der Mann war Grigori Iwanowitsch Ardejew, den ich vor zwei Jahren in der Tundra bei der Rentierzählung kennengelernt hatte. In Bugrino dürfte sich von den Nenzen außer ihm höchstens noch Iona an mich erinnern, der alte Iona, der einst als Junge beim Singen auf einem Hügel von Ada gezeichnet worden war. Und dann noch Alik natürlich, der Schütze, doch die Umstände unserer letzten Begegnung im Traum veranlassten mich ehrlich gesagt, ein Wiedersehen mit ihm um jeden Preis zu vermeiden, obwohl ich als vernünftig denkender Mensch hätte wissen müssen, dass es nicht zu vermeiden war.

Mit Grigori Iwanowitsch verband mich eine Geschichte, die sich in der Tundra abgespielt hatte, nachdem ich mich endlich wieder halbwegs gefangen hatte. Was mir nicht gleich gelang, sondern seine zwei Tage brauchte, denn selbst im Vergleich zu dem, was ich an der Petschora gesehen hatte, war das, wohin ich da geraten war, eine ganz andere Welt, ein anderes Jahrhundert, zumindest eine andere Zeit, deren Kleider die Menschen um mich her trugen – auch sie, ihre Augen, aus einer anderen Zeit, ebenso alles Übrige: am Gürtel um Grigori Iwanowitschs Maliza hing in einer gelbkupfern beschlagenen hölzernen Scheide ein Messer – eines, wie sie vorzeiten die Komi den Nenzen verkauften –, und ich sah ihn damals mit ungreisenhaft kräftiger Hand den grauen Stahl dieses Messers in die breite Brust eines Rentiers treiben und den Griff in der Quelle des durchstoßenen Herzens schwimmergleich zucken …

Zwei Tage lang hatte ich mit kaum jemandem – von diesen immerhin rund fünfzehn Menschen jeden Alters, vom Kind bis zum Greis – geredet, hatte mit ihnen die Rene zusammengetrieben, vereinzelt ein Foto geschossen, gegessen was mir vorgesetzt wurde, dann weiter die Rene zusammengetrieben. Offenbar schlug ich mich nicht schlecht, denn zuletzt sagte Jegor Afanassjewitsch, der Brigadier – ein Trumm von einem Mann und ruhig wie ein Walross: »Der Fotograf, der soll mal ein Weilchen bei uns arbeiten, nicht mit der zweiten Brigade.« Kurz, ich war eingetaktet. Hatte außerdem noch – gerade zum richtigen Zeitpunkt – die Leute zum Lachen gebracht, als ich mir statt mit heißem Wasser meinen Tee mit Dieselöl aufgoss: In jedem Tundrabalok steht neben dem Ofen ein Teekessel mit Dieselöl, um das Feuer leichter zu entfachen, aber das hatte ich nicht gewusst. Der Teekessel war genauso zerbeult und geschwärzt wie alle. Ich nehme ihn also, gieße mir ein und merke, die gucken irgendwie komisch. Da hab ich dran gerochen ... Kurz, der Missgriff trug zur Entspannung der Situation bei. Bis dahin hatten wir irgendwie den Mund nicht aufbekommen, sie anscheinend aus Scheu, ich wohl eher aus Angst, weil ich das mit Alik ja nicht zufällig geträumt hatte, denn wie dem auch sei: Wenn die Luft von Blut, und sei es nur Rentierblut, gesättigt ist, kann mit den Leuten schon mal was durchgehen. Auch Alik war da draußen ein ganz anderer, und ich begriff nicht gleich, dass er der Sohn von Grigori Iwanowitsch war. Der Vater – ruhig, gutherzig, vernünftig, immer mal zu einer Geschichte über die alten Zeiten aufgelegt, der Sohn dagegen, Alik, verschlossen, schweigsam, viel und zornig rauchend. Und dann war da noch ein Bursche, vielleicht sechzehn, Ljoka. Der flößte mir irgendwie besonders Angst ein – ich habe nie ein Wort aus seinem Mund gehört und kriegte nie seine Augen zu fassen: sie verschwanden unter langen schwarzen Zotteln, so dass nur manchmal ein finsterer Glanz wie aus einem Tierauge hervorblitzte. Außerdem hat er die ganze Zeit sein Messer geschärft. Ein Kerl, der schweigt, finster dreinschaut, sein Messer schärft. Und weiß der Teufel was im Schilde führt. Manchmal dachte ich, er will mir die Kehle durchschneiden, denn ich hatte noch nichts begriffen. Aber nachdem ich beinah das Dieselöl getrunken hätte, wurden sie freundlicher, begriffen, auch Moskauer sind im großen Ganzen doch normale Menschen. Und einer von den Brigadierhelfern, Andrej Apizyn – ein toller Kerl, fröhlich, geschickt, unermüdlich und entsprechend flink im Umgang mit den Renen –, Andrej Apizyn, erinnere ich mich, fragte auf einmal:

»Na, wie stehts bei euch in Moskau mit dem Barabaschka?«

Woher hatte er von diesen Poltergeistgeschichten gehört? Jetzt ist das alles vorbei und vergessen, aber damals grenzte die Barabaschka-Manie schon an eine Psychose.

Danach fing ich mich mehr oder weniger wieder. Und als ich am nächsten Morgen aus dem Balok sah, wusste ich plötzlich, was mich die ganzen zwei Tage bedrückt hatte: der Schmutz. Kippen, Blechbüchsen, Knochen, Fellstücke, Scherben … Der Anblick war mir dermaßen unerträglich, dass ich einen Spaten aus dem Geländefahrzeug holen ging und eine Abfallgrube auszuheben begann.

Beim Schaufeln spürte ich, wie die Spannung stieg: hinter mir Männer, die zuguckten. Dann stellte sich Jegor neben mich, der Brigadier, steht da und guckt. Dann auch die Kinder. Ich drehte mich nicht um. Schaufelte einfach schweigend weiter. Und basta. Es ging ums Prinzip. Es ist nämlich so, dass zur Nomadenzeit für die Sauberkeit im und um den Tschum die Frauen zuständig waren, weshalb ich mit der Müllgrube gewissermaßen eine Frauensache angepackt hatte. Vielleicht erniedrigte ich mich ja damit in den Augen der Brigade, denn in der traditionellen Gesellschaft wurde die Aufteilung in Männer- und Frauenarbeit strikt eingehalten. Gottseidank war der Boden leicht: Sand, und ich konnte einen halben Kubikmeter ausheben, ohne verschnaufen zu müssen; ich sah mich kein einziges Mal um, und als ich fertig war, stieß ich einfach den Spaten in den Grund und ging – noch immer ohne mich umzusehen – zum Bach, zog mich aus, badete. Hielt die Pause durch. Und wie ich zurückkomme, sehe ich Iona, der eine Konservenbüchse aufhebt und in die Grube wirft. Nach ihm auch die Jungs, und alle, die herumstanden, alle hoben etwas auf und warfen es in die Grube. Und Demjan, unser Koch, fegte um die Feuerstelle herum und vor dem Eingang zum Balok. Da wusste ich, dass ich alles richtig gemacht hatte. Ich hob noch eine vermoderte Zeltplane, verrostete Büchsen, von den Hunden entrolltes Gedärm auf, warf alles in die Grube: Binnen kurzem war sie bestimmt halbvoll.

Grigori Iwanowitsch beobachtete das Treiben aufmerksam. Dann fragte er, und es klang irgendwie entschuldigend:

»Wahrscheinlich ists überall so?«

»Nein, nicht überall«, erwiderte ich, der aufgestauten inneren Anspannung wegen etwas schroff.

Und eben deshalb nahm ich an, dass Grigori Iwanowitsch sich an mich erinnerte.

Wenn ich nicht sicher gewesen wäre, dass Andrej Apizyn mit den Rentierhaltern in der Tundra sein musste, hätte ich im Dorf vermutlich ihn gesucht und gebeten, uns zu führen. Aber jetzt ging es nicht darum, wählerisch zu sein.

»Grigori Iwanowitsch?«

Er bleibt stehen, schaut, wie ich quer durch den Morast vor dem Verwaltungsgebäude auf ihn zulaufe, versucht mich einzuordnen ... Etwas in seinem Gesicht verrät, dass sein Gedächtnis sich sofort eingeschaltet hat, aber auf Anhieb keine möglichen Orts- und Zeitumstände einer Bekanntschaft findet. Dann löst sich schattengleich die Zerstreutheitsmaske ebenso unvermittelt ab: Gleich – gleich hat ers, er braucht nur noch ein, zwei Stichworte, vielleicht nur den Klang meiner Stimme, damit jede Einzelheit unserer Begegnung wieder vor ihm steht.

»Bei der Herbstzählung ... vor zwei Jahren ... da habe ich Fotos gemacht ...«

»Ach ja!« Grigori Iwanowitsch freut sich so aufrichtig, dass es mich dann doch verblüfft. Aber freue ich mich eigentlich, ihn zu sehen? Das tue ich. Warum also sollte er sich nicht auch über mich freuen? Zumal ich mit einem »Anliegen« zu ihm komme. Anliegen gefallen Grigori Iwanowitsch immer. Er geht sofort auf meinen Vorschlag ein, ins Hotel zu kommen und das Ganze zu besprechen:

»Sofort, ich geh nur noch meine Rente abholen ...«

Dann trinken wir in der Hotelküche lange Tee (einen direkt in der Tasse überbrühten, starken, wie ich das seit Kolgujew nie aufgegeben habe). Grigori Iwanowitsch raucht mit Genuss eine Gauloise, trinkt vom frischen Tee, lutscht an einem Zuckerwürfel und hört sich offenbar mit nicht weniger großem Genuss alles an, was wir sagen.

»Und wenn wir uns hinterm Promoj auf der Koschka absetzen lassen und dann raufgehen bis zur Westküste?«

»Bis wohin ungefähr?«

»Also, bis hier vielleicht, wo die Koschka mit der Insel verwächst … Da ist doch ein Fluss … die Perwaja? Und dann von der Perwaja ein Stück weiter die Küste entlang und dann ins Inselinnere, bis zu dem See.«

»Der Traktor muss an die Perwaja, Holz holen mit der Schleppe …«

»Wann? Morgen, übermorgen?«

»Heut haben sie für eine Flasche zusammengelegt, da wird sich morgen kaum einer aufraffen.«

»Und seit wann soll das Holz geholt werden?«

»Seit Juni …«

Na, dann brauchen wir uns damit nicht länger abzugeben! Ich wette, wir sind vor der Holzbrigade an der Perwaja! (So kam es übrigens dann auch: Als wir zwölf Tage später wieder nach Bugrino zurückkehrten, war der Traktor immer noch da.)

Wir überbrühen noch einen Tee, schneiden Brot auf.

»Odinzow hat gesagt, er gibt uns Benzin, wenn wir mit dem Boot fahren.«

Grigori Iwanowitsch beugt sein ehernes Gesicht erneut über die Karte.

Die Karte begeistert ihn sichtlich – bestimmt hat er eine so große beziehungsweise genaue noch nie gesehen. Ein paar Bemerkungen, die er beim Betrachten fallen lässt, zeigen, dass wir keinen besseren Trekkingführer finden können. Besonders verlockend ist seine absolute Hingabe, die er unserem Projekt gegenüber an den Tag legt – als wäre es nicht nur ein vernünftiges und kluges, sondern obendrein auch ganz selbstverständliches Projekt, das ihm leicht selber hätte einfallen können.

Mit braunem Finger tickt er auf einen Strandabschnitt, der uns wegen zahlreicher kleiner, flacher Seen nicht geheuer erscheint und beruhigt uns:

»Hier ist der Boden fest, fest ...«

Dann schweigt er; und urplötzlich – als ob es ihm erst jetzt einfiele – besinnt er sich:

»Ich bin alt, wird anstrengend, so weit ...«

Er schaut auf die Karte, auf seine kraftvollen knotigen Hände, mit einem unverhohlen traurigen schuldbewussten Lächeln, als habe er etwas eingestehen müssen, was er vielleicht auch sich selber lieber nicht eingestanden hätte.

»Macht nichts, ich hol meine Jungen ...«

Ob ich will oder nicht, eine Begegnung mit Alik ist nicht zu vermeiden. Der Traum hat mich nicht getrogen. Solche Träume trügen generell nicht, und was kommen muss, das kommt, dachte ich bei mir, Alik kennt meinen Traum nicht – immerhin etwas Gutes. Sofern natürlich dieser Traum ausschließlich *mein* Traum war und wir diese Begegnung am Meeresufer nicht beide geträumt haben ...

Im Übrigen kam Grigori Iwanowitsch fünf Minuten später nicht mit Alik, sondern mit jemand mir vollkommen Unbekanntem wieder, mit Tolik, seinem mittleren Sohn: vierundzwanzig Jahre alt, keinerlei Ähnlichkeit im Gesicht mit dem Vater, doch von derselben kleinen, stämmigen Statur, und ebenso stark. Grigori Iwanowitsch ist sichtlich stolz auf ihn: Er habe selber ziemliche Kraft in der Jugend gehabt, und obwohl er ganz friedfertig war, hat keiner gewagt, sich mit ihm anzulegen, seine Faust schlug zu wie ein Stempel, er hat nämlich zwanzig Jahre in der Bäckerei täglich den Teig geknetet – aus anderthalb Sack Mehl.

»Kannst dir ja vorstellen, was für einen Schlag ich hatte! Aber die Kraft vom Großvater, die hab ich nicht gehabt. Der hat den Renen den Schädel mit einem Fausthieb aufgehauen, um das Hirn herauszuholen. Das kann in unserer Familie bloß noch der Tolja ...«

Tolja läuft vor Verlegenheit rot an, was trotz der gebräunten Haut zu sehen ist, aber insgesamt stellt er sich schnell auf die Situation ein.

Als Erstes greift er bei den angebotenen Zigaretten zu und beugt sich gemeinsam mit dem Vater über die Karte. Grigori Iwanowitsch zeigt ihm die von mir vorgeschlagene Route über die

Koschka bis zur Westküste. Aber irgendwas passt den beiden nicht. Sie tippen mit dem Finger auf die Karte, wechseln ein paar Sätze auf Nenzisch, aus denen deutlich Zweifel herauszuhören ist. Was ihnen Sorge macht, ist natürlich das tiefe Gatt, der Promoj, aber auch vier offenbar von den Gezeitenströmungen entstandene, die Koschka zerschneidende Baljen. Auf der Karte sehen sie nach lächerlichen Hindernissen aus, aber anscheinend sind sie das nicht. Außerdem gibts da noch etwas, was ich einfach nicht verstehe: Ihre Finger kehren andauernd zu einem länglichen Inselchen zurück, an dem das einzig Bemerkenswerte die Zahl 2 ist, die seine Höhe über dem Meeresspiegel angibt – anders gesagt, ein flaches, bei Ebbe mit seinem einen Ufer direkt mit der Nehrung verbundenes Inselchen. Aber das kann die beiden doch kaum beunruhigt haben. Von solchen Inseln und Landzungen, die unmittelbar von der Koschka abzweigen, gibts da fünf oder sechs, auf der Karte erinnert das Ganze an einen anatomischen Schnitt, zum Beispiel an der Kieferhöhle: Leerräume zwischen porösem Knochen – ein Vergleich, der umso besser passt, als die vom Meer durch die Koschka abgetrennte Promojnaja-Bucht ein ebenso merkwürdiger Resonanzraum des Inselschädels ist, wie die Nasen- und Stirnhöhlen es im menschlichen Schädel sind, bloß durchpulst hier diese Leerräume nicht Sauerstoff, sondern das Meer, das durch die engen Nasenlöcher der Gatts, durch Sandbänke und Inseln in die Feste eindringt … Hier will sich das Meer der Erde verschwistern, ihr Salz und Feuchtigkeit spenden, sie mit seinen Liebkosungen wiegen, den Schlamm in einem Verhältnis von 1 : 9 (oder umgekehrt) mit Wasser durchmengen und eine unvorstellbare Landschaft erschaffen: halb Meerbusen, halb salzwasserhaltiger Strandsee, mit kahlen, spukhaften Inseln, die bei Ebbe emportauchen, wenn Lehmbänke den schmalen Durchlass versperren – diesen Durchlass, der selbst bei Tidenhochwasser so flach ist, dass ein Motorboot nicht passieren kann, der sich aber auch nicht zu Fuß umrunden lässt wie ein See, weil man Gefahr läuft, für immer im zähen Lehm steckenzubleiben oder in eine unerwartet tiefe, von den Gezeiten in dieses Wasserloch geschnittene Rinne zu schliddern und zu ertrinken. Zugegeben, ein absolut befremdlicher Ort, aber wir haben ja nicht vor, die Viskosität der hiesigen Lehme zu erforschen; was wir brauchen ist Sand, festen Boden unter den Füßen, und die Koschka ist eine unermesslich lange Sandbank, eine Nehrung, hinter der die offene See beginnt – ein ausreichend solider Wall, den die Wellen sogar bei schwerem Sturm nicht überspülen und der noch bei extremem Hochwasser eine Breite von zwei-, drei-hundert Metern hat. Ein ausreichend breiter und ebener Weg, um sich noch in einem mehrkilometrigen Abstand von der Küste (die ja eben morastig und von Fluss- und Bachbetten durchschnitten ist) vollkommen sicher zu fühlen. Oder? Nein, etwas bereitet Tolik und Grigori Iwanowitsch noch immer Kopfzerbrechen.

»Wasser«, sagt Grigori Iwanowitsch. »Es gibt dort überhaupt kein Wasser. Höchstens hier, da gibts ein sumpfiges Fleckchen.« Er tickelt mit dem Finger auf das Inselchen mit der Zahl 2. »Wenn ihr plötzlich übernachten müsst und habt kein Wasser? Wie wollt ihr außerdem das Zelt aufstellen? Da bläst es, und wie?«

Tot wie ein Walknochen, krustig wie ein Solontschak, gelb wie der Mond spannt sich die kalte Düne, ein gigantischer Bogen, in der blauen Weite des Meeres …

Tolik nickt zu den Worten des Vaters: besser, wir folgen der Küste.

»Der Boden ist fest da, fest …«, wiederholt Grigori Iwanowitsch lächelnd, als er sieht, dass wir uns nur widerstrebend von unserer eigenen Idee verabschieden.

Nachdem sein Vater gegangen war, fragte Tolik plötzlich:
»Erinnerst du dich, wie ihr das Brot ins Geländefahrzeug verla-den habt, da war in der Bäckerei so ein junger Typ?«

Ja, die Bäckerei: ein altes graues halb eingesunkenes Haus am Dorfrand, der ehemalige Faktoreispeicher*; das vorsichtig rück-wärts heranruckende Geländefahrzeug. Alik und ich sprangen ab, und ohne einen Blick für die demütig-starr wartende Schlan-

* In der UdSSR waren die Faktoreien in den abgelegenen Gebieten staatli-che Handels- und Vorsorgungspunkte, wo die Jäger die Pelze ablieferten und sich mit Jagdausrüstung und Dingen des täglichen Bedarfs versorgen konnten. [Anm.d.Ü.]

ge rissen wir die Tür zu dem dunklen, heißen, nach gesäuertem Teig duftenden Raum auf, wo in Mulden fahl die frischen, heißen Brotlaibe glänzten, die wir in alte rote Säcke schütteten. Ja, da war jemand gewesen, er hatte »Hier, das da ist euers« gesagt, und wir hatten die Laibe wie Backsteine in die Säcke geschüttet …

»Erinnerst du dich, da war ein junger Kerl, der euch die Tröge zugereicht hat?«

»Ja.«

»Also das war ich …«

Aus irgendeinem Grund ist es Tolik wichtig, dass ich mich an ihn erinnere.

Er hat, wie sein Vater, ein paar Jahre als Bäcker gearbeitet. Buk sehr gutes Brot. Aber dann hat er gekündigt, was sich schon verstehen lässt: eine trübe Funzel, schwarze Wände, gelbes Mehl, ein hitzespeiender Ofen, glühende Backformen, Handschuhe mit Brandlöchern, ein trinkender Lagerist, die ewige Schlange: trübe Augen, hochgeschlagene Kragen; und das tagaus, tagein. Die Kohle, der Ofen, das Mehl, der Sauerteig, zwanzig Schritt bis zum Laden, zwanzig zum Speicher, zweihundert bis zur Kohlenhalde auf dem Strand, fünfhundert bis nach Hause. Das ist der Raum, in den ein guter Bäcker eingesperrt ist, tagaus, tagein und in alle Ewigkeit. Er ist an seinen Ort gekettet wie ein Hund: die Leine ist lang, aber nicht länger als vierundzwanzig Stunden, auch das Drahtseil, über das sie gleitet, ist lang – aber nicht länger als die Straße …

Ein vertrautes Thema: Wie befremdlich es hier klingt, am Ende der Welt!

Tolik hat die Flucht ergriffen.

Der Lagerist hat sich erhängt.

»Hör mal«, quetsche ich endlich hervor, »wo ist eigentlich Alik?«

»Unterwegs in der Tundra.«

»Wann kommt er zurück?«

»Hat er nicht gesagt. Ihr habt euch ja nicht angekündigt …«

»Ich hab bis zuletzt nicht gewusst, obs klappt oder nicht.«

Das war gelogen. Aber Tolik hat es mir abgenommen:

»Hab ich mir schon gedacht.«

Ich schämte mich, aber rot bin ich nicht geworden. Verzeiht, Brüder in der Wanderschaft ... Vergebt mir ...

Tolik deklarierte, wir sollten morgen aufbrechen, mit dem Motorboot, bis an die Waskina – was mich freute: dort wären wir auf einen Schlag vom Dorf abgenabelt, runde dreißig Kilometer von seiner unmittelbaren Anziehungskraft entfernt, die, ganz gemäß dem Newtonschen Gesetz, mit zunehmender Distanz abnahm. Später stellte ich fest, dass die Hälfte der Dorfbewohner nie einen größeren Abstand zwischen sich und die Siedlung legte als den, der notwendig war, um sich für einen Tag in die Tundra abzusetzen und wieder zurückkehren zu können. Eine andere wichtige Grenzlinie umriss der Tagesmarsch, zwanzig, fünfundzwanzig Kilometer. In diesem Abstand bewegten sich viele »Trabanten« – die Baloks der Jäger, Schutzhütten, die in der Regel an den Flussmündungen und nicht allzu weit auseinander liegen. Sich auf eine weiter entfernte Umlaufbahn zu begeben, erforderte einen großen Aufwand an Kräften oder Material (Benzin), der nur schwer vernünftig zu rechtfertigen war. Trotzdem schoben einige Wenige – vielleicht aus einem besonders starken Bedürfnis nach Einsamkeit, vielleicht auch aus anderen Gründen – ihren Balok noch vier, fünf Kilometer weiter hinaus. Aber dahinter ...

Dahinter begann die *Tundra* im eigentlichen Sinne, das offene Universum, die Milchstraße der nomadischen Existenz mit ihren vergessenen Pfaden, denen heute nur noch eine Handvoll Menschen folgt. Das Universum begann im Grunde gleich hinter der breiten Mündung des Flüsschens Waskina, das sich nicht durchwaten ließ, und die Orte, wohin wir nach drei, vier oder mehr Tagesmärschen, wie wir sie uns zutrauten, gelangen wollten – ebenso viele Tage des Rückmarschs einbegriffen –, erschienen mir in gewissem Sinne überhaupt als ein anderer Planet ...

Tolik sagte, er nehme ein Zelt mit, ein Gewehr, ein Schlauchboot, und uns gibt er Felle für unter die Schlafsäcke, denn ein Fell, auch ein nasses, »wärmt«, während eine »Haut« – eine Kunststoffunterlage – nicht wärmt und sich mit Wasser vollsaugt, also in der Tundra nichts taugt.

Er inspizierte unsere Lebensmittel und entdeckte viel Überflüssiges: Wir hatten Graupen dabei, zwei Sorten Nudeln und dann noch Tütensuppen. Eins von den dreien reichte, fand er, um zusammen mit einer Büchse Fleisch morgens und abends etwas Passables zu kochen. Er sagte, wir sollten die Hälfte davon dalassen, aber noch Tee und Zucker zukaufen.

»Tagsüber esst ihr doch nicht, oder?«

Ich esse tagsüber immer, beschloss aber einstweilen, mich zu dieser Frage nicht zu äußern.

Durch Toliks schroffe Art schimmerte deutlich das Zupackende und Ungestüme seines Bruders durch.

Die Reise, die ich mir bisher in einem romantischen Licht als eine relativ ferne und gewiss angenehme Möglichkeit ausgemalt hatte, rückte mit einemmal so hart heran, dass einige zwangsläufig mit ihr einhergehende Konsequenzen sich abzuzeichnen begannen: Müdigkeit, leerer Magen, unser Ausgeliefertsein – draußen im Universum der Tundra – bei schlechtem Wetter. Ich versuchte nicht daran zu denken, was uns erwartete, wenn es richtig goss: Pjotr hatte eine gewöhnliche wattierte Baubataillonjacke dabei, ich eine alte Daunenjacke aus einem guten, aber stark abgewetzten Synthetikgewebe, das ich vor unserer Abreise zwar mit einem wasserabweisenden Mittel behandelt hatte, doch zweifelte ich keinen Augenblick daran, dass ein richtig feuchter Tag genügte und die Jacke wäre durch. Zudem war fraglich, ob wir Toliks Marschrhythmus gewachsen wären. Er sagte, er und Alik seien schon ihre fünfzig Kilometer am Stück gelaufen, von den »Krickentenseen« zurück mit den Rucksäcken voller Frischfisch. Ich verstand ihn so, dass sie das nicht nur einmal gemacht hatten und folglich ein doppelt so langer Tagesmarsch wie der, den ich eingeplant hatte, für ihn sozusagen etwas Gewohntes war. Außerdem nahm er, wie er erzählte, wenn er für eine Woche in die Tundra ging, nur vier Suppentüten, drei Brote, Tee, Zucker und Unmengen Papirossy mit.

Das Ganze war für mich erstaunlich und bedrohlich, insofern ich meinen Körper bislang nur komfortablen sportlichen Belastungen ausgesetzt und nie erprobt hatte, was er unter Extrembedingungen aushielt. Ich zweifelte nicht daran, kräftig genug zu sein, hatte aber unverhohlen Angst vor *feuchter Kälte* und anderen Konsequenzen, die sich zwangsläufig aus unserem – ja von uns selber so ersonnenen – »Abgenabeltsein« von allem Gewohnten ergeben würden, denn die Wahrscheinlichkeit (ja Unvermeidbarkeit) von Unbequemlichkeiten, die wir bis jetzt nicht vor Augen gehabt hatten, wurde hier vor Ort unübersehbar. Aber das hatte alles keinerlei Bedeutung mehr: Befürchtungen mussten wir jetzt in den Wind schlagen und uns schnell rüsten.

Wir kippten den Inhalt unserer Rucksäcke auf den Boden, um noch einmal neu zu packen. Wir hatten die Sachen gerade halbwegs nach ihrem Grad der Notwendigkeit sortiert, da tauchte Tolik auf und erklärte, er sei fertig. Ich hätte vor Wut beinah geschnaubt, denn es war mir unvorstellbar, wie jemand in einer halben Stunde packen konnte, der bis dahin noch nichts von einem bevorstehenden Aufbruch gewusst hatte. Später wurde mir klar, dass das nicht erstaunlicher ist als die Alltäglichkeit, mit der der Metropolenbewohner jederzeit auf einen Gang in die Stadt vorbereitet ist, mit Monatsticket, Geld und Mobiltelefon in der Tasche, und im Kopf präzis, minutengenau, die Wegstrecke bis zu seinem Ziel. Wobei natürlich das Entscheidende ist, eine Vorstellung von seinem Ziel zu haben, einen Begriff davon, was man an diesem Tag von der Stadt will und wie man es bekommt.

Tolik, jederzeit bereit zum Aufbruch in die Tundra, besaß genau einen solchen klaren Begriff von diesem wilden Raum, er wusste ganz genau, wie lang und wie schwierig unser Weg würde, wo wir Wasser finden konnten und wo ein Schneehuhn oder eine Gans erlegen, um damit die kleine Menge Graupen zu ergänzen, die mitzunehmen war, wo sich am besten übernachten ließ und wie am Ende eines Tages die Kräfte am schnellsten wieder herzustellen waren.

Abgesehen vom Schlauchboot, dem Gewehr und anderen kollektiven Ausrüstungsgegenständen hatte Tolik, wie ich später zusammenzählte, diese Dinge dabei:

– 1 Löffel, 1 Schüssel, 1 Pott;
– 1 Messer;
– 1 schwarze Wolldecke anstelle des Schlafsacks;

- 1 Fell;
- 1 Paar leichte Laufschuhe;
- 1 Gummiregenmantel für eventuelle Regengüsse;
- Patronen;
- Papirossy.

Alles andere meinte er sich in der Tundra verschaffen oder uns abluchsen zu können, insofern wir sorgfältigst vorbereitet waren und für jede Lebenslage alles dabeihatten. Mit einer Mischung aus Begeisterung und Unverständnis betrachtete er unsere Wirtschaft, aus der sich die Verkaufstheke eines kleinen Lädchens mit einem Haufen interessanter und nützlicher Dinge hätte bestücken lassen, deren Nutzen und Wert – als Einzelgegenstände wie zusammengenommen – für ihn außer Zweifel standen. Er konnte nur nicht begreifen, wie wir das alles – Konserven, Graupen, Nudeln, Kaffee, Tee, Zwieback, Trockenobst, süße Kondensmilch, Schokolade, Bücher, einen Fotoapparat mit drei Objektiven und einem Haufen Filme, einen Rekorder samt Kassetten, Rähmchen für ein Herbarium, Toilettenartikel, Wäsche zum Wechseln, Hosen, Hemden, Socken … – mit uns hinaus in die Tundra nehmen wollten.

Ich schwöre, wir hatten nichts Verzichtbares oder Unnützes dabei. Dennoch mussten wir uns angesichts des unabwendbaren »morgen« von vielem trennen. Ich wusste seit langem, dass ein 30-Kilo-Rucksack mich erniedrigt und zu einem stumpfen, leidenden Wesen macht und alles, was darüber hinausgeht, die Psyche ernstlich in Mitleidenschaft zieht: Der Wunsch, vor den Schwierigkeiten zu kapitulieren, wird unbezwingbar; die fette Blamage des Scheiterns lässt nichts mehr von dem übrig, was man zuvor für seine Gefühle und Werte hielt …

Kurz, wir sagten Tolik, dass wir am Morgen bereit wären, und machten uns daran, aus der Gesamtheit alles Unverzichtbaren das weniger Unverzichtbare auszusondern. Nachdem ich aus meinem Rucksack das letzte Buch herausgenommen hatte (ein bemerkenswertes und ganz leichtes, dünnes Bändchen mit Zen-Aphorismen: ich trage es stets bei mir, und ehrlich gesagt fiel mir der Verzicht auf dieses Buch – mithin auf ein *Prinzip* – nicht leicht), ging die Sache entschieden schneller voran. Nüchtern entschied ich, dass ich

an jenen Orten, wo eine Begegnung mit interessanten Gesprächs-
partnern höchst unwahrscheinlich war, auch den Kassettenrekorder nicht bräuchte; ihm hinterher wanderten ins »Modul« – eine
absolut wasserdichte beutelartige Tasche, die zur Ausrüstung jedes Höhlenforschers gehört – alles fotografische »Zubehör«, der
Spiritus, die »Reserve«-Kleidungsstücke, sämtliche doppelten Lebensmittel, unterm Strich fast ein Drittel unseres Gepäcks, zwanzig Kilo. Danach hatten unsere Rucksäcke ein halbwegs tragbares
Gewicht. Meiner wog siebenundzwanzig Kilo und Pjotrs etwa
ebenso viel. Aber wäre ich nur eine Stunde irgendwo hinterm
Dorf damit gelaufen, ich hätte sicher noch die eine oder andere
Büchse Fleisch herausgenommen, und dann hätten vielleicht meine Wirbel weniger aufeinander gescheuert und mir die Schulter
weniger wehgetan ...

Aber wie auch immer: Bereit zum Aufbruch waren wir jetzt,
und lang und süß war unser Schlaf.

An einem sonnigen Morgen schleppten wir das Modul mit
den überflüssigen Dingen ins »Arsenal«, eine kleine Kammer im
Verwaltungsgebäude, hinter deren abschließbarer, mit zusammengeschweißten Eisenstreben verstärkter Tür einige Gasmasken la-
gerten, eine primitive Militärfunkstation inklusive dazugehörigem
Batteriensatz sowie noch eine Menge durchaus nicht unnützer,
aber überwiegend nicht intakter Dinge. Doch damit kam unser
Aufbruchselan auch schon zum Erliegen. Aus irgendeinem Grunde tauchte Tolik nicht auf. Ich ging zu Grigori Iwanowitsch; ich
traf ihn bei einer Schreinerarbeit zwischen den winzigen Schuppen am Strand an: Er hatte irgendwo ein tadelloses frisches Stück
Holz aufgetan (wobei gesagt werden muss, dass auf Kolgujew
nur Treibsel zu finden ist: Hölzer, die von den Flüssen des Hohen
Nordens ins Meer gespült werden) und fertigte jetzt mit Axt und
Messer unglaublich geschickt Kufen, plan und glatt wie Glas, für
einen kleinen Schlitten an.

Tolik war, wie sich herausstellte, noch am Abend irgendwohin
aufgebrochen.

»Alik suchen?«

»Wahrscheinlich, ja.«

Ich war einigermaßen sprachlos. Die Tundra erschien mir damals als eine nach allen Seiten hin weit geöffnete, aber tückisch in sich selbst verschlungene Ebene, weshalb ich mir einfach nicht vorzustellen vermochte, wie man auf dieser Ebene jemanden suchen oder ihm an einem Ort, an dem er mit Sicherheit nicht vorbeikommen würde, eine Nachricht hinterlassen konnte. Zurück im Hotel, informierte ich Pjotr, dass sich unser Aufbruch wohl auf morgen verschieben werde, was ihn verdrießlich stimmte. Indes fügten sich die Umstände unbeirrt zu unserem Vorteil, wie ich erst später begriff.

Erstens: Wenn Tolik seinen Bruder nicht gefunden hätte und gezwungen gewesen wäre, Zelt, Schlauchboot und Gewehr alleine zu tragen, so hätte ihn gleich am ersten Tag unserer Wanderung Überdruss gepackt. Und der Überdruss hätte ihn nach Hause getrieben – und unseren ganzen Plan zunichte gemacht.

Zweitens: Unser Fährmann Sascha, in dessen Boot wir loswollten, hatte am Vorabend übermäßig schwer geladen, weshalb er gleich am Morgen schon wieder einen sitzen hatte. Wir kannten ihn noch nicht, und bei einem Streifzug mit der Kamera durchs Dorf begegneten wir einem ungeheuer gutmütigen Burschen, der sich von mir fotografieren ließ, sich an meinen Zigaretten bediente und sich schlecht artikuliert, aber herzlich, über seine Freude verbreitete, über seine Sympathie für uns, und überhaupt, wie gut das Leben doch sei, und nebenbei einflocht, dass das bestimmt doch wir seien, die er da morgen mit dem Boot an die Waskina bringt. Jeder klar denkende Mensch sah, dass er uns in dieser euphorischen Stimmung nicht hinbringen konnte. Erst wenn er den Moralischen hatte, würde er es können, denn – fasse einer die ganzen Wunderlichkeiten der Seele, die frohlockend der Hölle zu entkommen trachtet! – die Katertrunk-Seligkeit wäre von kurzer Dauer und die Energie seiner universalen Liebe hielte gewiss nicht sonderlich lang vor. Wahrscheinlich würde er uns auf halber Strecke zur Waskina absetzen und für einen weiteren Nachtrunk ins Dorf zurückjagen … Am nächsten Tag dagegen! Da ist nichts der sorgfältigen Ausführung einer Aufgabe zuträglicher als die heldenhafte Konzentration eines verkaterten Geistes, dessen ganzes

Streben auf Enthaltsamkeit geht ... Wovon wir tags darauf auch Zeugen wurden ...

Da wir nichts zu tun hatten, schlenderten wir den halben Tag durchs Dorf.

Alles war wie vor zwei Jahren, nur dass der Straßenbelag oberhalb des Meeres inzwischen ganz kaputt war, und es nicht aussah, als ob er je repariert würde.

Alles war wie vor zwei Jahren, nur war im mittleren Bereich des Dorfes – genau gegenüber der Stelle, an der im Herbst zwischen den Koschki schwere Wellen vom Meer hereinbrechen – ein großes Stück Uferböschung abgebrochen, so dass die Steilkante jetzt ganz nah an die vorderste Reihe der Häuser herangerückt war, in deren Fenstern sich – da die Scheiben gesprungen oder zerschlagen waren – trübes Zellophan im Wind blähte. Das leise Zittern des rissigen Glases hatte etwas von einem Katerschauer, der sich zu einer universalen Angst auswächst. Wie mochte es hier erst im Winter sein?! Eine morsche Vortreppe, eine gebrechliche alte Frau. Sie steht da, sieht abwesend aufs Meer. Der Wind bewegt ihr kurzes Haar. Sie brabbelt etwas und mummelt sich fröstelnd in ihre Wattejacke von demselben Blau, mit dem irgendwann einmal auch die Baracke gestrichen war, wovon noch kleine blaue Farbplacken zeugen, die sich flechtengleich am grauen, von den Winterstürmen wieder freigeschabten Holz festkrallen. Das feine Klirren des Glases und der feuchte Wind ... Die Leitungen, vom Meersalz in instabile Oxide verwandelt, reißen unter dem eigenen Gewicht ...

Ein alter Mann sieht in der wärmenden Sonne eine rostige Eisenkette durch. Alle Lebenssubstanz auf der Insel wird von den Menschen aus dem geschaffen, was andere fortgeworfen und sie gefunden haben: Verlorenes wird aufgehoben, Abgerissenes befestigt, Abgeschnittenes angenäht ... Metall, Schaumstoff, Seile, Plastik, der ganze an die Insel gespülte Müll der Welt – alles findet hier seine Verwendung. Die Kette. Woher hat sie der Greis? Und vor allem, wozu braucht er sie? Eine dumme Frage: Er hat sie einfach eines Tages gefunden. Und muss es nicht eine Kette auf der Insel geben? Nun, er hat eine.

Ausgebesserte Filzstiefel, gestopfte rote Wollmütze, vielfach geflickte Wattejacke … Und der Verschlag hinten scheint aus den Latten zerlegter Kisten gezimmert …

Der alte Mann schaut uns an aus einer dunklen Ferne. Er hat ein erstaunliches Gesicht. Alle alten Leute hier haben erstaunliche und sehr traurige Gesichter, als wüssten sie vom Leben etwas, woran man nicht ohne Gram denken oder sich erinnern kann. Ach ja, die Erinnerung. An Vergangenes. An die Vergangenheit, die keine Lüge und kein Hirngespinst und die herrlich war …

Weshalb nur trägt der mit entfesselter Kraft unerbittlich aus der Zukunft heranwehende Wind die Bilder, die mir teuer sind, immer weiter fort und türmt zwischen ihnen und den gramgetrübten Greisenaugen irgendwelche Bildchen auf, unsinnige, trickfilmhafte: anstelle der früheren, nahen Menschen irgendwelche neuen, Fremde, die weiß der Himmel woher kommen – solche wie wir zum Beispiel.

Er hatte einen Sohn. Einen guten. Der bekam eines Tages eine akute Blinddarmentzündung. Der Feldscher* wollte nicht operieren, bestellte den Nothubschrauber. Alles lief bestens: Der Helikopter kam und brachte den Jungen rechzeitig ins Krankenhaus nach Narjan-Mar. Dort dann sagte der diensthabende Arzt – bestimmt aus Ärger, weil er samstags arbeiten musste:

»Mit euch Nenzen ist es immer dasselbe, erst besauft ihr euch schweinisch und dann soll man euch wie Menschen behandeln …«

Aber der Junge ist nicht betrunken gewesen. Er trank überhaupt nie. Genauso wenig wie der Vater, wie der Bruder. Er hatte einfach eine Blinddarmentzündung, deshalb hatten sie ihn hergebracht. Er wusste nicht, wie antworten auf die Kränkung, aber hinnehmen hat er sie auch nicht können, und da hat er sich aus dem Fenster gestürzt.

So war das. Vor langem schon.

Aber lässt sich ein durchs Herz gehender Riss flicken?

Der alte Mann senkt den Kopf, er mag uns nicht länger anschauen.

* Mittlere medizinische Fachkraft, die an abgelegenen Orten die medizinische Grundversorgung sicherstellt. [Anm.d.Ü.]

Neben der großen Satellitenantenne stießen wir auf Wiktor Michajlowitsch, den Funkstationschef, der, seine Katze auf der Schulter, in der Sonne saß. Auch er hatte sich kaum verändert: seine Miene war entgegenkommend, der silbrige Seemannsbart nicht fahl geworden. Nur aufgrund der Fragen, die er stellte – was eine U-Bahn-Fahrt kostet, wie lang unser letzter Besuch in Piter her ist, und wie die Stadt jetzt aussieht –, begriff ich, dass er beschlossen hatte zurückzugehen. Ich fragte, ob ich richtig liege.

»Ja. Für immer. Es reicht ...«

Ein Hauch Bitterkeit schwang in seiner Stimme mit. Fünfzehn Jahre im Hohen Norden. Fünfzehn Jahre in einer eingeräucherten Kajüte mit Blick auf eine See, die nur an wenigen freundlichen Tagen, wie dem heutigen, blau aussieht; ein halber Tanklaster Sprit und selbstgebrautes Bier, die in diesen Jahren geleert wurden hinter den undurchsichtigen Scheiben, durch die sich – Gott sei Dank! – weder die Leute noch der Müll auf dem Strand hier klar erkennen lassen; das Funkgerät; die greenwichdomestiziert tickenden Uhren; die längst aus der Produktion genommenen, nirgendwo sonst mehr überlebenden Radio- und Fernsehmodelle ...

Das war alles, was er besaß, aber es ist doch nicht seine Zuflucht geworden in den Jahren der langsamsten Drift auf der Welt ...

»Übrigens ist es egal«, sagte Wiktor Michajlowitsch mit müdem Lächeln und gab unsere Telegramme durch.

Es ist beschlossene Sache, er will zurück in seine Stadt, aus der er einst fortgegangen ist. Aber wie will er da hingelangen? Diese Stadt gibt es ja nicht mehr ...

Nun, natürlich, natürlich, in einem gewissen Sinne ... Er versteht, aber irgendwie wird er sich zurechtfinden, eingewöhnen ...

Als Wiktor Michajlowitsch Kolgujew verließ, packte er ein paar Sächelchen in eine Kiste, die ihm nachgeschickt werden sollte, sobald er Geld überwies. Bei meinem dritten Aufenthalt auf Kolgujew lagen die Sachen noch immer auf der Post. Michajlytsch hatte nichts überwiesen. Wo ist er jetzt? Was ist aus ihm geworden? Ich hoffe sehr, dass er Petersburg trotz allem wohlbehalten erreicht hat, die Wassiljewski-Insel mit ihrer Ostspitze, die sich in den letzten hundert Jahren ja doch nicht gar so sehr verändert hat

– und dass die Dinge aus seinem früheren Leben ihm, wie das häufig passiert, einfach nicht mehr notwendig erschienen …

Nach einer Runde durchs Dorf kehrten wir zu Grigori Iwanowitsch zurück, der seinen kleinen Schlitten fertig hatte und jetzt – dank seiner gutmütig-gedrungenen Statur ein wenig wie Winnie the Pooh aussehend – an der Steilkante hockte und sich mit einem mir unbekannten Mann unterhielt, der ein Glas und eine Flasche Spiritus – bestimmt eine geklaute, denn er kippte sie allzu flott – in den Händen hielt. Erstaunt stellte ich nach kurzem Zuhören fest, dass die beiden erörterten, wie im Einzelnen der Sohn des Mannes gestorben sein mochte, ein Junge von gut zwanzig Jahren, der letzten Sommer bei dichtem Nebel mit dem Motorboot an den Koschki vorbei ins offene Meer hinausgeschossen war. Solange das Benzin reichte, hat er wahrscheinlich große Kreise gezogen, konnte aber das Ufer einfach nicht finden. Es trieb ihn in Richtung Kanin-Halbinsel ab, in die Tschjoschskaja-Bucht. Im August stieß dann ein Schiff auf das Boot. Der Junge war tot. Seit einer Woche etwa. Zwanzig Tage hat er auf dem Meer durchgehalten. Rätselhaft, was er getrunken hat. Gegessen hat er seine Laufschuhe, die aus Leder waren. Gestorben ist er an Unterkühlung …

Am Ufer über dem Meer mit Grigori Iwanowitsch verdünnten Sprit trinkend, erinnerte sich der Vater all dessen ohne sichtbaren Kummer. Was ihn mehr frappiert hatte, waren die vielen Toten im Leichenschauhaus von Archangelsk, wohin er gerufen worden war, um seinen Sohn abzuholen.

Vielleicht verspürte er ja wirklich keinen Kummer, dieser Vater. Zumindest gab es damals auf Kolgujew nicht wenige Väter, die wahrlich keine Chance hatten, sich am heldenhaften Mut ihrer Söhne zu erfreuen. Womöglich wünschten sie ihnen ja eher den Tod als diese Schmach, in der sie Tag für Tag versanken, diese Kinder des Müßiggangs und der Zeitlosigkeit, die, aus der Vergangenheit herausgerissen, keine Zukunft gefunden hatten und blind im Deliriumswahn der Welt umherirrten …

Alik traf gegen Abend ein, so gegen fünf. Ich sah ihn schon von weitem auf der Hoteltreppe sitzen, eine Papirossa zwischen den Lippen. Als er mich wahrnahm, blickte er mir herausfordernd in die Augen, lächelte.

»Ich wusste, du würdest irgendwann dich wieder hier rumtreiben kommen ...«

Nun ja, mein Traum hatte mich nicht getrogen. Wir kannten einander besser, als man glauben mochte, und freuten uns, dass alles genau so kam, wie jeder von uns es wollte ...

Tolik hatte ihn in einem Balok am Sobatschje-Bach aufgestöbert, wo Alik sich zum Morgen hin ein wenig aufs Ohr gelegt hatte, nachdem er in der Nacht seine fünfzig Kilometer in der Tundra gelaufen war, um Fuchsbauten zu kontrollieren – für später.

In jenem Sommer war Alik voller Ausdauer und Kraft. Und voller Hoffnungen: Er und Tolik hatten gerade ans Wehrkommando geschrieben mit der Bitte, eingezogen zu werden, irgendwohin an die tadschikische Grenze zu Afghanistan, wo es gefährlich war, wo ihre Ausdauer, ihr Wagemut, ihre Fähigkeit, mit jedem Schuss zu treffen und jedes Geräusch zu hören, doch zu etwas nütze sein mussten. Gab es denn viele in der Armee, die weder Erschöpfung, noch Hunger, noch Angst kannten?

Ja, sie waren bereit zu töten, um die fiktiven Grenzen ihres nicht mehr existierenden großen Vaterlandes zu verteidigen – jedenfalls wollten sie nicht hier zugrunde gehen an Ausweglosigkeit, inmitten des Menschengestanks.

Sie glaubten, vor ihnen liege die Zukunft.

Sie lebten wie Soldaten, ohne Frauen, und bereit, gleich morgen beim ersten Ruf mit vollem Marschgepäck auszurücken.

Mehrmals meldeten sie sich freiwillig.

Nie kam von irgendwem eine Antwort.

Nach dem in Reglosigkeit verbrachten Tag trieb es Petka und mich in der Nacht ans Meer. In der Nacht – selbst einer weißen, wenn die Tagesfarben ein wenig auskühlen und über allem Stille liegt – verändert sich alles unmerklich, und die Insel wird wahrlich schön. Und vor uns her läuft – kalte Schlange der den Uferstreifen

lautlos bespielenden Woge – unsere vorwegnehmende Begeisterung. Dampf steht über dem Wasser der Flussmündung. Das sich
auf den Sonnenuntergang öffnende Land mit den kaum über die
flache Ebene ragenden fernen Hügelkuppen und darüber das sich
aus dem Himmel ergießende gelbe Licht – all das ist von einer solchen Schönheit, dass man ... was? – schweigen möchte, schreien?
Nein, einfach, es sehen. Unverwandt betrachten.

Wir sind auch dafür hierher gekommen.

Das gibt es nirgendwo sonst, nur hier, an dieser unwirtlichen
Küste: ein goldener Fluss, der in einem goldschimmernden Bett
aus blauem Lehm fließt.

Während unseres Gangs war das Wetter umgeschlagen. Der Himmel trübte sich ein, es wurde wärmer. Ins Hotel kommen wir befallen von Mücken zurück, wie bespritzt mit lebendig wimmelnder
Moorasche. Aber auch dafür sind wir hergekommen.

Achtzehn Zeilen

Ich erinnere mich an fast nichts.

Ich erinnere mich nicht, ob wir frühstückten oder nicht. Wir müssen natürlich gefrühstückt haben; meine innere Unruhe erlaubt es mir gar nicht, den Tag ohne Frühstück zu beginnen. Kein Mittagessen geht, notfalls auch kein Abendessen, aber kein Frühstück – das geht zu weit. Mein Frühstück ist mir heilig. Vielleicht – ja sogar höchstwahrscheinlich – messe ich einigen Löffeln Haferbrei und einer Tasse Kaffee mit Sahne übermäßig große Bedeutung bei, aber Teufel noch mal, ich geb keinen roten Heller auf einen Tagesanbruch ohne wenigstens einen Kaffee und einen Happen Brot, denn so ein Tag bringt die übelsten Gefühle hervor, derer ich überhaupt fähig bin. Weshalb ich übrigens auch annehme, dass im Vaterunser mit dem täglich Brot vor allem das Frühstück gemeint ist. Ich wage zu behaupten, zumindest mit Blick auf mich: Ohne Frühstück ist es unmöglich, das Reich Gottes zu schauen; gib mir mein täglich Frühstück, Herr, und erlöse mich von dem Bösen, jetzt und immerdar, und in Ewigkeit, Amen.

Und trotzdem erinnere ich mich nicht an unser Frühstück.

Ich erinnere mich, dass der Himmel bedeckt war. Alik kam und sagte, das Motorboot sei startklar. Ich erinnere mich nicht, ob es geregnet hat oder nicht. Wahrscheinlich eher nicht, denn wenn ja, dann hätte ich irgendetwas behalten: wie der Wind die Tropfen auf dem Feld der See aussät und sie von überallher in die Höhlung von Kreisen fallen, die auf dem Wasser auseinanderlaufen; oder, sagen wir, das Geräusch der auf die Kapuze trommelnden Tropfen; oder die *Nässe* des Gesichts, wenn du eine Stunde läufst, und noch eine, und du dich vor dem Regen nirgendwohin in Sicherheit bringen kannst, und sich das Gesicht versteift, besonders die Lippen, und es regelrecht stumpf wird, dem Leiden gegenüber gleichgültig – ich habe das ein Jahr später auf Nowaja Semlja erlebt –, aber damals, da hat es wohl nur so ausgesehen, als würde es jeden Moment losgehen. Doch dann hat es erst nachts geregnet, nachdem es zuvor für drei Stunden aufgeklart hatte.

Ich erinnere mich, dass auf dem Weg vom Hotel über den steilen Pfad die Böschung hinunter zum Meer mir der Rucksack gleich sehr schwer vorkam, aber ich schleppte ihn zum Boot, setzte ihn ab und entschied, dass es schon gehen wird *irgendwie*.

Wir hatten Flut, die See war trüb, das Boot lag direkt am Strand. Wir nahmen uns gegenseitig auf, erinnere ich mich: Wir setzten uns mit unseren riesigen Rucksäcken ins Heck – harte, unbeugsame Kerle mit höchst bedeutungsvollen Gesichtern ... Das Ganze ist von einer schon wieder verzeihlichen Banalität.

Das Foto von mir machte Sascha Ardejew, unser Bootsführer und Fährmann – ich spannte den Apparat, er drückte ab. Er selbst wollte nicht aufgenommen werden: Seine Stimmung war – anders als die unsere – demutsvoll bis zur Selbsterniedrigung; diese Stimmung ist die geistige Krönung des Katzenjammers, insofern es ein solch schamvoller Blick auf sich selbst aus dem Abstand ist, wie er der überwiegenden Zahl der Menschen aus unerschütterlichem boshaftem Stolz grundfremd ist.

Ich nahm Sascha später am Bootssteuer auf; auch dieses Foto gibt eine Verlegenheit preis, die sein Gesicht zutiefst anrührend machte: als habe nicht ein Objektiv ihn fixiert, sondern das Auge Gottes, und er sei im Angesicht dieses Auges verzagt und schwach geworden ob seiner geringen menschlichen Vollkommenheit. Sascha, der Mann Gottes. Als ich das nächste Mal auf die Insel kam, war er schon tot – dabei war er ein Jahr jünger als ich ...

Logischerweise müssen wir dann die Rucksäcke verstaut und das Boot vom Strand weggezogen haben, müssen hineingesprungen sein, müssen uns mit einem letzten Ruderhieb abgestoßen haben ... Dann muss Sascha den Anlasser angerissen haben, eine graublaue Wolke muss den im Leerlauf arbeitenden Motor eingehüllt haben und schließlich das ganze Boot, das einen großen Bogen beschreibt ...

An all das erinnere ich mich nicht.

Woran ich mich erinnere: dass das Wasser gelb war.

Und sich leicht bewegte, solange wir noch nicht hinter der Koschka waren.

Die sanften Wellen des regelmäßig atmenden Ozeans.

Ich erinnere mich an meine Angst, die mit dem Abstand zum Ufer wuchs: eine ziemliche Entfernung doch, bestimmt ein, zwei Kilometer, rundherum nichts als Wasser, gelb, kalt, zwar noch nicht die richtige See, aber ja doch tief, dazu der Wellengang, wie, wenn was passiert ...

Was?

Keine Ahnung, aber wenn – dann schaffen wirs nicht schwimmend bis an Land.

Weder das Dorf noch die Küste generell waren zu sehen, als wir uns der *Ob* näherten. Ich erinnere mich, dass Alik fragte:

»Wie wärs mit einer Frage für das Große Samstagabendquiz?«

»Die da lautet?«

»Wo befindet sich heute das berühmte Dieselelektroschiff *Ob*, einst der Stolz der sowjetischen Polarflotte mit seinen Fahrten auf sämtlichen Routen des Nordpolarmeers und bis hinunter zur Antarktis?«

Oder hat er mir diese Frage am Abend vorher gestellt, als wir auf den Hotelstufen saßen und rauchten?

Aus der Nähe machte das gewaltige, zweieinhalb Kilometer vor der Inselküste in eine Sandbank eingewachsene tote Schiff einen derart grandiosen Eindruck, dass meine Versuche, es ins Bild zu fassen, sich als lächerlich entpuppten: Festgehalten wäre einfach das rostige Schiff, aber, Allmächtiger, wie sollte man alles darumherum mit in den Rahmen zwängen?! Die unter der geschwärzten Bordwand leise glucksende See, der rostige Schatten auf dem gelben Wasser, das wehmütige, von einer unausgesprochenen Klage erfüllte Schallen der metallenen Leere oder das Gepolter einer vom Wind abgerissenen Blechplatte, deren Echospiel in den schwarzen Fensterhöhlen der vogelkotbekleckerten felsenhaften braunen Aufbauten ertönte? Wie das Gefühl der Leere in die Aufnahme hineinnehmen – der Leere dort, im Innern des Schiffs, hallend wie im Kino, wenn von irgendwo oben Tropfen herabrieseln und -fallen? Wie die Einsamkeit wiedergeben? Sei es seine Einsamkeit, die des von allen verlassenen, einst glorreichen Schiffs, das mit letzter Kraft seine frühere Form aufrechterhält, sei es deine eigene menschliche angesichts dieses verlorenen Vorderstevens, der wie ein rostiges Beil über dem Schafott des Meeres hängt, deine Einsamkeit im Angesicht des Todes?

Ich erinnere mich, dass, als Wind aufkam, auf dem Schiff die Geräusche erwachten und es zu ächzen begann wie ein sterbender Riese. Aber wie diese schier unzähligen disharmonischen, zu einem bedrohlichen Stöhnen zusammenfließenden Jammerlaute in ein Foto hineinbringen, das schweigt? Die Erscheinung des Todes muss erhaben sein wie Latein.

Ich erinnere mich an die Erleichterung, die ich empfand, als wir uns von der *Ob* entfernten und in Ufernähe zurückkehrten.

Weshalb, daran erinnere ich mich nicht.

Es war ein flacher Tundrastrand, die Mündung irgendeines Bachs. Vielleicht wollten wir dort an Land gehen, aber der Ort gefiel mir nicht. Im Nebel reihten sich einige Baloks den Bach entlang. Dann kamen Gänse angelaufen und Tolik schrie auf, aber sie liefen in den Nebel davon.

Wir stießen das Boot zurück ins Wasser – woran ich mich nicht erinnere.

Wenn ich überschlage, wie lange wir insgesamt brauchten, so bestimmt an die drei Stunden.

Ich erinnere mich, dass wir lange durchs Wasser stapften: es war ein Flachwassergebiet, und Sascha stellte wegen der Schraube den Motor ab, wir sprangen heraus und dirigierten das beladene Boot irgendwohin vorwärts. Einer von Petkas Stiefeln hatte ein Loch, er bekam sofort einen nassen Fuß und war trüber Stimmung, als habe ihm jemand schweres Leid angetan. Die Kälte rückte ihm als Erstem auf den Leib, kroch ihm bis unter die Haut. Dabei war er fast noch ein Kind; weiß Gott, was ihm durch den Kopf ging, während wir vorwärtsstapften … Nun, natürlich nicht durchs Meer, denn das Flachwasser liegt – geschützt vor der direkten Brandung – hinter der Koschka, aber trotzdem: Wir stapften zwischen den Wassern. Und ringsumher nirgends ein Flecken Erde. Und nur solange man sich am Boot festhält, hat man das Gefühl, mit allen zu wissen, wohin es geht. Aber du brauchst bloß kurz anzuhalten und einen Schritt zurückzubleiben, schon beschleicht dich die Kälte der andrängenden Leere. Noch einen Augenblick und die anderen verschwinden im Nebel, du bleibst zurück, mutterseelenallein, bis zu den Knien im Spiegel der See.

Die Ebbe setzte ein.

Ich erinnere mich an die aus dem Wasser tauchenden Lehmbänke, glänzend wie Walrücken. Ein paarmal, wenn wir zwischen Stellen mit sichtbarem Grund eine tiefe Rinne fanden, kletterten wir ins Boot, warfen den Motor an und preschten in diesem lehmigen Labyrinth voran.

Dann sprangen wir wieder ins Wasser, dirigierten wieder das Boot.

Ringsumher lag eine Welt, erschaffen aus Lehm.

Der wasserüberspülte Lehm: der weichste, zarteste graue Lehm, den ich je gesehen habe. Von keiner einzigen Berührung entweiht; Lehm in seinem Urdasein, in seinen vom Wasser bis zu vollkommener Unwiderständigkeit polierten uranfänglichen Formen; hier entstandener Lehm; Jahr um Jahr, Schicht um Schicht Jahrtausende hindurch angeschwollen, angewachsen; sein unentzifferbares blindes Lehmleben lebend; den feuchten urzeitlichen schwergehenden Lehmatem atmend; der entblößte Grund der Welt, auf dem sich nur winzige Büschel jodhaltiger Algen sowie Wasserwürmer zu halten vermochten …

Ich erinnere mich, wie bei einer unserer Jagden mit dem Boot plötzlich eine Schar Weißwangengänse von einer Lehmbank in alle Richtungen auseinanderstob und dabei mit den Flügeln die weißen Nebelhauben zerteilte …

Ich erinnere mich, wie von links erstmals die Koschka auftauchte – einige sich kaum über das Flachwasser erhebende Sandbänke –, worauf Alik mich in die Seite stieß und mit dem Finger auf etwas zeigte:

»Schau: die Isba, sie steht noch.«

»Wo?«

»Na da …«

Ein winziges Fleckchen Trockenes und eine Blockhütte, wohl ohne Dach und ganz krumm von den Frühjahrswassern. Möwen, die mit spitzen Schreien über dem Inselchen kreisten … Diese Isba schrieb sich wunderbar in die vom Lehm gezeichnete Landschaft ein, zerstörte durch nichts ihre geologische Ruhe. Erst später begriff ich, dass dies genau jene auf der Karte verzeichnete Jagdhütte war, von der ich während meiner Fluchtzeit geträumt hatte, wo ich für ein, zwei Monate abgeschottet leben wollte, um »mich selbst zu sterben« …

Ich sagte zu Alik, ich fände es schon interessant zu sehen, ob sie noch intakt ist.

Es hatte lange niemand mehr einen Fuß über ihre Schwelle gesetzt.

In den zwei Monaten wäre ich hier sicherlich verrückt geworden.

Ich erinnere mich: Die Rinne bog Richtung Ufer ab. Wir jagten zunächst mit laufendem Motor weiter, dann tasteten wir uns mit den Rudern stakend voran. Dann zogen wir das Boot an Land. Es flutschte leicht über den Lehm, wie über Butter. Zuerst begriff ich gar nicht, dass wir jetzt da waren. Dann schnappte sich Alik seinen Rucksack und ging, über den frischen Keramikguss der Rinne glitschend, los. Das war also nun das Flüsschen Waskina.

Mit umgeschnalltem Rucksack wird eine Menge Lehm unter den Stiefeln hervorgequetscht. Ich erinnere mich, dass ich beim Schultern meines Rucksacks spürte, wie die Halsmuskelfasern knirschten, als ob Glasfaser zerrisse – so ein eisartiges Geräusch –, und ich weniger dachte, als mit meinem ganzen Sein empfand: Das kann nicht sein. Unmöglich. Das halte ich nicht aus. Ein Höllengewicht. Mit so einem Rucksack schaffe ich es nirgendwohin, nicht mal zurück. Es sei denn, ich werfe etwas ab.

Ein vorübergehender Schwächeanfall, wenn alle Gedanken, alle Empfindungen zurückweichen. Er ist mir gut in Erinnerung geblieben.

Dann sagte Alik zu Sascha:

»Vielleicht fährst du über die Isba zurück. Wartest dort die Flut ab ...«

Bestimmt haben wir uns verabschiedet, einander einen guten Weg gewünscht, aber daran erinnere ich mich nicht. Ich erinnere mich, wie Saschas Boot verschwand und wir allein am Strand zurückblieben. Lang noch hörten wir das Aufheulen des Motors irgendwo zwischen den grauen Lehmbänken, während wir selbst fünf oder auch zehn Minuten neben unseren Rucksäcken saßen, halb uns umschauend, halb damit befasst, zu uns zu kommen. Es war doch schon ein merkwürdiger Ort – der Strand zwar aus Sand, trocken und fest, aber seeseitig ein einziges unbegreifbares Wirrwarr aus Prielen, Lehmbänken, Wasserlachen, Inseln, und das Meer selbst nicht zu sehen, auch nicht die Koschka. Eigentlich musste sie nah sein und der Promoj gleich da, der Waskina gegenüber. Aber hier gab es nichts, was mich an meine eigenen Vorstellungen erinnerte außer diesen Abermengen von Lehm und dem Nebel. Nirgendwo ein ebener »Weg«, den es, so die Idee, hätte geben müssen. Das heißt, warum eigentlich »müssen« und welcher »Idee« zufolge, war nicht ganz klar. Hier war es an der Zeit, mit den »Ideen« ein für alle Mal Schluss zu machen – das teilte mir die Insel doch ziemlich deutlich in ihrer Sprache mit, die mir zwar fremd, aber durchaus verständlich war. Und was die »Ideen« betraf, die *eide*, so taugten sie hier irgendwie zu nichts. Für Platons ganze Klugdenkereien würde ich auf diesem Ufer nicht einen roten Heller geben. An ihnen war nichts, aber auch absolut nichts, was mir in meiner jetzigen Lage helfen konnte, und im Versuch, mich zu akklimatisieren, saß ich eine Weile da, als hätten mich die Möwen mit ihren Schnäbeln bepickt.

Ich weiß nicht, was Platon in meiner Lage getan hätte. Bestimmt hätte er geglaubt, er sei gestorben und bereits im Hades.

Wahrscheinlich habe ich es auf dem Ufer dort doch mit der Angst zu tun bekommen – sonst wäre ich nicht so über den berühmten Philosophen hergefallen.

Dann ging die Angst vorbei.

Wir studierten kurz die Karte, rückten die Rucksäcke bequemer zurecht und marschierten los. Ungeachtet der deprimierend starken Anziehungskraft der Erde war die Stimmung gehoben. Dennoch erinnere ich mich an erstaunlich wenig. Zuerst kamen wohl Dünen, die mit Gras und trockenem Moos bewachsen waren. Ab und an gab es auch kahle Stellen, spärlich mit einem Gespinst aus Vogelknöterich überzogen. Das Ganze glich einer Abbildung in einem Buch über die Erdgeschichte, die ich als Kind gern betrachtet hatte und die den Grund eines ausgetrockneten vorzeitlichen Meeres zeigte ... Dann kamen die Gräber der Altgläubigen. Neben einem lag im Moos ein Kreuz. Das Holz war alt, aber nicht verfault: Auf Kolgujew verrottet Eisen schneller als Holz. Ich nutzte das Kreuz als Vorwand, um den Rucksack abzusetzen und den Fotoapparat herauszuholen. Aber wieder: Wie die ganze Verlassenheit dieses Küstenabschnitts ins Bild fassen, wo niemand ein vor hundertfünfzig, vielleicht auch zweihundert Jahren umgestürztes Grabkreuz angerührt hatte? Wie die ganze Hinfälligkeit dieses Friedhofs ausdrücken mit seiner Lage auf einem Sandbuckel, der sich kaum über die von einigen undeutlichen blassen Linien durchzogene plane Ebene erhebt? Und – wie diese Toten fragen: Wer seid ihr?

Ich erinnere mich an den weißen Sand, den endlosen Strand, den unbemannten Leuchtturm. Hier kommt die Koschka – oder das, was ich für die Koschka hielt: dieses Labyrinth aus Sandbänken – bis dicht an die Insel heran, und der Leuchtturm signalisiert dies. Man fühlt das Meer nahe, obwohl es nicht zu sehen ist. Auf dem Sand liegt eine Menge Müll, den die Winterstürme über die Koschka getrieben haben. Flaschen, Hölzer, ein Rindenstück von einer Korkeiche, ein langer Bambusspross, eine Kokosnuss, eine isolierte Gasmaske und ein Zauberwürfel. Ich erinnere mich, wie Tolik eine angebrochene Wodkaflasche vom Strand aufhob, sie ohne viel Federlesens aufschraubt, einen kräftigen Schluck nimmt, angeekelt das Gesicht verzieht.

»Salzig, Scheiße ... Wasser reingekommen ...«

Sprachlos sehe ich ihn an, frage: »Wie kannst du?« – »Was denn?« – »Aber wenn in der Flasche Schwefelsäure gewesen wäre?« – »Warum denn Schwefelsäure?« – »Warum auch immer, aber du hast nicht mal vorher dran gerochen!«

Es gelingt mir nicht, die gewünschte Wirkung zu erzielen: Potentielle Gefahren schrecken Tolik nicht.

Das Meer hat immer irgendetwas an die Insel gespült. Nicht selten waren es gefährliche, den Nenzen ganz unbekannte Dinge. Aber jedes dieser Dinge war eine Nachricht aus einer durch die ozeanische Weite vor der Insel verborgenen Welt. Noch hat kein Treibgutjäger sich von den Gefahren abschrecken und sich die Hoffnung nehmen lassen, eine an ihn persönlich gerichtete Botschaft zu finden, irgendeinen unerwarteten, unvorstellbaren Schatz.[*]

Am Leuchtturm aßen wir zu Mittag. Ich spürte, dass ich sehr erschöpft war. Es wehte ein scharfer Wind. Man könnte meinen, bei so einem Wind Feuer zu machen, müsste einigermaßen schwierig sein – aber nein! Die Jungs buddelten eine kleine Grube in den Sand, steckten darin ein paar Spanstückchen an, und alsbald entzündete der Wind in dieser Grube wie in einem aerodynamischen Rohr trockenes, salzgetränktes Holz, und ein weißglühendes Feuer umfloss mit lodernden Zungen wie aus einem Flammenwerfer den Kessel. Zum Glück hing der Kessel nicht überm Feuer, sondern stand auf dem Boden, denn der auf der »heißen« Seite befindliche Aluminiumgriff fing praktisch sofort zu schmelzen an und zersprang. Für die Nenzen ist Wind kein Hindernis beim Feuermachen – im Gegenteil, durch ihn erhält die Flamme Reaktionshitze und wird genau in Richtung des Gefäßes gelenkt, das erhitzt werden soll, wodurch verhindert wird, dass die Wärme diffundiert und ungenutzt in den Raum entweicht.

Ich erinnere mich, dass das Wasser im Handumdrehen kochte und wir – bestimmt aus dem geheimen Wunsch, möglichst viele Lebensmittel abzuwerfen – uns eine sehr dicke Suppe zubereite-

[*] Es wird erzählt, dass in den 1960er Jahren ein Mann – zufällig unweit der Waskina – eine große »langohrige« Seemine fand. Ohne viel Federlesens nahm er sein Beil und hackte, um sich daraus Schrotkugeln zu gießen, ein Bleiohr ab – worin ja bekanntermaßen der Zünder steckt. Die Mine explodierte nicht. Im Dorf untersuchte seine Frau den Fund und entdeckte, dass es abgesehen vom Blei innen auch noch ein kleines Kupfertässchen gab, das sich gut zum Fingerhut umfunktionieren ließe. Kaum hatte sie ihren Finger in diesen »Fingerhut« (sprich, die Sprengkapsel) gesteckt, da ging die Mine hoch und riss ihr den Finger ab.

ten, die mir schmackhaft wie nie vorkam. Mit einemmal spürte ich einen Zustrom an Kraft, Zuversicht und Begeisterung. Der weiße Sand hatte hinter uns bereits unsere Spuren verwischt, die Leere schloss sich hinter uns ab, der Raum verschluckte uns!

Wir tranken Tee. Dann Kaffee. Wir rauchten, richteten uns in diesem Gefühl der Ruhe ein, das einen überkommt, wenn es kein Zurück mehr gibt. Vor uns lag ein unbeschrittener Weg. Wir hatten ihn gerade erst begonnen …

Wir liefen sechs Stunden, dann machten wir eine Rast, danach liefen wir noch einmal drei Stunden.

Über diesen ersten Tag unserer Wanderung stehen in meinem Tagebuch ganze achtzehn Zeilen, eine halbe Heftseite. Und zwar nicht, weil dieser Tag arm an Eindrücken gewesen wäre, im Gegenteil: er war einer der erstaunlichsten und bedeutendsten Tage meines Lebens. Ich war einfach sehr erschöpft und wusste nicht, was festhalten, und wie, in welcher Sprache. Das Tagebuch unterstreicht das mit seinem beredten Gestammel. »Der Altgläubigenfriedhof; das Rosenwurzufer; der Grund der urzeitlichen Meere; das Holzufer; das Ufer der käseaufschnittartigen Steine (vertikal zerklüftet); das Ufer der fliederfarbenen Blümchen. Der Wind. Die beiden Schwäne. Petjas letzte Kraftanstrengung. Die reine Welt. Der Verlust des Wirklichkeitsgefühls. Das Empfinden, dass alles, was heute mit mir geschehen ist, unter keinen Umständen passieren konnte. Und doch ist es passiert …« Lauter Nominalsätze, die kaum einen zu Ende gedachten Gedanken ausdrücken, sondern einfach nur mehr oder minder verschwommen auf das zeigen, was sich meinen Augen eröffnet hat: »dieses«, »dieses«. Einfachste Sprachfiguren des Raumes …

Ich wusste, dass es für die Beschreibung unserer Wanderung einer anderen Sprache bedurfte als jener (innerhalb der Sprache existierenden) Sprachen, die mir mehr oder weniger bekannt waren. Ich wusste, dass eine Sprache, in der die Begriffe »Konversion« und »Konvergenz« vorkommen, schwerlich für die Beschreibung des Ufers der fliederfarbenen Blümchen taugen würde, aber einen solch starken Bruch, eine solch kindliche Hilflosigkeit hatte ich, ehrlich gesagt, nicht erwartet.

»Das Ufer der fliederfarbenen Blümchen«! Das ist wirklich reines Babygebrabbel: alles ist ungenau, alles bleibt im Vagen. Selbst die Blümchen bleiben ja letztlich unbenannt, und jetzt kann ich beim besten Willen nicht mehr herausfinden, welche es waren; ich weiß nur, es waren weder Vergissmeinnicht, noch Glockenblumen, noch Enzian, sondern irgendwelche anderen, die man »fliederfarben« nennen kann. Aber welche – das weiß ich nicht.

Was verzeihlich ist. Denn das Ufer der fliederfarbenen Blümchen war der Ort, an dem mir wohl erstmals die Augen aufgetan wurden. Weil ein schwerer Rucksack nämlich blind macht. Du läufst – nimmst nichts wahr. Nur deine Schritte. Deinen Atem. Aber da versperrte uns ein kleiner Bach den Weg. Wir versuchten durchzuwaten – vergeblich. Wir folgten ihm gegen die Strömung in der Annahme, dass er flacher und schmaler werden müsse, aber von wegen: Er staute sich schon bald und wurde zwischen den Flanken der Tundra zu einem kleinen länglichen See. Und während wir da herumstapften, setzte ich den Rucksack ab – und sah ...

Ein wundervoller Ort. Ein kleines grünes Tal und dieser Bach, der sein Bett verlassen hatte: unfassbar reines kaltes Wasser, und darin der Himmel – der echte, hohe Himmel, der durchs struppige Fell der Wolken lugte, und eben diese Blümchen im grünen Samt des Mooses ... Sie wuchsen da überreichlich, und das verlieh diesem Ufer ... Nun, das verlieh ihm ein märchenhaftes Aussehen, oder es kam mir zumindest so vor, weil mir die Augen aufgetan wurden ... Und außerdem waren wir schon lange gelaufen, was unmöglich ohne Auswirkung bleiben konnte, denn es war ein Hineinwandern in die »reine Welt« – also in den Raum, wo keinerlei menschliche Gegenwart zu spüren war, nicht die geringste. Solange wir längs der Küste gelaufen waren, hatte der Müll verraten, dass es um uns her, wenn auch weit weg, eine Welt voller Menschen gab. In der Tundra bot sich die gegenteilige Empfindung: nirgends ein Mensch. Nur die Erde ringsumher, unberührt wie am siebenten Tag der Schöpfung, als Gott der Herr alles »gut« eingerichtet hatte und sich niederlegte um auszuruhen von all seinen frommen Werken. Und diese unberührte Schönheit und Weite fließt unerwartet als Kraft in dich.

Daran: an diese als Kraft empfundene Schönheit erinnere ich mich. Als ob die Schönheit eine besonders leicht, besonders süß zu atmende Luft wäre. Um Moskau herum gibt es eine derart intakte, derart ursprüngliche Schönheit nicht mehr. Deshalb ruft sie hier auch einen so mächtigen, symphonischen Eindruck hervor.

Das ist es, was in Wirklichkeit über das Ufer der fliederfarbenen Blümchen zu sagen gewesen wäre.

Doch damals vermochte ich nicht es auszudrücken. Und ich nahm alles nicht so wahr wie die unzähligen »anderen Male«, an den anderen Tagen unserer Wanderung, als ich allmählich sehen lernte und sogar Worte zu finden, um es auszudrücken. Damals aber war es der erste Tag, der allererste Tag im Schlund des Raumes, und dieser Tag war betäubend. Er war ohne Gedanken. Beinah auch ohne Gefühle. Und alles, was ich behalten habe und im Tagebuch aufzulisten vermochte, ist nicht wichtig, es sind einfach Markierungspflöcke, die das Gedächtnis hier und da in diesen delirierenden Tag eingepflanzt hat, damit es später etwas gebe, um sich daran festzuhalten und sich zu erinnern …

Beispielsweise »das Rosenwurzufer«: Es kam gleich nach dem Leuchtturm. Eine große sandige Lajda (ein flacher, bei Flut überspülter Strandabschnitt), überwachsen von rötlichem Moos und Gänseblümchen – unvorstellbar vielen – und Rosenwurzstauden. Die jungen Blütenstände, kurz vor dem Aufknospen, hatten eine herrliche schwachgelbe Farbe. Alik schnitt einige der grünen Spitzen mit den fleischigen Blättern ab, die gut den Durst löschen. Er grub auch einige Wurzeln aus – er hatte immer eine dabei und kaute sie, sobald er müde wurde. Beim Ausgraben irrte er sich nie: er erwischte immer junge, gesunde, saftige Wurzelstöcke von herbem Geschmack; dass ihm je ein alter und trockener oder verfaulter unterkam, habe ich nie gesehen.

Was »das Ufer der käseaufschnittartigen Steine« betrifft, so ist hier nun wirklich restlos alles ungenau. Es war schon Abend, wir gingen am Meer entlang, genauer, an der Promojnaja-Bucht, da lagen mit einemmal diese Steine vor uns auf dem Strand. Braun, wie versengt, wie aus einer Glut hierher geraten. Sie sahen absolut nicht wie Käsescheiben aus, und erst recht hatte sie natürlich niemand zersäbelt, sie waren einfach restlos alle rissig, als hätte versengende Hitze sie spröde werden lassen und die eisigen Keile der Nacht sie aufgesprengt. Aber nicht horizontal, wie Gestein normalerweise geschichtet ist, sondern vertikal, von oben nach unten, als seien sie auf der Erde aufgeschlagen und dabei zerschellt. Vielleicht würde »das Ufer der am Boden zerschellten Steine« es besser getroffen haben, aber irgendwie fiel mir nur Käse ein, genauer, wie von einem Stück per Hand Scheiben abgeschnitten werden, und ich dachte, Hauptsache, ich behalte wenigstens das.

Es war Abend, eine gelbe Dämmerung, Kälte. Petka war gerade »am Davonrasen«. Er konnte absolut nicht mehr, war sichtlich am Ende. Plötzlich schien er sich auszuklinken, verfiel in Schweigen und – stiefelte drauflos. Er drehte sich nicht einmal um, lief einfach immer weiter und weiter davon, marschierte uns bestimmt einen Kilometer voraus.

In dieser Stunde erwachte in ihm der Mann.

Und diese Steine, sie waren nichts anderes als wieder: Lehm; metamorphisierter, tatsächlich durch unvorstellbare Hitze und Druck zusammengebackener Lehm. Ich weiß nicht, wie Lehm zu Stein wird und wodurch »gebräunt«, aber damals schoss mir – ganz plötzlich – durch den Kopf, dass diese Steine auf der Erde aufgeschlagene Meteoriten seien. Der Tagesrand war nah. Das Meer war nah. Nah war sein ewiger Jodgeruch. Und der Weltraum war nah. Und auf dem Strand vor uns gab es über viele Kilometer hinweg keine anderen Spuren außer denen von Petka. Und diese Steine waren durch den Sonnenwind abgeschmolzene Meteoriten, und wir liefen über einen anderen Planeten ...

Dieser Tag birgt noch eine andere Wirklichkeit, die mit dem eigenen Ich zu vermessen, auszuloten war – die Erschöpfung: die einzelnen Phasen der Erschöpfung und die mit ihnen einhergehenden drei Lautstärkestufen der »Ich kann nicht mehr!«-Signale, mit denen der Körper das Hirn erstaunlich hartnäckig beschoss vom Augenblick unseres Anlandens an bis zu jenem Moment in der Nacht, als sich überraschenderweise herausstellte, dass all diese verzweifelten SOS-Rufe unnötig waren, denn ungeachtet aller Panik im Äther hatten wir alles vollbracht.

Das »Ich kann nicht mehr« Nummer eins spürte ich schon am Leuchtturm. Ich glaube, hätten wir dort keine Essenspause eingelegt, ich hätte mich schmählich auf den Boden geworfen und dieses mein »Ich kann nicht mehr!« herausgebrüllt – zu deutlich waren die Erschöpfungssymptome: »Eisenhaken« in Schultern und Rücken (besonders, wenn es durch Moortundra ging), »Herzpochen im Hals« usw. Als nach ein paar Tagen unser Marsch seinen Rhythmus gefunden hatte, setzten wir jede Stunde kurz die Rucksäcke ab, hockten uns auf den Boden und scherzten, um uns von diesen Empfindungen zu erholen.

Das »Ich kann nicht mehr« Nummer zwei ist eine wesentlich länger anhaltende Phase, in der einem im Prinzip bewusst wird, dass die Notrufe des Körpers zwar nicht grundlos sind und es durchaus wert wären, beachtet zu werden, dass man aber laufen muss, und man läuft. Wenn du in diesem Stadium allerdings irgendwo aus dem Tritt gerätst, zum Beispiel auf den Bülten hinter den anderen zurückbleibst und sie wieder einzuholen versuchst, dann geht es los. Zwei-, dreimal »Herzpochen im Hals« – und das Signal wird dringlich. Du musst unbedingt verschnaufen, brauchst eine Rast, am besten auch Tee.

Das »Ich kann nicht mehr« Nummer drei ist ein langsam, aber stetig zunehmender Erschöpfungszustand des ganzen Organismus nach neun bis zehn Marschstunden. Wenn du sämtlichen am Morgen und Mittag gebunkerten Brennstoff aufgebraucht hast und an die Grenzen dessen gelangt bist, was du aushalten kannst, wenn du zum zweiten und zum dritten Mal »neue Kräfte geschöpft« hast und jetzt die letzten Reserven deines Körpers mobilisierst – sofern er natürlich noch welche besitzt. Ich war schmal, was zu meinem eher üblen Befinden beitrug. Irgendwie wurde alles Äußere, alles, was den Weg nicht leichter machte (oder schwieriger), wie von selbst aus dem Bewusstsein verdrängt. Ebenso Schritt für Schritt alles »Überflüssige« aus dem Blickfeld – du schaust nur unter deine Füße. Und mit dem Gehör ist es nicht anders. Bei besonderer Belastung pocht dir das Herz schon nicht mehr im Hals, sondern buchstäblich im Kopf. Zur physischen Symptomatik gesellen sich ein Gefühl von Übelkeit und Überreizung sowie unkoordinierte Bewegungen.

Am allerwitzigsten ist, dass dieser Phase eine weitere folgt, die sich nicht einmal mehr als »Ich kann nicht mehr« Nummer vier bezeichnen lässt, weil man sich in ein Wesen verwandelt, das ganz ohne Sinn und Verstand handelt. Weshalb das Signal »Ich kann nicht mehr« nicht länger sprachlich artikuliert wird. Es erreicht das Hirn nicht mehr. Sein Übermittler – die Angst – schweigt. Es gibt keine Angst. Auch keinen Körper. Und kein Bewusstsein. Sofern natürlich man nicht den Gedanken, dass jetzt zu krepieren wahre Glückseligkeit wäre, als ein Produkt des Bewusstseins ansehen will.

Krepieren. Das Wort spukte selbstverständlich nicht nur einmal durch den Kopf. Aber jetzt, da wir auf dem leeren Strand zu Abend gegessen hatten – zu Abend gegessen und, statt das Zelt aufzuschlagen und uns aufs Ohr zu legen, erneut die Rucksäcke geschultert hatten und auf den gelben Sonnenuntergang zuliefen –, begriff ich endlich, dass es gar nicht so einfach ist mit dem Krepieren. Der Mensch ist zäh und ausdauernd, der Schweiß seines ausgelaugten Körpers ist beißend wie Säure, sein Herz schlägt in der erkalteten Brust wie ein Vogel, und sogar die Spucke in seinem Mund ist kalt, aber er läuft und läuft und krepiert nicht, auch wenn er sich selber hundert Mal gesagt hat, sich befohlen hat: »Ich kann nicht mehr!« Da zeigt sich, wer wir sind. Wir ziehen – zähe Menschenpferde – den Faden unserer Spur den Saum des Meeres entlang, die Frühjahrserde aufreißend wie ein Pflug.

Wozu?

Aber wie hättest du, der diese Zeilen schreibt, dem Raum eine Sprache abzwingen wollen, ohne ihn mit dem eigenen Ich vermessen zu haben? Wie und worüber würdest du mit ihm sprechen, ohne begriffen zu haben, was er ist? Über Politik? Dem Raum ist Politik egal. Über Poetik? Dem Raum ist Poetik egal. Über die Reinheit des Genres? Aber das Genre wird ja gerade erst zur Welt gebracht, das Gehäuse der Sprache öffnet sich gerade erst einen

Spalt, und der erste Tag der Wanderung ist nicht der Zeitpunkt für Verallgemeinerungen. Vorerst hat dich der Raum gelehrt, den Bauchgurt des Rucksacks enger zu ziehen und so die Schultern ein wenig zu entlasten. Denn die Schultern, das sind die Hände. Und die Hände, das sind – Berührung, Betasten, Aufmerksamkeit. Mit frei werdenden Händen geht die Blindheit zurück. Und die Ohren beginnen zu hören. Das hast du begriffen? Der Raum hat es dich gelehrt. Er wird dir auch Worte eingeben, keine Sorge, er wird dir die hier zum Überleben notwendige Sprache beibringen. Eine genaue, umfangreiche Sprache, scharf wie ein Messer. Vorerst kennst du nur wenige Wörter: Wind, Feuer, auch Lehm, und Wasser – aber du wirst sie lernen, zwangsläufig. Vielleicht wird es überhaupt eine andere Sprache sein, eine diesem Raum stärker eigene Sprache als das Russische, vielleicht das Nenzische oder die noch ältere Sprache jenes ausgestorbenen Volkes, das einzig die steinernen Kekuren hinterlassen hat – diese Monolithen, die von einem Stein gekrönt sind, der an das Profil eines aufs Meer schauenden Menschen erinnert. *Sid, Sed, Siejdde* – es ist nicht schlimm, dass du im Moment nicht einen Deut verstehst, du wirst dich in die Magie dieser Wörter hineinarbeiten und begreifen, dass auf diesem Ufer anders zu sprechen sich nicht lohnt: *Sid, Sed, Siejdde*. Aber vorerst versperrt uns ein Priel den Weg, und Petka, der ihn durchqueren wollte, ist in eine Falle geraten.

Der Lehm ist über seinen Füßen zugeschnappt.

Beim Durchqueren eines Wasserlaufs mit lehmigem Grund muss man den Stiefel mit der Spitze nach unten in den Boden bohren, um den Fuß leichter wieder herausziehen zu können. Petka aber ist aus Erschöpfung mit der ganzen Sohle aufgetreten. Dazu noch mit beiden Füßen.

Er steckt, in immer schiefere Neigung geratend, im Lehm fest, schaut stumm und kläglich wie ein Tier unter dem schweren Rucksack hervor. Nicht auf uns, sondern auf das Wasser, das immer höher zu den Stulpen seiner morastigen Stiefel hinaufsteigt. Er ist dabei, zugrundezugehen. Er hat keine Kräfte mehr. Er ist so erschöpft wie ich, wenn nicht noch mehr, sieht und hört so wenig wie ich.

Wir müssen ihn rufen, müssen ihn aus seiner Stummheit herausreißen, seinen Blick vom Wasser losreißen, bewirken, dass er es versucht ...

Nein, er wird nicht ertrinken. Er wird einfach mit diesem Rucksack ins Wasser fallen und bis auf die Haut durchnässt werden – bei dieser Kälte, diesem Wind ...

Wir rufen:

»Petja, Petja ...«

Er blickt auf, sieht uns aus trüben Augen an.

Alik redet ihm zu:

»Dreh den Fuß mit der Ferse ein klein bisschen aufwärts ... Versuch ihn herauszuziehen ... Versuchs ...«

Es ist, als würde Petka erwachen. Wie ein Pferd, das aufzustehen versucht, macht er mehrere verzweifelte Anläufe – und kommt frei.

Er klammert sich ans Ruder, das wir ihm entgegenstrecken, an die Hände, die ihn betasten, ihm den Rucksack von den Schultern nehmen, auf den Rücken klopfen.

Petka steht da. Dann setzt er sich. Dann fängt er zu lachen an ...

Das ist seine Art zu weinen.

Vor Beginn unserer Wanderung hatten wir über der Karte diverse Kalkulationen angestellt ...

Etwa die Kilometer errechnet.

Putzig.

Aber wir wussten ja nicht ... Wussten nicht, dass die Kilometer sich bis zur Unendlichkeit ausdehnen würden, in Schmerz verwandeln, zu Salzgeschmack auf den Lippen, zum herb-bitteren Aroma der Rosenwurz, die wir kauen, wenn keiner dem anderen mehr Kraft zu geben vermag. Außer jeder sich selber.

Die Schritte. Zur Vermessung des Raumes habe ich später das Wort »Tundrakilometer« erfunden, ein Längenmaß zwar, das aber nicht in direktem Verhältnis zu der nach Russland gelangten Kopie Nr. 28 des in Sèvres verwahrten Urmeters steht. Generell ist der Tundrakilometer eine schwer fassbare Größe, um die Entfaltung des Raumes in der Zeit darzustellen – das Auseinanderziehen jenes Akkordeons, das auf den Landkarten in Gestalt der auf den ersten Blick so harmlosen Relieflinien erscheint. Rauf/runter, rauf/runter – und das vielleicht zehn Mal auf einen Längenkilometer. Welche Strecke haben wir also tatsächlich zurückgelegt, wenn wir anderthalb Stunden gelaufen sind? Der »Tundrakilometer« beinhaltet auch Gefühlswerte, darunter alle drei Phasen des »Ich kann nicht mehr«, sowie die Glückseligkeit des Rastens und überhaupt alles, was sich auf die Fortbewegung auswirkt. Denn kalkuliert man die Gefühle nicht mit ein, die anfängliche Euphorie und die folgende Stumpfheit – diese Gefährtin des langsamen oder aus dem Tritt geratenden Schritts – und die der Verzweiflung so ähnliche Freude der letzten Stunde, wenn man plötzlich, die Pause vorausahnend, Gas gibt, dann braucht man überhaupt keinerlei Dingen Rechnung zu tragen, sondern verlässt lieber erst gar nicht das Haus. Oder »reist«, wie im Geographieunterricht, auf der Landkarte …

Aber wenn du weißt, wie die Wegstrecke in Stunden auszumessen ist, dann kannst du darauf zählen, dass dir das Kraft und Zuversicht gibt. Da mag sich zum Beispiel am Ende der zweiten Stunde auf einer weißen Sandbank vor deinen Augen ein gigantischer, über und über mit holzwurmgestochenen Tätowierungen verzierter Lärchenstamm auftun, in dem die Larven ihre Schriftzeichen nicht nur unter der Rinde hinterlassen haben, sondern auch bis ins Mark vorgedrungen sind, die mächtige Säule mit Tausenden Öffnungen durchbohrend, in denen sich während der Irrfahrt des Baumes über die Meere Algen und winzige Muscheln angesiedelt haben, und nun, da er hier auf dem Ufer wieder ausgetrocknet und knochenbleich geworden ist, hausen darin nur Sandkörnchen und der Wind, der unablässig auf dieser phantastischen Flöte zu spielen, ihren Abertausenden Öffnungen Orgelklang abzuzwingen sucht, weshalb über den Stamm bisweilen seltsame Töne hinstreichen. Dies also wird gegen Ausgang der zweiten Stunde sein.

Und am Ende der vierten – ein kleiner Bach mit einer Badestelle voll so reinen Wassers, dass sie reglos und durchsichtig wie ein Kristallbrocken erscheint, nur am Ablauf liegen die Strähnen der

Gräser in Fließrichtung, sich sanft bewegend, und auf dem Grund ist jedes Steinchen und jedes Sandkörnchen zu erkennen. Eine Waschung mit diesem Wasser – und die Erschöpfung geht zurück, ein Bad darin – und sie geht ganz vorüber.

Dann wird da der blaue See mit den zwei Schwänen sein, und weiter in der Tundra der Kolk mit dem alten Wasser. Ein nicht sehr tiefer, voller schwarzer Moltebeer- und Weidenblätter, die dem Gewässer eine braune, teegleiche Farbe verleihen, aber Leser, solltest du denken, *altes* Wasser sei einfach Wasser, das seit der Schneeschmelze in dem Loch steht, so ist das ein Fehler. Vielleicht war dieses Wasser im Frühjahr tatsächlich *schlicht und einfach* Wasser, aber dann wurde es in diesem Trichter *alt*. Und weder kann man damit den Durst löschen noch erquickt ein Bad in ihm …

Warum?, werde ich gegen Ausgang der sechsten Stunde fragen, und die Neugier wird meinen Schritt beflügeln. Ist es denn nicht dieselbe Formel, H_2O? Es ist dieselbe Formel, nur den Durst damit löschen kann man nicht und nicht darin baden, denn altes Wasser lebt immer nur in sich, es kennt weder den Zugang zu unterirdischen Quellen noch einen erfrischenden Zustrom; einzig Schnee und Nebel und Regen, die es speisen, trübes Himmelsnass, und das Wasser selbst wird trübe. Und die Formel – was ist die Formel? Wieder jener Eidos, der zu nichts taugt. Wie auch die euklidische Geometrie nicht, mit der hier weiß der Teufel was passiert, so dass die Kilometer nach Stunden abgemessen werden müssen und als kürzester Weg nach Haus sich die Gänse und Schwäne auf dem blauen Wasser erweisen, bei deren Anblick ich auf der Stelle hinübergerate … Ja, in eine dieser sanften Aprilnächte, eine dieser wunderbaren Nächte, in denen man *das Gras wachsen hört*, das die toten Blätter anhebt, während der zunehmende Mond durch den kahlen Frühlingswald treibt, der erfüllt ist vom Geräusch der aufsteigenden Säfte. Und ja, meine Liebste stand neben mir und ich vernahm diesen seltsamen wehmütigen metallischen Laut – »u-en! u-en!« – in den Lüften, der besagte, dass am Nachthimmel, unsichtbar, Schwäne hinauf in den Hohen Norden zogen, die schimmernde Dunstblase Moskau umrundend. Von den schilfbewachsenen Holmen im Varangerfjord und den Schwaneninseln vor der Nordküste der Krim, wo der Strand aus winzigen, pausenlos im warmen Meer heranwachsenden Muscheln besteht, sind sie hierher geflogen, zu den blauen Tundraseen, wo es die letzten Kleinodien lebendigen und toten Wassers gibt, wo für sie das Paradies ist, das Paradies, weil wir, die Menschen, nicht da sind …

Vor Beginn der Wanderung, bei den diversen Kalkulationen über der Karte, hattest du, der Autor dieser Zeilen, doch putzigerweise angenommen, ein Kilometer bestehe aus ungefähr anderthalbtausend Schritten, die geduldig mit den Vermessungskräften des Ausschreitenden abzumessen seien?

Aber jetzt, jetzt weißt du: ein Kilometer – das ist der Weg ins Paradies durch die Hölle, das ist das Schlagen des Herzens auf die Schamanentrommel, der Fluch des bültenübersäten Bodens, die Erschöpfungskotze, die Angst- und Selbstmitleidfäulnis, die sich mit einemmal wie ein Klumpen in der Kehle festsetzt. Ein Kilometer – das ist ein ernstes Selbstgespräch, mein Freund, ein Gespräch über den eigenen Wesenskern, darüber, wozu du jenseits deiner melancholischen urbanen Klugdenkereien noch fähig bist. Wozu bist du überhaupt fähig in der Zone des Risikos, in der ausnahmslos alle Klugdenkereien keinen Heller wert sind? Folge deinen Gefährten, o Autor dieser Zeilen, und es werden sich dir noch viele Wahrheiten auftun!

Ein paar Wörter waren immerhin gefunden: ein paar nicht ganz unnütze Wörter. Du hattest gar nicht so wenig erfahren für einen Tag. Hättest du mit mehr rechnen können? Eine Sprache entsteht langsam. Über anderthalbtausend Jahre. Anderthalbtausend Jahre sind vergangen, seit die Hunnen, zwischen den Ausläufern des Sajangebirges vorstoßend, die Nenzen von ihren Weideplätzen am Irtysch und oberen Ob aufschreckten und in die Wälder vertrieben, von wo sie ihre lange Wanderung hinauf in den Hohen Norden begannen. Die Erde schwankte, solange Num ihr keine Festigkeit verliehen hatte, indem er den großen Stein des Ural aufrichtete. Ebenso schwankte die Lage der Nenzen, solange sie nicht über den Rücken des Ural wieder aus dem Dickicht der Wälder hinausgelangt waren in einen freien Raum, der entfernt an die Steppe erinnerte – in die Tundra. In ihr gab es alles in Fülle: Wild, Vögel, Fische. Aber vor allem riesige Rentierherden, in deren Nähe es ihnen niemals an etwas mangeln würde. So fingen sie an, den Herden hinterher zu ziehen, vom Saum des Meeres im Sommer zum Saum der Tundra im Winter. So entstand jene Sprache, die ihr Volk bis zur Vollkommenheit beherrschte: die Sprache des Nomadenlebens. Das Ren wurde Quelle für Nahrung, Kleidung, Haus, allen Transport. Jedes Knöchelchen seines Skeletts wurde so fest wie im Knochengerüst des Tieres selbst in die Kultur eingebaut. Es gab kein Stückchen Fleisch, das nicht seinen Wert besaß, kein Stückchen Haut, das nicht verwendet wurde – für die Njuki (die Abdeckungen der Tschums), die Toboki (die hohen, am Taillengürtel festgebundenen Fellstiefel) oder das Winterkleid des Menschen, die Maliza, mit der er auf dem nackten Schnee schlafen kann wie das Ren … So entstanden allmählich die Wörter dieser Sprache. Zugleich mit dem Gespann die Namen für jedes seiner Einzelteile und seines Schmucks, für die verschiedenen Arten von Schlitten, für die Reihenfolge bei der Zusammenstellung des Argisch (des Schlittenzugs) und für die zusammengespannten Tiere, mit dem unbedingt links laufenden Leitren. So entstanden die Bräuche, darunter der, Braut und Bräutigam zum Hochzeitsfest eine gekochte Zunge und ein gekochtes Herz vom Ren aufzutischen, damit sie fortan ein Herz und eine Sprache hätten. So erlangten die Menschen in der steten Bewegung und dem Kreisen um die Herde eine andere Völker verblüffende Mobilität, Geschicklichkeit und Ausdauer. So buchstabierte sich in ihrem Organismus ein besonderer, für die Aufnahme großer Eiweißmengen erforderlicher Enzymcode aus. So wurde im Umherziehen das Universum der Tundra bis ins Kleinste studiert, und jede Grenzscheide, jeder Hügel, jeder noch so kleine See oder einfach nur ein großer Stein erhielt seinen Namen und mit der Zeit auch eine Geschichte. So wurden die Götter und Geister gefunden und ihre Rufe gehört, so wurden einzelne Berge und Inseln zu heiligen Bergen und heiligen Inseln und wurden die Opfertiere ausgewählt

– das weiße Ren und der Eisbär.[*] Und so wurden schließlich die Märchen und Lieder geschaffen und kreisten durch die Spirale der Zeit die Sagen, von denen eine Menge in den zehn Jahrhunderten zusammenkamen, in denen der Zyklus der Jahreszeiten die Herden und Menschen ihre Kreise in der Tundra ziehen ließ. So erlangte die Zeit ihre Form[**] und jedes Ding, jedes Lied, jeder Tanz seinen Rhythmus. Rhythmus der Trommel, Rhythmus der nach Tagen berechneten Fortbewegung. Es ist ein beeindruckendes Schauspiel, wenn im Frühjahr die elf von der Halbinsel Kanin stammenden nenzischen Brigaden aus ihren Winterlagern in den Wäldern des Archangelsker Gebiets zurückkehren und eine nach der anderen – eine jede mit Tausenden Renen und über eine durch Jahrhunderte festgeschriebene Route – den engen, höchstens vierzig Kilometer breiten Trichter zur Halbinsel passieren. Tag um Tag ziehen sie voran, Hunderte Gespanne mit sämtlichem Hausrat, Tschums und Zelten, Fässern zum Einsalzen von Fisch, Netzen, Gewehren, Instrumenten und Kleidern, mit allem, was ein sich mit dem Notwendigen begnügendes Volk besitzt. Und jede Brigade kennt ihre Route so genau, als seien in der Tundra besondere Wegweiser aufgestellt. Dies – dies ist die vollkommene Beherrschung der Sprache des Raumes. Einer Sprache, die lebendig war, bis das nomadische Leben erlosch.

Heute bringt ein Kilo Renfleisch keine zwei Dollar, einen dagegen eine Zeile für ein ernstzunehmendes Presseorgan. Anders gesagt, ein Zeitungsbeitrag von hundertfünfzig Zeilen ist ebenso viel wert wie ein geschlachtetes Tier – und Renfleisch ist ausgezeichnetes Fleisch, zart, erlesen! Putzig, was? Einhundertfünfzig Zeilen eines egal wie dummen Artikels stehen im Preis gleich auf

---

[*]   Die Nenzen verkauften den Russen keine Eisbärenfelle. Stieß ein Jäger während der Jagd auf ein Tier, tötete er es nicht gleich, sondern sprach zunächst mit ihm: »Ja, Fürst der Bären, ich weiß, was du sagst, du kommst zu mir und willst, dass ich dich töte … Komm, komm, der Tod steht für dich bereit, aber ich suche ihn nicht …« So rechtfertigte er sich vor der Familie des Eisbären.

[**] Die nomadische Zeit ist zyklisch. Bis heute ist den Nomaden des Hohen Nordens die lineare Zeit des Fortschritts fremd, obwohl sie nicht selten mitten in ihr an ihr vorbeileben.

mit einem lebensnotwendigen Gut. Die »zivilisierte Menschheit« hat seit langem vergessen, was Hunger ist.

Sie ist satt.

Mehr noch, sattgefressen, überfressen. Sie garniert das Fleisch dänischer Schweine mit Gewürzen und Oliven, bringt es sogar fertig, noch Gelee hineinzumanövrieren, und bietet dazu hundertfünfzig Arten von Beilagen und ebenso viele Biersorten an, bloß um dieses Stückchen Fleisch irgendeinem Verbraucher in den Mund zu stopfen. Und wer sich überfressen hat, dem verschreibt sie Abmagerungspillen.

Dabei sind all die Würste, Schinken, Hähnchen- und Poulardenfilets im Vergleich zu einem Stück frischen, nach Möglichkeit rohen Rentierfleischs einfach nur gegarter Pappkarton, der den Magen ganz unnütz verdirbt. Erst nachdem ich ein Stück rohes Fleisch probiert hatte, begriff ich, was das ist: ein Energieklumpen, der im Magen wie eine Sonne explodiert, und dessen lebensspendende Wärme dich strahlengleich bis in die Finger- und Zehenspitzen hinein ausfüllt. Rentierblut macht betrunken wie Wein und erfüllt den Menschen mit brodelnder Lebenskraft.

Aber die Menschen brauchen die Kraft absolut nicht. Wo sollten sie hin damit? Dafür leiden sie an emotionalem Hunger, an Hyperdynamik, sensorischer Unterernährung, Apathie und Spleen. Weshalb sie auch nur denjenigen großzügig entlohnen, der ihre Langeweile zu zerstreuen vermag, indem er ihnen ordentlich die Nerven malträtiert. Denn die Langeweile ist das Fundament unserer heutigen Kultur, und es ist dies eine so allumfassende und so komplexe Sache, wie es die Mechanik der Bewegung ist, bei der es keine Langeweile gibt und nicht geben kann.

In der Kultur unserer Tage gibt es Stimulanzien und Antidepressiva, nur keine Kraft. Und wohl auch niemanden, der sie einem zu geben vermag. Sich im freien Raum zu stärken, das ist so ungewohnt wie beängstigend. Vor allem aber kann keiner begreifen, wozu sie gut sein soll, die Kraft – das ist so unbegreiflich, wie anstelle von Bier ein Glas lebendigen Blutes zu trinken.

Dort, wo die Nenzen nicht mehr nomadisieren, sondern sesshaft geworden sind, entstanden freudlose Siedlungen vom Typus

Bugrinos. Und alle Qualitäten, mit denen die Natur dieses Volk ausgestattet hatte, wurden ihm plötzlich zur Falle: Mobilität und Ausdauer waren bei der monotonen Büro- oder Fabrikarbeit, die die neue Zeit verlangte, hinderlich, und die Enzymsysteme zum Abbau von Eiweiß erwiesen sich gegenüber dem Alkohol als machtlos.

Sie vergaßen die Sprache der Kraft, die Sprache des Raumes. In ihrer Sprache tauchte ein anderes Wort auf: »aussterben«. Und der Raum verschloss sich für sie.

Von allem, was ich später über die Frage von Raum und Mensch gelesen habe, ist das, was René Guénon über das Raumverschlingende der Zeit in seinem Buch *Le Règne de la quantité et les signes des temps* (1945) schreibt, zweifellos die beeindruckendste und kompromissloseste Reflexion. Man könnte meinen, es sei alles nur eine Metapher. Aber so dunkel Guénon sich ausdrückt, seine Sprache scheut die Metaphorik. Deshalb ist es trotz allem interessant, sich zu fragen, was hinter seinen Worten von der »Erschöpfung« des Raumes steht, der im Lauf der menschlichen Kultur seine einstige sinnstiftende Funktion verloren habe und nicht länger als lebenswichtige Kategorie aufgefasst wird. Den Platz des Raumes nehme die Zeit ein, wörtlich heißt es bei Guénon: »Die Zeit zehrt den Raum auf.« Wo einst, Symbol für die Freiheit des Geistes, die Welt der Weiden und Lichtungen war, schreibt er an anderer Stelle, mehren sich die Städte, diese »körperhaften Manifestationen« der »Kristallisation, Verfestigung, Versteinerung« des Lebens. Anscheinend waren für Guénon die Städte, egal wie groß, immer von der Zeit verwandelter, »aufgezehrter«, wie verdinglichte Aktivität selbst Zeit gewordener Raum. Guénon vertritt die Ansicht, dass, sobald die Zeit den Raum endgültig verschluckt haben wird, dieser wie jene in den ursprünglichen Zustand des nicht Materialisierten zurückkehren wird, doch nur um sogleich »einen neuen Zyklus zu durchlaufen«.

Guénon hält sich nicht damit auf, seiner Argumentation irgendeine Form von Wissenschaftlichkeit zu geben, nicht zuletzt deshalb, weil er der Wissenschaft seiner Zeit zutiefst kritisch gegenüberstand. Weshalb ich nicht behaupten will, sein Denken wenigstens halbwegs verstanden zu haben. Aber intuitiv spüre ich, dass darin eine tiefe, noch von niemandem ausgesprochene Wahrheit liegt. Werden unsere Städte denn nicht immer mehr zu toten, kristallisierten Gebilden? Doch. Umgreift – bei aller Vielfalt unserer Verbindungen mit der ganzen Welt und unserer ungeheuren Mobilität – unsere urbane Lebensweise denn wenigstens ansatzweise die Frage des Raumes? Mitnichten, diese Fragestellung existiert nicht. Es gibt kein Rätsel des Raumes, keine geheimnisvollen, zauberischen Orte. Der Raum hat seine Kraft verloren, und die Menschen müssen sich ihre Stärkungsmittel anderweitig suchen …

Die immer vollkommeneren Kommunikationsmittel verschärfen das Problem nur, wie auch die immer schnelleren Fortbewegungsmittel. Das Auto ist das beste Symbol für die raumverschlingende Zeit (für verdinglichte Aktivität). Das Auto »degradiert« den Raum kolossal, indem es ihn möglichst unauffällig macht. In der »Vernichtung« des Raumes kann mit ihm nur der Computer konkurrieren, in dessen Kontext als wirkliche Wirklichkeit nicht der lebendige Raum bezeichnet wird, sondern jene neue – »virtuelle« – Dimension, die nichts anderes ist als komprimierte, zu Selbstentfaltung befähigte programmierte Zeit. Vor dem Computer kann der Mensch sein Raumgefühl beinah ganz verlieren.

Und es wäre zu klären, was er dabei noch verliert.

Eine tragische Antwort auf den Raumverlust sind die Drogen: In gewissem Sinn versuchen die Menschen mit ihrer Hilfe, der Welt die Mehrdimensionalität und das Geheimnis des Raumes zurückzugeben. Den veränderten Bewusstseinszustand nennen deshalb viele »Reise«, obwohl diese Reisen oftmals nicht über die Grenzen eines schäbigen Zimmers hinauskommen. Aber das ist ein Raum, in dem nichts geschieht und nichts geschehen kann. Ein Raum, der sich selbst erschöpft hat.

Guénon spricht nicht zufällig von der »Freiheit des Geistes«, die in den Weiden und Lichtungen symbolisiert sei. Das russische Wort *Wolja*, das – von allerlei Nebenbedeutungen abgesehen – gleichermaßen »Wille« und »Freiheit« bedeutet, transportiert immer auch die Idee von Unbeschränktheit und Weite und ist deshalb *kein* Synonym von *Swoboda*, des anderen russischen Wortes für »Freiheit«, das einzig in engem sozialen und politischen Sinne verstanden wird als etwas Deklariertes, ein Gesetzeswerk, eine Konstitution, mit der eben jene Ordnung der Dinge festgeschrieben wird, die allein schon (da in der Regel eine simple Kopie des amerikanischen historischen Vorbilds von 1787) die »Freiheit des Geistes« negiert.

In diesem Sinne schließt sich ein wechselseitiges Verstehen zwischen Menschen archaischer Kulturen, die noch vom Raum umfangen werden, und heutigen Stadtbewohnern, denen der Raum nur noch mittelbar (etwa in Form von Flugverbindungen), nicht aber mehr als selbständige, aktive Kraft entgegentritt, zweifellos aus. Der Minimalismus der traditionellen Kulturen steht im Gegensatz zum heutigen Typus des »Verbrauchers« ebenso wie zu den Bergen von Waren, deren der zivilisierte Mensch bedarf, um seine Energieressourcen aufzufüllen. Wozu lebt er sonst? »Im Raum leben« bedeutet zuallererst: handeln. »In der Zeit leben« bedeutet: verbrauchen, seine verdinglichte Arbeitszeit (Geld) gegen Waren eintauschen, die ihrerseits verdinglichte Zeit sind. Die populärste Ware – Stimulanz für die emotionale Sphäre des »zivilisierten Menschen« – ist die Information. Das Fernsehen stellt zweifellos die mächtigste Energiequelle dar, die den Menschen direkt an unerschöpfliche Zeitressourcen anschließt. Aber selbst wenn man die Fernseher, die Videoplayer, Radios und unvorstellbaren Mengen von Musik auf allen erdenklichen Tonträgern abstellt, bleiben immer noch die gedruckten Medien, die Bücher, Zeitungen, Zeitschriften. Würde man sämtliche Zeitungen, die an einem Tag in Moskau erscheinen, zerlegen und auf dem Boden nebeneinanderbreiten, so wäre von ihren Seiten sicherlich nicht nur ganz Moskau bedeckt, sondern auch ganz Kolgujew mit seinen nicht ganz unkomfortablen 3200 Quadratkilometern.

Besagt das etwas? Etwas zweifellos.

Was?

Ich weiß es nicht.

Das operative Gedächtnis unseres Hirns ist zwar enorm, aber wenn es täglich diese Flut von Scheiße verarbeiten muss, die auf den Menschen einschwappt, der ihr nichts entgegenzustellen hat, so reichen seine Kapazitäten nicht aus, um langsameren und reifen Gedanken nachzugehen. Die Unfähigkeit zu eigenständiger Reflexion aber – sie ist die gefährlichste Krankheit unserer Zeit.

Was ich hier sage, ist nicht nach jedermanns Geschmack.
Aber alle werden bald die Rechnung bezahlen.

René Guénon ist insofern Optimist, als die Rückkehr von Raum und Zeit in den Zustand der Nichtmanifestation für ihn *einzig und allein* den Auftakt zum nächsten Manifestationszyklus markiert. An der zyklischen Theorie über die Entwicklung der Welt ist das einzig Außergewöhnliche, dass im Zentrum ihrer Aufmerksamkeit *nicht der Mensch* steht. Guénon ist sich aber bewusst, dass der Mensch nichts Geringeres ist als die Geisel großartiger, seinem Bewusstsein nicht unterworfener Schwingungen.

Interessanterweise findet dieser auf den ersten Blick so befremdliche Gedanke Guénons von den wechselseitigen Raum-Zeit-Umwandlungen und den »Zyklen« ein überraschendes Echo in einem Essay von Jorge Luís Borges über die Zeit mit ebendiesem Titel: »Die Zeit«. Borges spricht davon, dass die Zeit zu ihrem Ursprung, dem Ewigen, zurückkehren *will*. Das klingt beinah wie eine Paraphrase zu Guénons Worten über den Raum und sein Verlangen, wieder jene Unentstelltheit, Unbegonnenheit und Kraft zurückzuerlangen, welche die Völker der Erde in der frühen Menschheitsgeschichte so klar empfanden, genauso wie auch die Ganzheit und Unbegonnenheit der mythischen Urzeit.

»Gott hat die Welt erschaffen; die ganze Welt, das ganze Universum der Schöpfungen will zu dieser ewigen Quelle zurückkehren, die zeitlos ist: sie ist weder vor der Zeit noch nach der Zeit, sie ist außerhalb der Zeit. Und das wäre Teil des Lebensdranges ...«

»... die Idee der Zukunft entspricht unserem Wunsch, zum Ursprung zurückzukehren ...«

Auch die Zeit möchte im geheimsten Innern ihres Wesens nicht fixiert, geradegebogen, gefangengesetzt werden. Sie strebt in die Ewigkeit ...

Vielleicht streben auch wir, die wir der Linie des kalten Ozeans folgend, uns voranschleppen, in die Ewigkeit. Und erreichen zumindest den Raum. Der uns zuteil wird als das Erfahren kolossaler Kraft. Eine Erfahrung, die bis zum Tod in uns bleiben wird.

Das begreife ich jetzt.

Begreife, dass diese Erfahrung das Allerwichtigste war.

Vielleicht wäre es besser gewesen, darüber nicht zu schreiben – denn Buch gewordene Wörter tragen ebenfalls zur »Verfestigung« der Welt bei. Aber vom Blickpunkt der in die Ewigkeit strebenden Ewigkeit aus hat das keine sonderliche Bedeutung. Wir hatten einfach beschlossen, etwas am eigenen Leib zu erfahren – und es war nicht ohne Vergnügen.

Und dieses Buch würde kaum etwas taugen, wenn es in ihm nicht ebenso viele Schritte wie Wörter gäbe. Jedoch, aufgebrochen bin ich zu den Blauen Bergen am 29. Juli 1994, erreicht habe ich sie, um ehrlich zu sein, aber erst am 15. Juli 1997. Deshalb ist es nicht verwunderlich, dass am Ende des ersten Tages nur achtzehn Zeilen zustande kamen. Es waren ja alles in allem erst zwölf Stunden vergangen – seit Viertel nach eins am Mittag, als wir beim Flüsschen Waskina an Land gingen, bis Viertel nach eins in der Nacht, als sich der Himmel plötzlich einschwärzte, ein heftiger Wind aufkam und es zu regnen anfing. Wir fanden eine windgeschützte Kuhle mit einer Lache rostigen Wassers, neben der wir in der sich verdichtenden Regendämmerung unser Zelt aufschlugen. Wir schützten die Rucksäcke so gut es ging vor dem Regen und krochen ins Innere. Wie absichtlich gab es nirgendwo ringsum ein Stück Holz oder eine auf den Strand gespülte Kiste, um ein Feuer zu machen und wenigstens einen Tee zu kochen vor dem Einschlafen. Einer von uns hatte noch Wasser in seiner Flasche. Ich kramte einen Beutel Nüsse mit Rosinen hervor und schüttete jedem ein Häufchen in die Hand. Das kauten wir und spülten mit Wasser nach. Dann streckten wir uns aus, auf der Seite – jeder auf der, die ihm lieb war –, anders hätten wir in dem Zwei-Personen-Zelt zu viert keinen Platz gehabt, und lagen schweigend da. Wahrscheinlich sah unser windgezaustes Zelt von außen wie ein Sack voller Kohlköpfe aus.

»Jetzt eine Gänsesuppe, hm, Wassja?«, fragte Alik.

»Was?«

Ich begriff nicht. Und Alik schöpfte einen Verdacht:

»Hast du je eine Gans gegessen?«

»Nein.«

Dann schlief ich ein, das windgebeutelte klatschende Überzelt und Petkas Schnarchen im Ohr, der sich sofort in den Schlaf geflüchtet hatte, auch unsere beiden Gefährten atmeten gleichmäßig ... und der Wind, der Wind ...

Der Vogelring

Die erste Folge des treffsicheren Schusses: unmittelbare und un-
verhohlene Freude über die erlegte Beute. Unser Trekkingführer
Alik Ardejew hatte aus fünfzig Metern Entfernung geschossen,
die Patronen waren alt, die Flinte – eine Kleinkaliberbüchse mit
pockennarbig-rostigem Lauf – funktionierte normalerweise nicht
auf Anhieb, sondern beim dritten, wenn nicht fünften Versuch,
und dann steckte im Lauf kein Schrot, sondern eine Bleikugel; so
krachte der Schuss gewissermaßen überraschend, aber als ich neben der Gans stand, war sie tot, auf der Brust schimmerte nur ein
kleiner roter Fleck, die Augen waren geschlossen. Da aber zeigten sich gleich noch zwei Folgephänomene: Zum einen war die
Gans beringt, und zum anderen war sie warm. Warm! Wir waren
ausgehungert, aber noch stärker waren wir nach stundenlangem
Marsch in der Tundra durchfroren. Vom Meer her zog wie immer
eisiger Nebel auf, die Nase tropfte, die Hände waren steif vor Kälte, gummiartig ...

Beim Aufheben der Gans spürte ich sofort diese Wärme des
dem Leben gerade entrissenen Lebens, ich schob meine Hände in
ihr Gefieder wie in einen Muff und umfasste fest den heißen Körper. Während ich meine klammen Hände wärmte, bat ich das ge-
tötete Tier in Gedanken um Vergebung und frohlockte zugleich,
dass in ein, zwei Stunden, wenn wir endlich unser Nachtlager erreicht und Feuer gemacht hätten, sich diese Gans in einen herrlichen, goldschimmernden Gänseeintopf verwandeln und allen von
ihrer Lebenswärme abgeben würde, die ich, im Laufen das arme
Tier rupfend, bis dahin alleine genoss: Selbst als ich auch die Dau-

nenfedern ausgerissen hatte und das Tier nackt war, war es noch warm – so viel Leben also steckte in ihm!

Der Gedanke an die Gans und an das, was wir um den Preis ihres Lebens oder, genauer, ihres Todes gewannen, beschäftigte mich derart, dass mir das letzte Wegstück leichtfiel, obwohl wir eine alles andere als wanderfreundliche Gegend durchquerten: Es gibt in der Tundra Abschnitte, wo der Boden auf so merkwürdige Art eingekerbt ist, dass sich ein Muster aus lauter Ringen ergibt. Dieses Muster – Folge unerklärlicher geometrischer Anwandlungen des Permafrosts – ist gut erkennbar, weil das Moos über den Ringrillen von dunklerem Grün ist. Man läuft gleichsam über einen grenzenlosen Teppich, dessen Dessin sich endlos wiederholt. Seine Weichheit und die Rillen sind ein einziges Hindernis beim Laufen – und doch überkommt einen plötzlich der unerklärliche kindische Wunsch, von Ring zu Ring zu springen, wie aus einer Welt in die andere. Oder aus einem Rätsel in das andere.

In der Entdeckungsgeschichte der Insel, die zu beschreiben ich mir vorgenommen habe, ist ein unglaubliches, in sich geschlossenes Sujet eingelagert, wie die Historie nicht wenige kennt. Und es überrascht nicht, dass darin ein Vogel vorkommt: Diese Insel, ihre endlosen wüsten Täler und kleinen schwanenreichen Seen, ihre lehmigen, mit Vogelknöterich bewachsenen Lajdas in den Flussmündungen, die abgelegenen, mit winzigen Sträuchern für Schneehühner bewachsenen Bültenböden, die Seeadler- und Eulenhänge, die Schnepfensümpfe und möwenüberzogenen Flachwasser – das ist doch ehrlich gesagt alles Vogelland, ein Paradies für Vögel, aber, offen gestanden, kein sonderlich geeigneter Ort für das Glück der Nachfahren Adams. Aber aus seinem Paradies vertrieben, freut sich der Mensch auch über fremde Paradiese. Es waren die Gänse, die russische Pomoren zur Insel hinüberlockten: in unzähligen Himmelsschwärmen zogen sie vom Festland nordwärts zu unbekannten Weideplätzen, und in ihrem Gefolge zogen über das wellenbedeckte blaue Meer die Kotschen und Lodjen* der Promyschlenniki.

* Hochseetaugliche Zwei- bzw. Dreimaster zum Transport von Gütern und

Auch die Europäer lockte letztendlich ein Vogel zu den unwirtlichen Gestaden der Insel, ein Vogel, der bei ihnen von alters her ebenso hoch im Kurs stand wie Gold, Waffen oder ein edelrassiges Pferd. Hier tritt nun besagtes Sujet hervor, und zwar gegen Ende des 13. Jahrhunderts, als der Venezianer Marco Polo mit seinem Vater Nicolò und dem Onkel Maffeo nach China an den Hof des Kublai Khan aufbrach. Die beiden Älteren hatten bereits in alle Himmelsrichtungen das Reich des Dschingis Khan bereist, waren in Saraj an der Wolga und im berühmten Buchara gewesen und hatten in China lange am Hofe des großen Kublai Khan gelebt, der mit Interesse den Berichten vom fernen Erdteil Europa lauschte. Doch auch die Kaufleute nahmen begierig Berichte über Landstriche auf, die unter tatarischer Herrschaft standen. So hörten sie von der Rus und jenen nördlichen Landen, wo während der Hälfte des Jahres dunkle Nacht herrsche und der Himmel vom wundersamen Polarlicht erhellt werde. Viele Berichte hat Marco von Vater und Onkel erfahren, viele andere hat er selbst während seiner zwölfjährigen Reise vernommen. All dies fand Eingang in sein *Buch*. Darin schreibt er: »Russland ist eine riesige Provinz, sie erstreckt sich bis zum Ozean. Auf den Inseln brüten Gerfalken und Wanderfalken, sie werden nach vielen Ländern ausgeführt.«

Marco Polo nennt alle ihm bekannten Namen eines Geheimnisses, das erst dreihundert Jahre später enthüllt werden sollte: China, eine unbekannte Insel im Arktischen Ozean und den Falken.

Seine Informationen blieben mehr als hundert Jahre reines Buchwissen: Das Wort blieb folgenlos, es war ein Samenkorn, das noch nicht aufging. Als jedoch im Jahre 1475 der berühmte Architekt Aristoteles Fioravanti nach Moskau kam, um im Kreml die Uspenski-Kathedrale zu bauen, da musste er zuvörderst einen Wunsch seines ihn ziehen lassenden Herzogs Sforza erfüllen und ihm dort im Norden, sei es zu Jagdzwecken, sei es zum Wahrsagen, einen weißen Gerfalken fangen. Fioravanti erfüllte Sforzas Wunsch, wenn auch nicht bis auf den letzten Buchstaben,

Menschen, nicht zuletzt von den russischen Fangmännern, den Promyschlenniki, des Hohen Nordens genutzt. [Anm.d.Ü.]

wofür er eigens eine Reise unternahm, möglicherweise auf die Solowezki-Inseln.

Um der Schilderung wenigstens einen Anstrich von Geschlossenheit zu verleihen, werden von mir die Beziehungen des Moskauer Reiches zu Italien im 15. und 16. Jahrhundert mit Stillschweigen übergangen. Sie bargen unglaubliche kulturelle Entwicklungspotentiale, von denen nur ein Bruchteil Wirklichkeit wurde. Doch so merkwürdig es heute klingen mag, eine Folge dieser Beziehungen war eine ganze Anzahl geographischer Entdeckungen im Nordpolarmeer.

Hier beschreibt die endlose Spirale der Zeit eine neue Drehung; genau so zieht am Himmel der Vogel auf der Suche nach Beute seine Kreise. Als Großfürst Wassili III. 1525 Rom seine Weigerung, zum katholischen Glauben überzutreten, überbringen ließ, wählte er einen in europäischen Angelegenheiten erfahrenen Mann zum Emissär, Dmitri Gerassimow, ein Westler jener Tage, Schriftgelehrter, Übersetzer geistlicher Literatur und Diplomat. Auf einer Seereise hatte er bereits ganz Skandinavien bis Dänemark umrundet.

In Italien erzählte er dem Geschichtsschreiber Paolo Giovio von seinem Plan, über das Nördliche Eismeer, »sich an das rechte Ufer haltend« nach Osten bis China zu segeln, »sofern sich dazwischen kein Land auftut«. Noch im selben Jahr veröffentlichte Giovio in seinem Werk über Russland Gerassimows Bericht, der sich so über ganz Europa verbreitete – und selbstverständlich auf offene Ohren stieß, denn es war gerade einmal drei Jahre her, dass die *Victoria*, das einzige übriggebliebene Schiff der Magellanschen Flotte, von ihrer Weltumsegelung zurückgekehrt war. Träume von märchenhaften Schätzen Indiens und Chinas entflammten noch die Nüchternsten. Nur die von Battista Agnese nach Gerassimows »Riss« gezeichnete Karte verheimlichte Giovio – womöglich bewusst, um den beiden neuen europäischen Seemächten Holland und England, die ihre Konkurrenten im Welthandel rasch und selbstbewusst beiseitedrängten, die Sache nicht zu erleichtern.

Dennoch waren es gerade die Engländer, die als Erste darauf verfielen, der Logik Gerassimows zu folgen und über das Nordpolarmeer nach China oder Indien zu gelangen. Natürlich hatten sie keinen Begriff von der Schwierigkeit und Vergeblichkeit dieses Unterfangens. Denn in Europa herrschte die Vorstellung, das Reich der Mitte sei nicht allzuweit entfernt und es genüge vielleicht, einen ins Nördliche Eismeer mündenden mächtigen Strom zu finden, der seinen Ursprung in irgendeinem riesigen See nahm, an dessen Ufern Khanbaliq (Peking) lag.

Mit diesem Ziel rüstete Hugh Willoughby eine Kundfahrt aus und heuerte als Obersteuermann Richard Chancellor an, der sein Bild vom Arktischen Ozean aus Giovios Buch bezog. Zwei der drei englischen Schiffe trugen, da wahrscheinlich gekapert, spanische Namen. Doch ungeachtet des Optimismus, der in ihren Namen steckte, war ihnen kein Glück beschieden. Durch einen Sturm von dem Schiff Chancellors getrennt – der zuletzt die »Roseninsel« vor dem westlichen Mündungsarm der Nördlichen Dwina erreichen sollte (wodurch er für England den Seeweg nach Russland »entdeckte«) –, irrten sie lange durch die unwirtlichen nördlichen Meere, bis sie schließlich einsehen mussten, dass sie den Seeweg nach China nicht fänden, zumindest diesmal nicht. Heimwärts segelnd, versuchten Willoughbys Schiffe Ende September ins Weiße Meer zu gelangen, doch das Vorhaben erwies sich angesichts der Herbststürme und der tosenden See im Bereich der Meerenge als zu gefährlich, weshalb die Seefahrer zuletzt in der Nokujewski-Bucht vor der nördlichen Küste der Kola-Halbinsel zum Überwintern auf Reede gingen, an einer Stelle unweit des Flüsschens Warsina, welche die russischen Pomoren unter dem Namen Krugloje Stanowischtsche kannten, einem durch eine vorgelagerte Insel vor dem direkten Ansturm der Winde geschützten »runden Liegeplatz« auf dem Wege ins Warägerland. Hier ging die englische Besatzung der beiden Schiffe bis auf den letzten Mann an Hunger und Kälte zugrunde.[*]

<hr />

[*] So normal auf den ersten Blick diese Erklärung klingt, für die Fachleute wirft sie Rätsel auf. Willoughbys Schiffe *Bona Esperanza* und *Bona Confidentia* wurden von Pomoren in tadellosem Zustand gefunden. »Es ist unwahrscheinlich«, schreibt Wassili Galenko, der sich mit dem Thema befasst, »dass die Engländer, wenn sie zu erfrieren drohten, nicht einen

Sir Hugh Willoughbys Tagebuch indes wurde gefunden. Unter dem 14. August ist von festem Land die Rede, gelegen auf dem 72. Breitengrad: »… Wir setzten eine Schaluppe aus, um zu erkunden, was für ein Land dies sei: allein, die Schaluppe vermochte der seichten Gewässer wegen nicht anzulanden, in welchen sich überdies sehr viel Eis türmte; auch gab es kein Anzeichen einer menschlichen Behausung …« In den Karten des 16. und 17. Jahrhunderts bleibt »Willoughby's Land« – mal als Insel, mal als unbekannter Küstenabschnitt – verzeichnet, obwohl seit den holländischen Expeditionen auf der Suche nach der »nordöstlichen Durchfahrt« mit Sicherheit gesagt werden konnte, dass es an besagter Stelle kein festes Land gab; in der Angabe des Breitengrades hatte sich ein Fehler eingeschlichen … Mitunter gilt Nowaja Semlja als die von den Seefahrern gesichtete Küste, der schwedische Polarforscher Adolf Erik Nordenskjöld jedoch war der festen Ansicht, dass »Willoughby's Land« nichts anderes sei als die Insel Kolgujew.

Langsam, aber unerbittlich zieht sich der Ring der Erzählung um jene erstmals von Marco Polo erwähnten namenlosen nördlichen Inseln zusammen, die zweieinhalb Jahrhunderte später sich plötzlich den Engländern auf der Fahrt nach China und Indien vors Auge stellten so wie seinerzeit ihm selber die Goldene Horde. Damit der Kreis sich schließt, genügt eine Kleinigkeit: den Eilanden einen Namen zu geben und den Vogel zu fangen.

Teil des Holzes, aus dem die Schiffe gebaut waren, verfeuert hätten. Aber die Schiffe waren vollkommen intakt und konnten, als dreiunddreißig Monate später neue Mannschaften kamen, in See stechen. Sind sie also verhungert? Die Vorräte an Bord hätten ja eigentlich für den ganzen Weg ›nach China‹ reichen sollen. Bleibt der Skorbut. Der jedoch entwickelt sich nicht so rasch, weshalb es wenig wahrscheinlich ist, dass alle dreiundsechzig Mann innerhalb von vier Monaten daran starben.« Doch wie begründet diese Einwände auch sind, fest steht, dass es keine andere irgend plausible Erklärung für den Tod der Engländer gibt. Vierzig Jahre später mussten Barents' Begleiter auf Nowaja Semlja eine weit herbere Überwinterung durchstehen, doch konnten sie ihm und seiner Erfahrung uneingeschränkt vertrauen. Vielleicht wurde ja genau die Unerfahrenheit von Sir Hugh Willoughby, der zum ersten Mal eine Seereise unternahm, den Engländern zum Verhängnis.

Der Name: Er wird erstmals bei Stephen Burrough erwähnt, einem Vertreter der von den Engländern für den Handel mit Russland gegründeten Muscovy Company, späterhin der wichtigste englische Kapitän. Im Jahr 1556 drang er, begleitet von einer pomorischen Flotte, in einer Pinasse mit dem vielsagenden Namen »Gewinnsucher« (*Searchthrift*) bis zur Südinsel Nowaja Semljas vor, wo er durch Promyschlenniki von der Karastraße erfuhr, jenseits derer die weitere Route in östliche Lande zu suchen sei. Englands Selbsteingenommenheit als Seemacht gereichte ihm mitunter zu unermesslichem Schaden, mündete aber auch in komische Anmaßung – etwa wenn Burrough die Entdeckung der Karastraße zugeschrieben wurde. Aber nicht das ist wichtig für uns. In Burroughs Logbuch ist unter dem 25. August zu lesen, dass die Expedition an einer Insel mit dem schwer auszusprechenden Namen Colgoive vorbeigesegelt sei. »Wir warfen das Lot aus und fanden in 29 Faden schwarzschlammigen Grund ...«

Grammatisch betrachtet ist Kolgujew – was die im 19. Jahrhundert noch übliche Betonung auf der ersten Silbe verdeutlicht: »Kólgujew (und nicht Kalgújew)« wie Saweljew ausdrücklich schreibt – ein Possessivadjektiv, das auf die Frage »wessen?« Antwort gibt. »Wessen Insel ist das?« Die von Kólguj oder Kolgw. Wer dieser Kolguj oder Kolgw war, das lässt sich heute nicht mehr sagen, für uns aber wird noch von Bedeutung sein, dass dieser Name etymologisch wohl am ehesten auf eine finnisch-karelische Wurzel zurückgeht, nämlich auf *kolkka* oder *kolga*: Ecke, Winkel, entlegener Landstrich, oder auch – wenn es um das Nesthäkchen, den Nachzügler einer Familie geht – Letzter. Somit schreibt sich der Name der Insel in ein semantisches Feld ein, zu dem sich auch Wörter wie Rand oder Ende gesellen. Und noch etwas ist bemerkenswert: Auf der Insel Anser des Solowezki-Archipels heißt ein Kap Kolgujew. Ein Zufall? Oder sind dies toponymische Restspuren einer grandiosen Brücke, über die von unbekannten Völkern Namen getragen wurden, die heute keiner mehr zu entschlüsseln weiß?

... 1580, 20. August: Vor Kolgujew liefen die beiden Engländer Arthur Pet und Charles Jackman mit ihren Schiffen auf Grund. Von der Muscovy Company nach Osten entsandt »in das Land

Kathai oder die Herrschaftsgebiete von dessen großmächtigem Kaiser«, wo sie trachten sollten, »unter allen Umständen die Städte Kambalu und Kinsai oder eine von beiden zu erreichen«, war ihre Expedition bis in die Karastraße gelangt, dort aber auf Eismassen gestoßen, die sie zur Umkehr zwangen. Zwar hatte die Leitung der Company den beiden Seefahrern eingeschärft, jede Insel, auf die sie unterwegs stießen, zu erkunden, ob sie zur Errichtung befestigter Siedlungen und Häfen entlang der künftigen Handelsroute in Besitz zu nehmen sei, doch bei Kolgujew gelang Pet und Jackman die Landung nicht, wodurch allerdings das Ende der hier erzählten Geschichte wohl nur um gut dreißig Jahre hinausgeschoben wurde. Ihr Bericht lautet wie folgt: »... um 12 Uhr befanden wir uns plötzlich in seichten Gewässern, umgeben von großen Sandflächen, und fanden keine Fahrrinne hinaus. Während wir loteten und suchten, liefen wir auf Grund ... Diese Flachwasser liegen vor Colgoyeve, einer höchstens 2 oder 3 Fuß emporragenden Insel ...«

Mit Verspätung, doch unvorstellbarem Eifer machten sich im Gefolge der Engländer die Holländer auf, den Seeweg nach China zu suchen. Hier verzweigt sich die Fabel und bietet uns einige neue Namensvarianten – darunter die bemerkenswerte lateinische Form »Kolgio« in einem der zeitgenössischen Seebücher – und den Körper von Willem Barents, den seine Gefährten an der Küste Nowaja Semljas dem Schlund des pomorischen Ozeans übergaben: die See erhielt seinen Namen, im Gegenzug dafür bezahlte er mit dem Leben. Für die damaligen Europäer ein ehrliches Tauschgeschäft. Zumal Barents nicht hätte heimsegeln können, ohne die Handelsroute nach China gefunden zu haben: Mehr als jeder andere hatte er seinen Landsleuten wieder und wieder versichert, die Route durch das Nördliche Eismeer werde sie zu den unermesslichen Reichtümern des Orients führen.

1594 trotzte Balthazar de Moucheron, einflussreicher Amsterdamer Kaufmann, der ein Jahrzehnt lang sorgfältig Material über Russland gesammelt hatte, den niederländischen Generalstaaten die Ausrüstung einer Kundfahrt ins Nordpolarmeer ab, indem er anbot, ein Viertel der Kosten zu übernehmen – für eine Beteiligung in selber Höhe am künftigen Erwerb. Auch machte er sich für den Bau einer Festung auf Kolgujew oder Wajgatsch stark, um den Engländern den Weg nach Osten sicher zu versperren. Alle Seiten malten sich grenzenlose Gewinne aus, weshalb die Engländer wiederum zur selben Zeit beschlossen, alle ihren Kurs kreuzenden Schiffe, die nicht unter der Flagge der Company fuhren, erbarmungslos zu versenken. Damit mussten die Holländer rechnen und sich Routen in den Orient suchen, die nördlicher lagen als die der englischen Seefahrer. Die erste – und erfolgreichste – Kundfahrt leiteten die drei Kapitäne Nay, Tetgales und Barents. Nay gelang der weiteste Vorstoß nach Osten: Er segelte durch die Jugorstraße bis in die Karasee, und überzeugt, mit der Passage zum Ob den Zugang zu eben jenem Fluss gefunden zu haben, der in einem chinesischen Binnensee entspringen sollte, erklärte er die von ihm entdeckten Gebiete (das heißt: die Jugor- und die Jamal-Halbinsel) zu niederländischen Besitzungen – wodurch er sich in gewisser Weise den Gänsen seiner Heimat anglich, die für ihre Sommermauser und die Aufzucht ihrer Jungen ebendiese Landstriche sowie Kolgujew wählen …

1611. Am 7. August wirft der englische Steuermann Richard Finch vor dem Nordende Kolgujews den Anker aus. Die Engländer lassen eine Schaluppe zu Wasser und steigen – achtundfünfzig Jahre, nachdem sie erstmals die Insel gesichtet hatten – endlich an Land. Das Erste, was sie unternehmen – ohne im mindesten zu ahnen, dass sie in ein symbolisches Spiel verwickelt sind, das drei Jahrhunderte zuvor begonnen hatte –, ist, einen Falken zu fangen.

Finchs Mitstreiter, William Gordon, schreibt dazu Folgendes: »Nachts bootete ich aus, um das Eiland zu erkunden, das ein hoher Lehmgrund war. Ich gelangte zu einem Brutgebiet von Wanderfalken, doch sie waren alle abgeflogen, bis auf einen, den ich aufgriff und an Bord brachte …«

Der Vogel ist gefangen. Der Kreis hat sich geschlossen.

Unter der Herrschaft von Zar Alexej Michajlowitsch wurde Fremden der freie Verkehr in russischen Gewässern untersagt, ebenso den Kaufleuten, an anderen Stapelplätzen als Archangelsk Handel zu treiben. Dies geschah, kurz bevor der niederländische Geograph Nicolaes Witsen – der vom holländischen Gesandten in Moskau geheimes Kartenmaterial und Informationen über den russischen Norden erhalten hatte – zu dem endgültigen Schluss kam, dass die Nordostpassage keine taugliche Route nach China sei, wodurch das Interesse der Europäer am Hohen Norden für lange Zeit erlosch.

Jenseits dieses Sujets bleiben leider unzählige andere, nicht weniger fesselnde Geschichten unerzählt, die gleichwohl auf merkwürdige Weise miteinander verbunden sind wie die Ringe eines Kettenhemds oder die Ringe des tundrischen Dauerfrostbodens. Es wäre verlockend aufzuzeigen, wie die italienischen Gespräche des russischen Gesandten Dmitri Gerassimow zusammenhängen mit dem Tod von Henry Hudson (der als Engländer in holländischen Diensten segelte) sowie mit der Gründung New Yorks und mit zwei englischen Interventionsversuchen im russischen Norden.

Uns bleibt aber vom Notwendigen zu berichten, denn wenn schon von Ringen die Rede ist, so gilt es Rechenschaft darüber abzulegen, was auf dem Ring stand, den die von Alik erschossene Gans ums Bein trug, steht doch zu bezweifeln, dass diese Information auf anderweitigem Wege die internationale Vogelberingungszentrale erreicht. Die Inschrift lautete: »Vogeltrekstation 7.084.840. ARNHEM. HOLLAND.«

Wir sind mit den Niederlanden über Hunderte von Himmelsrouten verbunden, von denen wir nicht die leiseste Ahnung haben …

Auf der im kalten Meer verlorenen Insel ist die Welt der Gegenstände so karg, dass ein kleiner Aluminiumring um das Bein eines Vogels hier beinah ein Schatz ist. Die Graugans hat eine Botschaft mitgebracht, die ihren Adressaten erreicht hat, auch wenn sie in einer unverständlichen Sprache abgefasst ist. Der Vogelring beglaubigt die Materialität Europas, das leeres Wort blieb, bis im Tal eines kleinen Tundraflusses der Schuss des Jägers fiel. Nicht der Zufall, sondern die Vorsehung verfolgt eifersüchtig die Kugel, die ihr Ziel trifft und so den Auserwählten zum authentischen Zeugen eines Geheimnisses macht, das hier auf der Insel niemand auch nur erahnt. Einst übersandte die Insel Europa eine Herausforderung – den Falken. Europa nahm die Herausforderung an und enthüllte die Insel. Jetzt antwortet es seinerseits mit einer Herausforderung, indem es die Gans auf die Insel sendet. Wir wissen nur, die Herausforderung wurde angenommen, können aber nicht sagen, durch welche Peripetien dieses Sujet, das einen Kreis beschrieben hat, in neue Drehung gerät.

Trevor-Battye

Es wird endlich Zeit, von Trevor-Battye zu sprechen, dem wir in aller Bescheidenheit unsere Wanderung gewidmet haben. Verschiedene Umstände – und wichtige – hatten mich, wie der Leser bemerken konnte, hiervon abgehalten, jetzt aber ist der Augenblick
gekommen, aufzuklären, wer Trevor-Battye war und weshalb wir
ihn auf die Fahne unserer Expedition geschrieben hatten. Was freilich nicht überstürzt und unvermittelt geschehen darf, ist er mir
doch lieb und teuer. Ein natürlich sehr subjektives Gefühl – aber
während ich gerade in meinen Notizen blättere, stoße ich auf die
Fotokopie der Seite 477 des dreizehnten Bandes der *Encyclopedia
Britannica* von 1949 mit einem Artikel zu Kolgujew und begreife
plötzlich: Er war es, der meiner Liebe zu dieser Insel Nahrung gab.
Er eröffnete ihr den Durchschlupf in eine andere Dimension (zunächst ins 21. Jahrhundert), er gab ihr die Möglichkeit zu wachsen
und mich auszufüllen ...

Es ist nämlich so, dass keine einzige Enzyklopädie aus So-
wjetzeiten eine Bibliographie zu Kolgujew bietet. Und nach meiner ersten Rückkehr wusste ich nicht, wie – durch welche Lektü-
ren zumindest – ich die in mir erwachte seltsame Anhänglichkeit
an die Insel speisen konnte. Die alte *Britannica* verwies mich gleich
auf eine in deutscher Sprache veröffentlichte Arbeit von Alexander Tolmatschow und auf das Buch von Aubyn Trevor-Battye: *Ice-
Bound on Kolguev*, London, 1893*. Die Zeile entfaltete sich mit der
Zeit, wurde zum Buch, das ich las; und das Buch wurde zur Kette

---

* In Wahrheit Westminster, 1895 – selbst die *Britannica* kann sich irren.

unserer Spuren an der Küste des Ozeans und zu all den Beobachtungen, die für mich einen Bezug zum Studium der Eigenschaften von Raum und Zeit haben ...

Das Gesagte genügt, um mich nicht weiter in Sympathieerklärungen für Trevor-Battye zu ergehen. Über ihn selbst wird gesondert zu erzählen sein, und ginge es nach mir, so begänne ich meinen Bericht gleich hier und jetzt, am Ufer des Flüsschens Charobkopjun, während meine Gefährten damit beschäftigt sind, zu mir überzusetzen. Wir haben zum ersten Mal das Schlauchboot aufblasen müssen, und jetzt bringt Alik, mit den kleinen Rudern hantierend, Mann um Mann, Rucksack um Rucksack von einem Ufer zum anderen. Ich war als Erster dran, habe mich ins Moos gelegt, mir eine Zigarette angezündet. Ich schaue auf das Flüsschen, in dem sich blautümpelig der Himmel spiegelt, und auf die blanke Fläche der Promojnaja-Bucht ... Es geht mir gut. Nach dem gestrigen Gewaltmarsch und der praktisch schlaflosen Nacht könnte ich gut so liegen und rauchen und erzählen ... Aber es ist zu früh zum Ausruhen, das herrliche Wetter scheint sich zu halten und wir haben nicht weit zu gehen: Luftlinie sind es an die sechzehn Kilometer, also wohl um die zwanzig, plus minus ...

Wenn ich gewusst hätte! Wenn ich gewusst hätte, dass, was die Erforschung der Eigenschaften von Raum und Zeit betrifft, dieser Tag wirklich herausragen sollte! Dass wir für diese sechzehn (zwanzig?, vierzig?) Kilometer zehn Stunden reine Wanderzeit brauchen würden und am Ende des Tages, als wir uns mit Trevor-Battye auf parallelem Kurs längs der Koschka nach Nordwesten bewegten (er auf dem Meer, wir an der Küste), mir das Pochen des Blutes im Kopf die letzten Gedanken trüben und ich darüber vergessen würde, meinem persönlichen Expeditionsstab seinen, Trevor-Battyes, Namen zu nennen ...

Verzeihen Sie mir, Sir, wir gerieten in die Falle unserer eigenen Dummheit. Bis zum Mittagessen ging alles gut: Nach einer Bootsüberquerung des Flüsschens Jurotschnaja aßen wir auf einer Anhöhe eine kräftige Suppe und genossen die wunderbare Aussicht durch das Flusstal aufs Inselinnere und die blaugezackte, sich über das grüne Massiv der Tundra erhebende Doroschkin-Kuppe.

Vor uns breitete sich eine vollkommen unberührte, ursprüngliche Welt unter dem Himmel aus. Im Hohen Norden hat man nicht selten das Gefühl, gar nicht auf der Erde zu sein, sondern auf einem anderen Planeten, der ganz aus Eis und Kegeln flüssigen Lehms besteht oder aus schwarzem Gestein, das sich schuppig unter den Füßen schichtet – aber dort war es, als seien wir doch auf der Erde, nur vor sehr langer Zeit. Vor dem Menschen.

Leise murmelte der Fluss. Wind wehte vom Meer herüber. Das breite Tal erschien rot, gefirnisst mit Lehm. Dieser Überzug, den kurze Überschwemmungen hinterlassen, ist papierdünn, man braucht bloß den Fuß daraufzusetzen, schon zerreißt der wunderbare Zinnoberhauch und gibt schlammige Schwärze preis. Niemand aber hat hier vor uns seine Spur hinterlassen, abgesehen von Gänsen. Die dreizehigen Abdrücke ihrer Füße auf dem feuchten Erdreich erscheinen wie Spuren kleiner Echsen aus dem Jura oder Trias. Und gleich neben unserem Feuer liegt ein kleiner See, dessen Ufer von urzeitlichem Bärlapp überwuchert ist und unter dessen Spiegel sich grüne, luftgefüllte Blasen irgendwelcher Uralgen verbergen …

Noch gibt es keine Menschen. Noch ist das Wort nicht erklungen. Noch hat die Geschichte nicht begonnen. Die junge Welt ist noch so wunderbar frisch!

Und diese Empfindung ist dermaßen stark, dass man vor Glück loslachen möchte: »Wir sind allein! Wie gut, wir sind allein!«

Adams Gefühl im Paradies. Aber, Dummkopf, begreifst du den Schrecken der Einsamkeit, die du herbeirufst?

Nein, natürlich nicht. Natürlich ist dieser Dummkopf, also ich, nicht imstande, all die grauenerregenden Folgen dieses verrückten Drangs zu begreifen, er, also ich, kann sich nicht vorstellen, wie gleichgültig diese geologische Erhabenheit dem Menschen gegenüber ist und was ihn der Zusammenstoß mit dieser jungfräulichen Erde kostet. Im Übrigen – welcher Zusammenstoß? Die Erde breitete sich einfach vor uns aus: in majestätischer Pracht und teilnahmslos gegenüber unserem Gekrabbel. Und wir … Tja, wir täuschten uns tatsächlich in der Richtung und verausgabten dabei unsere Kräfte, denn wir quälten uns beinah eine geschlagene

Stunde entgegen unserer Zielrichtung um einen großen Einschnitt der Promojnaja-Bucht herum, bis wir endlich eine vergleichsweise enge und mit unserem Bootchen gefahrlos passierbare Stelle fanden. Die Flut hatte eingesetzt. Die Sandbank, auf der wir standen, musste bald von Wasser überspült sein. Ich tauchte meine Finger ein, leckte: die Hand war rau und salzig, wie ein Plattfisch. Petja und Tolik pumpten hastig unser Boot auf mit einer Fußpumpe, die wie ein halbierter Gummiball aussah.

Tolik setzte mich als Ersten über und jagte zurück, um unser Gepäck zu holen. Mit hochgeschlagenen Stulpen lief ich ihm, damit es schneller ging, im Wasser weit entgegen, an die dreißig Meter, nahm ihm die Rucksäcke ab, schleppte sie aufs Trockene; als meiner an der Reihe war, kriegte ich ihn kaum noch aufs Steilufer gewuchtet: versagende Arme, zitternde Hände. Ich rauchte, machte es Alik nach und kaute eine Wurzel – umsonst: Als ich von den andern ein Foto machen will, schlottert mir die Kamera zwischen den Fingern. Wir trockneten unser Schlauchboot, stopften es in Toliks Rucksack und brachen auf. Ich sagte keinem, dass ich ausgelaugt war, aber plötzlich begriff ich, dass vor uns nicht noch zehn oder fünfzehn Kilometer lagen, wie ich aus Dummheit immer noch rechnete, sondern dass die gesamte Strecke, egal wie lang sie wäre: dass sie vom Anfang bis zum Ende der Weg zur Rettung ist, sprich zum Geologenbalok! Der Körper will dort hin, will dort mit der selben Vehemenz hin, mit der sich die Erschöpfungssignale melden, das Herzpochen in Hals und Kopf, Kräfteabbau, die Verwandlung des Körpers in ein Stück feuchter Seife … Der erschöpfte Körper verlangte nach Leben, Leben um jeden Preis. Nach vollgültiger Erholung, Essen, Schlaf.

Die Zeit war versunken, ihre Stelle hatte wieder der Schmerz in Rücken und Schultern eingenommen. Bestimmt war es sieben oder acht Uhr. Es schien nicht dunkel zu werden. Aber als Alik am Wasser ein einsames Gänseküken fing und das verwaiste Tier mitleidig an seiner Brust wärmte, da fotografierte ich die beiden doch – und auf der Aufnahme ist zu sehen, dass die Insel bereits in tiefe Dämmerung getaucht war: Das trübe Licht verschleiert die Farben, alles ist in jene Ocker- und Umbratöne versunken, die den Bildhintergrund der asketischen nordrussischen Ikonen dominieren ...

Der Raum aber dachte nicht daran uns freizugeben: wieder ein Priel, kalt und zäh dahinfließend, der uns den Weg versperrte. Rüberspucken wäre wahrscheinlich gegangen, aber mit Stiefeln an den Füßen und geschultertem Rucksack rüberwaten oder -springen – ausgeschlossen. Alik und Tolik machen sich am Ufer auf die Suche nach einem Baumstamm, der hinüberreichen könnte; ich habe das Gefühl, wir vergeuden bloß unsere Zeit – jeder Stamm wäre zu kurz, wenn auch nur um einen halben Meter.

»Wir müssen das Boot aufpumpen ...«

Alik und Tolik haben es gehört, laufen aber noch eine Weile längs des Priels auf und ab, als müsse sich ein geeigneter Stamm finden lassen. Anscheinend haben finstere Apathie und schwermütige Erstarrung von uns Besitz ergriffen, die bösen Geister dieses Ortes ...

Wir sind bis ans äußerste Ende der Promojnaja-Bucht vorgedrungen, weiß der Teufel, wo hier der Wattenboden endet und die richtige Küste beginnt, wo der Grund schlickrig ist und wo fest, wo enden eigentlich diese ganzen sich in alle Richtungen verzweigenden Ausläufer der Bucht, die diese finsteren Dünen in ein Labyrinth verwandeln? Gleich setzen wir über den Priel über, aber ... wo sind wir dann? Weiß der Himmel. Obwohl die Sicht weit reicht: ringsumher ebene Fläche mit dunklen, grasbüschelgekrönten Sandkämmen. Irgendwo hier muss das Flüsschen Perwaja sein. Nicht zu sehen. Und etwas weiter – theoretisch – die Koschka, der Schulterpunkt der Koschka, wo sie mit der Insel verwächst, und dieser See, von dem noch zu reden sein wird und an dem wir, ihn rechterhand liegenlassend, vorübermüssen; dort ist dann das Ziel schon ganz nah – ein Häuschen, das wahrscheinlich noch nicht ganz eingestürzt ist, also: Pritschen, ein Ofen. Oder wenigstens – schlimmstenfalls – ein Dach über dem Kopf ...

Schließlich zuckt Alik wie erwachend zusammen, wühlt das Schlauchboot aus seinem Rucksack hervor. Stimmt, Bruder, wir haben keine Zeit mehr zu verlieren, ist schon ein verdammt übler Ort hier, und sein Geruch – nach feuchtem Lehm –, der gefällt mir gar nicht. Hier ist der Lehm nicht jener geschmeidige, von Menschenhand geknetete Stoff, den der Töpfer in vertraute Formen kleidet und in der Sonnen- oder Ofenglut brennt, hier ist der Lehm – Naturgewalt. Er birgt die ewige Kälte. Er riecht nach Tod. Lehmig riecht der Tod zweier Gänsejungen, die eine Raubmöwe auf einer graublauen Kaolinbank überrascht hat. Zerpickt sind nur die Köpfe: ausgesogen das Hirn, ausgehackt die Augen. Entwichen ist die Wärme ... Die Körper sind erkaltet ...

Langsam segelt die Möwe über den gelben Wassern des Meerbusens, die das verblassende goldene Himmelslicht spiegeln. Jenseits der gelben Fläche, in einem Kilometer-Abstand von uns, erstreckt sich unter dem erkaltenden Himmel, den Horizont verbergend, ein schwarzes Band: die Koschka. Schon ganz nah. Bisweilen ist es, als hörten wir das Geräusch der Brandung ...

Nachdem wir übergesetzt haben, schleppen Alik und ich zusätzlich zu unseren Rucksäcken das aufgeblasene Boot. Wo bleibt bloß diese verdammte Perwaja? Es hat nämlich sein Gewicht, das Boot, ob zusammengelegt oder aufgeblasen. Ich sehe meine Stiefel im nässeausschwitzenden Boden, höre Aliks und meinen Atem, der dem zweier erschöpfter Tiere gleicht. Dann endlich der Fluss. Ein wassergefüllter Kanal oder Graben, könnte man meinen. Ein toter Fluss. Tote Ufer, grauer Lehm. Als ich mit dem Rucksack ins Boot steige, falle ich beinah ins Wasser: Die Erschöpfung lässt alle menschlichen Bewegungen ungeschickt werden, und ich hatte längst alle Stadien des gestrigen »Ich kann nicht mehr« durchlaufen.

Auf der feuchten Gänselajda, die keine vierzig Zentimeter aus dem Wasser ragt, setzen wir die Rucksäcke ab. Wir sind mit unseren Kräften am Ende. »Der Raum macht einen zum Menschen ...« Naja. Petka steht auf und schleppt sich vorwärts. Ziellos. Wie ein Verrückter. Er marschiert einfach ohne Rucksack drauflos. Ihm entgegen erhebt sich vom Meer her Nebel ...

Elf Uhr nachts.

Und trotzdem lasen wir auf dieser dem Grund eines Sees gleichenden nebelüberzogenen Ebene Holz zusammen, kochten uns einen Tee stark und süß wie Wein, an dem wir uns verbrann-

208

ten, und zwangen ein Stück Brot mit kaltem Büchsenfleisch in uns hinein – Fett und Zucker, Hauptsache ein kalorienreicher Brennstoff, wir brauchten Wärme. Nachdem wir uns aufgeheizt hatten, setzten wir die Rucksäcke wieder auf. Als fassten wir uns bei den Händen, hoben wir mit den Rudern das Schlauchboot auf und liefen in den Nebel hinein. Wir glaubten nicht, diesem Meereslabyrinth, das wie etwas Flüssig-Lebendiges pulsierte, aus Tidenwasser und Flüsschen oder einfach Mooren und Wiesen, entkommen zu sein.

Aber bald – und immer häufiger – stolperten wir über meerwasserpolierte Stämme. Und schließlich eröffnete sich unserem Auge eine riesige, von angespültem Holz und Müll übersäte Nehrung. Die Koschka. Sie entschwand in unserem Rücken in die Unendlichkeit und eröffnete sich vor uns wiederum als eine Unendlichkeit auf dem Sand umherliegender, im Sand versinkender, kreuzweise zusammengeschobener, in sechs, sieben Schichten übereinandergeworfener Baumstämme, zwischen denen wir uns im Nebel vorwärtsarbeiteten wie inmitten sagenhafter Bastionen …

Ich war längst außerstande, irgendetwas zu denken oder zu fühlen, dennoch gaukelte wie ein stilles Lachen eine leise Wärme in mir, weil wir nicht Opfer unseres abgeschmetterten verrückten Plans geworden waren, die Westküste über die Koschka zu erreichen, und es uns somit erspart blieb, uns durch diese seewinddurchfegte, müllübersäte leblose Wüste zu kämpfen.

Um zwei Uhr in der Nacht hörte unter den Füßen der Sand auf und begann die Tundra und augenblicklich auch im Moos eine Geländefahrzeugspur. Sie brachte uns wie im Nu zu dem Balok der Geologen, einem Häuschen, das wie ein vom Fahrgestell heruntergehobener Eisenbahnwaggon aussah. Gebaut hatten es vor einer geraumen Weile schon die ersten Prospektoren, die auf der Insel nach Öl suchten, das aber schließlich nur im Ostteil gefunden wurde, und so stand es verlassen da. Verrostete Fässer lagen ringsumher, wohl ein halbes Hundert, Raupenkettenglieder, Bohrgestängeteile, von denen eines, einem riesigen Korkenzieher gleich, wie eingerammt in der Erde stak.

Die Scheibe des Häuschens war zertrümmert[*], auf dem Tisch und den Pritschen hatte sich auf einer schleimig-schwarzen, zusammengebackenen Dreckschicht Schimmel gebildet, auf dem Boden lag eine feuchte, angeschimmelte Matratze. Man muss unseren Trekkingführern Anerkennung zollen: Nicht eine Sekunde gaben sie der Enttäuschung nach, sondern trieben irgendwo zwei grünliche Glasscheiben auf und verschlossen damit im Handumdrehen das Fenster, wonach wir das verrottete Innere des Häuschens so lange abkratzten und fegten, bis alles ordentlich und sauber aussah. Schließlich entrollten wir auf den Pritschen unsere Felle, heizten den Ofen ein, streiften die verhassten Stiefel von den Füßen, kochten Kaffee und … verplauderten uns bis vier Uhr in der Früh.

Ich hatte doch noch etwas über den See erzählen müssen. Natürlich, bedenkt man alles, was uns an diesem Tag widerfahren ist, gerade auch die Erschöpfung, und das verblassende Licht, die Feuchtigkeit, den Nebel, die seltsamen Geräusche vom Meer her, den Lehmgeruch, die unheilvollen Raubmöwen, die Dünen, das Labyrinth, das Himmelsgold, so ist leicht verständlich, warum wir dem See nicht die nötige Aufmerksamkeit zollten, den wir wie vorgesehen rechterhand liegen ließen. Leider! Wir hätten natürlich unbedingt unseren unfrohen Trott wenigstens für einen Augenblick unterbrechen und den nebelverhangenen Wasserspiegel betrachten müssen: Denn dieser namenlose See, an dem wir schweigend wie Gespenster, das Schlauchboot zwischen uns, vorüberzogen, ist eben jener See, der hundert Jahre zuvor Saxon Lake getauft wurde von ebendem Menschen, der zum unfreiwilligen Inspirator unserer Wanderung wurde – dem Schotten Aubyn Trevor-Battye.

Trinken wir einen Schluck vom stärksten und süßesten Kaffee auf diesen Mann!

Nehmen wir einen möglichst tiefen Zug aus der allerbesten Zigarette – jener, die am Ende eines durchwanderten Tages in der Etappe geraucht wird!

[*] … am ehesten wohl von einem Eisbären: Sie streifen im Frühjahr über die Insel, und wahrscheinlich hat einer beim Anblick seines Spiegelbilds aus Neugier gegen die Scheibe gehauen.

Trevor-Battye war der erste Wissenschaftler und der erste Europäer, der Kolgujew von Nord nach Süd durchquerte, insgesamt drei Monate auf der Insel verbrachte und sich mit allen ihren damaligen Bewohnern anfreundete. Er war gewiss ein Romantiker, dieser aktive Fellow der Royal Geographical Society, der Zoological Society of London und der British Ornithologists Union, hat er sich doch als Studienobjekt diesen »trostlosen«, »wüsten«, »eisigen« Landstrich ausgesucht (alles Attribute, die der Übersetzer im Vorwort zur russischen Ausgabe von Trevor-Battyes Buch verwendet). Oder war er ruhmsüchtig und hat eine vergleichsweise einfache Gelegenheit genutzt, unter die Polarforscher eingereiht zu werden? Ich fürchte, wenn wir darüber aus heutiger Sicht urteilen, ist das Risiko groß, in schreckliche Banalität abzurutschen.

Das 19. Jahrhundert, uns vor kurzem noch so nah, so vertraut, so verwandt, entfernt sich mit einemmal in Windeseile. Vielleicht, weil die dorthin zurückreichenden Familienbande tatsächlich abgerissen sind. Und wenn demnächst die letzten Alten sterben, die uns mit dieser Zeit verbinden, wird es genauso fern und unbegreiflich sein wie all die anderen Jahrhunderte, in denen wir uns nicht mehr wiedererkennen und keinen Zusammenklang mit unserem Verständnis des Lebens erkennen. Und deshalb wollen wir uns auch davor hüten, über diese so nah-ferne Zeit zu urteilen, deren Gedächtnis unerklärlicherweise in den endlosen Fernsehserien und Fortsetzungsromanen unserer feuilletonistischen Epoche weiterlebt und nur manchmal, im Traum irgendeines Jungen, wieder auflebt als eine Hoffnung, als ein Sonnenreflex auf den Mastspitzen eines Seglers in Glasgow ...

Diese Zeit war erfüllt von Größe und vom Bewusstsein der eigenen Größe. Der Glaube an den Fortschritt war so bedingungslos wie zuvor der Glaube an Gott. Symbol dieses Glaubens war der Tempel der Wissenschaft – der im Übrigen eher an ein gigantisches Museum erinnerte oder an eine riesige Bibliothek. Was nicht weiter verwunderlich ist, war er doch gerade erst im Zuge des großen Projekts der Aufklärung vollendet worden, derzufolge die Welt eine Enzyklopädie ist. In manchen Sälen roch es noch frisch nach Leere, die gefüllt werden wollte ... Noch hatten die Tempelwände keinen einzigen Riss ...

Es schien, als ob die Arbeit gerade erst anfange, während sie doch im Kern bereits abgeschlossen war. Ideen haben etwas von Bäumen: Hängen die Äste voller Früchte, kommt der Herbst. Doch die Menschheit begeisterte sich noch unverdrossen für die in den Tempel gebrachten Wunderdinge. Sie strebte nach äußerster Genauigkeit und äußerster Klarheit in allem. Dem Bau des Menschen, der Maschinen, der Welt. Und Gottes.

Alles wurde der Beschreibung unterzogen: Das 19. Jahrhundert brachte eine riesige Menge an Reiseliteratur hervor. Atlanten der Geographie und der Biologie, Tagebücher, Exkursionsberichte mit genauen Beschreibungen von Geologie, Fauna, Flora und den Gebräuchen der in den entdeckten Gebieten lebenden Menschen. Das 19. Jahrhundert bilanzierte auf originelle Weise jene über Jahrhunderte betriebene Übersetzung aller Kenntnis von der Welt in die Sprache der europäischen Wissenschaft, es schuf die globalen philosophischen und naturwissenschaftlichen Systeme: Lamarck, Darwin, Spencer, Comte. Man berauschte sich an ihnen als dem Wort, das letzte Klarheit bringt, das die Welt endgültig verständlich macht ...

Heute ist die Welt so gut erforscht, dass es keine leeren Säle im Tempel der Wissenschaft mehr gibt; so gut, dass sie halb tot ist und sie das Gedächtnis an das vormals Lebendige in zig Hunderttausenden, zig Millionen Seiten verwahrt – Seiten, die ihr einstiges Feuer verloren haben, erkaltet sind ... Tot sind? Wir müssen anders auf diesen erst vor ganz kurzem errichteten erhabenen, kolossalen Tempel schauen, auf die durch seine Säle schlendernden vereinzelten Besucher, die rissig gewordenen Wände, die Wasserflecken an der Decke, die in Kriegen vom Dach heruntergeschossenen Verkörperungen der Vernunft und des Fortschritts, die bis dahin ihre Hände über die Welt hielten; auf den Bettler an der Pforte und den Trinker im Garten ... Wir versuchen, etwas zu begreifen ... Und begreifen ... Nein, können es nicht ...

Wahrscheinlich ist nichts Entsetzliches passiert. Es geht halt einfach eine weitere Epoche zu Ende. Trevor-Battye gehörte ihr, versteht sich, noch ganz und gar an: Er ist ein verspäteter Weltentdecker, der davon träumte, sich auf seine eigene Reise zu begeben und über sie sein Buch zu schreiben.

Längst war das Nordpolargebiet kein weißer Fleck mehr. Auf der Nordinsel von Nowaja Semlja gingen die Norweger regelmäßig der Walross- und Eisbärenjagd nach, derweil auf der Südinsel die Russen jagten; eines Tages entdeckte bei so einer Fangfahrt Elling Carlsen in der Ledjanaja-Gawan-Bucht ein seltsames verlassenes Haus, bis obenhin angefüllt mit Schnee, und wie die Jäger den Schnee durchwühlten, da stießen sie auf eine altertümliche Uhr ... Hellebarden ... Musketen ... Annähernd zweihundertfünfundsiebzig Jahre stand sie dort, die Uhr: Das Haus entpuppte sich als Barents' Überwinterungslager.

Nach Carlsen untersuchte Charles Gardiner, englischer Sportler und enthusiastischer Laienarchäologe, 1876 das Winterquartier der letzten holländischen Chinaexpedition. Doch wenn Nowaja Semlja – der Schlüssel zur östlichen Arktik – Forscher wie Fangleute unverändert anzog, so blieb Kolgujew (zumindest für die Europäer) auch gegen Ende des 19. Jahrhunderts ein ebenso dunkles geographisches Objekt wie im 16. Jahrhundert, als Willem Barents' Schiff, die *Mercurius*, an dem Eiland vorbeisegelte, ohne auch nur seine Fahrt zu verlangsamen. Deshalb war Trevor-Battyes Expedition keineswegs ein Spaziergang durch exotische Regionen. Genauer: Nur ein Zusammentreffen zahlreicher von den beiden Forschern gänzlich unabhängiger Umstände erlaubte Trevor-Battye und seinem Kompagnon am Leben zu bleiben. Obgleich *Ice-Bound on Kolguev* eine der besten Beschreibungen der Insel war – und bis heute ist –, hat der Autor dem Text doch zugleich eine echte Abenteuerspannung beigegeben. Denn nicht in Afrika oder Amazonien, zeigte sich, sondern beinah vor der Haustür, in Europa, wiewohl an dessen äußerster Grenze, existiert dies: eine unbekannte Insel, bewohnt von einem unbekannten Volk, das eine seltsame samojedische Sprache spricht; gefahrvolle Abenteuer, die auf die beiden unerschrockenen Engländer warten; Verzweiflung, weil das Schiff, das sie von der fremden Küste fortbringen soll, unerklärlicherweise nicht aufkreuzt; kurz vor der langen polaren Nacht die Aussicht, nicht heimkehren zu können, und im letzten Augenblick das Auftauchen zweier russischer Karbassen, verheißungsvoll, obzwar unzuverlässig (wie das ganze russische Seemannsglück), aber doch wahrscheinlich die Rettung ...

1897 erschien das Buch in russischer Übersetzung[*], aber man muss natürlich unbedingt die wunderbare, gut vierhundertseitige englische Originalausgabe mit dem goldgeprägten bläulichen Einband, den beigefügten Karten, den Illustrationen und dem Anhang (zu Flora, Fauna, Klima und den Eigenheiten des Nenzischen) zur Hand nehmen, um zu spüren, womit genau wir es hier zu tun haben, welches unerklärliche Aroma von diesem Buch ausgeht und woher jene ihm eigentümliche Mischung rührt aus schriftstellerischer Zurückhaltung und Selbsteingenommenheit, breiter Bildung und hauchfeiner Arroganz, forscherischem Interesse und einem unbezwingbaren, alles durchziehenden Überlegenheitsgefühl ... Das gute alte viktorianische England, das seit Waterloo nur noch Siege kannte, dieses nicht nur über die Weltmeere, sondern die halbe Welt herrschende England, das nicht nur keiner seiner Launen nicht nachgeben wollte, sondern ebenso unfähig war, irgendeine seiner Lügen einzugestehen, – dieses ganz im Gefühl seiner Gewichtigkeit lebende England ist es, wo wir uns, außer auf Kolgujew, befinden, wenn wir dieses Buch in die Hand nehmen.

»Vor zwei Jahren nun schon legte ich die Feder beiseite, nachdem ich meinen Bericht über einen Aufenthalt auf der Insel Kolgujew geendigt, die in jenem Teil des Arktischen Ozeans liegt, der unter dem Namen Barentssee bekannt ist. Erzwungen war mein langer, doch durchaus glücklicher Verbleib dort durch einen Ring aus Packeis, welcher Schiffen das Anlaufen der Insel so gut wie unmöglich machte. Zwei Engländer begleiteten mich: zum einen mein Weggefährte Thomas Hyland, zum anderen mein treuer alter Spaniel Sailor. Armer lieber alter Sailor! Der Tod hat ihn unterdessen in andere Jagdgründe versetzt, ob in glücklichere oder nicht, weiß ich nicht ...«

Welch ein Stil, welche Zeiten!

Der Schotte Aubyn Trevor-Battye war Vogelkundler, und so ist sein Interesse an Kolgujew nur zu erklärlich. 1893 fuhr er auf einem englischen Handelsschiff nach Archangelsk mit dem Ziel,

---

[*] Obin Trevor-Betti, »Vo l'dach i snegach«, *Ežemesjačnoe priloženie k žurnalu »Priroda« za avgust 1897 goda.*

etwas über Kolgujew in Erfahrung zu bringen, aber seltsamerweise misslang dies. »Ich befragte Kaufleute und Fischer, ich befragte
Mönche von den Solowezki-Inseln – vergeblich. Sie wussten nichts
über Kolgujew, waren nur alle der Auffassung, es sei dies ein gars-
tiger Ort.«

Er muss hinters Licht geführt worden sein, dieser neugierige
Engländer, anders kann es nicht sein. Denn wenigstens seit der
Mitte des 19. Jahrhunderts erlegten Mesener Pomoren Jahr für Jahr
an die Hunderttausend Gänse auf Kolgujew und verhökerten im
Archangelsker Werftviertel Solombala das gepökelte Fleisch (das,
da nachlässig eingesalzen, leicht nach Hund roch). Man kann natürlich irgendeinen rationalen Grund zu finden versuchen (und
Trevor-Battye benennt in seinem Buch sogar einen), weshalb die
»nahe« und »leicht zu erobernde« Insel, auf der sich die Promyschlenniki in fröhlichen Rotten zusammenfanden, um sich heraus-
zufuttern und »anzusetzen«, plötzlich dem kollektiven Gedächtnis
entfallen war – doch ist es wohl überflüssig, sich in derlei hochgra-
dig komplexe Mutmaßungen zu verlieren …

Nachdem er nichts Vernünftiges über Kolgujew hatte in Erfahrung bringen können – nicht einmal, ob dort Menschen lebten
oder nicht, und wenn ja, ob fest oder nur zeitweise – besuchte der
junge Ornithologe zuletzt einen Empfang des Archangelsker Ge-
neralgouverneurs. Dieser vernahm die Pläne des Briten nicht ohne
ein gewisses Erstaunen, bot ihm jedoch gleichwohl an, er könne im
darauffolgenden Herbst, wenn sein Kanonenboot Nowaja Semlja
anlaufe, vielleicht dieses für seine Kolgujew-Reise nutzen. Doch
Trevor-Battye erschien die Jahreszeit zu spät für seine Vogelbeob-
achtungen, und so schlug er das Angebot aus.

Ohne aber seine Pläne aufzugeben.

Nach seiner Heimkehr übersandte er dem Vorsitzenden des
britischen Ornithologenverbands Lord Lilford einen Bericht über
Kolgujew sowie eine Skizze über die von ihm geplante Reise. Lord
Lilford war ein echter englischer Gentleman alten Stils – uner-
schrocken, offenherzig und natürlich auch ein wenig schrullig (jedenfalls hatte ihn seine literarische Lieblingsfigur, der Edelmann
von der Mancha, in seiner Jugend zu einer ornithologischen Studi-

enreise nach Spanien veranlasst). Trevor-Battye war mit Lord Lilfords Neffen Mervyn Powys befreundet, nicht zuletzt, weil dieser Interesse an einer Nordpolarmeerfahrt bekundet hatte. Lord Lilford, betagt und schon lange krank, verließ bereits nicht mehr sein Anwesen in Northamptonshire und widmete sich dem Studium nur mehr der heimischen Vogelwelt. Doch Trevor-Battyes Skizze rief anscheinend die besten Gefühle in ihm wach:

»Ich schulde Ihnen allerhöchsten Dank für die Zusendung Ihres Berichts über Kolgujew. Das ist alles gänzlich neu für mich, und wäre nicht meine Gebrechlichkeit und besäße ich noch den alten *Glowworm*, ich rüstete mich wohl gleich zu einem Besuch der ›Insel der Gesegneten‹ (Vögel).«[*]

Als Trevor-Battye seinen Bericht für Lord Lilford verfasste, muss er Professor Saweljews Kolgujew-Beschreibung aus dem Jahr 1841 gekannt haben, ebenso Sergej Maximows Sammlung Pomorischer Erzählungen, worin die Insel derart gepriesen wird, dass ihre Apostrophierung als »Insel der Gesegneten« nicht übertrieben erscheint.[**] Lord Lilfords Antwortbrief war indes kein gewöhnlicher Tribut an die Höflichkeit, vielmehr schrieb er umgehend seinem Neffen Mervyn Powys von seiner Bereitschaft, die Hälfte der Chartergebühr für ein kleines Dampfschiff zu übernehmen; gleichzeitig forschte er seiner ehemaligen Steamyacht *Glowworm* nach, die vorzeiten speziell für eine Spitzbergenexpedition gebaut worden war. Doch dies erübrigte sich alsbald, denn Mervyn Powys charterte die Steamyacht *Saxon*.

Powys träumte davon, im Nördlichen Eismeer auf Jagd zu gehen, verspürte aber keinerlei Wunsch, mit seinem Freund Trevor-Battye die Unbilden zu teilen, die mit einem Kolgujew-Aufenthalt verbunden wären und die sich leicht aus Professor Saweljews

---

[*] Aubyn Trevor-Battye (ed.), *Lord Littleton on Birds*, London, 1903.

[**] »Alles dort ist günstig«, lesen wir bei Maximow, »die Höhenlage der Insel, ihre fünf großen Süßwasserflüsse ..., überdies mehrere Süßwasserseen zum Inselinnern hin, schließlich dieses selbst, das sich merklich über den umgebenden Küstenstreifen erhebt ...« Sergej Vasil'jevič Maksimov, *Izbrannye proizvedenija v dvuch tomach [Ausgewählte Werke in zwei Bänden]*, Moskau, 1987, Bd. 2, S. 74.

Beschreibung der Insel erahnen ließen. Letzterer rechtfertigt die mangelnde Vollständigkeit seiner Beobachtungen damit, dass von den sechzehn Tagen, die er im Jahre 1841 auf der Insel zubrachte, »das Wetter an zehn Tagen der Art war, daß es unmöglich war, an Untersuchungen und Excursionen ... zu denken: der heftige Sturm erlaubte uns nicht einmal die Cajüte zu verlassen«.[*] Aus diesen von vornherein unterschiedlichen Zielsetzungen der beiden Engländer erwuchs eine Zufallsverkettung, die aus dem geplanten einmonatigen Kolgujew-Aufenthalt von Trevor-Battye einen dreimonatigen werden ließ, was ihm echte Abenteuer bescherte, und Mervyn Powys zwang, im Anhang zu *Ice-Bound on Kolguev* darzulegen, wie es geschehen konnte, dass er seinen Freund und dessen Begleiter auf einer wilden arktischen Insel zurückließ und die Heimreise allein antrat. Seine Erklärungen sind, wie alles Viktorianische, umständlich und erklären nichts, denn die *Saxon* – ein modernes Dampfschiff von annähernd fünfzig Registertonnen und besetzt mit einer Mannschaft erfahrener schottischer Walfänger – drehte aus Furcht vor dem nahenden Eis am 6. oder 7. August von der In- sel ab, während Trevor-Battye Kolgujew mitsamt Hund und einem gänzlich verzagten Hyland am 18. September auf einer pomori- schen Karbasse verließ, die zweifellos jeden zivilisierten Seereisen- den erstaunt und entsetzt haben dürfte. Es handelte sich im Grunde um ein großes, dreißig Fuß langes, beinah flachgehendes Boot mit einer kleinen Kabine im Heck, das bei der Beladung mit unzähligen Rentierfleisch- und Robbentranfässern sowie Fellen und Häuten um sechs Fuß tiefer ins Wasser tauchte. Kapitän dieses Untersatzes war Alexander Sumarokow, ein russischer Kaufmann in nenzischer Maliza, dem ein anderer Russe als »Diener und Faktotum« zur Seite stand; die Mannschaft wurde von zwei Nenzen gebildet, Onask und Timofej (»Timo Fé«), denen seherische Fähigkeiten zugeschrieben wurden, insbesondere die Gabe, Schicksalszeichen zu deuten ...

Aber jetzt haben wir vorgegriffen und das Ende der Geschichte verraten, ohne den Anfang erzählt zu haben, der, muss man sa-

[*] »Die Insel Kolgujew«, *Archiv für wissenschaftliche Kunde von Russland*, X, Berlin, 1852, S. 302-318.

gen, nichts dergleichen verhieß. Die *Saxon* verließ am 2. Juni 1894 Peterhead und nahm, nachdem sie im nordschwedischen Vardö noch einmal Kohle gebunkert hatte, bereits zehn Tage später Kurs auf Kolgujew. Nach weiteren drei Tagen, am 15. Juni, sichteten die Reisenden um zwei Uhr mittags »lange, niedrige Nebelwolken, die augenscheinlich eine Landmasse bedeckten. Das konnte nur die Insel Kolgujew sein … Selbstverständlich sagten die Matrosen ihrer Gewohnheit gemäß fortwährend, sie sähen Klippen, Berge usw. Aber ich denke, es wurde beinah sechs Uhr, ehe wir wirklich mit absoluter Sicherheit Land ausmachten, obgleich es selbst dann noch unter Nebel verborgen lag.«

Schließlich kam die ersehnte Stunde, da Trevor-Battye endlich die »Insel der Gesegneten« erblickte, die Insel seiner Träume!

»Es war zweifellos die erbärmlichste und unwirtlichste Küste, die man sich vorzustellen vermag. In diesen Breitengraden ist mit Bäumen nicht zu rechnen, doch für ihr Fehlen entschädigen oftmals mehr als genug landschaftliche Schönheiten – herrliche Gletscher oder strenge Felsbastionen, über denen Myriaden von Seevögeln kreisen wie treibender Schnee. Nichts dergleichen hier. Vor uns erstreckte sich nichts als eine lange niedrige Linie planer Einförmigkeit … Schnee, der sich in Streifen die Hänge hinab und über den Strand bis zum Randeis der See zog, dazwischen Sand- oder Lehmwände mit dunkleren, von Schmelzwässern oder Murgängen gegrabenen Rinnen.«

Diese Zeilen voll herber Enttäuschung bestürzen mich beinah, so vertraut ist mir das von dieser trostlosen Landschaft hervorgerufene Gefühl, allzu bekannt sind mir die das Herz beschleichende Melancholie, der aufflammende Zweifel: *Dafür* also sind wir übers Meer gefahren?!

Ich bin voller Mitgefühl. Ich könnte meine Zustimmung laut herausbrüllen, klänge sie nicht zu dumm, ein Jahrhundert, nachdem Trevor-Battye die Schwelle dieser von einer Spitzenborte aus Packeis umrahmten winzigen Feste überschritten hat und auf ihrer grenzenlosen Ebene hinter dem Horizont verschwand, um sich mit Kopf und Verstand hineinzuvertiefen und von dort seinen Schatz zurückzubringen, sein Buch. Letztendlich haben wir keine große Wahl. Wir müssen den Schatz aus dem gewinnen, was uns das Schicksal nun einmal zuspielt – sei es das elende Los eines Derwischs oder das Glück, das sich mit dem Wort »Sesam öffne dich« auftut, oder ein riesiger Torfklumpen in den seichten Gewässern der Barentssee (denn nichts anderes ist Kolgujew genau genommen) ... Andernfalls bleibt nur, ganz und gar überflüssige Rechtfertigungen ins Buch des Unverwirklichten zu schreiben ...

Die Engländer hatten eindeutig wenig Glück: Der Sommer des Jahres 1894 war einer jener Sommer, in denen von einer schwergehenden See mächtige Eisschollen aus der Karastraße in die Barentssee ausgeworfen werden. Setzen diese riesigen grünlichen Eisblöcke im Flachwasser vor Kolgujew auf Grund auf, schweißt eine bittere Kälte sie rund um die Insel zusammen. Den ganzen Sommer über herrscht dann feuchtkühle Witterung, bestenfalls gibt es im Inselinnern ein paar warme Tage – aber über der Küste hängen auch da Nebel und Regen.

1894 glich das Flachwasser um Kolgujew einem gefrorenen See mit einem hineinversenkten Eisberg. Die einzige Stelle, wo man sicher ankern konnte und wo seit jeher die Pomoren anlandeten, war Stanowoj Scharok (dieser Name ist eigentlich die Bezeichnung für einen kleinen Kanal im Flachwasser, durch den man bis zu einer Landungsstelle nahe der Insel gelangen kann); wegen des Eises war dieser Ankerplatz für die *Saxon* aber nicht zugänglich. Zudem trieb von Osten her weiteres Meereis heran ... Die Steamyacht drehte ab, schlug Kurs nach Nordwest ein und begann die Insel längs der Koschka im Uhrzeigersinn zu umrunden. Bei Maximow heißt es, in den Flüssen Kriwaja und Gussinaja gebe es bequeme Ankerplätze, und auch wenn Professor Saweljew das Gegenteil schreibt – den Reisenden blieb nichts anderes übrig, als sich selbst Klarheit zu verschaffen.

Schließlich brach die Nacht an. Eine ebensolche Nacht, nur ein wenig heller, wie jene, durch die wir wanderten – auf der anderen Seite der Koschka, aber in derselben Richtung. Die *Saxon* war uns einhundert Jahre, einen Monat, vierzehn Tage und mehrere Stunden voraus. Als deren Reisende die Insel ausmachten, beendeten wir wahrscheinlich gerade unser Mittagessen; ein paar Stunden später schipperte sie auf gleicher Höhe mit uns: das war genau der Zeitpunkt, als wir den Baumstamm suchten und die Yacht nicht sehen konnten, weil die riesige, den ganzen Horizont verlegende Brustwehr der Koschka noch immer den Blick aufs Meer abriegelte. Und später zog von See her Nebel auf, in dem gar nichts zu erkennen war, außerdem war es schon zu spät: das Schiff war nach Norden, in Richtung Kriwaja-Mündung, entschwunden. Um elf Uhr nachts, als wir uns auf der feuchten Lajda einen Tee kochten, war es anderthalb Seemeilen vor der Küste vor Anker gegangen. Die Maschinen sind gestoppt. Schlaf ergreift allmählich die ganze Besatzung, nur der wachhabende Matrose schmaucht, in seine Jacke verkrochen, auf der Brücke eine Pfeife …

Ließen sich *bestimmte Stunden* auf zwei Zifferblätter übertragen, von denen das eine Trevor-Battyes Zeit in einen Kreis von vierundzwanzig Stunden fasste und das andere unsere Zeit, und ließen sich diese beiden Zifferblätter zur Deckung bringen, so hätten wir uns am folgenden Tag gegen sieben Uhr abends begegnen können.

Doch wir sind uns nicht begegnet. Einer der unzähligen Gründe hierfür ist, dass wir auf ein Zusammentreffen nicht vorbereitet waren und, während die Engländer langsam längs der Küste in unsere Richtung gingen, statt sie willkommen zu heißen, in der Banja, die zu der aufgegebenen Prospektorenbasis gehörte, Dampf zu erzeugen versuchten – allerdings wegen der rissigen Wände vergeblich: wir hatten kalte Füße, einen warmen Hintern und einen glühenden Kopf, aber was war zu ändern. Mit Genuss rieb ich meinen nach Wärme lechzenden, vom Rucksack gestauchten, von einer Salzkruste bedeckten Körper ab und vergaß gänzlich den einzigen Zeitpunkt, zu dem eine Begegnung möglich gewesen wäre. Als wir, sauber, glücklich, dampfend, wieder ins Freie traten, war alles bereits aus und vorbei: von See her kam noch immer Nebel heran, und zu sehen waren noch immer nur der hölzerne Wohnwaggon, ein von Menschen und Wettern schwer zugerichteter Anbau sowie, rings um diese unglückseligen Baulichkeiten verstreut, Fässer, rostige Zweihundertliterfässer für

Treibstoff, toter Samen eines abgestorbenen Sprosses unserer Zivilisation … Alik ging von Fass zu Fass. Er rüttelte an jedem und fand in einem noch bestimmt zwanzig Liter Diesel. Tolja und er gossen die gelbe, urinähnliche Flüssigkeit in einen zerdellten Eimer um und sagten, sie würden gleich den Dieselmotor anwerfen, der im Vorraum der Banja stand, dann hätten wir Licht. Strom einschalten zu können ist an sich eine tolle Sache, selbst wenn man ihn nicht braucht – aber mein Gott: Was für eine Begegnung haben wir versäumt!

Auf Trevor-Battyes Zifferblatt stand der 16. Juni 1894. Am Morgen hatte man von der *Saxon* eine Schaluppe zu Wasser gelassen, um zur Insel hinüberzurudern. Darin: Trevor-Battye, begleitet von seinem Hund und dem Vogelpräparator Thomas Hyland. Mit von der Partie: der Skipper und vier Matrosen.

Bei der Kriwaja-Mündung wurde das Boot aufs Küsteneis gezogen, dann bewegten sich die Engländer langsam nach Süden, dem Promojnaja-»See« zu, und nahmen neugierig alles Ungewöhnliche in Augenschein: »… ich machte Hyland auf eine Stelle aufmerksam, wo Steine eindeutig von Menschenhand aus dem Boden gewühlt worden waren. Powys sammelte zwei Bärenschädel auf und ein merkwürdig geformtes, durchbohrtes Knochenstück … Später erfuhr ich, dass es ein Pulvermaß war.« Unabwendbar näherte sich die Expedition dem Ort unserer Nichtbegegnung. Sie muss einen Abschnitt übersät von (für sie unsichtbaren) Fässern passiert und den Schulterpunkt der Koschka erreicht haben und wenig später auf den See gestoßen sein, an dem wir (am 30. Juli 1994 auf unserem Zifferblatt) wie halb im Fieberwahn nachts vorübergekommen waren. Und tatsächlich! Trevor-Battye schreibt: »Rund fünf Meilen küstenabwärts und anderthalb Meilen inseleinwärts gelangten wir zu einem recht großen See, dessen flache Ufer mit vorjähriger Vegetation umstanden waren. Wir dachten, wir sollten ihm, da er der erste größere war, der uns vor Augen kam, einen Namen geben, und so nannten wir ihn Saxon Lake.«

Gegen acht Uhr abends erblickten sie die riesige Fläche der teils von Eis, teils von Schlamm bedeckten Promojnaja-Bucht.

Man kann sich leicht vorstellen, wie niederdrückend der Anblick dieses leblosen, gleichsam am Ende einer Eiszeit noch nicht wiedererwachten Fleckchens Erde auf die Reisenden gewirkt haben muss, doch da entdeckten sie auf dem Meer Packeis, das herantrieb – und schlugen eilig den Rückweg ein, um das Dampfschiff aus dem Gefahrenbereich zu bringen.

Folglich war es gegen neun, spätestens halb zehn, Sir, dass Sie und Ihre Gefolgschaft eiligen Schritts durch unser Lager liefen und in der Ferne verschwanden. Sie waren besorgt, ich beunruhigt. Auch ich sah aufs Meer hinaus. Ich saß neben meinem Reisegefährten Pjotr Glasow und wartete – da ich ein Unglück befürchtete – mit gespitzten Ohren, ob das Leuchtgeschoss vom Typ *Marker location marine*, das unsere Trekkingführer tagsüber an der Küste gefunden hatten und jetzt abfackeln wollten, explodierte.

Ich hatte all meine Autorität in die Waagschale geworfen, Sir, um ihnen das zu verbieten. Aber auch Sie kennen wohl diese besondere Art von Taubheit, die in einer bestimmten Frage Menschen zweier unterschiedlicher Kulturen, die ansonsten vollkommen einvernehmlich handeln, zu geschiedenen Leuten machen kann. Eine Leuchtgranate war für die Inselbewohner eine Zerstreuung, überdies eine seltene, erlesene – und ich hatte sie dieses Vergnügens berauben wollen. Sie fanden, sie hätten ein Anrecht auf die ihnen zustehende Dosis an starken Empfindungen, und warfen das Geschoss ins Feuer. Verstehen Sie nun, Sir, welches Geräusch ich erwartet und weshalb ich so gegen halb zehn Ihre Schritte nicht gehört habe? Das Geschoss explodierte nicht. Aber wie dem auch sei, wir waren ein jeder in seine Sorgen vertieft, und so sind wir uns nicht begegnet, Sir, und fortan würden sich unsere Wege niemals mehr kreuzen …

»Zeit meines Lebens werde ich diesen Tag bereuen wegen eines fatalen Fehlers …« Armer Trevor-Battye! Er grämte sich, weil er am 16. Juni wegen des zeitvergeudenden Ausflugs die Möglichkeit auszuschiffen versäumt hatte … Die folgenden fünf Tage kreuzte die *Saxon* vor der Westküste der Insel, teils auf der Suche nach einem – laut einschlägiger Beschreibung – günstigen Landungsplatz in der Waskina-Mündung, teils auf der Flucht vor den schweren Eismassen aus der Karasee … Langsam kam Unmut auf. »Die alten Grönlandfahrer hegten ein unbezwingliches Vorurteil gegen diesen Landstrich.« Mervyn Powys hatte während der fünf Tage nicht die erhoffte reichhaltige Meeresfauna gefunden und machte deutlich, dass er nicht gewillt war, auf unbestimmte Zeit zu bleiben, sondern in Vardö neue Kohle bunkern und dann weiter nach Nowaja Semlja dampfen wollte, um dort jene Großtiere zu jagen, die es hier nicht gab …

Als die *Saxon* sich am 21. Juni zum zweiten Mal der Nordwestspitze Kolgujews näherte, reichte die Kohle an Bord noch für den Rückweg nach Vardö. In gewisser Weise war Trevor-Battye also gezwungen, endlich auszuschiffen. Einzig Thomas Hyland, der Vogelpräparator, willigte ein, ihn zu begleiten.

»Einer nach dem anderen traten die Seeleute an uns heran und schüttelten uns die Hände wie Verdammten.«

Bravo Sir! Ich kann mir lebhaft vorstellen, wie, in den Wogen auf- und niedertauchend, die Ihnen kalt und finster die Gussinaja entgegenwirft, Ihr Walfängerboot sich dem Ufer nähert. Schon wird es von den Ruderern, deren Los es ist, Sie zurückzulassen, auf die lange wasserüberspülte Sandbank gezogen. Schweigsam helfen die Männer, Ihre Ausrüstung aufs Trockene hinüberzutragen … Dann nehmen sie Abschied … Stoßen das Boot zurück ins Meer … Bald in den Wellentälern verschwindend, bald emportauchend, kehrt der Nachen zurück zur Steamyacht …

Sie schauen sich mit unterschwelliger Begeisterung um. Endlich geht Ihre Reise los … Muss daran erinnert werden, dass Sie auf der Insel als Erstes das Nest eines Wanderfalken entdeckten?

Trevor-Battyes gemeinsam mit Powys entworfener Plan verrät genau wie unsere ursprüngliche Absicht, die Westküste der Insel über die Koschka zu erreichen, welch unglaublich naive (der unseren vergleichbare) Vorstellung sie von einer Wanderung über Kolgujew besaßen. »Nach der Landung sollten wir ein Lager einrichten und unter Zurücklassung von allem, was wir nicht tragen konnten, der Küste nach Süden bis zur Waskina-Mündung folgen. Wir wollten Samojeden finden, und wenn dies nicht gelang, weiter nach Stanowoj Scharok gehen, von dem wir meinten, es sei die Stelle, an der im Jahr zuvor das russische Kanonenboot vor Anker gegangen sei … Jede Änderung des Planes sollte ich auf einem Stück Papier festhalten, das ich, wohin wir auch kämen, in sechs Fuß Entfernung von einem zu errichtenden Kreuz vergraben würde.« Veranschlagt wurde für alles ein Monat, nach dessen Ablauf die *Saxon* die beiden Naturforscher wieder aufnehmen sollte. Trevor-Battye selbst erschien die Aussicht, einen Monat auf Kolgujew ausharren zu müssen, weshalb auch immer als ein »sehr bescheidenes Wagnis«.

Wenn auch nur eine der Vorgaben dieses Plans wie festgelegt ausgeführt worden wäre und die beiden nach dem Vergraben ihrer Ausrüstung die Waskina-Mündung erreicht hätten, so wäre *Ice-Bound on Kolguev* höchstwahrscheinlich nie geschrieben worden. Der Plan war reine Spekulation und fußte allein darauf, dass Trevor-Battye und seinem Freund durch die einschlägigen Beschreibungen der Insel einige Namen besser vertraut waren als andere. Zum Beispiel hätte Mervyn Powys die Mündung der Waskina wohl schwerlich gefunden, denn wegen der Koschka ist sie vom Meer aus nicht zu sehen. Genau genommen ist es die Strömung der Waskina, die den Promoj offenhält, also jenes Gatt, dessentwegen sich die Koschka nicht durchwandern lässt. Um die Flussmündung zu finden, muss man von dem Gatt wissen, ihm gegenüber vor Anker gehen und mit einer Schaluppe in die Promojnaja-Bucht hineinfahren, wo man sich etwa zwei Kilometer weit durch eine schmale Rinne im lehmigen Grund des Flachwassers an die Insel heranmanövrieren muss. Darauf wäre Powys wohl kaum gekommen, denn er und Trevor-Battye waren überzeugt, dass die Promojnaja-Bucht ein See sei, ohne jede Verbindung zum Meer. Wäre also der erste Punkt des Plans ausgeführt worden, so hätten die beiden Freunde einander gewiss an unterschiedlichen Uferstellen erwartet. Außerdem hätte die Durchquerung der Insel von Nord nach Süd bis zur Waskina-Mündung Trevor-Battye und Hyland vollkommen ausgelaugt. Misst man das Ganze auf der Karte aus, ergibt sich eine Strecke von achtundsechzig Kilometern Luftlinie. Für jemanden, der das

Terrain nicht kennt, wird daraus ohne weiteres das Doppelte, denn die brettflache Küste vermittelt eine ganz verkehrte Vorstellung von der Beschaffenheit des Inselinnern, einem echten, ganz und gar verschlungenen, von Wasserläufen zerschnittenen und obendrein noch von drei, vier hohen Hügelketten durchzogenen Labyrinth. In der Folge erwies sich, dass Trevor-Battye und Hyland bereits nach einer Woche – als sie erst die Hälfte der Strecke bewältigt hatten – außerstande waren weiterzulaufen. Im Grunde waren alle Punkte dieses Plans unausführbar, und alles ruhte letztendlich auf einer einzigen Hypothese: dass die beiden wirklich auf Menschen stießen … Dass dieses Zufallsmoment, das ihrem Plan innewohnte, Wirklichkeit wurde, war für Trevor-Battye und Hyland ein unerhörtes Glück.

Kaum an Land, beschließen die beiden Naturforscher, ein Feuer zu machen. Dabei bemerken sie, dass die vom Meer ausgeworfenen Treibhölzer frisch mit der Axt behauen sind. Wenig später hören sie Schüsse, denen sie nachgehen. Sie stoßen auf ein russisches Grabkreuz, dann auf Schlittenspuren. Es gibt also Menschen auf der Insel, die sich bislang aber noch nicht zeigen …

Schließlich, am nächsten Tag beim Frühstück, bekommen sie sie zu Gesicht: »… mehrere Menschen gingen zum Fluss hinunter. Wenig später blieben sie stehen, und einer setzte sich wie wartend auf einen Stein. Es war ein beunruhigender Moment. Anscheinend hatten diese Eingeborenen unser Zelt erblickt, waren misstrauisch und zögerten … Ich holte eine Whiskyflasche und sagte zu Hyland, wir gingen am besten längs der Steilküste langsam und ohne unsere Gewehre auf sie zu … Wir hatten noch keine zehn Yards zurückgelegt, als sich etwas zu verändern schien. Ich nahm mein Fernrohr und ›schaute mich wieder lange und gründlich um‹. Und was glauben Sie, sah ich? Fünf Weißwangengänse. Nichts sonst. Und da war nie etwas anderes gewesen als diese Luftspiegelung!«

Die Insel reagierte auf die Ankömmlinge nicht gleichgültig. Sie versuchte sofort, mit ihnen zu reden – in ihrer Sprache. Sie gab ihnen zu verstehen, dass vieles von dem, woran sie gewöhnt waren, hier keinen Wert mehr besitzt, darunter auch die Logik strenger Schlussfolgerungen. Denn wenn das Auge sich derart täuschen kann ...[*]

Trevor-Battye und Hyland beschließen, nicht die Waskina-Mündung anzusteuern, sondern gleich Stanowoj Scharok, womit sie ihren Plan ein erstes Mal korrigieren. Die Beweggründe liegen auf der Hand: Scharok war ein Ort, wohin den Sommer über zumindest ein paarmal mit Sicherheit Menschen kamen. Außerdem schien es Trevor-Battye nur natürlich, für die Durchquerung der Insel von einem Ende zum anderen der Hochebene zu folgen, »welche die Wasserscheide zwischen den Abflussgebieten der Flüsse von Kolgujew bilden mochte«.

Ruhm den Helden! Dieser halbe Satz genügt, um zu begreifen, dass die beiden Engländer keine Vorstellung von dem vor ihnen liegenden Weg hatten. Woher auch? Aber wie auch immer, sie vergruben ihre Sachen (darunter Zelt und Axt) sowie, in einer Blechdose, sechs Fuß nördlich eines Kreuzes, eine Nachricht für Powys. Damit waren sie »startklar«.

Vielleicht möchte der Leser, schreiben Sie, Sir, »hören, was wir auf unserem Rücken trugen«, und das stimmt: Es ist wirklich interessant. Hier Ihre Liste: »1 Dose mit 43 Frühstückszwiebäcken, 1 Dose mit 39 Vollkornzwiebäcken, 1 Dose Kakao, 4 Gläser Liebig's Fleischextrakt, 6 Gläser Bovril[**], 4 kleine Dosen Büchsenfleisch, Speck, getrocknete Apfelstücke, getrocknete Gemüsestücke, Rosinen, 1 Dosenöffner, 1 Kessel mit Deckel, 2 Dessertlöffel und 2 Gabeln, Methylalkohol, 1 Wasserkocher, Podophyllin- und Chinintabletten, Verbandsmaterial, Pflaster, Ingweressenz, Hustenpastillen, Werkzeug zum Präparieren von Vogeleiern, Watte, Stifte, Streichhölzer ... Ich schleppte darüber hinaus mein Fernrohr, eine Taschenflasche sowie

---

[*] Als wollte Trevor-Battye sich rechtfertigen, zitiert er den Bericht des norwegischen Polarforschers Alfred Nordenskjöld von einer kollektiven Halluzination: »... aber statt sich wie gewöhnlich in einer Zickzackbewegung zu nähern und alle Augenblicke witternd ... stehenzubleiben, breitete der Bär, den wir erwartet und alle zweifelsfrei gesehen hatten, genau in dem Moment, da der Schütze auf ihn anlegte, riesige Schwingen aus und flog in Gestalt einer Elfenbeinmöwe davon.«

[**] Fleischextrakt zur Suppenzubereitung.

eine Tasse, ein Taschenmikroskop und Reagenzgläser, Messer, eine Uhr, einen Revolver, Geld, Notizbücher, ein Reisenecessaire, Seife, Zahnpasta, Zahnbürste. Darüber hinaus hatten wir natürlich unsere Gewehre dabei und jeweils 125 Schuss Munition ... Alles in allem trug jeder von uns ein Gewicht von reichlich 50 Pfund, wenn nicht mehr.«

Was meine Crew betrifft, so füge ich hinzu, dass jeder von uns etwa ebenso viel trug, aber was Sie nicht dabeihatten, Sir, waren Schlauchboot, Zelt und Schlafsäcke, ja nicht einmal Rucksäcke, wenn ich es richtig erschließe: »Beim nächsten Mal«, schreiben Sie, »würde ich unbedingt dazu neigen, eine dieser Weidenkiepen zu gebrauchen, welche die Fischweiber in den nordschottischen Städten auf dem Rücken tragen. Darin ließe sich alles verstauen und das Gewicht würde besser lasten. So aber waren wir in die Kreuz und in die Quere mit Riemen und Kordel bespannt, die uns in die Schultern schnitten und Hals und Rückgrat zusetzten ...«

Heutzutage fällt es schwer, sich vorzustellen, dass einer ohne Rucksack auf Reisen geht, ausgestattet wie Tweedledee und Tweedledum, die sich allerdings aus anderen Gründen mit Kissen und Pfannen behängen mussten: »Gummistiefel, Cordhosen und ein mit einem Stück Kordel an der Taille befestigter Kessel«, so Ihre Beschreibung von Hyland, und weiter: »Zwei Jacken – eine langschößige Jagdjacke und darüber ein Norfolk Jacket aus Segeltuch mit unzähligen bis zum Äußersten ausgebeulten Außentaschen. Er war mit allerlei Sachen behängt, unter anderem mit einem Kleiderbündel, einem Paar Jagdstiefel und einem Paar grauer Fellstiefel mit rotem Besatz und Troddeln; und über allem eine samtene Jäger-Schirmmütze ... meine Bekleidung glich der seinen ...«

Lässt sich auf Kolgujew eine Gestalt von größerer Absurdität denken als die, die Sie hier beschreiben, Sir?

Nein!

Und dies, die Absurdität – freilich nicht die des Äußeren, sondern des Projekts – ist es, was Sie und uns verbindet! Diese Absurdität ist es, die mich veranlasst, Ihnen unsere Reise zu widmen, die, so unbestimmt ihr Ziel und Zweck sind, in unserem ziel- und kalkülorientierten Jahrhundert wohl doch absurd ist, nicht?

Kolgujew verschreckte Hyland vom ersten Moment an, und dieses niederdrückende Gefühl nahm stetig zu, bis es ihn zuletzt zu Boden warf und er mit teilnahmslosem Blick daliegend den Tod erwartete ...

Gleich in der ersten Nacht kroch ihm die Kälte bis in die Knochen. Die beiden hatten in all ihren Jacken auf der Erde geschlafen, und als Trevor-Battye am nächsten Morgen erwachte, fand er seinen Weggefährten reifbedeckt, Gesicht und Hände blau, orangegefleckt; ihm selbst waren Schnurrbart und Bart so zusammengefroren, dass er sich »den Weg zum Mund bahnen musste«. In der folgenden Nacht trieb eisiger Nebel sie einen Sandhügel hinauf, wo sie sich ein »Schlafnest« bauten: zwei Kuhlen im Sand, mit dem Aushub als Brustwehr gegen den Wind. Später entdeckten sie, dass die Socken zum Wechseln als Handschuhe taugten und das Unbehagliche einer Nacht unter freiem Himmel bei schlechter Bekleidung und fehlendem Schutz »stark gemildert wird, wenn man mit dem Kopf zum Wind schläft. Denn der Rücken leidet am meisten.«

Eine kraftvolle Beschreibung, Sir.

Sie konnten sich nicht aufwärmen, weil es Ihnen nicht gelang, Feuer zu machen. Begreiflich: In der Tundra gibt es kein Holz, und höchstens ein Nenze vermag mit den krummen, trockenen Ästchen der in den Talkesseln wachsenden Zwergweiden ein Feuer zu unterhalten. Das ewige Leiden unter der Kälte veranlasste Sie, erneut Ihren Plan zu ändern und ein wenig mehr nach Osten zu laufen, Richtung Meer. »Treibholz, Treibholz um jeden Preis, das war unser allererstes Ziel.« Besser lässt sich das nicht sagen, Sir, und natürlich ist jeder Entschluss, der unter dem Einfluss einer starken Empfindung gefasst wird – und das ewige Leiden unter der Kälte ist wahrlich eine der stärksten menschlichen Empfindungen –, absolut richtig. Besonders, wenn als einzige Wärmequelle ein Spiritusbrenner dient, und die einzige regelmäßig eingenommene warme Mahlzeit in einem Schluck Kakao besteht, der auf diesem Flämmchen zubereitet wurde.

Ich habe Ihre Tagesration genau studiert, Sir: Um vier Uhr morgens je einen Zwieback und eine getrocknete Feige, um sieben Uhr ein Frühstück aus etwas Büchsenfleisch, zum Mittagessen um 15 Uhr 30 »aßen wir jeder einen mit Liebig's Fleischextrakt bestreuten Zwieback und eine rohe Scheibe Speck, dazu tranken wir Schneewasser«, und um zehn Uhr abends schließlich: »Nachdem wir eine Scheibe rohen Speck und einen Zwieback gegessen hatten, kochten wir uns etwas Kakao.«

Ich schwöre Ihnen, Sir, bei so einer Ration wären wir krepiert.

Am vierten Marschtag bekam Hyland Fieber. Nachts klapperten ihm die Zähne. »Ich warf einen dünnen Mantel über ihn – den einzigen, den ich entbehren konnte –, packte ihn rundherum mit Moos ein und machte mich den Hügel hinan zu einem Gang auf.«

Kolgujew, Sir, wächst rasant an, sobald man die Insel betritt; darauf waren weder Sie noch wir vorbereitet. Und hätten wir nicht unsere Trekkingführer gehabt, die uns hinter sich herzogen wie Rentiere einen Schlitten, so hätten wir diese sich kaugummiartig dehnenden Entfernungen trotz unserer guten Karte nicht bewältigt ...

Einmal erblickten die beiden Forschungsreisenden nach dem Frühstück plötzlich in der Ferne Berge, die aussahen »als könnten sie wenigstens 1000 Fuß hoch sein. Aber wir hatten in diesem eigenartigen Land längst gelernt, der Gewissheit unserer Sinneswahrnehmung zu misstrauen.« Einer nach dem anderen zerplatzen die Punkte von Trevor-Battyes Plan und weichen der trügerischen Logik des Traumes oder der Sinnestäuschung: Der bequeme Weg über die »Hochebene« erweist sich als vollkommen ungangbar, weil das Plateau von unüberwindlichen, schneegefüllten Schluchten zerschnitten ist, an deren Grund sich außerdem noch Schmelzwasser staut. Ende Juni beginnt der Frühling, die Flüsse schwellen an und werden unpassierbar, der Hund versinkt im breiigen Schneematsch und kommt nur mit knapper Not wieder frei ... Überall zwitschert und gakt es, alles ist voller Vögel – aber was hat es für einen Sinn – lässt sich eine Gans vielleicht über der Flamme eines Spiritusbrenners braten? In der Nacht dieses vierten Marschtages gelingt es Trevor-Battye erstmals, ein Feuer zu entfachen, indem er Moos mit Methylalkohol übergießt. Sie garen darüber ein Schneehuhn, ohne es gerupft zu haben. Aber schon am Morgen darauf geht der Methylalkohol mit der Zubereitung des Frühstücks zu Ende …

Die Rettung kommt mit der Plötzlichkeit des Todes: Am Abend des sechsten Tages entdecken die beiden beim Blick durch das Fernrohr »einen autochthonen Tschum«. Sie laufen auf ihn zu, über Stunden, obwohl sie ihn alsbald wieder aus den Augen verlieren und sich fragen, ob die Insel ihnen erneut einen üblen Schabernack gespielt, ihnen wieder eine Luftspiegelung vorgegaukelt hat, aber dann, um ein Uhr in der Nacht, finden sie sich plötzlich inmitten einer riesigen Rentierherde wieder – es müssen also Menschen in der Nähe sein, nur: in welcher Richtung, das können sie nach all den Stunden, die sie über Hügel und durch Schluchten gelaufen sind, nicht mehr sagen. Erschöpft sinken sie zu Boden.

Und genau in diesem Moment geschah mit Trevor-Battye etwas wie eine Verwandlung. Zumindest hörte er auf, ein zivilisierter Europäer vom Ende des 19. Jahrhunderts zu sein, und glitt, wie in ein tiefes Gewässer, in eine Hellsichtigkeit, über die gewiss seine keltischen Urahnen verfügten: »Ich schloss die Augen und überlegte. Nach einer Weile konnte ich den Tschum an seinem Standplatz *sehen*, und zwar so deutlich, dass ich wusste, in welche Richtung wir laufen mussten … beinah entgegengesetzt zu der, die wir vermutet hatten.«

Und tatsächlich: Um halb vier Uhr in der Früh langen sie zielsicher beim Lagerplatz an.

Den ersten Nenzen, auf den sie stoßen, begrüßt Trevor-Battye mit einem auswendig gelernten russischen Satz: »›Wie geht es Ihnen‹, sagte ich, den Eingangsvorhang zum Tschum zurückschlagend, in meinem schlechten Russisch. ›Wie geht es Ihnen‹, kam in einem noch schlechteren Russisch aus einem Stapel von Fellen zurück.«

Hier muss ich einen Schnitt machen, Sir, muss mit dem Zitieren aufhören und alle neugierig Gewordenen auf Ihr Buch selbst verweisen. Hinzugefügt sei noch, dass Ihre Arbeiten nicht in Vergessenheit geraten sind. Weniger, weil Ihr Buch in die riesige Bibliothek des »Tempels« Eingang fand, sondern weil es in den dort schwer wie Sedimentgesteinsschichten lagernden bedruckten Seiten nicht verschüttet wurde. Im Abstand von Jahren kommt von irgendwoher eine Bestellung, und *Ice-Bound on Kolguev* wird aus dem Archivdunkel hervorgeholt ans Tageslicht und lebt, von einem Menschen gelesen, wieder auf. Wer sich mit Kolgujew befasst, kommt um Ihr Buch nicht herum. Auch ich habe es gelesen: damit ich in dem, was ich in der Gegenwart beobachte, die aufgegangenen Keime der Vergangenheit erkennen kann – jener Vergangenheit, deren Zeuge Sie waren –, um so die Kontinuität der Insel in der Zeit fortzuschreiben. Und es ist gut möglich, dass Sie und ich zwar zu unterschiedlicher Zeit und in unterschiedlichen Sprachen schreiben, aber doch an ein und demselben Buch: dem Buch von Kolgujew. Sollte dies so sein, müssen wir möglicherweise auf unsere Autorschaft verzichten oder alle, die je über die Insel geschrieben haben, als Koautoren hinzuziehen. Dann müssen in dieses Buch nicht nur die Beschreibungen von Saweljew und Maximow aufgenommen werden sowie die Bücher und Bilder von Ada Rybatschuk und Wladimir Melnitschenko, sondern auch die knappen Notizen von Admiral Lütke, der 1824 an Kolgujew vorbeisegelte, und der Bericht des Untersteuermanns Bereschnych aus dem Jahre 1826 sowie überhaupt jede noch so flüchtige Erwähnung der Insel in den Logbüchern der Kapitäne des 16. Jahrhunderts oder in den Wetterberichten und Befehlen aus der Zeit des Zweiten Weltkriegs, kurz: alles, was auf die eine oder andere Weise in den großartigen Archiven der Menschheit im Dossier der Insel abgelegt ist. Wir werden Zeugen werden, wie unser Buch anwächst zu kolossalen Ausmaßen, werden ein ungeheuerliches, sich selbst hervorbringendes Werk erblicken, das sich wie ein Labyrinth verzweigt, und wer hier auf der Insel in dieses Labyrinth gerät, kann sich schlicht in einer anderen Zeit und an einem anderen Ort wiederfinden, wo ein Gespräch über Don Quijote von der Mancha völlig angebracht ist oder eines über die Ankerplätze des Nazi-Kreuzers *Admiral Scheer* in der Barentssee, über den russischen Raskol, über die britische Falconry und generell *über jedes beliebige Thema* – was das Erstaunlichste von allem ist, Sir.

Aber das ist natürlich schon ein Problem unserer Zeit. Kein Zweifel: das Bild der Kultur als einer gigantischen, alle Bücher, die es gab, gibt und geben wird, enthaltenden Bibliothek (Borges) belastete Sie noch nicht, Sie mussten sich noch nicht den Kopf zerbrechen, ob es sich lohnt, in dieser Welt die Worte zu vermehren, da sie doch so rasch Sinn und Größe von einst verlieren und keinen mehr anzurühren oder zu überzeugen vermögen. Wie glücklich der Schriftsteller des 19. Jahrhunderts! Er sah sich mit Fug und Recht als Motor des Fortschritts, und dieser naive Glaube rettete ihn. Und wahrhaftig, vieles, wovon Sie schreiben, Sir, ist von unschätzbarem Wert, womöglich gerade das, was Sie seinerzeit als nebensächlich betrachteten.

Zum Beispiel jene Fingerringe aus weißem Metall, welche die Nenzinnen in alten Zeiten trugen: Einer dieser Ringe taucht am Ende unserer Erzählung auf, wo er seinen Reflex auf das Gesicht einer unglücklichen Verrückten wirft, was erlauben wird, in ihren entstellten Zügen die Spuren einstiger Schönheit und menschlicher Vollkommenheit zu entdecken. Oder die Kupferketten, welche die nenzischen Mädchen sich um die Stirn schlangen, mit den Zöpfen verflochten und dann auf dem Rücken herabfallen ließen bis zur Taille: Genau so schmückt der Künstler Filipp Ardejew seine Puppen, zum Unverständnis derer, die meinen, Ketten müssten um den Hals und vor der Brust getragen werden. Oder die beiden Teetassen von einem norwegischen Schoner, der vor Kolgujew Schiffbruch erlitten hatte: Sie werden zu einer Erzählung von einem alten Gewehr (nicht Ihrem kleinen Klappgewehr, Sir, sondern von einer echt mörderischen norwegischen Flinte) überleiten, mit dessen Fund wir – was meinen Sie: worauf stoßen? Auf Ihr Fernrohr, Sir. Es hat lange dem Enkel jenes Mannes gute Dienste erwiesen, der Sie mit seinem erhabenen Aussehen beeindruckte: »… ein schöner alter Mann mit langem grauem Haar, der ganz dem Moses auf Kirchenfenstern glich.« Erst vor kurzem hat es einen Okularring eingebüßt, so dass es untauglich geworden ist – aber es existiert nach wie vor. Freilich würde die Geschichte, wie Ihr Fernrohr von der Insel aufs Festland – nach Narjan-Mar – gelangte, eine gesonderte Erzählung verlangen. Aber es sei nur soviel gesagt – und ich nehme an, das wird Sie schon nicht mehr erstaunen –: Iwan, der Besitzer des Tschums, auf den Sie stießen und bei dem Sie drei Monate lang lebten, ist der Ururgroßvater unserer Trekkingführer Alik und Tolik.

Die beiden kennen Ihr Buch nicht, aber ich werde nie vergessen, wie wir mit dem »alten« Ardejew, Grigori Iwanowitsch, dem Vater der beiden, beim Tee in der Hotelküche von Bugrino saßen und er, eine Zigarette schmauchend, sich mit Vergnügen an näher oder ferner Liegendes erinnerte – immer so, als sei er selber dabeigewesen –, und plötzlich sagt er:

»Und dann lebten Engländer in unserem Tschum …«

Ich spitzte die Ohren, denn ich begriff sofort, dass an diesem Ort von niemand anderem die Rede sein konnte als von Ihnen. Die Äußerung widersprach dem, was ich schon wusste, nicht: Iwan, der den Beinamen Purpej, »der Rostschopf«, trug, besaß am Unterlauf der Pestschanka Weideplätze – also dort, wo Sie nach eigener Bekundung Ihre Rettung fanden. Aber ich wollte meine Vermutung durch klare Aussagen bestätigt wissen.

Ich fragte, wie viele Engländer es, also Sie, waren.

»Zwei.«

»Und hatten sie einen Hund dabei?«

Ehrlich gesagt, ich erwartete nicht, eine Antwort auf diese Frage zu erhalten, Sir, aber in der Tundra werden wenig Bücher gelesen, weshalb die Menschen ein gutes Gedächtnis besitzen, und was vor einhundert Jahren passiert ist, daran erinnert man sich so gut, als sei es gestern gewesen.

»Ja.«

Vielleicht, Sir, jagt Ihr geliebter Spaniel Sailor in seinem Hundeparadies ja Enten Seite an Seite mit Iwan Purpejs »wolfsartigen Hunden« Niarrwej, Chwilka, Pasko, Mandaluk und Serko.

Hätten Sie gedacht, Sir, dass sich auf Kolgujew Menschen, die Ihr Buch nicht gelesen haben und es nicht einmal kennen, sich Ihrer und Ihres Hundes erinnern? Wir haben eine Kultur erschaffen, deren Symbole das Spiegellabyrinth und die babylonische Bibliothek sind, das unendliche und ausweglose Spiel der Spiegelung: die Gefangenschaft in der über Jahrtausende aufgehäuften Zeit. Das lebendige menschliche Gedächtnis aber strömt frei aus der Vergangenheit in die Gegenwart. Und wenn man sich Ihrer erinnert, Sir, liegt darin eine tiefe Anerkennung ...

Trevor-Battye, seinerseits auf vertrackte Weise ein Gefangener jenes wüsten Erdenflecks Kolgujew und der Menschen, die zu seinen Rettern wurden, hat der englischen Originalausgabe von *Ice-Bound on Kolguev* ein (in der russischen Übersetzung fehlendes) Widmungsgedicht vorangestellt, eine der Zeit entsprechende, leicht sentimentale Liebeserklärung.[*] Von den Nenzen spricht er mit unverhohlener und leicht nachvollziehbarer Sympathie – was nicht weiter auffiele, widerspräche er damit nicht den Urteilen der seinerzeitigen wissenschaftlichen Autoritäten: »Warum platziert Nordenskjöld«, schreibt er, »diese Samojeden auf der niedrigsten Stufe der arktisch-mongolischen Gruppe *ganz unten*? Und warum fällt Carlyle mit Verweis auf einen Fall verzweifelter Barbarei über die armen Samojeden her?« Und dann, Sir, äußern Sie etwas für die Selbstzufriedenheit der weißen Rasse nahezu Lästerliches, Unannehmbares – nämlich, dass Sie auf Kolgujew wiederholt empfunden hätten, die Samojeden seien »gleichsam unsere eigenen Leute, einfach englische Bauernfamilien«.

Das ist ein aufrichtiges Bekenntnis.

Ihre Reise nähert sich dem Ende, und wie Kinobilder, die uns unausweichlich dem noch unbekannten Finale entgegenziehen, flackern die letzten Szenen auf ... Das qualvolle Warten auf die *Saxon* zwischen den Speichern voller Robbenfett in Scharok. Hyland, der über Rückenschmerzen klagt und sich immer mehr in sich selbst verkriecht, immer weniger Anteil an den Geschehnissen nimmt ... Ihr Versuch, mittels eines an einem Seil befestigten Hammers von einem Boot aus die Fahrrinne auszuloten, durch die Mervyn Powys seine rettende Dampferarche heransteuern könnte. Die Kanonade des Eises hinter den küstennahen Koschki, die anzeigt, dass Ihre Mühen vergeblich sind und das Schiff sich der Insel unmöglich nähern kann ... Die Verzweiflung ...

[*] Siehe »Das Buch der beigelegten Seiten«, IV.

Nein, die Demut: »Sie können sich etwas vormachen – aber dennoch Ihr Barataria gefunden haben. Sie können, den Seewind im Gesicht, auf dem Rücken im Moos liegend, größer als Sancho sein, können – Prospero sein, der alle Fäden in Händen hält. Ihr Eiland wird vielleicht von halb vikinger-, halb monsterartigen Legionen bestürmt; aber wie grimmig der Ansturm auch ist, er wird die Gewehre nie zum Verstummen bringen. Ihnen zu Füßen stößt der Falke herab, zu erzählen von der Schlacht, welche er, in den Wolken schwebend, verfolgte. Und die Tauchente trägt mit schillerndem Flügel Ihre Befehle aus, und die großäugigen Robben tauchen empor, um unvermutete Winkel auszuspähen …«

Das Sammeln von Sauerampfer. Die Gänsejagd. Und schließlich Iwan, der »mit schwerer Schlagseite« auf einem Schlitten von Scharok herüber in Ihr »Pesanka Camp« kommt, wohin Sie zurückgekehrt sind, ein ums andere Mal brüllend: »My Russmann come«, »My Russmann come Scharok«. Rückkehr dorthin. Eine vom Kampf mit dem Eis über und über zerschrammte Karbasse und der Kaufmann Alexander Sumarokow: »… ein stattlicher Mann, braungebrannt, schwarzer Bart, mit klaren, durchdringenden grauen Augen und Manieren von vollkommener Selbstbeherrschung«. Sein Bruder Alexej, der wenig später auf einer zweiten Karbasse anlandet. Die merkwürdige Suite, die die beiden Brüder auf ihrer Fahrt übers Eismeer begleitet: beinah ausnahmslos furchtlose, halbverrückte »Propheten« – eine Crew, die selbst Kapitän Ahab neidisch gemacht hätte, wäre er nicht bereits tot gewesen, zugrunde gerichtet von jenem weißen Wal, den die Walfänger unter dem Namen Moby Dick kennen …

Herbststurm. Rückenwind. Wir folgen mit den Augen zwei Segeln, die im grauen weiten Meer entschwinden – und kehren endlich in unsere Gegenwart zurück.

Erde ohne Götter

Drei umgedrehte Betten: grob gezimmerten Särgen ähnelnde Holzkisten mit Beinen, die nur noch Stümpfe sind, darauf Felle und Schlafsäcke – so sieht die Höhle aus, die wir uns hier an der Kriwaja in einem der Räume einer vollkommen demolierten Baracke gebaut haben, wie Aaskäfer im Leib eines Tierkadavers. Vor drei Jahren wohnten hier noch Menschen. An der Kriwaja, wo Trevor-Battye erstmals seinen Fuß auf die Insel setzte, hatten Geologen eine Sägemühle errichtet, nachdem das Innere der Insel, von unterirdischen Sprengungen zuoberst gekehrt, sein verborgen unter Torf und Lehm schlummerndes Erdöl preisgegeben hatte. Das für die Bauarbeiten benötigte Holz ließ sich leicht von der Koschka heranschaffen und zu Brettern zersägen. Es herrschte Hochbetrieb: Hubschrauber schafften die Schichtablösungen herbei; heißen, dickflüssigen Kraftstoff verschlingend, ließen dröhnende Dieselmotoren den Strom in den Leitungen pulsieren; wie Zahnräder eines gigantischen Uhrwerks zermahlten riesige lotrechte Sägeblätter fleißig die in den Stämmen eingeschlossene Zeit …

Wann genau und warum dies alles nicht mehr gebraucht wurde, weiß ich nicht. Als wir ankamen, schaute ich mich lange um, stumpf und fassungslos. Ich sah Berge von Sägemehl, Dünen von Sägemehl, sah hingekippte Stapel von Brettern, auseinanderrutschende Haufen von Stämmen, die erstarrten schwarzen Mandibeln der Sägen, sah zusammengebackenen, sich verklumpenden Schrott, der allmählich wieder in rötliches Sumpferz überging: Traktoren, zentnerschwere Zahnräder, Kettenglieder und Kolben und im Wind klappernde Garagenwandungen, sah Überreste

zusammengestürzter Baulichkeiten, sah verrostende leere Treib-
stofftanks, überall umherliegende Mechanikteile, Fräsen, Schleif-
steine …

Dann: die herausgerissenen Dielenbretter, die mit Wasser voll-
gesogene, herunterkommende Decke, das aus den Wänden rieseln-
de feuchte Sägemehl, das unter den Schritten knirschende Fenster-
glas … Unsere Zuflucht. Wir richteten uns in dem einzigen Raum
ein, dessen Boden noch erhalten war. Wie bei unserem ersten Nacht-
quartier verschlossen wir zuallererst die Fensteröffnungen, nicht
mit Glas, versteht sich, sondern mit Zellophan und einem Stück
»Burukrytie«, jener dicken Spezialplane aus gummiertem Stoff,
mit der im Hohen Norden die Wohncontainer ummantelt werden.
Dann fegten wir einen ganzen Berg Medikamente ins Freie. Zwischen verknäulten gelben Binden, entzweigegangenen Ampullen,
zerbrochenen Jodfläschchen und vor Feuchtigkeit aufgequollenen
Tabletten entdeckten wir zufällig eine Tube der begehrten Schlan-
gengiftsalbe, ich rieb mir damit das Knie ein, das völlig unerwartet
heftig zu schmerzen begonnen hatte. In der Küche stießen wir auf
einen noch tauglichen Teekessel und eine Brotform …

Vom Flur her Geräusche. Über unseren Köpfen bewegt sich im
Luftzug ein Stück abgerissener Dachpappe, die Rahmen der einge-
schlagenen Fenster knarren; plötzlich auf dem Boden ein Flattern
und Rascheln wie von angeschossenen Vögeln – die Seiten zurück-
gelassener Bücher. Die offenstehende Tür des Abtritts ist bepinselt
mit belehrenden Appellen: »Genosse! Justiere deinen Arsch genau!
Ziele sauber ins Loch!«, und dazu die befremdlichen Schöpfungen eines entweder getrübten oder schönheitsunempfindlichen
Geistes: ein wozu auch immer an einem zwei Meter langen dicken
Draht baumelnder Schraubenschlüssel, ein riesiger, eggeähnlicher
Eisenrechen, ein mit einem halben Dutzend langer Nägel gespick-
ter Schuh … Nägel, die aus den Wänden ragen, und Nägel, die aus
dem Boden ragen …

Wozu diente das alles? Was ist hier vor sich gegangen? Der
Gedanke, dass wir diesmal nach dem Ende der Welt auf die Erde
geraten sind, drängt sich einem augenblicklich auf, zusammen mit
dem Verdacht, dass in diesen Ruinen, zwischen diesem Getön und

Geraschel, noch jemand außer uns zugegen sei, jemand, der davon berichten könnte, was hier geschehen ist. Denn die Horrorindustrie bringt einen natürlich auf den Gedanken, hier könne etwas vor sich gegangen sein, was das Blut in den Adern wirklich gefrieren ließe; vielleicht ist die kleine Küstensiedlung ja Opfer irgendeiner Höllenkreatur geworden, die sich in den Menschen eingenistet hat wie ein Virus von rasender, sinnloser Zerstörungskraft?

Ich wollte diesen Ort fotografieren – und konnte es nicht. Die Ruinen des Hohen Nordens sind wahrlich geronnener Irrsinn. Sie lassen sich nicht poetisieren. Ich fühlte mich, als sei ich ins Reich des Bösen geraten, an einen vorzeiten von den Menschen wie den Göttern verlassenen Ort. Vielleicht nach einer Schlacht, die sich die letzten Helden und letzten Götter hier an der Küste mit fremden, dunklen Abgesandten lieferten und verloren …

Kannst du dir ein von den Göttern verlassenes Land vorstellen? Nein, es ist keine Wüste, deren Sand glutrot von Hitze flammt wie ein gigantischer Sonnenaltar, während der blaue Schatten einer Eidechse sich auf diesem feuerspeienden Blech abbildet und du begreifst, dass Er zugegen ist. Auch die Polargebiete offenbaren Ihn in der Herrlichkeit des winterlichen Himmelslichts. Die Götter verlassen nur jene Flecken, die der Mensch ihnen zum Trotz verhöhnt hat, weil sein Herz verdorrt ist wie eine verhutzelte Birne, weil er die Freude verlernt hat und allem gegenüber gleichgültig geworden ist …

Das Einzige, was ich an diesem Ort der Verdammnis fotografiert habe, war ein Seeschwalbenjunges, schon recht groß, aber noch nicht flügge, daunig und gänzlich hilflos. Es hatte hinter einem zerfetzten rostigen Eisenstück vor dem Wind Schutz gesucht. Vielleicht hat Gott sich ja in diesem Vogeljungen geoffenbart. Denn rebelliert die Vernunft, so wiedersteht Er in der stummen Kreatur, in der Anordnung der Wolken am Himmel, im Glitzern des vom Menschen noch nicht verdreckten weiten Meers …

Aber dieser Ort hier, an dem wir sitzen, starr vor Entsetzen über das Geschehene, er erschien doch einst Menschen als das gelobte Land, wohin sie, gehorsam Seinem Ruf folgend, sich wandten, um ewigen Frieden zu finden?

Klettert man in dem Raum neben unserer Schlafkammer aus dem herausgenommenen Fenster (was wir tun, um uns nicht durch den dunklen, mit Nägeln gespickten Korridor tasten zu müssen), so eröffnet sich einem – neben Gebäuderuinen, Spänen, Scherben, Alteisen sowie einem Zelt aus Brettern und Burukrytie mit Feuerstelle, die wir im Ufersand eingerichtet haben, um nicht aus Versehen alles ringsum in Brand zu stecken – noch eine Landschaft. Als Erstes erblickt man die Kriwaja, die in ein Haff mündet, und, auf der anderen Seite des Haffs, die Barre, die es von der offenen See trennt und deren Gatt im Moment von allem versperrt ist, was das Meer so anschwemmt, Treibholz, Sand und große Kiesel, durch die das Wasser wie durch einen Filter abfließt, so dass man von einer Seite auf die andere springen kann, ohne nasse Füße zu bekommen, während die Bucht selbst so tief und breit ist, dass man nirgendwo hindurchwaten kann, und zudem angefüllt mit ungenießbarem Brackwasser. Weshalb wir für Tee und Suppe das Wasser aus einem neben der Baracke stehenden Boiler einer einstigen Duschvorrichtung schöpfen, der so unvorstellbar von Rost zerfressen ist, dass sich in der abgestandenen Brühe (die vermutlich seit der Schneeschmelze dort dümpelt) rote, an Wasserpflanzen erinnernde Zotteln gebildet haben. Des Weiteren erblickt man, gelenkt von einem sich tief in die Insel hinein erstreckenden Haffarm, das Flüsschen Chabtschikal, das seine Wasser in dieser kalten und bitteren Schale mit denen der Kriwaja vermischt. Seinen schönen Namen verdankt das Flüsschen einem einsamen Walross- und Eisbärjäger, der hier vorzeiten seinem Handwerk nachging. Es heißt, das Geschirr von Chabtschikals Renen sei behängt gewesen mit Schmuck aus Mammutelfenbein, obgleich dieses auf Kolgujew nicht zu finden ist. Und schließlich erblickt man, in dem Dreieck zwischen Chabtschikal und Kriwaja, ein dunkelerdiges Vorgebirge, das sich über all den Wassern erhebt wie eine gewölbte Stirn, gekrönt mit einem Kranz aus geschwärzten Eisenfässern …

Während Petja und ich das von den Flüssen aufgestaute Haff nach einer Stelle absuchten, an der wir hindurchwaten könnten, banden auf der Nehrung unsere Trekkinggefährten mit einem im

Sand gefundenen Nylonseil Holzstämme zu einem Floß zusammen. Petja und ich hielten das für reine Zeitvergeudung, doch als wir, bis auf die Knochen durchfroren, zum Gatt zurückkamen, ohne eine Furt gefunden zu haben, war das Floß fertig und lag im Wasser. Das Gefühl, es werde sich unter unseren Füßen auflösen und einer von uns müsse ganz bestimmt im klaren, brackigen Becken seine Taufe erleben, sollte mich erst loslassen, als ich selber darauf stand. Mit einem langen Brett bald wie mit einer Stange, bald wie mit einem Ruder hantierend, erreichte ich das andere Ufer, obwohl das Floß so tief unter Wasser gedrückt wurde, dass nur noch die oberen Querbalken mit ihrer grünen Nylonseilumwickelung herausschauten.

Einer nach dem anderen setzten wir über und erklommen dann einen Hügel. Von seinem flachen Kamm aus eröffnete sich uns der Blick auf das Haff, das Meer und unseren jämmerlichen Unterschlupf, der wirkte, als sei er im Epizentrum einer Explosion zufällig heilgeblieben …

Doch wir brauchten uns nur umzudrehen – und es lag der Raum der Tundra vor unseren Augen. Wie die Draperie einer Theaterdekoration entrollte er sich vor unseren Augen in weichen rhythmischen Falten von feinstnuanciert aufeinander abgestimmten Grüntönen, die Illusion eines endlosen Fernblicks erzeugend. In seiner ruhigen Größe glich er einer fantastischen Fuge, die jeden Augenblick in wundersamen Tönen erklingen kann. Die aber noch nicht aufklingt, sondern sich erst aufschwingt, Musik zu werden. Als wäre sie in der feierlichen Stille erstarrt, die dem ersten Akkord vorausgeht …

Von diesem Hügel aus hat der legendäre Jäger Chabtschikal gewiss mehr als einmal auf die Welt geschaut. Und ebenhier, auf diesem Hügel, erklang das an Christus gerichtete Gebet nach der Ankunft jener, denen die hortlosen Gestade Kolgujews zum Bild für die biblische Wüste wurden, zur Einfassung ihres Glaubens, der sämtliche Entbehrungen aushalten heißt. Denn diese Insel hier ist mit einem der tiefsten Rätsel der russischen Geschichte verbunden: dem Rätsel des Raskol.

Nach kurzem Suchen fanden wir das steinerne Fundament des großen Holzkreuzes, das die Altgläubigen hier einst aufgerichtet hatten. Die Steine waren moosüberwachsen, und vom Holz war nichts mehr übrig als ein paar verfaulte, krümelig und trocken gewordene Stückchen. Aber wie sollte man sich angesichts dieser von der Zeit zusammengebackenen Steine nicht an den merkwürdigen und in seiner bedrohlichen Unlösbarkeit bis heute erschreckenden Zwist erinnern, der ein Volk, das russische, das sich zu dem einen, rechten Glauben bekannte, in zwei Lager spaltete, die in ihrem Bekenntnis zu derselben Kirche doch einander zutiefst unversöhnlich gegenüberstanden? Worum ging es? Um kultische Einzelheiten, »nach altem Ritus« oder »nach neuem«? Aber nein, es kann nicht sein, dass irgendwelche rein formalen liturgischen Eigenheiten Hunderttausende Menschen in den Wald, die Einsiedelei, auf weite Wanderschaft, und die überspanntesten unter ihnen bis zum Aufstand im Solowezki-Kloster, ja zur Selbstverbrennung trieben! Nein, dieser ganze Widerstandsgeist gegen die Nikonschen »Neuerungen« in der Orthodoxie ist selbstverständlich Ausdruck einer unversöhnlichen Differenz in allerwesentlichsten Fragen, ist die Artikulation sehr tiefer Empfindungen. Im Altgläubigentum floss allzu viel zusammen: die Suche nach dem Reich Gottes, das »in uns ist«, die Forderung nach *Heiligkeit*, dem praktischen, täglich von allen verkörperten uralten Frömmigkeitsideal, wie es sich im Leben Jesu Christi des Retters, im Leben der Apostel und der frühen Asketen, der Einsiedler, Anachoreten, Säulenheiligen, geoffenbart hat, ein Leben bar jedes Zugeständnisses an »die Unbill des Tages«, die Eitelkeiten dieser Welt und der Politik ...

Rosanow hat es verblüffend genau formuliert: »... zu der Zeit, als die Kirche nach *Regeln* der Erlösung sucht, sucht der Raskol nach einem *Typus* der Erlösung. Die Kirche analysiert, reflektiert, studiert; ... als Mittel der Erlösung bietet sie das Fasten, das Gebet, die kanonisch richtigen und zudem kritisch durchgesehenen, genauestens redigierten Bücher an. Der Raskol, dieser ›rohe‹ Raskol, mit dem wir nicht selten den höchsten Grad an ›Unbildung‹ verbinden, handelt nach Gesetzen künstlerischer Anschauung ... Die Raskolniki trennen die Heiligkeit nicht vom heiligen Menschen;

sie nehmen von seinen kostbaren Reliquien, genauer: von seiner ganzen lebendigen Persönlichkeit gleichsam eine Maske ab und streben danach, sich, ihre Seele, ihr Handeln in die so gewonnene Form zu gießen. Ein *Typikon* der Erlösung – das ist das Geheimnis des Raskol, der Nerv seines Lebens, sein qualvolles Dürsten – im Unterschied zur summa regulorum, die unsere und im Übrigen jede Kirche leitet. Das Altgläubigentum ist erfüllt von Lebendigem, Individuellem, Künstlerischem; es ist erfüllt vom *Bild* des heiligen Alexius von Edessa, nicht von Erwägungen, wie er, dieser ›Mann Gottes‹, sich benommen hat und dank welcher Mittel und Wege er zur Erlösung gelangte; der Kern altgläubigen Empfindens ist Begeisterung, Ergötzen, es ist gleichsam vom Auge her motiviert und absolut nicht theoretisch abgeleitet. Daher auch seine dermaßen ›borniert‹ erscheinende Sorge in Bezug auf Einzelheiten; … die Sorge, das *Bild* des heiligen Lebens unversehrt zu retten, dieses vom Menschen bereits erfahrene und von Gott gesegnete Bild.«

Das Erstaunliche ist, dass der aus dem Widerstreit zweier Moskauer theologischer Kreise wegen einer bei den Textkorrekturen aufgekommenen unterschiedlichen Lesart und einiger heute kaum mehr verständlicher Änderungen im gottesdienstlichen Ritus entstandene Raskol – dieses Schisma wegen eines »Irrtums«, wie Rosanow schreibt, wegen einer philologisch banalen Frage hinsichtlich des zweiten »Jota« bei der Schreibung des Namens Jesu (»Iisus« statt »Isus«, auf dem die Altgläubigen bestanden) –, dass dieser Raskol zum größten Aufschwung des Volkes wurde, »bedeutender als die Reformation«, weil er die Frage nach dem *Sinn* des Glaubens und damit im Grunde nach dem Sinn des Lebens ins Zentrum rückte: Wozu verflachen wir den Glauben mit eitlen weltlichen und Reichsdingen, weshalb leben wir nicht einfach so, *wie wir sollten?*

In den frühen Tagen der russischen Kirche kam diese Frage nicht auf und konnte sie auch nicht aufkommen. Denn die großen Asketen – der heilige Sergej von Radonesch, die ehrwürdigen Sossima und Sawwati (die in der *Wüste* des Weißen Meeres das Solowezki-Kloster gründeten) sowie der ihnen im Geist zutiefst verwandte ehrwürdige Antoni Sijski, der die Pfade zur heiligen Frömmigkeit »zwischen Sümpfen und Tundren« beschritt – lebten Tag für Tag ihr Leben als Männer der Kirche, zu einer Zeit, da die Kirche selbst Heiligkeit und Licht war in der Finsternis von Tatarenherrschaft, innerer Zwietracht oder Smuta[*].

Als im 17. Jahrhundert dann das erstarkte Moskauer Reich immer mehr der *Dienste* der Kirche bedurfte und sie ins aktive politische und weltliche Leben zog, da kam es zur Spaltung, zu jenem Unterschied im Bekenntnis, der, was auch immer geschah, die beiden Ströme des doch *einen* Glaubens, die sich im Lauf der russisch-orthodoxen Geschichte gegabelt hatten, nicht wieder zusammenfließen ließ. Denn verschieden ist die Richtung der seelischen Bewegung selbst, ihr Streben und Trachten geht nach unterschiedlichen Seiten. Rosanow hat bemerkt, dass die Idee einer »Versöhnung« mittels Klärung bestimmter theoretischer Differenzen den Raskolniki zutiefst fremd sein musste. »… Sie wollen nicht erwägen und erörtern – sie wollen den ›Schtschepotnik‹[**] weniger überzeugen als vielmehr beleidigen, der seine ›Beweise‹ so trefflich entwickelt, während er doch dem heiligen Alexius oder dem Petrus, Johannes und all den anderen … so *gar nicht ähnlich* ist und sie mit seiner *Art* als solcher beleidigt und sie erzürnt mit den Urteilsmethoden seines sündigen und schwachen Verstandes, mit dem er sich über die Gerechten zu erheben glaubt …«

In den berühmten »Pomorischen Antworten« von 1723, verfasst von den Leitern des Altgläubigen-Klosters am Wyg, Andrej und Semjon Denissow, und bestimmt für den Mönchspriester Neofit, den Peter der Große und der Heilige Synod zur Vermahnung der »Altritualisten« in den Norden geschickt hatten, zeigt sich der Wi-

---

[*] Die Zeit der »Wirren«, Ende des 16., Anfang des 17. Jh.s, war eine Zeit des Machtvakuums und geprägt von einer bürgerkriegsähnlichen Situation mit Bauernaufständen, falschen Thronprätendenten, ausländischen Herrschaftsansprüchen und Interventionen. [Anm.d.Ü.]

[**] Mit diesem Schimpfwort, das sich mit »Prisennehmer« übersetzen ließe, belegten die Raskolniki ihre Widersacher, weil diese das Kreuz mit drei Fingern schlagen – so, wie man eine Prise nimmt – statt wie herkömmlich mit zwei bzw. fünf Fingern. [Anm.d.Ü.]

derstandsgeist gegen diese dem Machtgedanken verschriebene, *staatsgewaltliche* Autorität, mit der die Kirche sich ausgestattet hatte. »Der rechte Glaube bestehet nicht in Mauern.« Die Eremiten hatten sich auf ein Gespräch eingerichtet, aber auf eines über das Wesen des Glaubens und mit einem *Bruder* im Geiste, nicht mit einem unduldsamen Emissär, der, begleitet von einem Offizier, abgeordnet war, sie penibelst zu verhören. Sie sahen die Staatskirche nicht als Gegnerin, dennoch erinnern sie nicht zufällig an die Worte des heiligen Johannes Chrysostomos: »Die Kirche ist uns nicht nur Mauern und Dach, sondern Glaube und Leben.« Nicht dort ist Christus, wo das symbolische kirchliche Abendmahl mit Brot und Wein gefeiert wird, sondern »allenthalben«, wo durch Tat und Gedanke der Mensch Christi teilhaftig wird ... So wie in den Jahrhunderten der Verfolgung die heiligen Asketen »Gotteshäuser sich selbsten durch gut Werke geschaffen«, sagen die Brüder Denissow, um ihr Einsiedlertum zu erklären, so vermögen zu jeder Zeit, da der Glaube geschwächt ist, »Kirche und rechter Glaube auch ohne Geistlichkeit und sichtbar Kirche seyn ...«

Schon diese Auswahl von Zitaten verdeutlicht, woher das Altgläubigen-Kreuz auf Kolgujew stammt. Mit ihrem mystischen Verständnis des Glaubens und ihrer gleichgültigen, wenn nicht feindseligen Haltung gegenüber der synodalen Rechtgläubigkeit, die sich in den historischen Prozess des sich herausbildenden russischen Staates hatte hineinziehen lassen, stellen die Raskolniki in unserer Geschichte eine Art Gegenstrom dar, der im Grunde auf eine außerhistorische Zeit zielt – und damit auf einen aus diesen oder jenen Gründen den Männern des Staates nicht zugänglichen Raum ... Und wenn der Vater des Raskol, der Protopope Awwakum gewaltsam nach Pustosjorsk an die Petschora verbracht und nach Jahren der Kerkerhaft zuletzt an diesem wüsten, wilden Flecken Erde ohne unliebsame Zeugen hingerichtet wurde, so gingen später seine geistigen Kinder, die Altgläubigen, freiwillig in diesen Landstrich, wo der Wind die Gebeine aus den Gräbern wühlt, ja in noch rauere und abgelegenere Gegenden. Und je mehr Moskau heranwuchs, je klangvoller das Geläut der Glocken die Stadt durchflutete und je majestätischer das Antlitz des jungen Petersburg erstrahlte, mit dem sich für Russland doch der Eintritt in die westeuropäische Geschichte auftat, desto weiter gingen sie fort. Fort von der Geschichte, fort von den ruhmreichen russischen Waffen, fort von den verwegenen, prunkvollen Kirchenbauten, deren Pracht und Herrlichkeit glänzende wissbegierige Geister, Männer, die von der phantasiesprühenden Leichtigkeit des Barock ebenso fasziniert waren wie von der Geometrie des besonnenen Freimaurertums, dem Stein abgetrotzt hatten ...

Die Raskolniki lebten ihre eigene, parallele Geschichte, für die sich kein Historiograph fand: Sie besiedelten das Pomorje, jenes riesige Gebiet zwischen der Weißmeerküste und dem Onegasee, und kolonisierten weite Territorien jenseits des Ural und in Sibirien. Der Staat folgte in ihrer Spur, holte sie unabänderlich jedes Mal ein, sie in seine Geschichte hineinziehend, sie aus der Bewegungslosigkeit der biblischen Zeit, aus der Abspaltung herausführend. So, mit dem allmählichen Wechsel der »Altritualisten« aus der mythologischen in die historische, die weltliche Zeit, hat diese seit dem 17. Jahrhundert klaffende Wunde Russlands bereits vor der Revolution ihren grellen Schmerz verloren: die Altgläubigen leben fort, sie existieren auf dem Erdenrund.

Von einigen wenigen abgesehen, die den letzten Schritt zu jener Grenze hin taten, jenseits derer ein »Fortlaufen«, ja die menschliche Existenz überhaupt, offenbar unmöglich sind.

1767 versuchte eine Gruppe Raskolniki, etwa siebzig Mann einer äußerst asketischen Richtung, sich auf Kolgujew niederzulassen. »Ein fehlgeschlagenes Unterfangen«, heißt es in der 1895 erschienenen Enzyklopädie von Brockhaus und Efron. »Sie starben aus.« Darüber, wie lange die Einsiedler auf der Insel lebten, ist nichts bekannt. Sie bauten nicht die unsichtbare Stadt Kitesch[*], sie errichteten keine »sichtbare« Kirche. Bis auf diesen Haufen Fundamentsteine, die das große Kreuz trugen, vereinzelte Grabstellen

---

[*] Der Überlieferung zufolge versank das legendäre Kitesch, das keine Befestigungsmauern besaß und zum Schutz vor den angreifenden Tataren Gott um Hilfe anflehte, in einem See. Frommen soll es mitunter gelingen, die Stadt auf dessen Grund zu erkennen. [Anm.d.Ü.]

und das kleine Flüsschen Pokojnizkaja, dessen Name sich wohl von ihrer Ruhestätte herleitet – so unzweideutig an das traurige Ende ihres Unternehmens erinnernd –, ist nichts von ihnen geblieben. Heute lebende Nenzen, die nach alter Tradition im Namen ihrer Vorfahren sprechen, als seien sie selbst leibhaftig Augenzeuge längst vergangener Ereignisse gewesen, beteuern, sie hätten noch einige dieser Eremiten angetroffen. Will man dem Brockhaus-Efron Glauben schenken, so haben Mesener Pomoren erstmals 1780 Nenzen zum Weiden von Renen nach Kolgujew übergesetzt. Die Begegnung müsste demzufolge *dreizehn* Jahre nach der Ankunft der Altgläubigen am Ufer ihrer letzten Wanderschaft stattgefunden haben. Damals gelang es den Nenzen nicht, sich dauerhaft auf der Insel niederzulassen, sie kehrten aufs Festland zurück und brachten ihrem Volk die Kunde von den seltsamen Russen auf Kolgujew. »Wir haben ihnen geraten, Trockenfisch und -fleisch zu essen, aber sie wollten nicht: Gott hat es nicht befohlen.« Indes gingen die Raskolniki auf Wild- und Vogeljagd: Anfang der 1960er Jahre rutschte hier an der Kriwaja ein großes Stück Uferböschung ab, und aus dem Torf stürzten Särge heraus, in denen neben den sterblichen Überresten von Menschen auch Steingewehre und alte Kupfermünzen lagen. Kein Wissenschaftler hat seinerzeit diese Grabstätte untersucht, und jetzt ist es zu spät, das Meer hat sich die Särge längst mitsamt allem Inhalt genommen … Augenscheinlich sind die Altgläubigen nicht gleich an Schwäche gestorben, wurden nicht sofort sämtlich vom Skorbut dahingerafft, sondern haben etliche Jahre auf der Insel zugebracht. Doch schließlich kam wieder ein Winter, diesmal ein besonders grimmiger, und …. So konnten die letzten einander nicht begraben …

Trevor-Battye, der vor hundert Jahren seinen Fuß auf die Insel setzte, hat kein Altgläubigen-Kreuz gesehen. Demnach muss es damals bereits umgestürzt gewesen sein – denn andernfalls wäre es nicht zu übersehen gewesen.

Die Nenzen wissen auch mit Bestimmtheit, dass die Raskolniki unweit des Kreuzes einen Schatz vergraben haben, und von Generation zu Generation wird weitergegeben, wie die genaue Stelle zu ermitteln sei: Man muss nur exakt darauf achten, wohin zu einem bestimmten Zeitpunkt der Schatten einer Stange von der Größe des Kreuzes weist; aber gefunden wurde der Schatz trotzdem bis heute nicht.

Jetzt, da es auf russischem Boden nur noch eine Handvoll Altgläubiger gibt, scheint das Rätsel des Raskol niemanden mehr zu interessieren. Es besitzt keine Vitalität mehr, keinen Sinn mehr, der ins Fleisch schneidet. Aber dieses Fortlaufen von allem, ohne sich umzuwenden, dieses Davonlaufen, das von den Zersetzungskräften der Geschichte verfälscht und zerrieben wurde – hat es nicht unmerklich den Entwicklungsgang des russischen Charakters zutiefst geprägt, ihm Züge verliehen, die heute beinah verschwunden sind, doch kürzlich noch unseren Stolz ausmachten? Nicht nur, dass der Begriff der individuellen Freiheit unmöglich in einer Rus der Leibeigenen und Staatsbeamten aufkommen konnte, auch die Idee von einem starken, durch nichts zu beschädigenden Glauben, von der Wahrheit, die teurer sei als das Leben, von der *Süße* eines einzig von großer Geistes- und Körperkraft beschützten unsündigen Lebens in äußerster Einfachheit: all dies ist ein kaum fassbares Erbe des großen, in das Nichtsein fortgehenden Volks der Altgläubigen. Eines Volkes, das keine Städte gebaut hat, keine eigenen Universitäten gegründet, keine Akademien, das keine Literatur im eigentlichen Sinne geschaffen hat oder irgendwelche schönen Künste anderer Art, doch Jahrhundert um Jahrhundert seine wunderbaren Söhne in das geschichtliche Russland warf, welches in schweren Momenten mehr als einmal von ihnen gerettet wurde.

Rosanow äußert einen bemerkenswerten Gedanken: »Wenn beim jüngsten Gericht die Russen dereinst gefragt werden: ›Woran habt ihr geglaubt, welcher Sache habt ihr nie abgeschworen, wem habt ihr alles geopfert?‹, vielleicht erwähnen sie dann versuchsweise die Petrinischen Reformen, die ›Aufklärung‹ und noch das eine oder andere, aber zuletzt sehen sie sich, tief bestürzt, gezwungen, das Altgläubigentum zu nennen: ›Hier, ein Teil von uns, der lebte dem Glauben, der übte keinen Verrat, der hat alles geopfert‹ …«

Natürlich spürt man in dem Versuch der Kolgujewer Altgläubigen, ein unsündiges Leben dort zu beginnen, wo die Natur auf mörderische Weise unbarmherzig zum Menschen ist, eine Dimension der Entsagung von allem Irdischen, die vielleicht nur der Verzweiflung vergleichbar ist, oder einen überspannten, beinah schon erschreckenden und für uns selbstverständlich nicht mehr zugänglichen Glauben an den wunderbaren Beistand Christi des Retters. Ein solch glühendes religiöses Empfinden wurde in der christlichen Geschichte wohl nur in Zeiten der Verfolgung erreicht.

Konnte Christus der Retter ahnen, dass Sein Wort weder in Judäa oder Armenien (wohin Fürst Abgar Ihn eingeladen hatte) noch im benachbarten Ägypten, sondern irgendwo am Rande der Welt, an einem Fleck, wo der Boden nur sommers für kurze Zeit auftaut und allein schon deshalb seine Gleichnisse vom Senfkorn, dem Weinberg und dem Feigenbaum nur als märchenhafte Allegorie verstanden werden können, Sein Wort als letztgültige, lebensspendende Wahrheit aufgenommen würde und die Menschen, an die Errettung durch Sein Wort glaubend, in den Tod gehen würden?

Es gibt keine Antwort darauf.

Wie kam es, dass Er hierher geriet, auf diese unter frostigen Nebeln verborgene, phantomhafte Insel?

Das Erstaunliche daran ist, dass siebzig Menschen, die durch Tausende von Kilometern und siebzehn Jahrhunderte weltlicher Geschichte von den Ereignissen und Orten im Evangelium getrennt sind, von Seinem Bild und Seinem Wort durchdrungen, bis zu diesen allerunwirtlichsten Gestaden vorstießen, um hier ein paradieshaftes Einödleben zu führen ...

Wer waren sie? Verrückte? Heilige? Und haben sie Sein Bild in originaler Gestalt mit hierher gebracht? Denn das Land Israel ist weit, und die Geschichten der Bibel sind unverständlich, ihre Bilder verschwommen; der Verstand sagt einem, dass »der Juden König«, der Jesus, der den Martertod auf dem Berg Golgatha annahm, dem russischen Jesus so wenig ähneln dürfte wie die wüsten Ufer Kolgujews der Wüste des biblischen Palästina ... Aber der Verstand vermag nichts zu erklären. Mit Seinem Bild, Seinem Antlitz, wie der uralte Kanon der Ikonenmalerei es eifersüchtig vor »eigendenkerischer Kunst« und Effekthascherei hütet, kamen sie her. Mit Seinem Namen auf den Lippen starben sie. Und dieses Land hier war für sie das paradiesische, heilige Land, die unsichtbare Kirche, denn Er war unter ihnen.

Wer also war nun hier? Und wer starb mit ihnen? Wie sahen sie Ihn, als sie in Seiner Nachfolge bis an solche fernen Grenzen vorstießen?

Es gibt keine Antwort darauf.

Und das Einzige, was man vor dem Fundament des Altgläubigen-Kreuzes noch tun kann, ist, sie um Vergebung zu bitten dafür, was wir diesem Land angetan haben bei der Erschließung und Ausbeutung des Erdöls – dieses leicht zu erringenden, beinahe schon geschenkten Reichtums.

»Vergebt uns, Brüder, wir haben nicht nur ein ›Jota‹, wir haben alles aufgegeben, und Gott verloren, und alles ringsum verdreckt und getötet, und nun sterben auch wir, ohne etwas gewonnen zu haben …«

Ja, Liebste, ich hatte davon geträumt, dir als Geschenk ein wunderbares Land mitzubringen, bin aber auf ein Stück Erde geraten, wo nichts zu tun bleibt, als den Fluch zu ertragen, der auf ihm lastet. Denn ich weiß nicht, wie diesen Fluch fortnehmen. Ich will die Augen schließen und mir vorzustellen versuchen: die grüne Tundra und die Gestalt des Zauberers, der sich zur Erde hinabbeugt …

Mit vorsichtigen Händen zerteilt er das Bett aus Vergissmeinnicht, entdeckt die Quelle: das unergründliche Auge des Wassers, das ihn unverwandt ansieht. Und auch er blickt in dieses dunkle Auge, verzaubert, küsst es, saugt die reine, eisige unterirdische Kraft auf. Aber da wird das Wasser trüb und wandelt sich zum Spiegel: nacheinander erscheinen darin der Rabe, der Adler, die weiße Eule. Er nimmt den Spiegel vom Boden auf – die silberne, glöckchenbehängte Trommel, schüttelt sie ganz sacht – und die Geister der Tundra horchen auf. Er wird wahrsagen. Er schlägt mehrmals laut die Trommel und beginnt Beschwörungen zu stammeln. Die Schneehühner stieben mit lautem Burren vor dem vom Himmel herabschießenden Adler in alle Richtungen davon, die Seegänse stürzen sich vom Ufer ins Meer, die Möwen erstarren im Flug. Er schlägt jetzt mehrmals rasend die Trommel, da weckt der dröhnende Klang des weißen Silbers, vergleichbar nur dem großen Orchestergong im Finale einer pathetischen Symphonie, ihn auf: Er steht am müllübersäten Meeresufer, in zerrissenen Stiefeln und speckiger Wattejacke, und versucht, weshalb auch immer, ein großes rostiges Dieselölfass unter den Arm zu klemmen. Er ist alt und betrunken. Und seine ganze Wahrsagung ist nichts anderes als der heisere, verzweifelte Schrei der zugrundegehenden Kreatur. Denn glaub mir, die Menschen hier spüren, dass ein Zeitenende angebrochen ist.

Ich hatte geglaubt, dass wir mit dem Verlassen der Siedlung auch den Fluch des Todes hinter uns lassen würden, der dort, in Bugrino, alles, aber auch alles mit seiner düsteren Farbe besudelt – die rostigen Schiffsgerippe, den aufgebrochenen Straßenbelag, die baufälligen Häuser, ja die Menschen … Aber das war ein Irrtum. Nun stehen wir auf dem sandigen Küstenstreifen am Rand der Erde. Rings um uns her die Wasser des Nördlichen Eismeers. Irgendwo hinter dem Horizont liegt die Welt. Mitunter tragen die von fern her auflaufenden Wellen Dinge heran und lassen sie auf dem Ufer zurück. Würden wir diese Dinge wie Schriftzeichen aneinanderlegen, so könnten wir vielleicht eine wichtige Botschaft lesen, die uns erlaubte, diese Welt zu begreifen. Doch einstweilen fehlen noch viele Buchstaben, und wir durchkämmen mit zerstreuter Hand diesen Fundus des Weltalphabets. »G« – Geschoss, Geschosskisten, Gasmaske, Geschirrverpackungen. »F« – Fässer, Flaschen. »S« – Schnüre und Stricke (verheddert), Schwimmer. »H« – Holzteile (mit Nägeln), Hubschrauberverkleidung (ein abgerissenes Stück). »B« – Bierdosen … Alik und Tolik erinnern sich, dass auf der Koschka Bomben gefunden wurden und »langohrige« Seeminen, Überbleibsel der Minenteppiche aus dem Zweiten Weltkrieg …

Ein halbes Dutzend Buchstaben – etwas zu mager für eine Sprache, mit der sich kommunizieren ließe. Aber könnte es sie überhaupt geben? Stellen wir uns einen Augenblick vor, wir wären die Abgesandten einer fremden Zivilisation und hätten die Erde zufällig hier auf Kolgujew betreten, unweit unseres Nachtlagers bei der ehemaligen Sägemühle oder auf der Koschka, wo sämtlicher Müll der Welt, von der Strömung zusammengetrieben, an Land gespült wird. Wir würden natürlich zu erfassen versuchen, was auf diesem Planeten, der uns aufgenommen hat, vor sich geht. Wir wüssten nichts von diesem Planeten, würden aber schnell erkennen, dass auf ihm unterschiedlich komplexe Formen des Lebens existieren und dass eine von ihnen besondere materielle Dinge hervorbringt, die *nicht* unmittelbar Folge der Lebensvorgänge sind. Wir würden deren Bestimmung zu begreifen versuchen – und kämen schließlich darauf ... Wir wissen, wie gesagt, kaum etwas, fast nichts. Wir haben keine Ahnung, dass 1978 vor Kolgujew ein Leichter namens *Nickel* mit radioaktiven Abfällen versenkt wurde, und folglich haben wir auch keine Kenntnis von den Atom-U-Boot-Stützpunkten um Murmansk oder den Kernwaffentestgebieten auf den benachbarten Inseln von Nowaja Semlja, ganz zu schweigen von den anderen Stützpunkten und Testgebieten in weiter entfernt liegenden Ecken der Welt. Ebenso wenig wissen wir etwas über die politische und militärische Geschichte, generell über die Geschichte des Homo sapiens, wir bilden uns unser Urteil ausschließlich auf Basis dessen, was wir sehen.

Eine Katastrophe. Sie muss gerade geschehen sein oder geschieht noch in diesem Moment. Das ist die einzige Schlussfolgerung, die wir ziehen können, ohne uns etwas vorzumachen, angesichts der menschlichen Daseinsspuren auf diesem Stück Erde, das uns zugefallen ist. Zugegeben, ein sehr subjektives Urteil. Und es ist durchaus wahrscheinlich, dass wir, hätten wir unseren Fuß anderswo auf die Erde gesetzt, eine andere Schlussfolgerung hinsichtlich der menschlichen Aktivitäten gezogen hätten. Aber in unserer Abgesandtenrolle sind wir nun einmal hier gelandet, und so sehen wir den *Irrsinn* der Welt. Er rückt auf den Leib. Er nagt unermüdlich an der Welt, wie eine Ratte. Er schreitet voran, solange niemand da ist, ihn aufzuhalten, und die Erde ohne Götter ist. Zumindest dieser Erdenfleck hier, Kolgujew. Denn die Götter sind nicht dazu da, Sünden zu erlassen oder Wünsche zu erfüllen. Die Götter sind dazu da, die Welt im Gleichgewicht zu halten, damit die Menschen wissen, was wesentlich ist und was nicht, und sie dem Wesentlichen gemäß handeln.

In Ada Rybatschuks Buch, das Kolgujew als herrlichen Erdenfleck schildert, der noch ganz nah am mythischen Zeitenanfang lebt, wird beschrieben, wie die nenzischen Frauen, sobald die Tschums abgebaut und verstaut sind, mit Gänsefedern die Tundra fegen, damit kein Stäubchen am Standplatz zurückbleibt ... Dieses ehrfurchtsvolle Verhältnis zur Erde mag nach allem, was zu sehen wir Gelegenheit hatten, als hübsche Erfindung erscheinen. Aber das ist es nicht. *Spuren* eines solchen Weltverhältnisses lassen sich unter dem Schleier unserer Zeit noch deutlich erkennen. In ihren wesentlichen Zügen bei allen Nordvölkern zu finden, sind dies im Grunde Spuren eines einst äußerst reichen mythopoetischen Gewebes, dessen Fäden den Menschen lebendig und unzertrennlich mit allem verbinden, was ihn umgibt.

Trevor-Battye scheint zu seiner Zeit die Nenzen für ein Volk gehalten zu haben, das unter dem Einfluss christlicher Missionare seine eigenen Glaubensvorstellungen verloren hatte. Obwohl ihn die holzgeschnitzten »Götzen« der Samojeden sehr interessierten und er sogar eine Skulptur für die damals beträchtliche Summe von fünf Rubeln kaufte, blieb er doch blind gegenüber der außergewöhnlichen Gabe jenes Mannes, mit dem er drei Monate Seite an Seite lebte, des von mir bereits erwähnten Iwan Purpej. Der doch immerhin der mächtigste Schamane Kolgujews war!

Aus Trevor-Battyes Beschreibung der kleinen Kapelle am Scharok[*] – die übrigens Iwan Purpej gehörte –, nicht zuletzt aus der eher beiläufigen Bemerkung, im Eingangsbereich werde Fischtran gelagert, geht klar hervor, dass den Nenzen das Christentum fremd geblieben war, dass es ihnen vor allem als eine leidenschaftslose, kalte Religion erschienen sein muss. Ich kann in ihrem Verhältnis zum Christentum nicht ein Fünkchen jener leidenschaftlichen Hingabe entdecken, das die Altgläubigen beseelte, als sie auszogen und in die Wüste von Kolgujew gingen. Vielmehr vermischen sich

---

[*] Im Innenraum »gab es eine Muttergottes- und ein, zwei Heiligenikonen. Vor ihnen hingen lichtlose Lämpchen, ihre Vergoldung war trübe vom Rauch. Auf dem Boden lagen Räucherkerzen, ein Weihrauchgefäß, ein Bündel Wachskerzen und ein Holzkohlebecken ...« (Trevor-Battye, *Ice-Bound on Kolguev*, Westminster, 1895, S. 190)

in den Erzählungen der Nenzen über die Raskolniki auf merkwürdige Weise Mitleid und Unverständnis. Asketen und Einsiedler sind den Menschen der Tundra geistig vollkommen fremd. Jede Art von Abtötung des Fleisches, überhaupt ein gewisser Hang zum Tod, der *besser und reiner* sei als das Leben, sind ihnen, für die alles ringsumher lebendig und beseelt ist, vollkommen unbegreiflich. Unbegreiflich auch ist ihnen dieser Eine Gott, der im Namen des ewigen Lebens den Menschen »verbietet«, rohen Fisch und rohes Fleisch zu essen und sie somit zum Tode verurteilt. Renhalter und Jäger brauchen einen solchen Gott nicht, sie brauchen einen starken, der das Leben liebt, der ihnen zuverlässig Glück und Fülle bringt. Weshalb auch bei seinem zweiten Erscheinen auf Kolgujew Christus ein ganz anderes Antlitz zeigen sollte als beim ersten Mal. Es ist nicht der Jesus, der den Martertod starb, nicht der Erlösergott, nicht das lebendige Wort, das Tat wurde – in solcher Betrachtung ist Er für die Nenzen ganz und gar nicht jenes nachahmenswerte Vorbild, das Er für die Altgläubigen war, die sich wortwörtlich in Seiner Nachfolge sahen. Für die Nenzen ist Christus so etwas wie ein Idol, eine Ikone, ein Symbol des strengen, jeglichem Mutwillen gegenüber unduldsamen russischen Hausgottes.

Die Kapelle wurde kurz nach dem großen, durch eine Vereisung der Insel ausgelösten Herdensterben gebaut. Solche »Vereisungen« kommen hin und wieder vor, im Abstand von mehreren Jahrzehnten, wenn im Frühling nach dem Tauwetter plötzlich noch einmal Frost hereinbricht und die Insel unter einem Eispanzer erstarrt, den die Rene nicht mit ihren Hufen zerhauen können, um ans Rentiermoos zu gelangen. Sie sterben dann zu Tausenden. So etwas muss sich wohl auch um 1880 zugetragen haben. Von der großen Kolgujewer Herde überlebten nur ein paar wenige Tiere, worauf die Mesener Pomoren es für zu kostspielig hielten, auf Kolgujew weiter Rene zu halten. Sie blieben aus, brachten den Nenzen nicht länger Nahrung und Munition im Austausch für Fleisch und Felle. Wenig später brachte die Familie Sumarokow aus Oksino an der Petschora die Insel in ihren Besitz und gab sie bis zur Revolution nicht mehr aus der Hand. Und um die sich rasch wieder vermehrende Herde vor einer ähnlich verheerenden neuerlichen Plage zu schützen, rüsteten die Kaufleute ein Schiff aus, das von den Solowezki-Inseln einen Popen herbeischaffte und alles, was für die Ausstattung einer Kapelle vonnöten war. Der Pope wurde, nachdem er eine kleine Kate mit Vorhalle geweiht hatte, zurückexpediert, Christus aber blieb auf Kolgujew.

Als Beistand der Eigentümer. Als Hüter der Rene. Der vom Taborlicht beschienene Jesus aber, der Jesus in der Wahrheit Seiner Hingabe, Einfachheit und Liebe, blieb hier allen unbekannt. Und das Lämpchen vor Seiner Darstellung ist, selbst wenn es brennte, nicht das Licht und nicht die Erinnerung an das Licht[*], sondern ein trüb vor sich hin brennendes Opferfett.

Dieser Glaube ist kein lebendiger. In ihm steht Christus bestenfalls ein ganz klein wenig höher als die knorrigen kleinen Tundragötter, die auf heiligen Bergkuppen verbrannt wurden, oder gleicht einfach den Cheche, diesen Geistern jedes Klans, die man zwischen allem Hausrat unter den Fellen von Opfertieren von einem Lagerplatz zum anderen trug. Aber kannst du dir vorstellen, Liebste, dass es genau diese wie Pilze aus dem Boden schießenden kleinen Götter waren, diese Holzpüppchen mit den kaum ausgehöhlten Vertiefungen von Mund, Augen, Rippen, mit den verschmolzenen Beinen und den vom Körper nicht geschiedenen Armen – als handele es sich um einen ersten Entwurf des Schnitzers –, dass gerade diese sorgfältig in modrige Fetzen aus Holzfaser gewickelten Holzdingerchen es waren, die in den Tundrabewohnern wirklich ekstatische Gefühle zu wecken vermochten? Denn sie verkörperten die Götter und die kleinen Geister, sie verkörperten die Mutter Erde und die Geschlechter der Menschen und die zahllosen Gestalten und Stimmen all dessen, was in der Tundra lebt und wessen sich das Herz ihrer Einwohner erfreut.

Hier beginnt der dem Christentum parallele geistige Raum – mit seiner inneren Ordnung, seinen Wahrsagern und seinen Wun-

---

[*] Also nicht jenes evangelische der *Verklärung* auf dem Berg Tabor: »... und sein Angesicht leuchtete wie die Sonne und seine Kleider wurden weiß wie das Licht.« (Mt. 17,2)

dern, zu denen bislang einzig die transpersonale Psychologie Verständniszugänge aufgezeigt hat.[*] Dabei kennt der Schamanismus kein Dogma, genau genommen auch keine »Metaphysik«. Er ist ganz und gar Bewegung, Tanz, Flug, schamanische *Reise*.

Aliks und Toliks Vorfahr Iwan Purpej konnte sich in einen Adler verwandeln. Wenn er mit einer schwierigen Sache konfrontiert war und sich beraten musste, setzte er die Maske auf und begann wahrzusagen, er tanzte und schlug so lange die Trommel, bis er besinnungslos zu Boden fiel und seine Seele – der Adler – den reglosen Körper verließ und von der Insel fort und über die Meerenge hinüber zum Festland flog, zu jenen, die ihm an Kraft und Geist gleichkamen. Solange sie beratschlagten, in der Dämmerung auf einer Flussböschung hockend und von Zeit zu Zeit ihre kräftigen Flügel schwingend, um die von der ungewöhnlichen Federlast niedergedrückten Schultern zu lockern, oder am hellichten Tag über der Tundra dahinsegelnd und die in den Flüssen wimmelnden Fische, die umherschwirrenden Bremsen, die in zahllosen Herden dem Meer entgegenziehenden Rene beobachtend – so lang lag sein Körper im Tschum auf der Erde, reglos und fühllos, wie tot. Einen Tag, zwei Tage, drei. Dann flog der Adler zurück, Iwan Purpej erwachte und gab bekannt, was er entschieden hatte. Nach seinen Reisen war er hungrig und aß mit Genuss …

Trevor-Battye hat viel, sehr viel außerordentlich Interessantes nicht wahrgenommen auf Kolgujew!

Die Initiationszeit eines Schamanen soll zwanzig Jahre betragen haben, während derer er sich streng an eine Reihe von Gelübden halten musste. Danach verfügte er über all seine Kräfte, konnte mit den Geistern kommunizieren, mit ihnen in die obere und die untere Welt reisen und besaß die Fähigkeit, eine andere Gestalt anzunehmen; dann bekam er auch alle Ritualgegenstände: die Masken, die Schlägel, die Trommel mit der vollen Anzahl

[*] Siehe zum Beispiel: Stanislav Grot, *Geburt, Tod und Transzendenz. Neue Dimensionen der Psychologie*, Hamburg, 1985, (*Beyond the Brain*, 1985); Wassili Nalimow und Schanna Drogalina, *Real'nost' nereal'nogo* [*Die Realität des Nichtrealen*], Moskau, 1995; Roger N. Walsh, *Der Geist des Schamanismus*, Düsseldorf, 2005 (*The Spirit of Shamanism*, 1999).

an Schellen. Brach er eines der Gelübde, verlor er seine schamanische Kraft.

Iwan Purpej ist mit seinen Kräften weder verschwenderisch noch allzu knauserig umgegangen. Einmal, auf irgendeiner Hochzeit, wollte er die Gesellschaft unterhalten. Er zieht seine Maliza aus, bohrt auf Bauchhöhe zwei Löcher in die Joppe und zieht die Zugriemen einer Narte durch. Dann bittet er die Frauen aufzusteigen. Die setzen sich, während er sich hinten zum Lenken gegen die Kufen stemmt – und los gehts! Im Kreis um den Tschum … Der Schlitten jagt, als würde er gezogen, als wären Rene vorgespannt. Seitlich flattern die Bänder, die Glöckchen läuten – aber vorn keine Rene! Dreimal ging es so mit der Narte immer rund um den Tschum. Die letzten Augenzeugen dieser wunderlichen Schlittenfahrt sollen, heißt es, erst kürzlich gestorben sein.

Besonders erstaunlich sind Ereignisse, die den Schamanen im Traum widerfahren, die dann aber in die Wirklichkeit hineinragen und deshalb so erscheinen, als wären sie nicht geträumt, sondern real. Das Wissen darum sollte uns noch von Nutzen sein, als unser Weg durch die Tundra vom Sonnenuntergang bis zum Sonnenaufgang durch Siirtenland führte … Aber der Zufall! Zwei Schamanen beschließen ein Kräftemessen. Nachts im Traum zeigt sich der eine dem anderen in Gestalt eines Chora (eines männlichen Rens), während dieser sich jenem in Gestalt eines Ja-Chora zeigt (eines *unterirdischen* männlichen Rentiers, sprich: eines Mammuts). Angesichts dieses unbezwingbaren Riesen packt das Ren die Furcht und es will Reißaus nehmen, aber das stärkere Mammut holt es ein und stößt ihm mit seinem »Geweih« ins Hinterteil. Als der so Besiegte am nächsten Morgen erwachte, hatte er ebendort einen blauen Fleck …

Wie haben die beiden Schamanen einander treffen können in ihrem jeweiligen Traum – oder haben sie *ein und denselben* Traum geträumt? Wie konnte der Kampf zwischen dem Chora und dem Ja-Chora stattfinden, da letzterer doch seit Jahrtausenden aus der Natur verschwunden ist – ganz abgesehen von der Frage, ob sich die Kolgujewer Nenzen ein Bild von dessen Äußerem machen? Und schließlich, wie konnte sich an der Körperstelle, die im Traum von einem Stoß getroffen wurde, ein realer blauer Fleck bilden?

Auf Kolgujew haben wir einige wundersame Geschichten über Schamanen gehört, denen man offenbar genau so glauben muss, wie man den Erzählungen von jenen Wundern glaubt, die christliche Heilige vollbracht haben sollen. Jedenfalls wurde die Welt von den Beschwörungen der Schamanen ebenso zuverlässig im Gleichgewicht gehalten wie vom innigen christlichen Gebet. Als Trommel und Gebet verstummten, geriet die Welt ins Wanken. Die Erde will nicht ohne Götter leben. Die Erde kann nicht ohne Andacht leben, so wie der Mensch nicht ohne Liebe leben kann. Und eher vernichtet sie die Menschen oder gibt ihnen die Fähigkeit an die Hand, einander auszumerzen, als dass sie ohne Götter leben würde.

Iwan Purpej ist schon lange tot. Er wurde auf dem »Schamanenfriedhof« beerdigt, einem Ort weitab der gewöhnlichen Gräber auf dem rechten Ufer der Bolschaja Paartschicha, denn die Nenzen glaubten, dass Schamanen über zu große Kräfte verfügen, um neben den gewöhnlichen Menschen begraben zu liegen. Zwar ist der alte Schamanenfriedhof längst von Moos und Gras überwachsen, doch steht er bis heute im Ruf, verzaubert zu sein, und wenn ein Rentierhalter dort hingerät, so zerkrümelt er wenigstens ein bisschen Tabak über der Erde, damit der Ort ihm nicht die Sinne verwirrt und ihn wieder nach Hause entlässt. Iwans Trommel, seine Ikonen und seine uralte Bibel, in der die gesamte Ardejewsche Generationenfolge festgehalten war, überdauerten viele Jahre hindurch zusammen mit den Cheche und verschiedenem anderem Hausrat. Dann kamen die Geologen. Sie besaßen uneingeschränkte Macht über die Insel, sie haben alles gestohlen.

Die verwaiste Kapelle am Scharok wurde schon früher, im Krieg, von irgendeiner »Expedition« verwüstet. Wer diese Leute waren, lässt sich heute nicht mehr klären, bekannt ist nur, dass sie zu fünft waren, darunter eine Frau. Vier von ihnen starben unter merkwürdigen Umständen und sind in einem gemeinsamen Grab unweit von Bugrino beigesetzt. Sie besaßen einen kleinen Kutter. Und ob sie nun die Küste erkunden wollten oder irgendein vom Meer her kommendes Schiff abpassen, jedenfalls fuhren sie nachts bei Ebbe zur Koschka und gingen dort im Promoj vor Anker. Anscheinend war das Ankerseil kurz und müssen sie alle eingeschlafen sein, jedenfalls hat die auflaufende Tide ihr leichtes Kutterchen zum Kentern gebracht …

Das ist eigentlich die ganze Geschichte der Götter auf Kolgujew. Nur eine Kleinigkeit bleibt noch zu erzählen. Im Heimatmuseum von Narjan-Mar hatte man uns gesagt, dass auf Kolgujew, an der Gubistaja-Mündung, das letzte nenzische Idol stehe. So etwas sollte man sich nie entgehen lassen, und jetzt, wo wir hier an der Kriwaja allenfalls noch sechs, sieben Kilometer entfernt waren, da konnten wir doch nicht weitergehen, ohne einen Blick darauf geworfen zu haben! Zumal auch das Wetter seit dem Morgen ausgezeichnet war. Der Wind hatte die Wolken auseinandergetrieben, vom Meer her zeigte sich ein so blendendes, warmes Blau, dass sich das Herz unwillkürlich nach dem Süden sehnte, nach zärtlicher südlicher See. Wir brachen auf, folgten zunächst dem alten, von Geländefahrzeugen ausgefahrenen, stellenweise bereits mitsamt der Torfschicht abgebrochenen Fahrweg oberhalb der Küste. Dann stießen wir auf eine Schlucht mit einem sich seinen Weg aus moorigem Gelände strandwärts bahnenden schmalen Bach und wollten selber gerade zum Meer hinuntersteigen, als Alik ein Geräusch hörte – ein Helikopter. Und tatsächlich: Am klaren Himmel tauchte kurz darauf ein sich schnell über die grüne Ebene dahinbewegender Punkt auf, einem fliegenden Insekt ähnlich, gleich darauf eindeutig ein Hubschrauber … Er überflog die »Pennerhütte«, wie wir unsere Behausung getauft hatten, steuerte sie an, erstarrte in der Luft, setzte neben ihr auf. Wahrlich schlechte Zeiten, wenn du nach vier Tagen erstmals wieder Menschen siehst und nichts Gutes von ihnen erwartest. Mir schoss sofort durch den Kopf: Pfeif auf unsre Sachen, wenn sie die klauen, aber im Rucksack, da ist mein Tagebuch, und die vollen Filme! Wir waren bestimmt bald eine Dreiviertelstunde unterwegs, und mein bei jedem Schritt knackendes Knie schloss allein schon den Gedanken an eine eilige Umkehr aus. Umso größer meine Anerkennung für Alik: Im Sprint über Moorgrund hätte er spielend noch die besten antiken Olympioniken abgehängt. Der Hubschrauber stieg maximal sechs Minuten nach seinem Aufsetzen wieder aus dem die Baracke umlagernden Müll in die Höhe, doch Alik hatte ihn zuvor erreichen und mit dem Piloten sprechen können. Er kam von der Pestschanka und war wegen einer Kiste Mückenschutzmittel herübergekommen: die Geologen wussten, dass hier diverse Medikamente zurückgeblieben waren.

Wir setzten unterdessen unseren Weg fort. Je nördlicher, desto höher und grandioser steigen die dicht ans Meer heranrückenden Steilhänge empor. Unter einer bisweilen zwei, ja drei Meter dicken, über die Köpfe hinauskragenden oberen Schicht aus Torf verbirgt sich der schwarze, uralte Dauerfrostboden. Von der Sommerwärme taut diese ewige Gefrornis an, und der ganze Uferstreifen gerät ins Rinnen und Tropfen – aber was da vulkanartig aus finsterer Erdentiefe hervorgetrieben wird, ist nicht einmal Wasser, sondern zähflüssiger blauer oder blaugrauer oder roter Lehm. Das sich auf Kolgujew dermaßen aufdrängende Thema des Lehms erreicht hier an diesen Steilhängen einen erhabenen, nahezu symphonischen Klang: Anschwemmungen von Lehm, Anspülungen, Ströme von Lehm, keramikartige Gerinne gestockter, erstarrter Bäche, schwarze und rosafarbene, in ihrer Oberflächenstruktur an erkaltete Lava erinnernde Buckel und Falten … Das Reich des Lehms, die Elementarkraft des Lehms, sein unablässiges, ununterbrochenes Hervorbringen von Formen, in denen einzig er, der Lehm, sich verkörpern kann …

Der Lehm, das Eis, der Torf, der reine Sand- und Kieselstrand, die Sonne mit ihrem Funkelglitzer auf der Wasseroberfläche, die von Zeit zu Zeit aufkommenden sanften Windstöße …

Wo sind wir, Geliebte? Und warum vernehme ich keine Antwort, wenn ich in den Raum Gedankensignale sende an dich? Und warum kann ich meinen irdischen Körper mit dem knackenden Knie nicht verlassen, um auf Adler- oder Rabenschwingen diese Begeisterung zu dir zu tragen, die mich von wer weiß woher erfüllt?

Das Idol fanden wir ohne Mühe auf einem Hügel auf unserer Seite des Flusstals, betrachteten es von allen Seiten, ermittelten seine Größe. Es reichte mir genau bis zum oberen Zwerchfell (maß folglich 120, 125 cm). Gefertigt worden war es erst kürzlich aus einem relativ jungen, festen, noch kaum flechtenbewachsenen Stück Holz und von grober Hand. Der Kopf, dessen Rundung nur andeutungsweise aus dem Stamm geschnitten war, besaß – mit Axthieben markiert – einzig Augen und Mund. Der Hals war zwar sorgfältig, aber laienhaft ausgehauen. Auch die Arme waren nur angedeutet, ebenso die in den Knien leicht gebeugten Beine und etwas, das ein Gürtel sein mochte …

Nein, die traditionellen Idole der Nenzen sahen doch anders aus. Unmöglich, dass sie einen Gürtel hatten, und auch nicht diesen ausgearbeiteten Hals … Außerdem schaute dieses hier auf die unbegrenzte Weite des Meeres, also nach Westen, wie es jeder zufällig hierher geratene Mensch tun würde – statt nach Osten, wie es sich für ein echtes Idol gehört. Und dann hätte ein echtes an diesem Ort auch nicht unbeschadet überlebt: Keine fünfzehn Meter weiter stand ein zur Seite gekippter Schuppen mit allerlei Gerümpel und nur wenige Schritt dahinter ein Leuchtturm der Kriegsmarine. Unbemannt zwar und inzwischen außer Betrieb. Doch es hatte hier Menschen gegeben, viele Menschen, noch vor ein paar Jahren. Was bedeutet, dass ein echtes Idol keinerlei Chancen hatte, unbeschadet davonzukommen. Wenn den Menschen die Götter abhanden kommen, fangen sie an, alles Authentische zu fürchten. Dieses Idol hier aber, dieses nachgemachte, ist von irgendeiner mittlerweile von der Insel verschwundenen Expedition geschaffen und oberhalb des Meeres aufgestellt worden. Vielleicht aus Langeweile, vielleicht aber auch aus lauteren Beweggründen, frei von Spott und Hohn: Um die Gegenwart zumindest einer Gottheit auf diesem Ufer durch ein Zeichen zu beglaubigen, sei es auch mehr schlecht als recht. Damit das mit der Gottvergessenheit entstandene Loch nicht gar zu grauenvoll klafft. Deshalb krümele ich auch ein wenig Tabak auf den glatten Stein zu deinen Füßen, du nachgemachtes letztes Idol von Kolgujew … Ich überantworte dir meinen Glauben an das, was ich nicht auszudrücken vermag, und danke dir für diese Möglichkeit – und darin bist du für mich echt und kein Imitat …

Alle wollten sich neben dem Idol fotografieren lassen.

Als Tolik sich hinsetzte, schob er ihm eine erloschene Papirossa in die Einkerbung des Mundes.

Soldatenunfug.

Grundschule. Internat in Narjan-Mar. Armee. Bäckerei in Bugrino ... Wie soll man dagegen an, und dagegen, dass die Initiation zum Schamanen zwanzig Jahre dauerte ...

Der Himmelsweg des Adlers ist nicht überkrautet, er steht unverändert allen offen, bloß weiß keiner mehr, was man tun muss, um sich aufzuschwingen ...

Nicht, dass ich wie ein Zeuge Jehovas im Begriff gewesen wäre, eine finstere Prophezeiung vom nahenden Weltende zu verkünden. Tolik und Petka weit vorauslassend, lief ich hinkend am Meer entlang, betrachtete die phantastischen, von der Natur in die Steilhänge geschnittenen Skulpturen, genoss die Sonnenwärme und das Licht; finstere Gedanken lagen mir ferner denn je. Ich lief, sah die auflaufenden Wellen, die kleinen Kiesel unter meinen Schritten und die Muster, die das Schmelzwasser unterhalb des Abhangs in den Grund geritzt hatte – Deltas winzigster Flüsschen, deren Zeichnung sich nie wiederholte ...

Was das Weltende betrifft, so ist es längst gekommen. Wir haben es nur nicht bemerkt ... Doch nicht davon wollte ich schreiben, vom Irrsinn der Welt. Der ist offensichtlich: all die Konvulsionen und Gewaltausbrüche, all das hysterische Kotzen, der Frevel, die unkontrollierte Weinerlichkeit oder im Gegenteil die leidenschaftslose Selbstgewissheit und unerschütterliche Kaltblütigkeit ... Worum es mir geht, ist das Unbekannte. Denn zu dem Gefühl des Zeitenendes gehört auch das räumliche Gefühl vom Ende der Welt, dem finis terrae. Jenseits dessen etwas existiert, auch wenn es uns unbekannt ist – aber etwas existiert dort, etwas wird dort auf jeden Fall sein. Aber wie hingelangen, wie hinter dieses Ende, diesen Rand schauen – das wissen wir nicht. Was ist dort? Wir wissen es nicht. Die Liebe oder der Tod? Wir wissen es nicht. Auch kennen wir die Losung nicht, durch die Zutritt gewährt wird in dieses Dahinter. Und so haben wir, was wir haben: eine Vergangenheit, die zusammen mit den Göttern stirbt, eine irrwitzige, sinnvergessene Gegenwart und eine Zukunft ... Eine Zukunft, die wie eine Angstwand heranrückt, denn wir fühlen alle, dass alles sich verändert – aber was und in welchem Moment, das wissen wir nicht. Und worin die Rettung bestünde, was mit in die Rechnung eingehen wird, auch das wissen wir nicht. Wir wissen nicht, warum eine bestimmte Wahl notwendig und bis wann sie zu treffen noch nicht zu spät ist. Wir wissen nicht, worin diese verfluchte Wahl besteht – und genau hierin besteht das Gefühl vom Zeitenende. Die Götter sind in uns Menschen gestorben und geben uns nichts mehr ein, wir haben verlernt, ihre Stimmen zu hören. Sie überhaupt zu hören, geschweige denn, auf sie zu hören. So ist es kein Zufall, dass ich auf einem der heiligen Hügel von Kolgujew, der Semigolowaja-Kuppe, nichts als einen in den Stein gekratzten obszönen Fluch fand, einen Fluch, der auf der Stelle alles übertönt und jede Hoffnung zunichte macht, es werde einer, der hier hinaufsteigt, die Stimme hören ... Und von einem anderen der heiligen Hügel, dem Bolschoje Serdze, von dem herab früher Braut und Bräutigam Silbermünzen werfen mussten, um in Wohlstand und Eintracht zu leben, sind alle Geldstücke verschwunden. Sie wurden der Tundra entnommen, ihr gestohlen. Doch gibt es deshalb mehr Reiche? Oder mehr Glückliche? Seltsam: Wahrscheinlich lässt sich heute auf Kolgujew keine einzige Silbermünze mehr finden ... Wohin ist all dieses Silber wohl verschwunden? Du kennst die Antwort. Und eben deshalb finde ich es trotz allem besser, nach den Göttern zu suchen – sei es auch an Orten, wo das Gedächtnis an sie erkaltet ist –, als teilzuhaben am Irrsinn der Welt. Vielleicht finden wir bei dieser Suche zu guter Letzt doch etwas. Wie der Maler Prokopi Jawtysy, der uns in Narjan-Mar seine Bilder zeigte: Er hat zweifelsohne mit den alten Geistern kommuniziert, die er selbst zuvor auferweckt hat.[*]

Wie Alik, der zu den küstennahen Koschki rudert, um gegen die Brandung anzuschreien ...

Ja, Liebste. Ich glaube, er schreit nicht aus Verzweiflung und Ausweglosigkeit, wie ich zunächst dachte, als ich davon erfuhr. Er

[*] Siehe »Das Buch der beigelegten Seiten«, III.

flieht aus dem Irrsinn der Siedlung bis an den Rand, den alleräußersten Rand der Erde – vielleicht um dort, inmitten der anpral-
lenden Naturgewalt, einsam und allein, da ja doch niemand ihm
helfen könnte: den Flügel des Adlers zu besteigen.

Die küstennahen Koschki sind schmal, sehr viel schmalere
Sandbänke als die große Koschka, oder genauer: Es sind lang-
gezogene Sandinseln, an denen das sich rings um Kolgujew erstreckende Flachwasser endet und die offene See beginnt. Von
Bugrino aus kann man mit dem Fernglas direkt zu den Koschki
hinüberschauen, weshalb ich mir die Szenerie gut vorzustellen
vermag: die Mündung der Bugrjanka und die hellblaue, sich weit
ins fahle Niedrigwasser hinausschwingende Landzunge. Ihre em-
porgetauchten Sandbänke, die in einem halb durchsichtigen, eisigen Glanz erschimmern, als seien sie wirklich von Eis überzogen.
Kälte steigt vom dunklen Flusslauf auf, kalt bläst der Wind von der
Insel her, am kalten Himmel steigt riesig die silberne Scheibe des
Mondes auf, und nur gegen die schmalen Koschki schlägt schwer
die Brandung. Und dort, auf dem schmalen nackten Streifen Sand,
auf dessen Kamm sich ein paar Grasbüschel festgekrallt haben,
darin verborgen ein Möwennest, rennt er und schreit gegen die
Wogen an, die sich mit Getöse am Schild der Erde brechen. Das
Boot, der mit einem Stein beschwerte Anker …

Er ist allein unter dem Mond, dieser Mensch, allein auf der
ganzen Welt, er ruft sie an und fordert Antwort. Die anrollende
Welle läuft in einer langen schaumigen Schleppe aus. Unter den
Füßen knirschen der Kiesel, die Panzer von Krebstieren, glitschen
die öligen Körper der Algen, kalt glänzt der feuchte Sand. Die
dunklen Brecher schlagen mit der ganzen Wucht der auflaufenden Tide gegen das Sandinselchen. Immer lauter wird ihr Rollen,
immer heftiger ihr Anbranden, immer grimmiger das Kampfge-
dröhn, in das hinein mit schrillem Ton die einzige, seine menschliche Stimme einen Keil treibt.

Und die Nacht der Schöpfung dauert an über der Welt.

Die Nacht in der Tundra
vom Sonnenuntergang bis zum Sonnenaufgang

Die Nächte sind unermüdlich.

Die Nächte sind heilsam.

Denn tagsüber ist uns alles verschlossen. Dem Tag haben wir das Lebensnotwendige zugewiesen, der Nacht aber das Wesentliche. In ihrer tiefen Stille tut sich das Himmelsgewölbe ein wenig auf, wird transparent, und der uns erfassende Zugwind senkt in unsere Seele eine Ahnung jener großartigen Bewegung, in die wir für den kurzen Augenblick unseres Lebens hineingezogen sind. Die breit entfaltete Sternenkarte. Sie hat sich anscheinend nicht sonderlich verändert, seit die Phönizier oder Ägypter die erste Atlantikfahrt unternahmen.

Der Mond.

Mit etwas Glück: auf dem Wasser ein Lichtstreif, oder ein Reflex im Schilf erstarrt zur Scheibe, und plötzlich zu sich davonschlängelnden schütteren Splittern zerschmettert vom Sprung des Frosches, der unvermutet uns weckt aus den unendlich sich dehnenden drei Zeilen Bashōs.

Der Mond im Netz des Geästs.

Kaum schwellen die Knospen, kaum brechen sie auf, kaum entrollt sich das junge Grün und gruppiert sich zu etagenreichen, von Stimmen, Schatten und Rauschen erfüllten Palästen, da beginnt das Laub schon zu fallen: aufflammendes Rot und Gelb, dunkle, raue Adern hervortretend aus fahlem Gewebe. Löcher im herrlichen Schirm. Rascheln, herabsegelnde Blätter. Dann – die Leere, ausgespannt zwischen den Ästen wie ein Spinnennetz. Vereinzelt klopft im Wind ein Baum mit knöcherigem Finger.

Der Tod, wie es scheint.

Schnee. Prächtig, frisch, lebendig.

Im Frühling tropft aus den Zweigen, die der fallende Schnee abbrach, der gelbe Saft auf den Harsch. Es gibt keinen Tod – nur einen Rhythmuswechsel, Atemschöpfen, Stille …

Unabwendbarkeit.

Säubert der Grashüpfer das Uhrwerk des Spätsommers vom Rost? Branden die Wellen ans Ufer und zertrümmern die Insel? Nachts erreichen uns die Signale störungsfrei. Nachts sind wir offen für Botschaften …

Warum spreche ich unentwegt von der Nacht, da der Tag doch eigentlich noch nicht zu Ende war. Überhaupt war es ihm vergönnt, einer der längsten Tage meines Lebens zu werden – nicht nur, weil später immerhin noch die Nacht zu ihm hinzukam, sondern wegen der unzähligen Male, die ich anschließend in ihn zurückgekehrt bin. So gesehen hat dieser Tag erst begonnen. Ich lief am Meer entlang, weit hinter meinen Gefährten zurückbleibend, die See rollte von rechts heran, links türmten sich, zerschellt, Bastionen abgerutschten Lehms; und über all dem, über der Welt, über der See wölbte sich, sonnendurchflutet, eine Bläue von solch ursprünglicher Reinheit, dass ich am liebsten das polnische »niebieski« dafür verwenden würde, das »blau« und »Himmel« noch ineinssetzt.

War ich glücklich?

»Glück« ist wohl für das, was ich empfand, ein zu dummes Wort. Vielleicht deshalb diese stumpfsinnige Auflistung – Wind, Wellen, Sand, Lehm –, weil es nichts weiter gab. Nichts außer den drei Elementen: Erde, Wasser und Luft. Und an ihrer Grenze spürte ich schneidend meine Einsamkeit und mein Getrenntsein von der Geliebten – und zugleich mein Einssein mit allem, dem Licht dieses Tages, dem Glanz des Meeres, ihr; ich erzählte ihr, meiner Geliebten, was mich umgab, und glaubte in diesem Moment, dass sie mich hörte …

Jeder Versuch, in der Erinnerung deutlicheren Einzelheiten nachzuspüren, bleibt vergeblich: Der Sand war wahrscheinlich gelb, mit dunklen, von der Steilküste abgebrochenen, vom Wasser zerflockten und angespülten Torfstückchen; ich würde gern behaupten, auch die Wellen hätten einen gelblichen Ton gehabt, aber das stimmt nicht, das Meer war blau, eine wirklich blaue See. Dazu ein leerer grenzenloser Himmel. Etwas Ähnliches habe ich einmal auf der Krim gesehen, im Frühjahr, wenn das Meer noch kalt und die Strände leer sind.

Möwen gleiten den Küstenstreifen entlang.

Meine Schritte. Ein Rhythmus.

Worte.

Die Worte kommen gleichsam aus dem Nirgendwo, du läufst und läufst, und plötzlich bricht es sich Bahn, und sie strömen, und du flüsterst verwirrt, betrachtest eine auf dem Sand zerfließende Schaumflocke oder einen übriggebliebenen, von der Sonne zusammengebackenen Schneefleck und begreifst nichts … Ich spürte, dass ich die Grenze der gewohnten Welt überschritten hatte, und das hieß, dass unsere Reise nicht umsonst war, und dass, was immer noch geschehen mochte, allein dieser Tag genügte, um alles zu rechtfertigen. Ich war jung, voller Kraft und Hoffnungen. Ich spürte schon das Verlangen, etwas Umfangreiches zu schreiben, spürte, dass die fragmentarischen Stücke, die ich nach der ersten Fahrt geschrieben hatte, durch unsere Wanderung sich zusammenzufügen begannen … Wozu? Ich getraute mich noch nicht, das Wort »Buch« zu verwenden. Ein Buch ist eine zu schwierige und gar zu verantwortungsvolle Sache. Aber ich sah einen vielfach geschichteten Text vor mir, und der Vorgeschmack darauf ließ mich einen freudigen Elan verspüren.

Ich fühlte mich unbeschwert, auf die Zukunft gerichtet.

Die Zukunft. Darüber werde ich noch nachdenken müssen. Wusste ich damals denn, dass mein Rücken nach dieser Reise nicht mehr aufhören würde zu schmerzen? Nein, natürlich nicht. An dem Tag ruhte ich aus, genoss alles. Ich hatte keinen Rucksack um, spürte nicht die Muskeln, die sonst wie zerreißende Glasfaser knisterten, war frei von dem dumpfen Schmerz in der Wirbelsäule. Ich dachte, wird schon wieder. Aber – Irrtum. Vielleicht ist ein Wirbel rausgesprungen oder wurde Knorpel abgerieben, fest steht jedenfalls: Etwas ist dauerhaft geschädigt. Der normale Preis, finde ich. Der, den der Körper dafür bezahlt, dass er dich, deine Augen, dein wahrnehmendes Hirn und dein begeistertes Herz hierher gebracht hat, an den Rand der Welt. Angeblich haben die Bergsteiger vom Rucksacktragen völlig kaputte, eingesunkene Füße. Das ist der Preis, den sie bezahlen, um dorthin zu gelangen, wohin sie gelangen.

Der Preis.

Das Leben verlangt stets den vollen für jeden verwirklichten Traum.

Für schöpferisches Tun.

Aber ebenso teuer bezahlt man für nicht verwirklichte Träume. Du magst dich dein Leben lang nie zu etwas aufraffen – auch dafür präsentiert es die Rechnung. Und diejenigen, die niemals verzückt am leeren Ufer der Welt entlanggelaufen sind, ahnen das. Meinetwegen kann mir das Leben jetzt zusetzen und bedrohlich erscheinen, als seien in der ganzen Stadt die Lampen eingeworfen worden: Diese Nacht habe ich zumindest gehabt, die wir vom Sonnenuntergang jenes Tages bis zum Sonnenaufgang des folgenden durchwanderten – und sie war offen gestanden eine der erstaunlichsten Nächte meines Lebens. Ein wahrhaftiger Glücksmoment. Ich weiß nicht, was heute mit mir wäre, wenn es sie nicht gegeben hätte, denn Brüche und Glücksmomente schaffen nicht auf gleiche Weise *Zukunft* …

Ein scharfer Herbstwind, in dem schon deutlich Schneekälte zu spüren ist. Der Geldautomat auf der Puschkinskaja – leer. Der Geldautomat auf dem Prospekt Mira – leer. Die Rubelkrise[*] Auch mein Portemonnaie ist leer. Da hab ich mir eine kleine Zeitreserve in Form von harter Währung zusammengespart, um in Ruhe arbeiten zu können, und jetzt ist die Zeit weg. Aber mich zu erinnern, die Möglichkeit zumindest bleibt. Mit der Erinnerung ins Innerste

[*] 1998 [Anm.d.Ü.]

jenes Tages, oder jener Nacht, vorzustoßen, als in meinem Herzen nur Begeisterung, nichts Überflüssiges war, kein Gefühl der Erniedrigung, keine Litanei meiner Misserfolge, die darauf pochen, nicht vergessen zu werden, und mir das Hirn zernagen. »Haut ab …« Ich habe immer genug Mumm, »Haut ab …« zu sagen – aber dann schießt wieder irgendetwas quer und …

Was tuts. Da drüben im Torweg, da klaubt einer Essensreste aus der Mülltonne.

Zum ersten Mal habe ich dieses Bild übrigens in Paris gesehen, und es hat mich erschüttert. Im Epizentrum des *europäischen Überflusses* – um genau zu sein: auf dem Pont Neuf – fischte ein Mann aus einem Abfalleimer die von Touristen weggeworfenen Reste einer Pizza, die sich dort jeder illegale Senegalese leisten kann. In den Bewegungen des Mannes, seiner Hände, seiner Lippen, des kauenden Mundes, lag eine animalische Konzentration. Er war mir kurz zuvor in der Menge aufgefallen: er hatte ein Gesicht von aristokratischer Blässe, einen lodernden Blick und einen Dreitagebart – als sei er direkt von der Leinwand herabgestiegen, wo genau solche Figuren, wunderbar stoppelbärtig und in grauen Mänteln, ihr Leben leben.

»So muss ein echter Pariser aussehen«, hatte ich gedacht. Und eine Minute später schon schlang er die Pizzareste herunter. Vielleicht war er von einem Trip oder aus einer Alkoholdröhnung direkt in diesen rattenartigen Hunger gekippt und überließ sich ihm als einzigem Rettungsanker, um nicht davonzudriften. Wieder. Dorthin. Ins Bodenlose. Aber nicht das erschütterte mich beim Anblick dieses Mannes. Ich erkannte an ihm einfach erneut die vertrauten Züge dessen, der *davonläuft* und gerade einen der dramatischsten Augenblicke seiner Flucht erlebt: wenn der Mensch eine Grenze überschreitet, jenseits derer er zu sich – zu dem, der er bis dahin war – nicht mehr zurückkann. Das heißt, er hatte gewählt, vielleicht eben erst, in diesem Augenblick (denn er trug ja doch einen erstklassigen grauen Mantel und hatte keinerlei Ähnlichkeit mit, sagen wir: einem Clochard von den Seinequais), aber jemanden, zu dem er zurück gekonnt hätte, gab es schon nicht mehr. Denn es gab ihn selbst schon nicht mehr dort, woher er kam. Und er war damit einverstanden ... Er glaubte selbst daran, dass er nichts mehr besaß außer seiner Niederlage ...

Er hatte den Schatz nicht gewonnen.

»Und du, hast du ihn gewonnen?«, fragt er mich plötzlich, während sein Kopf sich von der Öffnung des Abfalleimers löst. »Ich?« Entsetzt weiche ich der Antwort aus, während ich spüre, dass der Traum nicht abfällt von mir; und ich sehe sein von feinen Falten überzogenes Gesicht wieder vor mir und seine Augen, in denen gleichgültiger Ekel steht vor der Nichtigkeit der Welt, vor all dem, weswegen ich mich vor dem Einschlafen immerzu hin- und herwälze, ein Ekel, der von dem klaren Wissen herrührt, dass zu leben sich nicht lohnt. »Sagen wir, irgendwie schon, ein bisschen.« – »Und warum bist du dann so?« – »Wie bin ich denn?« – »Was benimmst du dich, als ob das nicht du erlebt hättest? Was wirfst du das Handtuch, wenn da doch ein bisschen etwas war?!«

Ja, ja er hat Recht, dieser Franzose.

Der Teufel.

Denn diese Begegnung auf dem Pont Neuf ist eine Begegnung mit dem Teufel gewesen.

Der mich fragt, ob ich selber an meine Schätze glaube.

Er weiß bestens, dass es nicht so einfach ist, sich dieses vor langem empfundenen Elans zu erinnern. Und dass das gewöhnliche Vorwärtsschreiten von einem Kapitel zum nächsten, das graphisch inzwischen sogar ohne Seitenumblättern zu bewerkstelligen ist: man braucht nur mit dem Blick abwärtszugleiten, mit den Augen im Raum des Buches ein paar wenige Millimeter nach unten zu wandern –, dass dieses gewöhnliche Vorwärtsschreiten vier Monate in Anspruch genommen hat, in denen ein ganzes, mit der Geburt eines Kindes verknüpftes Leben steckte. Und dass dies eine die Kräfte beinah übersteigende Prüfung war, wenngleich gar nichts Besonderes abverlangt wurde, nur: dem Leben das Seine zu geben, ein paar Monate lang pausenlos dieses neue kleine Dasein zu begleiten, nirgendwohin davonzulaufen, sich nicht in der »Literatur« zu verstecken. Es lässt sich natürlich so tun, als habe es das alles nicht gegeben. Weder diese vier Monate noch die vier Jahre, die seit jener Nacht vergangen sind – doch was hätte das für einen Sinn? Wie es sich gehört, überholt das Leben den Text und bricht von Zeit zu Zeit in solchen Wellen herein, dass es mich mehrmals fast vom Schreibtisch los-, um ein Haar für immer fortgerissen hätte. Dann war das Schreiben eine Qual und ich darin so lange wie in einer Folterkammer eingesperrt, bis der Text erneut eine Weiterung erfuhr – eine, die mit der Auffassung des Lebens korrespondierte, wie es auf mich zukam in diesen vier Jahren, in denen dermaßen viel geschehen ist … das im Übrigen auch nach Ausdruck verlangt und droht, sich in diese Erzählung zu drängen, und gewiss sich hineindrängen wird: in Form von Einzelheiten, die scheinbar nicht das Geringste mit dieser Nacht in der Tundra zu tun haben, aber dank eines raffinierten Auswahlprinzips doch neben ihr in einem geheimen Winkel deiner Seele lagern, wo das Beste, was dir widerfuhr, verwahrt ist. Damit, wenn du einmal nicht weißt, wohin mit dir, und der Teufel, dieser Sammler der erloschenen Seelen, dich erneut fragt, ob das Leben zu leben sich lohne, du in diese geheime Schatzkammer deiner Seele hinabsteigen kannst zwischen all die guten Erinnerungen daran, was du durch eigenes Tun gewonnen hast, das dir niemand mehr zu entreißen vermag – und damit du ihm an jenem Tag würdig antworten kannst.

Am Abend zuvor, erinnere ich mich, hatten wir Gänsesuppe gekocht; die demolierte Baracke und die verfallende Sägemühle im Rücken, lagen wir neben dem vor sich hin glimmenden Feuer im Sand und sahen bis zum Einbruch der Kälte aufs Meer. Die weißlichen Wellen tosten am Fuß der Steilküste, wir hatten keine Lust, schlafen zu gehen, und sicherlich weil das Meer so nah war, empfand ich plötzlich wieder mit aller Schärfe den *Rand*. Ihn nahm mein Gefühl auf kindhafte Weise buchstäblich: Hier, hier liegt anscheinend irgendwo der Rand der Welt, und wir sind hingelangt. Und jetzt sitzen wir oben auf dem Abhang und lassen die Beine über den Rand baumeln. Denn weiter ist Schluss. Gibts nichts.

Und es war wunderbar.

Dann zog vom Meer her plötzlich dichter Nebel auf, überwallte allmählich die ganze See, ballte sich unterhalb des Abhangs wie ein Meer aus Rauch; und als wenig später dieser kalte Rauch über den Rand der ihn zurückhaltenden Erde zu wabern begann, und auch die Insel und uns und unser Feuer und die Überreste der Gebäude, Mechanikteile, Traktoren verschluckte und alles ringsum mit einem Streich in einen Traum verwandelte, da brachen wir schließlich auf und legten uns hin, ehe die Feuchtigkeit in unsere Schlafsäcke kroch.

Ja, und der nächste Tag, als wir das Idol aufsuchten, war überhaupt ein uns von oben geschenkter Tag, ein Tag der Offenbarung, da die gewöhnlichsten Dinge sich plötzlich in ihrer ganzen unerschöpflichen Tiefe auftun und dein Geist, den es zufällig in diesen Tag und an diese Küste geweht hat, wo Erde, Wasser und Himmel sich aneinander reiben, ins Stocken gerät, weil er ungewollt Zeuge des unermüdlichen göttlichen Waltens wird, das seit dem Anbeginn der Welt sich vollzieht.

Ob die Menschen den Glauben verloren haben oder nicht, ist ihr Problem. Die Götter interessiert das nicht. Ihr Teil ist die Schöpfung. Im Nenzischen, mit seiner für den Ungeübten recht schwierigen Aussprache, werden die vier Grundelemente mit Wörtern bezeichnet, die einfach sind und melodiös wie Noten: *i* – Wasser, *ja* – Erde, *tu* – Feuer, *num* – Himmel. Ur-Laute; Ur-Grund. An diesem Tag, als wir das Idol aufsuchten, gab es ringsumher außer dem Pulsieren dieses Urgrundes eigentlich nichts. Vielleicht hatten die Götter beschlossen, die Insel zu zerstören, sie als ein kurzzeitiges und nicht zwingend notwendiges Gebilde, dessen Sinn und Geschichte erschöpft waren, vom Antlitz der Erde zu wischen, vielleicht auch hatten sie sich einfach voller Übermut im Erschaffen von Formen geübt – worin läge der Unterschied; ihre nahe Gegenwart war zu spüren, nah ihre gigantische Macht, jede auflaufende Welle, die im Sand ihre Spur hinterließ, bildete ihr Genie ab.

Ich versuchte, mit Hilfe des Fotoapparats diese Spuren, diese Pinselhiebe des Schöpfers abzubilden. Dass diese Versuche eitel waren, würde ich nicht sagen, aber sie beinhalteten gleichermaßen die Zeit unseres Seins an dieser Küste wie die ewigkeitliche Zeit, die ja der Sand aufs beste symbolisierte. Vielleicht hat mich gerade der Sand an diesem Tag mehr als alles andere berührt. Der Sand, *tab*. Die zwiefache Möglichkeit des Sandes, Maß für die Zeit und Metapher für die Ewigkeit zu sein. Denn einerseits ist ja die Zahl der Sandkörner ungeachtet ihrer Menge natürlich begrenzt und folglich existiert diese Zahl und könnte ermittelt und ausgedrückt werden – darauf basiert das Funktionsprinzip aller Sanduhren. Doch zugleich steht fest: Wie viele Körner auch immer wir zählen, welch grandiose Pyramiden wir auch aufhäufen im Versuch, seine Wüstenpotenz rechnerisch bis zum letzten Körnchen zu erfassen – der Sand wird doch all unsere Bemühungen übersteigen; und was wir zusammentragen, werden wir nicht halten können, der Wind zerweht unsere Projekte, wir werden die Zahl nicht ermitteln. Denn uns ist erlaubt, die Zeit zu berechnen, nicht aber die Ewigkeit zu vermessen.

Geht es freilich um Sekundenbruchteile – dann bitte. Einige Aufnahmen mit einer Belichtungsdauer von 1/60 oder 1/125. Einige winzigkleine Uferfragmente des kosmischen Puzzles aller Sandgebiete aller Wüsten aller Canyons aller Küsten aller Hochebenen.

Drei Jahre später besuchte ich in Paris zufällig die Vernissage einer Fotoausstellung von Marie-Claude White: Vorn auf der Einladung war das sich zusammenballende graue Universum abgebildet, mit Einsprengseln leuchtender Teilchen. Marie-Claude hat einen tief eindringenden Blick, sie entdeckt Galaxien, Schichtungen, schwere Massen, leichte Linien, die Federstriche von Wellen auf Küstenstrand. Dringt man mit dem Blick noch tiefer ein, betrachtet man zum Beispiel unter dem Mikroskop den schwarzen Vulkansand von der kamtschatkischen Pazifikküste, so kann man in eine Schatzkammer stürzen, aus der es kein Zurück gibt. Verzaubert von den im Schwarz des Sandkorns verborgenen regenbogenfarbenen Feuern läuft man Gefahr, das Wichtigste zu vergessen: das Gewaltige des Sandes, das Gewicht des Sandes, die unablässige tonnenschwere Bewegung des Sandes, das Heulen des Sandes, seine Verwaistheit.

O Sandräume der endlosen nördlichen Küsten – Wüsten der Wüsten! Nur der scharfe Märzschnee vermag wie ihr das Holz zu schleifen und die Knochen zu bleichen!

Offenbar war ich während des Gangs am Meer in eine Art Meditation versunken, jedenfalls verlor ich jede Zeitrechnung: Mir kam der Tag sehr kurz vor. In meinen Augen kehrten wir gegen zwei oder drei Uhr zurück, aber Petka hat in seinem Tagebuch notiert, dass es fünf, wenn nicht sechs war. Glücklicherweise hatte Alik zu unserer Ankunft einen Kessel frischer Gänsesuppe gekocht; er saß neben der Feuerstelle im Sand und zeichnete etwas mit einem Stöckchen. Tolik brachte noch eine Gans an – er hatte sie auf dem Steilhang mit einem einzigen gezielten Steinwurf erlegt –, weshalb wir alle davon ausgingen, dass wir jetzt sofort essen würden, und dann essen wir noch einmal, und danach fallen wir kolgujewartig todmüde um und schlafen dick und vollgefressen mit animalischer Ruhe, und am Fuß der Steilküste tost einzig das Meer und schaukelt unseren Schlaf wie eine Wiege.

So kam es auch teilweise: Wir ließen es uns schmecken, und Petka, der eine angenehme Schläfrigkeit verspürte, legte sich nach dem Mahl sofort aufs Ohr. Ich blieb noch beim Feuer, weil ich mich bereiterklärt hatte, das Geschirr zu spülen. Aber erst machte ich doch noch eine Aufnahme von unserem erbärmlichen Unterschlupf; darauf zu sehen: unsere zum Auslüften über Pflöcke gehängten Fußlappen und das die Feuerstelle vor dem Wind schützende Zelt. Schon auf Ausruhen eingestellt, rieb ich die fettigen Teller mit Gras aus, als Alik, der neben mir saß, plötzlich sagte:

»Wir gehen lieber heute weiter. In der Nacht.«

Eine Weile fuhr ich mit dem Abreiben der Teller fort und versuchte zu begreifen, was ihn zu diesem Entschluss veranlasste. Gewiss war ihm hier nicht einfach langweilig geworden – aber eine andere Erklärung fand ich nicht.

»Weshalb?«, fragte ich schließlich.

Er antwortete, dass der Mond merklich abgenommen habe und an Neumond, wie immer bei Mondwechsel, auch das Wetter wechsele; und weil wir bestimmt noch fünf Tage Marsch vor uns hätten, sei es besser, wenn uns das schlechte Wetter in einem soliden Balok erwischt, am besten am Kriwoje Osero, wohin wir ja ohnehin wollten.

Dem Augenschein nach war das Wetter ausgezeichnet, aber inzwischen neigte ich dazu, auf Alik zu hören: Er wusste eindeutig Dinge, die für mich nicht auf der Hand lagen oder sich ganz anders darstellten. Ich hatte bemerkt, dass alles, was er sagte, sich bewahrheitete. Mondwechsel und Wetterwechsel hingen für mich beim besten Willen nicht zusammen, aber er sprach davon, als verstünde sich das von selbst.

»Wer weiß, wie weit wir mit deinem Bein kommen in der Nacht ...«

»Ja, wer weiß ...«

Ich verstand; ich hatte starke Schmerzen, war folglich eine Last für meine Gefährten, und wenn wir meinetwegen schon langsamer vorwärtskamen, so hatte ich mich ohne Murren den Erwägungen eines Erfahreneren zu beugen.

Als Petka erwachte und sich zum Aufbruch rüsten sollte, gefiel ihm das gar nicht.

Allein der Gedanke, nachts zu laufen, war in seinen Augen absurd, und außerdem, er wollte noch ... Bestimmt wollte er noch einmal richtig gut essen und sich anständig ausschlafen ... Aber vielleicht wolltest du auch noch einen Abend an der Küste, noch einmal einen ruhigen Abend verbringen?

An dich, mein Freund Pjotr, wende ich mich – aber an wen wende ich mich da? An den Jugendlichen, den ich damals kannte? Oder an den jungen Erwachsenen jetzt, den ich praktisch nicht kenne? Denn alles verändert sich allzu rasch. Vielleicht war es unseren beiden Schicksalen ja beschieden, sich nur ein Mal zu kreuzen, damit es mir gelänge, ein angemessen dichtes Gewebe aus Worten zu wirken, und dir, deinen eigenen Weg in Angriff zu nehmen?

Vielleicht. Vielleicht.

Die Menschen bleiben selten lang zusammen, es sei denn, sie stecken sich so ferne Ziele, dass man die ganze Strecke gemeinsam gehen muss, um sie zu erreichen ... Aber wenn du magst, lese ich dir ein paar Zeilen aus deinem Tagebuch vor? Ob du wohl glaubst, dass du das geschrieben hast und nicht jemand anders? Sollen wir uns vielleicht gemeinsam an diese Nacht erinnern, vielleicht entdecken wir ja ihre fernen Folgen in dem, was heute mit uns geschieht?

»Beschluss, in der Nacht weiterzulaufen. Aßen gut, erst Suppe, dann Gänsefleisch ...« Stimmt. Genau so ging es los. Die Suppe hatte, wie gesagt, Alik schon vorher gekocht; die Gans, die Tolik am Strand erlegt hatte, wollten wir feiner zubereiten, Tolik schlug Filets vor. Er holte aus der Pennerhütte die verdreckte Brotbackform, die an ein Ziegelmodel erinnerte, und schrubbte sie mit Sand, bis sie sich als erstklassiger gusseiserner Schmortopf entpuppte. Darin garten wir das Fleisch. Man könnte meinen, ein Gänsefilet wäre nach einer Gänsesuppe vielleicht nicht gerade das, was den Gaumen kitzelt – aber das Fleisch war so schmackhaft, dass wir es bis zur letzten Faser aufaßen. Ganz abgesehen davon stand uns eine lange Wegstrecke bevor. Erstaunt sah ich, wie Tolik auch noch säuberlich das ausgelaufene Fett auflöffelte.

»Was machst du da?« Ich stellte mir die Reaktion meines Darms auf diese Kur vor.

»Ich esse das Fett.« Tolik begriff, dass mich etwas daran verwunderte, aber nicht, was.

»Du willst es aber wissen!« Ich bestand darauf, zu Recht verwundert zu sein.

Tolik heftete seine Augen auf mich: In ihnen stand kein Vorwurf, eher ein Ausdruck der Entschuldigung, dass er mir nicht weiterhelfen konnte ...

Schnell und sorgfältig befestigten unsere Gefährten an ihren Rucksäcken, was sie in diesen Tagen am Strand oder im Umkreis der »Pennerhütte« hatten zusammenklauben können: ein Stück Kork, eine aufgerollte Perlonschnur von vielleicht fünfzehn Metern Länge, ein Säckchen mit allerlei Tabletten vom Boden unserer Schlafkammer, einen grellroten meteorologischen Sondierballon – ein unzweifelhaft wertvoller Fund, denn die Nenzen benutzen diese wie große Luftballons aussehenden Sondierballons als Schwimmer für ihre Netze oder beim Bau von Flößen, wenn im Frühjahr die Flüsse über die Ufer treten (dann brauchen sie mehrere davon). Auch ein Stück Burukrytie rissen sie unmittelbar vor unserem Aufbruch von der Wand der Pennerhütte.

Die Haut eines riesigen toten Tieres, hätte man meinen können.

Auch wir rissen unser Stückchen aus diesem zu Tode gemarterten Leib.

Das Gerippe trat zutage.

Die winddurchfegten Räume des Hohen Nordens sind übersät von diesen Gebeinen eines zugrunde gegangenen Landes.

Die Kannibalen sind eine Zunft so eifrig wie keine zweite, denn das, was sie verzehren, wächst nicht nach. Ihr Gelage ist hastig und freudlos. Es ist der Tod, der sie ernährt. Als ich drei Jahre später noch einmal nach Kolgujew kam, war in den weitab liegenden Ruinen schon absolut nichts mehr zu finden außer verrostetem Eisen und altem Holz – sie waren sauber kahlgefressen. Ja selbst Bugrino sah aus wie ein auf einer Sandbank gestrandetes Schiff, auf dessen Deck kopflos Passagiere umherstreichen, die keinen Platz mehr in den Rettungsbooten gefunden haben, und auch ein paar Matrosen sind zurückgeblieben in der Hoffnung, der Vorrat an Treibstoff und Lebensmitteln werde reichen, bis andere ihnen zu Hilfe eilen, um sie aus dem Schlamassel zu befreien.

Aber es kommt niemand. Der Funkverkehr ist abgebrochen. Die Menschheit hat sie vergessen.

Wie das Ausmaß ihrer Verzweiflung schildern? Wie die Augen der Greisinnen beschreiben, die, hungrigen Greifen gleich, auf die Beerdigung der anderen harren?

Petkas Tagebuch vermerkt: »Um 21 Uhr 50 gestartet.«

Es war sehr feucht und kalt.

Das Floß schaukelte auf der grauen Wasserfläche. Es hatte sich vollgesogen, war schwer geworden. Als ich mich, den Rucksack umgeschnallt, daraufstellte, stieg mir das Wasser bis zu den Knöcheln hinauf. Vorsichtig mit dem Ruder hantierend, damit dieses halbe U-Boot bloß nicht noch weiter unter Wasser gedrückt wurde, überquerte ich das Haff. Auf der anderen Seite angelangt, befestigte ich ein Seil daran – so wurde eine Fähre daraus.

»Nebel senkte sich herab und dunkle Wolken zogen auf. Das Zeichen, dass die Nacht angebrochen war. Vom Meer her blies ein kräftiger Wind, Nässe stieg auf. Sogar wenn man einfach nur dasteht, glänzen die Stiefel, als wäre man durch Wasser gelaufen. Einzeln setzten wir auf dem Floß über die Bucht, brauchten so unser Schlauchboot nicht aufzublasen. Die Füße waren sofort eiskalt, schnell auch die Hände. Wir liefen langsam, weil Wasja noch immer Probleme mit dem Laufen hatte, beim Auftreten wie beim Beugen des Knies. Er meint, das linke sei schon immer eine Schwachstelle seines Körpers gewesen (mir scheint, eher das rechte). Wir beide gingen zusammen, während Tolik und Alik uns ständig davonliefen. Wir konnten sie nur sehen, weil an Toliks Rucksack das signalrote Positionslicht, das er am Strand gefunden hatte, baumelte und an Aliks Rucksack ein weißes Rentierfell. So hatte ich mir die Tundra nicht vorgestellt: ständig Bülten, Schluchten und ein Dickicht aus Weidengebüsch. Ich war sehr beeindruckt, als es sich um mich schloss. Die Sträucher sind mannshoch und ihre ineinander verschlungenen Äste armdick. Man sieht beim Laufen nicht, was unter den Füßen ist, man setzt nur einen Schritt vor den nächsten, schaufelt mit den Armen die Sträucher beiseite und presst seinen Oberkörper vor, um sich einen Weg zu bahnen, aber es ist, als würde das Dickicht dich wie eine Feder zurückschnellen lassen. Zehn Meter kommen einem wie hundert Kilometer vor. Sobald du einen falschen Tritt machst oder irgendwo mit dem Fuß hängenbleibst, gerätst du ins Straucheln, und dann kommt noch das Gewicht des Rucksacks dazu, und schon wirft es dich um …«

Oh ja, das ist sehr genau erfasst: Und je mehr du dich beeilst, desto mehr verfängst du dich im undurchdringlichen Astwerk, desto deutlicher hast du das Gefühl, in eine Falle geraten zu sein. Besonders, wenn die andern alle vorgegangen sind: Einmal blieb ich allein zurück in diesem »Wald« und versuchte fieberhaft herauszufinden, wie weiter, wo verlief die Fußspur der andern – denn sie waren doch eben erst hier irgendwo lang! Ich richtete mich zu voller Höhe auf, sah aber nicht die leiseste Bewegung im Gestrüpp. Wo waren sie bloß? Erneut suchte ich den Boden ab, glaubte Spuren zu entdecken, zumindest war das Moos niedergedrückt – aber diese Spuren führten mitten in ein riesiges Weidengestrüpp hinein. Das Gebüsch war wirklich so dicht, dass ich es erst beim zweiten Anlauf schaffte, mich hineinzuzwängen, aber sofort spürte ich, dass irgendetwas nicht stimmte. Ich hörte ein lautes Knacken – das Geräusch von reißendem Stoff, dann durchzuckte mein kaputtes Knie ein empfindlicher Schmerz, und als ich um mich blickte, lag ich im Flechtwerk der grauen Äste. Wie ein kleines Tier sah ich den Wald von unten: da herrschte Finsternis, summende Insekten stiegen aus dem grünen Gras auf, und über meinem Kopf schlossen sich die knorrigen, mit kleinen, eleganten bläulichen Blättern bedeckten Äste zu komplexen geometrischen Mustern zusammen. Aufzustehen gelang mir nicht, da ich zwischen dicken Ästen festhing und nicht mit dem Boden in Berührung kam, während der Rucksack verhinderte, dass ich mich umdrehen konnte. Ich brachte bestimmt eine Minute damit zu, irgendeinen Halt zu finden, um mich abzustützen und aufzurichten – bei diesen ungeschickten Bewegungsversuchen sah ich sicherlich wie ein Käfer aus, der auf dem Rücken liegt und all seine Beinchen mit rasender Geschwindigkeit gleichzeitig bewegt. Als ich wieder aufrecht stand, stieg ich auf eine Bülte und wollte gerade losbrüllen, als keine dreißig Meter vor mir über den Weiden das Ruder unseres Schlauchboots auftauchte und mich, hin- und herschwingend, zu sich herüberwinkte. Das unheilvolle Gestrüpp verfluchend, schlug ich mir auf Teufel komm raus eine Schneise. Nach einer oder zwei Minuten brach ich auf eine Lichtung durch, wo Alik auf einer Bülte hockte. Tolik und Petka standen neben ihm, Petka mit dem Ruder in den Händen.

»Tja«, sagte Tolik, als er mich auftauchen sah. »Du hast Gesellschaft gekriegt …«

»Was ist passiert?«

Ich sah, dass Alik sich gerade den Fuß bandagierte.

»Halb so wild«, sagte er. »*Jebtabada jedja …*«[*]

Es klang für mich, als fluche er.

»Hab mir den Fuß vertreten, *man char'n …*«[**]

---

[*] Ist aushaltbar, der Schmerz.
[**] Hab mir (auch) das Gelenk verstaucht.

Wir gaben den Versuch, durchs Weidendickicht abzukürzen, auf.

Weil nun auch Alik lahmte, gingen wir langsamer. Und sachte … ganz sachte … begann diese Nacht. Der Zauber dieser Nacht.

Noch nie war ich nachts durch die Tundra gelaufen.

Die Sonne war untergegangen. Sie versank tatsächlich für ein, zwei Stunden und verkroch sich nicht einfach nur im blauen, am Horizont stehenden Wolkenband. Nebliges Dunkel hatte uns ein erstes Mal noch beim Übersetzen über das Haff verschluckt, doch dann hatten wir uns einen steilen Hügel – jenes Vorgebirge, auf dem einst das Altgläubigen-Kreuz stand – hinaufgekämpft, wo sich uns zum Schluss noch einmal die orangefarbene Sonne und der weite, gelbe, einer frischen Gouache gleichende Himmel enthüllten.

Als wir aber aus dem Weidendickicht herausfanden, da wurde bereits alles von einem vollkommen kalten Himmel überwölbt, nur ein schmaler, wie ein Stückchen abgerissene Rinde aussehender gelblicher Streifen am Horizont zeigte noch an, wo Norden und die Sonne verschwunden war. Wie Meereswogen erhoben sich vor uns die dunklen Hügel. Auch ich hatte eine solche Tundra noch nie gesehen. Denn bislang waren wir ja dem Ariadnefaden der Küste gefolgt, und wenn wir auch durch Einöden gewandert waren, so hatten wir doch die menschliche Gegenwart immer gespürt – sei es auch nur in Form der Buchstaben jenes zerstreuten Alphabets der Zivilisation, das der Ozean ans Ufer gespült hatte.

Jetzt änderte sich alles. Wir betraten einen Raum, der sich hinter uns schloss, der, je weiter wir gingen, uns desto stärker seinem Gesetz unterwarf und verzauberte. Von dorther, wo das Meer zurückblieb, trug der Wind unverändert Nebel heran, kalt wie Eis und beinahe so feucht wie Regen. Die Daunenjacke, der Rucksack, die Jeans, die Stiefel – alles war klamm, und selbst auf dem zusammengerollten Fell glitzerte Nieselregen in feinen Tröpfchen. Allmählich erstarb das Rollen der Wellen, verstummten die Vögel, und im tiefen, transparenten Halbdunkel der Nacht tat sich uns ein wunderbares Land auf …

Wir liefen auf einem hohen Flussufer, bisweilen tiefe, von Zuflüssen gegrabene Einschnitte durchquerend. Eigentlich passierte ansonsten nichts in dieser Nacht, teils liefen, teils humpelten wir, aber wir arbeiteten uns vorwärts. Vorwärts und hügelauf / hügelab, und wieder vorwärts. *Tju'unja – tasinja*: was lässt sich machen, wenn auf deinem Weg die Erde von der Pflugschar der Wasser zerschnitten ist. Ansonsten ereignete sich scheinbar nichts Besonderes. Aber wie erzählen, was die Tiefe dunkler Talrinnen unter einem Himmel von durchscheinendem Perlmutt ist? Und wie von dem dunklen Grün der Flussniederungen erzählen, dem kargen Dämmerlicht, dem Glanz des spiegelgleichen Wassers unten am Talgrund? Von dem Seeadler, der, aufgescheucht unter Petkas Fuß, sich plötzlich lautlos vom Schluchthang löst und zu schweben beginnt, mit weiten Schwingen – beinah stehend – gegen das Dunkel gestemmt? Oder von dem Moos, das mit einemmal eine niedrige Bachböschung überzieht, oder den Glockenblumen: kaltblaue, in die Nacht versprengte Tropfen, oder den Vergissmeinnicht? Wie davon, dass, je weiter die Nacht voranschreitet, je näher das Morgengrauen rückt, die Farben desto märchenhafter, phantastischer werden?

Da unten, das Wasser, es ist lautlos und schwerflüssig und glänzt wie geschmolzenes Metall, als hätte alles Silber und Gold des schummernden Himmels sich in das Flussbett ergossen, auf den Grund der dunklen Kluft.

Im Nenzischen gibt es ein Dutzend Wörter und Wortzusammensetzungen für die Bezeichnung von Wasser. Da gibt es einfach Wasser – *i*, dann das Meerwasser – *jaw' i*, das Wasser der Küstenniederungen – *sambo i* – und das der Torfniederungen – *mongga i*, weiter Quellwasser – *ja ngylad munggarta*, oder auch, wie schon erwähnt, *altes* Wasser. Aber mit welchen Wörtern das Wasser der lichtvollen nächtlichen Flüsse bezeichnen? Und wie all die Farbtöne beschreiben, die vor unseren Augen entstanden und wieder verschwammen – meinetwegen bloß die Braun-, Grün- und Blautöne; zum Beispiel der gräuliche Ton in der fernen Bläue, mit dem plötzlich die Blauen Berge von Kolgujew – unerwartet nah – hervortraten, auf die ich einmal von Bugrino aus mit stockendem Herzen geschaut hatte? Vielleicht sind Worte hier ja machtlos; es kann gut sein, dass sich die Pracht der Szenerie um uns her nur mit Malerfarben wiedergeben lässt – und zurück im Moskauer Vorortsommer habe ich tatsächlich versucht, diese Nacht zu malen, zumindest die Farben unverfälscht aus dem Gedächtnis zusammenzusuchen, aber es kam nichts dabei heraus. Diese Nacht war selbst die Verkörperung einer ungewöhnlichen Könnerschaft und wollte sich der mittelmäßigen Hand eines Kopisten nicht beugen.

Eine Schnepfe tickerte in der Stille, in der Ferne trompeteten Schwäne.

Ach, in ihrer ganzen Fülle lässt sich diese Nacht niemandem schildern! Es ist meine Nacht, meine Nacht in einem Maß, dass ich, so sehr ich es wünsche, sie doch mit niemandem teilen kann, genauso wenig wie den dumpfen Druck in der Wirbelsäule, den bohrenden Schmerz in den Schultern, die bis ins Gedärm kriechende Kälte oder jene steinharte Schokolade, die ich meinen Gefährten durch die Nacht stückchenweise bei jeder dritten Rast austeilte …

Einmal schlief Petka beim Warten auf Alik und mich ein.

Wir waren schon an die fünf Stunden unterwegs, und Alik und ich hinkten ihm und Tolik hinterher wie zwei Greise, besonders in den Steigungen, weil ich da mein krankes Knie stärker beugen und Alik sich mit seinem verstauchten Fuß abstemmen musste. Aus einer Schlucht, die es in sich hatte, mit dem Gefühl des ewigen Nachzüglers auftauchend, erblickten wir plötzlich die beiden anderen, wie sie oben auf dem Plateau auf einer Bülte sitzen, um auf uns zu warten. Tolik rauchte. Petka schwieg. So konnten auch wir uns kurz setzen und ein bisschen ausruhen. Dann standen wir auf und liefen weiter. Das heißt: wir außer Petka. Wir riefen, aber er – rührt sich nicht. Wir zurück – da schläft er doch tatsächlich.

Ja und?, könnte jemand fragen. Was war die Belohnung? Was war der Sinn? Du hast doch gesagt, etwas an der Nacht sei außergewöhnlich gewesen … Doch, ja, würde ich antworten, vollkommen außergewöhnlich. Diese Nacht war wunderbar. Aber wie von einem Wunder erzählen? Das Wunder tut sich demjenigen auf, der aus eigenen Stücken zu ihm geht. Und der Sinn: Er besteht in der Farbe und dem Rhythmus – der Farbe und dem Rhythmus des

Raumes, der auch in sich einen Sinn darstellt, ein Ziel, einen Wert. Denn in ihm liegt Kraft. Denn er ist schön …

Das Einzige, was ich bedaure: dass ich auf keinerlei, aber wirklich keinerlei Weise mit der Geliebten meines Herzens die Begeisterung über jene Vorfrühestunde teilen kann, wenn die nächtlichen Farben äußerste transparente Frische erlangen, um beim ersten Sonnenstrahl in Tagesfarben verwandelt zu werden. Auch ein Foto zu machen ist da zwecklos. Denn: Was ließe sich schon aufnehmen? Die Umgebung? Die Tundralandschaften gleichen einander mehr oder minder – es sind Varianten eines Naturkanons zum Ausdruck von Grenzenlosigkeit, Reinheit und Freiheit: *Wolja*. Reinheit und *Wolja*. Zweimal Sinn in schönster Verbindung! Der Fachmann dürfte die feinen Unterschiede in den Farbabstufungen und im Liniengefüge sicherlich wahrnehmen. Aber der gewöhnliche Betrachter wird sagen, dass da nichts ist, woran das Auge sich festhalten kann.

Oder doch, daran vielleicht: *Labtachy lorza ninja chanebzjo namdy* – auf einem Buckel mitten in der Ebene sitzt eine Schneeeule.

Aber meine Kamera ist im Rucksack. Und ich sehe nur zu, wie sie davonfliegt …

»Schaut mal«, bemerkt Petka gedankenversunken, »die Sonne ist links untergegangen und geht links wieder auf …«

So lange, wie wir unterwegs sind, hätte sich der See schon längst einmal wenigstens für einen kurzen Augenblick zeigen müssen. Aber um uns her wellen sich in der Stille der Vorfrühe nur Hügel. Kein See weit und breit. Alik hat wohl schon vor einem Weilchen gemerkt, dass etwas nicht stimmt. Allmählich schwant es allen.

Wir setzen unsere Rucksäcke ab und essen das letzte Stückchen Schokolade. Jetzt haben wir keinen Brennstoff mehr, aber die Nacht ist ja so gut wie durchquert. Bis auf Tolik sind eigentlich alle ausgelaugt. Er sieht einigermaßen frisch aus, vielleicht, weil ihn das Fett wärmt, das er gelöffelt hat.

Es ist vier Uhr morgens. Ein Stückchen Sonnenrand ist über die Erde gekrochen.

»Lass mal überlegen.« Alik entfaltet die Karte, blickt sich um und entdeckt etwas. »Da, dort hinten, siehst du die Baloks da? Vor dem Buckel, unterhalb? Das sind die von Jegor Warnizyn. Das heißt, wir sind nicht an der Kriwaja lang, sondern an der Gorelaja. Über die hätten wir übersetzen müssen … was wir vergessen haben.«

Schon ist alles klar: Im Dunkeln haben wir den Nebenfluss der Kriwaja für diese gehalten, was uns jetzt ziemlich weit nach Süden verschlagen hat, und so geht die Sonne auch da auf, wo sie untergegangen ist.

»Das liegt an mir«, sagt Alik und zündet sich eine Zigarette an. »Mein Fehler. Mein ganzes Nervensystem ist auf den Fuß konzentriert. Sogar mein Geruchssinn versagt. Wenn alles in Ordnung ist, kann ich weit riechen. Aber im Moment riech ich gar nichts …«

Anderthalb Stunden später erreichen wir, vollkommen zerschlagen von dem achtstündigen Marsch durch die Nacht, Jegor Warnizyns Balok, ein gediegenes, ungewöhnlich solides und gut unterhaltenes Häuschen (eine Seltenheit auf Kolgujew), dessen Besitzer eine Renhirtenbrigade leitet. Aber im Korral sind keine Tiere, der Hausherr ist also höchstwahrscheinlich bei der Brigade. Und richtig: Kein Lebenszeichen! Doch die Tür ist unverschlossen, wir stiefeln einfach rein. Ich muss sagen, eine so gemütliche Bleibe, die den Ankömmling sofort aufnimmt und wärmt, war uns noch nicht untergekommen. Bei einem eisernen Ofen war trockenes Holz aufgestapelt, daneben stand ein Teekessel mit Dieselöl. Ein zweiter Teekessel war halb gefüllt mit Wasser. Auf der Pritsche lagen Felle und Wolldecken, darüber standen auf einem Bord vorschriftsmäßig Salz, Zucker und Tee, und auf dem Tischchen neben dem Kopfende lag eine Streichholzschachtel. Auf dem Bord gab es noch zwei Dutzend Zeitschriften, darunter – was mich aus irgendeinem Grund besonders beeindruckte – eine Ausgabe von *Snanije – Sila!*[*]

Wir haben wohl schnell den Ofen angefeuert und uns einen Tee gekocht, um uns dann sofort aufs Ohr zu legen.

[*] »Wissen ist Macht«, eine populärwissenschaftliche Zeitschrift mit Literaturteil, erscheint seit 1926. [Anm.d.Ü.]

Das heißt, die anderen, nicht ich. Ich habe doch noch meine Kamera aus dem Rucksack geholt.

Das Häuschen stand auf dem schroffen Ufer eines schnellen, klaren Flüsschens, das hier zwar ziemlich versandete, aber doch durch eine enge Biegung dieses Steilufer eingeschnitten hatte, das einem Amphitheater glich und auf seiner rechten Seite von einem grandios geformten, halb an einen hohen Kurgan, halb an eine kegelförmige Pyramide mit geschleifter Spitze erinnernden turmähnlichen Hügel gekrönt wurde. So, wie ich diesen Hügel zu sehen bekam, sah er nur in den ersten Stunden nach Sonnenaufgang aus: Lichtübergossen und von Vergissmeinnicht bedeckt, war er ein einziger blaugrüner Teppich. Dann verschwand die Sonne und schaute auf einen seiner Hänge erst wieder am späten Abend – schon ohne Kraft, wovon ein mächtiger Altschneeplacken in einer Hangkluft zeugte. Jetzt aber wurde der Placken von der grellen Sonne beschienen, und ein Schmelzwasserrinnsal zog sich blendend durch kräftig rotes und gelbes Moos von dort hinab bis zum Fluss.

Ich habe dann doch kein einziges Foto gemacht. Ich saß einfach auf dem obersten Rang des Amphitheaters, und beobachtete eine geschlagene Stunde, wie sich die Farben mit der höhersteigenden Sonne veränderten. Ich betrachtete Kolgujew zum ersten Mal von einem mehr oder weniger erhöhten Punkt aus, und was ich sah, hallte in mir wider wie Glockengeläut. Ringsumher war nichts als dieser herrliche, von der Morgensonne durchflutete Raum unter einem blauen Himmel – und es wäre zwecklos gewesen, auch nur zu versuchen, diesen Raum im Foto »festzuhalten«, auf- und mit fortzunehmen: Er ist riesig und will nicht hineinpassen in unsere jämmerlichen Objektive, sich nicht einfügen in Worte, Projekte und Erklärungen. Hier ist er der Herr, ist er das Projekt, und wir sind, bestenfalls, seine Gäste.

Am nächsten Tag habe ich Alik dann doch gefragt, wie dieser herrliche Hügel oberhalb des Flusses heißt.

»Siirtja-Sede.«

Ich gab mich mit der Antwort zufrieden, fragte nicht einmal, was der Name bedeutete. Wir waren noch nicht bereit für die Be-

gegnung mit dem, was in diesem Augenblick sich uns hätte auftun können. Wir befragten die Wirklichkeit nicht, und sie blieb
stumm. Vielleicht wollte die Kuppe ein gesondertes Gespräch,
unter vier Augen, und war bereit zu warten …

Kurz nach acht ging ich schlafen, als sich auf einer Blüte neben
mir eine Hummel niederließ, davon kündend, dass sich die Luft
erwärmte und also ein neuer Tag begonnen hatte …

Dunkle Tiefen des Schlafs. Im Hochtauchen nehme ich als Erstes
einen rostigen, in die Wand geschlagenen Nagel wahr und den trockenen, angenehmen Geruch des glühenden Ofens. Da ist noch
ein Geruch: von nicht so ganz frischer, doch wenigstens trockener
Kleidung. Kein Geräusch. Oder doch: Atmen. Die Knie angezogen,
schnarcht auf der Pritsche Pjotr. Am Boden schlafen auf Fellen Alik
und Tolik. Durch ein kleines Fensterchen fällt glashelles Sonnenlicht schräg auf Aliks Gesicht. Unter den Augen, in den Fältelun-
gen um den Mund und in den Furchen der trockenen Haut, die bei
direkter Beleuchtung nicht sichtbar sind, hatten sich Schatten gesammelt. Etwas hatte sich da einen Weg gebahnt – Müdigkeit oder
Schmerz –, und plötzlich lagen die Züge dieses Gesichts gnadenlos
scharf zutage. Deutlich schimmerte darin Grigori Iwanowitschs In-
dianerphysiognomie. Diese unverhofft entdeckte Ähnlichkeit mit
dem Vater hat mich derart verblüfft, dass ich lange wie verzaubert
den schlafenden Alik betrachtete: als hätte ich zufällig einen Blick
in die Zukunft getan und ihn viele Jahre später gesehen.

Die Zukunft.

Jetzt, da so viel Zeit vergangen und beinah alles eingetreten
ist, was uns damals fernste Zukunft zu sein schien, da sogar das
eingetreten ist, woran wir noch nicht einmal zu denken wagten,
ist es an der Zeit darüber nachzudenken, was das ist: die Zukunft.
Und was jene Nacht war: Ein jäher Flug durch die Zeit, der uns
vom Punkt A an der Küste zum Punkt B im Inselinnern brachte,
ein Gegenwartskonzentrat, oder ein Zukunftskondensator?

Als Alik damals den Plan im Kopf bewegte, eine Nacht durch-
zuwandern, entwarf nur er diese Nacht als Zukunft; dann präsen-

tierte er seine Idee uns anderen als fertigen Entschluss, und schon begann sie sich in der Gegenwart zu entfalten, bis sie zuletzt Vergangenheit wurde. Dabei schlich sich im Zuge der sich entwickelnden Ereignisse ein Fehler ein, der Plan ging nicht so wie beabsichtigt auf, weshalb wir uns im Endergebnis an einem ganz anderen Ort wiederfanden, dafür aber hatten wir diese Nacht erlebt, die ich sofort, oder zumindest beim Erwachen, als einen unmittelbaren Glücksmoment des Lebens erkannte. Geführt hatte uns ein Fehler, aber das Ergebnis war trotzdem grandios – diese Nacht, die, wie jeder Glücksmoment, voller Zauber und Zukunft war.

Sicherlich haben nicht alle Beteiligten dasselbe empfunden. Man konnte auch sagen, wir seien durch die Nacht getaucht: durch die Dunkelheit, die Kälte, das Gebüsch, die sonstigen damals nahezu unerträglichen, heute kaum mehr im Gedächtnis haftenden körperlichen Strapazen – und jetzt, in diesem Moment, tauchten wir einer nach dem anderen in dem Häuschen des Brigadiers Jegor aus den Tiefen des Schlafs herauf, als habe alles Geschehene sich in Wahrheit im Traum zugetragen, nur tut Alik der verstauchte Fuß weh, und mein Knie, das sich in der Nacht noch wie vollkommen zertrümmert anfühlte, ist heil und gesund.

Wahrscheinlich ist für Alik und Tolik diese Nacht in der Vergangenheit zurückgeblieben.

Für mich nicht.

Zugegeben, es verging viel Zeit, ehe die Empfindung eines durch jene Nacht gewonnenen Glücks Zukunft wurde. Aber trotzdem. Anfangs schürzte sich im Entwurf des noch nicht geschriebenen Textes ein unlösbarer Knoten: »Die Nacht in der Tundra vom Sonnenuntergang bis zum Sonnenaufgang«. Dieses Kapitel widersetzte sich mehrere Jahre lang der Niederschrift, weshalb es mir in einem bestimmten Augenblick so vorkam, als besäße ich nichts, um es zu füllen, als habe es keinen Inhalt außer diesem schönen Titel.

Aber von wegen! Um den Knoten zu lösen brauchte ich bloß einen zurückliegenden Fehler beheben und noch einmal auf die Insel fahren und wirklich bis zu den Blauen Bergen von Kolgujew und dem See gehen, wohin wir in jener Nacht, die uns zur

Siirtja-Kuppe geführt hatte, ja nicht gelangt waren. Und das war natürlich ihre, der Nacht, sichtbarste Folge, die einfachste Manifestation ihrer Zukunft. Dieses Kapitel zu schreiben war schlicht so lange unmöglich, wie ich bestimmte Gesten im Halben belassen und deshalb willentlich oder aus Fahrlässigkeit meine Absichten verraten hatte. Ich hatte zwar niemandem außer mir selber versprochen, zu den Ostryje Sopki, den »Spitzen Kuppen«, zu gehen, aber nicht hingehen – das konnte ich schon nicht mehr …

Erst jetzt, da der Knoten sich gelöst hat und das Kapitel im Fluss ist und ich diese Nacht noch einmal vom Sonnenuntergang bis zum Sonnenaufgang mit dem Wissen durchlaufe, was jedem von uns widerfahren ist, sehe ich, wie fest sie mit allem verbunden ist, was im Leben wichtig war, darunter auch mit solchen Dingen, die anscheinend in keinerlei Beziehung zu ihr stehen.

Die Krim, Paris, das Schreiben, die Geburt des Kindes …

Das ist keineswegs weit hergeholt – alle wichtigen Lebensthemen verknüpfen sich unausweichlich, wie in der Musik. Aber wenn ich sagen würde, dass die Krim im Verbund mit dieser Nacht als Thema des Abschieds erklingt – erklärte das viel? Ich gebe mich nicht der Hoffnung hin, dass der Leser sich an die einstige Flucht des Autors dieser Zeilen von einem Fischtrawler kurz vor dessen Auslaufen erinnert, was verheerende Konsequenzen für sein Selbstbild hatte; die Insel heilte ihn von dieser Niederlage. Die Nacht war eines ihrer Heilmittel. Und die Krim der Abschied davon, das Zeichen der Versöhnung mit sich selbst, die Wiederherstellung der Lebensfülle. Zwei Mal geschah es, dass nach Kolgujew sich eine Krim- und im Anschluss daran eine Parisreise ergab – sowohl 1994 wie 1997 –, und ich weiß: das ist kein Zufall. Auch wenn es keinen Sinn hat, Einzelheiten dieser Partitur zu analysieren. Zumal von fern ein gewisses Donnergrollen hineinspielt, mit dem riesigen, hochaufragenden New York am Horizont und der Stimme eines fernen Freundes. Des mir teuersten Freundes. Und ich weiß, dass es dieser Nacht beschieden ist, noch in einer anderen Erscheinung Wirklichkeit zu werden: sich zu verwandeln in einen Brief an ihn. Vielleicht ist ihr ja beschieden, sich wieder und wieder zu verkörpern, so lange bis ich selber ende.

Eine Folge jener Nacht war ein Abenteuer, das mir – der Leih-
schein erlaubt die Ermittlung des exakten Datums – am 22. Mai
1998 in der russischen Nationalbibliothek widerfuhr. Ich hätte
schon längst zwei auf Deutsch publizierten Texten zu Kolgujew
hinterherrecherchieren sollen, hatte es aber bis Ultimo hinausgeschoben, weil ich kein Deutsch kann.

Der Ausdruck »bis Ultimo« ist ebenso wenig Zufall wie das
Datum: Am Vortag hatten mir die Ärzte gesagt, in fünf, spätestens
sieben Tagen würde ich Vater.

Die Zeit preschte los und stürzte wie die Gondel einer Achter-
bahn in die Tiefe, mir stockte der Atem, ich hatte das Gefühl, eine
Tür werde zugeschlagen und ich müsse noch alles Mögliche schaffen. Gleich gab es Gedränge an der Tür, weil nämlich sofort noch
alles geschafft werden wollte, aber den Trumpf des Kunstprimats
in Händen, schoben sich die beiden deutschen Texte unbeirrt in
vorderste Position, und so musste ich gleich am nächsten Morgen
los zur Bibliothek.

Der erste Text ist die berühmte Kolgujew-Beschreibung von
Professor Saweljew, die, angefangen bei Trevor-Battye, alle Geographen des 19. Jahrhunderts ausführlich zitieren, sobald sie die
Insel nur erwähnen. So kannte ich natürlich einige längere Passagen daraus, aber jetzt musste ich den Beitrag unbedingt in seiner
vollen Länge auftreiben.

Der zweite Text war aus einem anderen Grund interessant.
1927 – in einem Jahr also, da die traditionellen Verbindungen der
russischen Wissenschaft mit dem Rest der Welt schon so gut wie
auf allen Gebieten gekappt waren – veröffentlichte der Botaniker
Alexander Tolmatschow in Stockholm einen kleinen Bericht mit
den Ergebnissen seiner Kolgujew-Expedition von 1925; dass Tolmatschows Arbeit in der *Encyclopedia Britannica* von 1949 erwähnt
wird, ist allein dieser schwedischen Publikation zu danken. Darüber hinaus wusste ich nichts über Tolmatschow (bzw. Tolmatchev,
so die damals international übliche französische Umschrift) noch
über die Expedition von 1925, und diesen weißen Fleck galt es zu
füllen.

Ich habe lange nicht verstanden, warum diese Episode in der Bibliothek sich mir derart ins Gedächtnis eingegraben hat – denn eigentlich war es eine gewöhnliche, beim Arbeiten immer wieder vorkommende Erfahrung, wenn du nach etwas suchst, aber etwas anderes findest, dich so zwar dem Ziel näherst, jedoch zugleich auch die Grenzen deines Nichtwissens weiter hinausschiebst ...

Aber schließlich begriff ich: Auch das war ein Moment des Glücks – dieses Stöbern in Karteikästen, Ausfüllen der Leihscheine, Blättern in den Büchern. Selbst wenn alles hastig vor sich ging, so doch langsam – ungewöhnlich, unfassbar langsam im Vergleich zu dem, was danach begann. Als zwei Wochen später schließlich unsere Tochter geboren wurde, explodierte die Welt und jagte alles in einem Tempo los, dass es einem seltsam vorkommen konnte, sich einst erlaubt zu haben, einfach so in Büchern herumzustromern ... Manchmal ist so ein Herumstromern ja das Schönste von allem. Und mitunter ist es sogar schön, sich zu verirren, derart, dass es das Denken irgendwo in die Steppen hinter der Wolga, zu den sandbedeckten Pisten der berühmten Seidenstraße verschlägt ... Wenn du vergisst, wonach du ursprünglich gesucht hast, und einfach im Hersagen wie eine Beschwörung die Wörter auskostest: die Sände von Ajgaj, die Sände von Sugasch, die Sände von Narulgen ...

Ruinen. Trockene und verwehte Brunnen. Friedhöfe: Tomschemola, Urmanmola, Agdschunasmola ...

Am Vortag hatten wir auf dem Balkon gesessen, geraucht und auf die Stadt unter uns geschaut, und ich streichelte den Bauch meiner Liebsten, der in diesem letzten Monat voll geworden war wie der Mond. Er war schön, rund, glatt. Warm. Ich presste mich an ihn mit der Wange, den Lippen – auch dies ein Moment des Glücks. Wir sprachen wenig. Wir begriffen beide: Noch eine kurze Zeit, und die Sorgen um das Neugeborene würden unser Leben, diese Zeit, die mit einemmal so nah heranrückte, auf lange fast vollständig in Anspruch nehmen. Was hätte ich schon sagen können? Höchstens dir versprechen, dass wir noch einmal, wenigstens noch einmal, auf die herbstliche Krim fahren würden und, an einem öden windigen Tag allein im Schatten einer Kiefer liegend, dem Schaum der sich brechenden Wellen zusähen, der weiß von den schwarzen Steinen herabfließt ... Und selbst wenn es Oktober und regnerisch wäre – dann solls halt Oktober und regnerisch sein, egal, wir fahren noch einmal nach Paris und kaufen wieder gebrannte Kastanien bei dem Algerier am Ausgang der Métro Odéon und streunen allein durch die Stadt, und ich werde dich lieben und brauche nicht vorzugeben, für etwas anderes geschaffen zu sein ...

Saweljew veröffentlichte seine Arbeit 1852 in Berlin, in einem Band des von Adolf Erman herausgegebenen *Archivs für wissenschaftliche Kunde von Russland*, das über annähernd dreißig Jahre systematisch Forschungen zur russischen Geographie publizierte – ein eindeutiges Zeichen für das massive Interesse Deutschlands an den Reichtümern seines östlichen Nachbarn.

Der Arbeit von Tolmatschow musste ich in den schwedischen *Geografiska Annaler* nachforschen.

Ich brachte einen ganzen Tag mit meinen Recherchen zu. Lange (und begeistert) folgte ich der Spur von Saweljews älterem Bruder Pawel Stepanowitsch – er war es, der mich nach Zentralasien lockte –, weil mich der herrliche goldgeprägte 10. Band des *Archivs* nämlich nicht vor einem Verleser bewahrt hatte: Unter der Überschrift »Die Insel Kolgujew« waren Professor Saweljews Vor- und Vatersnamen nur mit den Initialen angegeben: A.S. Saweljew. »A.S.« – nicht »P.S.«!

Zusammen mit dem *Archiv*-Band erhielt ich auch Tolmatschows Arbeit, die zu gut der Hälfte die Kolgujewer Pflanzenwelt beschreibt – was mich wieder an das »Ufer der fliederfarbenen Blümchen« denken ließ, das ich am ersten Tag unserer Wanderung zu beschreiben versucht hatte. Unter den 227 Gewächsen, die der Botaniker im Jahr 1925 auf Kolgujew sammelte, waren gewiss auch die »fliederfarbenen Blümchen«, aber das Unglück will, dass Tolmatschow die Sprache seines Wissensgebiets, Latein, so vertraut war, dass er es nicht für nötig hielt, die Pflanzennamen zumindest ins Deutsche zu übersetzen, weshalb die »fliederfarbenen Blümchen« gleichermaßen Sedum roseum, Geum rivale wie Viola biflora gewesen sein können.

Mich überkam eine Verstimmung, die mit Beschämung zu tun hatte.

Ich hätte mich wohl mehr um die Sprache kümmern sollen – dieses einzige Ausdrucksmittel, das mir halbwegs zu Gebote steht. Bestimmt lohnte es sich, ein, zwei Wochen auf die Klassifikation und die Namen der Pflanzen zu verwenden, um die Sprache nicht in den Dienst der Analogiebildung zu nehmen – die zwar sehr verlockend ist, aber mitunter doch sehr vage.

Jeder Übersetzer weiß, was das exakte Wort wert ist.

»Le corps de Blaise Pascal, mort le 19 août 1662 sur cette paroisse de Sainte-Étienne-du-Mont, a été inhumé près de ce pilier.«[*]

Du weißt nie, wo es dich kalt erwischt.

Die Kerzenflämmchen neben dem Kasten mit den Reliquien des heiligen Antonius von Padua, das wogende Hin und Her der Flammen von Rot zu Weiß, der besondere trockene Widerhall der Schritte auf den Steinplatten, das Stehpult mit dem aufgeschlagenen Buch, in das die Gläubigen ihre Fürbitten schreiben, die jeden Donnerstag während des Vespergottesdiensts vor der versammelten Gemeinde verlesen werden. Jemand bittet um Heilung der Mutter, ein anderer erfleht auf Spanisch die Versöhnung aller Menschen, zittrig, unleserlich das Gebet eines Greises.

Und plötzlich – diese Tafel.

Als junger Mann habe ich Jacques Prévert übersetzt. Dabei kam mir eine seltsame Formulierung unter: »Un certain Blaise Pascal …« Dem Anschein nach war an ihr übersetzerisch nichts schwierig, zumindest von der Grammatik her – wortwörtlich: »Ein gewisser Blaise Pascal …« Aber ich konnte den dahintersteckenden Sinn einfach nicht begreifen, was war an dieser Formulierung poetisch oder wenigstens witzig, wie klingt sie gesprochen, und was drückt sie denn nun aus? Erst viele Jahre später begriff ich,

---

[*] Die sterblichen Überreste Blaise Pascals, der am 19. August 1662 in der hiesigen Gemeinde von Sainte-Étienne-du-Mont starb, wurden neben dieser Säule beigesetzt.

dass sich Prévert schlicht über solche Dummköpfe wie mich lustig machte, die imstande sind, in dieser Formulierung mehr zu sehen als Nonsense. Für einen Franzosen ist sie so unsinnig wie für einen Russen die Formulierung »ein gewisser Lew Tolstoj …«

Dank Alexandre Dumas kennen wir Russen das Frankreich der drei Musketiere und ahnen nicht einmal, dass dies das Frankreich Pascals war. Das Frankreich seiner *Gedanken*, die sich zu einem einzigen, nahezu mathematisch aufgebauten Ganzen verbinden und erst heutzutage bloß als Aphorismen gesehen werden, da uns jene eminente Gespanntheit von Geist und Verstand unbekannt ist, die den Physiker und Mathematiker, der über das Dreieck reflektiert hatte, dazu brachte, seine Theodizee zu formulieren …

In Wahrheit fehlt uns jedes Vorstellungsvermögen …

Mit ebendieser Entdeckung begann für mich Paris: meine unerwartet heftig empfundene Nichtzugehörigkeit, nicht zu Pascal, nicht zu dieser Stadt überhaupt. Es war ein echter, ein tiefgehender, schmerzlicher Schock. Ihn erfahren wahrscheinlich alle, die in diese Stadt kommen, um sich an ihr zu *erproben* – und ich war hierher auch dafür gekommen. Ich dachte, mit den von mir gewonnenen Schätzen hätte ich die Messlatte in jener Höhe angelegt, in der der Raum der Weltliteratur vermessen wird; und plötzlich stellte sich heraus, dass niemand mich in diesen Raum gebeten, sondern ich mich gleich einem Usurpator hineingedrängt hatte, und um ein Haar wäre ich auf Pascals Grab getreten, kaum wissend, wer er ist, während hier jeder x-beliebige Pfaffe – der Schwarze da zum Beispiel, in der roten Soutane, mit dem kahlrasierten Schädel und dem kleinen übriggebliebenen Büschel Kraushaar im Nacken – ganz ungezwungen Zugang zu Pascal hat. Er ist eingewöhnt, er ist kein Fremder, er lebt hier *schon lange*, kennt die Türen und trägt die Schlüssel bei sich, während ich ein erbärmlicher Tourist bin, nicht mal Statist, sondern passiver Zuschauer dieses Stücks namens »Paris«, in welchem er immerhin so viel Glück hatte, die Rolle eines Kirchenmannes zu ergattern …

Es war ein Augenblick der Selbsterniedrigung vor der großen Stadt. Paris kann ja wirklich erschrecken: zweitausend Jahre Kultur haben einen Panzer von solcher Dicke wachsen lassen, dass einiger Mut dazu gehört, es anzuschauen.

In meinem Band mit Pascals *Pensées* lagen zwei Jahre lang Dias, die ich 1996 am Jenissej aufgenommen hatte.

»Beruf. Gedanken.

Alles ist eins, alles ist verschieden.

Wie viele Naturen gibt es in jener des Menschen. Wie viele Verrichtungen. Und durch welchen Zufall wählt jeder für gewöhnlich das, was er loben hörte. Wohlgeformter Schuhabsatz.«

Die Taiga in einem wohlgeformten Schuhabsatz.

»Denkendes Schilfrohr.

Nicht im Raum muss ich meine Würde suchen, sondern in der Ordnung meines Denkens. Ich werde keinen Vorteil davon haben, wenn ich Grund und Boden besitze. Durch den Raum erfasst und verschlingt das Universum mich wie einen Punkt. Durch das Denken erfasse ich es.«

Hier liegt der Grund dessen, was die Franzosen La Raison nennen, die Vernunft – und zugleich die Erklärung dafür, weshalb sie und wir nie zusammenkommen und einander nie verstehen werden. Und die Erkenntnis, dass du aufgrund deiner konkreten Geburt gezwungen bist, einem anderen Weg zu folgen und eine andere Wahrheit zu verkünden, eine andere Weisheit, die Weisheit des russischen Menschen, die keinesfalls vernünftig sein kann, sondern nur gottgefällig – diese Erkenntnis, sie brach sich Bahn, als du jäh mit der unumstößlichen Tatsache konfrontiert worden bist, dass Pascal – dass der wirklich gelebt hat. Er ist hier beerdigt. Und er ist Teil dieser prächtigen Zivilisation, eine der Säulen ihrer Vernunft, ihrer Raison d'être, die zu erfassen wir unfähig sind, so wie wir uns als unfähig erwiesen haben, etwas, das ihrer Pracht vergleichbar wäre, zu erschaffen …

Aber woher kam (kommt, wird weiterhin kommen) dieser Wunsch, unsere Moskaus, Witebsks, Odessas, unsere Wälder,

Sümpfe, wasserlosen Täler zu verlassen und Paris etwas zu beweisen, es zu beeindrucken? Woher dieser unverkennbare Drang nach hier – zu diesem uns absolut fremden Ufer?

Das, M'sieur Pascal, ist und bleibt ein Rätsel.

Mir fiel ein Satz aus einem in Paris geführten Gespräch wieder ein, das ich als freimütig erlebte: »Ich weiß, dass Deutschland existiert. Und weiter: Russland, Sibirien … Aber das sind doch Wörter, nichts als Wörter …«

Der Erste, der in französischer Sprache über Russland geschrieben hat, war Gilbert de Lannoy, Ritter in burgundischen und englischen Diensten, der sich dem Deutschen, später dem Livländischen Orden anschloss – selbstverständlich, um sich als Teilnehmer an deren (siegreichen) Heerzügen zu bereichern. Der Meister des Livländischen Ordens musste den jungen Abenteurer freilich enttäuschen, hatte man doch mit Nowgorod Frieden geschlossen, und das Einzige, was er für den nach starken Gefühlen dürstenden Fremdling zu tun vermochte, war, ihn mit einer Mission nach Groß-Nowgorod zu entsenden. So geriet im Jahre 1413 erstmals ein Gesandter in russische Lande, den wir, um die Sache nicht mit Fragen feudalen Grund- und Bodenbesitzes zu verkomplizieren, einen Vertreter der französischen Nation nennen möchten. Auf brach er mit dem Schwert, wieder kehrte er mit Erstaunen. Genau dasselbe hätte über sich wohl auch Napoleon sagen können.

Auch dies ein Rätsel, M'sieur Pascal.

Ein ebensolches Rätsel wie die französischen Bücher in der Bibliothek von Puschkin und Tolstoj und fast jedes gebildeten Russen von damals.

Aber es gibt wohl noch romantischere Rätsel. Zum Beispiel dieses um die seltsame Inschrift auf der Glocke des Glockenturms von Njonoksa unweit von Archangelsk, die wegen ihres hellen Klangs unter der Bewohnerschaft »Schwan« genannt wird; auf ihrer oberen Flanke ist folgende Zeile eingegossen: »Damp Anthoine Reverze abbé d'Auchi, damp David du Bus, abbé du Domp-Martin, messire Gille du Bois chi^r s^r de Guinit m'ont donné a nom Marie MDC LX VI.« Was soviel heißt wie: »Herr Abt Antonius von St. Martin d'Auchi, Herr Abt David von Dommartin und der Ritter

Gille du Bois hoher Herr von Guinit haben mich auf den Namen ›Maria‹ getauft im Jahre 1666.«

Wo liegen die Klöster von Auchi und Dommartin und wo Njonoksa? Wie, unter welchen Umständen und von wem wurde die französische Glocke hierher verbracht? Und wann? Wir wissen es nicht.

Barents nahm nach China zahlreiche wunderliche Gegenstände mit, Glocken aber hatte er keine an Bord.

Klar ist bloß, dass Zusammentreffen dieser Art nicht zufällig sind. Auch ich bin ja nicht zufällig hierher geraten, ins Dickicht der Kultur, oder seinerzeit mein Freund Paul Noujem nach Moskau.

Er schreibt an der Sorbonne an einer Doktorarbeit über Karabtschijewski.

Ob sich heute noch viele Studenten der Moskauer philologischen Fakultät an den Schriftsteller Juri Karabtschijewski erinnern? Wohl kaum. Obschon er ein guter Schriftsteller war. Ein rechtschaffener. Den ein inneres Drama dermaßen ausfüllte, dass er es nicht »in Schaffenskraft« überführen konnte: Er setzte seinem Leben ein Ende.

Aber jeder findet genau das, was er braucht.

Ich fand ein Buch über Saint-John Perse, nicht das beste wahrscheinlich, aber damals, dort kam es mir großartig vor, erfüllt von einer gefährlichen, berauschenden Tiefe: *Saint-John Perse. L'Être et le nom* (»Das Sein und der Name«; darin unter anderem diese Kapitel: »Auf der Suche nach dem reinen Wort«, »Das Wort und das Maß des Menschen«).

»Es war nicht genug, daß so viel Meere, es war nicht genug, daß so viel Erden den Lauf unserer Jahre auseinanderstreuten. Auf dem neuen Ufer, wo wir, als wachsende Last, das Netz unserer Straßen einholen, bedurfte es noch all dieser Choräle des Schnees, um uns die Spur unserer Schritte zu rauben … Verschwenderischer Schnee der Abwesenheit, breitest du aus auf den Wegen der weitesten Erde die Richtung und das Maß unserer Jahre, grausamer Schnee am Herzen der Frauen, wo das Warten sich erschöpft?«

Seltsamerweise helfen mir diese Zeilen, wieder und wieder schneidend scharf die Ödnis der dem Wind geöffneten Räume zu empfinden, die dem Strand jenes Tages glichen. Vielleicht ist Saint-John Perse der beste französische Lyriker des 20. Jahrhunderts. Aber die junge Frau an der Kasse kannte ihn offenbar nicht: Über seinem Namen klebte nämlich das Preisschild, und als sie dem Kontrolleur den Titel des Buches nannte, versuchte sie auf komische Weise, sich aus der Affäre zu ziehen, indem sie tat, als kenne sie ihn …

Vielleicht klang der Name für sie wie Jon Pearce, denn nur die ersten Buchstaben waren überklebt: »…hn Perse«.

Eine Schatzkammer.

Diese ganze Stadt ist eine Schatzkammer. Das spürte ich im Stadtpalais der Äbte von Cluny (auf die, nebenbei, die erste lateinische Koran-Übersetzung im 12. Jahrhundert zurückgeht), kaum dass ich den Buchladen betrat, der zum Museum des Mittelalters gehört. Mich packte der Wunsch, sofort alles zu kaufen und diese Bücher, die hier keiner braucht, mitzunehmen in meine heimischen Wälder, damit dort, bei uns, über diesen Reichtum der eine staunt, der andere sich freut, der dritte ihn nutzt. Durch Europa gelangten stets *Wunderdinge* zu uns, und Paris ist eine Kunstkammer, bloß dass es hier aus unerfindlichem Grund erlaubt ist, die wunderlichen Exponate käuflich zu erwerben …

Der Hall der Schritte in den Sälen. Skulpturen in einem glasüberdachten kleinen Hof, der unmittelbar an die Überreste der römischen Thermen angrenzt, die ihrerseits unter offenem Himmel liegen, von der Straße nur durch einen Eisenzaun abgegrenzt; eine massive steinerne Wanne aus jener Epoche …

Wenn man bedenkt … Sich wirklich hineindenkt … Durch welch mächtige Schicht man hier im Grunde geht … Les thermes gallo-romains de Cluny, l'hôtel des abbés de Cluny …

Lang stand ich in dem dunklen Saal mit den alten Glasfenstern, konzentrierte mich bald auf eine einzelne Darstellung, dann wieder wurde mein Blick von einer der blauen, grünen oder roten Pfützen abgelenkt, die das hier in diese Finsternis einsickernde

Licht auf den Boden warf ... Die Fenster als solche vermitteln nicht den Eindruck der Vollkommenheit, die Bleiruten sind viel zu dick, mit modernen Materialien ließen sie sich wesentlich filigraner gestalten, aber Fenster dieser Art braucht heute keine mehr, leider, keiner braucht mehr die irdischen Geschöpfe oder Apostel und all das, denn der Glaube ist versiegt ...

Für wen sind dann aber diese Schätze hier?

Für die wenigen, die herkommen.

Wozu?

Zu irgendeinem Zweck. Genauer lässt sich darauf nicht antworten: wir leben in der niederdrückenden Unbestimmtheit einer Jahrtausendwende.

Stirbt eine Kultur, so findet sie sich ein Museum. Croix pectorales, Brustkreuze aus hauchdünn gehämmerten Goldblättchen; Magie des Goldes; sein warmes Leuchten, sein Gewicht – la lourdeur de l'or. Chaîne en or torsadé, bracelets d'or, bracelets spirales en or; rose d'or sur fond rouge sang.[*] Silber auf blauem Grund – Himmelsblau, Pokale und kalt schimmernde Schwerter, l'argent luisant[**] ... Magie des Lichts, Magie goldener Blätter und Blütenblätter auf rotem Grund und von hellgrauen Klingen auf himmelblauem ... Das opulente Gewicht des Goldes. Als ob der Meister sich daran erfreue, an der Massivität, der Dicke und dem Glanz des Goldes: er hat die eigentliche Maßeinheit des Geizes noch nicht verinnerlicht, noch keine Beziehung zum Gold als allgemeinem Äquivalent. Es ist noch ein Schatz in sich, ist *einfach schön* – in noch höherem Grade spürt man dies bei skythischem oder indianischem Gold ...

Das Blau des Silbers. Gotisches Silber. Gotische Reliquienbehältnisse – in Gestalt von Pokalen, Kerzenhaltern oder Lampen mit dicken Glaseinsätzen. Blaues Emaille auf wiederum blauem Grund: ein Gefühl von Tiefe, Meeres- oder Himmelstiefe ...

Ein Kamin: gusseiserne Zangen, Schüreisen, um in der Kohle zu stochern, und Haken, eine Eisenform, um über dem Feuer

---

[*] Kette aus tordiertem Golddraht, Armbänder aus Gold, goldene Spiralarmreife, Goldrose auf blutrotem Grund.
[**] glänzendes Silber.

einen Fisch von der Größe eines ordentlichen Karpfens zu garen, auch Backformen, eine schwere geschnitzte Bank …

Der Jardin des Plantes. Reihen von Platanen mit gestutzten Kronen, Blumenrabatten, ein winziges Labyrinth im Geist des 18. Jahrhunderts: eine einfache Spirale, die sich einen Hügel hinauf zu einer Laube windet – einem Lusthäuschen, une folie. Das Denkmal des Chevalier de Lamarck. Generell spürt man das 18. Jahrhundert in Paris nirgends so deutlich wie hier. Ich war hergekommen, weil ich ein Buch suchte, *Les Champignons toxiques et hallucinogènes*, ein Standardwerk, in dem ich Antworten auf einige Fragen zur Verwendung von Psychedelika im schamanischen Ritual zu finden hoffte. Im Jardin des Plantes wurde gerade der Salon du Champignon abgehalten und ich hatte im gemeinsamen Onlinekatalog der Pariser Museumsshops einen Hinweis auf ein Exemplar im Buchladen der Ausstellung gefunden. Aber irgendjemand musste es schon vor mir gekauft haben, denn ich fand es nicht. Der Salon war in einem mitten im botanischen Garten aufgeschlagenen großen grünen Zelt untergebracht, auf kleinen Tischen lagen, hübsch arrangiert, allerlei Pilze. Aber fast alles bekannte Arten. Sogar einige Psilocybe – allerdings nicht in ausreichender Stückzahl, um einen Cocktail zu brauen, der die Wahrnehmung verändern und Halluzinationen hervorrufen konnte.

Vor genau zwei Monaten saß ich mit Alik auf dem Gipfel der Ostryje Sopki, jener Blauen Berge von Kolgujew, zu denen wir endlich gewandert waren, und nachdem wir uns am Fernblick sattgesehen hatten, legten wir uns auf den trockenen Abhang, der ganz von einer hellen Flechte überwachsen war.

»Sag mal«, fragte ich, »gibts in der Tundra halluzinogene Pflanzen?«

»Hallu… was?«

»Pflanzen, die das Bewusstsein verändern. Als ob du betrunken bist oder im Wachzustand träumst …«

»Weiß nicht …«

»Wie, du weißt nicht? Vielleicht trennt uns von der direkten Kommunikation mit den Geistern nur eine Handvoll Moos …«

Alik überlegte.

»Zum Beispiel ... Fliegenpilze?«, suggerierte ich.

»Fliegenpilze wachsen auf Kolgujew keine. Höchstens Täublinge. Einen in getrocknetem Zustand gegessen, und du schläfst.«

»Man schläft einfach?«

»Ja.«

»Uninteressant.«

»Was hast du denn gegen den Schlaf?«

Die Frage traf mich unerwartet.

»Gegen den Schlaf? Also eigentlich nichts. Eine hochinteressante Wissenschaft, über die ich aber fast nichts weiß. Mir sagen meine Träume fast nie etwas«, gab ich zu.

»Mir schon.«

»Und worüber sagen sie dir was?«

»Über alles.«

Es ist natürlich die Frage, wie man schläft. Und wozu. Wenn man ernsthaft über die Eigenschaften von Raum und Zeit nachdenkt, muss dabei unbedingt auch das Träumen als höchst bedeutendes Kulturphänomen berücksichtigt werden. Die nichtlineare, zyklische Zeit setzt ein ausgeprägtes Schlafvermögen voraus. Schlaflosigkeit führt in der Polarnacht unausweichlich in den Irrsinn, weshalb guter Schlaf hier ein echter Wert und ein wichtiges Vermögen ist. Er erlaubt, wie beiläufig durch die winterlichen »Streckungen« der Zeit hindurchzuschlüpfen und Kräfte zu sammeln, vielleicht auch, ein hochinteressantes paralleles Leben zu leben und in den Träumen wichtige Ratschläge zu bekommen. Deshalb hat Alik Recht: Das Vermögen zu schlafen muss als eine herrliche Gabe geschätzt werden, die der »zivilisierte Mensch« wie viele andere Gaben der Natur verloren hat.

Aber wenn der Fliegenpilz auf Kolgujew nicht vorkommt, so bedeutet dies, dass die Inselschamanen vergangener Zeiten ihre »Reisen« nicht unter Zuhilfenahme des roten Fliegenpilzes unternommen haben (der den sibirischen und nordamerikanischen Schamanen bekannt war), sondern ausschließlich durch Praktiken der Askese und der Meditation.

Nein, nein, ich habe meine Insel nicht vergessen! Seit jener Nacht, als wir vom Finstern bis zum Licht durch die Tundra wanderten, ist geraume Zeit vergangen, aber wir waren ja übereingekommen, auch einigen sehr fernen Folgen dieser nächtlichen Wanderung nachzugehen. All das, was ich auf der Insel gefunden hatte, nahm ich mit nach Paris. Und ich hoffte natürlich, Paris mit meinen Funden zu verblüffen. Ich hoffte, ein Fenster nach Europa aufzustoßen. Was ich dafür dabeihatte? Ein paar Fotos und ein paar in einer Zeitschrift veröffentlichte Kapitel meines angefangenen Buchs. Nicht gerade viel, könnte einer sagen. Na und?, würde ich erwidern. Welchen Künstler hätte das je abgehalten? Die großen waren sämtlich von sich eingenommen. Van Gogh konnte nicht mal zeichnen, als er herkam, während in meinen fertigen Kapiteln die auf der Insel so intensiv empfundene Fülle des Lebens nicht schlecht dargestellt war. Genauso das wunderbare Erlebnis der Leere, le Vide … Erst jetzt begreife ich, wie verrückt mein Plan war, eine touristische Reise nach Paris zu nutzen, um auf eigene Faust Leute zu finden, die sich für mein Projekt interessieren könnten …

Aber so ganz unsinnig war es anscheinend doch nicht, denn ich trieb ein paar Leute auf, die auf die eine oder andere Weise mit russischer Literatur zu tun hatten; trotzdem: von meinem Thema verstanden sie nichts. Ich brauchte einen Gleichgesinnten, nur einen, aber den zu finden gelang mir eben nicht …

Nun ja, dachten sie wahrscheinlich, das hat Format, le Grand Vide, die große Leere … großes Format, aber dafür braucht es die gedrängte Dichte von Paris …

Natürlich, stimmte ich zu, der Gedanke liegt nahe. Wenn irgendwo ein solches Materiekonzentrat wie Paris existiert, dann muss natürlich auch irgendwo Leere sein, eine seiner Unausmessbarkeit korrespondierende Leere, und die lässt sich ja tatsächlich an allerlei Orten der Welt finden: in der Wüste Gobi oder den großen Wadis der Sahara – Djerat, Dilia –, und erahnen an den Umrissen von Labrador, wo die Entfernungen von einem besiedelten Punkt bis zum nächsten ebenso groß sind wie in unseren Tundren, und dass da einmal Menschen ihren Fuß hingesetzt haben, davon zeugen nur die von ihnen hinterlassenen Namen, der Seen zum Beispiel: Lac Champdoré, Lac Jeannin, Lac Couture – Spuren von Franzosen, bestimmt Jägern, die hier einst auf ihrem Weg von Montréal in die Zobelgebiete des Nordens durchkamen.

Aber »Kolgouev«, den Namen kannte hier keiner, und wie erklären, ce que c'est?

Unweit von Labrador machte ich auf dem achtundsechzigsten Breitengrad ein zwar unbewohntes, aber perfektes nordamerikanisches Analogon zu Kolgujew aus: Prince Charles Island; und die Insel gleich daneben – Nova Zembla – war zweifelsohne ein Widerhall jener Epoche, als die gescheiterte Suche nach der Nordostpassage die Europäer zwang, ihren Blick nach Westen zu richten, und einer der Seefahrer, die mit dem Auftrag, die »Nordwestpassage« zu finden, Amerika umsegelten, auf diese Insel stieß, die ihn an Nowaja Semlja erinnerte. Ich bin überzeugt, dass dieser Seefahrer Henry Hudson war.

Für mich war seit langem alles verbunden, alles besaß Sinn, und meine Insel vertrat gegenüber Paris alle wüsten Randgebiete der Erde, alle Menschen, die das Schicksal dort hatte zur Welt kommen oder stranden lassen, alle halb oder ganz vergessenen Mundarten, alle Märchen, die noch nicht zu Comics oder Zeichentrickfilmen transformiert worden waren, alles, was noch nicht hundertmal wiedergekäut und durchgehechelt war von einer »Kultur«, die längst erstickt wäre, kämen von dort, von außen her, aus den Wüsteneien der Welt, nicht von Zeit zu Zeit erfrischende Winde hereingeweht ...

Begreift Paris das?

Ich glaube nicht.

Anscheinend hält diese Stadt es für ganz natürlich, dass unerschöpfliche Energiemengen in ihren gigantischen Trichter fließen; nur wenn es zu Unterbrechungen kommt, wird sie nervös wie ein Snob, dem die längst alltäglich gewordenen raffinierten Speisen, raffinierten Getränke, raffinierten Tabake plötzlich entzogen werden. Aber davon hört ein Snob nicht auf, ein Snob zu sein. Snobismus sieht Dankbarkeit gegenüber dem, der ihn nährt, nicht vor.

Ja, ich wollte die Leere teilen – und diese Gabe ist wertvoller, als es scheinen mag. Ich dachte, irgendwen für mein Buch interessieren zu können, aber Paris ist wenig geneigt, sich für Projekte zu interessieren; ihm wird zu viel Fertiges angeboten. Zudem Unterschiedlichstes und Raffiniertes. Diese ganze Stadt rafft und konsumiert erschreckend schnell und in unvorstellbaren Mengen. Und wer glaubt, Paris habe nie in den Spiegel der Leere geschaut, der ist naiv: Es tut nichts lieber als in Spiegel zu schauen! Und in diesen Spiegeln waren wie in einem Kaleidoskop die Wüste von Nazca aufgetaucht und das Große Sandmeer der Sahara, die Höhlenzeichnungen des Tassili, die Eiswüsten von Grönland, die Leere der roten Wüsten Australiens mit ihren chagaförmigen »Teufelsmurmeln« und die sich aus der Leere des Festlandes in die Leere des Ozeans ergießenden Deltas der großen Ströme – Kolyma, Lena, Mackanzie –, die wüsten Hochebenen und Solontschaken und Strände der ganzen Welt. Paris hat alles was das Herz begehrt gesehen und sogar ein bisschen mehr – außer Kolgujew.

Aber trotzdem wollte Paris keine Notiz davon nehmen.

Auf Kolgujew konnte es pfeifen.

Es kam ein Moment, da erinnerte ich mich dankbar der Insel, wo jeder Gegenstand – sei es ein abgerissener Beamtenuniformknopf aus zaristischer Zeit, ein pomorisches Messer, ein norwegisches Gewehr oder das Fernrohr eines englischen Reisenden – sorgfältiger aufbewahrt wird als in jedem Museum und den Menschen unvergleichlich viel mehr bedeutet als alle zu Museumsexponaten transformierten Schätze des Louvre.

Anscheinend widersetzt sich das Schöne dem leichten Erwerb; nach drei Tagen wurde mir allein schon beim Gedanken an ein Museum übel, als hätte ich mich mit etwas zu Kalorienreichem vergiftet.

Ich erinnere mich, dass ich bei einer angesäuselten Bouquinistin eine Schelle kaufte, un grelot.

Ich genoss es, den leeren Quai entlangzugehen. Es regnete.

Um fünf trafen wir uns an der Pyramide des Louvre, Liebste, und gingen hinüber zu den Tuilerien. Im runden Wasserbecken zogen unterm Regen winzige Segelyachten ihre Bahn. Bei einer waren die Segel so mit Wasser vollgesogen, dass sie sich ständig auf die Seite legte. Ein junger Mann, der einen ganzen Karren voll davon hat, vermietet diese Yachten für ein, zwei Stunden. Ein kleines Café unter Platanen, ein Kaffee. Ein kleiner, rechteckiger Tümpel, Schilf, das Spiegelbild der Venus-Statue im Wasser. Alle fünf Minuten taucht jemand mit Fotoapparat auf, bemerkt das ungewöhnliche Motiv – die weiße Statue im dunklen Wasser – und ist überzeugt, einen einzigartigen Ort, ein einzigartiges Motiv gefunden zu haben. Der Blick, das Zücken des Apparats, die Aufnahme, der Abgang. Und fünf Minuten später der nächste …

Was kostete dagegen jede von Kolgujew zurückgebrachte Aufnahme …

Und es gab einen Moment, da fühlte ich mich gekränkt und wurde wütend auf Paris.

Diese vollgefressene, abgestumpfte, gefühllose Stadt.

Diese Stadt, in der die Tauben krepieren, weil sie sich an der Schokolade überfressen, die die Touristen nicht aufessen. Hier, da krepiert gerade wieder so eine: der Blick ist schon verschleiert, nur die Flügel schlagen noch auf den Asphalt einen aus dem Takt geratenen, absterbenden Rhythmus.

Das Blendwerk der Champs-Elysées: nichts Echtes; ein einziger gigantischer Supermarkt, ein einziges riesiges Café, dessen Sitze wie Kinosessel Richtung Straße ausgerichtet sind. Am Abend werden die Touristen sich hier »das Schauspiel des Lebens« ansehen, sprich: andere Touristen. Wenn sie nicht gerade in einer der Passagen die Verkäufer von Vogeltröten begucken, die in den unterschiedlichsten Tönen pfeifen. Es gab einen Moment, da kam es mir vor, als sei das alles *unwirklich*.

Wie der Goldfisch. Ein Schleierschwanz. Das Wasser im Aquarium des winzigen Chinarestaurants wirkt wie schwach mit violetter Tinte eingefärbt; zwischen zwei Säulen vom Boden aufsteigender Luftblasen bewegt das weiße (und doch einen Tick violette) Fischchen seine Flossen, ewiger schöner Gefangener.

Ein weiterer Versuch, sich durch Essen und Kaffeetrinken aufzumuntern: Wie hasse ich doch Kaffee und gemütliche Restaurants, fuck it. Wo ist bloß die Kraft, wo die Stärke dieser Zivilisation, où est la puissance? Ein Schwarzer auf einem Motorrad: rotbehelmt auf einer funkelnden schweren Maschine mit im Takt des stählernen Motorherzens wummernden Boxen (Schlagzeug und Percussion). Das allenfalls ist Stärke. Nur die französischen Mädchen sind hartnäckig, hängen an ihren Kerlen, saugen ihnen den ganzen Saft aus, schlürfen den ganzen Nektar auf. Tolle Mädels. He, wo seid ihr, alles zugeschüttet mit Unmengen, einfach Unmengen von Plunder, alles beeindruckend und alles unnötig – darin liegt das Grausige. Alles ist beeindruckend, alles ist unnötig, alles ist schwach – außer den Jugendlichen, den Schwarzen und den Mädchen auf Fahrrädern, als ob sie alle die eine Aufgabe hätten: durchzukommen. Mit Arbeit lässt sich durchkommen. Es gibt nichts Erbärmlicheres als das Touristenlos: flâner-acheter*. Fuck it.

In der Nacht auf dem Weg vom Bahnhof Montparnasse zurück zum Hotel fiel mir auf, dass mir zwei dunkelhäutige Typen folgen. Ich freute mich darauf, dass gleich was passiert, weil wirklich keine geeignetere Bedrohung da war für mich, auf der Avenue du Maine, um diese Uhrzeit. Ich gieperte nach einer Berührung mit der Stadt, aber die wich aus, immerhin jetzt die beiden Kerle: ein passender Anlass (ein falscher Ton) und wir verschmelzen in einer herrlichen Keilerei. Dann kommt es zur Berührung. Wenn auch in dieser hässlichen Form …

Sie rückten auf, der eine von rechts, der andere von links. Aber anscheinend haben sie auf Anhieb alles begriffen. Sie baten mich um eine Zigarette – um eine für zwei. Sie baten so höflich darum, dass ein Kinnhaken als Antwort einfach eine Reaktion eines Überreizten gewesen wäre.

Wieder keine Berührung.

---

* Flanieren und kaufen.

Nur mit Paul.

Er schrieb nachtsüber im verwaisten Büro eines Freundes, stellte ich fest: mein Anruf am frühen Nachmittag weckte ihn – er war erst um acht nach Hause gekommen. Den Abend verbrachten wir in seiner winzigen Mansarde, einem wirklich beengten Kämmerchen mit Dachluke.

Ein Bett. Am Kopfende ein Drucker, daneben ein Tischchen mit Computerbildschirm. Des Weiteren ein Waschbecken aus Metall, ein Bord mit Geschirr und ein Elektrokocher. Ein paar russische, ein paar französische Bücher, ein ziemlich altes Tonbandgerät, eine Handvoll Kassetten. Vom Flur geht ein Dutzend gleichartiger Türen ab. Die Beleuchtung erlischt alle paar Minuten – auch auf der Toilette, worauf ich absolut nicht vorbereitet war. Dafür gibt es dort ein Fenster auf die Stadt hinaus, schwarze Dächer vis-à-vis, gelbes Licht in einer anderen Mansarde. In Pauls Kammer dagegen liegt die Luke so hoch in der Dachschräge, dass nichts zu sehen ist.

Seltsam, in dieses ungeschminkte Paris geraten zu sein. Vielleicht wird es mir ja hier gelingen, meine Insel mit jemandem zu teilen? Ja, es gelingt. *Verstehen* ist doch möglich, überraschenderweise.

Ich erinnere mich, wir fuhren im Bus, als Paul plötzlich sagte:

»Ich spüre, dass sich alles ändert.«

Da mich dieses Gefühl ständig verfolgt, fragte ich verblüfft:
»Das fühlst du hier, in Paris?«

»Ja. Eine globale Veränderung, nicht wie die Perestrojka, etwas viel Ernsteres.«

»Als ob eine Epoche zu Ende ginge.«

»Ja, ja. Auch die Art des Denkens und Schreibens, an die wir uns gewöhnt haben, an die sich die alte Literatur gewöhnt hat – auch die wird zu Ende gehen. Ich hab einen kleinen Freundeskreis. Das erlaubt einem, in dem Gefühl zu leben, etwas tun zu können.«

»Hast du denn nicht das Gefühl, dass hier alle ein bisschen schlafen?«

»Nein, ich hab das Gefühl, dass das allen am Arsch vorbeigeht …«

Zuletzt legte sich der Sturm in meiner Seele. Sie schloss Frieden.

Außerdem trifft Paris keine Schuld und haben die Franzosen Recht. Allein schon, weil die Stadt existiert – diese große, unsinkbare Stadt, dieses steingebaute Schiff, das alle Wüsten der Welt mit den funkelnden Konzentraten seiner überreichen Energie bescheint. Ich hätte nur einfach nicht meine Insel hier feilbieten sollen. Denn, ich wollte sie ja Paris verkaufen, und habe genau deshalb getobt, weil daraus nichts wurde.

Und erst als die letzten Hoffnungen auf diesen Deal geplatzt waren, war ich überzeugt, wirklich einen Schatz gewonnen zu haben. Denn ein Schatz ist etwas, das sich nicht verkaufen lässt.

In Paris erzählte ich ein paar jungen Autoren, mit denen Paul mich zusammengebracht hatte, von der Insel. Es war seltsam, mit anzusehen, wie sie sich auf meine Schilderungen stürzten – als mangele es hier in Paris an irgendetwas. Aber was war es? Ich war *selbst* dortgewesen, bin selbst vom Sonnenuntergang bis zum Sonnenaufgang durch diese Nacht gewandert, und das kann man sich an keinem Kaffeehaustisch ausdenken. Ein nicht zu bestreitender Punkt. Denn Gedanken besitzen Aktualität, wenn sie zu Taten werden, wie die Gedanken Pascals. Damit eine Kultur lebt, muss sie sich in Handlung verwandeln, dann ist sie lebenswichtig. Das habe ich gerade hier in Paris besonders deutlich gespürt.

Es war überaus seltsam, Paris und Kolgujew zu vergleichen. Aber Paris hat ja einst auch als Insel angefangen. Eine Insel, die Glück hatte, kann man sagen. Im Vergleich zur Île de la Cité ist Kolgujew eine mit einem hauchdünnen Lebenshäutchen überzogene Fläche, worauf sich eine noch feinere, spinnwebartige Schicht »Geschichte« und »Kultur« abgesetzt hat. Trotzdem hat es nicht seinen uranfänglichen Charakter eines wilden *Raumes* verloren. Eines Raumes, in dem ich meine Würde auslote, insofern ich durch ihn die ganze Welt umgreife. Denn es gibt eine besondere Art von Gedanken, die ausdrücklich mit dem Ausschreiten verbunden sind, die man nicht »aussitzen« kann.

Jeder umherziehende Mönch oder Dichter wird mich verstehen.

Vor allem aber trat zutage, was ich in jener Nacht absolut nicht wissen konnte – ich glaubte ja, alles fange erst an, und ich würde noch weiter durch die Tundra laufen, und diese Nacht, sie würde wohl eine unter vielen sein. Aber dann stellte sich heraus, dass sie in meinem Leben die einzige Nacht in der Tundra vom Sonnenuntergang bis zum Sonnenaufgang blieb. Es war *jene eine* Nacht, die einzig-alleinige, unwiederholbare, einer jener »Lebensblitze«, aus denen das Leben ja im Grunde besteht …

Als ich dies begriff, fand alles seinen Platz, und ich dankte dem Herrn, dass es sie gegeben hatte, dass diese Nacht und alles, was auf sie folgte, mir widerfahren ist. Vielleicht hätte ich darüber nicht schreiben sollen. Der Einbruch des »Lebens« in die Erzählung ist gar zu brutal geraten, alles wurde verknäult und vermengt von dem Zeitstrom, der aus der Zukunft mir entgegenflog, um unausweichlich Vergangenheit zu werden. Die Zukunft bekommt nun einmal einen besonderen Beigeschmack, wenn an ihr nichts mehr zu ändern ist. Und ich bin sehr froh, dass die Zeit die Grenzen meines Plans gesprengt hat und zusammen mit der Erzählung in die Freiheit entströmt ist. Letzten Endes ist alles, was mit uns geschieht, eine *Folge* des allerersten Schreitens durch die Nacht zum Licht eines neuen Tages, eine Folge unserer Geburt …

Petka hat die Moskauer Universität absolviert und ist heute, wie sein Vater, Geograph. Zusammen mit holländischen und deutschen Ornithologen befasst er sich mit Gänsen und verbringt so gut wie jeden Sommer auf Kolgujew, von wo er mir Grüße unserer Bekannten mitbringt. So habe ich ihm also vor vielen Jahren tatsächlich die Insel geschenkt.

Alik und Tolik sind auf Kolgujew geblieben. Es ist ihnen nicht gelungen, den von den Ahnen ererbten Zeitring zu öffnen. Sie haben sich dieser Zeit unterworfen und werden für immer und ewig über die Insel streifen, jagen, die vom Meer ausgeworfenen Gaben aufklauben und auf *Botschaft* warten. Denn alle warten auf Botschaft.

Einmal fanden Alik und Tolik am Strand eine Flasche. Sie enthielt einen Brief. Und Konfekt. Das Konfekt aßen sie; den Brief konnten sie nicht lesen, er war auf Schwedisch. Sie hoben ihn lange auf, warfen ihn nicht fort, da die Nachricht, obzwar unverstanden, doch an der richtigen Adresse gelandet war, insofern sie ja einen Empfänger gefunden hatte. Im Kern bestand die Botschaft darin, dass Johan Ole Olsen die Flasche am 1. Januar 1994 mit seinen Freunden geleert und ins Meer geworfen hatte.

Die See ist eine Art »Internet«, ein weltweites Kommunikationsnetz.

Noch eine Botschaft erreichte Alik durch einen amerikanischen Evangelisten, der 1996 für einen Tag nach Kolgujew flog und dort Post verteilte. Er erklärte, der Absender suche einen Briefkontakt und frage nach den Interessen des künftigen Partners, außerdem wolle er ihn zum Karneval nach Trinidad einladen. Aber Alik sprach kein Englisch, er konnte keine Brieffreundschaft eingehen, konnte nirgendwohin zum Karneval fahren. Er schrieb mir, bat um einen Englischkurs auf Kassette. Den ich ihm auch schickte: ein Lehrbuch und zwei Kassetten. Ein Jahr später erhielt ich sie zurück, vermutlich hatte er das Englische nicht erlernt und schickte die Kassetten aus Sorgfalt zurück, denn er schrieb, nimm mir doch bitte irgendeine Metal-Musik auf. So sieht Kolgujew'sche Integrität aus: Auf der Insel ist die Kulturschicht sehr dünn, egal welchen Gegenstand zu beschaffen ist schwierig, und so schickte er mir die Kassetten zurück, damit ich nicht erst welche auftreiben musste.

Nie wird er den warmen Ozean sehen.

Der Wind

Wie von Alik angekündigt schlug das Wetter um. Als wir von Jegors Balok aufbrachen, roch die Tundra ringsumher nach aufgeheizter Erde, nach verwesenden Pflanzen, warmen Gräsern, Blüten. Die Sonne, der es nicht jedes Jahr beschieden ist, in diesen Gegenden mit vergleichbarer Kraft zu scheinen, hatte alles Lebendige aufgeheizt, und in den drei Stunden, die wir durch ein sumpfiges Tal Richtung »Siebenkopf«, Semigolowaja bzw. Siw Ewak, liefen, waren wir über und über mit Mücken besät, die zu Millionen aus dem Gras aufschwirrten. Das mit dem Schweiß herabtriefende Mückenschutzmittel brannte in den Augen wie Säure, die Windjacken, deren Kapuzen wir eng ums Gesicht gezogen hatten, waren selbst auf Brust und Bauch klatschnass, und bis wir auf einen Kamm gerieten, wo ein Lüftchen die Insekten wenigstens ein bisschen verscheuchte, schien es, diese Stechfolter nähme nie ein Ende.

Die Erhebungen von Kolgujew sind sehr schön und sehen von fern wie echte Berge aus. Ich watete durch die schmatzende Tundra und tastete mit begeistertem Auge die uralte Umrisslinie des Siw Ewak ab, der sich grandios über die ebene Tundra erhob wie der Beschtau über die kaukasische Steppe. Nicht sofort erschließt sich einem der Unterschied im Maßstab. Wie üblich wirkt er erst einmal zum Hingreifen nah. Dann stellt sich heraus, von wegen, und du läufst und läufst und der Berg rückt nicht näher, du steigst in eine Senke hinunter und wieder hinauf auf einen Kamm, der der letzte zu sein schien – aber hinter ihm tut sich das nächste Tal auf, mit kleinen Seen, Mooren und noch einem Flüsschen, eine Wegstunde breit. Die Horizontale zieht sich wie Kaugummi, und erst, wenn du endlich aus dem Labyrinth der Moortundra herausgefunden hast und unterhalb des »Berges« stehst, siehst du, wie niedrig er ist. Die Ebenheit von Kolgujew übertreibt auf unglaubliche Weise jede Vertikale, und ein Hundertfünfzig-Meter-Hügelchen, auf das du, rucksacklos, hinaufrennen kannst, ohne aus der Puste zu geraten, zieht wie ein Fokus sämtlichen Raum im Umkreis von vielen Kilometern auf sich.

Am Semigolowaja beschloss ich, mein vom Schweiß klatschnasses Unterhemd zu wechseln, und war noch unentschieden, ob ich einen Pullover unter die Windjacke ziehen sollte. Beim Abstieg dann pfiff der Wind schon so heftig, dass ich schleunigst die wattierte Jacke aus dem Rucksack holte – das war bestenfalls fünfzehn, zwanzig Minuten später. Und wir hatten noch Glück, weil die Gewalthaufen der einfallenden Böen des Nordwinds seitlich an uns vorbeijagten. Von oben hatten wir freie Sicht. Alles lag offen da. Das Meer, von dem wir uns weit entfernt zu haben schienen, und der »Krumme See« – eine trügerisch nahe Bläue in den grünen Falten der Tundra – und die ebenso trügerisch-nahen Saudy, Ostryje Sopki, über denen bereits eine sich speerförmig nach Süden ausbreitende dunkle Wolke aufgezogen war.

»Schnee«, sagte Alik.

Es war, als habe jemand das Sonnenlicht gedimmt und die Luft ringsumher sich mit Blau vollgesogen. Dann begann der Wind zu tosen – und ich spürte, wie seine Pfeile mich durchbohrten. Wir rannten den Hügel hinab und konnten vor dem Einsetzen des Regens noch ein Feuer machen und uns einen Tee kochen. Das Wasser schöpften wir aus einem merkwürdigen See, der *immer nach Fisch riecht*; aber schnell hatten wir nichts mehr von diesem nach dicker Fischsuppe riechenden Gebräu, denn schon klopften hell die ersten Tropfen auf die am Boden liegenden Rucksäcke und unsere noch trockenen Jacken; wir mussten schleunigst Kringel und Rosinen mit dem heißen Trank hinunterspülen und aufbrechen – denn bei diesem Wetter brauchten wir am Ende des Tages ein vernünftiges Nachtlager.

Wir mussten es zu den Rentierhirten schaffen.

Petka und ich gerieten zum ersten Mal in den Wind.

Es war eigentlich kein Wind, sondern ein Aufruhr der finsteren Mitternachtsmächte, die sich empörten gegen das leichtfertige Frohlocken des Sommers dort, wo für gewöhnlich sie sich als die Herren fühlten. Ein Aufruhr, der alle lauen Brisen, alle spielerischen Lüftchen zusammenballte und sich unterwarf, und jetzt tobten sie am Himmel, schwere Wolken vor sich hertreibend, fliegende Trupps aufständischer Krieger. O Hoher Norden! Wild sind die Treiber deiner Winde, die einen mit ihren Peitschen zerfetzen. Und deine buntscheckigen Horden, die grausamen, die in den wolken- und nebelverhangenen Eisfeldern zum sommerlichen Angriff ansetzen, sie kennen keine Gnade. Binnen kurzem war der zarte Kolgujewer Sommer von den anstürmenden Rössern niedergetrampelt und die Insel versunken in Finsternis.

Und am eigenen Leibe erfuhren wir die Kraft des Windes.

Anderthalb Stunden liefen wir, ehe wir auf einen Fahrweg stießen, quer zum Wind, der sich von links auf uns stürzte, uns stieß, umwarf, mit Regen peitschte und stark nach rechts abtrieb, in die bültenübersäte Torftundra, wo der höckerige, aufgequollene Boden dermaßen unter dem Fuß nachgibt, dass das Gehen zur Qual wird. Bei jedem Schritt, mit dem du dich über diese Bülten vorwärtsarbeitest, glaubst du, bis zu den Knien einzusinken, und du verfluchst alles auf der Welt, und betrachtest diese unerträglich trostlose Landschaft. Wo ist diese unberührte sommerliche Tundra hin, die uns am Morgen umgab?! Jetzt erheben sich, riesigen Gräbern gleich, ringsumher nur flache, braune, vom ewigen Frost aufgequollene Pingos mit fahlen Grasbüscheln obenauf – Mammutfellsträhnen, die der Wind zaust.

Der Fahrweg, auf den ich in den Bülten so viel Hoffnung gesetzt hatte, erwies sich schlicht als ein Streifen nackten Tundrabodens, von dem die Ketten der Geländefahrzeuge die Vegetationsschicht heruntergerissen hatten, und hervorgekommen war natürlich nichts anderes als wieder Torf, dermaßen zerfurcht, dass dort, wo Bäche querten, sich große schmutzige Becken gebildet hatten, die man umrunden musste, es sei denn, du watest mit hochgeschlagenen Stulpen mittendurch, im ständigen Gefühl, dass da unter deinen Füßen sich bloß ein Loch aufzutun braucht und du steckst bis zum Bauchnabel, wenn nicht bis an die Schultern in dieser undurchsichtigen Pampe.

Alik und Tolik waren entweder an ein schnelleres Vorwärtskommen auf dieser Art Weg gewöhnt oder sie kannten diesen hier einfach – jedenfalls verzagten sie nicht und beteuerten immer wieder, dass die Renhirten nicht mehr weit seien. Jedoch, es vergingen zwei Stunden, drei, vier; das hinter den Wolken verschwundene Licht war längst restlos erloschen, aber wir schmatzten noch immer mit unseren Stiefeln über den zerwühlten Weg, und der Wind, der jetzt von hinten angriff, trieb uns immer weiter und weiter vorwärts und ein Ende schien nicht in Sicht. Ich war längst ausgelaugt bis zum letzten »Ich kann nicht mehr« und schwieg eisern, weil mit jedem Wort, mit jedem Ausatmen mein Körper an Wärme verlor. Der Körper sonderte keinen Schweiß mehr ab, das Laufen wärmte ihn nicht mehr. Er wurde starr und steif und kalt, wie die am Wegrand von den Ketten herausgerissenen Weiden. Das Einzige, woran ich dachte – nein, eigentlich nicht dachte, sondern wonach ich mit jeder Zelle meines Wesens gierte –, war ein großes Stück Fleisch. Und zwar nicht einfach ein großes, sondern ein riesiges, saftiges, heißes Stück Fleisch, das mir wieder Leben bringt. Bei meinem ersten Besuch auf Kolgujew gab es in der Tundra bei den Rentierhirten jede Menge Essen, und ich wusste genau, sobald wir beim Lagerplatz ankämen, würden wir ein Stück Fleisch bekommen. Oder zumindest eine heiße Brühe. Es konnte vorkommen, dass sämtliches Fleisch herausgefischt war, aber von der Brühe selbst blieb normalerweise immer etwas im Topf, der stets über einem glimmenden Feuer hing.

Das Ren

Als zum ersten Mal in meinem Beisein ein Ren geschlachtet wurde, begriff ich es ehrlich gesagt nicht. Es war auch einigermaßen dunkel, und in der feuchten Tundradämmerung abseits des Feuers etwas zu erkennen war schwierig, von den im Korral zusammengetriebenen Tieren hörte man nur, wie kollerndes Gestein, den schweren Schritt. Aber dieses Tier lag mit gebundenen Läufen nah den gelben Flammen, die züngelnd seine sacht und hilflos sich hebende und senkende zottige Flanke peitschten. Ich wusste, es war für die »Brigadenversorgung« vorgesehen, und stimmte mich mit dem zweideutigen Mitgefühl des Städters darauf ein, auf gebührende Weise dem Tod des Tieres beizuwohnen, seiner Verwandlung in Fleisch, das als Einziges in der Tundra den quälenden Hunger zu stillen und dem Körper Wärme zu geben vermag, weil es die Haut des Menschen von innen gegen die allesdurchdringende Kälte schützt. In dieser Verfassung ging ich aus dem Balok zum Feuer, um mir Tee nachzugießen. Dabei bemerkte ich, dass hinter mir noch jemand in die Dämmerung hinaustrat, zu dem Ren hinüberging und sich über es beugte. Sobald ich mir nachgeschenkt hatte – eine Sache von zwei, drei Sekunden – sah ich wieder dorthin, wo das Ren lag. Alles wirkte unverändert. Doch zugleich kam es mir so vor, als habe der Mann, der den Kopf des Rens angehoben hatte, ihm der Länge nach die Kehle aufgeschlitzt. Ich schreibe »kam es mir so vor, als ob«, weil es mir ganz unvorstellbar schien, dass in dem Zeitraum, in dem ich Tee in meinen Pott gegossen hatte, das Ren aufgehört haben sollte, ein lebendiges Geschöpf zu sein: es hatte kein Aufbäumen, kein Röcheln, kein Auszittern gegeben. Dennoch war es tot. Der Mann machte eine letzte, kaum merkliche Bewegung mit dem Messer, als schneide er in der Kehle des Tieres irgendein Knorpelchen durch, dann legte er den Kopf vorsichtig wieder auf dem Boden ab.

Ein erster schneller Messerhieb wird dem Ren unterhalb der Schädelbasis versetzt, der zweite ins Herz (diese beiden hatte ich wegen des Teenachschenkens nicht mitbekommen). Werden die Stiche nicht präzis genug versetzt, glimmt im Ren noch ein Lebensfunke und seine Augen beginnen zu kreisen, seine Lippen zu zittern wie bei einem Parkinson-Patienten. Aber normalerweise wird das Messer mit chirurgischer Präzision geführt, und wenn dem Tier die Kehle aufgeschlitzt wird, zuckt es nicht mehr.

Der Tod eines Rens ist kein Drama. Denn in dem Moment, da der Mensch zum Messer greift, um es zu schlachten, ist das Ren in einem gewissen Sinn des Wortes schon kein Ren mehr. Es ist nicht länger dieses Tier voller Kraft, Grazie und innerer Freiheit, welches der Wille der Natur dazu verdammt hat, in der Tundra dem Menschen gegenüberzustehen, es ist ein erloschener, allem gegenüber indifferenter Körper. Das gefesselte Ren wehrt sich nicht mehr, als hätte der Mensch, der es gebunden und seiner Beweglichkeit beraubt hat, seinen Willen gebrochen. Es kommt vor, dass gefesselte Tiere von allein sterben, als wollten sie dem unausweichlichen Tod zuvorkommen. Denn das Leben des Rens ist – Bewegung.

Das Ren erträgt den Menschen nicht und fürchtet ihn, wahrscheinlich, weil es spürt, dass der Mensch kein Tier ist, sondern – *das Wesen*.

Ein Geschöpf, das im Unterschied zu jedem anderen von der Natur ohne klare Bestimmung hervorgebracht wurde, aber ausgestattet mit der Macht der List. Es besitzt nicht sonderlich viel Kraft, dieses Wesen, ist aber weit über seine Kräfte hinaus mächtig, mitunter auch gierig und grausam. Die Rentiere wissen, dass der Mensch eine besondere Kreatur ist, herausgerissen aus der brüderlichen Gemeinschaft der Naturgeschöpfe, und gehen ihm, wie alle Tiere, als einem aus der Bruderschaft Gefallenen aus dem Weg.

Rene mögen Pilze ausgesprochen gern, aber so leckermäulig sie sind – einen durch menschliche Berührung besudelten Pilz fressen sie nicht. Wo Menschen auftauchen, da gehen sie in entgegengesetzter Richtung davon; darauf beruht, so erstaunlich das zunächst klingen mag, die ganze renhalterische Taktik. Und auch ein Gespann, das gleichermaßen leicht über Schnee und ebene Bültentundra dahinfliegt, ist nichts als die Illusion einer Mensch-Tier-Gemeinschaft. Man braucht sich bloß eine Weile in das ausladende, von samtigem Bast überzogene, nahezu dekorative Geweih der Fahrbullen zu vertiefen und es kommt einem wie eine Finte vor: mit diesem Geweih wird nicht gekämpft. Ganz abgesehen davon, dass die Tiere schon gar zu friedfertig sind. Und tatsächlich, ihr Instinkt mit seinem animalischen Kampfwillen und Freiheitsdrang ist abgetötet – sie sind kastriert.

Und trotzdem kann man in der Tundra noch Zeuge eines echten, ergreifenden, ursprünglichen Dramas werden: eines Zweikampfs zwischen Ren und Mensch. Stünde der Ausgang von vornherein hundertprozentig fest, so wäre es kein Drama. *Im Prinzip* ist der Mensch schon stärker als das Ren. Er hantiert mit der Angst – einer Waffe, die dem Tier nicht zu Gebote steht. Aber es kommt vor, dass das Ren seine Angst bezwingt. Und dann werden wir Zeugen eines Dramas ganz anderer Ordnung: des Triumphierens der Freiheit.

Ich habe gesehen, wie das Ren den Menschen besiegte. Eines – von anderthalbtausend im Gatter zusammengetriebenen – ging direkt auf *das Wesen* los, auf die von ihm aus Eisengattern und unerträglichen Gerüchen nach verschwitzten Körpern, Tabak, Benzin, Farbe und Rentierblut geschaffene Angstwand – und zerschlug sie mit einem blindwütigen, erbarmungslosen Hieb.

Über die Freiheit ist in den letzten zweihundert Jahren so Manches geredet und geschrieben worden. Quer durch die Welt ragen politische Freiheitsmodelle auf, angsteinflößende metallische Konstruktionen, die bisweilen an verrostete Eisenkäfige erinnern.

Nach dem Zwischenfall mit dem Ren denke ich, dass Freiheit im Kern eines bedeutet: Sieg über die Angst.

Das ist meine persönliche, aber tiefe Überzeugung.

Mit dem Ausgang des Sommers endet das freie Umherziehen der Rene in der Tundra. Der Mensch treibt sie zusammen, pfercht sie im Korral ein, wo er sie zählt, impft und die Eier der Bremsen tötet, die im Larvenstadium sich Gänge durch das Fell fressen würden – eine Gewinneinbuße für den Menschen und eine Plage für das Tier. Aber die Rene vertrauen dem Menschen nicht, begreifen den altruistischen Hintergrund der Prozedur nicht. Deshalb ist es derart schwierig, eine an den freien Raum der Tundra gewöhnte Herde ins Fanggatter zu treiben. Es bedarf hierfür einer dem Städter unvorstellbaren Beharrlichkeit, physischer Ausdauer und ursprünglicher List. Die Arbeit kann einen halben, einen ganzen Tag dauern. Manchmal, wenn man Pech hat und die Tiere verschreckt wurden, muss das Gatter (und das sind Hunderte Meter dicker feuchter Hürden und mindestens eine Tonne Holzpflöcke) einige Kilometer weitertransportiert und erneut aufgestellt werden. Das Ren geht kein zweites Mal in dieselbe Falle.

Ein Morgen. Wohl zum ersten Mal bedeckt Raureif den Boden. Für einen Moment bricht die Sonne durch, und der ganze Tundraraum funkelt auf. Herrlich, der Raureif auf den winzig-violetten Glockenblümchen. Bald wird es Herbst sein.

Wir warten. Die Zeit existiert nicht, nur ein einziger unendlich zerdehnter Augenblick: der ins Ohr pfeifende Wind, der trübe dahinfließende Himmel, die fahle, bisweilen zwischen auseinandergespülten Wolken hervorkommende Sonne. Beendet wird diese sich in die Länge ziehende Pause von einem Rengespann, das auf einem flachen Hügelrücken auftaucht: Treiber auf Schlitten. Die Herde wird gleich dasein.

Die Tiere sind unruhig. Auf einer Hügelkuppe überlegen sie kurz, ob sie eine scharfe Wendung zur Seite machen und über den Kamm gehen sollen, aber dort zeichnet sich die Silhouette eines anderen Schlittenlenkers ab. Und so machen sie, was wir von ihnen erwarten: steigen in das Tal eines Tundraflüsschens hinab, wodurch sie sich, unmerklich, in den Trichter einer riesigen, auf ihrem Abwärtsweg aufgestellten Reuse hineinbewegen. Hierbei behelligt sie niemand: Das Ren muss von allein in seine Unfreiheit gehen.

Natürlich wittern die Tiere die Nähe des Menschen, das Feuer, das Hinterhältige und Gefährliche des Terrains, auf das sie geraten sind. Sie bewegen sich langsam weiter, vorsichtig. Aber die Silhouetten der Gespanne auf den Hügeln hinter ihnen erschrecken sie, warum auch immer, mehr als der Geruch des irgendwo seitlich glimmenden Feuers. Es kommt (für das Auge sichtbar) der Moment, in dem die Herde sich entschließt, über eine unklare Gefahr hinwegzugehen, um einer klaren auszuweichen. Aufkeimende Hoffnung treibt die Tiere vorwärts, sie beschleunigen kaum merklich ihren Schritt – und gehen in die Falle.

Und wenn bis dahin alles mit unglaublicher Langsamkeit vor sich ging – genauso langsam kriecht nur die Kälte des uralten Torfs die Beine hinauf bis in die Wirbelsäule –, so schlägt, kaum haben die Rene eine unsichtbare Linie überschritten, hinter der es kein Zurück mehr gibt, alles um. Alles beschleunigt sich bis zu einem unglaublich entfesselten, rasenden Rennen der in Panik geratenen Tiere. Im kniehohen grauen Gebüsch der kleinen Tundraweiden taucht hinter der Herde plötzlich eine Horde auf: Mit kälteheiseren Stimmen stößt sie gellende Schreie, Schreie des Wesens, aus, feuert die ersten Ladungen Angst in die Tiere hinein. Und diese jagen los wie von einem Peitschenhieb getroffen und merken erst jetzt, dass sie eingekreist sind, dass da Hürden sind, und rundherum nichts als heiser Schreiende. Die mit den Armen fuchteln, rennen, sie antreiben und brüllen, dass einem das Blut in den Adern gefriert. Bündel aus Angst, rauschen die Rene mit Getöse zwischen zwei Reihen immer enger werdender, böser Hürden durch das Flüsschen, jagen eine Anhöhe hinauf und landen in der bis dahin nicht sichtbaren, rechtzeitig aufgestellten Falle des Korrals. Hier sind die Pflöcke tief eingerammt und die Hürden aus Eisen. Trotzdem, der nach hinten noch offene Korral ist bestimmt an die fünfzig Meter breit, und die Rene müssten bloß wissen, dass, machten sie kehrt, keiner sie halten kann, denn eine Herde in Bewegung gleicht der unerbittlichen schweren, tödlichen Kraft einer Lawine …

Aber die Angst hat sie bereits besiegt. Die Menschen wissen das und schließen das Gatter ohne Hast. Von nun an gibt es für die

Rene nur einen Weg zurück in die Freiheit, nämlich durch einen engen schneckengehäuseartigen Gang und eine Schleuse aus Toren und die unvermeidliche Unterwerfung unter den Willen des Wesens.

Eine im Korral zusammengetriebene Herde erweckt Mitleid: die Rene begreifen nicht, was ihnen da widerfahren ist, warum bloß hat sich ihr Bewegungskreis geschlossen, warum bringt zu rennen ihnen keine Freiheit.

Stunden über Stunden rennen sie, vielleicht in der Hoffnung, die *Geschwindigkeit* werde die abgeschlossene Welt wieder öffnen. Binnen kurzem haben sie den Boden bis zur nackten Erde, zum steinigen Grund aufgerissen. Sie prallen gegeneinander, rempeln sich mit Geweih und Flanken, stürzen auch, dann setzen andere über sie hinweg, deren Hufe gegen ihre Rippen donnern. Zerschundene Schnauzen, blutige, vom jungen Geweih abgerissene Bastfetzen sind zu sehen, blutüberströmte Rücken, rennende Läufe und Geweihe, Geweihe, Geweihe …

Diese Bewegung zu stoppen ist unmöglich. Es kommt vor, dass erschöpfte Tiere sich ein wenig absondern und eine Zeitlang torkelnd und mit heraushängender Zunge umherschleichen, aber fünf Minuten später haben sie sich erneut der kreisenden Herde angeschlossen. Denn das Leben des Rens ist Bewegung. Die Tiere rennen Tag und Nacht, immer in derselben Richtung – der des Sonnenlaufs. Wollte man versuchen, sie zu stoppen oder ihre Laufrichtung umzukehren, sie würden ausrasten und den Korral zerlegen. Aber diese Chance, durch den Wahnsinn zur Freiheit zu gelangen, gibt es nur für den Menschen. Wir – Mensch und Ren – haben eine gar zu verschiedene Weltwahrnehmung. Weshalb zum Beispiel der Mensch glaubt, er würde die Herde zählen und impfen, die Rene aber sind überzeugt, es erwarte sie der Tod, die sinnlose Mitleidlosigkeit des Wesens.

Ein prächtiges kaffeebraunes Tier mit weißer Brust. Es kam mir beim Einschlafen wieder in den Sinn. Ich weiß nicht, wodurch es meine Aufmerksamkeit auf sich gezogen hatte. Wir hatten den ganzen Tag viel zu sehr geschuftet und gerackert, um die Herde mit Ruhe zu betrachten. Das tun die alten Männer: Mit erfahrenem Auge erkennen sie das Fehlerhafte in der Natur (schwache und hinkende Tiere) und wählen die künftigen Fahrtiere aus. Alle anderen arbeiten pausen- und atemlos bis zur Dunkelheit. Denn auf seine Weise ist der Mensch barmherzig, er will, dass die Prozedur so schnell wie möglich über die Bühne geht, damit die Rene sich nicht gänzlich auslaugen. Keine Verschnauf-, keine Rauchpause. Sieben, acht Mann gehen, nachdem sie in den Korral geschlüpft sind, auf die Herde zu und isolieren etwa anderthalb Dutzend Tiere durch Rufen und Armgefuchtel, die sie dann mit weiterem Gebrüll und Gerudere über den inneren Korridor in die sogenannte Arbeitskammer scheuchen, einen winzigen Pferch, aus dem die Rene schließlich einzeln in die Impfkammer getrieben werden, und von dort aus schließlich, mit blauer Farbe markiert, wieder in die Freiheit.

Eine derartige Beschreibung der Arbeit im Korral klingt vollkommen harmlos, aber für die Rene sind alle Vorgänge dort durchdrungen von blankem Entsetzen und Leid, und befänden sich im Gatter nicht Rene, sondern Menschen, so würde es wohl am ehesten an ein Konzentrationslager und den Terror der Abläufe dort erinnern.

Am schlimmsten geht es im Arbeitspferch zu: Die von der Herde isolierten Rene begreifen nicht, wo sie sind und was mit ihnen geschieht, sie gebärden sich wie Fische auf dem Trockenen und suchen rasend nach einem Ausgang aus dem geschlossenen Raum. Sie reißen sich die Schnauzen am Gatter auf, verletzen ihr blutiges Geweih immer mehr und trampeln in Panik aufeinander herum. Einmal, als ich mich vor dem Geweih eines in extremer Hysterie um sich schlagenden Männchens wegducke, sehe ich unten kurz ein Kalb, dessen eines Auge ausgelaufen ist … Nach und nach gelingt es uns, eines nach dem andern das anderthalb Dutzend Rene aus der Arbeitskammer in den Impfpferch zu treiben, wo das in einem Gummianzug steckende, vom klebrig-süßlichen Geruch des Impfstoffs halb erstickte Wesen dem Tier kurz mit der Impfpistole in den Schenkel sticht. Zuletzt verbleiben nur noch die jungen Tiere, in einem Angstkrampf erstarrt auf dem Boden liegend. Bringen ein paar Hiebe sie nicht auf die Beine, werden sie am jungen Geweih gepackt und via Impfkammer in die Freiheit gezerrt. Außerhalb des Korrals begreift das Tier früher oder später, dass es im Prinzip frei ist. Und dann jagt es verblüfft in die Tundra davon.

Die Welt könnte sich für die Rene schneller wieder öffnen, wenn sie sich vernünftiger verhielten und zum Beispiel nach einer internen Herdenhierarchie sich zur Impfung anstellen würden und außerdem von sich aus die Kränklichen der Schlachtung zuführten. Eine solche Einrichtung der Dinge böte für beide Seiten beträchtliche Vorteile. Aber in der Luft liegt eben eindeutig etwas von SS. Dem widersetzt sich aus irgendeinem Grund die Natur. Sie lässt Gewalt und sogar Tod zu, aber nicht in dieser seelenlosen, mechanischen Form.

Ich schätze das Ren als herrliches Geschöpf und frage mich die ganze Zeit, was die Natur uns sagen will, indem sie in der Interaktion zwischen uns und ihm so viel Entsetzen und Bosheit zulässt. Dahinter verbirgt sich eindeutig eine Warnung an uns, die Vernunftbegabten, von ihnen, den Vernunftlosen. Aber welche? Ich komme einfach nicht dahinter, kriege es nicht zu fassen …

Die nächste Runde, die dritte, die fünfzehnte …

Die Kräfte lassen immer mehr nach, immer häufiger müssen wir im Arbeitspferch die Rene mit Fußtritten weiterscheuchen: die Arme können nicht mehr; außerdem ist es einfacher so, ungefährlicher und schneller. Ein Bürschchen von vielleicht sechzehn ist so aufgepeitscht, dass er offen grausam wird, er hat es immerzu auf die jungen Rene abgesehen, zerbricht ihnen nebenbei das Geweih, und aus dem Stumpf schießt sofort das Blut wie aus einem Baum im Frühjahr der Saft. Auch der Zootechniker in der Impfkammer, Wolodja, ist müde, haut stumpf den Renen die Pistole auf die Flanke, ein Wink, der nächste Schuss, die Hand im Gummihandschuh ist eiskalt und gefühllos, und der in den Sand tropfende Impfstoff stinkt zuletzt so unerträglich, dass Wolodja schreit, wir sollten ihm keine neuen Tiere zutreiben, er muss rauchen, muss dieses klebrige Zeug mit dem scharfen Geruch einer Papyrossa überdecken. Alle außer den im Korral kreisenden Renen bleiben stehen. Meine Handflächen sind ungewohnt klebrig. Ich schaue: Blut. Sämtliche Stiefel, sämtliche Jeans sind blutbesudelt …

Die Dämmerung ist die Stunde des Todes. Die Alten ziehen aus gedunkelten hölzernen, mit glänzendem Kupfer beschlagenen Scheiden rasierklingenscharfe Messer hervor, die vorzeiten Norweger oder russische Kaufleute auf die Insel brachten (wo sie seither wie ein Familienschatz gehütet werden), und während sie in Vorwegnahme des Genusses, den das gute und reichliche Essen ihnen bereiten wird, kleine Seufzer ausstoßen, kontrollieren sie, ob die Hand noch sicher ist.

Ich habe gesagt, der Tod eines Rens sei kein Drama. Und doch werde ich nie vergessen, wie *schnell* das Auge eines geschlachteten Tiers matt wird und erlischt. Wenn das Auge nur ein optisches Instrument ist, *was* hat es dann belebt und *wohin* ist dies verschwunden?!

Ich erinnere mich auch an ein Ren, das zwischen ausgeweideten Leibern lag, inmitten des Blutgeruchs und der bläulichen, auf den Boden herausgezerrten Eingeweide. Es hat alles gesehen, dieses Ren, alles begriffen. Es fehlte einfach ein Schlachter, und so musste es auf seinen Tod warten …

Ich habe auch gesehen, wie ein Ren verschnitten wird. Zunächst wird ein Bulle ausgesucht, der möglichst wild und stark ist. Für diese Qualitäten wird er dem Wesen teuer bezahlen müssen. Das Schicksal spottet hier grausam: Es ist, als würde man bei uns, den Menschen, gerade die kräftigsten Männer kastrieren.

Dann schleichen sich ein paar Mann an ihn heran, fangen ihn mit der Wurfschlinge, zerren ihn, der sich dagegen anstemmt, zu einem der Korralpflöcke, binden ihn fest. Er kann sich nicht befreien, steht aber, den Strick wie eine Saite spannend, mit widerspenstig auf die Brust gesenktem Kopf da. Und nun …

Nun treten fünf Mann an ihn heran, drehen ihm den Kopf zur Seite und werfen ihn zu Boden. Vier halten ihn fest, der fünfte macht mit einem kleinen scharfen Messer in der Leistengegend einen Einschnitt, holt aus dem Hodensack die beiden weißen, vollkommen elliptischen Hoden hervor, schnürt sie ab, einmal, und noch ein zweites Mal mit irgendetwas – und mit einem Hieb trennt er sie ab.

Das Ren rappelt sich auf, steht wie im Stupor da wegen des brutalen Schmerzes und der Unumkehrbarkeit der Verwandlung, die mit ihm vorgegangen ist. Es zerrt nicht mehr in gedankenloser Widerspenstigkeit am Strick, denn es ist kein Kämpfer mehr. Es wird nie mehr mit einem Gegner um ein Weibchen konkurrieren. Seine Sache ist fortan der Schlitten … Und was ihm entnommen wurde, das bekommen normalerweise die Kinder (die diesen Leckerbissen einfach wie einen Apfel knabbern) oder die alten Männer (die sich mit dem Messer stückchenweise etwas davon abschneiden). Es heißt, es stecke große Kraft darin …

Das prächtige kaffeebraune Ren mit der weißen Brust war kein Traumgebilde gewesen. Ich sah es am Morgen im Korral wieder. Widerspenstig wich es den Treibern aus und wollte sich einfach nicht in der »Schnecke« fangen lassen, von wo aus es geradenwegs in die Hölle des Arbeitspferchs ging und in die Gaskammer des Impfpferchs. Tags zuvor hatte ich mir im Arbeitspferch eine Quetschung zugezogen und deshalb um eine leichtere Arbeit gebeten, nämlich die geimpften Tiere bei ihrer Freilassung mit blauer Farbe zu markieren. Neben mir hockte, auf einem gewaltigen Zweihundertliter-Benzinfass, Gawriil Afanassjewitsch, ein ehrwürdiger Greis, der immer eine Papirossa zwischen den Lippen hatte, und erfasste nach irgendeiner alten Sowchoseregistraturmethode auf einem dünnen Furnierholztäfelchen jedes Tier. Das Zählbrett war schon fast vollständig mit Strichen bedeckt und der Korral so gut wie leer. Es gab wohl noch an die vierzig, fünfzig Rene darin, und die Treiber gingen gerade mit einem großen Netz ans Werk, um sie alle auf einmal in die Arbeitskammer zu jagen. Da …

Eigentlich geschah nichts *Besonderes*. Eines der Rene – eben dieses kaffeebraune prächtige Tier mit der weißen Brust, das seinen Häschern zum x-ten Mal entkommen war – hielt bloß plötzlich kurz inne, als werde ihm etwas bewusst, dann galoppierte es und galoppierte und warf sich mit voller Wucht exakt auf den Punkt, wo für die Menschen ein Durchschlupf im Gatter gelassen worden war und der ehrwürdige Gawriil Afanassjewitsch saß. Ich hörte das in meinem Rücken zerreißende Netz und konnte zur Seite springen, aber Gawriil, nichtsahnend, wurde mitsamt seinem Täfelchen und Fass niedergerannt. Auf seinem Gesicht spiegelten sich ein leichter Schreck und Überraschung. Im selben Moment begann das Ren, das durch das Netz zu brechen versuchte, mit den Läufen nach allen Richtungen auszuschlagen, dass der ganze Korral erzitterte, während die Hufe in nächster Nähe von Gawriils Gesicht peitschten.

»Himmel Arsch!«, stieß der ehrwürdige Alte mit verzerrter Stimme hervor, während er sich von dem Tier und dem rollenden Fass wegzudrehen versuchte. Zum Glück war es dem Ren schon im nächsten Augenblick gelungen, sich freizukämpfen, und nachdem es zwei-, dreimal wütend geschnaubt hatte, vollführte es ein paar kraftvolle, nervöse Sätze, ehe es in einen ruhigeren Schritt verfiel.

Aus irgendeinem Grund brachen alle, die Zeugen dieser Szene geworden waren, in ein erleichtertes Lachen aus. Offenbar hat auch der Mensch irgendwann diese verfluchte Rolle des grausamen Wesens satt. Wir lachten nämlich aus Freude. Wir freuten uns darüber, wie kühn und elegant das Tier über unsere doch ziemlich grobschlächtigen Kniffe gesiegt hatte. Und das war ein herrliches Gefühl. Der Mensch hat, selbst als Wesen, das aus der natürlichen brüderlichen Gemeinschaft verstoßen ist, trotz allem nicht verlernt, die Freiheit in all ihrer Unzweckmäßigkeit zu schätzen.

Bei Gott, als es sich freigekämpft hatte, war es einem doch leichter ums Herz …

Erneut der Wind

Es war schon beinah dunkel, als wir etwas abseits des Weges eine Herde Fahrtiere entdeckten. Fahrtiere werden nie weit fortgelassen, folglich waren auch Menschen nicht mehr weit, und damit Essen und Wärme.

Die Baloks standen am Rande eines brettflachen, nach drei Seiten schroff zu einem Fluss hin abfallenden Plateaus. Wegen des Flusses mussten wir einen Haken schlagen; aber seltsam: das Lager wirkte unbewohnt, ein Eindruck, der sich in den zehn Minuten, die wir bis dorthin noch brauchten, weiter verstärkte. Auf dem Plateau war niemand zu sehen, der Korral leer. Aus keinem der Häuschen drang Licht, aus keinem der Schornsteine stieg Rauch auf. Uns witternd, begannen die Hunde zu kläffen, aber ihr Gebell wurde vom Wind verzerrt und fortgerissen. Nirgends ging eine Tür auf, nirgends klirrte ein Eisenstück, nirgends war ein Lebenszeichen zu hören – nicht einmal das heimliche Sichumdrehen eines erwachten Menschen, der nicht gehört werden wollte, oder ein unterdrücktes Altershusten.

Nur der Wind trieb seine galoppierenden Herden über das Plateau. Auf der Seite liegende Schlitten waren zu sehen, umwickelt von Seilen oder Riemen, die der Wind zauste wie lange schwarze Bänder.

Niemand, der uns empfing und willkommen hieß: Das konnte doch einfach nicht sein!

Ich spürte, dass Alik und Tolik verblüfft waren.

»Ich geh mal irgendwo klopfen«, sagte Tolik leise.

»Versuchs zuerst bei Jegor, dann bei Sergej und bei Wowka Apizyn«, schlug Alik vor, aber seine Stimme verriet, dass er beim besten Willen nicht begriff, was da los war.

Tolik trabte davon.

Genau in dem Moment hörte ich Klänge. So schrie kein Vogel, ich würde wirklich soweit gehen, von Klängen zu sprechen … Musik. Eine seltsame – wie mehrstimmiges Schalmeienspiel. Ziemlich tief, nicht ganz harmonisch. Es kam irgendwo vom Abhang her, vielleicht von unten, vom Fluss herauf.

»Hörst du das?«, fragte ich Alik.

»Was?«

»Na, diese Klänge, wie von einer Flöte oder Fanfare …«

»Nein.«

Ich wartete. Die Klänge kehrten wieder.

»Hast dus jetzt gehört?«

Alik lauschte, dann betrachtete er mich aufmerksam.

Eine Weile war nichts zu hören, aber dann erklang die Musik erneut, diesmal besonders laut und rein. Ich hörte deutlich den Akkord einer erhabenen, traurigen, sehr schönen Musik.

»Aber jetzt hast dus doch gehört?«

Alik blickte mich verwundert an.

»Nein.«

Zum Glück mussten wir unser Gespräch unterbrechen, weil Tolik angelaufen kam.

»Bei Jegor ist jemand, macht aber nicht auf, bei Sergej ist alles leer, und bei den Apizyns reagiert niemand …«

»Sag mal«, fragte ich, »die Musik … hast du die da drüben gehört, beim Abhang?« Ich wollte es unbedingt wissen, um sicher zu sein, dass bei mir im Kopf noch alles stimmte, aber Tolik sah mich noch verdutzter an als sein Bruder.

»Was für eine Musik?«

»Der Wind, das ist der Wind, der in deinem Gewehr pfeift«, sagte plötzlich Pjotr und zerstreute mit seiner Entdeckung augenblicklich meine Furcht, die den Gedanken begleitet, dass man allmählich verrückt wird oder die Engelsposaunen hört, die einen vor den Thron des Allmächtigen rufen. Und tatsächlich: Ich hatte Aliks Gewehr auf dem Rücken, und der Wind pfiff in dem langen Rohr, spielte es wie eine Panflöte …

Diese Geschichte heiterte uns ein klein bisschen auf. Wir setzten die Rucksäcke ab. Der Rücken spürte augenblicklich die Kälte, als habe man ihm seinen Panzer heruntergerissen.

Niemand da, der uns unter die Arme greift. Auch Fleisch wird es keins geben.

Wir müssen also selber, und zwar sofort ...

Die Gedanken kamen mit mechanischer, telegraphischer Geschwindigkeit. Feuer machen, Tee kochen, ihn heiß und mit Zucker trinken, und sobald wir etwas aufgewärmt sind, sofort eine Grütze kochen, mit einer Büchse Fleisch, dann einen Balok mit Beschlag belegen und ab in den Schlafsack und abgetaucht. Sonst ist die Lungenentzündung vorprogrammiert.

Vor unsern Füßen Äste, Spuren eines Feuers – eines gewaltigen –, eine Axt. Alles ging rasch und wie von selbst. Schon schleppen Petja und Tolik unsere Habe in einen leeren Balok und zerhacke ich wie ein Wahnsinniger diese kleinen, dicken, federnden Weidenäste, während Alik eine Handvoll möglichst trockener Hackschnitzel und winziger Zweige vom Boden aufliest und zu Spänen spleißt. Dann zupft er aus seiner Jacke ein Büschel Watte heraus und formt mit einer Umsicht, als baue er ein Nest, alles zur Kugel, damit das Ganze mit einem einzigen Streichholz auflodert. Ratsch! Beinah hätte ein Windstoß die Flamme wie ein Stiefel ausgetreten, doch das Feuer nistete sich in der Watte ein, sprang aufs Moos über und fing schon mit fröhlichem Knistern an, die dünnen, spatzenrippengleichen Zweiglein zu zerknacken, wurde kräftiger, verwandelte sich zum Lichtball. Erst da bemerkte ich, dass unser Tun und Treiben neben einem Materialberg stattfand, der an eine menschliche Behausung erinnerte. Genauer: Es handelte sich um ein Zelt aus alten Brettern und ebenso altem Ruberoid. Und außerdem schaute uns hinter einem Stück den Eingang verhängenden gummierten Gewebes hervor ein menschliches Augenpaar an.

»Wasja, schnell die Axt, es geht gleich aus!«, schrie Alik, der mit dem Rücken zu dem Zelt stand. Ich reichte ihm die Axt, da wurde der Vorhang zurückgeschlagen und im dunklen Innern erschien ein Gesicht, dem dieses Augenpaar aufsaß – ein unglaublich dunkles Gesicht, als ob da im Zelt ein Schwarzer hockte; die Lippen darin bewegten sich ein paarmal, dann krächzte plötzlich eine bis aufs Mark – wie ein Baum im Winter – ausgefrorene Stimme:

»Was machstn da? Gibt doch Öl ...«

Wir waren also doch nicht allein auf diesem Plateau der Winde!

Vom Dieselöl glühte unser Feuer knisternd auf. Ich konnte den Mann genauer betrachten, der aus seinem Unterschlupf zu uns herauskroch. Zum Glück erkannte ich ihn praktisch sofort, sonst wäre ich wohl erschrocken. Es war Demjan, Djomuschka, der zu der Zeit, als diese Geschichte mit dem Ren passierte, als Koch in der damaligen Brigade arbeitete. Er hatte mir gefallen. Er war ein auffällig fleißiger, guter Kerl und dafür bekannt, dass er dem Alkohol aus dem Weg zu gehen versuchte. Ganz darauf zu verzichten gelang ihm auf Kolgujew nicht – aber er konnte sich räumlich so weit wie möglich davon entfernen. Er meldete sich zu den schwersten Arbeiten: Holzvorrat von der Koschka herbeischaffen, die Baloks anderswohin transportieren, die zurückgelassene Technik durchsehen. Die andern nahmen auch in die Tundra Wodka mit, und wenn sie ihm davon anboten, lehnte er nicht ab, aber Demjan setzte darauf – mit Recht –, dass er, je weiter man ihn rausschickte und je härtere Arbeiten er übernahm, umso weniger trinken würde. Jetzt kümmerte er sich um die Rene, was ihm anscheinend gefiel: Er hatte eine Handvoll Bretter, Nägel und etwas Ruberoid per Schlitten aufs Plateau gebracht, um sich fürs Erste ein Zelt zu bauen, später, wenn er das Material zusammenhatte, wollte er sich wie alle einen Balok zimmern, um nach Möglichkeit dauerhaft abseits des Dorfes zu leben.

Von Demjan erfuhren wir, warum das Lager so verlassen dalag: Der Vortag war der »Tag des Rentierhirten« gewesen. Weshalb ein Teil der Männer sich dermaßen wild und unbändig dem Geist des Spiritus hingegeben hatte, dass die einen am Morgen ins Dorf aufgebrochen waren, während die andern halb tot in ihren Baloks lagen, in einem Zustand, in dem man nicht nur niemanden sehen will, sondern das Sehen, ja überhaupt ein Auge aufzutun, grauenvoll ist und im eigenen Innern alles nordwindartig heult vor Verzweiflung und Leiden.

»Aber ich hab mich für die Wache einteilen lassen«, verkündete Demjan nicht ohne Stolz unseren Trekkingführern, damit die würdigen könnten, wie clever er diesmal einem Besäufnis aus dem Weg gegangen war. »Bloß die Mücken. Die Tiere sind in alle Richtungen auf und davon, wissen nicht, wo sich verstecken. Hab erst nen Ast abgebrochen als Wedel, taugt aber nichts. Hab mir dann das Gesicht mit Salzwasser eingerieben, jetzt stechen sie weniger, mögen sie nicht …«

Demjan musterte mich immer wieder, erkannte mich aber beim besten Willen nicht. Vielleicht lenkten ihn die Fundstücke ab, die an Aliks Rucksack befestigt waren.

»Und ihr seid wo langgelaufen?«

»An der Westküste.« Auch Alik verbarg seinen Stolz nicht, während er seine Trophäen vorführte. Besonders beeindruckte Demjan die Perlonschnur. Er hielt sie länger in der Hand, dann brummte er gedehnt:

»Kräftig. Solide. Müsst ja auch mal …«

»Bei euch ist alles ›mal‹.« Alik lachte höhnisch auf. »Und nächstes Jahr dann wieder ›mal‹.«

»Ich werd mit Wanka fahrn.« Djomuschka nickte entschlossen. »Wanka fährt überall hin … Hast du gesehen, was der für Ballons gefunden hat!?«

»Nö …« Diesmal war offenbar Alik angespitzt.

»Wie der von dir, bloß zwei. Und größer …« Aber da besann er sich plötzlich. »Ach was solls … Gebt mir mal nen Schluck Tee …«

Demjan schleifte eine Kiste aus seinem Zelt zum Feuer und holte, was er an Essbarem besaß: Brot und Powidlo. Brot hatten wir schon drei Tage keins mehr gegessen, und es kam mir wie ein erlesener Leckerbissen vor. Aber die Powidlo erst – eine gewöhnliche Apfelpowidlo, schmiermittelfarben … Nein, ich hätte nie gedacht, dass ich die essen und einfach nicht mehr aufhören kann, dass ich mir noch ein Löffelchen nehme, und noch eins, und noch eins, und dabei weiß, das gehört sich nicht, weil der Mensch da, der gibt das Letzte, was er hat … Aber immerhin haben wir noch eine dicke Suppe aus Büchsenfleisch und chinesischen Nudeln gekocht, bevor das Feuer ausging, eine Art

Dankeschön an Demjan – in so einer Nacht kam das Süppchen ganz gelegen.

Aus dem Magen strömte die Wärme, die ich mir einverleibt hatte, allmählich ins Blut und breitete sich aus, ich versank, trotz des feuchten Windes, in einen seligen, geradezu betäubten Zustand, der einfach gewöhnliche Sättigung war, erwischte mich dabei, dass ich dem Gespräch der anderen nicht mehr recht lauschte. Ich bewegte mich leicht und sogar gern, beobachtete mit Interesse und ohne Pessimismus meine Umgebung. Ich dachte nichts – mochte nichts denken –, betrachtete aber mit Wohlbehagen Alik, Tolik, Petka und Demjan, als ob ich sie zum ersten Mal sähe. Demjans Gesicht hat sich in den beiden Jahren mit einer Rußschicht überzogen, und in seiner offenherzigen Art zu reden ist etwas Primatenhaftes aufgetaucht, mit nicht wiederzugebender Schimpansengrazie dreht er den Kopf hin und her, fährt sich mit der flachen Hand über den Mund, kratzt sich am Kinn und schiebt die Unterlippe vor …

Vielleicht ist ja der teerschwarze Tee dran schuld, den er süffelt? Schon möglich.

Der Tee hat seine Kehle erwärmt, die Suppe und eine Kippe haben das Ihre beigetragen, und jetzt ist seine Stimme zu hören, heiser sich stauend in der zu engen Kehle, ein bluesig-knurrendes Rollen. Zum wiederholten Mal verharrt sein Blick auf mir, aber diesmal wandert er nicht weiter, sondern strafft sich wie eine Saite.

»Jetzt erinner ich mich … Du bist der Fotograf, der die Müllgrube gegraben hat!«

Fotograf … Doch ja, so eine Rolle hatte es in meinem Leben gegeben.

»Ist er, ist er«, bestätigt Alik.

Und wir lachen, froh darüber, dass keiner den anderen vergessen hat.

Demjans lockiges Haar war seit langem ungekämmt: er setzte seine gesteppte Bauarbeiterkappe auch zum Schlafen nicht ab, und zog wohl auch die Wattejacke nicht aus, eine unförmig große, lange, malizaähnliche Jacke. Seine Füße steckten in Filzstiefeln, an denen er mit Kordel kaputte Gummischuhe befestigt hatte.

Ich warf auch einen Blick in sein Zelt: eine Schlafstelle mit Fell, noch eine Kiste, ein großer Blechwecker, ein Kochtopf. Sein ganzer Besitz.

Er ist vierzig Jahre alt, dieser Mensch, den sein höllischer Tee, Tabak und Wind geschwärzt haben. Und dieses ofenlose Zelt ist sein Heim, das er sich selbst gebaut hat für ein ehrliches und arbeitsames Leben.

Er ist kein Schmarotzer, er arbeitet hart. Er hat uns empfangen, allein, und uns würdig aufgenommen: hat alles mit uns geteilt, was er besaß.

Er ist einsam.

Er ist ein Mensch.

Verdammte Menschheit!

Den ganzen folgenden Tag über trieb uns ein Wind durch das Bugrjanka-Tal, der schmirgelnd und polierend feinen Sand über die jungfräulichen, bis zur Vollkommenheit gerundeten Sandbänke fegte. Gegen Abend erreichten wir Aliks Balok am Sobatschi-Bach. Um hineinzuschlüpfen musste ich mich bücken, wobei mein Blick zufällig auf eine Glasscherbe in der Tür fiel, die dort just in Augenhöhe angebracht war – anstelle eines Fensters. Ich gewahrte ein Gesicht. Mein Gesicht. Ich hatte immer so ein Gesicht haben wollen: das braungebrannte, wettergegerbte, ja wilde, doch begeisterungsgesättigte Gesicht eines Menschen, der viel erlebt hat, auf dem sich zudem verwegene Freude abzeichnet: Unsere Sache ist vollbracht! Wir haben den Erfolg in der Tasche!

Hätten wir wegen der dörflich-zivilisatorischen Verlockungen – wegen Brot, Gebäck, Powidlo, sauber bezogenen Betten oder der Sonntagsdisco im Klub – noch am selben Abend in Bugrino sein wollen, es wäre ein Leichtes gewesen. Aber irgendwie wollte keiner, dass die Reise zu Ende ging. Wir wollten sie fortsetzen, *uns fortsetzen* in ihr. So blieben wir noch einen vollen Tag bei Alik.

Vom Sobatschi-Bach nach Bugrino ist es nicht weit, sechs Kilometer Luftlinie, aber das Dorf ist von dort aus nicht zu sehen, dafür muss man erst den Terrassenhang des Hügels auf der anderen Seite hinaufsteigen. Nein, Alik hat seinen Balok nicht zufällig so gebaut, dass man sich darin mühelos vorstellen kann, im offenen Universum der Tundra zu sein ...

Auf seinem Lager ausgestreckt beginnt er traumverloren davon zu erzählen, wie *seltsam* es hier im Spätherbst ist, wenn alle Laute verstummen. Die Vögel fliegen ja fort: die Schwäne, Strandläufer, Kampfläufer, alle, und wenn der Wind sich legt, hebt ein absolutes Schweigen an.

Ich lausche ihm und mir wird klar: Was immer er sagt, er liebt seine Insel über alles und wird sie nie, für nichts auf der Welt, je verlassen.

Ich stelle mir vor, wie er unter seinem warmen Fell liegt: Der Ofen knistert, gelbe Flammenreflexe gleiten über die Wände, der Blick folgt ihnen ... Gedanken. Nein, eher keine Gedanken. *Stille* – mehr nicht. Stille. Solange der Ofen knistert, kann man sich eine Papirossa anstecken, den köstlichen Rauch einsaugen, sich einen köstlichen heißen Tee machen ... Falls es ein Radio gibt, ein Weilchen Radio hören, das Rauschen der Welt aufschnappen, Stimmen, ein paar Takte Musik, Ereignisse ... Aber mit dir haben diese Ereignisse nichts zu tun, und da das Holz herunterbrennt, kappst du die Verbindung, mummelst dich wärmer ein, und die Stille umschließt dich, und ringsumher hat sich bereits die Finsternis der Polarnacht herabgesenkt, und dein Balok flackert zwischen den Sternen wie ein Raumschiff ...

Jetzt sind hinter der Hauswand noch die Windböen zu hören. Der Wind hat die Wolken nach Süden getrieben, der Himmel hat sich aufgeklart.

Noch ein gelber Sonnenuntergang über der Bugrjanka.

Spät am Abend gehen Pjotr und ich zu einer sich am rechten Flussufer entlangziehenden Sandbank, um Rosenwurz auszugraben. Im Halbmeterabstand hocken die Büschchen der Heilpflanze über die ganze Lajda verteilt im Sand, wo nach dem Wind noch kein Lebewesen seine Spur hinterlassen hat. Hier kann man sich noch der Illusion überlassen, dass die Welt weit entfernt ist und uns nicht belästigen wird. Alles ist in geologischer Ruhe erstarrt: die das Ufer bildenden Lehmschichten, regelmäßig wie Jahresringe, die erstarrten, in ein fremdartiges schräges Licht getauchten Sandwellen … Wir springen auf die Sandbank und beginnen mit unseren Füßen ein Körnergestöber zu erzeugen, das in den Strahlen der versinkenden Sonne funkelt wie Schnee. Leere ringsumher und ein nicht wiederzugebendes Spiel aus Licht und Farbe. Wenn ich später einmal gefragt werden sollte, was denn dort auf Kolgujew besonders war, dann werde ich, so blöd das klingt, sagen: So zwischen neun und zehn abends im Bugrjanka-Tal, da pfeift ein einsamer Strandläufer. Und das Licht, das der Fluss mit sich trägt und der Himmel ausstrahlt, bewirkt, dass ein Gefühl von Freiheit und Glück dich erfasst. Und in der Ferne ragen Berge auf – sehr, sehr blaue. Und der Sand ist rosafarben und schneeleicht …

Ich versuchte, nicht gar so viele Rosenwurzstauden auszugraben – die »goldene Wurzel«, wie wir Russen sie nennen, ist doch ein ziemlich seltsames Gewächs, das zudem einem Menschen ähnelt, mit zwei Beinen, Kopf und Geschlechtsteilen. Einmal hat so ein Wurzelding, das meine Gier spürte, mir mein Messer verbogen. Deshalb muss man mit der goldenen Wurzel möglichst vorsichtig umgehen – du weißt nie, was sie im Gegenzug verlangt.

Und trotzdem haben wir uns, befürchte ich, nicht ausreichend gezügelt. Im Hohen Norden wird Rosenwurz mit Spiritus angesetzt, dem die Pflanze eine herrliche gelbe Farbe, einen herben Geschmack und einen Duft nach Heckenrosen verleiht. Verdünnt trinkt sich dieser Schnaps leicht und angenehm, als starke Tinktur kann er einen vor zahlreichen Krankheiten bewahren. Und so buddelten Petja und ich mit dem Messer dermaßen viele Wurzeln aus, als hätten wir nur eins im Sinn: zu trinken und uns zu kurieren. Danach spülten wir die Wurzeln noch im kalten Flusswasser, und durch unsere Finger flossen, sich verflechtend, die Strahlen des vom Wasser reflektierten goldenen und blauen Himmelslichts. Überhauf im Sack erinnerten die sauberen, glänzenden Wurzeln noch mehr an Lebewesen.

Als wir schlafen gingen, fiel Petka auf, dass er seine Feldtasche mit Tagebuch und Herbarium auf der Lajda liegen gelassen hatte. Es war schon Nacht, und vor dem Morgen würde wohl kaum jemand am Ufer auftauchen, aber er wollte doch rasch los, seine

Tasche holen. Alle lagen schon im Schlafsack, und keiner wollte wieder hervorkriechen und ihn begleiten.

»Brauchst keine Angst haben«, ermunterte Alik ihn, »hier ist jetzt keine Seele mehr, außer den Vögeln.«

»Und die Siirten?«, schob Tolik sofort nach, der gern alle möglichen gruseligen und unbegreiflichen Geschichten erzählte.

»Vor denen brauchst du auch keine Angst zu haben. Wenn sie dich mitnehmen zu sich, bringen sie dir nur Gutes bei.«

Die Siirten … Wir hatten schon ein paarmal kurz über sie gesprochen, aber bislang hatte ich nur eins begriffen: dass es sich um kleine, sagenumwobene Menschen handelte, die als Träger des richtigen Geistes galten …

»Was ist mit den Siirten, leben sie hier?«, fragte ich vorsichtig.

»Nicht mehr, nein«, sagte Alik traurig. »Sie sind fortgegangen in die Legende. Vielleicht gibts noch irgendwo einen oder zwei …«

IV

DAS BUCH DER SCHICKSALE

Wir kehren zurück

Nun denn … Zum letzten Mal schultern wir den Rucksack und wandern los. Aber irgendwie keine Freude auf den Gesichtern. Eine seltsame Gleichgültigkeit hatte uns am Ende ergriffen: die Expeditionsenergie war verflogen. Die Zukunftsversprechen hatten sich erfüllt, es ließ sich ihnen jetzt nichts mehr hinzufügen. Und die Gemeinschaft, die wir angesichts des Unbekannten gebildet hatten, würde in Kürze wieder auseinanderfallen …

Alik lief einigermaßen verloren voraus. Er kehrte dorthin zurück, wo er alles, aber auch alles, bis ins Detail kannte. Armer Tundraprinz in teerverspritzter Wattejacke, Hüter der Erinnerungsschätze der Insel in morastgesprenkelten Stiefeln …

Vielleicht hätte er nichts dagegen, Schätze von größerer Materialität zu besitzen als den Erinnerungsschatz, aber auf Kolgujew zeichnen sich die Träume dadurch aus, dass sie taubes Gestein bleiben.

Insgeheim sieht sich Alik nicht als Bataillonskommandeur, sondern als Ölscheich – schließlich stehen Bohrtürme auf dem Land seiner Ahnen. Und vielleicht entwickeln sich die Dinge auf Kolgujew ja so wie in der arabischen Wüste, dann könnte er für die Förderrechte auf dem Land seines Klans genügend Geld bekommen, um …

Nirgendwo träumt man so sehr von wunderbarem, selbstverständlich plötzlichem Reichtum wie dort, wo die Armut herrscht.

»Ich würde mir eine Isba bauen«, sagt Alik. »Dort an der Bugrjanka, in dem runden Tal. Aus echten Holzstämmen. Und ein Schneemobil, einen Buran, kaufen, und den allergefährlichsten Hund, den es gibt …«

Nun ja, ein Haus, das ist schon was. Zumindest die Möglichkeit, in dieses Haus eine Frau zu holen und Kinder zu zeugen, statt in zwei nach Kohle stinkenden Räumen einer Barackenhälfte zu hausen, wo in jeder Ecke noch einer atmet, obendrein ein Verwandter, den vielleicht wie dich der Gedanke an die Fortsetzung der Sippe umtreibt oder das Gewissen plagt, schon zu lange auf der Welt zu sein …

»Und wenn du *sehr* viel Geld hättest? Wie gesagt, *sehr* viel …« Ich betonte das »sehr«, um ihm klar zu machen, dass jeder Wunsch erlaubt sei, denn ich wollte wissen, worin er seine wahre Chance sähe, sein größtes, alle Vorstellungen übersteigendes Glück.

»Dann würd ich wahrscheinlich irgendwo auf den Kanaren leben.« Angesichts dieser überraschenden Wendung lachte er. »Hierher würd ich nur im Frühjahr zur Gänsejagd kommen … Außerdem mag ich Wein. Rotwein. Mit Würstchen …«

Nein, nur in der Tundra ist Alik ein Prinz, wenn er die Küste abschreitet, diese letzte Bastion am Rande des Nordpolarmeers, diese unter der Sonne aufglitzernde Bastion, angefüllt mit einer bedrohlichen Poesie – wie ja jeder zertrümmerte Vorposten …

Wir wurden in ein und dieselbe Zeit zu unterschiedlichen Schicksalen geboren – der Schütze und der Fliehende. Ich bin ein Weißgesicht. Er ist Nenze. Und wir werden bis zum Schluss einander nie verstehen, genau so, wie die Weißen, erstaunt über die Vorliebe der Indianer für drittklassige Manufakturwaren, diese nicht verstanden und nicht sahen – nicht sehen wollten –, wie tief und durchgeistigt ihr Weltwissen ist. Ich habe gesehen, wie Alik ein Vogelküken fängt, ein Schneehuhn- oder Strandläuferküken: Wie ein Junge galoppiert er ihm hinterher … setzt das Tierchen vorsichtig auf seine flache Hand, zeigt es uns, damit wir es fotografieren können.

Seine Gesten waren voller tiefer, ehrlicher Zärtlichkeit – dabei ist er Jäger!

Einmal kam es zwischen ihm und Tolik zum Streit. Tolik schlug Petka vor, ein Vogelweibchen zu schießen, damit der es besser betrachten könne.

»Nicht doch, lass sie die Jungen großziehen«, hielt Alik seinen Bruder zurück.

»Aber die fliegen doch schon ...«

»Trotzdem, sie wissen noch nichts ...«

Ich erfuhr von Alik, dass Gänseküken ohne Eltern stark verlausen, schwächeln und in der Entwicklung zurückbleiben, weshalb sie sich im Herbst zu gesonderten, ungeschickt formierten Zügen zusammenfinden, die der erfahrene Jäger sofort von den wohlgeordneten Verbänden der anderen Vögel unterscheiden kann. Anscheinend *lehrt* die Mutter die Jungen, Sandbäder gegen Parasiten zu nehmen, von allein lernen sie das nicht, vieles andere ebenso wenig ...

Die Nacktheit des Lebensurgrunds, die vorsätzliche Rohheit in den gegeneinandergestellten Begriffen Leben / Tod, Kälte / Wärme, Bewegung / Bewegungslosigkeit – die sich zudem noch dem großartigen Pulsieren von Licht und Dunkelheit, von nicht endender Nacht und Polartag unterwerfen, sich wechselseitig verändern und ineinanderfließen im Kreislauf von Liebe-Geburt-Tod: All das hat aus Alik zweifellos auch einen Magier gemacht. All das, Vogelrufe oder Insektenstiche, sind Zeugnisse für ihn, Stimmen, die warnen und auf Antwort warten – und er spricht mit ihnen, redet unablässig mit den Vögeln, Gräsern, Pilzen, allem ringsumher, denn es ist lebendig, und das Lebendige mag es, wenn mit ihm gesprochen wird.

Aber jetzt schreitet er schweigend aus, mit finster gesenktem Kopf. Unsere Wanderung war auch eine Chance für ihn. Und nun geht es an den Zieleinlauf.

Wir haben den Hügelhang auf der anderen Bachseite erklommen und sehen, am Rande einer moorigen Ebene, die Häuser von Bugrino. Welch unerträgliche Schwermut dieses Dorf jetzt in mir wachruft! Mit jedem Schritt zu ihm hin gehen wir weiter aus der herrlichen Welt der Tundra hinaus, die uns gewiss schon morgen in der Erinnerung märchenhaft erscheinen wird ...

Wir verlassen die Vogelwelt wie einen Theatersaal nach dem Ende einer dramenreichen Handlung. Eine Handlung, die den ganzen Lebenszyklus darstellt, die Geburt des Lebens aus dem Ei und den Tod noch im Lebenskeim (es gibt unzählige aufgepickte Eier). Zufällige Botschaften (herrliche kleine Federn) und gigantische Keilschrifttafeln: mit Tausenden von Zeichen, Tausenden von Spuren bedeckte feuchtlehmige Lajdas. Der Tod unschuldiger Küken, die sich gerade erst ans Licht der Welt gepickt haben, ihre Verwandlung in brennende Kotklumpen, mit denen die Silbermöwe den Menschen zu bespritzen versucht, sobald er ihrem Nest näherkommt; und das Geradlinig-Brutale des Lebens: die raubgierigen Schreie der Falkenjungen, ihre unersättlich und hilflos aufgerissenen Schnäbel, ihre halb nackten, hie und da von weißem Flaum bedeckten Körperchen, ihre hysterische, greisenhafte Anspruchshaltung. Die Raubmöwe, die ihre Beute schlägt: ein schwarzer Schatten – Sense des Schnitters Tod –, und mit einem Pfiff schnellt sie über die Tundra. Zugleich die Lebenssymphonie – Dudkas, Rohrpfeifen aller Art, Stimmen. Adieu, adieu, ihr in der Mehrzahl Unbekannten! Eure Musik war herrlich. So herrlich, dass es nach Kolgujew im Grunde eine Zeitlang schwierig wird, Musik zu hören: Sie erscheint einem süßlich, monoton, unlebendig.

Das Anrührende als eine besondere, nur dem Menschen zugängliche Eigenschaft des Lebendigen. Insbesondere das Anrührende von Vogelküken; die Welt aus ihrer Sicht: die Grenzenlosigkeit der Wasser, die funkelnden Reiftropfen im undurchdringlichen Dickicht, das Wogen der dichten Grün-Vorhänge ringsum, das Halbdunkel der Weiden, der Ruf der Mutter, das Beruhigende ihrer Berührung, die Allgegenwart von Nahrung, die Allgegenwart von Gefahr …

Einmal stießen wir in der Tundra auf das Küken einer Falkenraubmöwe.

»Und, erschlägst dus?«, fragte mich Alik, weil ich am Vortag geschworen hatte, nicht eine Raubmöwe mehr zu schonen, die mir in den Weg käme. Wir hatten gerade eine Gans von ihrem Nest aufgeschreckt, sie war zum Fluss gerannt und rief ihre Brut, die sich in den Bülten versteckte. Die Küken liefen los und wurden auf der Stelle Messerschmitt-artig von einer Raubmöwe geschlagen und heruntergewürgt.

Das Junge war ein schwarzes, flaumiges, unglaublich anrührendes Geschöpf.

Ich bin sicher, Alik wusste, als er mich fragte, was mein Gerede wert war. Denn dieses konkrete Raubmöwenjunge, das ich entweder hätte zertreten oder ihm den Hals umdrehen müssen, hatte schwarze, lebendige Augen, eine hilflos-kindliche Art sich schutzsuchend umzublicken und besaß nicht zuletzt jene Kinder-rundlich- und -flaumigkeit, die es vor dem Menschen schützte.

Alik wusste, dass über dieses Anrührende eines jungen Ge-schöpfs hinwegzugehen dem Menschen nicht leichtfällt. Womit er Recht hatte.

Das Dorf: Allmählich zeichnete sich das Verwaltungsgebäude ab, dann die Telefonmaste, die äußerste Häuserreihe …

Wir verließen den jungfräulichen Raum, der uns zehn Tage lang aufgenommen hatte. Zehn Tage lang hatten wir uns derma-ßen viel Raum einverleibt, dass ich mich frage, warum wir nicht geplatzt sind. Wir kannten kein Maß: schlangen und stopften uns voll, wie man atmet. Es reichte auf lange, für einige Jahre. Und als ich nach dreien noch einmal nach Kolgujew kam, da zeigte sich, dass die Grundformen dieses Raumes, seine, wenn man so sagen kann, matrikalen Formen, sich dermaßen fest in mir abgedrückt hatten, dass ich auf vieles einfach nicht mehr meine Aufmerksam-keit zu richten brauchte – wodurch ich mich Einzelheiten zuwen-den konnte. So nahm ich »die Weidenbüschchen nach dem Schnee« auf, »die Linse« (einen kleinen See, der kurz vor dem Sommer mit intakter Eisfläche wie eine optische Linse in der Tundra lag), »das Sumpferz« (da taute es schon; in meiner Kindheit hatte man uns im Geschichtsunterricht erzählt, dass unsere Vorfahren Eisen ge-wannen, indem sie ein bestimmtes Raseneisenerz erhitzten, das ich immer finden wollte – und nun sah ich rotbraune pure Rostabla-gerungen, Bodenmulden, die wie Kessel mit diesem Rost angefüllt waren, Pflanzenstängel, auf denen sich der Rost abgesetzt und die Fließe zwischen den Moorlöchern in braune eisenhaltige Dschun-gel verwandelt hatte, sah Eisenschlieren und von den Moorgasen herauf auf den Moorgrund getriebene feine Rostsuspensionen: sah Tonnen und Abertonnen von Rost), »den Fisch auf dem Schnee« (die silbrigen Schuppen der Weißfische schimmern weshalb auch immer besonders auf dem letzten körnigen Schnee), »den Tropfen« (mit einer beeindruckenden Platte aus Altschnee, an deren unterer

Abbruchkante Tropfen entlangperlten) und »den fernen Horizont«: die Insel vom Gipfel der Ostryje Sopki aus. Diese Aufnahme zeigt einen Gewehrkolben sowie ein graues Stück Holz, Teil einer Dreibeinbake, über der das Gewehr hängt, und unten das grenzenlose bläuliche Gefäß des weiten Raumes mit Feldern von Schnee. Von den Ostryje Sopki auf Kolgujew zu blicken ist ein Genuss: Die Sicht reicht weit, bestimmt vierzig Kilometer, selbst die Strömung des Ob im Meer ist zu sehen. Nur im Norden und Westen sieht man die See nicht – da breitet sich, so weit das Auge reicht, allein die Insel aus, und es kommt einem vor, als bögen sich ihre Ränder wirklich leicht nach oben, und du sitzt zwar auf einem Berggipfel, aber der Berg, der sitzt gewissermaßen in der Mitte eines Tellerchens …

Doch all das ist noch eine Weile hin. Im Moment kehren wir zurück. Schon ist der Dieselmotor zu hören, Kinderstimmen. Und die paar Hundert Meter, die wir noch vor uns haben, sind vielleicht einfach nur dazu da, dass wir uns an das gewöhnen können, was gleich vor sich gehen wird. Dass gleich die Menschenwelt uns wieder umschließen wird und wir – für immer oder zumindest auf lange – den Raum verlassen werden.

Er schrumpft zusehends um uns her, weicht mit dem Näherkommen des Dorfes immer weiter zurück. Schon umgeben uns Häuser, Hunde, Menschen; im Kopf – ungelöste Fragen, Telegramme für zu Hause, das allmähliche und immer vollständigere Eintauchen in die Probleme, die auf uns warten.

Endlich im Hotel, entledigen wir uns mit unvergleichlicher Erleichterung und einem Gefühl des Sieges unserer Rucksäcke, setzen uns auf die Vortreppe, sehen uns um. Alles ist wie vorher. Das abfließende Meer, die Boote im glänzenden Grund der Bucht, das Konglomerat von Gebäuden, Dorf geheißen, mit dem ihm eigentümlichen, uns nicht begreiflicher gewordenen Leben – als würden die Leute etwas vor uns verbergen. Aber vielleicht tun sie das ja? Ein unüberwindbares, tiefes Unglück … Ja, genau das ist es, was in jeder Geste, jedem Blick des Inselbewohners verborgen liegt, in seinem Stehen im Wind und seinem langen Schauen aufs Meer, hinter den Horizont …

Seltsam: Alles ist wie vorher, aber zugleich ist nichts unverändert geblieben. Wahrscheinlich, weil wir *dort* waren.

Dort – in einer anderen Welt, in einer anderen Zeit.

Denn: Wer sagt, wo wir wirklich waren? Und wie viel Zeit wir dort verbracht haben?

Ich erinnere mich, dass ich vor der Abreise in Moskau noch in der *Ogonjok*-Redaktion vorbeischaute. Als ich die Tür zu dem Büro aufmachte, wo ich, wie ich glaubte, schon ungeduldig erwartet wurde, war es leer, das heißt, von meinen Freunden war niemand da, aber am Tisch vor dem Fenster, durch das gerade die Nachmittagssonne hereinbrannte und die Blumen auf der Fensterbank auszutrocknen drohte, saß ein Mann und las die Fahnen eines großen, für die nächste Nummer geplanten Artikels korrektur. Damals krebste die Zeitschrift vor sich hin, erschien, statt jede, bestenfalls alle drei Wochen, aber trotzdem hatte es etwas Irreales, dass die erste Person, die ich nach meiner Rückkehr von Kolgujew in der Redaktion antraf, genau dieser selbe Mann war. Er saß an demselben Tisch über denselben Fahnen – die doch schon arg gründlich korrigiert sein mussten –, und sogar das Licht fiel auf die gleiche Weise auf Tisch und Blumen, und wieder war von meinen Leuten keiner da: als wäre ich gar nicht weggewesen, sondern hätte bloß einen Wimpernschlag getan – und schon hat sich ein ganzes Leben zugetragen. Auch in Bugrino war die Arbeitsbrigade noch immer mit Zurüstungen zum Holzholen befasst und setzten nach wie vor oberhalb der Steilküste drei schwankende Burschen in zerrissenen Stiefeln schwerfällig Fuß vor Fuß auf der Suche nach etwas Trinkbarem und trippelte auf kurzen Beinchen unverändert ein kleiner bebrillter Mann mit untergeklemmter Aktenmappe hastig über die Brücke der Schlucht auf dem Weg von einem Dorfende zum andern.

Alles, was wir erlebt hatten, quetschte sich in die Spanne einiger nicht zu Ende gebrachter Dinge: der nicht erschienenen Zeitschriftennummer, der nicht abgeschlossenen Fahnenkorrektur, des nicht aufgetriebenen Alkohols und der noch immer nicht ins andere Ende des Dorfes gelangten Depesche …

Und tatsächlich: mit der Zeit war etwas passiert, denn wir hatten extra den Sonntag mit all seinen Renhirtenfeierlichkeiten in

Aliks Balok abgewartet, um am Montag – einen Tag, bevor der Hubschrauber ginge – in Ruhe ins Dorf zurückzukehren. Aber dort war unverändert Sonntag, für den Abend war im Klub eine Disco angekündigt, und der Hubschrauber würde erst in zwei Tagen gehen.

Der Rechenfehler war uns am 31. Juli passiert, den wir für den ersten August gehalten hatten. Als uns all dies endlich klarwurde, hatten wir uns längst aus unseren klebrigen, schweißdurchtränkten Klamotten geschält, unser wergartig raues Haar gekämmt, uns gewaschen und danach noch mit Watte und Eau de Cologne die sich feinschuppig abschälende trockene Haut vom Gesicht abgerieben, ehe wir auf die mit weißer Wäsche bezogenen Betten fielen, um zum ersten Mal seit zehn Tagen einfach nur so dazuliegen. Dann hatte ich mich rasiert, weil es natürlich nicht ging, sich so, wie wir aus der Tundra zurückgekehrt waren, unter Menschen zu begeben, aber in der Eile schnitt ich mich. Kochen konnten wir uns nichts – aus irgendeinem Grund gab es keinen Strom im Hotel –, und so beschlossen wir, zuerst einmal Kolja Odinzow unsere Aufwartung zu machen, dem man in Ermangelung eines Sowchosevorsitzenden die Reste der Dorfinfrastruktur überantwortet hatte: das Kraftwerk, den kaputten Anleger, ein paar defekte Geländefahrzeuge, die leeren Speicher und etliche Menschen, die ihre Hoffnungen noch immer auf ihn setzten.

Wir setzten uns in die Küche. Kolja stellte einen Teller mit Röstbrot und Gläser auf den Tisch. Ich wusste, dass wir nicht um die Probleme Bugrinos herumkämen, mit denen wir nichts zu tun hatten und, wie ich hoffte, auch nichts zu tun haben würden. Aber der Spiritus hat das Gute, dass er stark ist und die Dämme wegschwemmt, die einer sich zum Selbstschutz errichtet hat; und so bekam ich einmal zwischendurch einen vollkommen anderen Menschen zu sehen – einen wuterfüllten. Vielleicht einen Soldaten, der den Posten zu halten versucht, den alle anderen verlassen haben. Vergeblich. Was er durchaus weiß, aber: Was spielt es schon für eine Rolle, wo du kämpfst, wenn du für den Kampf geboren bist, vielleicht sogar für ein Solo im Kampf? In seiner Jugend muss Kolja etwas hergemacht haben, auch jetzt liegt in seinen Gesten und ausgreifenden Bewegungen schwungvoll-männliche Kraft, nur als er plötzlich aufspringt vor Rage, da hinkt er, und in seinem Blick liegt ein trübes Flackern und verrät, dass die Unmöglichkeit, etwas zu verändern, ihn quälen muss.

»Vorm Sewerny liegt der Öltanker. Die Grenzer hat er beliefert. Eigentlich war der Leuchtturm dran, aber die See ist stürmisch, jetzt liegt er schon etliche Tage vor der Küste. Hab Kossowski mit dem Geländefahrzeug hingeschickt: Ist mir scheißegal, das Benzin, Hauptsache er überredet den Käptn, Bugrino anzulaufen und uns Diesel zu liefern, wenigstens fünfzig Tonnen. Unsers reicht nämlich nur noch für zehn Tage. Keinen Tag mehr.«

Plötzlich schweigt Kolja und starrt mich mit seinen unglaublichen Augen an. Sprich, er will mich fragen, ob ich, der Moskauer, verstehe, was »noch zehn Tage« bedeutet: Noch zehn Tage und die Lichter gehen aus.

Ich kann nur diesen Blick aushalten und so tun, als ob ich verstünde.

»Den Weibern hab ich den Saft schon abgedreht.« Kolja hält die Pause nicht durch. »Weil, untertags stellen wir den Dieselmotor ab, und jetzt zetern die … Können nämlich ihre *Wilde Rose*[*] nicht sehen … Hassen mich … Aber die Rechnung ist nicht überwiesen … Und es gibt keine Lösung. Wenn wir den Diesel mit Rentierfleisch bezahlen, dann kommt uns das sauteuer. Dann nimmt uns das Kombinat das Fleisch nicht mehr ab, dann sagen die, fresst es selber, ihr Hurenböcke …«

Der Kraftausdruck veranlasst Kolja zu einer lakonischen Schlussbemerkung: »So ist das.«

In diesem Moment klopft es an der Tür, und im Rahmen erscheint der kleinwinzige Mann mit der untergeklemmten Aktenmappe, der offenbar sein Ziel zu guter Letzt endlich erreicht hat – gefolgt von zwei Matrosen mit Papieren, die besagen, dass der Trockenfrachter *Kondrati Bulawin* vor der Insel mit einer Ladung Kohle auf Reede liegt, die so schnell wie möglich gelöscht werden muss.

---

[*] Die mexikanische Telenovela war eine der ersten Serien, die noch zu Zeiten der UdSSR im russischen Fernsehen lief. [Anm.d.Ü]

Kolja reißt seine Wattejacke vom Nagel, setzt die gesteppte Monteursmütze auf und geht, das kaputte Bein nachziehend, in die Nacht hinaus, um den ersten Dreißigtonnenponton Kohle in Empfang zu nehmen. Bei Flut. Allein.

Nacht. Im Hotel. Disco-Gedröhn aus dem Klub. Auf der Grenze zum Schlaf drängen sich in den feinen Spalt zwischen Traum und Wirklichkeit Bilder, aus denen die Insel sich puzzleartig zusammenzusetzen versucht. Aber es gelingt nicht – die Bilder verfugen sich nicht, fallen auseinander, mischen sich, gruppieren sich neu. Die ersten Ablichtungen des Gedächtnisses: das Meer, der Sand, eine Molluske. Eine Karbasse auf dem Strand. Unser mühsames Vorwärtsgehen im gelben Wasser. Die Tundra wie ein Notenblatt, Anfang einer Musik: Der Klang von Kolgujew ist tief, dumpf, leicht gefroren. Die unzähligen Öffnungen der Tundra: Quellen, Moorlöcher, Seen – Augen, mit denen die Erde gen Himmel sieht, ihn einlädt, sich in ihnen widerzuspiegeln. Auf der flachen Ebene ist es zum Himmel nicht weiter als auf dem Gipfel eines Berges. Die Altgläubigen-Gräber – wie vermauerte Türen, hinter denen einst die Einsiedler, all ihre Geheimnisse mit sich nehmend, verschwanden. Auf der Insel gibt es drei Flüsschen mit dem »Ruhestätte«-Namen, drei »Pokojnizkajas« – aber heißt das, dass die letzten Asketen hier wenigstens Ruhe fanden?

Der von mir dem Idol aus der Gauloise hingekrümelte Tabak. Der Morgen an der oberen Gorelaja mit dem Altschneeplacken im Hügelschatten, der vergissmeinnichtblaue Hang des Siirtja-Sede.

Hier ist etwas noch nicht zu Ende erzählt.

Das Weidwerk des Zaren, der Ring am Bein des Falken, die Ringe der Zeit. Eine gespensterhafte Flotte, die auf der Suche nach China an Kolgujews Sandbänken vorübergleitet. An Deck, in prunkvollen Wämsern, holländische Herzöge, die von einem Leben als Gesandte im Reich der Mitte träumen; in den Frachträumen Rüstungen, mechanische Uhren, Musketen … Das in Wasser aufgelöste Gelbe eines hartgekochten Gänseeis: »nenzischer Tee«, der Erinnerung jenes Schotten nach, dessen Name wir in den Raum gestreut haben. Greisinnen, die im Mörser zerstoßene, mit

Holzasche vermischte Machorka schnupfen. Kostbare Bilder aus dem Jahrhundert des Nomadenlebens.

Seeadler und Rabe, die über der grenzenlosen Weite segeln. Wind. Einmal verknäulte der Wind eine Schar Schneehühner, die von der Insel nach Süden flogen, und fegte sie hinunter ins Meer. Hubschrauberpiloten sahen sie: Das Wasser der Tschjoschskaja-Bucht war weiß, wie verschneit.

Das Ren. Demjans Gesicht, Demjans Stimme. Der Lagerplatz auf dem Plateau. Das rostzerfressene Eisen, das brüchige Holz. Ob die Verschalungen der Baloks, die Schlitten oder Werkzeuggriffe – alles ist aus einem schon seine Zeit auf den Wellen umhergetriebenen, von Fäulnis angeknabberten, altersschwachen Holz. Nirgends auch nur ein lebendiges, harziges Stück – *das*, ja, das hat mich wirklich verblüfft! Und der Hunger. Drei Gestalten, die vorm Ofen kauern und an einem aufgequollenen, bluttriefenden Bastgeweih herumsäbeln, es kurz in die Flamme halten und dann, das Blut auslutschend, benagen. Eine Geweihstange für drei …

Ich habe offensichtlich damals, als ich in der Tundra zufällig in die Woche der Fettlebe während der Zählung geriet, alles falsch verstanden. Vielleicht verstehe ich auch jetzt noch alles falsch, ja habe so alles von Anfang an falsch verstanden? Weshalb anscheinend meine Versuche, den Spuren der Künstler Ada und Wolodja nachzugehen, immer in einer Katastrophe für mich enden … Lartschi, die schöne Lartschi, die einst in Pumps durch die gefrorene Gischt lief, entpuppt sich als Larissa Fjodorowna und Witwe von Anatoli Poluektowitsch – dem Chef des Hubschrauberlandeplatzes, der seinerzeit mit ausgesuchtem Spott auf meinen Wunsch reagierte, diesen kalten Flecken Erde schnellstmöglich zu verlassen, um in meine Welt zurückzukehren, und meinen Abflug von Mal zu Mal verschob. Damals war ich wütend auf ihn. Aber nun lebt er schon nicht mehr, und Grigori Iwanowitsch, dem ich vorbehaltlos glaube, erzählt, was für ein guter, anständiger Mensch er war. Gestorben ist er an einer urkolgujewschen Krankheit, dem Alkohol, von dem er nicht loskam. Und Lartschi, Larissa Fjodorowna – eine nicht mehr junge und wohl auch nicht mehr schöne Frau, mit der diesen stämmigen, annähernd glatzköpfigen, dem Anschein nach so ruhigen Menschen lebenslang eine heftige, verzehrende Leidenschaft verband –, Lartschi geht jetzt in grüner Wattejacke und Gummistiefeln über den kaputten Straßenbelag zum Geschäft und träumt offenbar von nichts mehr. Wie sie in ihrer Jugend ausgesehen haben muss, lässt sich an ihrer Tochter Ula ablesen, einer jungen Frau von seltener Schönheit. Von jener Schönheit, wie sie nur bei Menschen zu finden ist mit Eltern, in deren Adern unterschiedliches Blut fließt; solchen Gesichtern begegnet man in New York und London oder Paris, wo alle Rassen sich vermischen – aber was macht sie hier in Bugrino, wo geht sie hin, denn wer aus dem Haus geht, der geht doch irgendwo *hin*? Ins Geschäft? Oder die Arbeitslosenunterstützung abholen? Oder einfach nur so ein bisschen herum, dem uralten Instinkt nachgebend, der Suche nach einer Kraft, die sie zärtlich und machtvoll aller Umkleidungen entledigt, ihr den Atem von den Lippen trinkt und in einer einzigen heißen Zuckung mit ihr verschmilzt – aber begreift sie denn nicht, dass es ein Hinterhalt ist? Nein. Am verblüffendsten ist, dass hier niemand begreift, dass ringsum Hinterhalt lauert.

Oder bin ich es, der einfach gar nichts begreift?

Das Gefühl der Hilflosigkeit zieht mich zum Finale hin. Die Bewegung hat sich erschöpft, und kaum ist man stehengeblieben, gehen nicht nur im Handumdrehen Takt und Rhythmus verloren, sondern auch jeder Maßstab, denn das gewohnte Mittel, die Umgebung und sich selber nach den Gesetzen der Wanderschaft zu beurteilen, greift nicht mehr, jede Kleinigkeit sticht einem wie ein Balken ins Auge, und das Unglück der anderen, das sie nicht offenlegen können, ja nicht dürfen, wird einem unwillkürlich zum Ärgernis, und du könntest in Rage geraten, und nachdem dir allein die verborgenen Karten aufgedeckt wurden, alle Trümpfe auf den Tisch legen mit einem unwiderruflichen who is who. Im Stile eines Urteils. Bis zu welcher erbärmlichen Richterrolle kann sich einer versteigen, kaum dass er kurz vergisst, wofür er über die Schwelle seines Hauses, die wartende Geliebte zurücklassend, getreten ist ... Um mit Stirnrunzeln auf anderer Leute Unglück zu schauen? Unglück ist etwas zu Rätselhaftes, um darüber im Vorbeigehen zu urteilen. Niemand weiß, weshalb der Himmel so grausam ungerecht verfährt und Geschlecht um Geschlecht eine Generation nach der anderen mit maßlosem Unglück belegt ... Vielleicht nur, damit diejenigen, die diese entsetzliche Prüfung unbeschadet überdauern, etwas sehr Wichtiges verstehen können. Etwas, das Dutzende Menschen Dutzende Jahre hindurch nicht zu verstehen vermochten, vielleicht auch nicht verstehen wollten – das zu verstehen sie aber einfach gezwungen wurden durch all das viele Unglück ...

Was, das weiß ich nicht. Denn vor meinen Augen ragt immer noch dieses unglückliche, kaputte Dorf auf, dessen Jahre gezählt sind, dieses Dorf, für das es keinen Ausweg gibt. Aber insofern die Zukunft unausweichlich ist, gibt es irgendeine, wenn auch uns unbekannte Fortsetzung.

Einen Punkt kann man nur im Buch setzen. Ja und auch da kommt ein ganz anderes Finale heraus als eingangs gedacht. Meine Erzählung fiel, wie es ja nicht selten geschieht, der Ambition des Autors zum Opfer, er wollte zu vieles hineinpacken, und so verwandelte sie sich in ein Werk von derselben in sich verschlungenen Struktur, wie sie dem Raum der Tundra eigen ist, aus dem sie hervorging.

Aber eine Rechtfertigung für jenen Tag fand ich trotzdem. Es ist eine ganz kurze Geschichte.

Der Sohn des Schamanen

Im Jahr 1927 ermordete jemand aus einem anderen Klan seinen Vater. Der Mörder stach sieben Mal mit dem Messer zu – beim siebten traf er den Vater tödlich und heulte vor triumphaler Freude auf. Zu der Tat überredet hatten ihn Leute aus der *Stadt*. Sie waren herbeordert worden, die Bereitstellung von Robbenhäuten und Fleisch durch die Tundrabewohner zu organisieren. Sein Vater, der letzte Schamane der Insel, ging ihnen aus dem Weg, aber er fiel ihnen trotzdem ins Auge.

Es waren fröhliche, kräftige Kerle. Sie benahmen sich auf der Insel wie die Herren, nur langweilten sie sich ein bisschen, weshalb sie aus Langeweile Spiritus tranken und einmal aus Langeweile auch einen Schwachsinnigen abfüllten und ihm sagten: »Stech ihn ab. Ist er wirklich Schamane, dann stirbt er nicht. Guck, was er taugt.« Und der Mann, geistesschwach und betrunken, zog los. Und fand den Schamanen in einem Tschum, beim Ritual am Bett einer Kranken. Und ermordete ihn.

Die Kranke blieb für immer stumm, denn ihre Stimme hatte sie verlassen und der Schamane hatte sein Ritual nicht abgeschlossen.

Er wurde mit dem Gesicht nach unten begraben, wie jeder Angehörige seines Volkes, denn ein Schamane ist nichts weiter als ein Mensch. Bloß weiß er ein tiefes Geheimnis über das Unbekannte, das über die Menschen gebreitet ist wie der Himmel, aber durch das Wort nicht erfass- oder sagbar ist, obgleich es (wie der Himmel) gespürt und gehört und sogar gesehen werden kann, denn es gibt seine leisen Stimmen und verborgenen Dinge. Und alles ist durch das Unbekannte verbunden. Vielleicht ist der Schamane nur ein Ohr, ein hellhöriges, wie das des Polarfuchses. Oder ein Auge, scharf wie das der Eule. Denn er selbst ist innerlich Eule und Polarfuchs, und Ren und Wind und Sterne und Meer. Denn im Unbekannten sind wir alle eins, und nicht nur Sonne und Mond sind miteinander verbunden wie Tag und Nacht, sondern auch der Mensch ist mit ihnen verbunden, wie mit aller lebendigen Kreatur, auch jedem Fisch im Meer, und auch mit dem Sumpfgras und sogar mit dem erdfarbenen Eis des Dauerfrostbodens. Und wenn der Mensch schwach wird und seine Schwäche zu Gier und Bosheit und Ungeduld, dann senkt sich ein Fluch auf seinen Klan, und die Tundra verkümmert, wird fruchtlos wie eine harte Säuferin, und alle Schönheit und alles Leben schwindet in ihr.

Als sein Vater ermordet wurde, war er neun Jahre alt. Etwas von ihm zu lernen hatte er keine Zeit gehabt, denn die Lehrzeit des Schamanen ist lang. Und die Trommel (Gang ins Unbekannte und zugleich großes Ohr) erhält der Novize erst, wenn er selbst ein wenig zu hören gelernt und den Sinn von Ehrfurcht und Güte verstanden hat.

Er aber war einfach ein Junge, grausam in Empfang genommen von der neuen Zeit, als die Menschen das Wissen in Büchern zu suchen begannen und sich verirrten, und die Weisheit des Schamanen belachten, denn sie war mühsam für die Schwachen und lächerlich in den Augen der Unverständigen.

Er wurde zur Spott- und Randfigur.

Als dort, wo die Menschen der Tundra ihr Sommerlager aufzuschlagen pflegten, das Dorf gebaut wurde – nach dem großen Krieg, von Soldaten –, da wurde er als Abtrittreiniger abgestellt, Niedrigster unter den Menschen seines Volkes.

Jetzt, da er gelähmt ist und es im Dorf keinen mehr gibt, der die Abtritte leert, weshalb die Fäkalien per Eimer gleich neben den Häusern über die Steilküste entsorgt werden – dort, wo der Strand mit zerhauenen Rentierschädeln und von Hunden ausgesogenen Knochen übersät ist –, zeigt sich, wie groß er war in seiner erniedrigenden tagtäglichen Heldentat. Im Vergleich zu ihm war Herkules einfach ein findiges Schlitzohr. Er aber war ein Heros, er reinigte das Universum vom Schmutz, er war ein kleines, penetrant riechendes, aber hartnäckiges Geschöpf, denn er lud alle Unreinigkeit seines Volks auf sich, allen Kleinmut seines Hohns. Es fällt mir schwer den Spottnamen niederzuschreiben, mit dem sie ihn belegten, denn ich habe einen ganz anderen Menschen gesehen, einen, der weit ins staunende Alter fortgegangen ist, wenn sich das Wesen der Dinge dem inneren Auge ansatzweise auftut. Aber sollen die, die ihn verhöhnt haben, nur die Verantwortung übernehmen! Denn alles ist im Unbekannten miteinander verbunden, und sogar der »Scheiße-Schamane« in seiner entsetzlichen Erniedrigung und Stummheit hat von Zeit zu Zeit die Stimme Gottes gehört, und in sich Seine Kraft gespürt, Seine Klarheit, Seinen Zorn.

Es wird erzählt, dass, wenn er getrunken hatte, in ihm plötzlich das Feuer der Wut ausbrechen konnte – dann drohte er seinen Feinden, die bösen Geister der Parny auf sie zu hetzen, und versuchte, mit wütendem Armgefuchtel den väterlichen Tanz nachzuahmen und das Universum im Takt seiner kleinen Gerechtigkeit zu lenken.

O spiritus vini rectificatus! Wer gedankenvoll und dünkellos dein beißendes Aroma eingesogen hat, der kennt das Wesen deiner Kraft: den Menschen seiner erbärmlichen Rollen und absurden Verpflichtungen zu entkleiden und ihn in seiner Seelennacktheit unter dem unerreichbar hohen Himmel zu zeigen. Der hier manifestiert sich in grimmigem Zorn, ein anderer mag sich, vergessend, zum Embryo zusammenrollen, in Wahrheit erinnert er sich in diesen Augenblicken einzig und allein daran, wer er eigentlich ist: der Schamane, der Sohn des Schamanen, hellhöriges Ohr, Eulenauge. Wenn er trank, versuchte er, bei der Nachbarin die Trommel zu stehlen, die ihrem Mann gehört hatte, einem Schamanen, der noch vor ihrer Übersiedlung nach Kolgujew auf dem Festland umkam, und die sie in ihrer Abstellkammer versteckte. Einmal beging er den Frevel und zerschlitzte die begehrte Trommel, nachdem er sie nicht hatte ergattern können, mit dem Messer, versuchte das zu zerstören, was ihn anzog, mit dem umzugehen er aber weder das Recht noch die Kraft besaß. Vielleicht wollte er sich durch diesen geschlitzten Spalt in einem letzten verzweifelten Versuch zur

Wirklichkeit des Unbekannten hindurchzwängen, die er so deutlich spürte, zu der er aber den Weg weder kannte noch zu finden imstande war.

Die Nachbarin verzieh ihm. Und als der Krebs sie zerfraß, da rief sie ihn zu sich und bat ihn, seinen Tanz aufzuführen – den einzigen Schamanentanz seines Lebens.

Er hat viel gesehen. Er sah, wie die Verbindungen mit dem Unbekannten, von den Menschen brutal gekappt, sich mit der Zeit lösten und die Welt, ihrer unsichtbaren Aufhängungen beraubt, sich verwarf. Die Menschen hörten auf, die Rene zu schlachten; sie zertrümmerten ihnen stattdessen, betrunken, die Schädel mit einer Brechstange. Sie verlernten, leicht zu leben, und verloren die Zähigkeit und die helle Weisheit des jagenden Wolfs, wurden böse und unersättlich wie Hunde und wie Hunde träge und folgsam. Sie begannen den Wodka mehr zu lieben als ihr langweiliges untätiges Leben, das vorzeiten, als sein Vater noch lebte, so mühsam war, aber so schön.

Sie hatten auf den Hügeln der Tundra gesessen und, mit dünnen Strauchzweigen ein kleines Feuer unterhaltend, ein Lied gesungen …

Es fiel ein feiner Regen. Das kaputte Holzpflaster oberhalb des trüben grauen Meeres war glitschig wie ein Stück feuchter Seife. In der Tür der Doppelbaracke standen zwei Nenzinnen, noch nicht alt, aber vom Leben doch schon ziemlich gerupft. Eine zog bitter an einer Papirossa. In den Augen der Frauen spiegelte sich Verwirrung, ja regelrecht Angst, als sie begriffen, dass ich zu ihnen wollte: Aus irgendeinem Grund waren sie auf die Idee gekommen, ich sei von der Miliz, obwohl es keine Miliz auf der Insel gab. Die Erklärung, ich sei von der Zeitung, beruhigte sie irgendwie, obwohl es im Umkreis von zweihundert Kilometern auch keine Zeitung gab und sich in den letzten fünfzehn Jahren hier kein Journalist mehr hatte blicken lassen. Im dunklen Barackenflur konnte ich im gelben nackten Lampenlicht kohlegefüllte Eimer auf dem Boden ausmachen, in Ritzen gestopfte Lappen, von denen ein starker

Feuchtigkeitsgeruch ausging, sich räkelnde Hunde. Dann das Zimmer, das reglose Gesicht eines Mannes, der sehr alt zu sein schien und im Schlafanzug zwischen den Kissen eines schmutzigen Bettes saß. Aus dem großen Gesicht stach die krumme Nase hervor. Am meisten beeindruckten mich die Augen, die erfüllt waren von der Stummheit des *Unbekannten*, und die knochigen Hände, mit bestimmt zwei Zentimeter langen, wie bei einem Bären eingebogenen, gelben Krallen. Zu seiner Rechten war ein kleines Bord an die Wand genagelt, auf dem eine Schüssel mit einem abgenagten Gänsebein stand sowie eine Konservendose, in die er von Zeit zu Zeit aus schwachem Mundwinkel spuckte.

Er saß da und betrachtete mich aufmerksam und schweigend. Zwei Tischleuchter wurden hereingebracht, mit denen man ihm direkt ins Gesicht leuchtete. Mehrmals klackte der Verschluss des Fotoapparats. Seine Tochter erzählte viel Gutes über ihn. Er hörte zu, sagte aber selbst kein Wort.

Dann machte sich sein jüngster Sohn zum Schollenfang fertig. Durchs Fenster sah man, dass der Regen nicht nachgelassen hatte und die See unwirtlich war – zwar wohl nicht bleiern, aber doch sichtlich schwerer als Zinn. Er schob unterdessen mit seinen gelben Krallen unablässig den abgenagten Knochen in der Schüssel hin und her und blickte aus der Ferne des Unbekannten auf den Fremden, den der Zufall mit unklarer Absicht in sein Haus gespült hatte.

Ehrlich gesagt, ich glaube nicht, dass er begriffen hat, weshalb ich zu ihm kam.

Er hat sein Leben gelebt so gut er konnte, hat Kinder großgezogen und ein Mal den rituellen, heiligen Tanz aufgeführt. Sein Name ist Dmitri Sergejewitsch Winukan.

Der letzte Held

Brächen wir hier die Geschichte der Menschen von Kolgujew ab, so würde sich ein tief trauriges und alles in allem unwahres Bild festsetzen. Denn auch die Insel Kolgujew hat widerspenstige und furchtlose Menschen hervorgebracht. Und sie wäre nicht Menschenland, wären die ruhmreichen Helden an ihr vorübergegangen, ohne mit ihrer Kraft die grenzenlosen Ebenen zu erproben. Denn erst nach den Helden erben die Sanftmütigen die Erde: wenn die Erde die Erinnerung an die Heldentaten besitzt und mit dieser Erinnerung die Unauffälligen und Schwachen bedecken kann.

Du glaubst heutzutage wahrscheinlich nicht an Helden, stimmts, Petja? Aber das ist unklug. Wenn die Alkoholsucht die Menschen hinrafft wie die Pest, ist allein schon die Erinnerung an die starken Geister etwas Unerträgliches. Das Leben der Helden aus alter Zeit ist vergessen, bestenfalls hat sich irgendein Name in die Landschaft eingeschnitten, wie der Fluss Chabtschikal, dessen Quellgrund in der Heldenzeit liegt. Sie ist nicht fern, ja reicht sogar näher an uns heran als das nomadische Jahrhundert, und ich hatte Glück: Als ich das erste Mal hier auf Kolgujew war, traf ich den letzten aus dem untergehenden Geschlecht der Helden noch an. Die Erzählung über diesen Menschen hat mich für immer mit der Insel versöhnt.

Zu jener Zeit gab es in den Sandgebieten von Kolgujew, wo jetzt die Bohrtürme stehen, noch Walrosskolonien, Chabtschikal jagte noch den Eisbären, und Iwan Purpej, auf den Boden seines Tschums gestürzt, die Adlerflügel ausgebreitet, flog mit seiner Seele hinüber aufs Festland zu seinem schamanischen Freund und Raben. Es gab gewöhnliche Füchse und Polarfüchse mit einem selten dunkelfarbigen Fell, und Grauwölfe. Doch als es keine Wölfe mehr gab, da ging auch die Zeit der Helden zu Ende. »Warum?«, fragst du, und ich antworte: »Weiß ichs? Aber ein Held, der ist dem Wolf verwandt.« Und er herrscht in einer freien, vom Menschen noch ungezähmten Welt. Er kennt keine Gesetze, keine Erschöpfung, kein kleinkrämerisches Mitleid mit den Schwachen. Die Welt gehört ihm ganz, ohne Grenzen und ohne Furcht, und er jagt, die Erschöpften mit seinen machtvollen Sprüngen beeindruckend, wild voran. Sache des Helden ist es, die anderen auf viele Jahre mit sich zu beeindrucken und im Gedächtnis des Volkes haften zu bleiben als dessen eigenes Antlitz, womit auch immer es sich eingegraben hat – ob mit sagenhaften Helden- oder blutigen Gräueltaten oder einer unerhörten Barmherzigkeit. Das Gemälde seines Lebens erschafft der Held auf unberührter, frischer Leinwand mit ausreichend Raum. Dann folgen Ordnung und Gesetz, ihm wird eng, das Übermaß seiner Kräfte peinigt ihn. Er kann sich nicht zähmen – weshalb auch der Held von einer neuen Zeit nichts Gutes erwarten kann. Du sagst: »Du redest seltsame Dinge.« Aber der Held, den ich vor Augen habe, ist ja doch ein epischer, nicht einer von jenen, die für ihren Kampf auf dem Feld der Ehre oder der gemeinen Arbeit einen Orden angesteckt bekamen. Und so antworte ich: »Urteile selbst.« Es gab keine Wölfe mehr und keine Bären, und die Fische blieben aus und mit ihnen die Meeressäuger. Papier breitete sich aus, Zeitungen, Arbeitstage, Lohnzahlungen, Geschäfte, Wodka, Trunksucht und Nichtstun. Und einhergehend damit vermehrten sich die Anderen, wenige zunächst, aber dann – verdrängten sie alles, und schließlich gab es keine Helden mehr.

Ich hatte, wie gesagt, Glück: Den letzten aus dem aussterbenden Geschlecht der Helden traf ich auf Kolgujew noch unter den Lebenden an. Ich erkannte ihn an der Achtung, mit der die Alten von ihm sprachen, die sich noch an die Nomadenzeit erinnerten und wussten, was ein echtes Leben ist. Nun bereiteten sie sich auf den Verlust vor. Der Held war krank, er würde sterben. Sterben wie die Hoffnung – denn sie hatten keinen zweiten.

In den abgelegenen Ecken des Hohen Nordens rücken unsere Zeit und die des Epos ganz dicht zusammen; sie liegen nur ein paar Jahrzehnte auseinander, und die Väter der heutigen Großväter verwahrten im Gedächtnis noch Stücke aus den alten, ebenso unendlichen Liedern wie das *Mabinogion*, über einstige Wanderungen und Siege, die ihre Ahnen auf dem Weg hierher in den Hohen Norden errangen.

O böses Verhängnis! Jetzt warten ihre Nachfahren – ein kleines, kraftlos gewordenes Volk, das sich bisweilen mit einem klagenden Ton in Erinnerung bringt – am Rande des Ozeans ergeben auf ihren Untergang …

Auf der Insel gab es bereits ein paar Gewehre, eine Axt, ein bisschen echten Tee und zwei blaue Porzellantassen von einem schiffbrüchigen norwegischen Schoner, als Trevor-Battye Nikitas Großvater Antip begegnete, über den er schrieb: »On Tipa war ein schöner alter Mann mit langem grauem Haar, der ganz dem Moses auf Kirchenfenstern glich. … Mich beeindruckte sein langer Schlittenzug, der stellenweise auch mit Booten beladen war. Später erfuhr ich, dass On Tipa einer der reichsten und zuverlässigsten Männer auf der ganzen Insel war.« Antips Klan war weitverzweigt, ein breiter, mächtiger Baum, den sein Sohn Timofej auf den letzten Blättern der Bibel skizzierte, die sie von den Solowezki-Inseln mitgebracht hatten. Auch Nikita, Timofejs jüngster Sohn, wurde natürlich seinerzeit, und zwar nicht später als im Jahr seiner Geburt (1906), in das Muster der Familiengenealogie verwoben. Leider werden wir diese phantastische Ahnentafel nie zu Gesicht bekommen, haben doch 1964 Prospektoren die Bibel aus Nikitas Jagdbalok gestohlen. Und was am Ende vergessen und was durcheinandergeworfen werden wird, das wissen wir nicht. Denn die Ardejews sind auf der Insel noch heute der stärkste Strang, und auf welche Geschichte einer auch zu sprechen kommt, immer steht ein Ardejew im Mittelpunkt. Geht es um Schamanen, so endet das Gespräch zwangsläufig bei Iwan Purpej, Nikitas Großonkel. Geht es um die Engländer, dann erinnert man sich des Fernrohrs von Trevor-Battye, mit dem »noch auf fünfundzwanzig Kilometer Entfernung ein Mastnagel zu sehen war«: es wurde von Nikita verwahrt. Und wenn von Reichtum die Rede ist, nun, wie sollte da nicht die Sprache auf Timofej und sein unglückseliges Gold kommen: drei kleine Truhen, auf die er sich knien musste, um sie zu schließen, so liefen sie über …

Vielleicht hat ja mit diesem Gold Nikitas ganzes Unglück begonnen, vielleicht hätte er es ja nicht annehmen sollen – aber kein Wort jetzt über diese Erbschaft. Denn in unserer Zeit Bosheit, Neid und Spott auszuhalten, dabei half Nikita natürlich sein gutes Blut – die Würde und die Freiheitsliebe seiner Vorfahren.

Ja und auch, dass er als junger Mann noch die Luft des freien Lebens geschnuppert hatte. Er hat noch die prächtigen Rentierherden und die Gänsejagden erlebt, hat noch die Sumarokows gesehen, diese russischen Kaufmannsbrüder, die in dauerhaften, aus Kieferwurzel gebauten Karbassen furchtlos über die raue See fuhren, mit einer Mannschaft aus unermüdlichen, ungezähmten Männern, die teils als hellseherisch, teils als verrückt galten. Die Sumarokows hatten eigene Tiere auf der Insel; ihren Hirten brachten sie Gerätschaft mit und Munition, Mehl, Fruchtbonbons, Tee, Stoffhemden. Die Rauchwaren und erlegten Gänse wurde gesondert abgerechnet. Wodka brachten sie nur in winzigen Dosen mit: ein Gläschen pro Hirte und ein Extrafläschchen für Großmutter Maremjana. Die Sumarokows waren robuste Kerle, fuhren selbst in die Tundra raus und konnten die Wurfschlinge nicht schlechter werfen als die Nenzen, ja fürchteten nicht einmal die See.

Einmal, da kam der Kaufmann Pawlow aus Pustosjorsk nach Kolgujew. Brachte Kringel mit. Zufällig sah Alexander Sumarokow, wie die fremde Karbasse gerade entladen wurde. Da rollte er eigenhändig alle Pawlow'schen Fässer vom Ufer ins Meer, und befahl, aus seinen Speichern vier Fässer Kringel kostenlos auszugeben. Pawlow hat die ganze Zeit zugesehen, aber nicht gewagt, Sumarokow in den Arm zu fallen. Von da an hat Nikita an Menschen die Härte geschätzt.

Am meisten wollte er dem alten Udossi gleichsein. Der war berühmt als Promyschlennik, hat auf Kolgujew, Nowaja Semlja, Wajgatsch gejagt. »Udossi« heißt auf Nenzisch »der Armlose«. Auf

Nowaja Semlja legen die Jäger aus Furcht vor Eisbären nachts im Zelt ihr Gewehr neben sich bereit. Deswegen hats schon viele Unglücke gegeben, wegen der unbedachten Bewegungen im Schlaf. Auch Udossi hat es erwischt: ein Schuss ist losgegangen, der ihm um ein Haar den Arm abgerissen hätte. Die Bleikugel zerfetzte den Knochen. Er war allein. Zerriss mit der gesunden Hand ein Leinenhemd und band den Arm fest ab, dann spannte er die Hunde an und machte sich auf ins Dorf – zwei Tage hat er gebraucht. Seitdem hielten die Leute Udossi mehr oder weniger für einen Schamanen, weil nämlich ein normaler Mensch so eine Verletzung nicht überlebt. Der andere Schamane wurde eifersüchtig, suchte ihn auf und drohte: »Ich häng dir eine Krankheit an, quäl dich zu Tode.« Udossi hat erwidert: »Sag mir den Tag. Wenn ich wirklich sterbe, dann glaub ich dir, aber so – Krankheiten gibts viele …« Da ist der andere auf der Stelle auf und davon. Udossi hat niemanden gefürchtet – deshalb ist er mit einer Hand auch stärker gewesen als andere mit zweien.

Dann kam der Tag, da musste auch Nikita seine Tapferkeit erproben. Er musste sogar wie Udossi ausprobieren, wie stark er mit einer Hand ist. Das war in dem Jahr, wo er schwer krank war. Sein Arm ist gelähmt gewesen bis zur Schulter hinauf, und er wurde immer schwächer. Er musste unbedingt Fleisch essen, aber die Vorräte waren zu Ende. Er bat seine Frau, ein Ren zu schlachten. Die nimmt die Axt, um das Ren zu betäuben. Schlägt einmal zu, zweimal, dreimal … Aber das Tier steht da, ohne die Schläge zu registrieren. Auch sie war völlig entkräftet. Nikita stand auf, knüpfte eine Schlinge und erdrosselte das Tier mit der gesunden Hand. Er aß das Fleisch, wurde gesund. Du fragst: »Warum erzählst du das?« Nur zur Einstimmung. Aber wenn du wirklich wissen willst, wie sie waren, die Menschen der Heldenzeit – dann hör.

Neue Zeiten schicken für gewöhnlich Ereignisse voraus. Im Jahr neunzehn warf der Sturm im Norden der Insel einen Leichter gegen die Steilküste, und im Wasser trieben jede Menge Leichen. Steckten in Pelzmänteln, alles Russen. Es gab nicht einen Überlebenden: die Lehmhänge sind dort besonders hoch und fallen senkrecht direkt ins unruhige Meer ab, da klettert keiner an Land.

Dann kamen die Sumarokows nicht mit ihren Waren, um die gegerbten Felle und das frische Fleisch abzuholen – das war nun wirklich ganz unerklärlich. Etwas Schreckliches musste jenseits des Meeres geschehen sein. Auf jeden Fall! Denn eines Tages tauchten Norweger auf, lockten die Leute auf ihren Schoner, nahmen ihnen Fleisch und Felle weg, rasierten ihnen die Schädel kahl und brachten sie mit gefesselten Händen zurück an Land, ohne etwas bezahlt zu haben. Und in einem andern Jahr, da kam ein fremdes, von einem Dampfer ausgesetztes Boot bis in Ufernähe. Die Inselbewohner winkten mit einer auf eine Stange gestülpten Mütze, wie es sich gehörte: Herzlich willkommen, hieß das, wir grüßen euch, erwarten euch! Aber dieses in den hiesigen Gewässern jedem Seemann bekannte Zeichen schienen diese Leute nicht zu kennen, sie kamen nicht näher ran. Da geht Nikitas Großvater, der sehr gut Russisch konnte, hin zu ihnen, und sie rufen ihm entgegen: »Bei euch, sind da Weiße oder Rote?« Er weiß nicht, was antworten. »Weder die noch die.« – »Und wer seid ihr?« Sie hatten von nichts eine Ahnung. »Wir«, sagt er, »leben hier mit unseren Renen.«

Da kamen sie an Land. Seltsame Leute, weder Nenzen noch Kaufleute. Hatten keine Waren dabei. Benahmen sich aber friedlich, sie ließen auf der Insel nur einen Anführer von sich zurück und einen andern, Ussow, der den Leuten Lesen und Schreiben beibrachte. Anfangs lebte Ussow in der Tundra, bei Timofej im Tschum. So hat Nikita ihn zu Gesicht bekommen: in Pelzmantel und Stiefeln, ein Gewehr mit Bajonett über der Schulter, einen Säbel am Gürtel. Ussow konnte sehr gut Nenzisch, aber anscheinend traute er den Leuten nicht: nachts nahm er das Bajonett und den Säbel mit in den Tschum. Bis jemand ihm erklärte, er soll sie draußen lassen. Einmal, da hat Timofej das Gewehr genommen und angelegt, aber nur mit dem Kopf geschüttelt: ein unpraktisches Ding vielleicht! Wie ein Chorej[*].

Ussow verbot ihnen, Rene zu schlachten. Damit es mehr würden. Frühjahrs sollten sie Zugvögel jagen und sommers Gänse, in der Mauser. Den jungen Männern brachte er Lesen und Schreiben

---

[*] Nenzisch: Stange zum Antreiben der Rentiere. [Anm.d.Ü.]

bei. Nikita hat es nicht gelernt: zu langweilig. Dafür hat er Ussow gezeigt, wie man mit einer Fangschlinge Schneehühner fängt. Der arme Teufel: wär beinah vor Hunger gestorben. Ging nämlich mit seinem Kampfgewehr auf Schneehuhnjagd und hat nicht eins geschossen. War schon arg abgenutzt, sein Gewehr.

Ussow unterrichtete auch in anderen Nomadenlagern. Die Herrin von einem Tschum, Olga, hat ihm übel mitgespielt, ließ ihn jedes Stück Gänsefleisch bezahlen und auch kein Wasser nehmen: für seinen Tee musste er mit dem Emailletopf zum See. Und für einen zweiten wieder. Dass sie sich so verhalten haben, lag am Schlachtverbot. Aber die Leute haben heimlich geschlachtet. Denn etwas derart Verrücktes, dass sie ihre Tiere nicht schlachten sollten, das hatten sie noch nie gehört. Woraus sich Kleidung nähen? Und warum dann überhaupt Rene halten? Unwillkürlich verglichen sie Ussow mit ihrem Lieblingskaufmann Mika (Nikiforow) Sumarokow. Der war selber geschickt und stark, und freigebig, sie warteten auf ihn wie auf die Rückkehr der lieben Sonne im Frühling. Im Krieg mit den Deutschen war er verwundet worden und hatte sich geschworen, wenn er lebend heimkommt, dann hilft er den Notleidenden. Wenn er geschlachtet hat, das waren reine Festtage, Jung und Alt, alles wurde satt. Denn Mika verstand was von der Renhaltung. Wusste einfach, dass man im Kleinen nicht spart, wie bei allem, worauf es ankommt.

Ussow dagegen, der hielt das Tundraleben nicht aus, ging zum Unterrichten nach Bugrino, wo ein winziges Dörfchen im Entstehen war. Einer, den er da unterrichtet hat, war Miron Jewsjugina, der dann der erste Inselsowjetvorsitzende geworden ist. Der kam Ussow gerade rechtzeitig unter. Miron wurde also Kader: setzte sich eine Schirmmütze mit Kokarde auf den Kopf und zog einen Marineuniformmantel an. Streng, mit goldenen Knöpfen. Auch der Sekretär, Afanassi Pawlowitsch, lief so rum, in Matrosenjacke und -mütze. Genauso der Bäcker Majkow. Die Alten neckten Miron manchmal: »Bist jetzt ein hoher Natschalnik.« Golden funkelte die Mütze, zweireihig blinkten die Knöpfe …

Bei Mirons Amtsantritt, da stand die neue Zeit unmittelbar vor der Tür. Im Jahr sechsundzwanzig wurde die Seegrenze dichtgemacht, danach blieben die norwegischen Schoner aus. Quasi auf dem letzten hat der Bruder, der Jegor, ihm eine Remington eingetauscht, gegen neun Rene, ein Gewehr im Kaliber 32, ein ungeheuer starker Selbstlader, von dem er sich bis ins Alter nicht getrennt hat. Später, als es auf der Insel zur großen Teilung kam, sind der Bruder und er entzweit worden: Jegor war neidisch auf Nikita, und es war nicht mit ihm zu reden. Aber was ist aus dem Neid geworden? Wo ist er hin? Das Gewehr dagegen, das ist bis heute intakt, als Erinnerung an die Zeiten, als es keinen Neid zwischen den Brüdern gab.

Und da wars schon nicht mehr weit hin, bis Chudjakow auftauchte. Der setzte den geistesschwachen Mörder auf den Schamanen Winukan an, baute die Faktorei auf, konfiszierte die Rene. Und um die Leute auf ihre Seite zu ziehen, brachten die Roten zum ersten Mal so viel Alkohol auf die Insel, dass es bis zum Frühling reichte. So begann die neue Zeit.

Als Chudjakow ihnen die Rene wegnahm, hatten die Inselbewohner schon das zehnte Jahr keine richtige Arbeit. Dass die Sumarokows nicht wieder kommen würden, war klar, und vor allem diejenigen, die nur vom Lohn der Kaufleute gelebt hatten, waren verarmt und demnach überglücklich, dass sie als Hirten zur Faktorei gehen konnten. Sie entwickelten sogar einen besonderen Stolz, weil sie jetzt über andere verfügen konnten. So wurden Nikitas Brüder Jegor und Jefim Bolschewiken. Wie viele.

Nikita aber wollte sein freies Leben leben. Sie teilten die Rene der Familie untereinander auf, Nikita nahm die unverheiratete Schwester zu sich, damit sein Anteil größer wäre. Und weil Brauch Brauch ist, kriegte er fünfhundert Tiere. Aber dass per Los das Familiengold ihm zufiel, das hat die Brüder irgendwie gekränkt. Damals bei der Teilung, da haben sich alle auf der Insel entzweit. Seither herrscht auf Kolgujew Unfrieden. Und Jegor – der war ihm kein Bruder mehr, der sagte ihm gern: Wir nehmen dir deine Rene sowieso bald alle weg und fahren selber damit.

Selbst als Nikitas Frau gestorben ist – da kam Jegor zum Totenmahl und zeigte gleich auf das prächtigste Tier: Das wird geschlachtet! Von Renen verstand er was und wusste natürlich, dass so ein Tier – ein Zuchtweibchen, die beste Kuh in der Herde – als Allerletztes geschlachtet werden darf. Nikita schlachtete ein anderes Ren, ein kleineres zwar, aber noch fetteres, die Gäste sollten zufrieden sein. Aber als Jegor merkt, dass er seinem Bruder keins auswischen kann, da hat er nichts gegessen.

So kriegte Nikita den Ruf weg, ein Geizhals zu sein. Aber wenn einer seine Gäste bewirtet und der andere vor Neid kocht – wer ist da der Geizige?

In einem Jahr gab es mal viele Jungtiere in seiner Herde, und damit er die Überzähligen nicht in die Faktorei abliefern musste, ging er zu Kostja, einem armen Verwandten seiner Frau, und sagte ihm: Ich geb dir fünfundzwanzig wilde und zwanzig abgerichtete, für umsonst, kannst den ganzen Winter mit rumfahren, gewöhn mir die jungen bloß ans Gespann, mehr nicht. Ein wilder Bulle gewöhnt sich leicht an den Schlitten: du schirrst ihn zwischen zwei abgerichtete ein, und schon am ersten Abend ist er halbwegs gezähmt. Aber da hatte Nikita die Rechnung ohne Kostja gemacht.

»Ahh, so ein Schlauköpfchen ist der Nikita, faul und gierig!«, keift der arme Kostja los. »Will, dass ich ihm die Rene für umsonst abrichte! Nein, nein und nochmals nein!«

Nikita konnte nicht an sich halten und schreit:

»Halt den Mund, du Trottel! Ich geb dir fünfundvierzig Tiere – mit deinen macht das hundert. Und meinetwegen kannst du einzig und allein mit meinen fahren …«

»Ne, ne!«, triumphiert Kostja schadenfroh. »Ein Kulak bist du, ein echter Kulak ein russischer, hast reiche Freunde in England, Kapitalistenbrüder seid ihr …«

Und wieder stand Nikita im Ruf, ein Geizhals zu sein.

Dann war da ein Jahr, wo es im März auf der Insel regnete und sofort danach fror. Die ganze Insel lag unter einem Eispanzer. Die Tiere kamen nicht ans Futter heran, starben zu Tausenden. Die Herden zerstreuten sich in der Tundra, die Menschen zogen ihnen nach, um ihre Tiere nicht zu verlieren. Auch Miron Iwanowitsch, der Vorsitzende, kam raus. Brachte die Leute zur Faktoreiherde. Gab jedem zwei Tiere, damit sie mit dem Schlitten suchen fahren.

Nur Nikita nahm keine: »Ich geh lieber zu Fuß.« Der Vorsitzende tat erstaunt: »Die Leute haben Recht, Nikita, geizig bist du, hast nicht mal Mitleid mit deinen Beinen.« Nikita lachte. »Nicht meine Beine, die Tiere tun mir leid. Das bringt nichts, sie anzuspannen, drei Kilometer – und sie krepieren. Und dann muss ich dir meine abgeben, was?«

So ein Geizhals war also Nikita.

Sein Leben lang setzte Nikita das Gerede zu, aber er reagierte weder auf offene Bosheit noch geheimen Neid, weil er verstanden hatte, dass der Kleinmut in den Menschen unersättlich rumort. Die Zeit der Schwachen hatte begonnen, und er wusste, er würde mit ihnen nicht übereinkommen, er war für ihre triumphierende Schwäche ebenso unerträglich wie ein ausgepichter Wolf für Hunde, sie würden ihn grundlos verfolgen. Und so kam es auch. Sie nahmen ihm seinen Reichtum weg – er erwarb sich neuen. Sie luden ihm Knochenarbeit auf – er erledigte sie: zu seinem Vorteil. Sie drohten ihm mit Gefängnis – ihm machte das keine Angst. Zuletzt nahmen sie Nikita alles weg, was sie ihm neideten. Aber er ging trotzdem vor der Macht nie auf die Knie und beklagte sich nie bei irgendwem über sein Schicksal. Jetzt weißt du, warum ich sage, dass Nikita ein echter Held ist.

Herakles hatte zwölf Arbeiten zu verrichten – zwölf sagenhafte Heldentaten, deren raffinierte Komplexität sich natürlich der Böswilligkeit des Eurystheus verdankte, der den Heros, um ihn auf die Probe zu stellen, das ganze hellenische Universum abreisen ließ, von der atlantikumspülten Insel Erytheia bis ins unbekannte Land der Hyperboreer irgendwo im Nordosten. Da den Sohn des Zeus zugleich auch die Götter auf die Probe stellten, war sein Weg von Anbeginn an und bis zu seinem Ende in Unsterblichkeit begleitet von grausamem Blutvergießen und Anfällen von Wahnsinn, der Ermordung seiner eigenen Kinder, sühnender Sklavenschaft, ja sogar dem Tragen von Frauenkleidern – womit jene Symptomatik vor uns ausgebreitet ist, aus der im zwanzigsten Jahrhundert die psychoanalytische Theorie erwachsen sollte. Aber auch Nikita kann mit Herakles nicht schlecht konkurrieren! Sein Universum war nur eine Insel in der Barentssee, die er nie verlassen hat. Er war von heiterem Gemüt und stets bei Verstand, hat keinem König gedient, konnte sich des Blutvergießens nicht rühmen und natürlich auch nicht damit rechnen, zum Olymp emporgehoben und zwischen die Unsterblichen gesetzt zu werden.

Außerdem wurde Nikita nur vier Mal auf die Probe gestellt: flößte Holz, fing Fisch, errichtete Seezeichen und verlor auch dann nicht den Mut, als es für ihn wie für jeden definitiv entkulakisierten Sowjetmenschen nichts mehr zu hoffen gab. Weder, dass die Götter eingriffen, noch, dass sein Schicksal sich plötzlich wenden könnte.

Seine Prüfungen begannen kurz vor dem Krieg, als die Holzlieferungen aus Archangelsk aussetzten und auf einer Versammlung beschlossen wurde, Schwemmholz herbeizuschaffen, wovon es einen Haufen an der Westküste gab, und zu Brennholz zu zersägen. Der Inselvorsitzende hielt eine Ansprache. Die Sache sei einträglich. Du schaffst die Stämme ran, sagte er, verkaufst sie als Brennholz und hast abends ein warmes Essen im Bauch. Bloß, wer machts? Es meldete sich keiner. Also wurde beschlossen, die damit zu beauftragen, die nicht in die Sowchose gegangen waren: Nikita und die Brüder Winukan. »Es langt«, wurde ihnen gesagt, »ihr habt euch in der Tundra rausgefuttert, jetzt schafft mal Holz ran.« – »Zu dritt?« – »Ja wie viele Leute braucht ihr denn?«

Das erste Floß aus hundertzwanzig Hölzern stellten sie zwanzig Kilometer vom Dorf in der Waskina-Mündung zusammen und zogen es wie Treidler durch die Kanäle und das Flachwasser, manchmal selber bis zur Brust in der eisigen See. Der auflandige Wind trieb das Floß der Küste zu, die Wellen gingen hoch: einen Moment nicht aufgepasst und du bist zerschmettert. Endlich im Dorf, überlegen sie, wenn wir so weitermachen, holt uns der Tod. Also ging Nikita zu russischen Seeleuten und lieh sich gegen zwei Rene ein Boot, um die Flöße übers Meer zu ziehen. Von da an lief die Sache gut, sie schafften das nötige Holz heran.

Aber auf der Versammlung wurde wieder gemurrt: »Der reiche Ren-Nikita, Nikita der Schlaukopf – hat sich die Arbeit leicht gemacht, hat die Stämme nicht selber gezogen, sondern mit dem Boot geholt.«

Nur der Faktoreileiter Malygin ist für ihn aufgestanden: »Was gibts da zu reden, es waren seine Tiere. Er hat den Plan erfüllt – wie, das ist seine Sache.«

Dem musste der Vorsitzende beipflichten. Aber das hat ihn nur mehr aufgestachelt. Bei der nächsten Gelegenheit ruft er Nikita und sagt: »Hab hier noch eine Planaufgabe für dich, Nikita, wo du so ein Schlaukopf bist. Wir brauchen Fisch. Mal sehen, wie dir dein Reichtum diesmal hilft.«

Bevor die Erdölarbeiter kamen, gab es im Osten einen großen See, den Pestschanoje, mit Saiblingen, Moränen, Forellen. Aber wer faul ist, fängt nichts. Nikita machte sich mit Gefährten auf, suchte die Fische per Boot, denn: Fisch muss man suchen, nicht warten, bis er von selber angeschwommen kommt. Den ganzen See haben sie abgesucht und schließlich ein großes Netz ausgeworfen. In jeder Masche hing einer. »Verdammter Fisch«, lachte Nikita. »Geht der von allein ins Netz, und so, dass mans nicht mehr raufholen kann …«

Sie lieferten den Fang ab, der Vorsitzende musste ihm wieder den Lohn zahlen. Es war schon Krieg, aber Nikita bekam drei Kisten Kuhbutter und mehrere Säcke Mehl, mal wieder zum Neid der anderen. Was können wir nur mit ihm machen? Sie stellten ihn zu Erdarbeiten ab: Gräben für schweres Artilleriegeschütz ausheben. Er machte seine Arbeit. Abends bekam er dafür seine staatlichen zweihundert Gramm – mal hat er Bekannte mit dem Tröpfchen bewirtet, mal den Wodka gegen was andres getauscht. Und freundete sich mit den russischen Artilleristen an, spielte mit ihnen das »Eisenspiel« – wer ein Zwei-Pud-Gewicht am weitesten über den Kopf hinweg nach hinten schleudern kann.

Trotzdem, einmal hat er eine Planaufgabe nicht erfüllt. Da freute sich der Vorsitzende. »Diesmal kommst du nicht ungeschoren davon«, sagt er. »Morgen komm ich mit der Waffe, dich verhaften.« – »In Ordnung«, erwidert Nikita. »Aber sobald ich dich sehe, nehme ich meine eigene Flinte und knall dir wie dem letzten Seehund eine Kugel zwischen die Augen. Deshalb komm besser nicht morgen, lieber übermorgen – damit ich weiß, dass du ohne Flinte kommst.« Sie konnten ihm nichts anhaben. Nur ihm sein Leben lang Arbeiten aufbürden: ob Militärmaterial transportiert werden musste oder eine geodäsische Expedition über die Insel gefahren – immer war Nikita an der Reihe. Das hat anscheinend nichts Heldenhaftes, und ich habe ja auch nicht zum Scherz gesagt, dass Nikita im Vergleich zu Herakles *nur* alles geduldig ertrug. Volle vier Jahre, vier Jagdsaisons und vier Sommer, in denen ein Tundrabewohner mit seinen Renen umherziehen müsste, haben die Expeditionen ihm geraubt. Es brauchte bloß irgendwer mit einer Anordnung zu den Vermessern zu kommen, schon holten sie Nikita von seiner eigenen Arbeit weg. Im Sommer musste er über die Insel fahren und Orientierungspunkte für die Baken auskundschaften, im Winter das Holz vom Strand auf die Kuppen schaffen. Wer könnte zusammenrechnen, wie viele Stämme er transportiert hat? Auf dem Artelny Sopok sollte ein großes Seezeichen errichtet werden – zweihundert Stämme hat er dort raufgeschafft, aber die Bake ist nicht gebaut worden. Das Holz lag herum, bis die Hirten es zuletzt verfeuert haben. Im Sommer drauf wieder die Vermessungsleute und im Winter wieder das Holz – alles mit seinen eigenen Renen. Ein Glück, dass der Russe Arkadi die Stämme mit dem Brecheisen auf dem Ufer für Nikita zum Abtransport zurechtgelegt hat.

Einmal war Nikita gerade am Aufladen. Ackerte so sehr, dass ihm das Wasser runterlief. Siehst ja ganz elend aus, sagte da Arkadi zu ihm und zeigte auf seine nasse Stirn, mach mal langsam, musst dich doch nicht totschuften. Arkadi hatte alles begriffen und war wütend. Er zog seinen Pelzmantel aus, stand nur noch im Pullover da. Und packte mit an. Zwei Schlitten hat er beladen, während Nikita einen schaffte. Haben sie was gelacht! Und sind von da an wie Brüder gewesen. Sobald Arkadi zum Tschum kam, rannten die Kinder los, Teewasser aufsetzen. Die Rene wurden ausgespannt, dann hat sich Arkadi gesetzt, hat seinen Tabaksbeutel hervorgeholt und eine Kippe für die Anka gedreht, die war damals sechs, und eine für Filipp, Nikitas fünfjährigen Sohn, dann für sich selber und Nikita. Als sie fertig waren, da hat Nikita Arkadi zum Abschied ein Fass eingesalzenes Renfleisch geschenkt: dessen Verwandte aus Archangelsk hatten geschrieben, dass sie ein Fuchsfell gekocht und gegessen haben, so schlimm war der Hunger …

Auch für diese Arbeit bekam Nikita Geld. Viel Geld, die Expeditionen zahlten gut. Eine Damenhandtasche hat er damit vollstopfen können, so, dass sie nicht mehr zuging. Und dann ist er endlich zurück in die Tundra, zur Familie, mit dem Geld. »Aber stell dir vor: Als es neues gab, da ist keiner, aber auch keiner, gekommen, mir Bescheid sagen. Das ganze Geld war futsch.« Das war im Jahr siebenundvierzig. Wieder einmal der Neid.

Gold klingt dumpf und hallt laut wider, Gold blinkt stumpf und sticht ins Auge, Gold redet nicht und lässt das Gerede nicht verstummen. Des Goldes wegen verziehen die Menschen Nikita nicht, obwohl er längst keines mehr besaß. Nach und nach hatte er es bei den Russen vom Sewerny-Leuchtturm gegen Kondens- und Trockenmilch und Zucker eingetauscht: verschiedene Verwandte hatten ihm zu verschiedenen Zeiten Kinder aufgehalst, viere, dazu der Krieg, wollten alle ernährt sein. Sogar der Sohn von Jegor ist zu ihm geflüchtet vorm Vater, weil der aus lauter Neid ein finsteres Gemüt bekommen hatte.

Aber Nikita warb auch nicht darum, dass sie ihm verziehen. Er lebte, wie er es für richtig hielt. Manchmal riefen sie ihm zu: »Nikita, wir haben heute frei. Warum arbeitest du?« Er darauf: »Wenn ich tot bin, hab ich jeden Tag frei. Was soll ich da jetzt die Hände in den Schoß legen?«

Deshalb ist der Reichtum auch immer wieder zurückgekommen. Er wusste, was seine Arbeit wert war und hat sie nie unter Preis gemacht. Manchmal, wenn er mit jemand nicht handelseinig wurde, sagte er zu seiner Frau: »Der sitzt jetzt bestimmt da und heult vor Ärger.« – »Wieso, habt ihr einen schlechten Handel geschlossen?« – »Nein, einen guten, aber er war so geizig, dass ihm die Summe leidtut.«

Außerdem trank Nikita nicht. Einmal, da hätte er gern einen gehoben: Als sein Sohn vom Internat heimkam, lag just gerade vor der Insel ein Dampfer und war auf dem Strand der Handel im Gange. Die Seeleute kennen nur eine Währung: Wodka. Ein kräftiger Kerl kam mit sechs Flaschen zu Nikita ins Haus, die er gegen zwei Seehundfelle eintauschen wollte. Nikita schaut auf die

Flaschen, auf die Häute: Nein, die sind mehr wert, ergeben eine Mütze, und für Stiefel reichts auch noch … Nikita nimmt die Flaschen vom Tisch. Der Matrose freut sich schon: Welcher Nenze widersteht schon dem Wodka, muss er gedacht haben, und dass Nikita auf der Stelle die Flaschen wegräumt. Aber der fragte nur: »Wo ist deine Tasche?«, packte die Flaschen zurück und brachte den Besucher mit einem Aufwiedersehn zur Tür. Und mit dem Sohn ist er ans Meer gegangen, den Sonnenaufgang betrachten.

Und was die Jagd betrifft, da hatte er auch sein Prinzip: Sobald der erste Schnee fällt, muss der Jäger sich von seiner Frau fernhalten. Deren Zärtlichkeit kann schlimme Folgen haben, wenn sich ein Tier nähert, des Jägers Sinne müssen genauso scharf sein wie die des Tieres.

Manchmal stimmten die anderen Jäger das alte Lied an: »Warum machst du Beute, Nikita, und wir nicht?« – »Tja, wie oft hab ich euch nicht gesagt: Haltet euch von der Frau fern!«

Dann hatte er noch ein eisernes Prinzip: In seinem Leben hat er nie ein Stück Renfleisch gegen Wodka eingetauscht. Denn wenn das Renvolk anfängt, die Wurzel seines Lebens zu kappen, erwartet es der Untergang.

Er erinnerte sich noch an die Zeit, als seine Familie neue Rene bekam. Bei einer Vereisung hatten sie alle Tiere verloren, und Timofej hatte sich mit seinen Söhnen als Hirte bei den Sumarokows verdungen. Er verdiente viel Papiergeld. Das gab er dann dem Kaufmann Ludnikow, damit der es in Goldgeld wechselt. Und als Ludnikow ihm im Jahr drauf das Gold gebracht hat, da hat sich Timofej bei den Sumarokows ein paar Dutzend ausgezeichneter Zuchtkühe gekauft und ihnen gleich die Ohren gebrandmarkt. Also, waren sozusagen auch goldgeprägt, die Ardejew'schen Rene. Stolz war Nikita auf die Tiere, denn auf der Insel gab es keine, die ihnen gleichkamen: schnelle, große, zähe Tiere. Im Handumdrehen holte man mit denen einen Fuchs ein. Einmal hat Nikita sogar einen Wolf eingeholt. Er besaß ein Ren, das war genauso stark wie ein Pferd. Ganze Holzstämme hat er mit ihm transportiert, fand bloß nie eines zum Zuschirren, weil es jedes andere an Kraft überboten hat.

Seine Lasttiere liebte Nikita, außer ihm konnte nur sein Sohn sie dirigieren, wenn sie losliefen, funkelte der Schnee nur so, und bis sie sich richtig warmgelaufen hatten, zogen sie derart, dass einem die Luft wegblieb, und wenn du sie zügeln wolltest, sind sie regelrecht rasend geworden.

Ja, und dann kam das Jahr neunundfünfzig. Filipp kehrte aus dem Internat zum Vater zurück. Kaum wiederzuerkennen.

»Und wo sind unsere Rene?«

»Wir besitzen keine Rene mehr. Sie haben eine Sowchose aufgemacht. Der gehört jetzt alles ...«

»Und die Lasttiere, meine Lieblinge?«

»Die sind uns geblieben.«

Dann erzählte der Vater, wie alles war. Die Saufbrüder aus dem Dorf kamen und freuten sich: »Jetzt, Nikita, musst du deine Tiere hergeben! Jetzt ziehst du dich nicht aus der Schlinge ...«

»In Ordnung«, sagte Nikita. Aber er beschloss: Niemals! Er trieb die Herde in die Tundra auf eine runde Kuppe und griff zur Wurfschlinge ... Siebenundneunzig erstklassige Tiere, von denen jedes fünf aus der Sowchose wert war, hat er da oben geschlachtet. Die Nichtstuer hatten ihm sein Leben genommen – aber er wollte nicht, dass sie über ihn den Sieg davontrugen. So endet die Geschichte von dem alten Gold: Das letzte versickerte in Form von Rentierblut in der Erde ...

Damals sagte Nikita zu seinem Sohn: »Ich hab gehört, auf Nowaja Semlja sollen die Leute mit Hundeschlitten fahren. Da werden wir wohl eine Hundezucht aufmachen müssen.« Dann sprachen sie ein ernstes Wort miteinander: »Also ich denke, Filipp, mit den Renen, das wird nichts mehr. Du musst was lernen, irgendeinen russischen Beruf ...«

Filipp Niktisch wurde zunächst Werklehrer, dann Künstler. Kurz bevor sein Vater starb, fuhr er nach Kolgujew und nahm Nikitas Erzählungen mit dem Kassettenrekorder auf. So konnte ich dessen Stimme hören, die tiefe Stimme eines starken Menschen, die hin und wieder von einem kräftigen, typischen Raucherhusten unterbrochen wurde, aber nicht brüchig, ja nicht einmal alt klang, und in der nicht nur nichts Klagendes durchschimmerte über das schwere und erschöpfende Leben, das hinter ihm lag, sondern im Gegenteil etwas Heiter-Spöttisches mitschwang, wenn Nikita von denen erzählte, die zeit seines Lebens wütend auf ihn waren.

»Trottel«, sagte er. »Sie haben mir alles weggenommen, und trotzdem war ich in ihren Augen immer ein Reicher. Sie haben meine Rene konfisziert – aber wozu? Eines Tages lagen im Moor Felle: weggeworfen.«

Nikita geht nach Hause: »Frau, schnell den Tee, die Sowchose hat einen Haufen Geld ins Moor geworfen.« – »Wie, was für Geld schmeißen die ins Moor?«, staunte die Alte. Er darauf: »Warts ab.« Er holte die Felle, sortierte und gerbte sie und flocht Wurfseile daraus, die er den Hirten für 250 Rubel das Stück verkaufte beziehungsweise gegen ein Ren eintauschte.

»Die reden und tun nichts«, sagte Nikita. »Früher haben sich die Leute zumindest dafür geschämt.«

Es gab mal eine Zeit, da drehten die Dampfer nach Nowaja Semlja vor Kolgujew bei. Da hörte er eines Tages zwei Schamanen, den hiesigen und den von Nowaja Semlja, wie sie sich streiten, wer der stärkere ist. »Kennst du die Kossaja-Kuppe? Durch die geh ich mitten durch«, sagt der eine. Und der andere: »Siehst du die Kuppe da? Die feg ich weg, dass nur noch Sand übrigbleibt …« Da merkten sie, dass Nikita sie beobachtet, und verstummten. »Nach dem dritten Gläschen ist das halbe Dorf diese Sorte Schamane. Echte Schamanen reden nicht über ihre Kraft. Schweigen überhaupt.«

Eine Geschichte zum Neid: Nikita gab Kostja mal zwei Rene zum Transport von Holzstämmen. Der lud drei Stämme auf, peitschte auf die Rene ein, die scheuen, der Schlitten kippt um und geht entzwei. Kostja tobte, spannte um, warf einen Blick auf Nikita. »Wart nur«, sagte er, »jetzt hetz ich dir deine Tiere zu Tode.« Und jagte los. Nikitas Rene waren stark, ihnen ist nichts passiert, Aber Kostjas Tier, das dritte im Gespann, das hat nachher auf zwei Beinen gehinkt, so wie Kostja es gejagt hat.

Und wenn er lachen wollte, erzählte Nikita gern die Geschichte von Kostja auf der Jagd. Es war im Hungerjahr, als er einmal dem unglückseligen Kerl ein Gespann gab, damit er sich in der Tundra was erlegt. Den ganzen Tag war Kostja unterwegs, kommt aber mit leeren Händen zurück. »Was, nicht mal eine Ente?« – »Nein.« – »Auch kein Schneehuhn?!« – »Nein.« Da stellte sich raus, dass Kostja die ganze Zeit auf dem Schlitten hocken geblieben ist. Aus Faulheit, herunterzusteigen …

Aus dem Lautsprecher dringt ein heiseres Lachen … Und kein anderes, das einstimmt. Niemand versteht mehr den Wert einer Anekdote aus dem Mund eines Helden …

Nikita hat sich auch als Hirte in der Sowchose versucht, aber können denn Hunde einen ausgepichten Wolf in ihrem Rudel akzeptieren? Er war außerstande, zu klauen und die Sowchose zu betrügen, weshalb er sich in der Brigade nicht eingelebt hat. Er ist zum Vorsitzenden gegangen: »Ich kann nur auf meine Weise arbeiten. Auf eure geht nicht.« Von da an führte die Sowchose ihn als Jäger und Hilfsarbeiter. Schließlich kam der Tag, an dem sie ihn ins Büro riefen, wegen der Rente. Dreizehn Rubel.

Er überlegte.

»Dreizehn Rubel? Da arbeite ich eine Stunde für.«

Er ging zum Abfalleimer, zerriss das Rentenbuch und warf es weg. Die Rente haben sie ihm trotzdem ins Haus gebracht. Er legte alles in die Schublade, hat nicht einen Rubel genommen, gabs später dem Enkel für Spielzeug und ein Fahrrad. Er selber – ist auf die Jagd gegangen, hat Hunde- und Rentierfelle bearbeitet, den Kamus, das Huffell der Rene, gegerbt und Stiefel draus genäht, Torbassy und Unty. Er hat sein Leben den Kräften gemäß gelebt. Hat all seine Kräfte verausgabt, hergegeben, verbraucht, bis er keine mehr besaß.

Drei Tage vor seinem Tod wollte Filipp, sein Sohn, auf die Jagd gehen.

»Nur zu«, sagte der Vater, »lass mich aber die Gans fürs Mittagessen rupfen …«

»Wie denn, du kannst ja doch nicht sitzen …«

»Soll ich einfach daliegen und auf den Tod warten?«, fragte Nikita. »Ich lieg lieber und rupfe …«

Das Leben ist die elementare Kraft des Helden. Und als habe er das gespürt, wollte Nikita die Sterbephase, die sich bei Schwachen bisweilen mit Bombast und besonderer Feierlichkeit über lange Jahre hinzieht, möglichst rasch und unmerklich durchlaufen. Durch sie hindurchtauchen und fortgehen – wie auf die Jagd, nichts zurücklassend als das alte Gewehr, ein Säckchen mit Zündkapseln, Kupferhülsen und der Form zum Kugelgießen und eine leere Eisenlade. Und diese eigenartige Erinnerung an ihn, die in schwierigen Minuten des Lebens seine Nachkommen aufzurichten und ihnen Mut einzugeben vermag: Er geht fort, das lange Gewehr über der Schulter, die rote Maliza riemengegürtet, und Tau funkelt im langen grauen Haar ... Du sagst: »Seltsam, dass nach allem, was war, die Leute ihn so in Erinnerung haben ...« Und ich gebe dir Recht. Aber genau so haben sie ihn in Erinnerung: Wie immer ohne Mütze dem Schneesturm entgegengehend.

Er starb 1993.[*]

[*] Siehe »Das Buch der beigelegten Seiten«, V.

Das Messer

Die letzte Nacht in Bugrino.

Tagsüber waren wir, damit wir nicht tatenlos herumsaßen, zum Gemeinderat und zum Feldscher- und Hebammenpunkt gegangen, um statistisches Material für einen soziologischen Abriss zu besorgen, dann tranken wir nacheinander mit Alik, Tolik und Grigori Iwanowitsch Tee, danach schabten wir die guten, aber unbearbeiteten Felle ab, die Alik uns geschenkt hatte, und dann, als wir das Abschaben und Plaudern leid waren, gingen wir für einen Spaziergang ans Meer und hatten das gute Gefühl, es ist vorbei – wir haben uns an Kolgujew satterlebt, es ist Zeit abzufliegen.

Und da rührte sich tief innen, unerwartet schneidend, die Sehnsucht nach zu Hause, nach der gewohnten, sinnerfüllten, einzig-vertrauten Welt, die ich vor so langer Zeit verlassen hatte, dass sie anscheinend schon vergessen war. Aber man brauchte, wie sich zeigte, in Wahrheit bloß den Gedanken daran zuzulassen, schon ergreift das Herz Wiedersehensfreude. Ich werde in meine Welt als ein Anderer zurückkehren, mit unzähligen Gaben und unvorstellbar weit hinausgeschobenen Grenzen. Mit Etlichem auch, das ich der Liebsten schenken kann. Welche Geschichte erzähle ich ihr als Erstes?

Die Gedanken an die Heimkehr waren derart köstlich, dass ich mir vor dem Einschlafen erlaubte, mich ihnen ein Weilchen hinzugeben. Ich stellte mir vor, *wie* es sein würde, und entschied sofort, dass ich, bekämen wir in Narjan-Mar gleich einen Flug, kein Telegramm schicken, sondern überraschend hereinschneien würde. Ich würde vom Flughafen direkt in die Wohnung fahren, alle Reisesachen waschen, duschen und am Abend – einem ungewöhnlich warmen Sommerabend, vielleicht auch einem etwas frischen, ja sogar nebligen, aber eben einem Sommerabend – den Vorortzug nehmen und auf die Datscha fahren, zu der Stunde, da die Liebste unsere Tochter ins Bett gebracht hat und allein ist. Auf dem Bahnsteig ist es schon Nacht, die ein wenig herben Spätsommergerüche brechen über mich herein, und der Banja-Geruch, der von den trockenen Birkenblättern im angrenzenden Wäldchen ausgeht, unterstreicht, dass die Zeit nicht stillstand, und ich gehe, laufe fast, und kann schon von weitem das Licht im Fensterchen der Datscha sehen … Hoffentlich ist sie nicht ausgegangen. Aber nein! In meinen Träumen stellte ich mir natürlich vor, dass die Liebste auf mich wartet, Tag und Nacht – und da erblicke ich sie auch schon im Spalt zwischen den Vorhanghälften: Traurig löst sie den Blick vom Buch und sieht zum schwarzen Fenster hin, ohne zu wissen, dass ich komme …

Ich werde leise klopfen. Am Fenster, oder an der Tür? Verdammt, da klopft schon wieder wer an der Tür! Das heißt, schon nicht mehr, jemand hat aufgemacht, jetzt poltern sie im Dunkeln den Korridor hoch und runter … Ich höre mächtige, schwerfällige, betrunkene Schritte. Warum lässt sich dieses verdammte Hotel nicht abschließen, warum nur die Zimmertür! An die, da kannst du Gift drauf nehmen, werden sie so lange klopfen, bis du aufmachst … Während ich mich frage, wen es jetzt wieder herverschlagen hat, steige ich in meine Jeans, wütend und entschlossen, Tacheles zu reden.

Nächtliche Besucher. Am Vortag kreuzten – wir waren eben von Kolja Odinzow zurück und wollten Ordnung in unsere Kleider, Herbarien, Aufzeichnungen bringen – die ersten zwei lautstark bei uns auf. Kurioserweise jener einstige Spiritusmagnat aus Narjan-Mar und sein böser Genius, der schwer trunksüchtige Oleg A., über den der Magnat seinerzeit in Abwesenheit die grausamste Strafe verhängt hatte, der aber gleichwohl am Leben und unversehrt war, ja seinem Gefährten ganz unzeremoniell den Arm um den Hals gelegt hatte. Der Unternehmer hatte das Unheil, das ihn ereilte, sichtlich nicht ertragen und jene Bahn beschritten, der auch die meisten Konsumenten seiner Ware folgten. Diese hatten den von Oleg unterschlagenen Sprit längst gepichelt und erschienen nun, da sie sahen, dass der Geschäftsmann weder der Konkurrenz, noch der Kälte, noch der feindseligen Haltung der Insulaner gewachsen war, vor ihm in Gestalt reuiger, doch wahrer Freunde, die sein Herzeleid bis zur bitteren Neige zu teilen bereit waren. In seiner Einsamkeit verwildert und des menschlichen Verkehrs entwöhnt, war der Handelsmann über diesen Ausgang der Sache so erfreut, dass er mit seinen neuen Freunden erst einmal kräftig einen zechte. So waren die beiden, die da bei uns auf der Matte standen, ziemlich betrunken. Und im Übrigen galant.

»Etwas Entwickler für die Fotozellen des Fotografen«, kalauerte Oleg und zog aus dem Hemdausschnitt eine bläuliche Spiritusflasche hervor. Er war ein kerniger, rotgesichtiger Bursche – ehrlich gesagt hätte ich nie gedacht, dass Tuberkulosekranke so blühend aussehen können. Der Unternehmer drückte sich mit scheuem Lächeln und über breiter Brust klaffendem Hemd in den Türrahmen.

Wir gaben uns zugeknöpft: lachten nicht über den Scherz, lehnten den angebotenen Schluck ab, setzten eine sehr geschäftige Miene auf. Das gewünschte Ergebnis ließ nicht lange auf sich warten: Wir machten auf die beiden Feierlustigen den sehr negativen Eindruck von zwei hartherzigen, kalten, arroganten Typen. Sie unternahmen keinen weiteren Versuch, mit uns eine gemeinsame Sprache zu finden, boten bloß noch an, den Sprit, der sie alle gemacht hatte, gegen Wodka einzutauschen, doch als sie erfuhren, dass wir keinen hatten, räumten sie enttäuscht das Feld. Wenig später stellte ich fest, dass mein Messer verschwunden war.

Dann kam diese Frau, die etwas von einem angeschossenen schwarzen Vogel hatte. Lang scharrte sie, kaum hörbar, mit den Federn ihres zerrissenen Kleids durch den Korridor. Dann näherte sie sich unserer Tür, betastete, beschabte sie. Ich machte auf.

»Ich habe Ihnen eine Flaumfeder mitgebracht«, sagte sie mit klangvoller Stimme.

»Wir brauchen keine Flaumfeder«, schnitt ich ihr das Wort ab.

Sie hielt eine Tasche in der Hand, machte den Reißverschluss auf und vergrub ihre Hand in etwas Dunklem.

»Da ist alles für eine Jäthacke drin, genau für eine Jäthacke …«

Ein seltsames Gesicht, länglich, mit vorstehenden Backenknochen – beinah emotionslos, wären da nicht die Augen gewesen, dunkel, feucht, flehend. Ein Gesicht, das einmal sehr schön gewesen sein muss, so ausdrucksstark wie es noch jetzt im Rahmen seines langen, graumeliert-schwarzen Haars war – aber die Züge, die einer gespannten Feder glichen, verbargen anscheinend einen schmerzlichen Krampf.

»Wir brauchen nichts. Wir haben nichts. Weder Geld noch Wodka«, sagte ich mit totalitärem Zack, weil ich wusste, dass ein anderer Ton nicht durchdringen würde.

Im selben Moment entdeckte ich den Ring an ihrer Hand. »Schwere Ringe aus weißem und gelbem Metall«, heißt es bei Trevor-Battye. Ein alter Ring, vielleicht aus Zinn, doch eher aus Silber – einem sehr alten, vorindustriell gegossenen Silber, ohne Stempel, unpunziert. Auf der Halbinsel Kanin wird ein wenig Silber gewonnen, und wer weiß, vielleicht gab es dort ja früher einmal einen Meister? Um die Geschichte dieses Rings zu erfahren – vielleicht der einzige nicht verlorene, eingetauschte, vertrunkene –, hätte ich etwas tun müssen, diesem schwarzen Vogel irgendetwas sagen, mit ihm eine Handvoll Körner teilen, aber dieser Krampf, dieser an die Oberfläche drängende Krampf in ihrem Gesicht, er verschreckte mich. Ich wollte an dieses Unglück und Weh nicht rühren, wollte sie nicht an mich heranlassen.

Ich hatte hier ohnehin schon zu viel davon aufgenommen.

In mir tobte lautlos ein Sturm. Ich stand schweigend in der Tür.

Sie interpretierte mein Schweigen als unwiderrufliche Zurückweisung und ging, irgendetwas schackernd, federnscharrend davon …

Eine Verrückte.

Im Winter hatte sich ihr Sohn umgebracht.

Ich erfuhr davon am nächsten Morgen.

Hätte ich es am Abend gewusst, ich hätte ihr diese verfluchte Flaumfeder abgekauft, denn ihr Sohn, er war ... der beeindruckendste junge Mann, den ich je auf der Insel gesehen habe. Er hätte ein Held wie Nikita werden können, doch kurz vor Anbruch der Polarnacht verfinsterte sich sein Gemüt, und mit seinem Tod wurde es auf der Insel noch düsterer. Im Gefieder seiner Mutter gibt es nur schwarze Federn ...

Ich wollte von der Insel verschwinden, ohne mich zu besudeln oder zu beschädigen. Leider versteht man immer zu spät, dass das unmöglich ist. Aber vor allem unmoralisch. Denn wer in ein Katastrophengebiet gerät, muss irgendetwas mit den Menschen teilen. Wenigstens Worte. Doch selbst um die tat es mir damals leid, und ich war ehrlich erbost, dass wieder jemand bei uns angetanzt kam.

Ich riss die Tür auf. Vor mir stand ein Mann in sagenhaft speckiger, grünwattierter Baubataillonjacke und ebenso speckiger Kaninchenfellmütze, knabenhaft dünn und zugleich nicht mehr jung, mit einem Gesicht beinah so dunkel wie das von Demjan, aus dem betrunkene schwarze Augen und eine eingehauene Nase hervorstachen. Die Frage nach Wodka schmetterte ich sofort ab. Mein eisiger Ton versetzte ihm wohl einen Dämpfer, er kuschte und glitt ins Zimmer. Er wollte einen Tee. Ich musste also in die Küche.

Schon hatte er es sich im Sessel bequem gemacht.

»Wer seid ihr eigentlich, Jungs?«

Unverschämt, aufgedreht, betrunken – was war da zu erwarten.

»Ich hol erst mal den Tee.«

»Nein – wer seid ihr?«

»Ich bin Fotograf.« Ich zog mich in meinen Schatten zurück.

»Und fotografierst was?«

»Natur.«

»Also Vögelchen und Blümchen ... Natur ...« Und plötzlich, im Falsett: »Warum studieren alle die Natur, warum interessiert sich keiner für uns, die Menschen?«

Naja, den Text kannte ich. Damit kriegte man mich nicht. Mein Panzer war stark in jener Nacht: Morgen würde der Hubschrauber gehen. Die Liebste wartete auf mich. Pfeif auf dieses Bugrino mit seinem ganzen delirierenden Säufergeschwätz. Ich will nicht noch mehr Leid aufnehmen, als sowieso schon in mich eingesickert ist. Ich packte ihn bei der Brust.

»Wozu bist du hier reingeplatzt, he?«

»Und wozu seid ihr hergekommen?«

»Das ist wirklich nicht deine Angelegenheit.«

»Und meine ist nicht eure. Und lass die Finger von mir, verstanden? Ich heiße Wladimir, Wladimir Ljubomirowitsch!«

Er polterte herum, verschüttete Tee, forderte unsere Papiere, wollte eine Zigarette ... Ich war schon drauf und dran, ihn rauszuwerfen, da fing dieses betrunkene Geschöpf, das sich gerade noch an seinem Unfug ergötzt hatte, plötzlich an, die Geschichte von einem wunderbaren Land zu erzählen ... Ich hörte genauer hin. Natürlich: Es handelte sich um das Land der Kindheit. Das Reich der Kindheit, in dem es alles gab – einen mächtigen, klugen, reichen Großvater, ein solides Haus, Dukatengold, reiche Jagdbeute, eine sagenhaft schöne Mutter und einen Vater, Meeresjäger, den an Kühnheit und Können niemand übertraf und dessen Freund ihn heimtückisch ermordete aus tief eingewurzelter Eifersucht ... Und ihn selbst, den kleinen Waka, der 1948 auf Nowaja Semlja zur Welt kam, wo er sechs glückliche Jahre verlebte, bis eines Tages alles zu Ende ging. Seine Kindheit endete schlagartig im Bauch eines Minensuchschiffs, auf dem er zusammen mit allen seinen Stammesgenossen fortgebracht wurde, als das Militär beschloss, aus Nowaja Semlja ein Atomtestgebiet zu machen. Seither wird sein Leben vom Unglück überschattet. Es gelang ihm einfach nicht, den zerschmetterten, das Märchenland seiner Kindheit zurückwerfenden Spiegel wieder zusammenzusetzen. Und es gibt keine Bilder, die ihn schützen könnten, kein linderndes Erinnern, keine Hoffnung. In den letzten fünfzig Jahren hat sich im Hohen Norden alles verändert. Und er, Wladimir, Waka, steht hilflos da vor all dem, was sich entwickelt hat, was ihm gegenüber gleichgültig ist und er nicht liebt.

Als sei ihm das zu Bewusstsein gekommen, begann das Häuflein Mensch in seinem Sessel da zu weinen. Ich war auf alles vorbereitet – darauf nicht. Fremde Hilflosigkeit rührt mich, das ist meine

Schwäche, zum Teufel nochmal, ich hatte einen Menschen vor mir! Einen Menschen, der wie wir alle Schutz und Wärme sucht, der Anteilnahme möchte und ein menschliches Leben, auch wenn er womöglich selbst schon nicht mehr dazu imstande ist. Er geht zugrunde, aber er ist ein Mensch. Mein Bruder als Mensch in dieser Welt. Wahrscheinlich hat er sein Leben nicht sehr glücklich eingerichtet, er ist arm und trinkt – trinkt schon lange, und seine Geschichte ist die Geschichte von der Vertreibung aus dem Paradies; und ich bin nicht der Erste, dem er sie im Trunk erzählt. Und er wird sie weiter erzählen und weiter trinken, und zu Hause gibt es keinen blanken Heller und keinen Runken Brot, und er ist allen gegenüber schuldig: der Heimat gegenüber, dem Vorsitzenden, der Frau und natürlich sich selbst gegenüber – aber er ist ein Mensch. Und jetzt bittet, ja fordert er, dass wir ihn als Mensch annehmen und ihn anhören …

Nun hatte er doch meinen Panzer durchbohrt.

Als ich ihn hinausbegleitete, war der Himmel schon hell. Auf den Hotelstufen schnorrte er noch eine Zigarette, besah sich das blaue Gauloises-Päckchen mit dem Flügelhelm und bat plötzlich wie ein kleiner Junge:

»Krieg ich die Verpackung …?«

Die Verpackung …

Herr im Himmel! Ich gab ihm das Päckchen mit den restlichen Zigaretten, und plötzlich umarmte ich ihn und spürte, während ich noch seinen Kopf zu mir heranzog, wie er, überrascht und nicht begreifend, was vorging, zurückwich.

Ich weiß ebenso wenig, woher diese überraschende Regung plötzlich in mir hochschwappte – offenbar hatte sich das *Brüderlichkeits*-Ventil notgeöffnet, jenes Bauteil im Gefühlsmechanismus des modernen Menschen, das aus dem Dampfzeitalter des Sentiments für den Fall überkommen ist, dass irgendeine unheimliche, unbeherrschbare archaische Empfindung hochbrodelt – etwas Gutes, das im normalen Leben verborgen bleibt, weil Ehrgeiz und andere, rationalere Gefühle den Druck in den Seelenzylindern zurückhalten.

Das Gefühl der Brüderlichkeit stirbt in uns ab. Ihm Ausdruck zu geben, ist absurd; noch absurder muss es sein, plötzlich zum

Gegenstand einer solchen Gefühlsergießung zu werden – aber dergleichen Aufschwünge waren nicht so zahlreich in meinem Leben, als dass ich mich ihrer hätte schämen müssen ...

Zurück im Hotelzimmer ließ ich mich mit dem Gefühl ins Bett fallen, dass jetzt alles hinter mir lag: diese Nacht und alle nächtlichen Besucher, das Schuldgefühl gegenüber einem, den du nicht weiter kennst, und gegenüber der Siedlung überhaupt, das untermischt war von einem Gefühl des Ekels ...

Diese beiden Tage in Bugrino hatten mich einfach fertiggemacht. Ich dachte, dass ich morgen in Narjan-Mar doch eine Menge Bier brauchen würde, um das Dorf von den Glasplatten meiner Erinnerung zu spülen.

Da begann Petka sich zu bewegen und gab mir mit einem Hüsteln zu verstehen, dass er nicht schläft.

»Petka!«, rufe ich leise (denn vielleicht schlief er ja doch).

Er stützte sich auf einen Ellbogen. Etwas lässt ihm keine Ruhe.

»Weißt du«, sagt er mit überraschend bitterer Stimme, »wenn man *dort* gewesen ist ... dann ist das alles unerträglich ... Der Insel würde es besser gehen, wenn es hier gar keine Menschen gäbe ...«

»Und wer würde uns dann unser Hotel heizen?«, wollte ich die Sache mit einem Scherz abtun.

»Nein, du verstehst nicht: *gar keine.*«

Ich habe alles verstanden, Petja, ja doch. Mir ist der Gedanke vertraut, ich habe ihn hundertmal gedacht. Und denkt man ihn zu Ende, bin ich mir nicht sicher, ob es der Erde insgesamt ohne Menschen schlechter ginge. Aber ich bin mir eben nicht sicher. Denn damit, dass auf einem der Planeten des Sonnensystems ein aufrecht gehender Zweibeiner erschienen ist, der sich stolz den Gattungsnamen »Homo sapiens« zugelegt hat, mag ja ein göttliches Werk von kosmischem Maßstab verbunden sein. Der Mensch mag sich ja einfach als unglücklicher Schöpfungsversuch erwiesen haben – hast du daran nicht gedacht? Vielleicht hat der Herr den Lehm nicht lang genug geknetet, ehe er ihn zusammenbuk? Aber vor allem: Unter den eindeutig misslungenen Kreaturen gab es eine Menge mächtiger und bedrohlicher Geschöpfe, die nur deshalb nicht wie der Mensch Anspruch darauf erhoben, die ganze Welt zu beherrschen, weil ihr Hirn nicht ausreichte, um bis zu diesem Unsinn vorzustoßen. Sie wurden alle gänzlich vernichtet von ihrem Schöpfer, da sie der Natur einen zu hohen Preis abforderten. Den größten freilich verlangt der Mensch des 20. und 21. Jahrhunderts ihr ab – weshalb seine Sache, meine ich, sehr bald geklärt sein wird: Seine Größe verstellt ihm dermaßen den Blick, dass er buchstäblich alles um sich herum sich selbst zum Opfer bringt.

Aber woher wissen, ob menschliche Macht und Launen dieses Opfer lohnen?

Was ist mehr wert: die Schönheit und Fülle der wilden Natur oder das Öl, das aus ihr hervorgepresst wird?

Und was ist wichtiger für diese Menschen, die auf ihrer Insel driften: die einst von ihren Vorvätern erdachte Fortbewegungsformel oder die Form jenes Fortschritts, in die sie hineingezogen wurden – um nach einer Generation, nach nur dreißig Jahren, in einer tödlichen Falle zu hocken?

Vor vierhundert Jahren, als Engländer und Holländer die Durchfahrt nach China suchten, wäre Kolgujew beinah in die Geschichte hineingeraten – aber etwas verhinderte dies, und so blieb die Insel in den Seehandbüchern eine Marginalie als gefährlicher, ganz von Untiefen umgebener Ort.

Nur einmal – während des Zweiten Weltkriegs – fiel die Insel mit dem Chronotop der Weltgeschichte ineins: Damals versammelten sich unter Deckung einer Haubitzenbatterie 152 mm in der Bugrino vorgelagerten Bucht sechzig Schiffe, um dort auf das Geleit zu warten, das sie über den Nördlichen Seeweg eskortieren sollte.

Wie alle militärischen Vorhaben entpuppte sich dieser Nördliche Seeweg als eine selbst in unserem Jahrhundert zu kostspielige Angelegenheit. Im Grunde versorgte er sich selbst und seine Stützpunkte: die jenseits des Polarkreises gebauten Häfen und Siedlungen. In diese pumpte unser Staat dermaßen viel Geld, dass das Land zu einem bestimmten Zeitpunkt einfach glauben musste, es brauche diese absurde, von gigantischen Atomeisbrechern gezogene und freigehaltene Fahrrinne – es musste daran glauben, um nicht von Zweifeln befallen zu werden und den Verstand zu verlieren.

Da der Krieg ausblieb, verlor Bugrino seine Notwendigkeit, und die Insel blieb in den Seehandbüchern weiterhin eine Marginalie. In den 1960er Jahren aber fiel, möglicherweise dank Ada Rybatschuks Buch, auch für Kolgujew etwas ab. Ich habe zufällig erfahren, dass 1969, als unser Land sich auf den hundertsten Geburtstag Lenins vorbereitete, Kolgujew in ein ganz besonderes Koordinatensystem eingetragen wurde. Die Insel lag auf dem »Lenin-Meridian« – sprich: demselben Längengrad wie Uljanowsk, wo Lenin bekanntlich unter dem Namen, den nun das frühere Simbirsk trägt, zur Welt kam. Im Verzeichnis der Städte und Dörfer, die sich auf dieser gedachten Achse wiederfanden, lag neben dem Dorf Bugrino auch die Stadt Baku. Und für die Journalisten jener Zeit war dieses so merkwürdige Nebeneinander Rechtfertigung genug für eine epische und optimistische Erzählung vom Aufblühen unseres ganzen riesigen Landes. Ein Korrespondent wurde nach Kolgujew entsandt, und er schrieb in eben jener Zeitschrift mit dem klingenden Namen »Flämmchen« – *Ogonjok* –, für die auch ich gearbeitet habe, einen Artikel über die Insel. Und alles darin ist warm und wahrhaftig erzählt. Dass nämlich auf der kleinen, nördlich des Polarkreises gelegenen Insel das heimelige Neudorf Bugrino errichtet wurde, in dem es alles für die Bequemlichkeit der Menschen gab: Schule und medizinisches Versorgungszentrum, Kindergarten und Bäckerei, eine Pelztierfarm und eine Pelznäherei. Und dass auf der Insel fleißige, Rentiere züchtende Sowchosniki und junge enthusiastische Wissenschaftler leben …

In diesem Artikel steckte nicht mehr Verlogenheit als in allem, was damals in unserem Land geschah: Das Land lebte; und auch Kolgujew erlebte eine Zeit der Blüte. In jenen Jahren wurde sogar ein Perspektivplan zur Entwicklung der Siedlung aufgestellt, worin Bugrino als ein von einem Architekten akkurat und gedankenlos auf ein Stück Zeichenpapier hingeworfenes regelrechtes Städtchen erscheint. Aber jenes Quäntchen spezifischer Unwahrhaftigkeit, das im Verschweigen der Frage: »Mit welchem Geld?« besteht, sollte sich später als fatal, als katastrophal zerstörerisch erweisen. Die Inselbewohner gewöhnten sich daran, dass alles irgendwoher kam: Technik, Heizmaterial, Lebensmittel. Die Pelztierfarm wurde bald geschlossen: man wollte sich mit ihr nicht abmühen; aus dem gleichen Grund wurden auch die Kühe abgeschafft; das Nähen wertvoller Kleidungsstücke aus Robbenfell kam nicht in Gang, ebenso wenig die Herstellung von Medikamenten aus Bastgeweih, von Wildleder aus Renhäuten und Delikatesskonserven aus Renzunge. Die Leute wollten zu Hause sitzen und fernsehen. Aber da brach der Staat, der mit Lenins Namen verbunden war, zusammen.

Und alles brach zusammen.

Nichts ist befremdlicher, als die Einheimischen durch Bugrino schleichen zu sehen. Sie gehen in die Poliklinik, weil sie nichts zu tun haben. Zwei-, dreimal am Tag gehen sie ins Geschäft. Sie raufen sich und zeigen sich wechselseitig an, weil es keine Arbeit gibt und sie nichts zu tun haben. Aber warum zum Teufel reparieren sie nicht wenigstens das Holzpflaster, über das sie täglich laufen, immer mit dem Risiko, sich ein Bein zu brechen? Vor zwei Jahren habe ich das Pflaster vor dem Hotel repariert – seither hat es niemand mehr angerührt.

Ich will darüber nicht länger nachdenken.

Ich versuche, nicht nachzudenken.

Das ist keine Überheblichkeit, wir sind es nur müde. Müde, *gemeinsam* mit allen die Gräuel der Verwüstung zu erleiden. Denn mit letzter Kraft tun wir so, als ob alles, was um uns herum geschieht, uns nichts angeht und nicht beschädigt. Aber es beschädigt eben doch. Ich bin verwundet und ausgeblutet, ich will, dass meine Geliebte meinen Leib badet und ihre Worte meine Seele heilen. Ich will zumindest von hier fort. Und überhaupt muss man an verdammten Orten wie diesem sich mit höchster Vorsicht bewegen, damit keinesfalls eine Spur auf dem Gewissen bleibt.

Weshalb ich, Petja, deinen Überlegungen in Sachen Menschheit eine Geschichte anfüge, deren Ende du nicht kennst, und wahrscheinlich erinnerst du dich auch nicht des Anfangs, obwohl das alles an diesem letzten Tag vor unserem Abflug stattfand. Wir waren gerade von unserer Soziologierunde ins Hotel zurückgekehrt, da schaute Tolik herein, mit Sascha im Schlepptau – dem schnauzbärtigen Sascha, der uns am ersten Tag unserer Wanderung im Motorboot zur Waskina gebracht hatte. Ich hätte ihn gleich entlohnen müssen, knauserte aber irgendwie, ich hatte nicht mehr viel Geld und wollte in Narjan-Mar nenzische Puppen kaufen, beeindruckende Arbeiten eines dortigen Künstlers, und außerdem befürchtete ich, dass wir auf dem Flughafen für unser Übergepäck ordentlich würden bezahlen müssen, kurz: ich brachte in Anschlag, dass Odinzow ihm den Tank vollgemacht hatte und wir somit quitt wären. Ich stellte ihnen Tee hin, sie machten es sich in der Küche bequem, wir rauchten. Schließlich waren es drei Zigaretten, man konnte in der Küche vor Qualm schon nicht mehr atmen, außerdem wollte ich arbeiten, und dann lag in Saschas Blick etwas Fragend-Hoffnungsvolles, das mich die ganze Zeit daran erinnerte, dass ich mit dem Geld nicht herausrückte. Sie aber saßen und saßen: auch sie hatten nichts zu tun. Sie waren, ehe sie herkamen, einem Boot hinterhergejagt, das sich bei Flut losgerissen hatte und ins Meer hinausgetrieben war, wofür sie von dem Besitzer eine Flasche Wodka bekommen und diese anscheinend geleert hatten.

Wir tranken Tee, kakelten einigermaßen halbherzig über Politik – irgendwo in Omsk sind wohl Monarchisten oder Faschisten oder Kornilowanhänger aufmarschiert …

Soll die Kornilowanhänger doch der Teufel holen!

Soll sie der Teufel *alle* holen.

Ich dachte gereizt, dass außer Kolja keiner von den Einheimischen beim Löschen der Kohle zu sehen war und sich die Matrosen mit dem Dreißigtonnenponton allein abrackerten. Wenn es dabei blieb, würden sie mindestens einen halben Monat brauchen.

Die Jungs wollten noch einen heben.

Sascha zeigte mir einen ganz erstaunlichen Stein: er sah aus wie im Feuer verkohltes, gänzlich versteinertes Holz. Und tatsächlich nennt man ihn hier *Beresnjak*, »Birkenholz«, es ist eine Schieferart – noch so eine Hervorbringung der unsäglich schweren Schichten

Kolgujews, ein Traumgebilde der unbeweglichen Materie, die keine andere Kraft als die Schwerkraft und keine andere Einwirkung als den Druck kennt.

Ein herrlicher Stein, der wie Holz und Stein und Knochen zugleich aussieht.

»Aus Beresnjak werden Wetzsteine zum Feinschliff von Messern gemacht«, erklärte uns Tolik. »Ein guter und nützlicher Stein.«

Aus allem Gesagten schloss ich, dass Sascha nichts dagegen gehabt hätte, sich von dem Stein zu trennen, aber natürlich nicht umsonst. Vermutlich dachten sie an einen Zehner, der für noch eine Flasche reichen würde.

Aber die Nachrichten aus dem Radio wie die Nachrichten aus Bugrino hatten mich in Harnisch gebracht, und ich tat, als verstünde ich die Anspielung nicht. Ich hatte schon eine ganze Festung zur Rechtfertigung meiner Knauserigkeit aufgeführt und hielt mich für empört: Ich habe schließlich auch nicht Geld wie Heu! Außerdem kotzt mich alles an! Mich nervt, dass alle betrunken sind, und ihr auch trinkt, und niemand beim Kohleausladen hilft! Ihr kriegt Brennmaterial geliefert, damit ihr heizen könnt – wieso ist dann nicht mal der Traktorist vom Essen zurück und müssen die Matrosen jetzt den verwaisten Traktor und den Ponton allein ans Ufer ziehen! Mich nervt, mir jede Nacht irgendwelche delirierenden Beichten anzuhören, und dann zu sehen, dass keiner einen Finger rührt, damit das Leben, sein Leben, ein bisschen weniger schrecklich wird.

Aber zugleich wäre es besser gewesen, ich hätte diesen unglückseligen Zehner hergegeben. Dann hätte ich später kein schlechtes Gewissen gehabt. Es gibt besondere Gewissensbisse: hinter ihnen stehen besonders beschämende, engherzige Gefühle ... Was hätte es mich gekostet? ... Nichts ... Aber ich hatte entschieden, ich sei berechtigt, stumm zu Gericht zu sitzen und das Urteil dieses inneren Tribunals umzusetzen: die paar Kröten zu verweigern, die Trunksucht nicht zu dulden. Später dann in Moskau, als ich von diesen Scheinen mal viele, mal wenige und manchmal auch so viele besaß, dass sie für jeden Blödsinn und Oberblödsinn reichten, erinnerte ich mich oft an diese meine Knauserigkeit aus Prinzip und schämte mich dafür und dachte, ich kaufe mich von meiner Sünde los und bringe Sascha ein Geschenk mit – eins, das alle blass werden lässt vor Neid. Ich überlegte lange, was, besorgte schließlich keinen Wodka – den würde ich diesmal auf Kolgujew in den nötigen Mengen kaufen –, sondern drei Klappmesser: für Alik, Tolik und Sascha. Keine schlechten, obwohl aus etwas zu hartem Stahl, sie zu wetzen wäre nicht einfach, aber dafür sahen sie nach was aus – drei Prachtstücke mit orientalischer Klingenform, die Kupfergriffe mit Holzapplikation: ein Genuss, wie sie in der Hand lagen!

Ich fahre also mit meinen Geschenken nach Kolgujew und überreiche Alik und Tolik ihre Messer.

»Wo ist Sascha? Hab ihm auch eins mitgebracht.«

»Sascha, der ist letztes Jahr gestorben …«

Tja, so kommt es. Ich hatte das Leben in meine inneren Berechnungen mit einbezogen. Wäre da nicht diese verbohrte, mit Gründen bestens untermauerte, beschämende Knauserigkeit gewesen, ich wäre Sascha nichts schuldig geblieben dafür, dass er uns seinerzeit mit dem Boot zur Waskina-Mündung gebracht hat. Ein lumpiger Zehner, nun ja – zu spät. Jetzt kann ich meine Schulden nicht mehr begleichen, mich nicht mehr ehrlich machen. Es gibt den anderen nicht mehr. Auch, wenn ichs ihm hundertfach abgelten wollte …

Vielleicht besteht der merkwürdigste Gedanke, der mir im Verlauf der gesamten Reise kam – und der wichtigste –, darin, dass man sich von jemandem, der einem nur ein bisschen nahegekommen ist, nicht frei von Scham verabschieden kann. Wer würde zu behaupten wagen, dass er sich nirgends verschuldet und alles von A bis Z getan hat? In Wahrheit bleiben wir immer auf halber Strecke stehen. Machen alles nur halb, schaffen alles nur halb, geben nur halb … Weshalb wir auch nicht frei von Scham heimkehren können. Nicht frei von Scham ins Himmelreich gelangen …

Nun, und drei Jahre später, als du schon nicht mehr an meiner Seite warst, Pjotr, hielt ich es am Tag vor meinem Abflug – wieder so ein trübseliger Tag, wieder zog sich das Dorf um mich wie eine Stockfinsternis zusammen – nicht mehr aus und lief dorthin zurück, woher ich gekommen war, in die Tundra, in den Raum. Ich stapfte ziemlich lange durchs Bugrjanka-Tal, stiefelte von der Flussmündung, wo einst die Batterie stand und auf dem Steilufer von den Geschütznestern noch, blumenüberwachsen, die Trichter übrig sind, bis zum Friedhof – dem »neuen«, wie sie hier sagen, also nicht dem an der Küste, sondern dem, der auf der sich in den Fluss schiebenden Landzunge liegt. Du bist dort nie gewesen, und ich bis zu diesem Tag auch nicht. Um ihn zu erreichen muss man entweder einen langen Bogen über einen schmalen Hügelrücken durch die Tundra machen – den Weg nimmt normalerweise das Geländefahrzeug mit dem Sarg und die ihm folgende Trauerge-sellschaft – oder durch die feuchte Talsenke zwischen Tundra und Landzunge gehen, dabei einen tückischen Bach durchqueren, so-fern das geht (bei Flut strömt dieses kleine Bächlein rückwärts, wird erst tief und dann unpassierbar), und gradenwegs auf die Gräber zuhalten. Ich war durch den tückischen Bach gewatet, der schon rückwärts strömte, und hielt direkt auf die Erhebung zu, genauer: die Landzunge, auf deren äußerstem Ende, vor dem Hin-tergrund der weiten Flussmündung und des sich öffnenden Mee-res, die Grabkreuze zu sehen waren und diesem Meer und Himmel gegenüberliegenden Ufer eine besondere Bedeutung verliehen.

Ich erreichte den Friedhof in der Spur der Geländefahrzeuge. Ich hatte es nicht eilig, die Flut hatte gerade erst eingesetzt, und der lange Rückweg schien mir recht weit; außerdem war es hier so schön und still, so zart strich mitunter ein Lüftchen am Ohr vorbei und so melodisch pfiffen die Strandläufer einander etwas zwischen den Gräbern zu, dass ich hierzubleiben beschloss. Ich lief zwischen den Gräbern umher und stellte fest, dass da Dinge zurückgelassen worden waren: auf einem eine leere Flasche und, durchweicht, Zi-garetten, auf einem andern eine Bratpfanne, auf einem dritten ein volles Konservenglas. Allmählich ergriff ein seltsames Gefühl von mir Besitz: als ob all diese Toten hier mir gut bekannt wären, ja, dass gerade sie mir im Dorf gefehlt hatten, diese Menschen mit den bemerkenswerten Gesichtern. Die Menschen jener unsündigen Epoche, die Ada und Wolodja noch angetroffen hatten … Ich lief zwischen den Gräbern umher und fing an, die Gesichter zu fotografieren – Gesichter eines Volks, das schon halb fortgegangen ist unter die Erde und in die Familienüberlieferungen: Porträts, um jedes x-beliebige ethnologische Museum der Welt neidisch zu machen ...

Da stieß ich auf ein Kreuz mit dem Oval eines Grabbildes, das einen wunderschönen jungen Mann zeigte, in weißem Hemd und mit tadellosem Scheitel. Aus irgendeinem Grund erkannte ich ihn sofort. Es war Andrjucha Apizyn, offenbar direkt nach Abschluss seiner Schul- oder Armeezeit aufgenommen, im Alter von achtzehn, höchstens zwanzig. In der Tundra damals hatte er derart zerzaust und wild ausgesehen, dass ich mich zuerst vor ihm gefürchtet hatte, beinah noch mehr als vor den andern, weil er in einer riesigen roten Maliza und in Toboki steckte, außerdem hielt ich ihn bis zum Schluss für einen Mann um die vierzig, dabei war er nicht älter als ich, wahrscheinlich eher sogar jünger, keine dreißig. Die Tundra nutzt die Menschen einfach schrecklich ab und lässt sie natürlich auch mächtig verwildern, weshalb es mir beim Blick auf das Grabbild schwerfiel, mir vorzustellen, er könnte auch irgendeine Zivilisationsexistenz geführt haben – wobei ich hier nicht an LKW- oder Busfahrer und nicht einmal an Lehrer denke, sondern mindestens an Filmschauspieler: derart schön war sein Gesicht mit den kaum merklich geschlitzten, dunklen, verwegenen und hoffnungsvollen Augen.

Er hatte mir gefallen: er war geschickt, kraftvoll, fuhr wie ein Teufel mit dem Schlitten – und er hatte, vielleicht weil er etwas spürte, vielleicht auch einfach aus Seelengröße, mich unter seine Obhut genommen. Zumindest hatte er als Erster mit mir geredet – wodurch seine Jungs begriffen, dass sie sich entsprechend zu verhalten hatten, war er doch stellvertretender Brigadier. Sie hörten auf ihn – nicht aus Pflicht, sondern weil sie ihn mochten. Er besaß unglaublichen Charme, und ich weiß noch, nachdem ich aus der Tundra fort war, fragte ich mich damals immer wieder, ob mich das Schicksal mit einem echten Genie des nenzischen Volkes zusammengeführt hatte, einem herrlichen, unermüdlichen, klugen, unternehmungslustigen und obendrein noch zutiefst guten ...

Ich erinnere mich, wie am Ende eines Arbeitstags im Korral die Jungs, die herumgerannt waren, bis es ihnen schwarz vor Augen war, mit Geheul eine besonders wilde Kuh einholten, ihr blindwütig-genussvoll Stiefeltritte in den Bauch versetzten und »Hoch, du Fotze!« schrien. Andrej begriff, dass sie müde waren, rauchen und essen wollten, aber er korrigierte sofort: »Nicht Fotze, sondern Täubchen …«

Das fiel so unvermutet in der Hölle der Zählung, dass ich ihn einfach sofort mochte.

Über seinen Tod weiß ich so gut wie nichts. Es heißt, dass er heiraten wollte, aber die Situation bei ihm war nicht besser als bei Alik und Tolik: Es gab noch zwei Brüder und eine Mutter, die von Zeit zu Zeit etwas von einem schwarzen Vogel annahm – da war kein Platz für eine Frau. Er hockte im Dorf, trank und trank, und schließlich fuhr er in die Tundra hinaus, in seinen Balok, und erschoss sich.

Ich weiß, das ist nicht meine Schuld. Aber geht es denn darum? Ich beuge mich hinunter zum Grab, streiche über das Gras: »Andrjuscha … Tja, hat es sich also ergeben, dass wir uns so wiedersehen …«

Du kannst nicht allen helfen, mit denen dich das Leben zusammengeführt hat. Nicht einmal allen, die du liebgewonnen hast. Und trotzdem. Ich denke: Was hätte ihn retten können in dem Moment, als er sich den Lauf des Gewehrs in den Mund schob und wusste, dass es nicht versagen würde?

Nur ein Wort.

Und was hätte ich ihm gesagt, wäre ich bei ihm gewesen? Gleich das erste Wort muss durchdringen, sonst ist es zwecklos.

»Andrej. Das wird alles. Du bist jung und stark. Heirate. Hör mit dem Trinken auf. Bau einen Schlitten, einen Tschum. Geht in die Tundra, weg aus dem Dorf, kauft Rene, fangt ein Nomadenleben an …«

Nein, so nicht.

»Andrej. Weißt du noch, deine Jungs haben die Kühe mit Stiefeltritten in den Bauch traktiert und sie mit ›Fotze!‹ angebrüllt – aber du hast sie zurechtgewiesen, hast die Rene gestreichelt und gesagt: ›Nicht Fotze, sondern Täubchen‹, komm …«

Der Schuss.

Ach, mein Gewissen kommt einfach nicht zur Ruhe, etwas in mir denkt sich pausenlos eine Rettung aus, als sei der Schuss noch nicht gefallen.

Nun ja. Und dann entdeckte ich ein frisches, mit Brettern abgedecktes Grab, darauf ein Kreuz mit Täfelchen: »Ardejew Alexander Gawrilowitsch. 1959 – 1996.« Ich blieb stehen und sagte: »Verzeih, Sascha.« Ich fühlte mich doppelt schuftig, weil ich das für Sascha mitgebrachte Messer Wanka (dem Renhirten, der unsere Rucksäcke diesmal mit dem Schlitten in die Tundra gebracht hatte) geschenkt und nur mein eigenes einstecken hatte. Ich holte es hervor und legte es unter ein Brett auf den Grabhügel: Ruhe in Frieden, Sascha, du Mensch, falls wir uns wiedertreffen, sagst du mir, ob ich richtig gehandelt habe …

Ich legte ihm auch eine Zigarette hin und, als ich weiterging zwischen den Gräbern, auch allen anderen Bewohnern dieses Dorfes je eine. Darunter einem gewissen Kanjew, Flugzeug- oder Hubschrauberpilot wohl (neben seinem Kreuz lagen Rotorblätter), sowie dem Vater von Grigori Iwanowitsch, Iwan Nikolajewitsch: Komm, rauch eine, alter Sprengmeister und Trinker und überhaupt bemerkenswerter Mensch! – und hatte im Nu alle Zigaretten verteilt, und eine blieb übrig für mich. Was die Stimmung betraf, so war es gar nicht schlecht zwischen den Toten. Ich setzte mich ins vergilbte Gras auf einen grablosen Hügel. Die Flut hatte ihren Höchststand erreicht und nicht nur das Tal des tückischen Bachs überspült, sondern auch das ganze Bugrjanka-Tal bis zu den eigentlichen Uferböschungen. Ich fühlte mich jetzt auf dieser Friedhofslandzunge wie auf einem Segler, der gleich aus der Flussmündung hinaus ins offene Meer gleitet – bloß hatte mein Schiff eine recht eigenartige Takelage. Ich nahm den letzten Zug aus meiner Zigarette: Auf die Menschen hier und auf die, die noch lebten. Alles kann verschwinden, binnen Tagesfrist mit Friedhofsgras überwuchert sein – dann wäre einfach noch ein mit den Menschen verbundenes Leben der Insel vergangen, wie schon viele Male. Die geringe Alkoholtoleranz eines Volkes und sein Unvermögen, die ökonomische Existenz den Erfordernissen des Jahrhunderts anzupassen, ist für die Geschichte kein Argument, sie hat schon stärkere beiseitegefegt.

Und trotzdem wünschte ich den noch Lebenden das Überleben; von hier aus – im Namen der Toten – wünschte ich ihnen, sie überlebten, passten sich an und existierten weiter in der Zeit, auch wenn dafür ein nenzischer Noah eine Arche aus Senkholz bauen und alle noch Übriggebliebenen aufs Festland bringen und dort (wie Moses) vierzig Jahre mit seinem Völkchen in den Räumen der Tundra kreisen und kreisen müsste, bis es geeint und zur Vernunft gekommen wäre wie die Juden.

Hier, am Rand, habe ich alles begriffen: Wäre ich nicht an diesem Ort gewesen, ich hätte keine Worte gefunden, und ich hätte der Insel nicht Lebewohl sagen können. So wie ich nach Petkas und meiner Expedition unmöglich nicht wieder hierher zurückzukehren und die Geschichte von den kleinen unterirdischen Menschen halberzählt im Raum stehen lassen konnte. Denn damals, 1994, wollte ich nicht hierher zurückkehren, bei Gott nicht! Aber ich konnte unmöglich nicht zurückkehren. Denn diese ganze Geschichte mit der Insel, die vor so langem begonnen hatte, war nicht nur die Geschichte einer Flucht: von der Verzweiflung hin zum schöpferischen Arbeiten, von der Jugend zum Erwachsenenleben, von der Neurose zur Liebe, sondern auch der Versuch, diese konkrete Insel hier, Kolgujew, während eines Augenblicks in der geistigen Kartographie der Menschheit zu halten, da sich alle von ihr abgewandt hatten und sie anscheinend niemandem etwas anderes als Grauen und eine diffuse Vorsicht einflößte. Aber ich, der dieses Stückchen reiner Erde zu lieben sich herausgenommen hatte, durfte ich mich am Ende des Weges abkehren? Nein, nein, dazu hatte ich jetzt einfach kein Recht. Durch ein merkwürdiges Zusammentreffen verschiedener Umstände – ein viel merkwürdigeres als das jener Umstände, von denen ich dir früher berichtet habe, mein Freund Pjotr – wurde die Insel Teil meines Lebens, füllte es ganz mit sich aus, füllte mich ganz aus, und es gab eine Zeit, da waren ihre wüsten flachen Tundren, durch die man stundenlang einsam streifen kann, für mich der herrlichste, begehrteste Ort auf der Welt. Und deshalb muss ich von der Insel lückenlos Bericht geben und wenigstens kurz vor dem Ende die märchenhafteste unter all ihren Geschichten erzählen.

Die Zauberhügel

Von den kleinen unterirdischen Menschen hatte ich schon vor langem gehört, noch auf meiner ersten Reise, und zwar von Korepanow, der die drei Jahre, die er als Inselvorsitzender auf Kolgujew verbracht hatte, offenbar noch immer als die romantischste Zeit seines Lebens ansah. Mein verschwommenes, aber hartnäckiges Interesse an dieser Insel, die er in seinem Herzen trug und die ich aus unerklärlichen Gründen zu lieben bereit war, nahm ihn allmählich für mich ein. Eines Tages versprach er mir seine dicke Wattejacke, weil er fand, mein Rollkragenpullover und die Regenjacke seien für den neunundsechzigsten Breitengrad doch selbst im Sommer etwas leicht.

Wovon ich mich in Narjan-Mar nur zu gut überzeugen konnte. Weshalb ich der Jacke wegen, statt mich zum Warten zu zwingen, am Vorabend meines Abflugs bei Wjatscheslaw Kusmitsch aufkreuzte. Er begrüßte mich ruhig lächelnd und sagte, er habe es nicht geschafft (Oh Gott!), wegen der Jacke bei seinem Verwandten vorbeizufahren, aber er werde sie auf jeden Fall morgen mitbringen, wenn er mich abholt und zum Flughafen bringt. Vielleicht war es ja eine originelle Prüfung, um mich auf die Langsamkeit der Inselzeit vorzubereiten, weil er begriff, dass meine hysterische Moskauer Gehetztheit ein Stachel war, der allzu fest saß, um ihn einfach abzubrechen, dass er aber vielleicht mit zwei, drei solcher absichtlichen Verlangsamungen abzustumpfen war. Ich erhielt die Jacke wie versprochen am nächsten Morgen, aber an diesem Vorabend bekam ich das Abschiedsessen nicht herunter, weil alle Ängste vor dem Unbekannten sich um diese Jacke zusammenzogen, weswegen ich auch den Worten über die kleinen unterirdischen

Menschen so gut wie keine Bedeutung beimaß. Das kann ich an-hand der Notizen in meinem Tagebuch sehen – von mir geschrie-bene Namen von Leuten auf Kolgujew, die Korepanow gut kannte und an die ich mich unter Berufung auf ihn wenden konnte auf meinen ersten Wegen in dem unbekannten Land. Hier der genaue Eintrag: »Grigori Iwanowitsch Ardejew, Bäcker, Heizer, kann viel erzählen; Nina Wassiljewna Winukan, Rentnerin, weiß viel, eine Erzählerin; Klawdi Iwanowitsch Ardejew, Brigadier der Renhirten. Märchen. Irdische Menschen.« Also nicht einmal »unterirdische«, sondern »irdische«, vielleicht auch »irdene« – meine Handschrift ist nicht zu entziffern.

Erst recht behielt ich bei meiner damaligen Verfassung nicht, wie sie heißen. Und hätte ich es behalten, es hätte nichts geändert, denn ich betrachtete sie mehr oder weniger als Gestalten aus nenzi-schen Märchen, wie diese Halb-Menschen, die von allem, was man braucht, nur die Hälfte besitzen: bloß eine Hand, ein Bein, ein Auge, ein Ohr … Die nenzische Folklore kennt eine Menge solcher Wun-derdinge. Unglaublich, wem man im engen Raum eines einzigen Märchens begegnet: Da gibt es Menschen, die mit den Beinen nach oben laufen, und nackte Menschen, und solche, die übereinander stehen, oder die vorne und hinten ein Gesicht haben, oder auch Moosesser, die abgesehen von all ihren Absonderlichkeiten sich obendrein noch als Menschenfresser erweisen, vor dem Feuer Angst haben und erst wieder zu gewöhnlichen Menschen werden, wenn sie in Stücke geschnitten und anschließend wiederbelebt werden. All das sind, wie gesagt, Gestalten aus einem einzigen, von Boris Micha-jlowitsch Schitkow 1908 auf der Jamal-Halbinsel aufgeschriebenen nenzischen Märchen, aber man könnte jeden halbwegs repräsenta-tiven Folkoreband zur Hand nehmen und darin derartige Unerhört-heiten finden, dass »Erdbewohner« einem in nichts wunderlicher erscheinen würden – zumindest nicht einem Menschen, der so un-informiert ist wie ich zu Beginn meiner nördlichen Odyssee.

Von der ersten Fahrt auf die Insel hat sich mir vor allem das Ren im Gedächtnis eingegraben und alles, was so oder anders sei-ne Geschichte begleitet hat: der große Schluck Spiritus auf dem Dach des Geländefahrzeugs und das entsetzliche Jaulen und Kettenknacken des Gefährts, mit dem es, bis zu den Scheinwerfern im Moor eingesunken, tief im graublauen essbaren Lehm wühlte; die senkrechten Anstiege und die ebenso schroffen Abfahrten, von denen einem die Luft wegblieb; der gigantische Stein auf einer Hügelkuppe, wie der Tisch für ein Gelage von Riesen; und schließlich die Rene. Das Rennen Tausender Rene, die in den Korral getrieben werden. Der Kreislauf einer unaufhaltsamen Bewegung. Augen von Frauen. Fetzen roten Basts, die von zerschundenen Geweihen baumeln, blutüberströmte Rücken ...

Überhaupt das Blut, das rote.

Das rote Gelage, dessen Zeuge ich wurde: wenn ein Ren im Handumdrehen geschlachtet und ausgeweidet ist und die Leute sich von dem, was fünf, sechs Minuten zuvor noch Träger eines eigenständigen Lebens war, einfach lange Stücke warmen, zarten Fleischs abschneiden, sie ordentlich in dem frischen Blut schwenken, das im klaffenden Bauchfell steht, und sie sich dann in den Mund bugsieren, bemüht, sich nicht einen Tropfen des dicken, berauschenden Bluts entgehen zu lassen, weshalb sie es schmatzend einschlürfen und nur notgedrungen die das Kinn herunterperlenden Tropfen mit den Händen abwischen, wovon beides, Gesicht wie Hände, alsbald rotverschmiert sind ...

Bei dem roten Festmahl war bestimmt auch Klawdi Iwanowitsch dabei, und ich ahne, wer es war: ein kräftiger Greis in Maliza, mit einem Messer, das in einer alten bronzeverzierten Scheide steckte, einer von diesen alten Männern, wie ich sie bis dahin noch nirgendwo gesehen hatte ... Auch nicht in Bugrino. Sie schienen mir in der Tundra zu leben, aus der Tundra hervorzugehen ... In gewisser Weise war es tatsächlich so, denn diese grauhaarigen Helden, die zwischen den Hügeln und Renherden wie Boten aus den längst vergessenen nomadischen Zeiten in Erscheinung traten, gingen in der Siedlung vollkommen unter, sobald sie eine Wattejacke angezogen hatten und sich in ebensolche vom Alltagseinerlei niedergedrückten Dorfbewohner wie alle um sie her verwandelten. Einer dieser Greise kam immer morgens mit dem Schlitten. Jetzt, da ich mich an sein Gespann erinnere – kraftvolle Tiere in herrlichem Geschirr –, begreife ich: Nur der Brigadier Klawdi Iwanowitsch kann der Besitzer solcher Rene gewesen sein und sie mit vergleichbarer Würde gelenkt haben. Ich rückte ihm beim Fotografieren förmlich auf den Leib und war von der vollkommenen Natürlichkeit und Ruhe, mit der er sich von Anfang an der Kamera gegenüber benahm, schlicht beeindruckt.

Auch Grigori Iwanowitsch Ardejew traf ich hier zum ersten Mal, auch er ist mir gut im Gedächtnis: das eindrucksvolle, von tiefen Falten durchfurchte Inkagesicht, die alte bronzebeschlagene Scheide am Gürtel, das einem finnischen ähnelnde Messer in seinen Händen (auf der rechten hatte er eine Warze), die tabakgelben Finger und die gelben Zähne, und wie er die Papirossa pfeifenartig paffte, sie mit Daumen und Zeigefinger haltend und zwei, drei Züge hintereinander machend ... Wie sich zwei Jahre später herausstellte, hatte auch er mich im Gedächtnis behalten, aber damals in der Tundra schien es mir nicht angebracht, ihn über die alten Zeiten zu befragen, schon gar nicht über diese irdischen oder irdenen Menschen. Obwohl ich damit natürlich gerade die einzigartige Gelegenheit vorübergehen ließ, Grigori Iwanowitsch in einer großen Menschenversammlung zum Reden zu bringen. Der Abend, wenn im Balok die Petroleumlampe angezündet wurde, wäre ein ausgezeichneter Zeitpunkt für Fragen gewesen, und sie hätten nichts Absurdes oder Peinliches gehabt: Die Nenzen sind große Liebhaber diverser wundersamer Geschichten, erst recht, wenn sie so farbenprächtig erzählt werden, wie Grigori Iwanowitsch – und nur er – das kann. Auf eine solche Erzählung hätte gewiss ein anderer reagiert, hätte ergänzt, was er weiß oder zumindest mit halbem Ohr gehört hat ...

Aber leider begriff ich noch nichts von jener Zeit und wusste vor allem nicht, was fragen.

Wieder im Dorf, bin ich zwar trotz allem zu Nina Wassiljewna Winukan gegangen, der Rentnerin und Erzählerin, aber ich verhielt mich falsch: richtete ihr Wjatscheslaw Kusmitschs Grüße nicht breit genug aus, bot ihr keinen Tee an, befragte sie nicht nach ihrem Leben, sondern packte stattdessen einfach den Kassettenrekorder aus und bereitete alles für eine Aufnahme vor. Sie jedoch antwortete derart widerstrebend und einsilbig, dass ich nicht einmal auf Aufnahme drückte, das Gespräch, fand ich, lohne nicht, es bestand mehr oder weniger aus »ja«, »nein«, »nein«, »ja«. Alles in allem verließ ich Nina Wassiljewna ohne Bedauern und überzeugt, mir sei trotz der Kürze unseres Gesprächs nicht viel entgangen.

In Wahrheit war ein Geheimnis zum Greifen nah gewesen. Und was für eines!

Ich hatte auf der Schwelle zu einem Rätsel gestanden, von dem mir, als ich fünf Jahre später endlich begriff, worum es ging (und es ging um die *Parallelität* von Welten), beinah der Atem stockte. Ursprünglich jedoch sah ich keine Tür und eigentlich auch keine Schwelle. Und der Gedanke, mich dorthin, in diese parallele Welt, durchzuzwängen, konnte erst viele Jahre später auftauchen, als ... Nun, eine Summe von Faktoren trug dazu bei. Obwohl die Lösung des Rätsels – sofern es überhaupt gelöst werden kann – oder zumindest ein immer intensiveres Sichhineinarbeiten in eben dieses Rätsel, in die Tiefen aus antwortlosen Fragen, die Geschichte des Hohen Nordens in ein vollkommen neues Licht zu tauchen vermag. Sofern, das muss wiederholt werden, *ausschließlich* Geschichte verhandelt wird, Historie.

Denn es ist durchaus möglich, dass es im Kern um wesentlich feinere Gegenstände geht, die einige Forscher gespürt und in groben, von wissenschaftlicher Beschreibung noch sehr weit entfernten Zügen durchaus umrissen haben. Die Frage ist nämlich, ob man wissenschaftliche Ergebnisse dort erwarten kann, wo die Gesetze der Wissenschaft im Grunde enden und der Raum der ... sagen wir: der paradoxen Erfahrung beginnt.

Dies ist keine müßige Frage, wenn von den Siirten die Rede ist, die – wie andere Völker, die von der Erdoberfläche verschwinden wollten – still in ihren Hügeln leben und, wie man weiß, verborgene Kenntnisse besitzen über Wundheilung und Heilpflanzen, aber auch über einige Seitenarme der Weltgeschichte, die, gleich einem Fluss, in ein unterirdisches Bett abgeflossen sind.

Mit der Notwendigkeit, sich auf die siirtische Doppelrealität einzulassen, waren als Erste die Ethnographen konfrontiert, als sie feststellen mussten, dass es im Nenzischen neben den Wörtern für »Märchen« (also ausgedachte Erzählung) und »Begebenheit« noch einen Begriff für ein weiteres Narrativ gibt: Die den asiatischen Raum bewohnenden Nenzen nennen es »Wa'al«, die europäischen »Sjudbabz«. Diese Erzählungen sind reich an mitunter ganz und gar unglaubwürdigen Einzelheiten, werden aber gleichwohl von den Erzählern hartnäckig als wirklich Geschehenes interpretiert und behandeln ausschließlich ein Thema, nämlich die kleinen unterirdischen Menschen – die Siirten.

Die ersten nenzischen Schilderungen über sie wurden Mitte des 19. Jahrhunderts von dem baltendeutschen Alexander von Schrenk während seiner Reise ins Petschora-Gebiet aufgezeichnet.[*] Seither ist das Material über die Siirten (oder Sihirten) beträchtlich angewachsen. Doch herrscht, wie Ljudmila Wassiljewna Chomitsch nachweist[**], auf dem gesamten nenzischen Territorium – von der Kanin- bis zur Tajmyr-Halbinsel – eine einheitliche Vorstellung von diesen Bewohnern des Erdreichs, und das von Schrenk vor anderthalb Jahrhunderten in der Malosemelskaja-Tundra Aufgezeichnete deckt sich dementsprechend weitgehend mit den von Waleri Nikolajewitsch Tschernezow 1929 sowie Lew Pawlowitsch Laschukow 1961 auf der Jamal-Halbinsel gesammelten Daten.

Die meisten Nenzen, selbst wenn sie nichts Genaues über die Siirten wissen, sind überzeugt, dass sie unter der Erde, in Hügeln und Höhlen lebende (oder kürzlich noch gelebt habende) kleine Menschen sind. Menschen eben – nicht Märchengestalten: Die Nenzen unterscheiden das Volk der Siirten von dem der »Chabi«, den Chanten, die gleichfalls eine sehr alte sibirische Ethnie sind. Indes sind mit den Siirten bestimmte Vorstellungen hinsichtlich der

[*] Alexander von Schrenk, *Reise nach dem Nordosten des europäischen Rußlands, durch die Tundren der Samojeden, zum arktischen Uralgebirge*, 2 Bände, Dorpat 1848.
[**] Ljudmila Vasil'jevna Chomič, »Nenezkie predanija o sichirtja« [Nenzische Überlieferungen über die Siirten], in: *Fol'klor i etnografija*, Leningrad, 1970.

Vergangenheit verbunden, und zwar mit einer jüngst verschwundenen (oder noch ins Vergangene verschwindenden) Zeit. Freilich können sie unvermittelt aus der Vergangenheit auftauchen, als hätten sie bei ihrem »Fortgehen in die Legende« eine Türe offengelassen. Generell schält sich im Zusammenhang mit den Siirten eine verblüffende Vorstellung von der Vergangenheit als einem *parallelen Raum* heraus: »Die Sihirten waren früher Menschen, jetzt trifft man sie nur noch im Wa'al. Sie leben unter der Erde, in Höhlen, und verstecken sich vor den Menschen«, nur selten noch bekommt sie jetzt jemand zu Gesicht. Sie sind von kleinem Wuchs, schön und friedliebend (obwohl einige alte Überlieferungen von Kämpfen zwischen den Nenzen und den Siirten berichten). Sie meiden den Kontakt mit Menschen, ganz wie sie die Sonne meiden. Aber wenn es doch zu einer Begegnung kommt, können sie sich mit den Menschen unterhalten, ihre Sprache ist für die Nenzen verständlich, auch wenn man sich einhören muss, weil ihr Reden wie Stottern klingt. »Es gibt endlich russische Bauernfamilien in Pustoзèrsk, so wie auch зyrànische in Iжma, die ihr Geschlecht von den Aborigenen des Landes herleiten«, also den Siirten. »Solche Familien sind in Pustoзèrsk unter andern die Habaròv und die Sumarókov …« (Es ist verblüffend, dass Schrenk die Sumarokows erwähnt, die Kolgujew Ende des 19. Jahrhunderts zu ihrer Besitzung machten!) Mit den Siirten sind Vorstellungen von Reichtum verbunden: sie besitzen – genau wie die unter der Erde lebenden Gnome Westeuropas – »Silber und Kupfer, Eisen, Blei und Zinn in Überfluss«. Die Überlieferungen sprechen von »Kesseln und anderen Gefäßen aus Kupfer und Gusseisen, nebst Spuren von Zinn und Blei«, die die Siirten in ihren Behausungen zurückgelassen hätten, von »Sihirtja-Esja« (Siirten-Eisen), von Messingtassen und kupfernen Schmuckplättchen, die man in den winddurchwühlten Sandkuppen finden kann. Daher rühren auch die sich um einen Schatz rankenden Legenden, die in – oftmals durch Hunderte von Kilometern getrennten – Ortsnamen ihren Niederschlag gefunden haben. So erhebt sich der Klad-Sedako (das »Schatzhüglein«) beim Dorf Nelmin Nos an der unteren Petschora, der Charde-Sede dagegen (der »Wohnungshügel«, in dem der Überlieferung zufolge nicht nur Siirten lebten, sondern auch »der reiche Schatz eines verstorbenen Kaufmanns« vergraben war, dessen niemand habhaft wurde) an der Ostküste der Jamal-Halbinsel. Wenn die Wohnstätte eines Siirten verwaist, stürzt der Hügel ein. Aber nur ein Schamane kann mit Sicherheit sagen, ob sich in einer Kuppe Siirten befinden oder nicht. Obgleich sie unter der Erde leben, fertigen die Siirten sehr kunstvoll geflochtene Erzeugnisse aus Birkenrinde an; auch die Eigenschaften des Grases sind ihnen gut vertraut: im Innern einer Höhle wurde ein Bogen gefunden und »Stücke eines ein paar Finger dicken Stranges ... Überbleibsel von dem Hauptseil eines Fischnetzes (tètèvà der Russen) ... welche aus Gräsern geflochten waren«. Sie besitzen Messer »von eigenthümlicher Gestalt«, die für die Nenzen stets ein Gegenstand von Interesse waren: einige besaßen solche Messer, doch hat sich offenbar keines bis in die heutige Zeit erhalten. Ein anderer charakteristischer Gegenstand der Siirten ist ein Eimerchen, oder meist mehrere, aus weißem, trüb schimmerndem Metall: Treffen die jungen Siirtinnen unvermutet auf einen Menschen, lassen sie diese Eimerchen vor Schreck am Bach fallen. Die jungen Siirtinnen sind sehr schön, prunkvoll gekleidet und imstande, das Begehren jedes ihnen zufällig in der Tundra begegnenden Mannes zu wecken. Das Motiv der Heirat mit einer dieser unterirdischen Schönheiten – die Begegnung mit ihrem Vater, einem »alten Siirten«, und sogar das Eintreten hinter ihr in eine Siirten-Behausung – ist eines der interessantesten Motive in den Erzählungen über dieses Volk. Obwohl die Siirten von realer Arbeit leben (»sie fangen des Nachts Fisch«), verfügen sie zugleich über allerlei ungewöhnliches Können: Sie halten bei sich in den Tiefen der Erde Mammuts, können unsichtbar bleiben oder augenblicklich verschwinden, als hätte der Erdboden sie verschluckt. Die Nenzen aus Nelmin Nos beteuern zum Beispiel, dass, wenn die Frauen in der Umgebung des Klad-Sedako Moltebeeren sammeln, sie des Öfteren die Glöckchen läuten hören, mit denen die Kleiderärmel der Siirtinnen besetzt sind, die ihrerseits etwas in der Nähe verrichten, aber unsichtbar bleiben. Dasselbe gilt für die Männer: Die Nenzen fischen an einem Ende des Sees, die Siirten am anderen. »Sie sind nicht sichtbar, aber hörbar.« Die Siirten be-

sitzen Schutzamulette und verfügen überhaupt über Zauberkräf-
te, aber ihr Zauber ist niemals böser Natur.

Diesbezüglich gibt es in Ljudmila Chomitschs Artikel eine bemerkenswerte Erzählung darüber, was dem Renhalter Andrej Soboljew in der Malosemelskaja Tundra widerfahren ist: Er fuhr mit
seinen Renen in die Tundra, als er plötzlich ein Mädchen mit Eimern
sah. Zunächst wollte er ihm hinterherjagen, aber dann erkannte er
an den Eimern und dem Schmuck (aus einem besonderen, trüb
schimmernden Metall), dass es eine Siirtin war. Das Mädchen blieb
stehen und hielt ihm einen weißen Stein entgegen. Kaum berührte
Soboljew den Stein, da … erwachte er und entdeckte, dass er auf einer Erhebung in der Tundra lag. Den Stein hielt er in der Hand. Von
da an war Soboljew »ein klein bisschen verrückt«: schlief schlecht
und fürchtete sich vor irgendetwas (vorher hatte Soboljew übrigens
ein klein wenig zu schamanisieren vermocht, zum Beispiel konnte
er das Blut besprechen). Den Stein hütete Soboljew sorgfältig. Aber
zu Beginn des Krieges fand seine Frau ihn in einer seiner Hosenta-
schen und warf ihn weg. Als Soboljew das erfuhr, ging er mit den
Worten »Ich komme nicht mehr zurück« fort in die Tundra.

Was macht diese Erzählung so bemerkenswert? Zunächst einmal die Tatsache, dass Soboljew freiwillig aus seiner gewohnten
Wirklichkeit fortgeht, einer märchenhaften Schönheit hinterher,
die er im Traum gesehen hat, und obendrein verschwindet er offenbar genau dorthin – in den Traum, ins Märchen. Und zwar just,
als er den einzigen Beweis dieses *parallel* in der Welt existierenden
Wunders verliert. Nichts vermag besser zu belegen, dass er dem
schönen Mädchen tatsächlich begegnet ist, als der Stein (was gäbe
es übrigens Stofflicheres als Stein?); aber die Art, wie er sie traf – im
Schlaf –, ist seltsam. Wenn man in Betracht zieht, was wir heute
über die Träume und ihre Rolle in der Kultur verschiedener Völker
wissen, so können wir kühn behaupten, dass die Begegnung *tatsächlich stattgefunden hat* und nicht einfach nur von Soboljew »geträumt« wurde. Die Frage, *wo* sie stattfand, bleibt offen, wie auch
die Frage von Soboljews Schicksal.

Aber nicht zuletzt ist diese Geschichte auch deshalb bemerkenswert, weil ich eine identische auf Kolgujew gehört habe.

Erzählt hat sie natürlich Grigori Iwanowitsch Ardejew, und zwar nachdem Alik, Tolik und ich während einer nächtlichen rasenden Fahrt durch die Tundra geradewegs beim – nicht eingestürzten – Siirtja-Sede (dem Siirtenhügel) herausgekommen waren, der sich als perfektes Halbrund an der oberen Gorelaja erhebt. Aus der Tundra zurück, verbiss ich mich mit Zähnen und Klauen in Grigori Iwanowitsch, bot ihm Tee und Wodka an und tat überhaupt alles, wie es sich gehört, bis er endlich redselig wurde. Vielleicht sollte ich hier unser Gespräch wiedergeben, damit klarer wird, woher die Idee, noch einmal auf die Insel zu fahren, stammte. Noch einmal extra, um … Um es wenigstens probiert zu haben. Eine Begegnung mit ihnen.

Den Siirten, versteht sich.

»Der Siirtja-Sede an der Gorelaja, da wo ihr rausgekommen seid, also der Siirtenhügel, die kleine runde Kuppe, da wohnen die Siirten. Wenn so eine Wohnstätte verwaist, stürzt die Kuppe ein. Es gab mal eine richtig große, die hieß Chanjuj-Turm, wir sind da mal gewesen. Die ist restlos eingestürzt. Da ist jetzt ein See. Ein tiefer. Und dann gabs noch eine kleine. Von der ist nur ein Trichter zurückgeblieben. Ein vollkommen toter. Nicht mal mit Wasser drin … Aber Wasser müsst es doch geben? Das müsst sich doch drin sammeln? Aber nein. Nur eine Wiese. Brottrocken. Mit Gras, so hart, dass es pfeift.«

»Und wer genau sind diese Siirten?«

»Leute, unterirdische. Menschen halt. Gute, von früher. Aus früheren Zeiten so.«

»Haben sie vor den Nenzen hier gelebt?«

»Ja. Das war ehedem ihr Land. Stand doch auch in *Wokrug Sweta*[*]? Dass da dieser Arzt auf Siirten gestoßen ist? Der ist jetzt schon tot. Das war auf der Kanin-Halbinsel. In einer Höhle. Sie haben

[*] 1861 gegründet, ist »Rund um die Welt« die älteste russische populärwissenschaftliche Monatszeitschrift, die sich Themen wie Geographie, Ethnographie u.ä.m. vornimmt. Der von Alexandr Pika gezeichnete Artikel, auf den Grigori Iwanowitsch Ardejew hier anspielt, erschien in der Nr. 11/1986 unter dem Titel »Jamal-Charjutti«. [Anm.d.Ü.]

alles, und sie hören gut und stehen miteinander in Verbindung, wie über Funk.«

»Aber geben sie heute irgendwie ein Lebenszeichen von sich?«

»Ja, ja, ja. Irgendwie schon, denk ich.«

»Wie denn?«

»Nun, wie der Schneemensch so.«

»Aber der hinterlässt manchmal Fußspuren oder pfeift oder klopft mit einem Stein. Sogar zu sehen kriegt man ihn manchmal!«

»Sowas glauben die Leute hier auch. Sowas wurde ehedem auch erzählt, dass jemand einen Siirten da oder da gesehen hat. Jetzt nicht mehr.«

»Und existieren sie heute noch, Ihrer Meinung nach?«

»Meiner Meinung nach … vielleicht, vielleicht auch nicht. Wie der Schneemensch: Existiert er, oder existiert er nicht? So sehen die Leute das hier. Weil, früher, *als der Großvater noch klein war*, da hat sie ab und zu noch wer gesehen. Selten, aber ab und zu haben sie sich noch gezeigt.

Einmal hat jemand gesehen, wie ein Siirtenmädchen nach Wasser geht. Plötzlich merkt sie, dass jemand sie beobachtet, da ist sie in eine Kuppe rein, und weg war sie. Aber keine Tür, nicht die Spur von einer Tür! Und geblinkt hat sie über und über von ihrem Schmuck. Und in der Hast ihre Eimerchen zurückgelassen. Ich weiß nicht, bei wem die jetzt sind …

Dann hat mir der Großvater noch erzählt, wie einer sich verfahren hat, verirrt. Mit einmal steht der Bolschoje Serdze vor ihm. Er hält an. Es hat ein heftiger Schneesturm getobt, keine Ahnung, wieviel Tage schon. Manchmal dauert sowas eine Woche. Der Mann ließ die Rene frei und legte sich auf den Schlitten. Und der – fährt mit einemmal stracks in die Kuppe, und die geht zu. Drinnen waren gewöhnliche Siirten. Die sagten zu ihm: Rühr nichts mit der Hand an! Und als sie schlafen gingen, da legten sie ihn neben ein Mädchen. Wie alles still war, da konnte er sich nicht beherrschen und strich ihr mit der Hand übers Gesicht. Aber das Mädchen hat ihn in den Finger gebissen. Hat ihr Zeichen hinterlassen. Krumm war der Finger und vernarbt, mit einem großen Mal, das blieb. Und die Siirten haben den Mann verjagt wie einen Wüstling. ›Nichts-nutz‹, haben sie zu ihm gesagt. Es sind kluge Leute, die Siirten, wurde erzählt. Sie kannten sich auch gut mit Kräutern aus. Und in Astronomie.«

»Gibts denn noch irgendwie Gegenstände von den Siirten?«

»Mit den Gegenständen, das ging so. Da, wo du glaubst, dass sie sind, hinterlegst du was zum Tauschen, ein Kettchen meinet-wegen. Andernmorgens lassen sie dafür was da. Irgendein kleines Sächelchen.«

»Und besitzt heute jemand noch so ein Sächelchen?«

»Heut wohl nicht. Wir besaßen früher einen Korb aus Birken-schale. Aber da weiß ich auch nicht, obs den heute noch gibt oder nicht ... Deshalb sage ich, dass sie existieren. Nur Türen haben sie keine. Wo sie hinverschwinden, das, *das* ist das Verblüffende ...«

Obwohl ich von jenem Tag an überzeugt war, dass der siirtische Birkenkorb nicht »weggekommen« und also für immer verloren war, habe ich doch niemals gedrängt, ihn gezeigt zu bekommen. Ich kam Grigori Iwanowitsch sehr nah und habe nie etwas *Hinter-listiges* an ihm wahrgenommen. Er ist ein ausgezeichneter Kenner der alten Zeiten und hat mir alles, was er wusste, erzählt, alles, was er erzählen konnte: verschwieg er etwas (und es gab Dinge, von denen er mir erst bei meiner dritten Kolgujew-Fahrt erzählte), dann gab es wichtige Gründe dafür.

Zuallererst, nehme ich an, die Tatsache, dass das von uns, den »Zivilisierten«, als »Wissenschaft« gerechtfertigte ungezügelte, wilde Interesse, mit dem wir all die »Wunderdinge« eines anderen Volkes sehen und nach Möglichkeit besitzen wollen, diesem un-erhörten Schaden zufügt. Alles, was zu unterschiedlichen Zeiten dem kulturellen Kreislauf der betroffenen Völker entnommen wur-de – die Trommeln, Schamanenmasken und -anhänger, die Sjadejs (kleine Idolfiguren) und Alltagsgegenstände oder die selten schö-nen Festtags- und Ritualgewänder –, alles ist in unseren Museen vertrocknet und erstorben, denn es wurde nicht zum Besitz einer universellen Kultur. Was nicht verwunderlich ist. Wir haben nicht verstanden, uns dieser Dinge zu bedienen, hatten keinen Bedarf dafür; das Einzige, worauf wir uns verstanden, war, sie unseren Vorstellungen gemäß zu sortieren und zu verzeichnen. Günstigstenfalls zum Exponat geworden, schlimmstenfalls zur Depot-Inv. Nr. soundsoviel, taugen diese toten Splitter einst lebendiger Kulturen als hervorragendes Beispiel dafür, wie mörderisch unsere aufbereitende Wissenschaft sein kann. Ich dachte bei mir, dass mein Wunsch, den Siirtenkorb zu sehen, letzten Endes pure Neugier war. Für Grigori Iwanowitsch dagegen verband sich dieser Korb und vielleicht ja auch die Notwendigkeit, dass er im Geheimnis bewahrt blieb, mit allem, was auf der Insel war, ist und sein wird, mit etwas sehr Persönlichem und sehr Wichtigem, wozu auch das Verhältnis zu den Siirten gehörte, innerhalb dessen dieser Korb aus Birkenrinde, »wenns mal drauf ankommt ...«, als ungewöhnlicher Trumpf dienen könnte. Hier, in Grigori Iwanowitschs Händen, auf diesem Stück Erde, bekräftigte der Birkenkorb den Zusammenhang der Zeit, den Zusammenhang der Überlieferung ...

Ich versuchte seit langem, mir diese Denkstruktur anzueignen, aber wirklich eigen war sie mir noch nicht. Ich erinnere mich, dass ich mich ständig bei dem Wunsch ertappte, irgendetwas »auszugraben«: zuerst die Altgläubigen-Gräber, dann die »Bugra« an der unteren Pestschanka, diese Erdhütte, in der die erste, Ende des 18. Jahrhunderts von Mesener Pomoren auf die Insel übergesetzte nenzische Familie lebte. Alik kam zufällig auf diese Bugra zu sprechen, worauf ich, für ein paar qualvoll lange Minuten von einem bösen Schatzsucherfieber befallen, beinah die sofortige Abänderung unserer Route deklariert hätte, weil ich unbedingt die Erdhütte ausgraben wollte. Davon abgehalten hat mich wohl nur der fehlende Spaten. Wieder bei Sinnen, fragte ich Alik, warum sie noch niemand ausgegraben habe.

»Und wozu?«, fragte er ruhig und erstaunt.

Ich erinnere mich nicht mehr an die Einzelheiten unserer nachfolgenden Unterhaltung, aber ich glaube, danach konnte ich eine Zeitlang aus nenzischer Perspektive den Sinn erfassen, die Bugra nicht anzutasten.

Da liegt am Unterlauf der Pestschanka diese Bugra. Seit zweihundert Jahren. Der Zugang ist verschüttet. Von Gras überwuchert, verwahrt sie im Innern ihre Vergangenheit. Vielleicht ist es leer im Innern, vielleicht gibt es dort verschiedene Gegenstände, wer weiß. Zweihundert Jahre schon existiert die Bugra hier, gehört der Insel an, bringt Überlieferungen, Rätsel, tiefsinnige Gedanken hervor, die sie umkreisen. Würden wir sie ausgraben, so zerstörten wir diesen wohleingerichteten Lauf der Dinge, wir würden in die Vergangenheit eindringen und dort alles durcheinanderbringen. Bin ich sicher, ob das, dem zu geschehen beschieden war, verändert werden darf? Bin ich sicher, dass die Vergangenheit uns nicht auf irgendeine Weise antworten würde? Angenommen, ich fürchte die Vergangenheit nicht. Wir gingen also zur Bugra und rammten ihr den Spaten ins Haupt, rissen ihr Schicht um Schicht herunter, höhlten sie aus. Wir fänden ein paar Holzsplitter, ein paar vermoderte Fellstücke, die nähmen wir mit. Und die Insel besäße keine Bugra mehr, die, weil sie darin ihre Vergangenheit, ihre unbekannten Schätze versiegelt hat, einen Wert besitzt; es gäbe keine die grünende Stirn der Bugra umwehenden Überlieferungen mehr. Wer wäre also hinterher reicher? Was sind Holz- und vermoderte Fellstückchen wert ohne die Bugra, erst recht dort in Moskau? Und wie soll es mit der Insel weitergehen ohne Bugra? Denn sie, die Insel, die eine, große, lebendige Insel, würde ärmer, weil es einen flüchtigen Moskauer Besucher juckte, zu wissen, was dort im Innern ist …

So ungefähr sieht jenes Denken aus.

Als ich es mir ein wenig zu eigen gemacht hatte, begriff ich vieles.

Ich begriff zum Beispiel, wie sich zwei Konzepte der arktischen Geschichte herausgebildet haben, die selbstverständlich auch die Siirten betreffen. Das eine Konzept (das nenzische) gründet auf der Überlieferung, die mündlich weitergegeben wird, die lebendig ist und sich durch wechselseitige Verquickung und Überlagerung der verschiedenen Geschichten sowie das eine oder andere Hinzuerfundene unablässig bereichert. Das andere Konzept (unseres) zielt darauf, aus den Überlieferungen einen Extrakt von *Daten* herauszufiltrieren, Fakten, die wir auch noch auf andere Weise zu erlangen trachten, zum Beispiel durch Ausgrabungen, linguistische

Forschungen oder die Analyse literarischer Quellen. Deshalb ist die Geschichte der Siirten für uns abgeschlossen. Für die Nenzen geht sie auf seltsame Weise weiter – ungeachtet aller Verstandesbeweise: auf der Sinnenebene. In der Zeit des Mythos. Verborgen unter der Erde. Parallel zu unserem Lebensstrom …

Als Gegenstand der Wissenschaft rückten die Siirten in der zweiten Hälfte des 18. Jahrhunderts ins Blickfeld – also etwa zu der Zeit, als ihre letzten Geschlechter am Erlöschen waren (zumindest versicherten Jamal-Nenzen dem russischen Archäologen Waleri Nikolajewitsch Tschernezow 1929, die letzten Siirten »ließen sich noch vier oder sechs Generationen vor uns antreffen, danach verschwanden sie endgültig«). So schreibt im 18. Jahrhundert das Mitglied der Sankt Petersburger Akademie der Wissenschaften Iwan Lepjochin, der im Archangelsker Gebiet die nenzischen Tundren bereiste: »Das ganze samojedische Land im heutigen Mesener Gebiet ist von verwaisten Wohnsitzen einer alten Völkerschaft überzogen. Dieselben finden sich allenthalben in der Tundra unweit von Seen und in den Wäldern an Flussläufen und sind, Höhlen gleich, in Hügeln oder Bergen erbaut … Darinnen finden sich Öfen sowie eiserne, kupferne und tönerne Bruchstücke häuslicher Gerätschaften und auch menschliche Knochen. Die Russen nennen selbige Wohnsitze Tschudenbehausungen. Die Samojeden vertreten die Ansicht, diese leeren Wohnsitze gehörten unsichtbaren Menschen, deren Name Sirte sei …«[*]

Ein halbes Jahrhundert später nahm sich Alexander von Schrenk mit deutscher Systematik des Themas an und begnügte sich nicht mehr mit derart allgemeinen Aussagen. Er zeichnete nicht nur, wie bereits erwähnt, als Erster nenzische Überlieferungen zu den Siirten auf, sondern arbeitete auch deren Abstammung heraus. Er weist darauf hin, dass viele »Benennungen von Lokalitäten in diesen Tundren« (dem Petschora-Gebiet) weder russischen noch nenzischen Ursprungs seien; man finde »diese

[*] Ivan Ivanovič Lepechin, *Dnevnye zapiski putešestvija po raznym provincijam rossijskogo gosudarstva*, čast' 4, St. Petersburg, 1805, S. 203.

Namen auch wieder insbesondere unter den größeren Küstenflüssen«, und »das Mündungsdelta der Péчóra ist vorzugsweise daran reich«. In seiner eigenwilligen, der Phonetik Rechnung tragenden Notation listet Schrenk unter anderem die Namen Kúja, Norýga, Vėljt, Korotáїha, Kónзėr, Vándėh auf, die für ihn eigentümliche Spuren dieses untergegangenen siirtischen Volks darstellen, das er mit den Tschuden gleichsetzt, jenem »Fremdvolk« aus der Nestorchronik, von dessen rein finnischer Abstammung er überzeugt ist. Weiterhin verweist Schrenk auf pomorische Erzählungen, die von einem Krieg zwischen den Nowgoroder Russen und den »Чuden« berichten. Diese wurden an einem Fluss von ihren Feinden »sämmtlich niedergemacht« oder fanden »in den Wellen des Stromes ihr Grab«, »welcher noch bis auf den heutigen Tag den Namen des Blutflusses, Krovávaja Plósa, führt«. Mit seiner Aufmerksamkeit für die Sprache der Toponyme hat Alexander von Schrenk der Wissenschaft einen guten Dienst erwiesen: In seinem Gefolge wurden noch zahlreiche andere Ortsnamen tschudischen Ursprungs entdeckt, darunter einige russifizierte, wie zum Beispiel der des Dörfchens Welikowisotschnoje – ein Name, der auf den ersten Blick völlig russisch anmutet, in Wahrheit aber das tschudische Wort »Wiska« (Flüsschen) enthält. Ebenso fand man unzählige nenzische Örtlichkeiten, deren Namen durch irgendeine kleine Bedeutungsschattierung auf ihren Zusammenhang mit den Siirten hinweisen: etwa die Flüsse Siirteta und Siirti-Jacha, ebenso eine Vielzahl von Hügeln: Sirtes, Siirte-Mja (»Siirten-Tschum«), Siirtja-Sede usw.

Bereits im 16. Jahrhundert wiederum hatten holländische Seefahrer bei ihrem Vorstoß nach China über die »Nordostpassage« auf der Insel Kildin vor der Murmansker Küste saamische Erdhütten gesehen. Der Chronist der Forschungsreise, Pierre Martin de La Martinière, erwähnt in seiner höchst effekthascherischen Beschreibung unter anderem die »Borandier«, die sie unweit des Kaps Warandaj – also rund zweihundert Kilometer östlich des Petschora-Deltas – gesichtet hätten: Sie fuhren in Booten aus »Thier-Fellen« zwischen »Eiß-Schollen« und ihre Kleidung »bestund aus Thier- und Fischhäuten«, die sich stark von jenen der

Nenzen unterschieden, auf die die Holländer ebenfalls und wiederholt gestoßen waren.

Ins Russische übersetzt wurden die Reisebeschreibungen von La Martinière wie auch die von Jan Huygen van Linschooten und Gerrit de Veer, dem Chronisten der letzten Fahrt von Willem Barents, erst zu Beginn des 20. Jahrhunderts, als die russische Öffentlichkeit ihr Augenmerk plötzlich auf den Hohen Norden richtete.[*] Erst da entdeckte man, dass etliche sehr alte Quellen von der Existenz einer unbekannten Ethnie an der Nordpolarmeerküste sprechen, so auch zum Beispiel (in den Kapiteln über die Slawen und andere noch weiter nördlich lebende Völkerschaften) die mittelalterlichen arabischen Kosmographien, die letztlich komplexe Kompilationen von Zitaten aus einer Handvoll anderer Werke darstellen, insbesondere aus Ibn-Fadlāns *Reise*, die er nach der Rückkehr von seiner Gesandtschaft zu den Wolgabulgaren im Jahre 922 verfasste.

1929 entdeckte Waleri Nikolajewitsch Tschernezow einen siirtischen Siedlungsplatz beim Kap Tiutej-Sale an der Nordspitze der Jamal-Halbinsel. In einem Dreieck zwischen Meeresküste und Fluss untersuchte seine Expedition zwei Erdhütten sowie zwei Dünenhügel. Die zahlreichen Objekte, die dort und im näheren Umkreis gefunden wurden, sind ohne jeden Zweifel einer Kultur von Küstenjägern zuzurechnen: Walrossknochen, Keile und Wetzsteine aus Sandstein, eine roh behauene Pfeilspitze aus Rentierhorn, Paddelgriffteile, ein schöner Hornlöffel, ein feines Holztäfelchen mit einer Einbuchtung in der Mitte, »zweifellos Bruchstück eines

---

[*] Auf Deutsch erschienen die Beschreibungen van Linschootens und de Veers bereits 1598; der de La Martininère'sche Reisebericht kam nur wenige Jahrzehnte nach seiner Publikation in Frankreich auf Deutsch heraus und erlebte binnen kurzem vier Auflagen: Pierre Martin de La Martinière, *Reise nach Norden / Worinnen Die Sitten / Lebens=Art und Aberglauben Derer Norwegen / Lappländer / Kiloppen, Borandier, Syberier, Moßcowiter / Samojeden, Zemblaner und Ißländer ; sammt andern Merckwürdigkeiten accurat beschrieben werden*, Leipzig, 1703. Auch die ersten drei (der insgesamt vier) Teile von Iwan Lepjochins *Tagebuch der Reise durch verschiedene Provinzen des Russischen Reiches* wurden ins Deutsche übersetzt und erschienen 1774-1783 in Altenburg. [Anm.d.Ü.]

Gegenstands, vielleicht einer Maske«; des Weiteren ein Holzmesser von vermutlich kultischer Bedeutung und Scherben von Gefäßen aus gebranntem Lehm, mit starker Quarzsandbeimischung und vor dem Brennen innen mit Gras geglättet.

Eisen wurde nicht sonderlich viel gefunden: das Fragment eines verrosteten Messers, eine gabelförmige Pfeilspitze, ein Ring, ein Fellschaber und »einige unförmige Bruchstücke«.

Bronze und Kupfer wurden »in Form kleiner Plättchen« gefunden.

Der Norden der Halbinsel Jamal gehört bereits zur arktischen Wüste. Der in die Dünen fahrende eisige Wind, die Bänder aufgewirbelten beißenden Sands, die es die endlosen Karasee-Strände hinabtreibt, die Dünung, die ihre hohen Brecher gegen die Küste wirft, das schrille Möwengeschrei – sie durchwirken diese Orte mit einer namenlosen Melancholie der Verzweiflung und Verlassenheit, die jeden zivilisierten Menschen niederdrückt, zumindest vorübergehend, verleiht sie ihm doch das Gefühl, von der ihm gewohnten Welt gänzlich abgeschnitten zu sein und nie mehr dorthin zurückkehren zu können.

Trotzdem: Woher nur kam das Kupfer hier? Und erst recht der »vogelgestaltige« Bronzegegenstand sowie die »epaulettenförmige Spange mit Bärendarstellung«? Vielleicht lebten die Bewohner dieses ausgestorbenen Lagers nicht immer so gegen die Küste gedrängt, sondern kannten bessere Zeiten, als der Weg nach Süden und die Handelsverbindungen dorthin noch für sie offenstanden?

Die 1929er Expedition musste ihre Arbeit abbrechen, da eine ihrer Teilnehmerinnen, die Anthropologin Natalja Kotowschtschikowa, plötzlich starb. Sie hatte unabhängig von Tschernezow am Kap Chaen-Sale gegraben und einige bemerkenswerte Objekte geborgen, unter anderem »ein feines, sehr abgewetztes Eisenmesser«, zwei Äxte mit rechtem Anschliff, »das Fragment eines Bronzeanhängers von eindeutig nicht lokaler Herkunft«, ein eigenartiges Schmuckstück, nämlich eine aus einem feinen Bronzeplättchen gedrehte kleine »durchlochte Perle«, sowie das Bruchstück eines Kettenpanzers und schließlich das Skelett

»eines kleinwüchsigen Menschen mit stark abgekauter unterer Zahnreihe …«[*]

Ich gestehe, nicht das Skelett, sondern das »Bruchstück eines Kettenpanzers« beschäftigt mich am meisten. Es ist ein zuverlässiger Beleg dafür, dass die Siirten eine glücklichere Vergangenheit kannten, als abgedrängt bis an die nördlichen Grenzen der Erde ein Küstenjägerdasein zu fristen. Denn für die Walrossjagd braucht man keinen Kettenpanzer. Einen Kettenpanzer braucht man für den Kampf. Und nicht für den Kampf um einen Streifen Ozeansand, sondern um einen viel weiteren Raum, mit Platz für Führer und Krieger, Priester und fruchtbare Frauen!

Das Kettenpanzerbruchstück, Symbol einer verlorenen Schlacht, wurde zweifelsohne zusammen mit dem Fragment des seltsamen Anhängers hierher mitgebracht, an den alleräußersten Rand der Erde, von wo aus es für die Siirten nur noch einen Weg gab: unter die Erde. Und so gingen sie fort. Aber einer von ihnen blieb, um den Zugang in die unterirdische Welt zu bewachen, und er wurde alt, und starb – und es ist *sein* Skelett, das die Menschen fanden …

Schön ausgedacht?

Ich las die archäologischen Berichte zwar mit heimlichem Neid, aber eines konnte ich nicht verstehen: Was folgt nun aus all dem?

Was folgt daraus, dass in der Torfschicht von Charde-Sede der Schaft eines einfachen Bogens, Holztäfelchen mit runden und quadratischen Öffnungen, flache Göttermasken mit eingeritzten »Augen« sowie »Mund«, Netznadeln und »Bruchstücke runder, aus Birkenrinde geflochtener Gefäße« gefunden wurden? Birkenrinde, kann man annehmen, ist wichtig (erinnern wir uns des Birkenkorbs); aber wozu dienten die Rituallöffel aus Walrossknochen und Rentierhorn, der weißbronzene gezackte Anhänger oder das winzige Bronzeplättchen, wozu die zerbrochene kieselsteinerne Pfeilspitze und wozu die Kieselsteinsplitter oder die Metallherstellungsrelikte

[*] V. N. Černecov, »Drevnjaja pomorskaja kul'tura poluostrova Jamal« [Die alte pomorische Kultur der Jamal-Halbinsel], *Sovetskaja etnografija*, Nr. 4/5, Moskau, Leningrad, 1935, S. 120.

»in Form von Eisenschlacken sowie zu einer glasartigen Masse zusammengeschmolzenem Sand«? Gut, wir wissen jetzt, dass in den Erdhütten und Jägerlagern irgendeine primitive Ethnie lebte – aber daran ist beileibe nichts Aufregendes. Es bleibt im Grunde unverständlich, woher die ganze zaubervolle Poesie kommt, die die nenzischen Überlieferungen über die Siirten durchwebt. Denn gäbe es diesen Zauber nicht, diese seltsamen Begegnungen mit den Siirten auf der Grenze der Welten, so gäbe es auch kein Rätsel …

Aber glücklicherweise fand ich einen Text, der nicht nur eine ungeheure Menge von Informationen bündelt, sondern das Problem in seiner Komplexität auseinanderfaltet und so erste Erhellungen bietet. Es handelt sich um den bereits erwähnten, ganz ausgezeichneten Artikel von Ljudmila Wassiljewna Chomitsch. Er enthält höchst wichtige Schlussfolgerungen, weshalb ich, um ein Abgleiten ins freie Interpretieren zu vermeiden, ihn hier umfänglicher referieren muss.

Als Erstes geht die Autorin der Frage nach, wie es um die Gleichsetzung der Siirten mit den »Tschuden« steht.

Im Allgemeinen wird die Ansicht vertreten, Letztere seien ein finnisches Volk, doch gibt es auch andere Auffassungen, etwa die von Tschernezow, dessen Arbeiten die »archäologische« Phase der Siirten-Forschung einleiten. Die deutliche Ähnlichkeit archäologischer Fundstücke *von Karelien bis an die Lena* aus dem 3. Jahrtausend vor unserer Zeitrechnung bringt ihn zu der Vermutung, dass in dieser Epoche »in dem Raum zwischen Ural und Jenissej durch den Kontakt zwischen Teilen der uralischen (genauer: protougrischen) Bevölkerung, den Urjukagiren, und möglicherweise Teilen einer protosamojedischen Population die Urahnen der Lappen ans Licht traten, die allmählich westwärts wanderten …« »Die von einer Reihe von Wissenschaftlern herausgearbeitete Verwandtschaft der samischen, samojedischen[*] und jukagirischen Sprachen kön-

---

[*] Zur samojedischen Sprachgruppe gehören Nenzisch, Enzisch, Nganasanisch, Selkupisch sowie einige andere untergegangene beziehungsweise tote Sprachen, von denen wir nur durch Wortlisten wissen, die im 18. und 19. Jahrhundert angefertigt wurden.

nen diese Vermutung erhärten …«»Eine Reihe von Daten erlaubt, die Sihirten mit einem Teil der Protolappen (Samen) zu identifizieren, der im Petschora-Gebiet verblieb, während der größere Teil von ihnen nach Westen weiterwanderte und Karelien, die Kolahalbinsel sowie Nordskandinavien bevölkerte …«

Was folgt nun daraus?

Die meisten Wissenschaftler neigen heute zu der Annahme, dass die alte Bezeichnung der Nenzen als Samojeden wahrscheinlich auf das Doppelwort »Saame-Jedna« (»Samen-Land«) zurückgeht. Die Nähe zwischen dem Nenzischen und dem Siirtischen wird damit erklärt, dass die siirtischen Samen ursprünglich eine samojedische Varietät sprachen. Wodurch auch begreifbar wird, warum Nenzen und Siirten einander verstehen konnten.

Auch die geringe Größe der Siirten kann als Beleg für ihre Verwandtschaft mit den Samen, dieser kleinwüchsigsten borealen Ethnie, dienen. Das von Tschernezow vermessene männliche Skelett wies eine Körpergröße von 159 Zentimetern auf, der Kopfumfang betrug 82 Zentimeter – exakt die durchschnittlichen Maße bei den Samen.

Ebenso verleiten einige von den Seefahrern aufgezeichnete Beobachtungen zu Schlussfolgerungen in derselben Richtung, so van Linschootens Bemerkung, er habe im Gebiet der Jugorstraße einen alten »Samojeden« mit einem fünfzackigen Stern aus Wollstoff auf dem Kopf gesehen – eine solche Kopfbedeckung gibt es nur bei den Samen, sonst bei keiner anderen zirkumpolaren Ethnie. Die Siirten waren folglich zweifellos mit den Samen verwandt.

Die Wanderung der siirtischen Samen über das Weiße Meer oder um es herum bis zur Kolahalbinsel und nach Lappland eröffnet uns einen weiteren Horizont. Durch ihre *Kekuren* (Steinhaufen, zu rituellen Zwecken entlang der Küste aufgerichtet) sind die Siirten Teil einer rätselhaften Kultur, vom Alter her der ägyptischen vergleichbar, allerdings für uns noch schwieriger zu erschließen. Sie hat im gesamten europäischen Norden, von Lappland bis zur Normandie, rätselhafte Megalithbauten errichtet: Menhire, Dolmen, Galeriegräber, Labyrinthe, Siejdde und schließlich komplexe

Bauwerke aus riesigen Monolithen, die Steinkreise, deren berühmteste die Anlagen von Stonehenge und Avebury sind. Megalithbauwerke existieren überall auf der Welt außer in Australien, da sie aber in der Regel an küstennahen Plätzen zu finden sind, unterteilt die Forschung sie in bestimmte Zonen. Den östlichsten Rand der europäischen Megalithkultur bilden die Solowezki-Inseln (wo es bis heute herrliche »Labyrinthe« und über den Strand verteilte rätselhafte Steinhaufen gibt); von hier aus erstrecken sich die »großen Steine« über die Kolahalbinsel und Skandinavien, allmählich südwärts wandernd, bis nach Dänemark, England und Frankreich, ja bis hinunter nach Spanien.

Nun gibt es ja auf der zum Solowezki-Archipel gehörenden Insel Anser jenen erstaunlichen Ortsnamen – Kap Kolgujew –, durch den die Insel Kolgujew mit dem Weißen Meer verbunden ist: verbunden durch diesen wirklich seltsamen, nirgendwo sonst mehr anzutreffenden und aus keiner anderen Sprache sinnvoll ableitbaren Namen, dessen Schlüssel offenbar allein im Samischen (mithin auch Siirtischen) zu suchen ist. Das Kap Kolgujew auf Anser ist demnach eine kleine toponymische Restspur jener »Brücke«, über welche die siirtischen Samen einst westwärts wanderten. Das erklärt auch die Zauberkünste, auf die sich, den nenzischen Überlieferungen zufolge, dieses Volk verstand: Lappland galt ja von alters her als Zauberland. Aus Lappland holte Iwan der Schreckliche sich Zauberer und Schamanen; mit Lappland ist die Vorstellung der Eisjungfrau verbunden, die sich später zur Gestalt der Schneekönigin wandelt in jenem Märchen, in dem auch eine gute lappländische Zauberin vorkommt ... Ebendort stehen bis heute Siejdde – auf drei kleinen, gerade einmal faustgroßen Steinen ruhende riesige Monolithe (früher deutete man sie absurderweise aus naturwissenschaftlicher Perspektive: als Verwitterungsgestein). Ich habe Siejdde auf der Halbinsel Kola gesehen, auf dem Tschuna-Tundra, und ihr Anblick hat in mir eine seltsame Mischung aus Begeisterung und Grauen ausgelöst. Wäre ich damals zu feinerer Empfindung fähig gewesen, ich hätte gewiss gesagt, auf dem kahlen Hang des hoch die Umgebung überragenden Bergs überkam mich zwischen diesen uralten Steinen unerklärlich »Furcht und Zittern«.

Hier stehen wir an der Schwelle, jenseits derer der Leser alle nachfolgenden Überlegungen als groben Mystifaxfirlefanz abtun kann. Er sollte es sich überlegen. Und sei es nur, weil wir dem Rätsel ja offenbar schon sehr nahe sind, es aber weiterhin mit den *Ausgangsdaten* nicht zu begreifen vermögen. Anders gesagt, wir nehmen weder die Informationen wahr, die zu seiner Lösung bereitliegen (da sie sich uns in einer für uns vielfach äußerst ungewöhnlichen Form präsentieren), noch auch das, was wir doch enträtseln sollen – denn dieses Geheimnis enthüllt sich nicht durch Papier oder Wort, sondern nur durch persönliche Berührung mit ihm. Es verlangt Teilhabe. Und ist nicht ungefährlich.

Es ist wohl an der Zeit, Alexander Wassiljewitsch Bartschenko zu erwähnen. Seine frühen Arbeiten stehen in allen Bibliotheken, und wem deren Lektüre nicht zu mühsam ist, der kann sich davon überzeugen, dass er ein nüchterner Geist war und ein ausgezeichneter Kenner des Hohen Nordens. Er leitete den Wissenschaftsrat der Murmansker Abteilung des Volkskommissariats für Bildungswesen, als er 1921 eine Expedition in samisches Siedlungsgebiet auf der Kolahalbinsel organisierte. Dort gab es eine eigenartige Krankheit, die bei den Russen »Merjatschenje« heißt, allgemeiner aber für den ganzen Nordpolarkreis unter dem Namen »arktische Hysterie« bekannt ist. Ihre Symptome bestehen in einer wachsenden Indifferenz der Umgebung gegenüber, bei gleichzeitig einsetzender Fähigkeit zu weissagen, in fremden Sprachen zu reden und jeden beliebigen Auftrag auszuführen; überdies fügen Messerstiche dem so »Erkrankten« keine Verletzungen zu. Vor der Revolution hatte Bartschenko mit Telepathie und Hypnose experimentiert, was ihn wohl diese Gegend für seine eigenwilligen Forschungsziele wählen ließ. Aus Lappland zurück, hielt er vor dem Leningrader Hirnforschungsinstitut einen umfangreichen Vortrag, der Wladimir Bechterews Aufmerksamkeit fand. Bartschenko äußerte darin die Annahme, die samischen Schamanen – die Noaidi – seien die letzten lebenden Bewahrer des Wissens einer sehr alten Kultur, die einst über das gesamte europäische Polargebiet verbreitet gewesen sei und auf die auch die Steinbauten zurückgingen, deren Erklärung uns so schwerfällt. Seiner Ansicht nach könnten sie dazu ge dient haben, Personen in rituelle Trance zu versetzen, in jenen von Uneingeweihten als Krankheit diagnostizierten Zustand, in dem sich das Bewusstsein radikal verändert und der Betreffende in eine andere Raumzeitsprache versetzt wird …

Bartschenko wurde Mitarbeiter des Hirnforschungsinstituts, Ende der 1920er Jahre stufte der damalige Staatssicherheitsdienst OGPU seine Experimente als geheim ein, 1937 wurde er verhaftet, 1938 erschossen. Das Material zu seinem Buch *Dunkhor*, in dem er von seinen Entdeckungen berichten wollte, verschwand nach seiner Verhaftung spurlos …

Was sollte ich mit all dem anfangen? Ich besaß wohl reichhaltige *Informationen* über die Siirten – hatten sie mich aber der Entschlei erung ihres Geheimnisses nähergebracht? Und worin bestünde die Enträtselung? Allmählich begann mir zu dämmern, dass ich an höchst interessanten Plätzen gewesen war: ich hatte den Siirtja-Sede gesehen und auch den Bolschoje Serdze; aber bis zu letzterem waren Petka und ich auf unserer Wanderung nicht vorgedrungen, wir hatten seinen Schwingungen nicht gelauscht, hatten die Umgebung nicht befragt, hatten keine Antwort erhalten. Denn die Berührung mit dem Geheimnis, sie wäre die Antwort, die ich dieser Geschichte würde hinzufügen können. Aber dafür musste ich erneut auf die Insel fahren. Und die Berührung suchen …

Wie, konnte ich mir nur schlecht vorstellen, ich fragte mich, was ich dafür tun musste. Nichts, stellte sich heraus. Es bedurfte keiner speziellen Zurüstungen. Auch keines Kassettenrekorders oder Fotoapparats. Am ehesten musste ich etwas *mit mir selber* tun, aber was – das wusste ich nicht. Zweifellos ging es um die Eigenschaften der Raumzeit, um Raum und Zeit der Überlieferung, in die hinein ich für eine Begegnung mit den Siirten gelangen musste. Denn in der Überlieferung vergeht die Vergangenheit gewissermaßen nicht ganz, sondern strömt gleichsam hinüber in eine andere Dimension, in eine parallele Welt, unter die Erde, wohin man jedoch auch von hier – unserer Welt – aus den Zugang finden kann. Dieser tut sich nicht jedem auf und nicht jederzeit, doch prinzipiell ist es möglich, dass beide Welten in Fühlung kommen. Es gibt bestimmte Orte, an denen sich ein Durchschlupf auftut; auch gibt es einen bevorzugten Zeitpunkt – einen bestimmten Tag, ein bestimmtes Jahr –, der für einen Kontakt besonders günstig ist ...

Die zentrale Frage war: Glaube ich an all das? Aber wie sollte ich, da doch, wie ich sah, die Nenzen selbst nur noch mit Mühe daran glaubten und nur mit knapper Not sich zurückhielten, in unserem Kielwasser ihre eigenen Legenden als »bloße Legenden« einzustufen, wohin es keinen »Zugang« gab und nicht geben kann?

Ich weiß noch, wie Alik, als wir über die Siirten sprachen, in verzweifelter Hoffnung sagte: »Vielleicht lebt ja noch irgendwo der eine oder andere ...« Ja, die ganze Schwierigkeit besteht darin, daran zu *glauben*. Wer die Gesetze des Märchens ernstnimmt, der wird zu guter Letzt auf die Wirklichkeit stoßen, die uns auf die eine oder andere Weise zwingt, mit uns selber zu rechnen – hieran zweifelte ich nicht. Woran ich zweifelte, war, ob meine Kräfte dafür ausreichen würden. Aber es half alles nichts: Im Sommer 1997 brach ich zum dritten Mal nach Kolgujew auf.

Obwohl meine Dienstreise klar genug umrissen war, damit die diversen Instanzen – darunter Grenzschutzbehörde und Gebietsverwaltung – ihre Durchführung begünstigten, war der wichtigste Schatz in meinem Gepäck, der Gegenstand, ohne den ich auf der Insel nichts würde ausrichten können, ein kleines Glöckchen, das die Geliebte mir mit auf den Weg gegeben hatte. Der Leser erinnert sich vielleicht – die Siirten mochten Glöckchen sehr; wenn sie überhaupt antworten sollten, worauf, wenn nicht auf diesen Ruf?

Also wieder: der Hubschrauber, der über die Tundra dröhnt, die Sonne, die bald hier, bald da auf der See fischschuppig aufflammt, und plötzlich – klare Himmelsbläue, kontrastreiches Märzlicht im Juli, und die Insel, die mir diesmal in solch blendendem Glast vor Augen tritt ...

Alles ist vertraut: der sich neigende Leuchtturm auf der Koschka, das sich an die Küste klammernde Dörfchen mit seinen drei Häuserreihen und den in alle Himmelsrichtungen von ihm fortstrebenden Traktorspuren, die Löschwasserzisterne. Die beim Hubschrauberlandeplatz zusammengedrängte kleine Menschengruppe. Hundert Schritt davon entfernt, gibt es keinerlei Grund mehr, die Existenz Moskaus oder irgendeiner anderen Weltstadt zu behaupten. Der uralte Torf ist von erstem Grün überzogen, die Blauen Berge mit ihrem unerklärlich lockenden Zickzack schweben unverändert über dem Horizont. Der tauende Boden ist eben erst unter der Winterdecke hervorgekommen. Mächtige Altschneefelder am Strand verleihen der Ansicht das Kolorit einer eiszeitlichen Urlandschaft. Aber in der Pfütze vor dem Hotel ist die Gelbe Sumpfdotterblume bereits erblüht. Ich bin also in den frühen April geraten – nach Moskauer Kalender.

Einige Zeit vergeht mit Besuchen bei Bekannten und Gesprächen mit Grigori Iwanowitsch, Alik und Tolik, die, ohne zu fragen, warum ich gekommen bin und wohin wir dieses Mal aufbrechen, bloß ungeduldig das Zellophan von der Camel-Packung reißen und kurz Neuigkeiten austauschen, um auf der Stelle mit Vorbereitungen für den Abmarsch zu beginnen, als hätten sie immer gewusst, dass ich noch einmal herkomme, auf jeden Fall komme, obwohl ich es, ehrlich gesagt, nicht vorhatte …

Dann machen wir uns auf in die Tundra. Ich muss möglichst schnell Moskau aus mir »herauslaufen«: auf meiner Seele liegen die Bleigewichte der dortigen Sorgen. Aber sie sind im Nu heraus. Das Gehen durch die Tundra ist ein gutes Gesundungsmittel, hastloser, heilender Rhythmus. Um so mehr, als wir ohne Rucksäcke aufgebrochen sind, die wir mit einem Renschlitten vorausgeschickt haben.

Schweigen. Wind, messergleich in die Haut schneidender Wind, eisengleich polternder. Immer heftiger weht er. Wie es heftiger nicht geht. Aber doch. Treibt einem Tränen aus den Augen, Speichel aus dem Mund. Wir laufen in einer braunen Schale des Stillschweigens, einem Flusstal, gegen ihn an. Grauzottelig fließt das Gras in der Strömung des Windes nach Süden; von den Sandbänken fegen die Körner in dünnen Rinnsalen übers eisig-graue Wasser dem Ufer zu. Blau aufgekeimtes Leben: Vergissmeinnicht, Glockenblumen, Enzian. Ein nie dagewesener Rausch, sich in diesem Vorfrühjahrswind weiter und weiter zu schleppen. Nach dem erhitzten Asphalt von Moskau, den Menschenmengen und der *Eisbär*-Stripteasebar sehe ich hier im Tal der Stille einen weißen Schwan, der, ergriffen von den Schwingen des Windes, schneeumklöppelt aus dem finsteren Schlund eines Sees aufsteigt …

Weiter, weiter – über Weidenästchen, braunen Torf, wie über einen Faschinenweg. Zehntausend Jahre, die seit der letzten Eiszeit vergangen sind, zehntausend Jahre Weiden, Moltebeeren und Moos in den Ablagerungen, im schwarzen Ferment der Moore. Wieder hat sich der Wind in uns verbissen, auf einem Hügelkamm, über Schneefeldern dampft Nebel. Die Erschöpfung meldet sich mit altbekannten Gedanken: »Genug!« Genug mit den Baloks, den Pritschen, der Kälte, der Erde nach der großen Vereisung, der Ornithologie, der Geologie … Das Lied ist so altbekannt, dass es die Beachtung nicht lohnt. Die Insel weiß schlicht und einfach, dass ich dieses Mal wirklich die Berührung mit dem Geheimnis suche. Und sie will, dass ich für diese Berührung den vollen Preis zahle …

Nach zwei Tagen langten wir beim Kriwoje Osero tief im Inselinnern an. Wir richteten uns in dem windschiefen Balok ein, fingen uns Fisch … Auf der anderen Seite des Sees guckte ich mir zwei malerische Hügel aus, in vielleicht fünf Kilometern Entfernung von unserer Hütte, die müssten geeignet sein, um es zu versuchen … Aber ich bin noch nicht so weit, ich warte lieber noch.

Halb auf eine Wandlung in mir, halb auf ein Zeichen.

Nachts sah ich über dem See ein erstaunliches Bild: Der Nebel, der nach Mitternacht die Sonne und das gegenüberliegende Ufer geschluckt hatte, wurde so dicht, dass schließlich nur noch unser Ufer zu sehen war und der blanke Plan des Wassers, der sich in den Nebel hinein auflöste und mit ihm verschmolz. *Über* dem Nebel aber stand, sich hellkalt im Wasser spiegelnd, der blaue Himmel. Als gestaltlose Mitte des Ganzen entband die Nebelmasse den Übergang von Wasser zu Himmel von allen Grenzen, Horizonten und Linien. Es gab einen Moment, da war es, als stürze der Himmel durch die Nebelleere auf mich hernieder.

Eine Gans flog, matt reflektiert vom feucht beschlagenen Spiegel des Sees, vorüber. Zu hören waren in dieser Welt aus Wasser und Himmel nur die ineins verschmolzenen nächtlichen Stimmen der Vögel. Sonst nichts. Wasser, Leere, der Widerschein zweier gelblicher Wölkchen im Blau des Sees. Außer uns kein einziger Mensch im Umkreis vieler Kilometer. Eine phantastische Stille. Ich überlegte, ob es nicht an der Zeit sei, das Glöckchen zur Hilfe zu nehmen, entschied aber, dass es zu früh sei: Ich hatte meinen inneren Lärm noch nicht herausgelaufen, hatte noch nicht diesen herrlichen, reinigenden Raum durch mich hindurchströmen lassen.

Jeden Tag, den ich weiter fortgehe, nähere ich mich dir, Liebste. Einmal dachte ich, ich würde nie ankommen. Denn je weiter ich lief, desto mehr lag vor mir, desto unerbittlicher wurden die Forderungen, die keiner aufgestellt, keiner ausgesprochen hatte, die mich zwangen, noch weiter zu gehen; desto unermesslicher wurde rundherum der grenzenlose Raum. Aber dann erreichte ich sie doch, weißt du, die *Blauen Berge* von Kolgujew, und sah meine Insel aus der Vogelperspektive. Und sollte es mir beschieden sein, eines Tages noch einmal nach Bugrino zu geraten und von weitem die fernen, lockenden Hügel über der ebenen Tundrafläche zu sehen, so kann ich mit vollem Recht sagen: »Ich war dort.« Denn das war ich.

Heute, an diesem 18. Juli, ist es wohl soweit …

Den dritten Tag schon herrscht echter heißer Sommer. Ich liege am Boden, auf dem Gipfel der »Sandkuppen«, der Jarej-Seda. Die Luft vibriert über der Tundra, der Wind trägt winzige Wölkchen heran, die Glockenblumen und honigduftenden Silberwurzen ringsumher zittern, und die Hügel … Wie herrlich diese Hügel sind! Sand, aufgeheizte Steine, Grün. Im Schatten Schnee. In der Sonne Schmetterlinge. Unablässiges Gesumm von wespenartigen Fliegen. Zu Nomadenzeiten lebte hier im Sand ein Wolfspaar – und auch jetzt verlässt einen zwischen den Dünen, Sandtrichtern und -kratern nicht das Gefühl, allein auf der Erde zu sein. Der Bolschoje Serdze, »Großes Herz«, ist zu sehen. Gestern war ich dort, ließ auf dem Gipfel eine Münze zurück, wie es sich dem Brauch nach gehört. Silber befestigt die Liebe und verheißt Reichtum. Der Brauch muss fortbestehen. Und auf den Gipfeln der Berge müssen heilige Handlungen vollzogen werden – wozu gäbe es sonst Berggipfel?

Eben ist der Schatten einer Wolke auf den Bolschoje Serdze gekrochen. Finsteres Herz … Schwarzes Herz …

Wie schade, dass es unmöglich ist, diesen weite-, sonne- und größeerfüllten Horizont mitzunehmen und dich, Liebste, und euch, meine Freunde, ihn für einen Augenblick, wenigstens einen kurzen Moment mit meinen Augen betrachten zu lassen! Aber ausgeschlossen! Um herzugelangen habe ich selber fünf Jahre gebraucht und bin nicht hundert oder zweihundert, sondern weiß Gott wie viele Kilometer über Bülten gestapft, ehe ich bei diesen herrlichen Gipfeln ankam. Vögel, Hummeln … Fein gezeichnete Sandwellen, vollkommen unberührt, geschaffen von Wind und Sonne … Jean-Henri Fabre, Frankreich, die Provence, Welt der Dünen, herrlich wie Träume von der Liebe …

Auf dem Rückweg geriet ich ans Ende meiner Kräfte. Immerhin sind es hin und zurück neun Stunden. Dazu die Hitze. Ich hatte derartiges Ohrensausen, dass ich glaubte, überall sängen Grashüpfer … Aber wer sagt, dass Rückwege leicht sind? Zurückzukehren ist schwieriger als den ersten Fuß hinaus zu setzen. Hinaus ziehen wir unbekümmert, natürlich ohne jede Ahnung, welche Prüfungen uns erwarten; hinaus ziehen wir unbeschwert, ohne Vorstellung davon, wie lang die Suche nach dem Schatz sich hinschleppen und wie kräfteübersteigend schwer der zuletzt gewonnene Reichtum sein wird, ohne den heimzukehren so sinnlos wie unmöglich ist …

Aber bislang bin ich ruhig: Ich stehe unter dem sicheren Schutz meiner Insel. *Hundertwasser.* Sammelte man alle auf der Insel mit dem Wasser zusammenhängenden Geräusche, so ergäbe dies ein phantastisches musikalisches Gewebe. Das Tröpfeln der Schneeplatten, das Plätschern der Flüsse (bei jedem und bei jeder Biegung ein anderes), das Anbranden der Wellen, das Schwappen der Binnenseen, das Flügel- und Pfotengepatsche der Gänse auf dem Wasser, das Ausgleiten der niedergehenden Enten, das Gluckern und Schmatzen der Moore, das Schweigen und dann wieder feine Pfeifen des Nebels, das Knistern des tauenden Schnees …

Ich habe gelesen, im alten Indien versammelten sich die Menschen bei einem Wasserfall, um dem Wasser seine Töne abzulauschen. Hier auf Kolgujew könnte man ein absolut phantastisches, in allen Nuancen einer strömenden Melodik schillerndes Werk schaffen.

An einer tiefen Stelle eines Baches nehme ich im eisig-klaren Wasser ein Bad. Einige Ausrufungszeichen – und das Herz bekommt im Nu Luft, die Last der Kilometer und des klebrigen Schweißes sind sofort heruntergewaschen, und wie eine Figur von Rockwell Kent springe ich nackt auf dem grünen Ufer umher und fühle mich als ein wilder Sohn der Natur.

Heute!

Es war alles vorausbedacht, wahrscheinlich zu gut, weshalb mein Plan auch auf den Kopf gestellt wurde. Genauer, ein objektiver Umstand legte sich ihm in den Weg: kompakter, kalter Nebel, ein von Südosten her aufziehender, niedriger, immer eisiger werdender, zum Schneiden dichter Nebel. Aber ich war wohl auch selber schuld, hielt ich doch mein Vorhaben – nämlich die Hügel auf der anderen Seite des Sees zu erreichen und zu nächtlicher Stunde die Siirten herbeizuläuten –, alles in allem für einfach. Ich hatte die Gegend am Vortag in Augenschein genommen und mir alles eingeprägt: Ich musste auf den Kamm »unseres« – des unserem Balok zunächst liegenden – Hügels klettern und über diesen Kamm geradenwegs bis zu den Kuppen laufen, die ich mir für meine Zeremonie ausgeguckt hatte; unterwegs gab es nur ein Hindernis, einen Terraineinschnitt mit zwei durch einen Damm getrennte Seen, danach wäre der »Rücken«, der mir schnurgerade wie ein Weg erschien, wieder ebenmäßig. Ich verließ den Balok gegen elf und stieg zum Hügelkamm hinauf; die noch scheinende Sonne warf meinen Schatten unwirklich lang auf den Abhang. Aber da entdeckte ich die taubengraue Nebelwand, die rasch heranzog und die ganze Erde in Dunkel tauchte … Wieviel Minuten blieben mir noch? Fünfzehn, zwanzig? Ich lief auf den Sonnenuntergang zu, aber die Finsternis holte mich unerbittlich ein, die feuchte Luft bohrte sich wie ein Pfahl in meine Bronchien. Vorn über den beiden Seen quoll inmitten der Bültentundra der Nebel empor wie über einem riesigen brodelnden Kessel. Ehe mich der graue Schleier einhüllte, durch den nicht einmal mehr die Sonne zu sehen war, bemerkte ich noch eine Ente, die in den weiß über einem Moortümpel dampfenden Schwaden mit kaum hörbarem Gleiten wasserte. Zehn Minuten später hatte ich endgültig jede Vorstellung, in welche Richtung ich laufen musste, verloren. Die Sicht betrug vielleicht hundert Meter, aber die tagsüber logische Annahme, ich bräuchte mich nur – wenn nicht mit den Augen, so zumindest mit den Füßen – am höchsten Punkt des Reliefs zu orientieren, erwies sich als abwegig. In der vom Nebel geformten Halbkugel schienen alle Punkte gleich hoch, und selbst auf trockenem Grund war es unmöglich, die Richtung zu bestimmen. Auf seinem Tümpel schnatterte das hübsche Entlein. Ein See. Ein großer. Den hatte ich nie gesehen, aber ... Noch ein See, kleiner, links, und eine morastige Senke. Ich hob einen Stock auf und rammte ihn auf dem nächsten Gipfel zur Orientierung in den Boden. Ich ging weiter geradeaus, entdeckte aber nirgendwo eine Erhebung. Wo war ich? Rundherum Nebeldüsternis, unbekannte Moore und Seen, beinah vollkommene Stille. Ich stieg über ein Schneefeld abwärts (wo kam es plötzlich her?), überquerte einen sehr tiefen Wasserlauf, der zwei Seen verband, und ging weiter geradeaus, aber da schimmerte plötzlich hinten das Schneefeld wieder auf – macht nichts, musste ich halt umdrehen. Ich fand meinen aufgepflanzten Stock. Einen Augenblick dachte ich, vielleicht stehe ich ja auf dem Hügel, zu dem ich wollte, aber er konnte trotz allem nicht derart flach sein. Ich lief über den »Rücken« in die, wie ich hoffte, umgekehrte Richtung und sah mit einemmal vor mir im dicken Nebel mächtige Hügelausläufer schwimmen ...

Was ich empfand, war weniger Freude als ein Gruseln. Die von mir anvisierten Hügel hatte ich gefunden, aber indem ich mich in entgegengesetzter Richtung auf sie zubewegt hatte. So etwas ist wohl auch Alice im Wunderland passiert, bloß tobte sich dort Carrolls mathematische Phantasie nach Kräften aus, aber hier, wer trieb hier seinen Schabernack mit mir? Ich stieg einen der Hänge hinauf, als ich plötzlich einen Schrei vernahm, den keiner, der ihn einmal gehört hat, falsch deutet – ein Wanderfalke! Noch ein paar Schritte und ich war oben. Mit bösem Geschrei strichen die Vögel über mich hinweg, und ich hörte das unheimliche »Klackern« der Federn, wenn der Falke seine Beute schlägt. Nein, einen Menschen konnten sie nicht angreifen, aber versteh mich trotzdem, Leser: Es war Nacht, obzwar eine weiße, ich hatte mich auf unvergleichlich absurde Weise vorwärtsbewegt und stieß nun am Ziel obendrein auf ein Hindernis – die natürliche Wut aufgeschreckter Vögel, die besagt, dass gleich hier irgendwo ihr Nest ist … Entnervt von diesem Geräusch, das etwas von einem die Luft durchschneidenden Messer hatte, stülpte ich mir die Kapuze über den Kopf und begann den Gipfel zu umrunden. Da sah ich sie: ein aus kaum beflaumten lebendigen Körperchen gewundener Kreis, zu dem sich vier weiße Nestlinge, die Flügel umeinander geschlagen, die Schnäbel nach innen gerichtet, verflochten hatten. Ich holte das Glöckchen hervor und läutete es über dem Köpfchen des größten Kükens. Der Falke antwortete hoch oben und schoss, einen Angriff vortäuschend, mit rasender Geschwindigkeit an mir vorbei. Ich machte ein paar Aufnahmen von den Nestlingen und lief dann, um sie nicht länger zu ängstigen, zum Nachbargipfel hinüber. Ich suchte mir eine bequeme Bülte, setzte mich und läutete. Ich läutete dir, Geliebte meines Herzens, läutete unserer Tochter, meinem Bruder, allen Freunden, deren ich mich entsann und die ich mochte, und dem einen-einzigen Freund, den mir die Stadt New York geraubt hatte. Auch den Siirten läutete ich. Aber die Siirten zeigten sich nicht. Gänse schnatterten schlaftrunken in der Ferne, ein Schneehuhn stieß einen Ruf aus und knarrte dann lange. Ich wartete. Blickte mich um. Zufällig fiel mein Auge auf einen benagten Entenbürzel … Ich saß auf einem Hügel, in dem es vier oder fünf frisch gegrabene Fuchsbaue gab! Zudem strömte plötzlich unter meinem Stiefel ein würziger Geruch auf: Wermut! Wermut meiner Sonne, Wermut meines Herzens, Wermut unseres Lebens (wenn so ein botanischer Existenzialismus denn möglich ist), Wermut!

Ich wusste jetzt, wo ich das Glöckchen hinterlegen musste.

Dann steckte ich mir eine Zigarette an, beobachtete, wohin der Rauch zieht, und stieg, mich an der Windrichtung orientierend, im milchigen Weiß den Hügel hinunter. Der Raum legte mir sofort einen See in den Weg, den ich noch nie gesehen hatte, das konnte ich schwören, aber jetzt war es mir schon gleich, wann und wie ich zurückfinden würde. Ich hatte ausgeführt, weshalb ich hergereist war, alles andere war unwichtig. Ehrlich gesagt hat mich einmal der Anblick eines *riesigen* Berges mit einem Altschneeplacken auf dem Abhang erschreckt – ein Berg, den es hier nicht geben durfte, aber als ich mich wieder gefangen hatte, löste er sich auf, entpuppte sich als Nebelmasse ... Dann geriet ich in eine Schlucht mit einer mächtigen Schneedecke. Vor etwa zwei Wochen hatte Schmelzwasser sie entzweigeschnitten. Jetzt lag auf dem getrockneten Grund ein ertrunkenes Renkalb. Ich querte *fünf* schneegefüllte Schluchten, ohne ein mir bekanntes Merkzeichen zu sehen, nicht einmal den Stecken, den ich zur Orientierung auf diesem Gipfel zurückgelassen hatte. Dann hörte ich plötzlich im Nebel, gar nicht mehr weit, laute Schläge, die auf einem Eisenfass getrommelt wurden: Signale, die meine Wandergefährten mir entgegensandten. »Hööör euch!«, brüllte ich über den See, ohne zu wissen, ob mein Schrei durchdrang. Im großen Ganzen lag ich richtig, war nur, im Wind laufend, zu weit nach rechts geraten: denn der kam ja nicht aus Osten, sondern Südosten, ich aber hatte die ganze Zeit versucht, mit dem Gesicht genau auf ihn zuzuhalten ...

In der Nacht darauf ging ich wieder zu den Hügeln. Das Glöckchen lag an Ort und Stelle.

Ja, Geliebte meines Herzens, sie sind nicht gekommen, haben es nicht mitgenommen und kein Messer aus Blaustahl oder einen Birkenrindenkorb mit Heilkräutern dafür dagelassen ... Wahrscheinlich habe ich deine Gabe stümperhaft eingesetzt und zu viel Zeit damit verschwendet, alles, was mir widerfuhr, festzuhalten. Warum habe ich den Fotoapparat mitgenommen? Warum Stift und Papier in meinen Händen? Warum bin ich nicht einfach die ganze Nacht mit gespannter Aufmerksamkeit hier geblieben? Die Moskauer Ungeduld, sie hat mir die Rechnung verdorben ... Gott o Gott, was für eine gruselige Professionalität, was für eine Stumpfsinnigkeit!

Hätte ich einfach nur dagesessen und gewartet, ich hätte sie gesehen. Sie waren ganz nah, glaub mir. Ganz nah. Was uns trennte, war dünner als ein Blatt Papier – und doch war es undurchdringlich. Wahrscheinlich konnte ich letztlich nicht ganz an diese Begegnung glauben. Und ließ mich deshalb von jedem Schwachsinn ablenken. Aber was ich in dieser Nacht empfand, ein solches

Erstaunen und unbegreifliches Glück, das hatte ich bis dahin noch nie empfunden …

Viele Tage später in Moskau fragtest du am Ende meiner Erzählung plötzlich:

»Du sagst also, du hast Seen gesehen, die wie Kessel brodelten? Und eine wassernde Ente, Falken, Löcher im Erdboden?«

»Ja, habe ich … Und ich habe auf einem Fuchsbau gesessen!«

»Auf einem Fuchsbau?« Du lachtest. »Und du hast wirklich keine Vorstellung, wo du warst …«

Habe ich wohl wirklich nicht …[*]

[*] Siehe »Das Buch der beigelegten Seiten«, I.

Das Märchen für die Geliebte

Nun, Liebste: Es scheint, ich bin gegangen weiß-nicht-wohin. Und habe dort sogar gefunden das weiß-nicht-was. Ich nenne es Buch, weil es keine andere Bezeichnung für diese Sammlung von unterwegs zusammengeklaubten Geschichten, Tagebuchnotizen und halbwegs miteinander verwobenen Kapiteln gibt, von denen manche vernünftig kurz geraten sind, andere dagegen wie unter zu großem inneren Druck über viele Seiten zersprengt daliegen.

Das Buch.

Vorzeiten öffnete ich die Pforte unserer Datscha bei Moskau und zog hinaus, meinen kartographischen Traum – die *Insel* – zu suchen, im Glauben, ich würde dir von meiner Wanderschaft ein wunderbares Märchen mitbringen. Ein Märchen, das uns die langen Winterabende verschönern und mir erlauben würde, Teilnehmer einer *Forschungsreise* zu werden. Denn ungeachtet des Scheiterns der von ihrem Chronisten so beredt bezeugten *Pilgerreise*, glaubte ich, die Expedition werde weitergehen und ihre geheimen Teilnehmer würden sich, geheimen Pfaden folgend, Wege zu einem unbekannten Ziel bahnen. Mit der Zeit erhielt ich Beweise, die meine Vermutung untermauerten, ich erfuhr sogar die Namen einiger Expeditionsteilnehmer – doch besaß ich damals nichts: nur ein brennendes Verlangen nach echter geistiger Bruderschaft und einer reinen, essenziellen Wahrheit, die diese Bruderschaft wert wäre, und die sich nicht aus irgendwelchen Büchern herauslesen ließe, sondern nur selbst errungen werden kann …

Als ich fortging, war unsere älteste Tochter zwei Jahre alt, sie lief noch ganz drollig-ungeschickt, und betrachtete ausgiebig die flaumigen Pusteblumen, als seien sie das größte Wunder. Jetzt ist sie acht und stellt erwachsene Fragen, und die Geschichten, die ich in diesem Buch für dich zusammengetragen habe, kann ich auch ihr erzählen. Die Jüngste ist noch ganz klein, lächelt bisher bloß, und wenn sie sitzt, schwankt sie täppisch wie ein der eigenen Bewegungen unsicheres Bärenjunges. Von meiner Wanderschaft wird sie nur vom Hörensagen erfahren. Mein Gott, ich bin wirklich lange nicht mehr richtig zu Hause gewesen! Mich überkommt manchmal die Furcht, dass ich womöglich zu lang auf meiner Geschichtensammelreise war, um bei meiner Heimkehr noch wiedererkannt und mit alter Liebe aufgenommen zu werden.

Ich erinnere mich an meine letzte Abreise von der Insel, als auch Rubzow von ihr fortging, der nach Anatali Poluektowitschs Tod drei Jahre als Chef des Hubschrauberlandeplatzes in Bugrino war, nachdem er zuvor in derselben Funktion zwanzig Jahre bei den Geologen an der Pestschanka gearbeitet hatte. Ich ging wegen des Tickets bei ihm vorbei und traf ihn beim Packen an. Die ganze Habe dieses ruhigen, hageren Mannes gegen sechzig passte in eine Lederaktentasche, die nicht einmal sonderlich prall gefüllt war. Umso mehr, als er ein Paar geflickte Filzstiefel, eine blankgesessene Hose und eine verschossene alte Jacke zu einem Bündel zusammengeschnürt hatte, mit dem er demonstrativ zur Steilküste schritt, wo er es »über den Abhang« warf. Er wollte sich für immer von Kolgujew verabschieden. Der Helikopter kam und mit ihm auch Rubzows Ablösung, ein junger Bursche in blauer Luftfahrtuniform, der heraussprang und um sich schaute, erst mit Staunen, dann plötzlich mit Schrecken in den Augen, was sofort den Neuling verriet. An ihm erkannte ich, wie seinerzeit ich selber um mich geschaut haben musste. Rubzow übergab ihm die Amtsdinge und ging zum Hubschrauber. Die Piloten boten ihm als altem Bekannten einen Platz in der Kanzel an, aber er setzte sich zu allen anderen in den Passagierraum. Mit seiner weichen handgestrickten violetten Schirmmütze und der Aktentasche auf den Knien sah er aus wie ein friedlicher Rentner aus Zentralrussland, nicht wie einer, der so viele Jahre im Hohen Norden gearbeitet hatte.

»Und wohin gehts jetzt?«, fragte ich ihn.

»Weiß nicht«, antwortete er mit entwaffnend sorgloser Stimme. »Erst mal nach Uchta zu meiner Tochter wahrscheinlich …«

Das zittrige »wahrscheinlich« verriet ihn: Er war zu lange weggewesen und war sich ebenfalls nicht sicher, wiedererkannt zu werden …

Nach Kolgujew mutet einen Moskau wirklich seltsam an.

Beim Trolleybusdepot treibt der Wind die ersten trockenen Ahornblätter über den Asphalt. Die blinden Mauern ringsum sind aufgeheizt und leblos … In der Luft eine Ahnung von Herbst … Abenddämmerung …

Das Gras ist gelb geworden: Ich war also wirklich ziemlich lange fort.

Wie lang?

Erst vor unserer Wohnungstür komme ich wieder zu mir. Der Schlüssel dreht sich im Schloss, ein Schwall warmer, seit ewigen Zeiten eingesperrter Luft kommt mir entgegen.

Die Blumen auf der Fensterbank sind vertrocknet.

Auf dem Tisch deine Uhr. Sie steht.

Hier war so ewig niemand mehr, dass man das Fürchten bekommt.

Erst nachdem ich die Balkontür geöffnet und ausführlich die Wohnung begangen habe, wage ich mich in mein Zimmer. Hier ist alles unverändert, nur der Computerbildschirm ist von einer feinen hellgrauen Staubschicht überzogen.

Ein Blatt auf dem Tisch stellt sich als Gruß von dir heraus.

Gottseidank, alles nimmt seinen Platz ein, alles ist wiedererkennbar …

Das Waschen meiner Expeditionsmontur ließ mich den Vorortzug verpassen, aber vielleicht wollte ich ihn gar nicht wirklich erwischen. Aus irgendeinem Grund war gerade das Alleinsein heilsam: Ich musste mich daran gewöhnen, dass Sommer war und die Nacht dunkel und man barfüßig auf den Balkon gehen konnte … Für einen Moment durchbohrte mich schneidend schmerzhaft die Erinnerung an die grenzenlosen Räume, durch die jetzt vom Meer bis zu den kahlen Sandkämmen die perlgrauen Nebel zogen, die Sonne verdeckend, um das lichte Dunkel der Nacht mit Fallen und Täuschungen, Stimmen unsichtbarer Vögel und Schatten geisterhafter Berge zu füllen ... Nie flog ich ohne ein Gefühl der Erleichterung von der Insel ab, als hätte ich mich aus einer Falle befreit. Und ebenso kehrte ich nie nach Moskau zurück, ohne zu bedauern, dass ich die Tür unserer Wohnung nicht wie die Baloktür aufmachen und hinausgehen konnte in den nach allen Seiten hin weit geöffneten freigebigen und großartigen wilden Raum.

Ich kochte mir zwei Kartoffeln und aß sie. Komischer Geschmack. Ich trank einen Kaffee, rauchte auf dem Balkon eine Zigarette und schaute staunend auf die dunkle riesige Stadt rundherum, auf den abnehmenden Mond, die Sterne am Himmel ...

Dann entdeckte ich neben dem Schrank ein Paar Slipper von dir – und begriff, dass ich zurückgekehrt war. Vorbei. Was ich diesmal an Schätzen mitgebracht hatte, konnte allmählich ausgepackt werden: eine Falkenpfote, die mir Alik geschenkt hatte, eine Schiffsglocke, eine versteinerte Muschel, die vollgeknipsten Filme, das Tagebuch ...

Morgen früh werde ich dich sehen. Im ersten Augenblick werde ich dich nicht wiedererkennen, dann werde ich begreifen, dass das Glück begonnen hat, und dann werde ich dir ein Märchen erzählen. Denn ich habe dir doch ein Märchen versprochen? Ich werde dir von einem jungen Mann erzählen, der eines Tages alles in seinem Leben ändern wollte: die ihm von einer delirierenden Wirklichkeit aufgehalsten Probleme abschütteln, seine Liebe vor der Alltagsroutine bewahren, die Welt bis zum fernsten Horizont, beinah bis zu ihrem äußersten Rand erweitern, sich selbst freimachen für die schöpferische Arbeit ...

Ich werde dir erzählen, wie ihm zuerst alles gelingt: Das ist die Geschichte des Fliehenden. Aber dann ... Niemand darf wissen, was das wirklich ist: ein Buch. Nichts darüber, was dahinter steht. Aber dir, Liebste, werde ich es trotzdem erzählen. Wie das Buch eines Tages durch einen dreist hingeschriebenen Satz, eine messerscharf geschliffene Zeile streichholzgleich aufflammt – und du begreifst, dass der Zauber gelöst ist, Stammeln und Stummheit vorbei sind, dass du endlich eine Sprache gewonnen hast und das eben Geschriebene alles zuvor Geschriebene lohnt. Berauscht vom Bewusstsein der eigenen Kraft, von der Schönheit der eigenen Stimme versuchst du es weiter und weiter – und alles gelingt. Die neue Sprache lügt nicht, sie fordert einzig und allein Fortsetzung, neue, immer wieder neue Formen und Möglichkeiten des Selbstausdrucks – und so stellt sie dich vor die Notwendigkeit, erneut dorthin aufzubrechen, woher du deine unglaublichen Fähigkeiten genommen hast. So wird das Buch Leben, und das Leben Buch. Und eine Zeitlang macht dir das keine Angst, so lange nämlich, wie die schriftstellerischen Ambitionen nicht nachlassen und du nicht deinem Buch Auge in Auge gegenüberstehst. Jaja, es gab Berauschtheit und Begeisterung – Begeisterung beim Schreiben, Begeisterungsmomente im Reisen –, einige Augenblicke (Augenblicke eben) eines unbeschreiblichen, unwiederholbaren Glücks … Aber jetzt, jetzt musst du aus diesen von dir erlebten Begeisterungsmomenten ein halbwegs konsistentes Gewebe herstellen, ein halbwegs solides Buch, und nebenbei so gut es geht dein Leben und das deiner Nächsten gestalten … Da begreifst du, dass dein Buch wohl niemand brauchen wird. Und in dem Moment, in dem dich Zweifel und Erschöpfung anfressen, verschwindet die Begeisterung aus dem Buch, das sich plötzlich in ein nicht zu stemmendes Gewicht verwandelt, in den Versuch, etwas zu erklären, was nicht einmal zu verstehen ist. Und je größer die Erschöpfung wird, desto unerträglicher auch die Last der Seiten. Im Buch nämlich kommt der Bewegungselan, der dich vorwärtstrieb, zum Erliegen und erstirbt … Und nun sitzt du hier. Sitzt da und füllst dich an mit Gewicht, drehst die Erdklumpen aus Worten um und um, wühlst in den Sänden, knetest den Lehm, aber wieder gelingt keine Form, die so leicht, schön und *frei* wäre wie das, was sich dir in der Zeit des Unterwegsseins eröffnet hat …

Man geht hinaus, seiner Freiheit entgegen – und wird Sklave der eigenen schöpferischen Arbeit. Ja, Liebste, so kommt es. Der Mensch geht, wie das Ren, von selbst in die Unfreiheit. Und wenn diese das Schreiben ist, so ist es eine ernste Falle, aus der du nicht so einfach wieder herauskommst.

Schreiben ist vielleicht die äußerste Form von Egoismus. Deshalb setzt du irgendwann alles auf eine Karte und beschließt, du musst gewinnen. Schließlich verdoppelst du noch den Einsatz und greifst zu den in solchen Situationen üblichen Dopingmitteln, wobei du längst vergessen hast, dass ursprünglich von Einsätzen keine Rede war, dass niemand dir eine Belohnung versprochen hat, außer der Teilnahme an der Kundreise. Sie ist die Belohnung, eine andere wird es nicht geben, begreif das …

Aber wusste ich damals denn, Liebste, dass die Arbeit sich so viele Jahre hinziehen würde? Ich dachte, ein Jahr oder zwei, aber fünf – nein, trotz allem … Ich wusste nicht, dass alles derart qualvoll würde. Dachte nicht, dass das zuerst als neue, bildreiche Sprache ein Stückchen sich auftuende Buch mir zur tödlich drohenden Gefahr würde. Ich erlebte Abenteuer, und das war interessant. Jetzt dagegen führe ich vor meinem Buch ein Pariadasein, sitze wie ein Verfluchter acht, neun, zehn Stunden pro Tag am Schreibtisch, die Freunde haben mich vergessen, und auch ich habe schon halb vergessen, was menschliche Gefühle sind, Freude, Heiterkeit …

Aber die Kunst hat ihre eigenen unerbittlichen Gesetze. Für jedes Recht muss bezahlt werden, auch für die Freiheit des Schreibens. Außerdem habe ich die eine oder andere Erklärung abgegeben, die durch Taten bekräftigt werden will. So bleibt mir nichts übrig als weiterzumachen. Aber als ich fortging von dir ins Verlies der Schriftstellerei, wusste ich da, dass ich Rotz und Wasser heulen würde, getrennt von dir und mit einem Buch, das mich umbringt?

Das Buch hat uns auseinandergebracht, das Buch hat sich zwischen uns geschoben, sich im Leben quergestellt, hat alle meine Gefühle absorbiert, mir das Letzte geraubt und mich an die Grenze der Erschöpfung und Stumpfsinnigkeit gebracht, als in meinem Kopf nichts mehr außer der verfluchten Insel war … Aber nährt eine Insel die Liebe? Liebe braucht frische Luft, lebendige Kraft … Ich mit meinem Buch dagegen – bin ich nicht eine erbärmliche Gestalt?

Solch eine Frage ist unerlässlich. Solch eine Frage muss unbedingt gestellt werden, *schöpferische Arbeit* muss durch tiefen Zweifel auf die Probe gestellt werden, und wenn sie trotz allem fortgesetzt werden will, muss sie sich eine Rechtfertigung finden. So zieht der Schriftstellerstolz das Schuldgefühl nach sich. Und dann die Reue – womöglich das wichtigste Gefühl in dieser ganzen Geschichte.

Mal mich – und ich lebe auf,
Komme aus dem Dunkel der herbstlichen Allee,
Tauche langsam, einen Apfel kauend, auf.
Mal mich.
Wie sonst sollte ich aufleben?
Hier gibt es weder Apfel, noch Allee, noch Herbst –
Nur Lehm, Moor, Himmel einer urzeitlich wüsten Erde
Und die kalt sonnenmelierte leere See.
Mal mich.
Hilf
Deiner Erinnerung an mich auf:
Dann will ich vorsichtig
Versuchen
Wenn möglich
Ich zu werden
Ein anderer zu werden
Das Gesicht aus dem Lehm zu reißen,
Aufzukeimen aus dem Sand
Seis auch als Schößling …
Glaub mir, es macht mir keine Angst als Rentierskelett
Nach Süden weisender Zeiger
Mich in die Tundra zu legen,
Moltebeere, Fluss, Eis zu werden
Im leeren Auge des Mammuts;
Von Möwen zerpickt,
Ihr Kot zu werden,
Weniger als Kot sogar – Kadmium oder Kalzium –
Macht mir keine Angst. Schon lange nicht.

Aber.
Ich würde gern etwas anderes sein
Als Torf in diesen Moortiefen.
Seis nur eine seltene Erinnerung.
Seis ein Bildchen auf einer Rechnung ...

Nun, und dann beendest du, Sklave deiner Arbeit, eines schönen Tages dein Buch.

Das ist das Schlimmste: Denn in diesem Augenblick begreifst du, dass du gestorben bist. Du hattest ein Buch zu Abenteuer, Spiel, Kunst, Qual und Pariadasein – und jetzt ist nichts mehr von all dem übrig. Du hattest ein Buch zur Zuflucht. Du hattest ein Buch zum Vorwand – denn du hast in diesen Jahren zu leben verlernt, *normal* zu leben.

Jetzt gibt es keinen Vorwand mehr.

Dir wurde gleichsam der Panzer heruntergerissen. Natürlich, jetzt bist du frei von Sinngebungen, derer du überdrüssig geworden bist, von mühevoller, einsamer, mit niemandem teilbarer Arbeit – in Wahrheit aber hast du allen Schutz abgeworfen und dich von einem begreifbaren Bild der Welt verabschiedet, von einem gewohnten, wortwörtlich eingewohnten Universum und seinem Mittelpunkt, der Insel, die du zu Fuß und in Worten kreuz und quer erkundet hast ...

Das gruselige Gemisch aus Entsetzen und Freude nach dem Schlusspunkt unter dem Buch ist vielleicht eines der erstaunlichsten Gefühle im Leben. Grausiger ist nur die Rückkehr. Die Heimkehr nach Hause.

Denn vorzeiten bist du ausgezogen, um »dich zu gewinnen« und der Liebsten als Geschenk eine wunderbare Geschichte mitzubringen, aber ... Heim kehrst du nun an einen anderen Ort, in andere Umstände, als anderer Mensch zu einem anderen Menschen ... Denn auch sie, deine Geliebte, hat ja gelebt in diesen fünf Jahren, sie hat auf dich gewartet, aber sie hat sich deiner entwöhnt, in ihrem Gedächtnis existieren deine Züge nur noch in dünnen Strichen, wie eine hingeworfene Federzeichnung, die nur deine allgemeinen, wenn auch vielleicht schönsten Züge erfasst.

In diesem Moment beginnst du wie ein Taucher, mit komprimierter Lunge, langsam aus deiner Kavernenfinsternis aufzusteigen an das Licht eines neuen Tages, von dem du, da dir am Schreibtisch jedwede Zeitrechnung abhanden gekommen ist, absolut nichts weißt. Zum Glück triffst du auf der Schwelle zu diesem neuen Tag einen alten Freund, du hast ihn seit bestimmt zehn Jahren nicht mehr gesehen, und an der Marke seines Autos und der Art zu sprechen, an allem erkennst du, dass er die ganzen Jahre natürlich mit anderem verbracht hat. Ihr erzählt dem Leben hinterher. Er hat sich tatsächlich ins System eingegliedert und ist reich geworden, so dass dir sogar kurz durch den Kopf geht, ob du ihn anpumpen sollst. Aber da fragt er, wo du warst – und während du antwortest, wird dir bewusst, dass du seltsamerweise überall dort warst, wo du hinwolltest, solange ihr noch Freunde wart, solange eure Vergangenheit sich noch nicht gegabelt hatte und die Zukunft noch ein Traum war: Auf deiner Insel warst du und auf Nowaja Semlja und auf der herbstlichen Krim und in Paris … Und dann fragt er aus irgendeinem Grund: »Hör mal, bist du erschöpft?«

Erschöpft … Wie soll ich das sagen?

»Schon, ja …«

»Und Gerüche, nimmst du noch Gerüche wahr? Oder Farben?«

»Ja, doch.«

»Ich nicht. Irgendwie nicht mehr … Ich nehm nichts mehr wahr auf der Datscha. Empfinde keine Freude mehr …«

Und da begreifst du, dass ihr einander nicht helfen könnt. Das Leben hat jedem seinen Preis abverlangt. Und jedem erlaubt, das zu ergreifen, was er wollte.

Und in diesem Moment wird dir dein Reichtum bewusst.

Du hast ein Buch geschrieben. Und das ist eine doppelte Belohnung: Zum einen gibt es das Buch, es existiert als Tatsache. Zum anderen gibt es das Buch in dir nicht mehr, es ist wie eine gelöste Aufgabe in die Vergangenheit fortgegangen. Du bist leer und frei, gleich dem Dào. Jetzt begreifst du auch, was das Glück ist: ein Ausatmen, Abfallen aller Kräfte, Leergeschriebensein, ein Freiwerden von dem Projekt, Freiheit.

Ein Sichhäuten. Die zu eng gewordene abgestreifte Haut.

Das ist die Belohnung, der in Wahrheit nichts mehr hinzugefügt werden kann.

Und das Märchen? Ich denke, du hast es gelesen, Liebste. Es nähert sich dem Ende, und nachdem die Götter und Elfen die Insel bereits verlassen haben und die besten Menschen einer nach dem andern sie allmählich auch verlassen, können wir nur noch den letzten Akten des menschlichen Dramas beiwohnen. Es naht das Ende eines Zyklus.

Weißt du noch, ich habe dir erzählt, wie der zerschundene Raum der Erde bei der Sägemühle an der Kriwaja mir wie ein Trichter vorkam, Überbleibsel einer Schlacht, die jene letzten Götter und Helden, flankiert von den ihnen verbundenen Menschen, sich mit den dunklen Mächten des Vergessens lieferten, um die Insel zu verteidigen? Ich habe einmal versucht, mir diese Heerschar vorzustellen, all diejenigen namentlich durchzugehen, die Schulter an Schulter in dieser Schlacht gestanden haben könnten. Mir fiel der Schamane Iwan Purpej ein und der furchtlose Jäger Chabtschikal, auch Chada Waermi, und Nikita fiel mir ein, der »alte« Grigori Iwanowitsch, Alik, Tolik, und der grauhaarige Iona, den Ada und Wolodja einst als Jungen gemalt haben, auch Ada und Wolodja natürlich fielen mir ein, Trevor-Battye und Hyland, Petka und ich selbst. Was bliebe uns anderes übrig als zu kämpfen, wären wir in der furchtbaren Stunde der letzten Schlacht auf der Insel, wenn am Horizont Finsternis heraufzieht, unklar, ob eine Flotte oder Wolken. Hier hast du den Stoff für ein Märchen. Wir wissen noch nicht, was es ist und worin das Prinzip des Bösen besteht, und wissen folglich nicht, welche die beste Waffe dagegen wäre – ein Schuss aus einem alten mörderischen Gewehr, Trommelschläge, Beschwörungsformeln oder eine Nikolaj-Ugodnik-Ikone mit ölverschmierter Stirn –, aber außer uns gibt es ja wohl anscheinend niemanden, um die Insel gegen den Ruin und den Hexentanz der dunklen, undurchdringlichen Mächte zu verteidigen. Ich weiß nicht, zu welcher Waffe ich greifen soll. Aber vielleicht besteht mein Kampf genau darin, alle diejenigen zu sammeln und namentlich zu nennen, die Verwesung und Untergang entgingen. Dann müssten hier auch die alte Maremjana stehen, der Kaufmann Sumarokow, Kossowski, dieser grundmenschliche Kerl vom Sewerny-Leuchtturm, Kolja Odinzow, Korepanow – alle diejenigen, die die Insel liebten und ihr ein Stückchen ihres Lebens gaben. Vielleicht ist meine Aufgabe ganz einfach: sie alle zusammenzurufen und namentlich zu nennen, um das Bild eines sinnvollen Raumes zu erschaffen, des menschlichen Raumes.

Vielleicht zerstreut sich mit dem Nennen aller Namen ja die Finsternis wie Dunst? Denn das Böse ist zuallererst Widersinn und Dunkel – und vielleicht verteidige ich ja mit der Sammlung der Menschen zu einer Handvoll Sinn die Insel vor Verderben und Vergessen?

Jetzt, da alles hinter mir liegt, Geliebte, da all meine Abenteuer und die Abenteuer des Textes zu Ende und die Träume Wirklichkeit geworden sind, haben sich die Kilometer in Zeilen und die Schritte in Worte verwandelt; jetzt, da die törichten Hoffnungen sich wie Dunst verflüchtigt haben, auf meiner Insel wie mit einem Fesselballon davonzufliegen in eine wunderbare Stadt, in deren Mitte sich der Tempel der toten Herrscher erhebt, da das freiwillige Einsiedlerdasein und das Hocken über dem Buch hinter mir liegen, da die Jahre, wie es sich gehört, unwiederbringlich vergangen sind, jetzt fühle ich mich leicht und glücklich, als wäre ich an den Anfang zurückgekehrt.

Ich betrachte dich. Du hast dich verändert. Deine Frisur ist neu. Du hast mich wiedererkannt. Wahrscheinlich habe auch ich mich verändert und bin von meiner Wanderschaft nicht ganz als der begeisterte Junge heimgekehrt, der einst um ein Märchen für dich fortging …

Aber anscheinend tut es dir gerade um ihn leid – den naiven Romantiker, der im Lauf seiner Reisen gestorben ist.

Es tut dir leid um ihn, aber du gehst auf mich zu und küsst mich auf den Mund: Und dieser Kuss ist süßer als der erste Liebeskuss.

Und ich sinke vor dir nieder und küsse deine Füße und liege stumm da wie ein Tier und weiß keine Dankesworte, bin außerstande, die Worte zu sagen, die ich sagen wollte: »Geliebte, welches Glück, dass ich dort war. Und welches Glück, dass nach allem, was uns widerfahren ist, wir uns doch getroffen haben …«

V
DAS BUCH DER BEIGELEGTEN SEITEN

»… Ursprünglich, in der Mitte des vergangenen Jahrhunderts, von russischen Gelehrten (u.a. von dem berühmten Botaniker Ruprecht) erforscht, wurde Kolgujew in den neunziger Jahren von dem Engländer Trevor-Battye, der hauptsächlich im Nordwesten und Südosten der Insel arbeitete, sowie von der Expedition von Pearson und Feilden besucht, welche das Küstengebiet an der westlichen Seite derselben untersucht hat. Im Jahre 1902 haben der Botaniker R. Pohle, der Zoologe Buturlin und der Pedologe Schulga grosse Strecken untersucht, allein nur wenig die Grenzen der von früheren Forschern besuchten Gebiete überschritten. Deswegen, und da nach 1902 keine gründlichen Forschungen in Kolgujew betrieben worden waren, verblieben einzelne Gebiete der Insel, besonders ihr nordöstlicher Teil, fast völlig ununtersucht. Da ich mir demgemäss die Erforschung der nordöstlichen Gebiete Kolgujews als erste Aufgabe stellte, musste ich auch möglichst vollständiges Material über die Flora der Insel einsammeln, da dieselbe noch ungenügend bekannt ist und unbestreitbar viele interessante Züge darbietet …«

A. Tolmatchev, »Eine Sommerreise nach der Insel Kolgujew i.J. 1925«, *Geografiska Annaler*, Band 9, Stockholm, 1927.

I.
Die Síde

Hier soll von den kleinen Menschen die Rede sein, die heutzutage fest in den europäischen Zaubermärchen beheimatet sind, Menschen, die ihre unendliche Zeit damit verbringen, leichtblütig auf transparenten Flügeln im Schutz undurchdringlicher Wälder einherzuschweben und müßigen Wanderern den Verstand zu verwirren. Sie firmieren unter dem seltsamen Namen »Feen und Elfen«, aber ich werde von jenen Zeiten sprechen, als diese Wesen noch einen würdigeren Status besaßen, auch ein erhabeneres, bisweilen sogar bedrohliches Aussehen und sie zu den Menschen ernste, um nicht zu sagen, lebensnotwendige Beziehungen unterhielten.

Aus dem *Buch von den Einnahmen Irlands* wissen wir, dass die eigentliche Geschichte der Menschheit (jene seltsame Geschichte im »bedingten Chronotop«, wo in einem weiten Panorama reale Menschen und ihre phantastischen Verwandten sich vermischen) mit der fünften (und letzten) Einnahme Irlands beginnt. Míl und seine Söhne – Éber, Éremón und Ir – sind die ersten Menschen auf der irischen Insel, die bis dahin nur von Wesen göttlichen Ursprungs besucht (und im Laufe dieser Besuche geschaffen) worden war. Míl wird in Nennius' *Geschichte der Briten* erwähnt. Dass er und seine Söhne aus dem Süden übers Meer gekommen sein sollen, widerspricht weder dem, was bei Nennius zu lesen ist, noch dem gesunden Menschenverstand, denn die Kelten zogen sich mit ihrer Verdrängung aus Europa durch andere Völker auf die Inseln zurück. Auch wenn es für sie gewiss eine Art moralischer Niederlage darstellte, aus glücklicheren Regionen verdrängt worden zu sein, so wäre es doch Mäkelei gewesen, über Irland die Nase zu rümpfen: während der vier vorausgegangenen Einnahmen war die Welt dort voll und ganz eingerichtet worden. So erfolgte die vierte Einnahme Irlands durch die Tuatha Dé Danann, das Volk der Göttin Danu, das zu den göttlichen Vorbewohnern der Insel in verwandtschaftlicher Beziehung steht und aus dem Norden stammt: »Auf den nördlichen Inseln der Welt lebten die Tuatha Dé Danann; dort erwarben sie Weisheit, Kenntnis in Magie, Zauberei, Druiderei und andere Geheimnisse, bis sie alle Erdenbewohner darin übertrafen.« Von dorther auch – aus dem Norden – bringt das Volk der Danu *die vier Schätze Irlands* mit: das Schwert des Nuadu, den Kessel des Dagda, den Speer des Lug und den Stein von Fál – den Stein des Wissens, des Reichtums und der Weisheit, dem zu Ehren später das ganze Land Ebene von Fál genannt werden sollte.

Es sind die Tuatha Dé Danann, die die Fomorier besiegen – Personifizierungen von Höllenwesen, die im Norden in gläsernen, bis zum Himmel reichenden Türmen leben. Bedeutend an diesem Sieg ist, dass er zu jenen kosmischen Schlachten gehört, bei denen der geordnete Ursprung der Welt den chaotischen besiegt. Anders gesagt, der Aufenthalt der Tuatha Dé Danann auf der Insel bedeutet unermüdliche Arbeit an der Einrichtung und Organisierung der Welt, eine aus menschlicher Sicht demiurgische Arbeit.

Auf dem Höhepunkt dieses Einrichtens der schönen Welt nun stoßen auf das Volk der Danu neue Eroberer: die Menschen. Míl, der »mächtige, wilde, rotgesichtige, untadelige, grausame Herrscher«, und seine Söhne. »Und er ging für seine Söhne und Brüder in die Schlacht um die Erde, und er schlug eine Schlacht bei Tailtiu und Druim Ligen, und die Tuatha Dé Danann erlitten grausame Verluste und zogen sich von der Erde zurück.«

Bedrängt und ihres angestammten Rechts beraubt, in der Welt die Ordnung aufzurichten, wenden sich die Tuatha Dé Danann an Manannán mac Lir.[*] Der Sohn des Meeres schlägt ihnen, als

---

[*] Manannán mac Lir (Manawyddan in der walisischen Tradition) ist Sohn der Lir und einer der bemerkenswertesten Götter, eignen ihm doch in der gesamtkeltischen Überlieferung heldische wie göttliche Züge, ja in einigen Texten erscheint er als Hochkönig des Volks der Danu. Manannáns Besitzung – Emain Ablach (Apfelreiches Emain) – ist die einzige glückliche

Geschöpfen, die nicht den Gesetzen des irdischen Raums unterliegen, eine originelle Lösung der Landfrage vor: »sich auf die Síde zu verteilen«, dort ein gastfreies Leben zu führen und sich künftig *Síde* zu nennen.[*] In »Das Aufziehen des Hauses der beiden Gefäße« gibt es eine genaue Namensliste, wer sich wo niedergelassen hat. König über die Síde des Südreichs wird Bodb Derg, ihm fällt das Síd Buidb zu, sein offizieller Sitz aber wird das Síd ar Femen, einer der berühmten Zauberhügel in Irland. Dem Síd Midir fällt das Síd Brí Léith zu. Alle in dieser Sage erwähnten Síde (Hügel) haben in der heutigen irischen Toponymik ihre Entsprechung.

Der »Manannánsche Kompromiss« ist nicht nur deshalb von Bedeutung, weil er die Tuatha Dé Danann vor der (Göttern unwürdigen) Landaufteilung bewahrt, sondern er verleiht vor allem dem Chronotop des keltischen Lebens eine merkwürdige zusätzliche Eigenschaft: In den Síde wird die »Unterseite« des Raums genutzt, sein inwendiges Potential. Zudem fließt in diesem auf so ungewöhnliche Weise veränderten Raum die Zeit nicht linear, sondern eher »in die Tiefe«, was zur Folge hat, dass die Síde nicht nur in den Hügeln wohnen, vielmehr werden alle *Grenzbezirke der Elemente* zu ihrer Domäne: Höhlen, Felsspalten, Schluchten, wundersame Inseln im Ozean – Orte, die sich in ihrer Eigenschaft unterscheiden, doch eines gemeinsam haben: Auf der Schwelle von Raum und Zeit neigen sie zu Selbstverwandlung.

Natürlich kann *jeder* bis zu einer Wegkreuzung gehen. Bis zu einem Brunnen – Kreuzung der Elemente. Bis zu einem Hügel oder

»Anderswelt«, zu der die Menschen keinen Zutritt haben. Ihr Raum ist auf Kosten sowohl des Elements der Erde als auch des Wassers ungewöhnlich ausgeweitet. So sind die Wellen Manannáns Pferde. Von ihm, dem Sohn des Meeres, gehen später einige Züge auf die Síde über. Beispielsweise bewohnen sie die glücklichen Andersweltinseln – die Inseln der Glückseligen; und ebenso existieren für sie nicht die Grenzen zwischen den Elementen – beispielsweise reiten sie im Wettstreit mit den menschlichen Schiffen auf Pferden übers Meer; schließlich ist Manannáns Gattin Fand eine Síd. Zahlreiche Forscher vergleichen Manannán mac Lir mit dem Fischerkönig in der Sage vom Gral. Seine goldenen Pokale gelten als ein Urbild des Grals.

[*] Síd, auch Sidhe, auf Walisisch Sed, bedeutet im Altirischen Wohnsitz, dann: Hügel, aufgeschütteter Hügel.

einer Meeresküste – Kreuzung der Räume. Jeder mag unterwegs der Nacht begegnen. Oder einem Schneesturm. Dem Wechsel von Tag und Nacht. Für einen Wanderer ist das nichts Ungewöhnliches, und deshalb ist auch nichts Seltsames daran, dass *jeder* von der Grenze der Elemente in die Welt des Paradoxalen, der Anderswelt, des Spiels von Raum und Zeit geraten kann.

Im frühen Mittelalter war es für niemanden ein Geheimnis, dass man zu Samhain, dem Fest auf der Grenze zum Winter, unverhohlen, gleichsam offiziell, in diese andere Welt wechseln kann, denn für den mittelalterlichen Menschen stellte sich die Frage »glauben oder nicht glauben« – ob er die Nähe der »parallelen Welt« ernstnehmen soll – nicht. Ihm war, sozusagen von der Wiege an, der Weg selbstverständlich bekannt, ihm stand dieser Kommunikationskanal offen.

Dieses Geöffnetsein zu den paradoxen Räumen hin erklärt gewiss auch manche befremdlichen Ereignisse in den aus heutiger Sicht »phantastischen« mittelalterlichen Chroniken sowie die »Bedingtheit« des Chronotops der mittelalterlichen (in unserem Fall keltischen) Geschichtsmythologie. Genau hieraus entspringt jene geheimnisvolle »Parallelgeschichte«, die nun schon vierzehn Jahrhunderte hindurch ihr phantastisches, unglaubliches Leben führt.[*]

Die dem Volk der Danu von Manannán mac Lir verliehenen Eigenschaften sind merkwürdiger Natur:

Die Síde sind berechtigt, an den Festmählern teilzunehmen, deren Vorsitz Dagda innehat, Besitzer jenes Kessels, der nicht nur Symbol der Fülle ist, sondern auch lebensspendende Kraft besitzt; an diesen Festmählern teilzunehmen bedeutet nicht einfach Sättigung, sondern Teilhabe an *des Lebens großer Überfülle.* Unsterblich-

---

[*] Die Ereignisse und Phänomene, von denen im Folgenden die Rede sein wird, lassen sich durch frühgermanisches, isländisches oder skandinavisches Quellenmaterial untermauern. Wir stützen uns hier auf keltische Sagen: irische Überlieferungen und die ersten Zweige des *Mabinogion* der walisischen Kelten – nicht nur, weil diese Quellen besonders umfänglich und wenig verderbt überkommen sind, sondern weil darin die uns interessierenden Phänomene direkt benannt und strukturiert sind.

keit erlangten die Síde nicht; aber das Wasser aus einem Zauberkessel vermochte einen Toten wiederzubeleben, und so können sie am Zweikampf von Leben und Tod die eine oder andere kleine Korrektur vornehmen.

Die zweite Gabe, die an die Síde überging, sind Manannáns Schweine. Hier tritt die Idee der Sättigung in Reinform auf, die Idee einer sorgenfreien Glückseligkeit, der Möglichkeit, die inneren Kräfte nicht mit der Not ums tägliche Brot verausgaben zu müssen ...

Die dritte Gabe ist *Féth-Fiada*.

In den ältesten Textfragmenten gibt es keinerlei Hinweis darauf, worum es sich handelt – der Gegenstand muss den Zeitgenossen vertraut gewesen sein. Dasselbe gilt noch für spätmittelalterliche Quellen – auch in dieser Zeit wusste man also, wovon die Rede war. Nur der heutige Mensch weiß es nicht. Dank umfänglicher etymologischer, textologischer und semantischer Forschungen konnte schließlich rekonstruiert werden, dass es sich bei Féth-Fiada um einen besonderen, seltsamen, nur den Síde assoziierten Nebel handelt, um einen Zaubernebel, einen Dunst, der die Orte, an denen Síde erscheinen, einhüllt. Darüber hinaus ist Féth-Fiada das erste Anzeichen, an dem die Menschen die Gegenwart der Síde erkennen können.

Doch beschränken sich die Eigenschaften von Féth-Fiada nicht auf das Verbergen. Unter seiner Hülle verfremden sich auch Zeit und Raum jedes beliebigen, noch so gewöhnlichen Ortes und gewinnen Züge, die ihnen sonst in der verborgenen Welt der Síde eignen.

In »Das Werben um Étaín« (I) senkt sich auf den in einer Tagesreise seine Ländereien abfahrenden König Féth-Fiada herab und »zerstreut die nächtliche Finsternis, trübt die Sterne, verschont von Hunger wie Durst der langen Zeit«. Wie der Schlaf verändert Féth-Fiada die Struktur des Lebens, legt die Zeit in einen solchen Kringel, dass im Verlauf des Tages, den der erfolglos Umherfahrende unter seiner Hülle verbringt, neun Monate vergehen.

In den Sagen des ersten Zweigs des *Mabinogion* lauschen, eingehüllt von Féth-Fiada, die Reisenden verzaubert den Vögeln der Rhiannon, so dass sie sieben Jahre lang die Weiterreise vergessen.

Und in »Das Werben um Étaín« (III) beschließt ebenjener erfolglose König, nachdem er den Zauber von Féth-Fiada abgeschüttelt hat, seine (wie er glaubt) ein Jahr zuvor entführte Frau aus einem Síd zu befreien – aber wie sich herausstellt, ist diejenige, die er für seine Frau hielt, die Tochter von deren Tochter.

Unter dem Zaubernebel ändert sich in der Regel auch der Raum. Vertraute Landschaftsdetails verschwinden, und die Welt der Síde »tritt hervor«. Vereinzelt sind dies sídische Bauwerke von so prächtiger wie seltsamer Architektur, meist aber verändert sich die Örtlichkeit durch »hervorwachsende« zusätzliche Hügel, eindeutig Zaubersíde, und etliche Seen, die berühmten sídischen Zauberseen, die dem Volksglauben nach dem Kessel des Dagda gleichen.

Féth-Fiada verfremdet nicht zuletzt die Natur der Geräusche. Die üblichen Klänge werden von der Nebelmasse geschluckt, stattdessen sind seltsame Töne aus der Welt der Síde wahrnehmbar. Normalerweise sind dies das Rauschen der Wellen, das Pfeifen heftiger Windböen (die bei dichtem Nebel zu hören objektiv unmöglich ist), das Schreien von Vögeln, die dem Eingehüllten auch vor Augen treten können. Ebenso gewinnt der in Féth-Fiada geratene Mensch neue Züge. Bekanntlich geleiten gerade die Síde den Menschen in die andere Welt. Im Verlauf einer solchen Reise erlangen die Toten Wissen, Sehergabe und andere außergewöhnliche Fähigkeiten. Im Augenblick der Rückkehr meint der Reisende, er »erwache«. Offensichtlich ist deshalb in der irischen wie der walisischen frühmittelalterlichen Tradition das Genre der *Träume* so populär.

In »Werben um Étaín« (II) wird ein von den Síde verwendetes Jochgeschirr beschrieben. Bis dahin hatten die Menschen einfach ein Gewirk aus Strängen um den Kopf eines Zugtiers geknotet. Nun konnten sie Gespanne fahren. Die ersten Merowingerkönige etwa praktizierten feierliche Ausfahrten in Ochsengespannen, nicht zuletzt, um eine besondere Kunstfertigkeit vorzuführen: das Lenken von Jochtieren.

Die Síde beherrschten die Kunst der Bewässerungsarbeiten, verstanden sich auf Deich- und Wehrbau. Ihr Geschick in der Metallbearbeitung findet besondere Beachtung. In der »Zerstörung der Halle Da Dergas« werden detailliert goldene, silberne, kupferne Kämme, Schnallen und Broschen einer sídischen Schönheit beschrieben, und König Eochaid trifft beim Hügel Brí Leíth auf einen Síd, der sich über einem Eimerchen wäscht: »aus Silber mit vier goldenen Vögelchen an den Seiten, mit vier goldenen Glöckchen auf jedem Vogel, auf dem Rand kleine Edelsteine und Tiere mit allerliebsten Gesichtern«. Feine Ziselier-, Filigran- und Zellenemailarbeiten, Edelsteinverzierungen, das Aufschmelzen unterschiedlicher Metalle – all dies beeindruckte die Menschen. Die männlichen Síde unterrichteten die Kelten im Gerberhandwerk, im Vergolden von Schuhen, in der Kriegskunst. Mehrfach heißt es, gegen die Síden zu streiten »gleicht dem Kampf mit einem Schatten«. Die Síde verstanden sich nicht nur darauf, den Waffen magische Kraft zu verleihen, sie konnten den Menschen auch besondere Kampftechniken beibringen. Es galt als Ehrensache, sich von einem Síd oder dem Abkömmling eines Síd im Kriegshandwerk unterweisen zu lassen. Die weiblichen Síde waren Meisterinnen in der Goldwirkerei wie in Gold- und Silbernäherei. Sie, die weiblichen Síde, waren es, die den Menschen die Grundlagen der Alltagsmagie – der Kräuterkuren und des Besprechens – beibrachten, und von ihnen auch gingen die religiöse Pflicht wie das Vermögen, schwere Leiden, insbesondere den Aussatz, durch Handauflegen zu heilen, auf die Könige über. Hier sind wir von den ausschließlich kulturellen Aufgaben der Síde unmerklich wieder zu ihren magischen Fähigkeiten gelangt – eine Unterscheidung, die im Übrigen für den heutigen Menschen von Bedeutung ist, während für den frühmittelalterlichen die beiden Funktionen in einer natürlichen Einheit existierten.

Eine der seltsamen Fähigkeiten der Síde war die Geräuschkunst. In den Erzählungen taucht häufig eine seltsame Wendung auf: »Es war nichts zu sehen außer dem Geräusch.« Dieses ganz charakteristische Sídengeräusch wurde später zum Symbol der Feen und Elfen.

Das erste der organisierten Geräusche ist der Glöckchen- und Trommelklang hinter der Schulter eines Verstorbenen. Das Lachen einer Sídenfrau ist nicht vom metallischen Glöckchenklang zu unterscheiden. Als Zeichen ihres Besuchs hinterlassen die Síde ein Gebinde aus Glöckchen, einen Silberzweig mit läutenden goldenen Blumen oder eine apfelförmige Metalltrommel (»Das Abenteuer Conles«). In »Fingens Nachtwache« erscheint die Sídenfrau Rothniam in einer Geräuschaureole, in der außer Glöckchen und Trommeln noch Vogelgesang, -schreie und -rufe erklingen. Nicht selten sind die Síde am Klirren der dünnen Ketten zu erkennen, mit denen die Zaubervögel zu Paaren verbunden sind.

Hier kommt im Übrigen noch eine wundersame Kunst der Síde ins Spiel: die Kunst der Metamorphose, von Verwandlung, Sinnestäuschung und Trug. Bevorzugt nahmen sie die Gestalt von Vögeln an – insbesondere dann, wenn sie mit den Menschen in Kontakt treten mussten und ihr wahres Antlitz nicht offenbaren wollten. Als Schwellenwesen war es ihnen anscheinend ursprünglich ein Selbstverständliches, von einer Erscheinung in die andere zu schlüpfen ohne weiteren Vorteil für sie selber, einzig kraft elementarischer Verwandtschaft: Wiederholt wird gesagt, dass die Síde sich auf dem Wasser wie in Himmelshöhen frei bewegen. In der »Zerstörung der Halle Da Dergas« gibt es einen deutlichen Hinweis auf die Verwandtschaft der Síde mit anderen Wesen. Die Krieger auf dem Meere verkünden dem König, der selbst von entfernt sídischer Abstammung ist, eines der Verbote: »Du darfst keine Vögel töten, denn es gibt nicht einen unter ihnen, der dir nicht von Vaters wie Mutters Seite nah wäre.« Trug und Sinnestäuschung, eine Art »Kino im Kopf«, das die Síde für den uneingeweihten Betrachter in Bewegung setzen, all diese gestaltförmigen Fallen, deretwegen man sie später in enge Verbindung mit dem Trickster brachte, sind leider Ausdruck eines veränderten Verhältnisses der Tuatha Dé Danann und der Menschen. Genau genommen gehen sie einher mit dem zunehmenden Auseinanderklaffen von Raum, Zeit und Sinn bei den Síde einerseits und den Menschen andererseits.

Die *erste Phase* der Beziehungen zwischen den Menschen und dem Volk der Danu lässt sich als *bewusster Kontakt* beschreiben. Für den Menschen, der unter den sagenhaften Gesetzmäßigkeiten der Horizontale – von Weg, Urwald und Fluss – lebte, also unter andersgestaltigen, von ihm grundverschiedenen und ihm nicht untertanen Wesen, war das Zusammenleben mit den Síde, die für ihn, wenn man so sagen kann, nicht stärker »anders« waren als

Sterne, Vögel und anderes Getier, vollkommen normal. Die Síde wiederum, die ihre einstige Größe als Götter und Demiurgen der Insel noch nicht vergessen hatten, scheuten nicht davor zurück, mit den Menschen in Kontakt zu treten, um ihnen zu helfen, manchmal auch einfach, um die eigene Überlegenheit zu demonstrieren. Schon das Äußere der Síde unterstrich ihre Auserwähltheit und Besonderheit. Einige von ihnen (Brân aus dem *Mabinogion*) stützten mit ihrem Kopf den Himmel oder liefen zwischen Britannien und Irland durchs Meer. Manchmal zeigten sie sich in flüchtiger Gestalt; dann gingen sie übers Wasser, als wäre es festes Land, oder flogen stolz auf den Schößen ihrer Gewänder bis zu den Wolken hinauf, zwischen denen sie umhersegelten (dessen rühmt sich insbesondere Midir). Dennoch glichen sie den Menschen – wohl aufgrund der Nähe zu ihnen –, nur waren sie bedeutend schöner (die Schönheit der Sídenfrauen ist sprichwörtlich), ja mitunter gewannen sie leuchtende Gestalt. Die Menschen verspürten gegenüber den Síde kein Minderwertigkeitsgefühl und wandten sich ohne Umschweife mit Bitten an sie. So legte Midir einen Sumpf trocken und baute Wehre. Und zur Zerstreuung der Könige erfand er ein Brettspiel, Fidchell, das bis ins 13. Jahrhundert populär war. Manannán nähte herrliches Schuhwerk, das er auch vergoldete, sídische Frauen bestickten Gewänder für die Menschen.

Ungeachtet ihres berückenden Äußeren und ihrer außergewöhnlichen Fähigkeiten widerstrebte es den Síde nicht, eine Verbindung mit einem Menschen einzugehen. In »Die Schwäche der Ulter« heiratet Macha einen König und gebiert ihm zwei Kinder. Die Mutter des Cúchulainn, Dechtire, entstammt einem Königshaus, während sein Vater allem Anschein nach ein Síd ist, nämlich Lug der Langarmige, einer der höchsten Götter der Tuatha Dé Danann. Auch die Bewohner von Leinster und Ulter führen ihre Herkunft auf die Síde zurück. Der berühmte Fionn bezeichnet sich als Spross des Nuadu Nécht (Silberhand) aus dem Hügel von Allen, worüber sein Sohn Oisín offenbar dem heiligen Patrick von Irland selbst berichtete. Wenn eine Beziehung zwischen Mann und Frau sich besonders dramatisch und heftig gestaltet, so verweist dies auf eine Einmischung der Síde. Normalerweise ist in den Überlieferun-

gen eine Hochzeit unter Menschen für die Erzählung von wenig
Interesse und findet nur mit dem schlichten Satz »und sie schliefen miteinander« Erwähnung, während die Liebe zu einem oder
einer Síd stets von Dramen begleitet ist, von Seelenanspannung,
Wahl und Abenteuer. In »Cúchulainns Krankenlager und Emers
einzige Eifersucht« hintergeht der in eine Síde verliebte Held seine geliebte irdische Gattin, womit er beide Frauen und sich selbst
zu Leid verurteilt; zuletzt unterbreitet er der Síd die Möglichkeit
einer großherzigen Wahl. Nicht weniger Leidenschaft tobt wegen
der schönen Étaín und des in sie verliebten Midir in »Werben um
Étaín« (III). Gerade anhand dieser Erzählung können wir sehen,
dass der Umgang von Síden und Menschen alltäglich war: Der in
seiner Ehre gekränkte König fürchtet die sídischen Zauberkünste
nicht, er zieht gegen den Síd in den Kampf und gräbt dessen Hügel
bis zu den Grundfesten auf. Erst später glaubte man, durch Antas-
ten eines Zauberhügels den Zorn von dessen Bewohnern auf sich
zu ziehen.

Diese Art der Beziehungen ist typisch für die *zweite Phase*. Sie
lässt sich als *die Zeit der zufälligen Begegnungen* beschreiben. In Irland
verbreitete sich das Christentum auf überaus organische Weise, es
entfesselte keinen zügellosen Kampf gegen die Fili (Barden, Dichter) und erst recht nicht gegen die Síde. Dennoch verschwinden
die Sängerschulen rasch, und die von den Fili studierten, besunge-
nen und verstandenen Síde geraten in veränderte Position. Immer
häufiger wird wie nebenbei ihr dämonisches Wesen, ihre Zuge-
hörigkeit zur *unteren* Welt betont, sie selber zeigen sich den Menschen weniger. Immer häufiger ist die Rede davon, dass sie sich
unvermittelt in Luft auflösen, verschwinden – mit anderen Worten: es bestand größere Notwendigkeit hierfür. Sie bleiben nach
wie vor äußerst schön, aber ihre Körpergröße schrumpft, was in
den Erzählungen mehrfach Erwähnung findet. Fortan schützt die
Síde zuverlässig ihr *anderer* Raum, wohin man als Mensch zwar
gelangen kann – so Brân oder Conle, Sohn von Conn der Hundert Schlachten –, allerdings nur noch zufällig, als ungebetener
Gast. Sich in einen Zauberhügel aufzumachen gilt durchaus schon
als Heldentat. Nicht selten gerät man im Schlaf hinein – aber es

handelt sich nicht mehr um einen Korridor in eine geheimnisvolle Welt, vielmehr haben wir es schon mit einer im Grunde jenseitigen Welt zu tun, wenn auch – ungeachtet der christlichen heiligen Geometrie – immer noch ohne chthonischen Schlund. Insgesamt wird die Welt der Síde mit einer gewissen ehrfurchtsvollen Vorsicht positiv geschildert. Ja der Begriff der »weißen Welt«, Gwenwed, Welt der Ruhe und des Glücks, »jene« Welt, taucht im Kontext der Síde auf. In deren Welt dominieren glückliche Gestalten und helle Töne: die Gewänder, der Nebel, alles ist weiß oder silberfarben. Im Übrigen geht die Zunahme des Motivs von Weiß und Silber sowie des leuchtenden Äußeren einher mit der Zunahme des Motivs vom Dünner- und Unsichtbarwerden. So ist immer weniger von den Síde selbst die Rede, dafür rückt Féth-Fiada ins Zentrum. Einem Síd zu begegnen wird zur Auszeichnung. Der berühmte Barde David ap Gwilym war einer Begegnung mit Gwyn, dem Sohn des Nudd, würdig, und der heilige Collen, ein Mönch aus dem 7. Jahrhundert, erzählte ohne Furcht um seinen Ruf als christlicher Heiliger unermüdlich davon, dass er selbst in einem Zauberhügel war. Auch der berühmte Chronist Geoffrey von Monmouth trat eigener Aussage zufolge mehrfach mit den Síde in Kontakt. Aber in dieser zweiten Phase der Beziehungen von Síde und Menschen entfernen beider Welten sich unablässig voneinander. Hiervon zeugt unmissverständlich »Die Zerstörung der Halle Da Dergas« – es ist die tragische Geschichte vom Einstürzen der Pfeiler, der Zerstörung der Tradition, denn die Tuatha Dé Danann trugen ja die alte Weltordnung. Die Síde wie die Wesen, deren Gestalt sie annehmen konnten, »schotten« sich gleichsam von den Menschen »ab«, sie sind nicht nur nicht länger ihre Begleiter, sondern genau genommen schon kein Gegenstand der realen Welt mehr. Und wenn zu Beginn der Erzählung die Síde noch in einer ihrer positiven Erscheinungen auftreten – in Gestalt von wellenreitenden Kriegern und Vögeln –, so treten sie am Ende in Gestalt von Missgeburten und gefährlichen Zauberern auf (wobei es die Ironie der Geschichte will, dass einige Forscher in einem dieser Ungeheuer Merlin/Midir erkennen, den schönsten und berückendsten Síde, der den Menschen stets mit besonderem Eifer zu Hilfe geeilt war). All dies zeugt davon, dass die *dritte und letzte Phase* der Beziehungen zwischen Síde und Menschen begonnen hat. Die Welt der Letzteren verengt sich, verliert ihre Rückhalte im Paradoxen, die bis dahin dank der Síde ihrem Raum, ihrer Zeit und ihrem Denken eigen waren. Es beginnt die historische Zeit, die über die Erfahrung des Gewesenen verfügt.

Der Verlust eines ganzen Segments der Welt wurde von den Menschen mit Trauer erlebt – eine Verfasstheit, von der, wie ich meine, die feinsinnigste und dramatischste Sage durchdrungen ist, »Das Aufziehen des Hauses der beiden Gefäße«. Die beliebteste Frauengestalt der irischen Literatur, die schöne Étaín, Síde und bester Zögling Manannáns, wechselt in die Welt der Menschen und lässt sich am Rande einer Stadt an eine Kirchenmauer nageln – sie zieht die ewige Ruhe auf dem Kirchhof der Rückkehr in die glänzende, verborgene, jenseitige Welt der Síde vor. So das Sujet. Doch uns interessiert hier anderes. Die herzzerreißende Abschiedsszene, das unaufhaltsame Auseinanderstreben auf der linearen Achse von Étaín und ihrer Verwandtschaft. Ihr Abschied ist ein blindes Auseinandergehen, denn Féth-Fiada ist bereits so dicht, dass weder Étaín und die sie begleitenden Menschen die Síde sehen können noch diese sie. Die Welt der Menschen ist bereits derart anders, dass die Síde ungeachtet ihrer besonderen Fähigkeiten den Nebel nicht zerstreuen können – und sei es nur von ihrer Seite aus. Er ist dermaßen dicht, dass unter seiner Hülle die Zeit der Síde und die Zeit der Menschen unerbittlich auseinanderstreben. In der Welt der Menschen hört Étaín nicht auf, sich über die Seltsamkeit von Kleidung, Bauwerken und Bräuchen zu verwundern, was davon zeugt, dass Síde und Menschen einander längst fremd geworden sind – in einem Maß, dass sie den Ablauf ihrer Zeiten nicht mehr zur Deckung bringen können.

In den weiteren Erzählungen bekunden die Menschen wachsende Aggressivität gegenüber den Síde, das bringt etwa der Ton von »Der Tod Muirchertachs, des Sohnes Ercs« deutlich zum Ausdruck. Immer häufiger verwirren die Síde gutgläubigen Königen den Verstand, um sie von ihrem Weg eines wohlanständigen Christenmenschen abzubringen. Das sind ideologische Tricks, menschliche Einfälle. Doch die Síde merkten vermutlich, dass weiterer Kontakt mit den Menschen hoffnungslos war und gingen voller Würde in ihren unendlichen Raum fort.

Die menschliche Interpretation der Figur der Síde mündet jetzt endgültig in eine Sackgasse. Der eine Zweig endet im Märchen, wo die Síde, nun zwergenhaft klein, als Elfen und Feen fortleben, deren Zauber allein spielerischen Zielen dient. Der andere Zweig führt in den Bereich des Dunklen, des Trickstertums und der Sinnestäuschung, hier bilden sie den Nährboden für eine trübe europäische Esoterik. Umgeben von einer Aureole der Entfremdung, dienen sie einem dunklen, dem Menschen unbegreifbaren, vergessenen, gleichwohl heftig ersehnten Geheimnis. Ihre Erscheinungsgestalt wird verschwommen, farblich wechseln sie zunächst zu rot-schwarz, danach zu schwarz allein, dann zu rauchgrau und schließlich verschmelzen sie mit der Finsternis …

Ein einziger Lichtschimmer, eine flüchtige Rehabilitierung erfahren die Síde in der höfischen Literatur, in der Artussage, und zwar in Gestalt des »Zauberers« Merlin. Dieser trägt unverkennbar sídische Züge, weshalb nur schwer zu bezweifeln ist, dass die Síde hier einen letzten Versuch unternahmen, den Menschen die Möglichkeit eines neuerlichen Zugangs zur paradoxen Welt und einer Erweiterung des eigenen Denkens und Empfindens zurückzugeben. Aus dem Zyklus ist klar ersichtlich, dass diese Möglichkeit trotz allem immer noch offensteht. Denn König Artur, durch Merlins Klugheit und Scharfsinn im Leben zu Ruhm gelangt, wurde von ihm auch nach dem Tod nicht im Stich gelassen. Er schlummerte ein und schläft auf Avalon, der Apfelinsel (Manannáns Apfelreiches Emain?), wohin ihn seine von Merlin in den Zauberkünsten unterrichtete Schwester gebracht hat. Artur schläft, um zu erwachen und England zu vereinigen und zu retten. Aber ist hier von einer politischen Einheit die Rede? Artur, Merlins Lieblingsschüler, kann nur nach den magischen Gesetzen der Síde auferstehen für die Vereinigung des Landes und um der Welt Licht und das Volumen zurückzugeben, das zu unserer Zeit im Namen von Komfort und leichtem Gewinn verlorenging …

Die Videofassung der Erzählung um König Artus endet mit dessen Tod und seiner feierlichen Beisetzung, Merlin kommt gar nicht darin vor. Gibt es also kein Erwachen und keine Rettung? Anscheinend. Die heutige Zivilisation braucht keinen schlafenden König mehr. Das »mythologische« Bewusstsein wurde vom »historischen« abgelöst, die Zeit dadurch endgültig linear und der Raum, dem drei Dimensionen zugewiesen wurden, vermessen und zergliedert.

Die lineare und segmentierte, als Werkstatt genutzte Welt hat der Menschheit auf die essenziellen Fragen zu den Fundamenten des Lebens nicht mehr Antworten gegeben als die undurchdringliche, verschlungene Welt der Überlieferungen. Die heutige Welt balanciert in neurotischer Verfasstheit im Grenzbereich der Eschatologie. Eine Welt, die – bei aller Unbewiesenheit – seltsame Grenzbezirke von Geist und Sein einschloss, kannte in ihrer Kosmogonie keinen chthonischen Schlund: Das Thema des Weltendes lässt sich, so sehr die Wissenschaft ihm nachforscht, darin nirgends finden. Wie denn auch: Eine Welt, die solch enormes Selbstentfaltungspotential in sich birgt, kann sich selbst nicht als endlich denken.

Das Thema der Schwelle trieb in Mittelalter und Renaissance die Geister um. Leonardo da Vinci zum Beispiel widmete dem Grenzbezirk zwischen den Elementen eine umfängliche wissenschaftliche Arbeit. Darin kommt er hinsichtlich der Grenze zwischen Wasser und Luft zu einem paradoxen Schluss: dass nämlich dieser Bezirk nur ihm inhärente Eigenschaften besitzt, die von denen der beiden Elemente verschieden sind und doch Züge von diesem wie jenem aufweisen. Der Grenze eignen Begleiterfunktionen. Hier liegt eine für den Menschen der neuen Zeit heilsame Lösung. Wer sie in Betracht zieht, versöhnt sich leichter mit dem Gedanken, dass Geschichte und Mythologie Teile einer Welt sind und man nur dort hingelangen muss, wo die Elemente und Zeiten sich kreuzen, um zu spüren, dass der Rand zwischen ihnen beweglich und durchdringbar ist; dass der Raum Eigenschaften über die drei Dimensionen hinaus besitzt; dass die Zeit nichtlinear ist; dass die andere Welt uns irgendwo im Bezirk des Schlafzimmers erwartet. Oder an einer Kreuzung. Oder – wie den heiligen Brendan – auf einer Insel. Er war ein Heiliger und hochgeschätzt, glauben

Sie mir, sein Porträt prangt noch heute auf den Etiketts irischer Likörflaschen.

Wir glauben an die kommerziellen Brendane so vorbehaltlos wie dereinst die Menschen an den Mythos. Dass der Glaube an einen solchen hoffnungslos überholt sei, mag man sich nicht vorstellen. Und so habe ich dem Mann, der beschloss, über das Unmögliche hinwegzugehen und in den Hohen Norden, an den Rand der Welt und auf die Schwelle zwischen den Elementen zu reisen, ein magisches Glöckchen mitgegeben.

Gela Grinjowa

II.
Grigori Iwanowitsch erzählt

Der Tee.

Als der Großvater klein war, da ist der Tee aufgetaucht. Mit den Kaufleuten, hat er erzählt. Wenns an die Jamdanka ging (*den La-gerplatzwechsel*), dann hieß es: Kinder, schnell, den Tschum zerlegt, dann gibts Tee ... Schon haben sie ihn hopp hopp zerlegt. Hatten anscheinend großen Durst auf Tee ... Wenn du schnell alles ab-baust und zerlegst, dann gibts Tee, hieß es ... Vor dem Aufbruch vom alten Lagerplatz. Und dann beim neuen: Schnell den Tschum aufgestellt, damits endlich Tee gibt. Schmeckte ihnen anscheinend sehr, der Tee. Tranken ihn sehr gern, dem Großvater nach. War förmlich eine Delikatesse ... Sie haben sich gefreut, wenns an die Jamdanka ging ... Kaum hörst du die Erwachsenen sagen, der Tschum muss zerlegt werden und an einen andern Fleck gebracht ... schon fängst du an zu warten ... wirst ganz kribbelig. Aber der Tee wurde nicht gleich getrunken. Erst wenn Besuch kam. Und sonst immer Brüühe, Brüühe ... Suppe, andauernd Suppe. Tee war Luxus, in der Kindheit vom Großvater.

Die ersten Nenzen.

Erst gabs nur zwei Familien. Zwei hergebrachte. Dann noch an-dere, die übergesetzt wurden mit der Zeit. Die erste, das war der Chentesi-Klan (*oder Chentysejski*), und die zweite, also ich glaub, das war die vom Lychy – ich erinner mich aber nicht mehr genau, will nichts Falsches sagen. Die zweite ist bei der Waskina abgesetzt worden, in der Waskina-Mündung – die erste in der Pestschanka-

Mündung. Die Bugra da, das ist die von denen. Die zweite Familie hatte auch eine Bugra, aber die ist scheints von der Expedition eingerissen worden ... Von dem Soldatow seiner ... Ist lang her, so um 51 rum. Die, die die Türme gebaut haben, die Tofografen-expedition.[*] Die hatten da eine Einheit. Die hat scheints die Bugra zusammengehauen, oder weiß der Teufel ...

Einmal, da haben die ersten Nenzen – die von der Waskina – auf ihr Schiff gewartet, mit Jagdbeute. Damals sind Unmengen Tiere gejagt worden. Damals gabs bestimmt Polarfüchse was das Herz begehrt. Rene hatte er auch ein paar, bestimmt sind die Rene mit übergesetzt worden. Vielleicht zwei Dutzend, vielleicht zehn – zum Rumfahren eigentlich nur. Aber der Boden hier, der war bestens geeignet für Rene, nicht zertrampelt ... War neues Land. Schönes Land ... Also, plötzlich sieht er Männer an Land gehen, da waren welche in die Waskina gesegelt. Und er hat was gespürt und der Frau gesagt – einen Sohn hatte er auch noch –, geh ein ordentliches Stück weg, für alle Fälle ... Wenns nicht die Unsrigen sind, dann renn ich weg, dann renn ich um die Bugra rum. Wenn die mich erschlagen, dann geh fort, dann geh nach Osten, sagt er, fahr an der Küste lang, nimm die Rene mit, fahr zu den andern an die Pestschanka und erzähl, dass ich erschlagen worden bin. Sinds aber die Unsrigen – die Unsrigen rühren mich nicht an, sagt er. Der war auf der Hut. Und bestimmt ist was vereinbart gewesen, bestimmt haben sie gewusst, wann ihre Leute kommen. Und denen ihren Segler, den hat er bestimmt auch gekannt.

Piraterie gabs bestimmt viel damals, früher. Also, die Frau ist weg und sieht dann aus sicherem Abstand rüber, vielleicht vom Ufer der Pokojnizkaja aus. Die Rene, die waren vielleicht in einer Senke oder Mulde versteckt, für alle Fälle, wenn man fliehen musste. Und da erschlagen sie ihr den Mann vor ihren Augen. Sie hat noch lange geschaut und geschaut. Dann legt das Schiff ab. Als es weg war, ist sie hin: Alles geplündert, nichts mehr da. Da ist sie nach Osten ge-

---

[*] Grigori Iwanowitsch sagt deutlich hörbar »Tofo-«, nicht »Topografen«; ebenso spricht er oft, wie alle Nenzen der älteren Generation, ein »s« anstelle eines »sch«.

fahren, rüber zur Pestschanka-Mündung, die Bugra aber, die blieb. Und da gabs ja die andere Familie. Die haben das dann erzählt.

Und danach sind die nächsten hergebracht worden, die Chorsjudbej-Familie, das ist mein Ururgroßvater. Der war bestimmt ein kräftiger Kerl. Bestimmt ein Riese. Er hieß »Riesen-Chora« mit Spitznamen. Vielleicht hat er sich drüben auf dem Festland ausgezeichnet, vielleicht war er ein berühmter Jäger. Hat sich von niemandem was sagen lassen … Und seine Hände, das waren kräftige Pranken, wie von einem Bauer. Keine nenzischen Hände, dem Großvater nach. Vielleicht hat ihn ja deshalb ein Herr übergesetzt, mit den Renen … Bei der ersten Jamdanka, hat der Großvater über den Urgroßvater erzählt, haben die Rene die eine Hälfte vom zerlegten Tschum gezogen und sie selber, der Urgroßvater mit der Frau, die andre. Bestimmt stammen von den Renen alle andern Rene ab … aus den paar Stück am Anfang. Obwohl, es heißt, es hat auch wilde gegeben, den Anzeichen nach. Es wurden mächtige Geweihe gefunden … Sind scheints alle bei einer Vereisung zugrunde gegangen. Deshalb hat sie auch keiner gesehen, bloß irgendwelche Anzeichen gefunden. Dann ist noch eine Familie hergebracht worden. Und da gings richtig los. Rene gabs wenige, dafür viel Wild. Von wo sie hergebracht wurden? Der Großvater hat eigentlich gar nicht nenzisch ausgesehen, der Vater auch nicht. Blond war der. Rotblond. Und ich, jetzt bin ich ja ein bisschen dunkel, aber als Kind, da war ich eigentlich auch blond. Bis 48 war ich blond. So ganz hellblonde Haare halt. Rötliche. Und der Urgroßvater, Iwan Wassiljewitsch Purpej – der »Rostschopf« –, der hatte einen spiegelblanken Schädel, wie ein Ei. Der Vater mütterlicherseits, der hieß Seno, war Steuermann beim Kaufmann Ludnikow. Einmal sind sie scheints bis Norwegen gefahren. Seno Marjujew – haben Sie den Namen mal gehört, nein? Ardejews gibts zwei Klans bei uns hier. Den von Filipp Nikitisch und unsern, aber die haben nichts miteinander zu tun. Weiß der Himmel, von wo die hergebracht wurden. Der Großvater sah russisch aus. Vielleicht ein Pomore oder von der Kolahalbinsel. Irgendwo aus dem Westen. Denen ihre Nasen waren keine nenzischen … und die Hände riesengroß … Der Urgroßvater hat das Meer geliebt, war gern auf See. Hat sich ein Boot genäht für die Walrossjagd. Er hatte so eine Einrichtung, so eine Boje ... Da hat er die Walrösser drangebunden, die er gefangen hat, wenn sie auf der Eisscholle schlafen, zwei oder drei, so viele er erwischen konnte ... Schamane war er auch.

Wie mit den Norwegern Handel getrieben wurde.

Die sind an der Pestschanka an Land gegangen, auf einer schmalen Landzunge da, und haben gesagt: Wir kommen, um mit euch Handel zu treiben, was habt ihr einzutauschen, wir betrügen nicht ... Unser Signal, haben sie gesagt, ist immer nur unsere Flagge. Ziehn wir die Flagge auf, dann sind wirs, und ihr müsst eure Flagge hissen. Aber statt einer Flagge haben wir immer ein Kopftuch gehisst, soll ein schönes gewesen sein, aus Seide, eine grellrote Flagge ... Und befestigt an einem Chorej. Mit dem sind wir dann da hin, der wurde dann hochgehalten. Die haben ihre Flagge gehisst: Unsere Norweger kommen, die Unsrigen! Aber einmal, da haben wir mächtigen Mist gebaut. Da kommt ein Schoner, und es booten welche aus, aber eine Flagge hat niemand von uns nicht gesehen. Trotzdem halten wir unsre hoch. Aber die versetzen unserm Chorej bloß einen Fußtritt: Was habt ihr da für einen Lappen? Der Großvater konnte ein paar Brocken Norwegisch. Auch ein bisschen Englisch. Bei ihm haben davor mal Engländer gelebt. Zwei Engländer. Erst hat er auf Englisch was gefragt, aber die schütteln nur den Kopf. Na, da ist schon klar, Unsere sind das nicht. Die: Kommt, steigt ins Boot. Verladen unsre ganzen Rauchwaren und los gings, alle dachten scheints, das sind gute Leute. Aber das waren keine, wie sich dann rausgestellt hat. Brachten allesamt aufs Schiff, auf den Schoner – damals, das waren Segler –, und alle dachten scheints, die bewirten uns. Aber nichts von wegen Bewirtung, kahlgeschoren haben sie alle, wird erzählt, allen ruckzuck das Haar abgeschnitten, und zurück gings. Und der am Steuer hat alle zu rudern gezwungen. Die schlechten Ruderer kriegten eins übergezogen – mit einem langen Stock, den hat er in der Hand gehabt. Waren allesamt ohne Kopfbedeckung. Die hatten sie abnehmen müssen. Kurz, Gauner waren das. Betrieben sozusagen Seeräuberei. So was wie Piraten.

Und die haben dir so eins auf den Kopf gegeben, dass du Sternchen gesehen hast ... Dann haben sie uns an Land gesetzt, und das
wars. Adieu. Der Steuermann hat noch gewunken, und weg warn
sie. Ja und danach dann ist unser Schiff aufgetaucht. Von da, wo
die Sandkuppen sind, da in der Ecke, wo der See ist, von da haben
wirs entdeckt. Sehen, die Flagge geht hoch: Das sind sie! Wir sofort
losgejagt, sofort mit der Njacha (*dem Transportschlittenzug*) los ...
Sie waren schon von weitem, von zwischen den Sandkuppen, gut
zu sehen ... Unsere Flagge hatten wir auch gehisst. Und das, was
den Kaufleuten gehörte, hatten wir mit. Seno war auch dabei. Das
Ganze war im Sommer, Ludnikow wollte ihn holen kommen. Seno
hat damals gedolmetscht. Hat gleich berichtet, was passiert ist. Die
Norweger drauf: Bloß gut, dass sie euch nicht ins Wasser geschmissen haben, dass ihr noch am Leben seid, wir kennen das Schiff.
Die treiben keinen Handel, sagen sie, die stehlen. Oder machen
die Leute betrunken und lassen sie an der Küste zurück, nehmen
ihnen alle Rauchwaren ab. Solche Leute sind das, sagen sie, ganz
schlechte. Vor Gericht gehören die gestellt, sagen sie, in Norwegen.
Das war die letzte Warnung. Wir zeigen die Kerle an und das wars
dann, basta. Dann ist Schluss mit ihrer Seefahrerei.

In früheren Jahren.

Jetzt singt ja keiner mehr. Früher, da wurde Tee getrunken und gesungen. Nicht mal was Zotiges mehr wird gesungen – Zotiges sehen die sich heute an ... Unsere Großväter und Väter ... Wenn man
vergleicht, nicht mal ein Prozent von denen taugt was heute ...
Sind alle insgesamt ein nichtsnutziges Völkchen geworden. Früher
war das so: Wenn jemand einem andern bloß eine geschmiert hat
oder einen Kinnhaken verpasst, dann war Sense. Wer sich prügelt,
der ist kein Mensch mehr. Mit dem wollte niemand mehr groß was
zu tun haben, bis er sich in aller Form entschuldigt hat. Also bei
dem, den er gekränkt hat. Oder zahlen ging auch. Auch jemand
beleidigen war ein Unding. Eine Beleidigung – und Sense. Bei den
Nenzen war das so: Das Schlimmste ist zu lügen oder zu stehlen.
Aber schimpfen, das war einfach bloß lustig. Du sagst einem: »Du

Hosenscheißer« –da haben alle bloß gelacht. Aber wenn du einem sagst, du bist ein Dieb, ein Lügner – dann ist das kein Mensch mehr. Den guckt im Grunde keiner mehr an. Eine Lüge kommt doch immer raus, fällt doch immer auf dich zurück mit der Zeit, mit voller Wucht ... Dass dir die Ohren glühen. Vor Scham. Früher, da wurden die Diebe bestraft. Zuallererst die Diebe. Auch zu alter Zeit, hier, auf Kolgujew. Auf dem Versammlungshügel. Da haben sich alle versammelt, die Ältesten, und seine Tat bloßgelegt. Haben ihn angehört: was er weggenommen hat, geklaut hat. Und dann das Urteil gefällt. Also sie sagen ihm zum Beispiel, wenn du das Gestohlene nicht zurückgibst, dann tötet dich ein Bär. Damit hat sichs, das genügt: Entweder tut er sich selber was an oder es passiert was. Und damit der Spruch in Erfüllung geht, wird ein Bärenfell genommen und ein Stück rausgeschnitten, und dann trampeln die anwesenden Frauen drauf rum. Das mussten alle Frauen machen. Und dann hat sich das Urteil erfüllt, so ging das. In unserm Glauben ist der Bär das Tier, das Beleidigungen am besten spürt, er merkt immer, wenn von ihm die Rede ist. Er hört anscheinend alles ... Und entweder wird derjenige von ihm getötet, oder seelisch ... Er geht dann von selber ... Nach so einem Urteil. Die Gedanken gehn in seinem Kopf rund. Oder es heißt: »Die Geister kommen« – und schon gehts los im Kopf ... Alpdrücken über Alpdrücken. Dann wird er krank. Und keiner heilt ihn. Ganz von selber. Psychisch. Vor dem Urteil wegen Diebstahl hatten alle Angst. Bei den Nenzen hat es nie Diebstahl gegeben früher.

Früher wurde auch Gorodki gespielt am Strand. Da hatte jeder seinen eigenen Stock, je nach Körperkraft. Bis vor kurzem noch ... Mit der Trinkerei war halt dann Schluss. Jetzt prügeln sie sich ... Das ist das Ende der Welt.

Das ist doch kein Menschenleben. Wie ich Vorarbeiter in der Sowchose war, 73, da hatten wir Geschirrriemen in Hülle und Fülle. Riemen aus Bartrobbenleder. Nach altem Geld von damals einen Rubel fünfzig. Und verkauft haben wir sie sogar rüber aufs Festland, an andre Sowchosen. Zugriemen, Leinen, Halfter – alles Bartrobbenlederriemen, und das ganze Geschirr mit Knöpfen, alle Gurte mit Knöpfen. Für den Menschen ist das angenehm und schön, das Ren scheuern sie nicht. Aber jetzt, hast du da nur ein schönes Geschirr gesehn? Oder wenigstens einen guten Chorej? Aus Kiefer und mit einer beinernen Spitze am Ende und solide, damit du im Herbst testen kannst, ob das Eis hält? Heute ist das ganze Geschirr aus lauter Seilen gemacht. Und die Schlitten ja genauso – überall Seile, würden gar nicht mehr halten bestimmt, ohne Seile. So weit ist es gekommen, bis zum Seil, zum Plastik. Früher wurde ein Mensch nach seinem Gespann beurteilt. Wenns ans Heiraten ging, wurde auf den Schlitten geschaut. Ob die Knöpfe aus Walrossknochen sind und der Schlitten neu und schön. Die Männer hatten Schellen dran, die Frauen Glöckchen.

Die Lieder.

Ich kenn viele Lieder, Trinklieder, die gesungen werden, wenn man sein Leben beweint oder sich freut. Wer sein Leben beweint, der trinkt … Meistens wird eigentlich in allen immer dem gelebten Leben nachgeweint … Dem, was war … Den ganzen Abenteuern – das wird alles im Lied erzählt.

Unsere epischen Lieder sind sehr lang. Füllen ein ganzes Buch. Zehn Seiten vielleicht. Oder zwanzig. Also, nicht Seiten, Bögen, zwanzig Bögen. Ich hab mir *Die epischen Lieder der Nenzen* angesehen. Ein ganzes Buch. Sooo dick. Hast du gesehen bestimmt, oder? Aber du musst das Motiv kennen. Jedes Lied hat ja sein ganz eigenes Motiv. Und dann noch wie einer singt … Jedesmal ist das Motiv dann ganz unterschiedlich … Und unsere Erzählungen sind auch lang. Und wer seine Erzählung singt, der singt sie unbedingt auch immer ganz.

Woher ich so viel Lieder kenne? Ich war viel zu Hause, mit dem Großvater. Er war krank, ich war krank. Krankenjahre hatten wir beide fast gleich viel auf dem Buckel. Er war krank und alt, ging lang nirgendwo hin – da hat er mir eine Menge Märchen erzählt …

In jungen Jahren war der Großvater kerngesund, aber wie er starb (im zweiundachtzigsten Jahr), da war er sooo ein kleines Männchen … Von ihm hab ich bestimmt noch nicht erzählt? Er ist diesem Engländer begegnet. Die waren irgendwo im Osten oder Norden ausgebootet worden, dann haben sie bei Antip gelebt, das gefiel ihnen nicht, und da sind sie den Urgroßvater besuchen gefahren, da hats ihnen gefallen, und sie sind bei ihnen eingezogen, bis dass sie geholt wurden ... Haben die ganze Zeit bei ihnen gelebt. Die Geschichte hat mir der Großvater ganz erzählt. Er war ein Geschichtenerzähler. Und die Mutter, die hat auch gesungen ... Es gibt Lieder, die beruhigen, auch einen selber, damit tröstest du ein Kind, oder du denkst selber was und singst still für dich, um dich selber zu beruhigen.

Ich hab mal im Klub gesungen, da war ich immer der Beste ... Trocken sing ich natürlich nicht, nur betrunken ... So vergisst du. Wenn du was tust, singst du auch. Singst leise auf Russisch oder Nenzisch vor dich hin. Früher haben sich die Betrunkenen nicht gestritten. Selten gestritten. Man hat sich hingesetzt, hat sich unterhalten und gesungen ... Erst unterhalten und dann hat wer zu singen angefangen ... Erst betrinkst du dich ordentlich, und dann fängst du zu singen an ...

(*Grigori Iwanowitsch spricht über dies und das, dass es lange Lieder gibt und kurze und viel Zotiges;* »*ich bräuchte ausschließlich zotige Lieder singen*«, *sagt er,* »*und bekäme eine ganze Schallplatte damit voll.*« *Doch zuletzt hüstelt er, senkt den Kopf, schließt beinah ganz die Augen und stimmt ein tieftrauriges monotones Klagelied an.*)

Also das erzählt von einem, der einmal Hirte war, mit drei Stuten, also bei Russen, und die hatten so viele Rene, dass er von der Herde eingekeilt war und seinen Tschum nicht finden kann – nicht mal weiß, in welche Richtung der liegt. Es ging schon auf die Nacht zu. Aber in welche Richtung liegt bloß der Tschum? Und die Herde – ist sooo riesengroß. Ja, und dann ist er alt, die Zeit ist vergangen, er ist kein Hirte mehr, ja ist überhaupt nichts mehr, niemand sieht ihn eigentlich mehr. Niemand beachtet ihn mehr. Zuerst, da haben sie ihm noch ein Gläschen gegeben, aber dann beachtet ihn halt niemand mehr. Und das beweint er.

Das ist ein mitgebrachtes Lied, vom Festland drüben. Das hat mein Onkel gesungen, der älteste Bruder von der Mutter. Wassili Michajlowitsch, von der Nina Wassiljewna der Vater.

Ein anderes altes Lied erzählt von einem Samojeden. Er wacht morgens vor der Schenke auf und fragt sich: Hab ich etwa fünfzehn Rubel vertrunken? Hat er. Und wo sind meine Rene? Auch vertrunken. Er macht sich auf, weiß nicht, wohin mit sich, da kommt ihm ein Russe entgegen. Der weint selber. Was weinst du, vielleicht kann ich dir ja helfen? Wie willst du mir helfen, mein einziger Sohn wird eingezogen. Komm, ich geh an seiner Stelle, gib mir bloß zu essen und zu trinken, bis sie mich ziehn. Da hat sich der Russe gefreut und ihn mitgenommen. Und jeden Tag durchgefüttert und ihn abgefüllt. Bis der Nenze eines Tages aufwacht, mit Stiefeln an den Füßen, die irgendwohin marschieren im Schritt: Soldatenstiefel sinds, sieht er, was er an den Füßen hat. Sie kommen nach Tobol, vor eine Festung. Mit einem Tor, das Wachtürme hat. Und vor jedem Turm steht ein Soldat und liegt ein Hund an der Kette. Oh je, denkt er, weglaufen kann ich da nicht durch das Tor, ich wills über die Mauer probieren, scheint nicht so hoch. Kurz, er hat kräftig Schwung geholt und ist über die Mauer gesetzt. Aber er hatte ja Soldatenkleider an. Also ist er gerannt. Und hats bis nach Haus geschafft. So hat er sich gerettet, und dem Russen hat er auch noch geholfen.

(Hierauf singt Grigori Iwanowitsch im Stehen und in die Hände klatschend ein Scherzlied.)

Das ist ein Frauenlied. Eine Frau, die von sich singt. Seit vier Jahren ist sie verheiratet, aber Kinder hat sie keine gekriegt in den vier Jahren. Mit andern Worten, sie ist unfruchtbar. »Sie ist eine Chawtarka.« Eine Chawtarka ist eine Unfruchtbare. Ja, und davon singt sie eben …

»Jetzt wolln wir wieder drüben das Land kritisieren.« Das Lied stammt aus der Bolschesemelskaja Tundra (vom Petschora-Unterlauf). Wird auch betrunken gesungen. Ich sings normalerweise immer, wenn ich was mache … Grob gesagt gehts um eine Fuchstreibjagd. Alle sind zugange. Aber, kurz und gut, der Fuchs ist aus dem Kessel entkommen. Da rufen sämtliche Malosemelsker Frauen (also die linkspetschorischen), der Bolschesemelsker soll ihm nachsetzen, der soll ihm hinterher, der, mit seinen Renen mit den abgesägten Geweihen! Aber der: Würd ich ja, aber meine

Rene können nicht mehr ... Wie denn einen Fuchs einholen, der aus dem Kessel entkommen ist? Und meine Rene sind schon ganz geschafft, liegen bloß noch da und keuchen ...

(Dann singt Grigori Iwanowitsch ein letztes Lied, wieder im Stehen und mit Händeklatschen.)

Hier gehts grob gesagt um Tote, die als Freier in ein Haus kommen. Der Hausherr hat eine Tochter. Und der Tote im Harnisch – hast du mal gesehen, hinter der Tschumtür, da gibts manchmal einen Harnisch? –, also der im Harnisch fängt zu tanzen an und fragt: Wie heißt die, um die ich freie? Und der andere, der Vater von der Braut, der auch was Totes hat, fragt seine Frau: Wie heißt sie noch gleich, unsre Tochter? Aber die beiden haben vergessen, wie die Tochter heißt, sind im Kopf nicht mehr ganz beisammen, waren bestimmt auch wie tot. Da fängt die Frau zu tanzen an und fragt, wie die Tochter heißt. Der aber dröhnt der Kopf, und überhaupt kann sies nicht mehr hören. Sie schnappt sich den Bruder und zieht einem Birkenspaten die eigenen Kleider an, und geht weg von den Eltern in die Tundra ...

Das Idol.

Einmal ist Folgendes passiert: Vom Urgroßvater her gabs noch ... Ich hatte noch Trommeln ... In welchem Jahr war das noch? 64, oder 65. Der Iona, der mit der Mira Iwanowna verheiratet war ... also die beiden waren mitten in der Jamdanka, mit ihrer Tochter: Olga Ionowna, von unserm Speicher, unsern zwei Speichern weg. Und die Olga hatte ein Idol rausgemopst, eine kleine Puppe stibitzt. Eine schöne. Sehr kunstvoll gearbeitet: mit Kleidern und allem. Also, sie sind mitten im Aufbruch, und die Olga hatte alles eingewickelt und auf den Schlitten gepackt. Unter die Felle. Heimlich, dass es die Mutter nicht merkt. Und wie die Rene anziehn, hat der Iona erzählt, da wars, als ziehn sie einen Stein. Und alles ist entzwei gegangen, alles!, hat der Iona erzählt, der Bruder von mir, und die Mira auch: alles entzwei. Wie wenn die Rene einen großen Stein hätten ziehen müssen, einen ganz schweren. Das Zuggeschirr ist gerissen, wo es doch ganz heil war, kein bisschen brüchig, sämtliche Zugriemen … Was ist denn das?, sagt der Iona, und sie befragen die Gören: Habt ihr was stibizt? Vielleicht eine Puppe? Von wo, aus dem Speicher stibizt? Na, da hat die Olga alles gestanden, das hat sie, die Olga. Hab eine Puppe genommen, hat sie gesagt. Iona zu ihr: Bring sie sofort zurück, wo du sie herhast … Sie haben die Puppe zurückgebracht und an ihren Ort zurückgelegt, wie es sich gehört: Da gibts so ein Treppchen, und auf dem Boden lag da alles, schön eingewickelt lag da alles … Da haben sie das Idol hingelegt. Die andern waren schon weg, hatten den Tschum schon zerlegt und waren schon weit weg. Kurz und gut, sie haben das Geschirr geflickt, das Idol war wieder an Ort und Stelle – und wie sie schließlich abfahren, da sind sie förmlich zum neuen Lagerplatz geflogen! Sind gerannt, die Rene, hat der Iona erzählt, dass die Schwänze regelrecht kreiselten vor den Chambujs (*den Lastschlitten*). So schnell, als ob sie kein Gewicht spüren …

In den Siebzigern dann, so um den Dreh rum, nochmal dasselbe. Da waren Seismologen hier. Und haben da rumgewühlt. Bei den Speichern. Denen ihre Expeditionen machen das gern, rumwühlen. Und haben bestimmt welche gefunden und mitgenommen, Idole, irgendwelche kleinen. Wie sie die Pestschanka durchfurten – die war scheints niedrig –, da fing ihr Geländefahrzeug an einzusinken, genauer gesagt, abzusaufen. Sind gerade noch rausgekommen. Haben sogar ihr Funkgerät sausen lassen. Nur die eigene Haut gerettet. Denen ihr Chef, der hatte einen Messtisch dabei, sogar der blieb drin. Wie sie von der Furt weg sind, war grad noch das Dach zu sehen. Die sind dann erst mal zur Herde. Die zweite Herde war grade an der Jelzowa Tarka. Sollen tropfnass gewesen sein. War nicht weit bis dort … Aber wenn ich gewusst hätte, dass die was geklaut haben, hat der Iona gesagt – er hatte eine Flasche mit Spiritus –, ich hätt die übergossen und angesteckt. Später ist er zum Speicher gefahren – und da hat sich rausgestellt, dass sie das eine oder andere geklaut haben. Die sind dann los, ihr Geländefahrzeug rausholen – hierher wegen einem Traktor oder Geländefahrzeug –, aber wie sie dann wieder dort hinkommen: keine Spur von einem Geländefahrzeug mehr. Nicht die kleinste. Dabei sind sie über die Sandbank, durch die Furt. Aber nicht das kleinste Anzeichen mehr. Sogar mit einem Stock haben sie gestakt, an der Stelle. Aber komplett verschwunden. Ich habs mir angesehen, die Furt, wo sie durch sind. Eine Furt wie jede andere. Da wird ja auch mit Renen gequert. Aber ihr Geländefahrzeug war komplett verschwunden, vom Erdboden verschluckt. Man darf diese Dinge einfach nicht anrühren. Es gibt Dinge wie die Idole, die darf man einfach nicht anrühren. Zum Beispiel, der Nikititsch, wie der hier war – der, der mit seinen Leuten auf Tschukotka auf Expedition war –, der ist hier mit denen in der Tundra unterwegs gewesen. An der Gubistaja, da steht doch das Idol, das ihr euch ansehen wolltet – habt ihrs eigentlich gefunden? Also, das hat er abhacken wollen, hat er erzählt, und einsacken. Er hatte schon zum ersten Schlag ausgeholt, aber da fällt ihm wieder ein … Da bist du mir wieder eingefallen, hat er erzählt, die Sache mit dem abgesoffenen Geländefahrzeug, und das Idol, das den Schlitten blockiert hat, da ists mir kalt den Buckel runtergelaufen, hat er gesagt, und: Ich hab mir gedacht, nachher passiert mir was, und da hab ichs wieder hingestellt, wie es war, genau an Ort und Stelle … habs genau wieder so in den Boden gerammt.

Die Kommissare.
Ich hatte einen Großvater, stell dir vor, der hat sich für einen Revolutionär gehalten. Hast du schon gehört, ja? Chudjakow, Axjonow und noch einer, die waren zu dritt, der Vorname von dem Dritten war Ubjassi – dem fehlte ein Finger, den Familiennamen von dem hab ich vergessen, alle haben ihn Ubjassi genannt. Die waren die ersten Roten hier. Die waren die ersten, die ein Dampfer hier abgesetzt hat. Und die sind sogar den Winter über geblieben. Die wurden zu Antip Ardejew gebracht – das ist dem Demjan seine Linie. Im Jahr drauf ging dann ein Dampfer vor Reede. Ein Riesendampfer, und die setzen ein Boot ins Wasser. Und die andern hausten beim Großvater, die ersten Roten, die Kommissare. Da bitten sie den Großvater: Nikolaj Iwanytsch, geh hin – und wenns Weiße sind, dann nimm die Mütze ab und verneig dich. Sinds Rote, werden die dich grüßen. Und du, geh du dann ans Ufer … Da, wo jetzt das Kuttergerippe liegt, da war so ein kleines Kap, da ist er hingelaufen,

eine ganze Weile lang. Und die drei haben sich bei dem Kap ins Gras gelegt. Und hatten irgendwo ein Maschinengewehr her, war vielleicht versteckt, eine »Lewis«, stellt sich raus, hatten die, so ein Maschinengewehr mit einer Scheibe obendrauf wie eine Bratpfanne, und die andern beiden mit Flinten. Liegen also im Gras. Und der Großvater ist los, verhandeln. Eine ganze Dampferschaluppe ist gelandet. Alles Männer mit Gewehren. Matrosen. Rote. Die haben den Großvater dann auch gegrüßt. Der Ussow, der hatte ja gesagt: Wenn sie nicht grüßen, dann gib sofort Zeichen, dann mähn wir sie gleich um. Ich wusste aber nicht, was »ummähn« heißt, hat der Großvater erzählt. »Na, abstechen halt.«

Und als er dann angelangt war, hats folgendes Gespräch gegeben:

»Warum stehn da so viele Tschums?«, fragen die aus dem Boot.

Der Großvater: »Da hat sich Volk versammelt und wartet auf die Kaufleute, um aufs Festland zu fahren, weil, es gibt nichts zu essen ...«

Die darauf: »Abschießen solltet ihr eure Kaufleute wie Robben. Wir täten euch helfen ... Laden mal gleich aus, zeigen euch mal, was wir mitgebracht haben ...«

Damals war da noch freie Fläche. Die Tschums standen dort, wo jetzt der Friedhof ist, und nur ein paar standen da, etwas abseits. Sonst nichts. Und das Kap heißt Ussow-Kap, hieß früher so – hat keiner erzählt? Da, wo jetzt das Holzpflaster ist, da war früher so ein ganz kleines, langes, langes Kap, auf der Höhe, wo jetzt das Kuttergerippe liegt ... So ein ganz langes und schmales Kap ... Jetzt ists vom Meer geschluckt worden ... Ursprünglich hießen die Russen *Luza*. Aber dann, wie die Roten aufgetaucht sind mit ihren Budjonowkas, da wurden sie *Eu sawk*, Spitzkopf, genannt, besonders unter den Frauen.

Die Deutschen.

Im Krieg starb einem Renhirten die Tochter. Die wollten sie nicht einfach in der Tundra begraben, sondern wenigstens zum Tundra-Friedhof bringen. Aber kaum waren sie los, wird erzählt, zieht Nebel auf, und sie haben sich verirrt. Zum Schneiden dicker Nebel! Kurz und gut, sie kamen an der Gussinaja-Mündung raus. Liegt da ein Schiff. Direkt beim Ufer. Ein Hochseeschiff. Mit Kanonen drauf. Und auf dem Hinterdeck alles voller Leute. Mit deutscher Flagge. Zum Greifen nah, wird erzählt ... Vom Kap aus zu sehen ... nicht weit vom Leuchtturm. Damals durfte sich keiner einem Leuchtturm nähern, auch nicht die Feinde. Die standen also auf dem Hinterdeck und riefen. War ja Nebel und alles still. Unsere sind also wieder los von da, und langen wieder dort an, wo die Tochter gestorben ist. Waren im Kreis gefahren. Mussten sie also so beerdigen. In der Tundra. Weil, die Küste, die ist nur auf der Seite von der Bugrjanka und der Waskina geschützt gewesen, da lagen unsere Schiffe. Aber was dort an der Nordküste vor sich gegangen ist, das weiß keiner.

Die Socken.

Jetzt tragen ja alle wattierte Jacken. Aber früher, da trug man Pimy (*Stiefel aus dem Fußfell von Rentieren*). Und nicht nur Pimy, auch keine Hosen nicht. Auch im Krieg sind die selten gewesen. Man ist in Fellhosen rumgelaufen, aus Rentierhaut. Und auch Hemden gabs keine. Also zum Drunterziehen. Wenns warm war, da hat man einfach die Maliza ausgezogen und sich umgebunden. Und das Fell von den Hosen nach außen gestülpt, dass einem die Beine nicht schwitzen. Und die Pimy hat man dann ohne Lipty (*Strümpfe aus Rentierfell*) getragen, dass einem die Füße auch nicht so schwitzen ...

Der Vater ist spät aus der Tundra hergekommen. War Jäger. Und hat Holz rangeschafft. Für die Schule und die Poliklinik. Holzlieferant war er, und Jäger. Und ist erst 62 hergekommen. In Fellhosen noch ... Wie der Nikita Timofejewitsch, der ist auch noch in diesen umstülpbaren Hosen aus Fell rumgelaufen.

Früher – vor langem –, da gab es große, wichtige Artelversammlungen, Genossenschaftsversammlungen. Mit dem Faktoreidirektor, dem Artelvorsitzenden, dem Dorfsowjet ... Und dann wurde gefragt: Was braucht ihr? Und einmal, da sagt die Versammlung: Nosoki! Nosoki für die Jagd! Und da kommt der Faktoreidirektor doch mit Socken wieder. Mit Socken für jeden und alle. Darauf die Männer: Was sollen wir denn mit Socken! Und es stellt sich raus, der Faktoreidirektor hat geglaubt, sie hätten russisch »noski« gesagt, aber sie haben »nosoki« gesagt, das heißt auf Nenzisch »Harpune«. Nicht Socken haben sie gewollt, sondern Harpunen. Harpunen für die Jagd auf Meeressäuger. Für die Ringelrobbenjagd, Nosoki, nicht Noski, Harpunen, nicht Socken …

Die mageren Zeiten.
Es gab eine Tierfarm hier. Blaufüchse. Die wurden aus Archangelsk hergebracht. So um 56 rum … Und dichtgemacht hat sie um 62 rum … Irgendwie in dem Dreh, jedenfalls wurde sie nach 1960 liquidiert. Hat sich nicht gelohnt. Von wegen dem vielen Futter. Hinkende Rene wurden geschlachtet und dann aus der Tundra hergebracht, aller möglicher Fisch verfüttert, Platt- und Dorschfische, sogar Meeressäuger. Aber die Qualität war schlecht. Von den Blaufüchsen. Der Balg war normal, aber beim Schweif, da gab es Fehlfarben. Da haben eine Menge Leute gearbeitet. Aber die Kosten, das hat sich kaum gelohnt. Wie das mit den Kühen. Genau dasselbe. Ist noch nicht lange her. Die wurden auch hergebracht, und sogar das Heu. Aus Archangelsk, gepresstes Heu … Obwohls hier genügend gibt, Gras in Hülle und Fülle … Hätte man bloß mähen müssen … Gutes Gras … In den Senken. Natürlich nicht überall … Drüben auf Kanin, in Pjoscha, meine ich, da gibts eine Herde, da mähen sie sogar auf den Abhängen …

Mit einem guten Direktor wärs gegangen: Der hätt im Sommer einen offenen Schuppen bauen lassen, und rein mit dem Heu, dass es nicht nass wird vom Regen, unterm Dach getrocknet, und dann eingelagert.

Oder siliert. Da hätt man ein Eisensilo bauen müssen.

Aber heutzutage will ja keiner mehr arbeiten.

Wies damals lief? Erst ging es nach Tagelohn. Dann hat der Direktor gesagt: Lass uns nach Leistungslohn abrechnen, erklär deinen Leuten, wies geht, weil, wenn die auf Tagelohn gehn, strengen ein paar sich nicht an, gerade noch, dass sie kommen. Da hab ich gesagt: Künftig kriegt ihr so viel, wie ihr arbeitet. Wie Tiere haben

473

die geschuftet, meine Leute. Aber nach meiner Zeit gings wieder nach Tagelohn. Ob der Stücklohn aus Faulheit wieder abgeschafft wurde? Bestimmt. Am ehesten bestimmt aus Faulheit. Ist leichter so, für den Brigadier und die Arbeiter, kein Papierkram.

Oder der Anleger. Es gab schon einen vor meiner Zeit, einen spillerigen. Ich hab dann später diese Beton-, na diese Pfeiler gebaut. Jetzt stehn nur noch Reste da. Ist alles eingestürzt. Zwei hab ich gebaut, noch einen beim Fleischkombinat. So einen kurzen Anleger.

Das haben die Wellen alles kaputtgehauen. Das Meer haut alles klein … Du bist die ganze Zeit nur am Reparieren … Von da, wo der Kuhstall gewesen ist und der Schlachtplatz, von da gingen sogar mal Schienen runter, so eine Schmalspurbahn mit Loren zum Schieben. Wenn Lebensmittel geliefert wurden, wurde eine Pontonbrücke gebaut und alles gleich von dort auf den Anleger rauf, und unsere Leute haben die Sachen dann von da nach oben gewuchtet. Und das Fleisch: einfach in die Lore rein – und runter gings an den Pier. Da brauchte kein Traktor hin. Gab eine kleine Kurve an der richtigen Stelle. Wenn du bei der warst, gings geradeaus runter. Ab mit der Lore. Und bei Flut hast du die Tierleiber direkt auf den Pier gekippt, dort gabs so eine Rutsche, die da gebaut worden war. Über die sind die Leiber dann von allein weitergerutscht, gleich vom Pier runter. War ein bisschen leichter, als sie bis zum Ende vom Anleger zu schleppen. Aber heute interessiert das keinen mehr …

Überhaupt waren die Menschen anders früher. Mit denen von heute nicht zu vergleichen, nicht mal mit uns. Wir haben ja gedacht, wir sind Mordskerle. Aber – nein. Wir haben bloß die Disziplin gehalten. Und als wir gegangen sind, da ist alles zusammengestürzt …

Die Wölfe.

Manchmal haben sich Wölfe nach Kolgujew verirrt. Einer 1947. Ein anderes Paar, ein Wolf und eine Wölfin, im 51er Jahr. Da wurde gleich eine Treibjagd organisiert. Aber wie macht man bei *den* Schluchten eine Treibjagd? Da findest du nicht gleich eine Möglichkeit runterzukommen in die Schlucht. Zwei Treibjagden wurden organisiert – vergeblich. Ihre Höhle war bei den Jarej-Seda, also den Sandkuppen. Dort standen den Sommer über unsere Tschums, rundherum war alles voller Wolfsspuren. Aber unsere Herde haben sie eigentlich in Frieden gelassen. Weil die anscheinend in ihrem Revier war. Aber die Herde von unsern Nachbarn, die haben sie angegriffen.

Haben sich lang gehalten. Bis 1961.

Insgesamt halte ich den Polarfuchs für das stärkste Tier. Warum? Weil, stell dir vor, was der für eine Last schleppen kann: ein Fuchseisen mit »Boje« (das ist eine Stange, ein mit Nägeln gespicktes Stück Holz). Könntest du das lang schleppen? Er ja. Einmal gegen Frühjahr hab ich gesehen, wie einer ein neugeborenes Kalb fortschleppt: Was kriecht denn da über den Abhang, hab ich mich gefragt. Ein Polarfuchs, der ein Kalb schleppt! Na, den will ich zum Bach abdrängen! Hat er seine Beute fahren lassen und ist übers Eis davon, und mein Hund, der war schwer und ist eingebrochen, hab ihn nur mit Müh und Not wieder rausfischen können mit dem Tynsej (*der Fangschlinge*).

Die großen Steine.
Der größte Stein liegt auf dem Westhang der Malaja Doroschkina-Kuppe. Groß wie ein Zimmer. Und unvorstellbar schön! Schöner als die Zarenkrone. Bei Sonne schimmert er in allen Farben. In meiner Kindheit, wenn unsre Tschums in der Pestschanka-Niederung – grad hinter der Kuppe – standen, dann sind wir da manchmal hin. Bist einfach hin und hast ein Weilchen auf dem Stein da gesessen ... Der war vielleicht was von warm ...

Die Tschums standen beim Wenukan din (Wenukan-Speicher). Eigentlich hat den Speicher der Purpej gebaut, aber es gab da einen Afonja, einen angenommenen Sohn vom Purpej, oder vielleicht auch Lieblingsarbeiter vom Purpej. Jedenfalls, sein Spitzname war Wenukan (»Hundeschlitten«, auf Nenzisch), und dem hat er den Speicher geschenkt. Und daher: Wenukan din.

Im Pestschanka-Gebiet, da im Osten, gibts viele Steine, ganz verschiedene: weiße, rote, gelbe. Dort war früher unser Land.

Und der Spitzname vom Großvater war Tosni: »Unterlauf«. Also, aus den Niederungen vom Unterlauf der Pestschanka.

Die Bobrikow-Inseln.

Der Großvater konnte lesen und schreiben, aber seiner Erinnerungen, die waren unerschöpflich. Zum Beispiel an die Bobrikowy ostrowa. Die sind auf den Landkarten eingezeichnet, im äußersten Westen. Einmal kam ein Geologe zu mir, ein Meister von der Arktischeskaja, der Bohrinsel, und fragt:

»Gibt es hier Biber?«

»Biber? Ja, was sollen die denn hier benagen, das Eis oder was?«

»Aber hier auf der Karte, da steht doch *Bobrowye ostrowa* …«

»Nicht *Bobrowye ostrowa* – »Biberinseln«, sondern *Bobrikowy ostrowa* – »Bobrikow-Inseln« …«

Wie es zu dem Namen kam? In den 1880er Jahren ist da so im August mal ein Boot gestrandet mit zwei Männern von drüben, vom Festland – ein Russe, ein Nenze. Vielleicht Fischer oder sowas. Nun, und der Nenze hieß Bobrikow.

Russen haben manchmal schrecklichen Kohldampf. Die beiden waren schon ganz ausgehungert, und auf der Insel gabs Moltebeeren. Bobrikow sagt zu dem Russen: Iss aber nicht zu viel davon, besser nur ein paar … Dann ist er eingeschlafen, und der Russe hat zu futtern angefangen – und nicht mehr aufgehört damit, bis er satt war. Anderntags kriegt er Magenkrämpfe, aber kacken kann er nicht. Aus ists, Bobra, sagt er, ich sterbe …

Bobrikow darauf: Nimm einen Stock. Aber mach ihn stumpf, damit du dir den Arsch nicht aufreißt … Und dann haben sie angefangen dem Russen seinen Arsch auszuräumen. Bobrikow hilft ihm, und der Russe schreit die ganze Zeit: Grab, Bobra, grab! Grab, grab, grab! So hat der Bobrikow den Kerl kuriert …

Andre haben die beiden gefunden und die Geschichte erfahren. Und seither heißen die Inseln Bobrikowy ostrowa, Bobrikow-Inseln. Ich bin da nur einmal gewesen. Bin mal mit Renen drübergefahren. Was für Wild es da gab! Massenhaft Enten! Und Eiderenten in rauen Mengen!

Jetzt ist davon nichts mehr übrig. Die Insel ist unter dem Bohr-turm verschwunden. Da gibt es reines Erdöl, Gold, aber kein An-zeichen von einer Insel mehr ...

Der prophetische Traum.
Früher wurden die Wahlurnen mit dem Renschlitten zu den La-gerplätzen gebracht. Einmal, im März, da bin ich spät los, dazu noch bei Schneetreiben. Ein kräftiger Bodenwind. Ich komme bis zu den Sobatschije Sarlopy, wo es Schluchten gibt an der Jel-zowa Tarka, am Oberlauf. Da bin ich mit dem Gespann runter auf eine Schluchtsohle geraten, und wusste nicht, wie da wieder rauskommen. Ich hab versucht, eine Stelle zu finden, wo es rauf-gehen könnte – aber die Schlucht war schon ziemlich schroff, ein echter Canyon ... Na, bleib ich halt hier bis zum Morgengrauen, hab ich gedacht. In der Früh musste ich im Dorf zurücksein – damals war wenig Zeit für die Wahlen. Ich hab mich auf den Schlitten gehockt. Keine Ahnung, ob ich eingeschlafen bin ... Je-denfalls sagt plötzlich jemand: »Wart ein Weilchen, leg dich aufs Ohr und ruh dich aus. Dann fährst du nach links – da kommst du durch. Dann nach rechts. Da kommst du wieder raus von hier, nach oben.«

Bestimmt habe ich geschlafen. Aber jemand hat schon wirk-lich aus nächster Nähe mit mir geredet. Ich hab mich sofort ganz leicht gefühlt, davor wusste ich keinen Weg nicht. Mit dem Ver-schnaufen ist die Ruhe wiedergekommen. Nachts wurde es dann heller (bei Nordlicht wird es manchmal ganz hell!), ich sah mich um – und alles war genau so wie beschrieben. Ich fuhr nach links, dann nach rechts, dann hoch – raus aus der Schlucht.

Einmal als ich bei der Herde war, da bin ich noch mal an die Stelle zurück. Wirklich ein echter Canyon, eine schroffe Schlucht. Ich stand wieder auf dem Vorgebirge. Dann fuhr ich von da oben runter und kriegte solche Fahrt, dass nicht viel fehlte und der Schlitten wär umgekippt. Und ich bin auch wieder an derselben Stelle hoch – auch ein vorkragender Steilhang. Alles, wie damals. Es gibt doch schon Wunder.

Manchmal seh ich Orte im Schlaf. An denen hält man sich auf im Traum, an diesen Orten, und dann kommt es vor, dass du später irgendwann auf Orte triffst, die du schon kennst. Gerätst da hin, und bewegst dich wie auf bekanntem Boden.

So ist das.

III.
Der Maler Prokopi Jawtysy zeigt seine Bilder

Wie viele Laienmaler hat Prokopi Jawtysy spät und unvermittelt zu malen begonnen. Dieser ältere Herr mit Tänzerfigur und erstaunlich leichten Bewegungen nomadisierte noch bis 1967 zusammen mit seinem Vater in der Tundra. Nach Abschluss des Leningrader Instituts der Nordvölker arbeitete er als Lehrer. Die Welt seiner Bilder besitzt eine ursprüngliche Poesie und ihre Topoi entstammen zweifellos der schamanistischen Tradition.

Die Erläuterungen zu seinen Werken wurden am 25. Juli 1994 aufgezeichnet.

»Lied der Trommel«. Das ist nachts im Tschum. Die Leute lauschen dem Schamanen in der Maske. Sie schauen ihm zu. Vielleicht ist unter ihnen derjenige, der den Schamanen bitten wird, ihn als Schüler anzunehmen.

Schüler eines Schamanen wird man aus eigenem Wunsch oder durch Herkunft, und aufgrund von schamanischen Merkmalen: gelocktes Haar, Muttermal auf dem Kopf, dem Unterarm oder am Hals. Wenn der Schamane keinen männlichen Schüler findet, dann unterweist er eine Frau. Aber die Initiationszeit von Frauen ist länger. Erst lernen sie den Gesang, dann den Rest.

»Das Konterfei des Großvaters«. Hier geht es um Mystik. Der Enkel ist mit Vater und Mutter im Tschum. Sie geben ihm das Konterfei des Großvaters. In Fetzen, die von seinen Kleidern stammen, ist es drei Jahre aufgehoben worden. Jetzt sind die drei Jahre um. Sie haben dem Idol die Kleider ausgezogen. Der Enkel muss es im großväterlichen Grab beisetzen und sein eigenes Konterfei herstellen und ihm Kleider anziehen. Und es seinen Kindern geben, damit auch sie mit der Zeit die großväterliche Gestalt annehmen.

»Reife«. *(Das Gesicht eines alten Mannes, eine große Beere und ein junger Mann in Maliza, die von einem bestickten Gürtel zusammengehalten wird.)* Das ist eine reife Moltebeere. Auch der junge Mann ist eben erst herangereift und bereit, seinen eigenen Weg zu gehen. Der alte Mann hier, das ist sein Vater oder ein anderer Verwandter, der ihn ins Leben hinausschickt, damit er weiterlebt …

»Das Gedächtnis«. Hier das da, das ist alles, was im Gedächtnis dieses Mannes da ist. Und sein Weg ist wie ein gewaltiger Schnurrbart. Sein ganzes Leben: die Rene, der Tschum, der Schlitten. Er ist selber früher so gefahren. Sein Arm *(er ist über der Tundra und über dem Leben ausgestreckt)*, sein Arm ist wie erwärmt, er hat diese Erde herangezogen und beschützt, hat die bösen Geister verjagt. Da hinten da, da fliegen Vögel. Das ist das Gedächtnis, das die Erde beschützt.

»Der Flug der Seele zum Himmel«. *(Der starre, gelbe Körper eines mit dem Fuß an die Erde gefesselten Mannes, den eine Schneeeule und andere Geister in die Höhe tragen.)* Warum das? Drei Jahre nach dem Tod muss die Seele eines Verstorbenen zum Himmel hinauffliegen. Drei Jahre lang musst du wenigstens ein-, zweimal im Jahr zum Grab deines verstorbenen Verwandten gehen und dich an ihn erinnern. Du musst mit ihm reden, ein Feuer machen, etwas zurücklassen, damit dein Geruch und deine lebendige Kraft die bösen Geister vom Grab fernhalten. Andernfalls verfault die Seele. Sind die drei Jahre um, hast du deine Pflicht erfüllt. Die Seele fliegt in den Himmel. Aber wie sie dort hinfliegt, weiß ich nicht!

In meiner Vorstellung umgeben sie gute Geister. Einer gleicht einer Eule, ein anderer einem Ren. Und die Kette, die Verbindung der Seele mit der Erde, zerreißt ...

»Das Erlöschen der Sterne«. *(Senkrecht herabfallende Meteoriten mit Menschengesichtern.)* Warum das? Weil unsere Leute, wenn sie einen erlöschenden Stern sehen, sagen: »Oh, da ist wieder von irgendwem ein Verwandter erloschen.« Das heißt, sein Geist stirbt, und er existiert überhaupt nicht mehr. Wenn ein Stern schnell erlischt, dann ist es ein Mensch, wenn es lange dauert, dann ist es ein ganzer Klan. Die Nenzen glauben nicht an die Unsterblichkeit der Seele. Die Seele verschwindet. Eben so, als ob sie erlöschen würde. Genauso im philosophischen Verständnis: Auch der Mensch erlischt. Also, du arbeitest und arbeitest und gibst den anderen Wärme. Und wie ein Stern erlischst du.

»Vor der Beschwörung«. Nachts in der Tundra. Der Schamane ruft sich die Geister ins Gedächtnis, die erscheinen sollen. Die Trommel in seinen Händen ist wie der Mond. Ehe er mit seinen Beschwörungen beginnt, schlägt der Schamane die Trommel und fragt: »Geister, die ich kenne, seid ihr erschienen oder nicht?« Und sobald er Antwort bekommt, beginnt er mit der Beschwörung. Hier, da wartet er und horcht mit wachem Ohr.

»Der Geist des Windes«. Da ist er. Er bringt sogar einen Baum zu Fall, die Tiere, alles. Aber der Mensch, der die Natur gut kennt, der kann diesem Geist gegenüber aufrecht stehen bleiben. Ruhig sieht er sich um und lebt. Der Geist des Windes erhebt sich vor ihm, aber er hat keine Angst. Er ist daran gewöhnt. Man sieht, dass der Geist irgendwie mit ihm verbunden ist. Der Mensch passt sich den Kräften der Natur an und kann sie irgendwie beherrschen ...

»Der Herr des Windes«. Der oberste Geist und verschiedene Winde. Da sind sie. Man sieht ihre Gesichter. Der da ist der kalte Wind, der ist bös. Hier der, das ist der zärtliche, der lächelt. Und da ist so ein kleines Lüftchen. Und der Herr des Windes schickt sie an den Himmel. Das ist der Kosmos.

»Die Seele des Drachens«. Hier habe ich einen Menschen dargestellt, und über seinem Kopf ist ein Drachenmaul. Schwarzes Gesicht, langes Haar, eine schwarze Seele. Und vor ihm steht ein anderer Mensch mit Idolen in den Händen. Idole des Guten, Idole der Kraft. Die Drachenseele ist fremd, böse, alles kann in so einer Seele zugrunde gehen. Sie muss gebändigt werden. Und zwar genau so: mit Kultur. Mit einer Kultur der Beziehung zum Menschen. Und dieser junge Rentierhirte hier, der keinen Hochmut kennt, der staunt über die Drachenseele. Und da steht ein Hund. Oder ein Wolf …

»Wo können wir noch hin?« Der Mann redet mit dem Ren. Die kahle braune Tundra, ein Erdölförderturm, herumliegende Raketenstufen. Der blaue Himmel. Unterm Himmel lässt es sich noch leben, auf der Erde nicht mehr …

»Leben in Rechtlosigkeit«. Das ist eine rote Blume in einer Erdbehausung: die Höhle, deren Kälte, Eiszapfen. Aber auch da gibt es Leben. Es geht nicht zugrunde. Es blüht, trotz allem, denn das Leben ist das Leben. So kann auch ein menschliches Leben in Rechtlosigkeit, im kalten Umgang bestehen. Kaltbeseelt ist alles ringsum, verstehst du? Menschen wachsen heran, leben, aber ringsum ist alles kalt. Niemand achtet darauf. Wie leben die andern? – Geht uns nichts an. So wird das gesehen.

»Der Geist des Nomadendaseins«. Ein verlassener Lagerplatz. Kein Mensch mehr, nur noch zurückgelassene Knochen. Der Geist ist dort erschienen und hat Farbenpracht und Sonne mitgebracht – aber es ist kein Mensch da. Nur Knochen.

»Die Leute vom Vogelklan«. Das ist mein Klan. »Jaw« ist das Meer, »Tysja« ein kleines Strandvögelchen. Vielleicht ein Sperlingsvogel oder ein Gimpelchen, ich weiß nicht. Ich habe eine Schneeammer gemalt. In ihren Flügeln sind verschiedene Leute zu sehen, das ist mein Klan.

»Bekenntnis zum Guten«. Wenn der Mensch sich von bösen Geistern reinigen will, wenn in seinem Leben alles schlecht ist, dann entfacht er im Tschum oder um ihn herum ein Feuer, schließt die Augen und ruft die guten Geister an. Und zwar seine, immer. Die immer erscheinen. Und er sagt: Reinigt mich, denn mich beherrschen dunkle Mächte. Der gute Geist erscheint. Ich habe ihn mit der Kraft des Bären und den Flügeln und Krallen der Eule dargestellt. Die guten Geister wohnen im Himmel, deshalb hat er Flügel. Auch der Mensch ist mit dem Himmel verbunden. Warum? Weil er sein Licht im Himmel hat, in Gestalt eines Sterns. Er wird geboren – und das Licht fällt in seine Seele und lodert dort das ganze Leben hindurch, selbst wenn die Seele sich verfinstert hat.

»Sich in einen Vogel verwandelnder Mensch«. Der Mensch da verliert seine Attribute, seine Kleider und verwandelt sich in einen Vogel. Und hier, der andere da hat sich schon in einen Fisch verwandelt. Das habe ich mal geträumt. Ich hab gemeint, dass ich mit Außerirdischen rede. Sie steckten in so roten Overalls, mit blauen Gesichtern. Und sie brachten mir eine Kraft. Die Kraft eines Tiers. Und einen Vogel – den Flug meiner Gedanken.

IV.

Of gentle, strange, unlettered man,
Of Holy Hills, of frosty fen,
   And ice and island foam ;
Of flowers and antlered herds
And all the nesting of the birds
   He brings the story home.

Not his the crystal to divine
   With those clear eyes the charmed page
Where Nature, in the inner shrine,
   Enrols her children's heritage.

Yet, when your roses welcome June,
   This tale of far-off errantry
May serve to cheat a liquide noon
   With breezes of the Northern Sea.

V.
Nikita Ardejew erzählt[*]

Die alte Zeit.
Das Land zwischen den Oberläufen der Pestschanka und nördlich
davon, das war unser Klangebiet. Großvater Antip hätte an die
viertausend Rene, die hat er mit seinen Söhnen geweidet, ohne
zusätzliche Leute. Wieviel Söhne er hatte? Von der ersten Frau den
Timofej, den Ältesten, und von der zweiten noch zwei oder drei.
Als er starb, haben die Brüder den Besitz geteilt, die Söhne von der
andern Mutter und Timofej, mein Vater. Bei den andern liefen die
Dinge irgendwie schlecht, beim Vater eigentlich gut, der hat viele
Rene gehalten. Aber einmal gab es ein Viehsterben. Da beschloss
er, die Götter anzurufen, Kerzen aufzustellen, eine Kapelle auf der
Insel zu bauen. Also fuhr er zum Solowezker Kloster. Damals gabs
Segler, pomorische. Er hat eine Reisegesellschaft zusammenge-
stellt, sehr viel Verwandschaft, einen ganzen Anhang von Leuten,
auch die Frau und Maremjana. Sie fuhren auf einem Segler bis Archangelsk, von da dann weiter nach Solowki. Dort hat er alles für
die Kapelleneinrichtung gekauft: Ikonen, Kerzen, ein Weihrauch-
fass, auch Kreuze, auch andere Gerätschaft noch, und gleichzeitig
einen Popen mitgenommen. Der Vater war wohlhabend, hat alles
in Goldgeld bezahlt, er hat Schiffe gepachtet und die Kapelle an
der Pestschanka gebaut, mit Hilfe der Verwandtschaft …

---

[*] Die Erzählung – im Original auf Nenzisch – wurde von Filipp Nikitisch
Ardejew wenige Wochen vor dem Tod seines Vaters Nikita Timofejewitsch (1906-1993) auf Kassettenrekorder aufgezeichnet und wird hier gekürzt wiedergegeben.

Woher der Vater das Gold hatte? Also das kam so. Der Großvater Antip besaß eine Unmenge Papiergeld, das hatten ihm die Kaufleute für Waren bezahlt. Und das Papiergeld haben sie dann dem Petscherker Kaufmann Ludnikow mitgegeben, damit der es in Goldgeld umtauscht, und das Jahr drauf hat der das Gold eben mitgebracht. Dafür hat Großvater Antip ihm einen Teil davon abgegeben, für die Arbeit.

In dem Sommer, in dem Ludnikow das Goldgeld gebracht hat, kauften sie dann bei dem Kaufmann Sumarokow ein paar Dutzend Zuchtkühe, denen haben sie gleich die Ohren gebrandmarkt. Wir hatten drei Eisenladen voll mit Goldgeld: auf eine hat der Vater sich draufknien müssen, um sie zuzukriegen.

Dann gab es wieder ein Viehsterben, dabei ist der andere Teil der Verwandtschaft stark verarmt, und der älteste Bruder, also Timofej, der ging dann als Hirte zu den Kaufleuten Sumarokow: Alexander, Nikifor und Jakow. Nicht nur wegen dem Geld – die Kaufleute brachten damals alles mit. Tuch brachten sie mit, Zucker brachten sie mit, Butter, andere Lebensmittel ... In der Bugrjanka-Mündung wimmelte es damals geradezu von Karbassen ... Bonbons brachten sie mit, Fruchtbonbons, fässerweise, da waren Käfer und so Krabbeltiere drunter ... Dem Vater gefielen die goldenen Wasserkäfer am besten, manchmal hat er ein Fass um und um gewühlt auf der Suche nach einem Käfer, und die Mutter hat ihn geschimpft: Die Bonbons werden klebrig, so durchlüftet ...

Aber was interessant ist: Alles haben sie mitgebracht – bloß Wodka nicht. Wodka hat Sumarokow verboten und nur der Mutter, der alten Maremjana, ein Tröpfchen mitgebracht.[*] Die beiden Brüder, Jegor und Jefim, die haben gar nicht getrunken.

---

[*] Diese Behauptung scheint schlecht zu der Vorstellung zu passen, die Kaufleute hätten die Nenzen regelmäßig »abgefüllt«, wovon auch Saweljew berichtet, dem nicht zu glauben wir keine Veranlassung haben. Allerdings schreibt Saweljew über Kolgujew zu einem Zeitpunkt, als die Insel noch eine sehr abgelegene Besitzung von Mesener Pomoren war. Als diese nach einem großen Viehsterben (auch hier wieder das Herdensterben!) fanden, die jährliche Ausrüstung einer Expedition nach Kolgujew lohne nicht mehr,

Einmal ist Folgendes passiert: Alexander Sumarokow brachte Suschki auf die Insel, Kringel. Aber wie er an Land geht, sieht er, da stehen schon zwei Fässer, und die Leute bedienen sich. »Woher habt ihr die Suschki?« – »Vom Kaufmann Pawlow …« Pawlow war aus Pustosjorsk. Sumarokow hat sein Messer genommen, die Stricke durchgeschnitten und die Fässer mitsamt den Kringeln ins Meer geschmissen. Pawlow hat die ganze Zeit zugeguckt, aber nicht gewagt, Sumarokow in den Arm zu fallen. Und zu seinen Leuten hat Sumarokow gesagt: Unsere Renhirten brauchen Suschki. Gebt ihnen vier Fässer aus meinem Speicher.

Gab er umsonst. Damit die Leute ihm nicht bös waren.

Ein sehr robuster Kerl, der Sumarokow. Fuhr raus in die Tundra, trug eine Maliza und sprach sehr gut Nenzisch. Und konnte ein Ren fangen wie ein echter Nenze. Um die Rene hat er sich gar keinen Kopf gemacht. Manchmal, da brachten die Hirten ihm eine Fuhre Felle: Die Tiere hatten sie im Winter gegessen, also die von den Kaufleuten, sie sagten dann, wir haben soundso viel von euern Renen gegessen. Da hat er nicht gemuckt, nur gesagt: Verladet die Felle – das war alles. Und wenn er raus in die Tundra ist, dann hat er als Erstes das fetteste Ren geschlachtet. Und alle bewirtet. Maremjana hat er ein Fläschchen hingestellt, die andern habens sich so wohlschmecken lassen.

Nikifor Sumarokow hat immer bei uns im Tschum gewohnt. Sobald seine Karbasse Anker geworfen hatte, ist er zu uns raus. Mit dabei immer – sein Neffe Petka (Pjotr Fjodorowitsch). Sie hatten wenig Rene: Nikifor fünfhundert, Petka dreihundert. Der Petka hieß nur »Großkopf«. Einmal, da habe ich in der Herde von Petka ein Kalb mit dem Wurfseil gefangen, und wie ich es zu mir ranziehe, hab ichs erdrosselt. Ein schönes Kalb, ganz bunt. Sagt der

ging die Insel in die Hände der Sumarokows aus Oksino an der Petschora über, die offenbar eine andere »Alkoholpolitik« verfolgten – auch wenn Trevor-Battye davon berichtet, dass Alexander Sumarokow den »alten Iwan« (Purpej) zur Begrüßung mit Wodka bewirtete. Nikita Ardejew äußert hierzu etwas für uns überaus Interessantes: »Die Roten brachten zum ersten Mal so viel Alkohol auf die Insel, dass es bis zum Frühling reichte.«

Petka zu mir: »Hast mir mein einziges schönes Kalb erdrosselt. Wie konntest du?« Aber er hat bloß gescherzt. Es war ihm gar nicht leid um das Tier.

Einmal, als wir den Lagerplatz wechselten, kriegte ich ein Gespann mit vier Choren, Bullen. Den Sommer über konnte man mit frisch abgerichteten Choren fahren, die hatten kürzergesägte Geweihe. Ich mochte aber mit denen nicht fahren und blieb einfach beim alten Lagerplatz. Die Choren gehörten Petka Sumarokow, ich hab gesagt, besser wärs, sie abzustechen. Dafür hat die Mutter mich schrecklich ausgeschimpft. Gut, zuletzt bin ich los, und wie ich zum neuen Lagerplatz komme, steht unser Tschum schon, der Tee ist fertig. Petka kommt auf mich zu: »Und«, fragt er, »hast du sie doch nicht geschlachtet?« Dann sagt er selber: »Ich sollt sie lieber schlachten statt sie als Anspann zu gebrauchen.«

Der Alexander Sumarokow galt als gierig, aber der Nikifor (Mika) Sumarokow war ein guter Mensch. Er hatte im Krieg gegen die Deutschen gekämpft, kam ganz übel zugerichtet wieder, allein der Hals: stach vor wie bei einem Schneehuhn. Und im Krieg hatte er Gott geschworen: Wenn ich am Leben bleibe, dann helfe ich für den Rest meines Lebens den Armen. Das Schlachten hat er immer auf August, Anfang September angesetzt. Das Fleisch wurde in Fässer eingepökelt und auf seine Karbasse verladen; die Häute blieben da. Die wurden von Hirten getrocknet und gegerbt, und dann wurde Kleidung und Schuhwerk draus genäht. Die Kleidung nahm er dann im Jahr drauf mit, aber was feucht war, nicht, das ließ er wieder zurück. Wenn er schlachtete, haben viele bei ihm gearbeitet, weil die, die nichts hatten, denen hat er Leber, Kopf und Eingeweide gegeben. Zum Schlachten hat er noch Leute mitgebracht auf seiner Karbasse. Es ging immer sehr schnell bei ihm, obwohl er jedes Jahr an die hundert Rene auf Kolgujew geschlachtet hat. Sein wichtigster Mann war der Nenze Petrja. Für den hat er auch geschlachtet. Mika war sehr geschickt im Fangen von Renen. Hat unsre zwei Wurfseile zusammengeknüpft, um weiter werfen zu können.

Sumarokow hat immer gesagt, wer vermögend ist, trinkt nicht jeden Tag Wodka, das machen die Armen, deshalb leben sie auch schlecht. Das hat er gesagt, der Nikifor. Wörtlich: »Der Wodka – das ist keine Nahrung für einen reichen Mann, Wodka ist die Nahrung des Armen.«

Der Alexander und der Jakow, die haben weniger geschlachtet. Die haben bei ihren Leuten vor allem Rauchwaren gegen Lebensmittel getauscht. Säckeweise haben die die Pelze fortgeschafft. Polarfüchse wurden mit einer hölzernen »Falle« gefangen (mit einer Zange drin, die sie so erwürgt, dass das Fell nicht den leisesten Kratzer kriegt). Alexander hatte uns verboten, Polarfüchse an andere Kaufleute abzugeben (die andern, die kamen, das waren Pawlow, Ditjatjew, Ludnikow, Popow). Alexander fing die Rene selber, suchte die Schlachttiere selber raus. Er besaß eine Herde hier auf Kolgujew und eine drüben auf dem Festland, in Oksino. Jemand hat mal erzählt, wie er in Oksino schlachtet. Er hat generell keine Leute genommen, damit er keinen Lohn zahlen brauchte, hat alles mit der Familie und Verwandten gemacht. Jeder hat mitgemacht, auch die Mutter und die Schwester. Die hat die Innereien in Holzkisten gepackt. Den ganzen Tag über. Woher hatte sie bloß so viel Kraft? Und die alte Mutter von Sumarokow, eine Russin, hat die Rene selber ausgenommen und abgepelzt.

Die Leute sagten: »Gier und Geiz haben der Alten das Ausnehmen so gut beigebracht.« Die Hirten kriegten Kleidung von ihm. Den Familienmitgliedern hat er nichts gegeben. Ich hab bei Alexander nie als Hirte gearbeitet und nur einmal ein Hemd geschenkt bekommen, für die Maliza. Sie brachten immer fertiggenähte Kleidung mit, damit sie nicht unnötig viel Stoff herbringen brauchten. Die Hemden wurden von der Mutter und der Schwester in Oksino genäht.

Wenn ein Kaufmann bei seiner Herde war, dann hat er bestimmt, der Besitzer. Ob ein Tier geschlachtet wird oder nicht, alles sowas, das war alles Sache von dem Kaufmann dann. Aber er hat immer drauf geachtet, dass wieder geschlachtet wird, sobald das letzte

Stück Fleisch angebrochen war. Als die Roten gekommen sind, da war der Kaufmann Pawlow gerade auf der Insel. Die haben den Kaufleuten alle Rene geschlachtet. Alle Rene von allen Kaufleuten. Sehr viele Tiere. Der Großvater von Grigori Iwanowitsch (Ardejew) hütete die Rene von Ischemzer Kaufleuten, von Tschuprow und Terentjew, die gehörten zum Volk der Komi. Die von Pawlow hat der alte Inako gehütet. (Von dem leben die Nachfahren jetzt in Chongurej*.)

Die neuen Zeiten.

Der erste Lehrer war Ussow, der zweite Axjonow. Ussow hat keine Kinder unterrichtet, nur Erwachsene, und zwar in den Lagern, eine Schule gabs noch nicht. Er sprach gut Nenzisch. Aber ich hab mich in der Likbes** gelangweilt, ich war doch schon ziemlich alt. Und so hab ich kein Russisch gelernt.

Ussow unterrichtete abends, tagsüber ging er auf Schneehuhnjagd. Die Sowjetmacht verbot uns das Schlachten von Renen. Ussow zwang uns, im Frühjahr Zugvögel und im Sommer Mausergänse zu jagen.

Ussow ist dann fort in ein anderes Nomadenlager. Da haben sie ihm das Leben zur Hölle gemacht. Haben ihm keinen Tee gegeben, nicht mal einen Schluck aus dem allgemeinen Kessel. Musste mit seinem Emailletopf Wasser im See holen. Und fürs Essen hat er das Gänsefleisch von den Leuten, wo er wohnte, kaufen müssen.

Ussow ging zu unserm Schuppen und brachte einen Zettel an der Tür an, wir sollen ihn wieder abholen. Weil ich trotzdem was in der Likbes gelernt hatte, konnt ich den Zettel lesen: »Der Russe

---

* Ein 1939 im Rahmen der Sesshaftmachung gegründetes Renhalterdorf unweit von Oksino an der Petschora. [Anm.d.Ü.]
** Die »endgültige Beseitigung des Analphabetentums« (*likwidazija besgramatnosti*) wurde auf dem 16. Parteitag der KPdSU von 1930 zur »Kampfaufgabe der Partei« erklärt. Neben flächendeckendem Unterricht und dem Bau von Schulen wurde für eine Reihe von Sprachen indigener Völker eine Schriftsprache entwickelt, darunter auch für das Nenzische. [Anm.d.Ü.]

will wieder zurück«, hab ich meinen Leuten erklärt, »hat er da geschrieben.« Jefim, mein Bruder, fuhr hin, ihn holen.

Danach hat er im Lager von Pascha unterrichtet. Er zog von Lagerplatz zu Lagerplatz. Gleichzeitig hat er aufgepasst, dass keine Rene geschlachtet werden. Aber heimlich wurde schon geschlachtet, wegen der Felle (wir brauchten doch Kleidung, und die Wintersachen mussten ausgebessert werden). Das Fleisch wurde in Fässern eingepökelt und in der Erde vergraben. Von Pascha ging er dann nach Bugrino: Da standen Faktoreihäuser, dort, wo jetzt die Speicher und das Geschäft sind. Dort hat unser zukünftiger Inselsowjetvorsitzender Miron Iwanowitsch Jewsjugin lesen und schreiben gelernt.

Miron Iwanowitsch, wie er Vorsitzender wurde, lief in Schirmmütze mit Kokarde rum, mit goldenem Anker und Wappen, und in einem schwarzen Mantel mit lauter goldenen Knöpfen dran (hat er bei den Russen eingetauscht, die Marinemütze und den Mantel, dachte, so müssen alle Kader rumlaufen). Hat Eindruck gemacht. Sekretär war Afanassi Pawlowitsch, der lief auch in Matrosenmütze und -jacke rum, auch mit Goldknöpfen. Und noch der Bäcker Majkow, auch in Matrosenmütze und -mantel. Den Mironow neckten die Alten manchmal: »Bist jetzt ein hohes Tier.« Weil vorher, da hat ja nie einer auf Kolgujew welche gesehen außer den Kaufleuten. Wir waren dumm, hatten von nichts eine Ahnung.

Die Vereisung.
Ich weiß nicht, in welchen Jahren es Vereisungen gab.[*] Wir sind in die Tundra raus, die Rene suchen. Der Vorsitzende auch. Irgendwann sind wir in den Schuppen von jemand gegangen, Tee trinken. Holt der Miron seinen Sack und sagt: »Wer Geld hat, sollte sich was schämen, anderer Leute Essen zu essen.« Da hol ich meinen auch.

»Was machst du da?«

[*] Auf Kolgujew kam es 1947 und 1952 zu Vereisungen, aber womöglich ist hier von einer noch früheren die Rede.

»Na, wenn einer Geld hat, sollt er sich was schämen, andrer Leute Essen zu essen.«

Danach gings zur Faktoreiherde. Miron als Vorsitzender gab jedem zwei Rene, damit wir die Tiere mit Schlitten suchen fahren. Aber ich wollte keine. Die wären bloß krepiert. Und ich hätt sie ersetzen müssen. Aber der Miron, der war schon wegen vorher beleidigt und hat gesagt:

»Nein, wie geizig du bist. Hast nicht mal Mitleid mit deinen Beinen.«

Aber ich hab doch gesehen: Die Rene schaffen keine zwei Kilometer, und aus ists mit ihnen. Außerdem war das andere ja bloß ein Scherz. Ich hab einfach gesehen, dass es nichts bringt, die Tiere anzuspannen.

Gefunden haben wir sie dann beim Punatsch-Hügel, auf der Nordseite.

Es gab noch ein schlechtes Jahr mit Eisrinde. Dabei stießen wir beim Suchen in der Tundra zufällig auf meinen Tschin, meinen Schuppen mit den Lebensmittelvorräten. Wir nehmen uns also eine Kondensmilch, kochen Tee. Aber wie der Stepan sich Kondensmilch nehmen will, schnappt der Kusma (das ist der Bruder von meiner Frau) ihm die Büchse weg: »Zwieback reicht für den.«

Die Frau darauf: »Unsinn, wer knausert denn mit einer Büchse Kondensmilch?«

Kusma hatte einen üblen Charakter, war hitzig, er hat getrunken. Der Alkohol hat ihn dann auch umgebracht. Aber damals hat er die ganze Kondensmilch allein gelöffelt und dem Stepan nur die leere Büchse gegeben, zum Ausschwenken mit Tee.

Die Rene zusammenzutreiben fingen wir an, als die ersten aufgetauten Stellen zu sehen waren. Die Kälbchen und die Choren – alles krepiert. Manch einer musste das Holz zu Fuß vom Strand holen. Viele gingen sogar die Fuchsfallen zu Fuß aufstellen. Polarfüchse gab es in dem Jahr ziemlich viele. Aber die meisten hab ich gefangen, und der Vater von Sanko (Alexander Michajlowitsch). Manche krochen wochenlang bei andern unter. Der alte Pawel ist sogar losgezogen, seinen Sohn suchen, den Afonja, so lang war der weg. Manch einer hatte gar keine Lebensmittel mehr, nur noch Renfleisch. Wenn es zu so einer Vereisung kam, wurden sofort fünf, sechs Tiere geschlachtet. Weil, die Regel war: Sie krepieren ja sowieso. Der alte Pawel fuhr zum Jefdokim ins Lager, ihn um einen ganzen Sack Mehl bitten. Auch andere zogen von Lagerplatz zu Lagerplatz, untereinander tauschen: Mehl, Zucker, Tee, weil, es gab ja keine Rene, um ins Dorf zu fahren, und zu Fuß war es weit. Ich hab dem alten Pawel ein Fass Fleisch aus der Herbstschlachtung gegeben, für einen neuen Fahrschlitten. Nach einer Zeit kommt er mit noch einem Schlitten, bittet mich noch mal um Fleisch. Sag ich ihm: »Geh zu meinem Vorratsschuppen, und nimm dir ein Fass.« Sagt er doch tatsächlich: »Das ist mir zu weit.« Wie, begreif ich nicht – er brauchts und will nicht hingehen?! Er hatte erwachsene Söhne, ausgesprochene Faulpelze. Er hat sein Lager ganz allein durchgebracht. Hat da Mehl geholt, da Zucker, da Fleisch …

Nach dem Jahr gabs ein paar Jahre ohne Eiskruste. Und manche konnten ihre Herde wiederherstellen. Am meisten hatte der alte Wanka gelitten (der Vater von Klawdi Iwanowitsch Ardejew), er hatte nicht mal mehr Tiere, um seinen Tschum zum neuen Lagerplatz zu bringen. Auch Kostja hatte gar keine Rene mehr. Und Kusma, der war ruiniert, der ging dann als Hirte zur Sowchose.

Auch 1952 war ein schlimmes Jahr. Da haben nur wenige Rene überlebt. Sogar Kühe, die Kälber hatten, wurden angespannt (die Kälber laufen dann neben dem Schlitten her). Damals ist mir die Hälfte der Herde gestorben. Dem German sind alle krepiert, auch dem Sjamda.

Dass überhaupt welche gerettet wurden, lag daran, dass die Erde nicht überall vereist war. Die Alten haben den Jungen geraten, die Tiere nicht zusammenzuhalten, sie frei rumlaufen zu lassen: Wenns irgendwo Nahrung gibt, haben sie gesagt, dann finden sie die am besten.

Wir ließen die Rene frei, danach begann eine fröhliche Zeit: wir gingen unentwegt auf Besuch. Die Tschums liegen ja nicht weit auseinander, zehn, zwölf Kilometer. Sind uns also wechselseitig besuchen gegangen. Wir haben sogar Wodka getrunken.

Im Frühjahr waren die Vögel unsre Rettung, Schneehühner und Gänse. Die gab es reichlich. Ich hab große Beute gemacht, habe eine Unmenge Gänseeier zusammengesammelt. Die packt man dann in kalten Sand, einzeln. Bis August haben wir dann Eier gegessen.

Nichtsnutzige Leute.
Einmal habe ich einen Hakenstock gemacht. Kommt Pawel, der Hirte, und fragt:

»Wozu brauchst du so einen langen Hakenstock?«

»Wie: wozu? Na, zum Renefangen.«

»Mit einem Hakenstock?«

»Ja, statt dem Tynsej.«

»Machst du da nicht das Fell mit kaputt?«

»Warum sollte ich? Das Ren spürt doch den Schmerz, da zerrt es nicht.«

Ich hab bloß einen Scherz gemacht. Aber nachher hab ich gehört, dass der Pawel sich doch wirklich einen Hakenstock gemacht hat und ein Ren gefangen damit. Sowie das Tier den Schmerz im Rist spürt, zerrt es wie wild, und zuletzt hat es sich ein Stück Fleisch rausgerissen, dass es mächtig geblutet hat …

War sehr beschränkt, der Pawel.

Er hatte einen schönen fetten Menurej[*] in seiner Herde, der Pawel, weshalb ich bei mir dachte, sollte man doch schlachten. Sag ich drum zum Pawel: »Der Menurej, der ist ein Trumm, mit dem werden wir nicht zu zweit fertig, der macht uns zum Krüppel … Komm, wir tauschen, ich geb dir eins von meinen Tieren …« Da hat sich der Pawel schrecklich gefreut. Ich hab ihm ein kleines Tier gegeben, und kaum war er weg, hab ich den Menurej eingefangen und geschlachtet. Ein starker Chora oder Menurej ist gefährlich, natürlich, und du musst ihm das Wurfseil um die Brust werfen,

---

[*] Ein zwar kastrierter, aber nicht als Zugtier abgerichteter Bulle, den man frei in der Herde laufen lässt, damit er mit seinen Hufen den Schnee aufscharrt.

wenn du ihn fängst. Und zerren tut er natürlich lange. Aber eigentlich wird man mit jedem Tier fertig. War schon ein einfältiger Kerl, der Pawel.

Eines Tages hat er sich ein neues Gewehr gekauft. Aber wie er den ersten Schuss abfeuern will, da bleibt die Kugel mit der Hülse im Lauf stecken. »Was mach ich jetzt?« – »Mit einem Ladestock rausstipsen.« Hat es der Pawel mit der Angst gekriegt: »Oje, bloß nicht!« – und das neue Gewehr in den nächsten See geworfen.

Das haben Nachbarn gesehen und beim nächsten Lagerplatzwechsel ein Netz ausgeworfen, das Gewehr rausgefischt und die Kugel mit einem Ladestock entfernt. Ein gutes Gewehr, erwies sich.

Es gibt Rentierhalter, das fasst du nicht. Einer hat mal ein Ren eingefangen, und damit es nicht wegläuft und er es wieder einfangen muss, hat er es für die Nacht gefesselt. Am Morgen wars krepiert. Sogar das Fleisch hat er wegwerfen müssen, konnte nur noch das Fell abziehen. Der Kostja (meiner Frau ihr ältester Bruder) war ein ganz Fauler. Wir haben ihm geholfen und geholfen, aber es war ein Fass ohne Boden. Der kam schon mal mit der ganzen Familie, sich richtig durchfuttern, und wenn sie dann endlich satt waren, hab ich ihnen noch ein Fass gepökeltes Gänsefleisch und einen halben Sack Zwieback mitgegeben.

Einmal, da hab ich Kostja im Frühling Rene gegeben, damit er auf Jagd gehen kann. Ich hab zu ihm gesagt: »Nimm sie ruhig ran, die sind stark.« Kommt er abends mit leeren Händen zurück. »Nichts gefangen?« – »Nein.« – »Nicht mal eine Ente?« – »Nein.« – »Auch kein Schneehuhn?« – »Nein.« Wie sich rausstellte, ist Kostja die ganze Zeit auf dem Schlitten hocken geblieben, statt zu pirschen. Na, und da hat er nichts erlegt.

Einmal wollte Kostja drei Zwei-Meter-Hölzer transportieren. Er spannte drei von unsern Renen vor, dazwischen eins von seinen. Aber irgendwie scheuten die Tiere, der Schlitten kippte um und ging entzwei unter den Stämmen. Kostja tobte, spannte um, sah mich an: »Na, Nikita, jetzt hetz ich dir deine Tiere zu Tode.« Als ob die Rene Schuld wären. Aber ich hab nichts gesagt. Und weg war er. Unsern Renen ist nichts passiert, das waren junge Weibchen. Aber sein Tier hat er so geschunden, dass es nachher auf zwei Beinen lahmte.

Es war zwecklos, ihm zu helfen.

Wie die Faktoreiherde aus der Taufe gehoben wurde, da wollten alle reinschnuppern mit einem Ren, um es gegen ein fetteres einzutauschen. Stück gegen Stück. Ich bin auch mal hin, brachte ein Weibchen und wollte dafür einen Chora oder Menurej, aber hab ihn nicht gekriegt. »So siehst du aus«, haben sie gesagt, »willst noch ein Tier, dabei hast du schon so viele.«

Und wie wurde da gearbeitet, in der Faktoreiherde?

Einmal, als der Hirte Nikon um Lebensmittel nach Bugrino gefahren ist, hat er seinen Verwandten dort ein großes kräftiges Schlachtren mitgebracht.

Vom Lagerplatz ist er ohne los, aber angekommen ist er mit – wie geht das?

Nun, er hatte ein Ren aus der Faktoreiherde gestohlen und geschlachtet. Unterwegs hat er dann das zerlegte Tier aufgeladen. Der Brigadier hat das Ren nachher vermisst. Es war ein auffälliges Tier, mit einem Fleck auf der Stirn. Aber einer der Hirten, Wanka, hat gesagt: »Ein Teil von der Herde hat sich abgesetzt, bestimmt ist es mit weg.« Und so blieb es verschwunden, die haben die Sache vertuscht. In der Brigade haben sie sich immer wechselseitig rausgehauen, gedeckt. Und wie ich als Hirte in die Brigade abkommandiert wurde, wollten sie mich da nicht haben, ich bin für sie wie ein Keil gewesen.

Aber ich wollte da auch selber nicht arbeiten. Früher hielt die Insel bis zu zwanzigtausend Rene. Die Ärmsten besaßen hundert, hundertzwanzig Stück, alle hielten Rene. Wer zwei-, dreihundert Stück Vieh besaß, galt nicht als reich. Aber jeder wanderte damals seinen Tieren hinterher. Heute, da laufen sie frei herum, sogar der Brigadier weiß nicht, wo sie sind. Fragst du ihn, wo die Herde ist, besonders im Februar, März, weiß er es einfach nicht …

Früher dagegen, da wurde die Herde jeden Morgen zusammengetrieben, die Zugtiere rausgefangen, der Rest gleich wieder freigelassen. Danach zog die Herde friedlich rum. Und wenn sie sich die Flanken und die Geweihe kratzten, dann gings allmählich auf die Nacht zu. Wenn dann die eine Hälfte schon lag, wurden die andern beigetrieben. Am Kriwoje-See haben früher drei Herden geweidet. Ich kann mich nicht entsinnen, dass sie sich vermengt hätten. Oder das Moos bis auf den nackten Grund aufgescharrt hätten. Wir sehen, da drüben, da werden Rene gefangen: Ah, die Nachbarn haben ihre Herde hergetrieben! – da haben wir uns nur gefreut.

Jetzt dagegen …

Einmal kamen zwei Hirten von der Nachtrunde zurück. Wollten dann ins Dorf, nach Bugrino. Fängt der Hirte Mitri im Korral doch genau die selben zwei Tiere ein, mit denen die beiden eben erst gekommen sind – hat er doch die erschöpften Tiere für die Weiterfahrt gefangen und vorgespannt! Solche Nichtsnutze sind das heute. Früher dagegen: Wie hättest du da Rene gehalten und nicht jedes einzelne von Angesicht gekannt.

Verschiedene Geschichten.

Ein Schamane, Amgaljew, beschloss, eine besonders zänkische Alte zu erschrecken. Also verwandelte er sich nachts in einen unterirdischen Chora (ein Mammut). Seine Frau sagt: Neben dir zu schlafen ist gruselig, irgendwas machst du nachts, dein Körper ist da, aber deine Seele treibt sich irgendwo rum …

Schließlich träumt ein anderer Schamane, Prokopi, dass Amgaljew als unterirdisches Ren eine Alte erschrecken geht. Da verwandelt er sich selber in einen Eisbären und geht auf den unterirdischen Chora zu. Der verpasst dem Bären aber eins mit dem Geweih in den Nacken. Am nächsten Morgen erwacht Prokopi mit Nackenweh. Er macht sich auf und bittet den andern Schamanen unterwürfig, ihn zu kurieren. »Hast schon ziemlich heftig zugehaun«, meint er. Und der andere: »War nur ein Scherz, hab dir bloß zum Spaß einen Schlag ins Genick versetzt.« Die beiden waren Kumpel, lebten im selben Lager.

(*Nikita Ardejew zählt die Schamanen des Dorfes auf:*) Babuschka Nati (Natalja), Babuschka Sani (Alexandra), Afanassi und Kusma. Alles Schamanen, nach dem dritten Gläschen. Der Schamane Kusma hat mir mal gedroht: Wenn du mir nicht was zu trinken gibst, dann kommen sieben russische Recken und zerreißen dich vor meinen Augen in sieben Teile, drum, Alter, gieß ein! (*Lacht.*) Ich hab keine Angst vor irgendwelchen Schamanen – wie der alte Udossi.

Udossi hat an nichts und niemand geglaubt, weder an Schamanen noch an Teufel. So wie ich. Udossi hat zu einem Schamanen, der ihm mit einer Krankheit drohte, gesagt: »Sag mir den Tag. Wenn ich an dem Datum sterbe, dann glaube ich dir, dass du Schamane bist, aber so gibts viele Krankheiten.« Da war der andere sofort still.

Ein Schamane von Nowaja Semlja (früher, als es die Schiffsstrecke Archangelsk–Bugrino–Nowaja Semlja noch gab, kamen immer eine Menge Leute her) sagt zu mir: »Zerschneid mich in sieben Teile, ich setz mich wieder zusammen.« Er hatte schwer einen gehoben, also hab ich ihm lieber nicht geglaubt. »Womit fang ich an?«, frage ich ihn. »Soll ich dir erst den Kopf absäbeln, oder die Beine? Oder eine Schulter? Ich hab so meine Zweifel …«

Da ist er schlagartig nüchtern geworden: »In Ordnung«, sagt er, »lass es, wenn du Zweifel hast.«

Alle wollen Schamanen sein, aber echte Schamanen gibt es sehr wenige. Große Schamanen reden nicht über ihre Kraft, darüber, was sie können und was sie nicht können, schweigen überhaupt. Reden bedeutet, seine Kraft zu verlieren.

Ein Mann war es leid, unverheiratet zu sein, und so schnitzte er sich aus einer Baumwurzel eine Frau. Er redete für die Frau und antwortete auch für sich selber. Eines Tages, als er von der Jagd zurückkommt, fragt ihn die Wurzel: »Na, was hast du erlegt?« Er: »Nichts.« Darauf die Wurzel: »Na, wenn nichts, dann ess ich jetzt dich.« Da ist er erschrocken, hat die Wurzel kurz- und kleingehackt und verbrannt.

Das Gänseteilen ging so: Erst wurden viele erlegt, dann begann die Teilung: Alle Gänse werden auf einen Haufen geworfen, und die Jäger stellen sich im Kreis drumherum auf. Dann wird »Zupacken!« gerufen, und jeder langt sich eine. Und nochmal »Zupacken!« und wieder zugelangt. »Zupacken!« und so bis zu vier Malen. Den Rest haben sich dann die genommen, die es brauchten, die eine große Familie hatten, weil sie sonst nicht über die Runden gekommen wären.

Einmal hatten wir mit Russen zusammen gejagt, und ich hatte gesehen, dass der russische Natschalnik eine schöne fette Gans erlegt hat … Wie könnt ich mir die unter den Nagel reißen?, denk ich – vielleicht so: Wenns ans Teilen geht, dann legt der Russe seine Gans auf den Haufen, auf die stapeln wir dann andere drauf, und wenn ich das Kommando gebe, dann fingert der Kusma, schnapp, drunter und packt sich die graue weg. Gut, die Gänse werden also aufeinandergeworfen, wir im Kreis drumherum. »Zupacken!« Da packt der Russe seine Gans sofort am Kragen. »Meine Gans war eine fette«, lacht er. Hat geahnt, dass wir ihn reinlegen wollten, der russische Natschalnik, aber er hat sich nicht übers Ohr hauen lassen.

Bei uns gibt es so einen Wettkampf, da ziehen sich die Gegner gegenseitig an einem Riemen über den Schlitten. Pawel Soboljew hat mich rausgefordert und fünf Rene gesetzt: »Die Jahre gehn rum«, hat er gesagt, »und wir beide haben noch immer nicht miteinander gekämpft.« Ich schlug ein. Nur: rausgefordert hat er mich – aber den Riemen ergreift er nicht. Wenn du den Riemen vor Zeugen ergreifst, dann gibts kein Zurück mehr. Verlierst du, dann verlierst du halt. Aber irgendwie hatte er sichs anders überlegt, sagt: »Du, du isst gut, ich aber mehr schlecht als recht, da hat man keine richtige Kraft …« Und er blies die Sache ab …

Den Rüden kriegten wir als Welpen von Russen, er lief sehr schnell und hat Füchse schnurstracks eingeholt (Füchse geben überhaupt schnell auf: rennen ihre fünfzehn Kilometer, dann ermüden die Hinterläufe, und sie fangen an zu lahmen). Ich hab ihn zum Jagdhund abgerichtet und nie zu den Renen gelassen, weil er die nämlich auf der Stelle zu jagen anfing. Im Frühling ist er mal einem Bullen hinterher, den hat er zu Tode gehetzt – der kriegte stocksteife Beine: Muskelkrampf.

Wir haben ihn Jamdo gerufen (»Kurzfell«). Einmal hab ich auf der Jagd mitgekriegt, wie der Jäger, Jefim, einem Fuchs nachstellt. Jamdo sieht den Fuchs, hängt sich an seine Fersen, hetzt ihn weg und schnappt ihn sich, ein paarmal geschüttelt – und das wars. Er hat uns den Fuchs dann in den Tschum gebracht.

Auch zwei schwarze Polarfüchse hat er gefangen.

Ich hab ihn geliebt und sehr auf ihn aufgepasst, besonders auf seine Läufe. Hab ihn immer auf dem Schlitten mitgenommen, bis wir im Jagdgebiet waren.

Sein Ende kam so: Im Krieg ging der Schule das Brennholz aus, da wurden die Hunde aus der ganzen Tundra eingesammelt und zum Holzholen angespannt. Auch den Jamdo haben sie geholt. Aber der konnte weglaufen aus Bugrino, und offenbar hatte er Hunger, er hat einen Fuchsköder gerochen und ist in die Falle gegangen. Und da ist er erfroren.

In den dreißiger Jahren gab es einen Jäger, Bolschakow, der fiel dadurch auf, dass er den Schlitten ohne Chorej[*] lenkte. Damals waren die Rene schnell und ausdauernd. Ich hatte keine Rene für rasante Fahrten und wollte auch keine haben, ich wollte immer Transporttiere. Wir hatten mal ein Ren, das war stark wie ein Pferd. Wir fanden einfach kein gleich starkes – jedes andere mit ihm zusammengespannte wär kaputtgegangen.

Aber im Krieg, 44/45, als wir mit den russischen Landvermessern gearbeitet haben, da hatte ich ein Gespann guter Fahrtiere, das sehr schnell war. Fallen überprüfen konnte man mit denen nicht: Halte machten die wütend. Mit dem Gespann bin ich eines Tages mit dem Natschalnik von der Expedition, Arkadi, ins Dorf einen heben gefahren. Zurück waren wir schwer benebelt. Die Rene flitzten nur so. Arkadi brüllt: »Gehts nicht langsamer?!«

---

[*] Stange zum Antreiben der Rene.

Hast du nach vorwärts geguckt, ist dir der Schnee ins Gesicht gepeitscht, nach rückwärts – hast du den Schwindel und eiskalte Hände gekriegt …

»Ich treib sie nicht an«, brüll ich zurück, »die laufen so von allein. Und werden nicht langsamer, eh sie sich ordentlich warmgelaufen haben.«

Von dem Tag an hat Arkadi sich vor ihnen gefürchtet. »Du hast so viel Rene, Nikita«, hat er zu mir gesagt, »aber spannst immer die vor.«

Genau mit den Renen ist Kostja nachher, als ihm die Frau gestorben war, zum alten Wanka gefahren, um bei ihm um die Hand seiner Tochter anzuhalten, die Witwe war. War ein nichtsnutziger Kerl, der Kostja. Hat sich also die Tochter genommen, dann besteigen die beiden den Schlitten, um den Rückweg anzutreten. Er treibt die Rene an, und hast dus gesehen: kein Kostja mehr auf dem Schlitten! Es gab keine größere Schande als runterzufallen. Wem sowas passiert, der taugt wirklich gar nichts. Der Kostja liegt also im Schnee, alle Viere in der Luft.

»Was machst du denn da? Wie hast du das hingekriegt?«

»Ich wollte mich festhalten, aber da war der Schlitten schon weg.«

Ein starkes Gespann kann in der Tundra bis zu vierzig Stundenkilometer fahren.

Die Expeditionen.

Alles hab ich im Leben gemacht: Holzstämme transportiert, Fisch gefangen, mit den Expeditionen Baken gebaut. Immer und immer. Die haben mich nie in Ruhe gelassen, bloß an der Eisenkette im Gefängnis hab ich nicht gesessen. Warum die so mit mir umgegangen sind, werd ich nie verstehen.

Mit den Expeditionen, das war hart, aber sie haben gut bezahlt. 1944/45 hab ich mit Arkadi gearbeitet, Baken gebaut. Einen ganzen Monat hab ich Holz auf den Artelny Sopok raufgeschafft, über zweihundert Stämme, aber die Bake ist dann nicht gebaut worden. Auch zur Pestschanka rüber, wieder einen ganzen Monat lang. Und alles mit meinen Renen, einen ganzen Winter lang Holzstämme transportiert.

Arkadi war sehr geschickt, sehr stark. Ist mit den Renen sehr schnell gefahren. Anfangs war er ein bisschen verärgert über mich. Mir lief vom Stämmeaufladen die Brühe runter, er dagegen – putzfrisch. Ich wisch mir also mit der Hand die Stirn, um zu sagen, meine ist nass und deine trocken. Das hat ihm gar nicht gefallen. Er warf seinen Mantel weg und steht nur noch im Pullover da. Und fängt an aufzuladen. Zwei Schlitten, wenn ich gerade einen schaffte. Wir zwei haben gut zusammengearbeitet, obwohl ich kein Russisch konnte. Einmal fragte er immer wieder:

»Was für ein Untergrund ist hier?«

Aber ich verstand nicht, was er will.

Da nimmt er die Axt und hackt auf den Boden ein, zeigt mit dem Finger drauf:

»Der Untergrund! Was für ein Untergrund?«

Da hab ich gelacht, aber verstanden hab ich nichts.

Im Krieg, da gab es eine Brigade, die hat ein paar Frauen von Lagerplatz zu Lagerplatz gebracht, die haben getanzt und gesungen. Halt so Kulturarbeit. Das waren Lehrerinnen und Arbeiterinnen aus der Faktorei und dem Geschäft. Auch zu uns sind sie gebracht worden. Anschließend wollten die Frauen, dass wir sie noch ins Nachbarlager bringen. Aber der Expeditionschef, Arkadi, hat gesagt: »Ich stell nicht ein Rentier für die ab. Wer sie hergebracht hat, soll sie auch wegbringen.« Die Rene waren vom Holzziehen schon völlig ausgelaugt. Ich hab mich gefragt, ob ich nicht Unannehmlichkeiten mit dem Vorsitzenden kriege, aber Arkadi hat gesagt: »Die Frage klär ich.« Auch der Andrianytsch, der ein ganz hoher Natschalnik war, hat keine Rene abgestellt. Am Ende sind sie zu Fuß zu den Nachbarn. War anscheinend nicht so weit.

Der Holztransport ging, bis die ersten kahlen Stellen unterm Schnee hervorkamen. Da ist Arkadi weg nach Bugrino. Andrianytsch blieb. Er ist mit dem Theodolit geblieben, Stellen für neue Baken suchen. War ein guter Chef, hatte nichts bei sich, nur einen kleinen Kasten mit dem Tument.[*]

Einmal ist Andrianytsch der Kasten vom Schlitten runterge-
rutscht. Drei Tage haben wir dann gesucht. Mit dem Theodolit
sieht man alles. Zum Beispiel eine Bake hinter einem Hügel. Bestimmt auch einen Menschen, der sich in einer Grube versteckt.
Andrianytsch hat gesagt, das ist ein sehr gutes Tument, das haben
Deutsche gemacht. Er trug Brille, ich nicht, wir hatten nicht die
gleiche Sehschärfe. Aber manchmal hat er mich das Tument auf
meine Augen einstellen lassen.

Im Jahr drauf sind sie wieder gekommen. Die sie rumfahren
sollten, konnten sich ihren Chef aussuchen. Da hab ich sofort »Arkadi!« gebrüllt. Kusma auch – weiß nicht mehr wen, so hat der
Ananija den Muchin abgekriegt. Das war ein übler Kerl. Bei denen
fing der Tag mit Fluchen an und hörte mit Fluchen auf.

Am Lohntag bekamen alle sehr viel Geld für die Expedition.
Kostja Winukan musste sich auf die Damenhandtasche knien, in
die er sein Geld gestopft hatte, um sie zuzukriegen. Vor der Abreise hat mich der Oberkader von den Russen, Ossokin, in sein Zelt
eingeladen. Die andern linsten rein, ahnten, jetzt gibts Wodka.
Aber Ossokin ist raus und hat gesagt: »Ihr habt hier nichts verloren. Wir machen jetzt die Papiere fertig«, hat das Zelt zugemacht
und gelacht: »Komm, jetzt trinken wir ein Gläschen, was?« Ich hab
für Ossokin ein Ren geschlachtet und eingepökelt. Auch für den
Arkadi. Der hatte aus Archangelsk einen Brief bekommen von seiner Verwandtschaft, dass sie ein Fuchsfell gekocht und gegessen
haben, weil sie so gar nichts zu essen hatten.

52 kam dann der Bautrupp, die Baken errichten: Leutnant Wlassow und zwei Matrosen, Minakow und Wessjolow. Wlassow war
vierundzwanzig und einen Meter zweiundneunzig groß, hat vier-
undneunzig Kilo gewogen, er war riesig und sehr stark.

Ich erinnere mich, wir waren mal dabei, eine Gänsesuppe zu
kochen. Da sind wir zu den Matrosen, mal schnuppern, was die
sich wohl so machen aus ihrem Büchsenfleisch? Und die haben an

---

[*] Auf der Aufnahme sagt Nikita deutlich hörbar »Tument« statt »Instrument«.

unserm Topf geschnuppert. Wir haben dann getauscht – und beide Seiten waren zufrieden.

Mit Wlassow zu arbeiten war gut, aber schwer. Er hatte viele Instrumente dabei. Die Rene waren vollkommen ausgelaugt, hatten Abszesse am Hals. Da hab ich seine Uniformstiefel auf den Strand geschmissen. »Was ist los?«, fragt er mich. Ich: »Ihr seid zu dritt und wir sind zu dritt (*also Nikita selbst, seine Frau, sein Sohn*). Was habt ihr alles dabei, dass unsere Sachen auf zwei Schlitten gehen, und ihr braucht sieben?« Ich kramte ohne viel Federlesens in seinen Sachen und schmiss die Stiefel raus. Die Mütze mit der Kokarde hab ich ihm gelassen, die war ja ein Zeichen für seine Gelehrsamkeit. Fand dann noch eine Uniform mit Schulterstücken: »Die hättet ihr aber im Dorf lassen können.« Dann noch Ballons und Flaschen, die sie am Strand aufgelesen hatten. »Na«, sag ich da, »die werft mal weg. Beziehungsweise, ihr habt die Wahl: Könnt sie auch behalten, aber dann geht ihr zu Fuß …«

Mit den Russen bin ich gut zurechtgekommen. Mit dem Inselkommandanten Maliny hatte ich keine Probleme. Weil, im Krieg hab ich nämlich oft Militärmaterial zum Sewerny gebracht, ich hab nie nein gesagt. Dort gab es eine Einheit. Der Oberst hätte beinah mal einen, der was transportieren sollte, erschossen, er hatte schon den Revolver rausgezogen. Damals war bei der Gussinaja so eine deutsche Mine angeschwemmt worden, und da ist extra ein Schiff gekommen. Haben alles Mögliche auf sechs Argischs (*Schlittenzüge*) geladen, dann hab ich sie da hingebracht, die haben die Mine auseinandergenommen, dann hab ich sie zum Sewerny gebracht und dann nach Bugrino. Fünf Tage am Stück haben die Rene geschuftet, dabei lag erst der erste Schnee, war November, es gab noch kahle Stellen. Also fuhren wir beim alten Wanka vorbei, ihm sagen, meine Rene können nicht mehr, wechsel sie gegen deine aus … Er aber: »Pah, bringt uns irgendwelche Russen her, was sollen wir mit denen, mach dich da hin, wo du herkommst.« Da sagt der Natschalnik: »Gib ihm Rene, wir müssen die Mine abtransportieren. Wenn wir das Schiff nicht erwischen, dann erschieß ich dich gleich hier, auf dem Sand.« Es fing schon an Nacht zu werden, da haben sie fix die Rene geholt und die Mine fortgeschafft. Hatten einen Schreck gekriegt. Mich hat der Natschalnik entlohnt, und ich bin weg.

Das letzte Militärmaterial hab ich 1952 gefahren: neun Schlitten mit Gewehren, und ein Soldat dabei. Damals war das Leben sauer, aber ich habe wenigstens Geld bekommen. Davon habe ich Bonbons gekauft, Fruchtkissen, andere gabs nicht, und Kekse. Die andern beneideten mich oft um mein Leben. Aber was gabs da zu beneiden? Sie haben ja doch sehen können, wie ich mir die Bonbons verdient habe. Die wollten bloß selber keinen Finger rühren.

VI.
Soziologischer Abriss, für das Geographische Institut der Akademie der Wissenschaften verfasst von den Teilnehmern der Expedition von 1994

Das Dorf Bugrino.

Bugrino, ein sich längs der Küste erstreckendes Dreireihendorf, ist der größte Siedlungspunkt Kolgujews und liegt am Rande eines von Moltebeeren überwachsenen bültigen Torfmoors, das direkt hinter den letzten Baracken beginnt. In dem Moor entspringen die beiden aufgestauten Bäche, die das Dorf in tiefen Schluchten durchschneiden und von denen einer der Trinkwassergewinnung dient. Die irgendwann einmal über die Schluchten gebauten zwei Brücken sind in äußerst schadhaftem Zustand.

Zwischen den Barackenreihen gibt es Straßen mit zerfahrener Holzpflasterung, die nicht ausgebessert wird. Die dem Meer zunächst gelegene »Seestraße« ist schwer ramponiert von den Herbststürmen, vor allem deshalb, weil eine wachsende Anzahl winziger Schluchten sie unterhöhlt, über denen der Belag – der auch hier nur rudimentär geflickt wird – durchhängt. Die Küstenerosion hat einen bedeutenden Teil der Pufferzone zwischen der vorderen Häuserreihe und dem drei bis vier Meter hohen Steilufer »gefressen«. An zwei Stellen ist das Ufer bis auf fünf, sechs Meter an die Baracken herangerückt, weshalb die Seestraße ganz aufgegeben werden soll.

Die Entwicklung des Dorfes vollzog sich in mehreren Etappen: Die ersten Wohnbaracken und die Speicher des Geschäfts entstanden schon nach der Einrichtung der Faktorei, also in den 1920er und 1930er Jahren. Der Großteil der Wohneinheiten wurde in den 1950er Jahren von Baubataillonsoldaten errichtet. »Sesshaft« wurde die Inselbevölkerung 1960/61, als die Sowchose Kolgujewski gegründet wurde (d.h., die Menschen begannen das ganze Jahr hindurch im Dorf zu wohnen). Inzwischen sind die Baracken deutlich in die Jahre gekommen, um nicht zu sagen: marode. Insgesamt sind es von den Stürmen angenagte, mit Kunststoffplanen und irgendwo ergatterter Burukrytie »wärmegedämmte« Holzbauten ohne Sanitäranlagen, überbelegt und schmutzig. Viele Dorfbewohner haben sich eine eigene Banja gebaut. In Bugrino gibt es weder einen Frisör, noch Reparaturwerkstätten, noch überhaupt irgendwelche Dienstleistungsbetriebe. Die Haushaltsabfälle werden in die Richtung Meer führenden Schluchten oder einfach »über den Abhang« geworfen, weshalb der Uferbereich unterhalb der Siedlung ungewöhnlich vermüllt und verdreckt ist.

Die Wohnbaracken am Südende des Dorfes sind verschwunden. Hier stehen das Geschäft und drei sehr marode Speicher. In einem davon befindet sich die Bäckerei. Der Pier, schon nicht mehr in bestem Zustand, als er noch genutzt wurde, ist seit der Einstellung der regelmäßigen Schiffsverbindung von Archangelsk über Kolgujew nach Narjan-Mar 1992 endgültig eingestürzt. Das Löschen der Ladung auf Reede erfolgt mit flachgehenden Lastkähnen, die anschließend mit dem Traktor auf den Strand gezogen und dort entladen werden. Nicht selten rutscht das Frachtgut ins Meer.

Hinter den Speichern liegt jenseits einer Schlucht »das alte Dorf«: 33 Wohnbaracken, die Schule, der Feldscher- und Hebammenpunkt, die Station der Satellitenkommunikation für das Nachrichten- und Fernmeldewesen, die meteorologische Station mitsamt dem Häuschen für dessen Leiter sowie das Hotel und das große Amtsgebäude, in dem sich Dorfverwaltung, Sowchosedirektion, Arsenal, Post und Klub befinden.

Jenseits der Brücke, die über den anderen Bach führt, beginnt »das neue Dorf«, bestehend aus 11 Wohnbaracken und dem Kindergarten, im Wesentlichen in den 1970er Jahren gemäß dem damaligen Generalplan zur Entwicklung Bugrinos errichtet. Gegenwärtig gibt es keinerlei Bautätigkeit. Privat Gebautes gibt es nicht auf der Insel (mit Ausnahme der überall in der Tundra anzutreffenden Jagdbaloks): den Einheimischen fehlt das nötige Geld dafür. Wie im Übrigen auch für Kommunalbauten.

Das architektonische Bild runden die allenthalben hinter den Baracken aufgeschlagenen Schuppen ab, in denen die Dorfbewohner Geräte, Lebensmittel, Werkzeug, Jagdausrüstung, Schlitten, Hundefutter usw. aufbewahren.

Ratten gibt es in Bugrino nicht.

Hinter der dritten Barackenreihe des alten Dorfs befindet sich das Brennstoff- und Schmiermittellager, die Dieselelektrostation sowie der Reparatur- und Maschinenstützpunkt der Sowchose, von dem in verschiedene Richtungen Geländefahrzeugspuren abgehen. Der sichtbarste Fahrweg führt ins Inselinnere zu den Baloks der Renhirten und weiter zum Sewerny-Leuchtturm.

Die Sowchose.

Wie alle hochspezialisierten Landwirtschaftsbetriebe ist auch die Sowchose Kolgujewski in rasantem Niedergang begriffen. Im Grunde besteht sie zum einen aus zwei Renhalterbrigaden (die neben den Tieren der Sowchose auch viele eigene weiden) und zum anderen aus einer Pelznäherei, in der Schuhoberleder und Fellkleidung hergestellt wird. Aber letztere kann man strenggenommen kaum noch als funktionierenden Produktionszweig der Sowchose bezeichnen: Die in den letzten Jahren drastisch zurückgegangenen Aufträge werden von einer Handvoll alter Frauen in Heimarbeit erledigt.

Eine Zeitlang gehörten auch eine Fischfangbrigade, eine Werkstatt, in der Häute von Meerestieren verarbeitet wurden, sowie eine Milchfarm zur Sowchose, aber diese Sparten wurden schon vor geraumer Weile wieder eingestellt. Zudem ist die Jagd auf Meeressäuger verboten. Aber auch die Renhaltung erzielt jetzt keine Gewinne mehr. Der einzige Abnehmer, die Fleischfabrik in Narjan-Mar, begleicht ihre Rechnungen mit halbjähriger Verspätung, was bei der gegenwärtigen Inflation die Sowchose in den Ruin treibt. Gäbe es auf der Insel eine Werkstatt zur Verarbeitung von Rentierbast, eine kleine Konservenfabrik oder irgendeine andere Fertigwarenproduktion, sähe die Lage nicht derart verzweifelt aus. Aber ohne Sohlen zum Beispiel ist es unmöglich, komplette

Stiefel zu machen; ein Halbfertigprodukt wiederum, wie das auf Kolgujew hergestellte Oberleder, ordern in der momentanen ökonomischen Situation nicht einmal die traditionellen Abnehmer.

Um die Arbeitslosigkeit im Rahmen zu halten, hat die Inselverwaltung die meisten Sowchosearbeiter zu »Verwaltungsbeschäftigten« gemacht und bezahlt sie aus dem Kommunalbudget. Zu tun gibt es für diese »Beschäftigten« praktisch nichts, aber so haben sie immerhin ein Einkommen, und von Zeit zu Zeit kann man den einen oder anderen zu irgendeiner Reparatur oder Ähnlichem abstellen. Zugleich fehlt es auf Kolgujew an Facharbeitern: Traktoristen und Zootechnikern, doch wollen die meisten, selbst die jungen Leute, nichts lernen, nicht einmal das mit diesen Tätigkeiten verbundene Einkommen lockt sie.

Der Fuhrpark der Sowchose besteht de facto aus Schrott, da er kaum gewartet wird, außerdem wird betrunken und rücksichtslos gefahren. Von den 9 Traktoren und Geländefahrzeugen auf der Insel waren im August 1994 nur je eine Maschine einsatzfähig, ein zweites Geländefahrzeug ließ sich sporadisch in Gang bringen. Ersatzteile gibt es keine, und der einzige Weg, sie zu beschaffen, sind »Streifzüge« ins Mündungsgebiet von Kriwaja und Pestschanka sowie zum Sewerny-Leuchtturm, wo Armee und Geologen allerlei Gerät zurückgelassen haben.

Der Viehbestand der beiden Sowchoseherden betrug zum 1. August 1994 7156 Stück, der private 1403.

Geweidet werden die Herden im Inselinnern: Die eine zieht im Umkreis des Oberlaufs der Bugrjanka und des Kriwoje-Sees umher, die andere östlicher, in dem Gebiet zwischen Bugrjanka und Pestschanka.

Schlachtung und Fleischablieferung finden im November statt, im Juni und September werden die Tiere gezählt, im Herbst auch gegen Bremsen geimpft.

Der Großteil der Rene in Privatbesitz gehört den wenigen Familien, die traditionell Rentierhaltung betrieben. Als wohlhabend gilt, wer mehr als hundert Tiere besitzt.

Früher einmal wurden auf Kolgujew bis zu 20.000 Rene gehalten, wobei die Herden in periodischen Abständen durch eine

Vereisung der Insel stark dezimiert wurden. Ein so hoher Viehbestand ist heute nicht mehr erreichbar, da ein bedeutender Teil der Weideplätze von den Geologen in Beschlag genommen wurde.

Handwerkliche Produktion findet nicht statt – und wo sollte man die Erzeugnisse auch absetzen? Die einzigen regelmäßigen Besucher der Insel sind die Seeleute von den Tankern und Frachtschiffen, die den Nördlichen Seeweg nehmen. Sie tauschen das eine oder andere (Lachs, Rentierfelle, Stiefeloberleder usw.) bei der örtlichen Bevölkerung ein – gegen Wodka. Wer sich auf diese Währung nicht einlässt, geht normalerweise leer aus: Wenn überhaupt mit Geld bezahlt wird, dann zu einem lächerlich niedrigen Kurs.

Die Bevölkerung.

Am 1. August 1994 lebten 427 Personen in Bugrino. Die meisten sind Nenzen und überwiegend auf Kolgujew geboren. Eine kleine Gruppe sind Nachkommen der Zwangsumgesiedelten von Nowaja Semlja; von Ausnahmen abgesehen haben sie sich am schlechtesten an die modernen Lebensverhältnisse angepasst. Russen gibt es wenige auf der Insel, 5 oder 6, die überwiegend in der Verwaltung tätig sind. Beziehungen zwischen indigenen Nenzinnen und Zugereisten, von Russen bis Aserbaidschanern, gibt es von jeher.

Laut kommunaler Statistik untergliedert sich die Bevölkerung in folgende »Kategorien«:

Familien insgesamt: 95

Kinder im schulpflichtigen Alter: 111

Davon während der Wintermonate im Internat von Narjan-Mar: 60

Schüler der Förderschule für geistig Behinderte: 2

Hochschul- und Technikumstudenten: 10

Rentner: 54

Kindergartenkinder: 54

»Verwaltungsbeschäftigte« (inkl. Kindergarten, Schule, Feldscher- und Hebammenpunkt u.ä.): 52

Sowchosearbeiter insgesamt: 90

Davon Renhirten: 15

Tschumarbeiterinnen[*]: 7

In der »Pelznäherei« Beschäftigte: 15

Maschinenspezialisten (Geländefahrzeugfahrer, Traktoristen, Dieselmaschinisten): 15

Schreiner, Hilfsarbeiter: 38

Arbeitslose: 21

Davon Arbeitslosengeld-Bezieher: 5

Im August 1994 betrug der Monatslohn eines Hilfsarbeiters der Sowchose 50.000 Rubel (25 Dollar), der eines Traktoristen oder Geländefahrzeugfahrers 150.000 Rubel – bei Lebensmittelpreisen, die 2,5 bis 3-mal höher liegen als in Moskau. Deshalb gehen die Leute neben der Arbeit auf Jagd, zum Fischen, zum Pilze- und Beerensammeln.

Zugleich gibt es unter den Kolgujewern keinen professionellen Jäger. Einen Jagdschein zu beantragen reizt bei all den damit verbundenen Formalitäten niemanden. Dies umso weniger, als es auf der Insel weder eine Jagdinspektion noch eine Miliz gibt und man für jedes offizielle Dokument nach Narjan-Mar fliegen muss. Zudem scheinen sich echte jagdhandwerkliche Kenntnisse verloren zu haben – zumindest werden überwiegend nur Gänse bejagt. Sie werden während des Zugs geschossen oder in der Mauser gefangen.

In einigen Familien bilden die Mausertiere die Hauptnahrungsquelle neben Tee, Zucker und Brot. Die »Nowaja-Semlja-Nenzen« erlegen auch Enten und Taucher, deren Fleisch die »Urkolgujewer« für ungenießbar halten.

In den Flüssen nahe Bugrino werden von einigen Dörflern auch Plattfische und Lachse gefangen, aber die Ausbeute ist bescheiden. Echte »Selbstversorger« sind nur wenige Familien, sechs oder sieben. Sie salzen für den Winter bis zu 70 Gänse ein. Von ihnen und den wenigen wirklich Arbeitenden abgesehen, leben alle anderen am Rande des Hungers.

Hunde gibt es viele auf der Insel, 3-4 in jedem Haus, aber die meisten sind nicht reinrassig, und offenbar taugen nur wenige für die Jagd.

---

[*] Frauen, die mit den Renhaltern in die Tundra gehen und als Betriebsangestellte hausfrauliche Arbeiten erledigen. [Anm. d. Ü.]

Auf dem Strand liegen rund zwei Dutzend Motorboote, mit denen die Dorfbewohner jene südöstlichen Küstenabschnitte befahren, die durch die »Koschki«, die schmalen Sandinseln, vor dem offenen Meer geschützt sind. Je größer der Abstand vom Dorf, desto höher ist der Ertrag an Wild, Pilzen und Beeren. So stehen dort auf dem Küstenstreifen an die zwei Dutzend Baloks, aber mit dem Boot hinter die Koschki hinauszufahren, ins offene Meer, wagt niemand, und das einzige den Wellen standhaltende Schiff – die sowchoseeigene »Dora« (eine große Schaluppe) – ist ständig defekt. Somit sind die entlegeneren Punkte der Insel, ob im Innern oder an der Küste, für die meisten Bewohner praktisch unerreichbar.

Nach den von Sinaida Folmer – der Leiterin des Feldscher- und Hebammenpunkts – zur Verfügung gestellten Daten sind die Haupterkrankungen auf Kolgujew Ischämie, Herzrheuma, Hypertonie, Gastritis und Alkoholismus.

Unter fachärztlicher (Dispensaire-)Betreuung stehen 102 Patienten: 70 wegen verschiedener Herzerkrankungen oder Hypertonie, 9 wegen geschlossener, 1 wegen offener Tuberkulose.

Während der Anti-Alkohol-Kampagne 1985/86 diagnostierte ein eigens angereister Suchtmediziner, dem Krankheitsbild »Alkoholismus und allgemein verbreitete Trunksucht« ließen sich wohl 86 Personen zuordnen. Abgesehen vom Anteil des Absurden an diesem Befund entspricht er den Realitäten. Armut, Arbeitslosigkeit, das Unvermögen, sich ein eigenständiges Leben aufzubauen, und »Perspektivlosigkeit« veranlassen sehr viele zum Trinken. Auch wenn inzwischen die Spirituosen wieder frei verkäuflich sind, ist der Wodkapreis auf Kolgujew doch dermaßen hoch, dass die echten Trinker ihren Alkohol weiter bei den Matrosen eintauschen.

Dem ehemaligen Sowchosedirektor zufolge beginnen die Männer zu trinken, sobald sie sich Familie zulegen – also die letzte Illusion von Freiheit verlieren –, aber auch Frauen greifen zur Flasche. Unter den momentanen harten Lebensbedingungen verschlechtert sich der Zustand der Alkoholabhängigen rasant, sie wirken unterernährt, fühlen sich im Stich gelassen, aufgegeben und sind überzeugt, bald zu sterben.

Alkoholpsychosen oder Streit und Schlägereien im Rausch sind häufig und gehen über in längerfristige, raffiniertere Feindseligkeiten.

Suizide gab es 1993 drei. In allen drei Fällen waren es Männer mittleren Alters, die nach einem Besäufnis Hand an sich legten, aber der tiefere Grund ist ein generelles Gefühl von Ausweglosigkeit.

Ein Junge starb 1993 im Internat, nachdem er Bremsflüssigkeit getrunken hatte.

Weil kinderreiche alkoholabhängige Eltern die staatliche Unterstützung häufig vertrinken, wurde beschlossen, das Kindergeld direkt ans Geschäft zu überweisen und es den Betroffenen in materieller Form (Konserven, Brot, Zucker und andere Lebensmittel) zukommen zu lassen.

Die medizinische Versorgung auf der Insel ist kostenlos, Flüge zu einer Behandlung außerhalb oder wegen einer Operation werden vom Staat übernommen. Aber Arzneimittel sind wegen der steigenden Preise für die Patienten unerschwinglich.

Schlussbemerkung.
Die einzige Verkehrsanbindung der Insel besteht in der Hubschrauberlinie von und nach Narjan-Mar. Die Schiffsverbindung Archangelsk–Kolgujew–Nowaja Semlja wurde schon mit der Umwandlung Nowaja Semljas zum Atomtestgebiet eingestellt, inzwischen ist auch die über Kolgujew führende Verbindung von Archangelsk nach Narjan-Mar abgeschafft. Somit ist die Insel von allen wichtigen Arterien des Hohen Nordens abgeschnitten. Es gibt schon lange keinen Lebensmittel- und Treibstoffvorrat »auf ein Jahr voraus« mehr. Diesbezüglich befindet sich Kolgujew in einer ebenso verzweifelten Lage wie alle abgelegenen Siedlungen längs des Nördlichen Seewegs.

Der Hubschrauber kommt zweimal im Monat. Doch obwohl subventioniert, können sich die meisten Kolgujewer nicht einmal einen Flug nach Narjan-Mar leisten. Deshalb verbringen sie größtenteils ihren Urlaub »in der Tundra«, auf der Jagd und mit Beereneinkochen.

Neben Bugrino gibt es auf Kolgujew noch zwei weitere Siedlungspunkte: einerseits den Sewerny-Leuchtturm (der mit 4-5 Personen besetzt ist) und das Dorf Sewerny (hier waren bis vor kurzem Armeeeinheiten stationiert) und andererseits die Geologenbasis an der Pestschanka, auf der die Ölarbeiter von Murmanskgeologija im Schichtsystem arbeiten. Zu ihnen hat Bugrino praktisch keinen Kontakt, denn die drei auf einer Insel gelegenen Ortschaften verbindet nichts: Sie unterstehen unterschiedlichen Behörden, die wiederum ihrerseits unterschiedliche territoriale Zugehörigkeiten haben.

Selbst wenn ein Nenze aus Bugrino Bohrarbeiter an der Pestschanka werden wollte und die Verantwortlichen vor Ort nichts dagegen hätten (was wenig wahrscheinlich ist), so müsste er der Papiere wegen nach Murmansk fahren – dem stünden dann finanzielle, aber auch psychologische Faktoren entgegen.

Die aktiven jungen Leute wollen von der Insel fort. Dafür gibt es zwei Wege: entweder man bleibt in der Armee, oder man sucht sich Arbeit auf dem Festland. Aber das ist schwierig, weil die Kolgujewer wenig Kontakte »nach drüben« haben, sie verfügen kaum über Kanäle, die sie »hinaus in die Welt« führen könnten. Und so kehren viele nach den ersten erfolglosen Versuchen, sich ein eigenständiges Leben aufzubauen, beschämt und mit dem Gefühl, gescheitert zu sein, auf die Insel zurück.

Die von der Oktoberrevolution ausgelösten Veränderungen haben die traditionellen Beziehungen der autochthonen Bevölkerung zu den russischen Kaufleuten und den norwegischen Fangmännern gekappt.

Bereits in den 1920er Jahren waren die Kolgujewer Nenzen auf Gedeih und Verderb vom staatlichen Monopol abhängig. Mit den Jahren verloren sie dann die materielle Grundlage für ein autonomes Dasein – privaten Besitz – und auch die nötigen Kenntnisse, um autark zu wirtschaften.

Aber die sozialistische Kolonisierung hat den Inselbewohnern auch neue Möglichkeiten eröffnet. Die 1960er Jahre waren für die Dörfer jenseits des Polarkreises eindeutig eine Zeit der Blüte. Damals wurde Bugrino zum richtigen Dorf ausgebaut, die Menschen erhielten ein festes, vom Arbeitsertrag unabhängiges Einkommen,

»gute« Verwaltungskader, Zugang zu den Errungenschaften der Zivilisation und die Gewissheit, dass ihr Leben und das ihrer Kinder sich verbessern müsse und verbessern werde.

Am Ende dieser Phase wurden alle nicht unmittelbar mit der Rentierhaltung zusammenhängenden Produktionsbereiche, die mit Mühen und Kosten verbunden waren (der Fischfang, die Verarbeitung von Meerestierhäuten, die Pelztierfarm usw.) als »perspektivlos« liquidiert. Und ebenso begannen die traditionellen Tätigkeiten auszusterben: die Jagd auf Meeressäuger und die Polarfuchsjagd, das Nähen der traditionellen Kleidung, die Herstellung von Rengeschirr. Die monoökonomische Spezialisierung war just gerade zu dem Zeitpunkt Wirklichkeit geworden, als das System der sozialistischen Planwirtschaft zusammenbrach und die Abnehmer von Renfleisch, die bis dahin durch strikte Planvorgaben zur Abnahme bestimmter Mengen gezwungen waren, freie Hand bekamen – wodurch Kolgujew auf Gedeih und Verderb von ihnen abhängig wurde.

Aus Unselbständigkeit, Armut und Trunksucht, aber auch fehlendem Willen, sich ein eigenständiges Leben aufzubauen, steht die Mehrzahl der Bevölkerung den »Veränderungen« hilflos gegenüber und befindet sich wortwörtlich am Rande des Untergangs.

Dieser Teil der Kolgujewer steht vor dem Dilemma, entweder binnen kurzem den eigenen Lebensunterhalt »wie früher« zu erwirtschaften oder der Insel den Rücken zu kehren, das heißt: als Aussaat für ein neues Leben die Kinder aufs Festland zu schicken …

Ein anderer Teil der indigenen Bevölkerung – diejenigen, die sich am besten an das moderne Leben angepasst haben und die meisten Rene besitzen – könnten mit Sicherheit auf Kolgujew weiterexistieren und dort irgendeinen Produktionszweig in Gang bringen. Aber das wird dauern. Augenblicklich sieht man allenthalben nur Niedergang: Unvermögen, mit den Trümmern der sozialistischen Ökonomie fertigzuwerden, Verletzbarkeit, Erbitterung, Verzweiflung, das Gefühl, von der Welt aufgegeben worden zu sein, ungerecht behandelt zu werden, Alkoholismus, Dahinvegetieren, Leben am Rande des Hungers – dies sind die Kennzeichen des heutigen Tags.

Wassili Golowanow, Pjotr Glasow

VII.
Die Insel Kolgujew im Jahr 2012

Dem vor 18 Jahren Geschriebenen bleibt wenig hinzuzufügen. In der Zeit seit jener Expedition, die diesem Buch zugrunde liegt, haben sich die Verhältnisse in allen Lebensbereichen weiter verschlechtert – was nur selbstverständlich ist, denn eine so große, einst als »Visitenkarte« der sowjetischen Zirkumpolargebiete ersonnene Ortschaft zu unterhalten, ist heutzutage eine unrentable Angelegenheit.

Das spiegelt sich zuerst im Rückgang der Bevölkerung: 2007 betrug die Einwohnerzahl von Bugrino 358 Personen, davon waren 85 Kinder unter fünfzehn Jahren, 209 Erwachsene im Erwerbsalter, 73 Rentner. Von den 209 Erwerbsfähigen waren 44 ohne Arbeit, von den Rentnern 60. Laut ärztlicher Statistik gab es 25 Invaliden (also Behinderte oder Berufsunfähige). Die durchschnittliche Lebenserwartung der Frauen liegt bei 84,42 Jahren, die der Männer bei 60,96 Jahren.

Nach Abschluss des Internats in Narjan-Mar wollen die Kolgujewer Jugendlichen nach Möglichkeit nicht auf die Insel zurück, sind aber wegen der hohen Mietpreise in der Stadt (man bräuchte sofort eine gutbezahlte Stellung) in der Regel zur Rückkehr gezwungen. 1994 galt das als normal (die Insel wurde sogar als Zuflucht vor den »irren« Problemen der Welt draußen empfunden), heute dagegen wird es als eine Art Katastrophe erlebt: es verbaut dir die Möglichkeit, in »das große Leben« hinauszugehen, verurteilt dich zu einem Dasein in insulärer Abgeschlossenheit und zu so unqualifizierter wie schlecht bezahlter Arbeit. Begriffe wie Gemeinschaft oder Ältestenversammlung sind erodiert. Die jungen

Nenzen kennen ihre Geschichte nicht, kennen nicht ihre familiären Wurzeln, nicht das Weideland ihres Klans: viele waren praktisch noch nie in der Tundra. Sie leben tagaus, tagein im Dorf oder in dessen unmittelbarer Umgebung, so dass kaum noch einer etwas von Jagd und Renhaltung versteht. Die jungen Renhirten fahren so gut wie nie mit dem Schlitten, sondern stets mit dem Buran (einem Schneemobil): um mit dem Gespann zu fahren, braucht man Zugtiere, und die gibt es immer weniger.

Unverändert geblieben ist auch die Armut. Das durchschnittliche Pro-Kopf-Einkommen beträgt in Bugrino 3361,4 Rubel (also 100,3 Dollar), während das Lebensminimum für Menschen des Archangelsker Gebiets mit 5711 Rubel (sprich 190,3 Dollar) angesetzt wird. Die Abgeschnittenheit der Insel, die unbezahlbaren Hubschrauberpreise und die Unterversorgung Bugrinos mit Grundgütern vom Festland (Lebensmittel, Hausrat, Baumaterial etc.) haben zur Folge, dass die Mehrheit der Dorfbewohner kaum überleben kann. Die meisten geben an, das ihnen zur Verfügung stehende Geld reiche nicht oder gerade so für Lebensmittel.

Ein augenfälliges Indiz für die veränderte Haltung gegenüber der Insel ist die Tatsache, dass so gut wie alle Russen Kolgujew verlassen haben. Die »Romantik des Hohen Nordens«, die in den 1960er Jahren Verwaltungskader, Meteorologen und Ärzte in die Polargebiete lockte, besitzt keine Zugkraft mehr: die »Köpfe« in der Verwaltung wechseln beinah jährlich, wie auch die Ärzte, die nach Abschluss des Studiums über die »Arbeitsplatzzuteilung« auf der Insel landen. Geblieben sind nur ganz wenige Familien, nämlich diejenigen, die wissen, dass auf dem Festland niemand sie erwartet und sie dort keine Wohnung usw. haben (so zum Beispiel die Folmers: Sinaida Folmer, Feldscher in Bugrino, und ihr bereits im Ruhestand befindlicher Mann sowie ihr Sohn, der Invalide ist).

Das Dorf Bugrino.

In den vergangenen achtzehn Jahren hat Bugrino *nicht ein* Problem gelöst. Weder das der Abfallbeseitigung (der Müll wird unverändert »über den Abhang« entsorgt) noch jenes des Abtransports der Unmengen von überall vor sich hin rostendem Metallschrott und auch nicht das Problem der Trinkwasserversorgung. Die Herbststürme haben die Seestraße, einst »Paradestraße« des – seinerzeit auf dem »festen« Grund der Steilküste und nicht auf Tundraboden errichteten – Ortes, so ruiniert, dass sie heute in zwei Teile auseinandergebrochen ist. Aus sechs der Baracken mussten die Bewohner in eine weiter in der Tundra neu erbaute »vierte Reihe« umgesiedelt werden. Am südlichen Dorfende, das noch besser in Schuss ist, stehen auf dem Bachufer fünf neue Häuser, auch gibt es endlich eine modern ausgestattete öffentliche Banja mit Sauna und Duschen. Das Geschäft ist »privatisiert« und gehört einem der Inselnatschalniks, der sich im Übrigen auch gleich eine Wohnung und das halbe Hotel »privatisiert« hat (er selbst lebt in Archangelsk). Eines der restlichen drei Zimmer wird normalerweise für den Einsatzarzt freigehalten, da für ihn kein anderer Wohnraum zur Verfügung steht. Neben dem Hotel befindet sich nach ihrem Umzug aus dem havarierten Seestraßen-Domizil jetzt auch Satellitenkommunikation: in drei sogenannten Polarwaggons, kleinen Wohnwaggons ohne Räder. Und last not least ist Bugrino inzwischen ans Internet angeschlossen! Im Klub gibt es eine Bibliothek und einen Sportraum, in dem Discoabende stattfinden.

Das größte Problem des Dorfes aber bleibt das Trinkwasser: Es wird noch immer aus dem kleinen, von einem der Tundrabäche gespeisten Tümpel gewonnen. Doch wenn dieser Tümpel 1994 noch vergleichsweise sauber war, so stehen jetzt in seiner unmittelbaren Nähe private Banjas und Toiletten … Das Wasser ist im Grunde ungenießbar. Aber eine andere Frischwasserquelle gibt es nicht am Ort. Rund anderthalb Monate im Jahr ist die »Sommerwasserversorgung« in Betrieb: Das Wasser wird aus dem Tümpel in die Zisterne gepumpt und verteilt sich von dort über ein altersschwaches, stets reparaturbedürftiges Leitungssystem von selber im Dorf. Im Winter funktioniert dieses System selbstverständlich nicht. Ein Teil des Trinkwassers wird dann »gespeichert« (d.h. aus der Leitung in Kanister abgefüllt und als Eis gelagert); der Nutzwasserbedarf wird mit (aufgrund der Kohleöfen sehr schmutzigem) Schnee gedeckt. Wer sauberes Wasser trinken will, der holt es sich aus den Tundraseen, zu denen er mit dem Buran fährt.

Geheizt wird mit – per Schiff angelieferter – Steinkohle; der Gesamtbedarf des Dorfes beträgt 1800 Tonnen pro Jahr. Die Öfen sind ebenso alt wie die Behausungen selbst und stellen somit eine erhebliche Brandgefahr dar. In einigen Baracken wurde überdies in Eigeninitiative ein Warmwassersystem installiert, gespeist von ebendiesen Öfen.

Strom liefert eine Dieselstation, für deren Betrieb 700 Tonnen Brennstoff pro Jahr übers Meer gebracht werden müssen. Viel einfacher und eigentlich naheliegend wäre es, vom Ostende der Insel, wo Erdöl gefördert wird, eine Gaspipeline nach Bugrino zu legen. Und offenbar hat irgendein Dorfoberer auch einmal versprochen, die Siedlung ans Gas anzuschließen, und dementsprechende Vereinbarungen mit den Geologen getroffen. Aber dann wurde sein Patron in Narjan-Mar »abgesetzt«, woraufhin auch er »flog«, und so blieb der Traum von der Gasversorgung ein Traum. Dafür stellt das Löschen von Diesel und Kohle noch immer Jahr für Jahr eine echte Tragödie dar!

Die Landwirtschaftliche Produktionskooperative Kolgujewski.

2005 arbeiteten in der LPK Kolgujewski 67 Personen, davon waren 24 unmittelbar im Bereich der Renhaltung beschäftigt, als Hirten, Tschumarbeiterinnen, Brigadiere oder Facharbeiter.

Die Produktion der Pelznäherei, wo bis in die 1990er Jahre noch die traditionellen Fellstiefel, Unty, hergestellt wurden, dümpelt weiter mit ein wenig Oberlederproduktion vor sich hin; sämtliche Rentierhäute werden nach der Schlachtung über den Abhang »verwertet«; das Fleisch geht zum Spottpreis weg: die Renhaltung lohnt immer weniger. Nach Aussagen von Kolgujewern ist die Kooperative faktisch bankrott und hält sich nur dank Subventionen. Eine Weiterverarbeitung des Fleisches vor Ort findet nicht statt. Wegen mangelnder Lagerkapazitäten ist die LPK ungeachtet der mindestens 7000 Stück Vieh, die es noch auf der Insel gibt, mehr oder weniger außerstande, die örtliche Bevölkerung mit Fleisch zu versorgen. Von »subtileren« Stoffen ganz zu schweigen: hormon- und fermenthaltige Stoffe, Blutplasma, u.ä., die sich auf dem Welt- markt großer Nachfrage erfreuen und gutes Geld brächten.

Auch was den Maschinenpark betrifft, ist wie 1994 noch immer nur ein Geländefahrzeug einsatzbereit, das andere ständig in Repa- ratur. Geplant ist der Kauf eines UAZ Big Food.

EKORA.
Von segensreicher Bedeutung waren die Exkursionen, die zwischen 2002 und 2007 im Rahmen eines vom Global Ecological Fund un- terstützten Projekts mit dem Titel »Komplexer ökosystemischer Ansatz zur Bewahrung der Biodiversität und zur Verringerung der Fragmentierung von Biotopen in drei Modellgebieten der Russlän- dischen Arktis« (EKORA) auf Kolgujew durchgeführt wurden. Sie haben nicht nur den Niedergang Bugrinos in Teilen stoppen kön- nen, sondern sich überaus positiv auf das gesamte Inselleben aus- gewirkt. Die vielen ausländischen Gruppen, die auf die Insel kamen und die Auseinandersetzung mit Problemen der traditionellen Na- turnutzung sowie den Folgen der Erdölförderung für die Rentier- haltung haben die Territorialadministration des Autonomen Krei- ses der Nenzen gezwungen, anders auf Kolgujew zu blicken. Bis dahin galt die Insel einfach als angestammtes Wilderei-Gebiet der Kolgujewer Führungs-»Elite« und ihrer hochrangigen »Gäste«. Das EKORA-Projekt brachte Geld nach Bugrino, mit dem die sozialen Gegensätze etwas entschärft werden konnten. 2007/2008 wurden einige Bauprojekte lanciert: Neben der Errichtung zweier Mehrfa- milienhäuser, einer Lagerhalle für Baumaterialen sowie, wie bereits erwähnt, einer kommunalen Banja, wurde die Poliklinik saniert und die Renovierung des Hotels sowie der Bau eines Sportplatzes in Angriff genommen. Die Renovierung des Verwaltungsgebäudes und des Klubs ist noch im Gange. Begünstigt wurden diese Verän- derungen noch durch die Ablösung der Inselverwaltung.

Und ebenso haben das große Interesse der vielen Forscher für Kolgujew und die von ihnen in diesem einzigartigen Lebensraum realisierten Projekte das Ihre zu der einen oder anderen Veränderung beigetragen. Die Expeditionen von Biologen und Geographen (unter ihnen Pjotr Glasow, Protagonist dieses Buches) haben gezeigt, dass die von ihnen untersuchten Tundrabiozönosen durch Überweidung und Erdölförderung schwer geschädigt sind: »Durch die seit 1982 erfolgenden Schürfarbeiten kommt es kontinuierlich zu negativen Einwirkungen technogener Faktoren. Wenn die Öl-Ausbeutung im geplanten Umfang ohne Einführung neuer Arbeitsmethoden realisiert wird, steht zu erwarten, dass die kommerzielle Renhaltung zum Erliegen kommt. Der Verlust der einzigartigen Renpopulation von Kolgujew und der Untergang der traditionellen Naturnutzung durch die indigene Bevölkerung sind eine reale Gefahr ...« Angeregt wurde, die Insel Kolgujew zum Vogelschutzgebiet zu erklären und in fernerer Zukunft vielleicht ganz in einen Sapowednik, ein Totalreservat, zu verwandeln.

Auf Drängen der norwegischen und finnischen Projektpartner gab es Workshops für die Hirten, in denen moderne Herstellungs- und Vermarktungsmöglichkeiten von Rentierprodukten vorgestellt wurden. Des Weiteren wurde eine Kühlanlage gekauft und am Schlachtpunkt aufgestellt. Aber wenn das Fleisch vor Ort tiefgefroren und – statt mit dem Hubschrauber – per Schiff nach Narjan-Mar transportiert werden könnte, würde das die Selbstkosten erheblich senken und folglich die Rentabilität der Fleischproduktion deutlich erhöhen.

Nicht zuletzt wurde im Rahmen von EKORA auch eine Wasseraufbereitungsanlage gekauft und an der zentralen Wasserentnahmestelle aufgestellt – aber bis heute nicht in Betrieb genommen.

2010 hat die Territorialregierung des Autonomen Gebiets der Nenzen Kolgujew zum Naturschutzgebiet erklärt und die Jagd – mit Ausnahme für die Inselbewohner – verboten.

Schlussbemerkung.
Bei den Diskussionen, die im Rahmen des EKORA-Projekts stattfanden, sprach sich ein Teil der Inselbevölkerung dafür aus, die Siedlung komplett aufs Festland zu verlegen, dort irgendwo Häuser mit allem Komfort zu bauen und einen Betrieb für verschiedenste

Formen der Renfleischverwertung aufzuziehen. Natürlich waren nicht alle Eingesessenen mit dieser Zukunftsoption einverstanden. Aber der wesentliche Kern der Sache ist ein anderer. Im gegenwärtigen russischen machtpolitischen »Getriebe« ist ein marodes Dorf, wo fortwährend etwas ausgebessert und repariert werden muss, für die Verantwortlichen der Insel wie des Autonomen Gebiets *von Vorteil*. Nichts wäre leichter, als die Menschen in ein modernes Dorf umzusiedeln, die Insel zum Sapowednik zu erklären (Kolgujew ist in der Tat ein ganz einzigartiges Vogelgebiet) und den Erdölmanagern strenge Auflagen zu machen ... So wäre alles transparent und leicht kontrollierbar ... Aber das brauchen die Herrschenden nicht! Was die russischen Politiker wirklich wollen, ist dies: das Dorf und die Wirtschaft in einen Zustand zu bringen, in dem niemand mehr sich von irgendetwas ein klares Bild machen kann. Diese Unordnung ist ein ausgezeichneter Deckmantel für Tatenlosigkeit und »unklar wohin« versickernde Gelder.

Deshalb wäre ich nicht überrascht, wenn trotz all der segensreichen Initiativen und Wünsche die Insel Kolgujew dasselbe Schicksal ereilen würde, das die Halbinsel Jamal bereits getroffen hat: Sie ist eine einzige Müllhalde für Altmetall und Chemieabfälle; 90% der Rentierweideplätze sind irreversibel geschädigt und die kommerzielle Renhaltung geht gegen Null. Auch wenn die Ölvorkommen auf Kolgujew begrenzt sind, so kann sich die Insel in 25-30 Jahren, wenn die Reserven erschöpft sind, doch in eine »tote« Insel verwandelt haben.

Wassili Golowanow

Quellenangaben

Jorge Luis Borges, »Die Zeit«, in: *Gesammelte Werke*, Band 5/II, Essays 1952-1979, übers. von Gisbert Haefs, Carl Hanser Verlag, München, Wien, 1981, S. 284.

Marco Polo, *Il Millione. Die Wunder der Welt*, übers. von Elise Guignard, Manesse Verlag, Zürich, 1983, S. 419.

Blaise Pascal, *Gedanken über die Religion und einige andere Themen*, hrsg. von Jean-Robert Armogathe, übers. von Ulrich Kunzmann, Reclam Verlag, Stuttgart, 1997, S. 81 und S. 86.

Saint-John Perse, »Schnee«, in: *Exil. Gedicht an eine Fremde. Regen. Schnee*, übers. von Leonharda Gescher, Karl H. Hensel Verlag, Berlin, 1949, S. 30.

Die Zitate aus den Logbüchern von Willoughby, Burrough sowie Pet and Jackman wurden aus dem Englischen übersetzt nach: Richard Hakluyt, *The principal navigations, voyages, traffiques & discoveries of the English nation*, Vol. II und III, Reprint, New York, 1969; das Zitat aus Gordon nach: Allan H. Gilbert, *A geographical dictionary of Milton*, New Heaven, Conn., 1919.

Die Trevor-Battye-Zitate folgen der englischen Ausgabe von *Ice-Bound on Kolguyev*, Westminster, 1895, wurden aber, wo nötig, der russischen Übersetzung anverwandelt. Das darin vorkommende kurze Mark-Twain-Zitat wurde aus Günther Klotz' Übersetzung übernommen: Mark Twain, *Der berühmte Springfrosch von Calaveras*, Berlin, 1963, S. 21.

Die *Mabinogion*-Zitate wurden aus dem Russischen ins Deutsche gebracht.

Die Lage der Insel Kolgujew

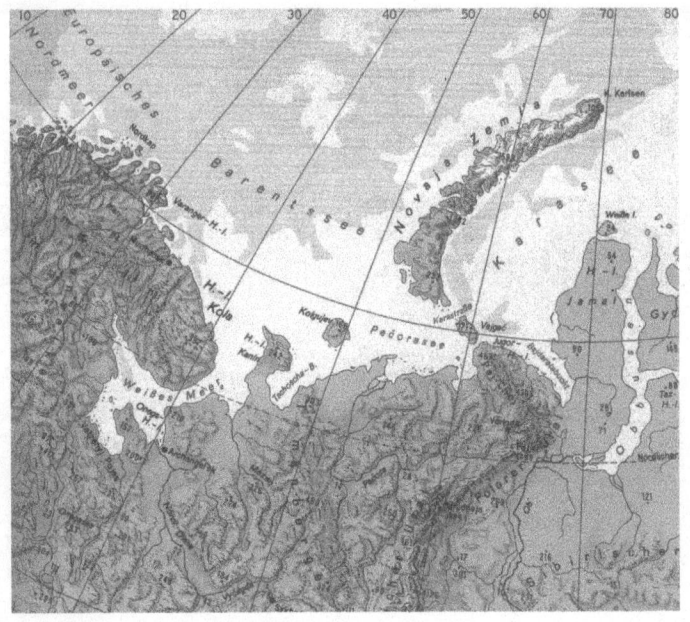

Die Insel Kolgujew

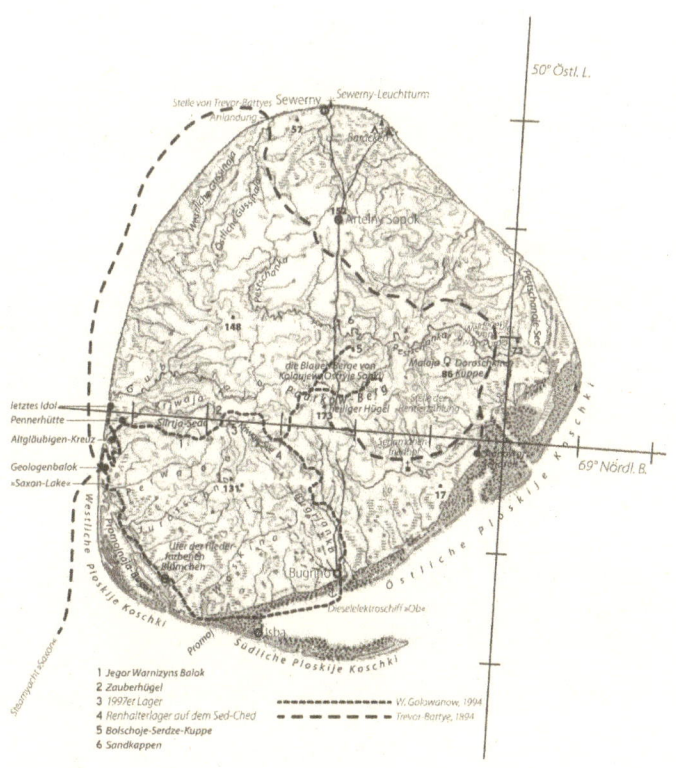

50° Östl. L.

Stelle von Trevor Battyes **Sewerny** · Sewerny-Leuchtturm
Anlandung

Artelny Sapol

148

die Blauen Berge von
Kolgujew *Ostrye Sopki* · Maloja · Doroschande
86 Kuppe
Heiliger Hügel

letztes Idol
Pennerhütte · Sirtja-Sed

Altgläubigen-Kreuz

Geologenbalok
»Saxon-Lake«

131°

17

Uſer der Heeler
riebelten
Bäumchen

Bugrino

Promoj · Dieselelektroschiff »Ob«

Icha

Südliche Ploskije Koschki

69° Nörd. B.

Westliche Ploskije Koschki

Östliche Ploskije Koschki

Steamyacht Saxon

1 Jegor Warnizyns Balok
2 Zauberhügel
3 1997er Lager
4 Renhalterlager auf dem Sed-Ched
5 Bolschoje-Serdze-Kuppe
6 Sandkappen

▬▬▬▬▬▬▬▬ W. Golowanow, 1994
▬ ▬ ▬ ▬ ▬ Trevor Battye, 1894

Inhalt

IV
Das Buch der Schicksale

V
Das Buch der beigelegten Seiten

Textgrundlage: *Ostrov, ili opravdanie bessmyslennych putešestvij* erschien erstmal 2002 im Moskauer Verlag Vagrius. Der Autor hat das Manuskript für die deutsche Ausgabe noch einmal leicht bearbeitet, d. h. im Wesentlichen gekürzt. Der im Original erstmals in russischer Übersetzung publizierte Bericht »Die Insel Kolgujew« von Saweljew wurde, da ursprünglich auf Deutsch erschienen und auch heute leicht zugänglich, nicht in die deutsche Ausgabe übernommen. Statt dessen kommen hier im »Buch der beigefügten Seiten« die Kapitel VI und VII hinzu.

Matthes & Seitz Berlin · Paperback · 007

Erste Auflage dieser Ausgabe 2019
Copyright © der deutschen Ausgabe 2012
MSB Matthes & Seitz Berlin Verlagsgesellschaft mbH
Göhrener Str. 7, 10437 Berlin,
info@matthes-seitz-berlin.de
Copyright © der russischen Ausgabe, 2002
Vagrius Verlag – Moscow
»Ostrov ili Opravdanie bessmyslennych putešestvij«
Alle Rechte vorbehalten.
Umschlaggestaltung : Pauline Altmann, Berlin
Druck und Bindung : GGP Media GmbH, Pößneck
ISBN 978-3-95757-732-0
www.matthes-seitz-berlin.de